KB119181

주요국 사회보장제도 8

일본의 사회보장제도

한국보건사회연구원 나남
Korea Institute for Health and Social Affairs   nanam

《주요국 사회보장제도》총서 기획진

노대명 한국보건사회연구원 선임연구위원
김근혜 한국보건사회연구원 연구원
정희선 한국보건사회연구원 연구원

주요국 사회보장제도 8
일본의 사회보장제도

2018년 12월 10일 발행
2018년 12월 10일   1쇄

지은이   배준호 · 김규판 · 김명중 · 문성현 · 임현정 · 선우덕
         오현석 · 전영수 · 정성춘 · 정형선 · 조성호 · 최동원
발행자   趙相浩
발행처   (주) 나남
주소   10881 경기도 파주시 회동길 193
전화   (031) 955-4601 (代)
FAX   (031) 955-4555
등록   제 1-71호(1979. 5. 12)
홈페이지 www.nanam.net
전자우편 post@nanam.net

ISBN 978-89-300-8950-0
ISBN 978-89-300-8942-5 (세트)

책값은 뒤표지에 있습니다.

주요국 사회보장제도 8

일본의 사회보장제도

배준호 · 김규판 · 김명중 · 문성현 · 임현정 · 선우덕
오현석 · 전영수 · 정성춘 · 정형선 · 조성호 · 최동원

한국보건사회연구원 나남
Korea Institute for Health and Social Affairs nanam

머리말

일본은 독일, 영국 등에 비해 복지국가로의 변신이 늦다. 근대화 작업 착수가 더뎌 노동자 등 일반국민의 복지강화에 나설 시기가 그만큼 미뤄진 것이다. 20세기 초반에 형성되기 시작한 일본 내 사회주의 사상이, 당시의 제국주의와 군국주의 체제하에 엄격히 통제되면서 노동자 복지강화에 대한 요구가 서구권 국가에 비해 약했던 것도 한 가지 이유로 지적될 수 있다.

다소 늦게 시작된 일본의 사회보장제도는 사회보험을 필두로 단계적으로 정비된다. 이때 일본이 벤치마킹한 나라는 서구권에서는 후발자본주의 국가에 속하는 독일이었다. 독일의 사회보험은 보험료 방식으로, 다른 나라에 비해 정부부담이 크지 않고 노동자와 사업주 부담으로 운영된다.

그렇다고 일본의 복지체계가 독일 등 서구권 국가의 그것과 유사한 것은 아니다. 일본의 독자적 특성을 꽤 많이 지닌다. 그래서 일본의 복지체계는 에스핑앤더슨(Esping-Andersen)이 일반화하여 제시한 주요국 복지체계 구분에 들어맞지 않는 유형이다. 복지와 취로의 연계가 강하고 소득재분배가 약한 '자유주의 체계' 특성과 가족·직장의 역할과 소득재분배를 강조하는 '보수주의 체계' 특성이 혼합된 유형이기 때문이다.

이 같은 특성을 지니게 된 배경에는 일본인과 일본사회의 독특한 철학이 자리 잡고 있는지 모른다. 일본인들은 서구권 국가 국민에 비해 상대적으로 연대의식이 약하고 자기책임을 강조하며 낙인(stigma)의식이 강하다. 역사적으로도 빈곤의 책임을 국가나 사회에서 찾으려는 인식이 약하다. 그러다 보니 근대화 과정에서 발생하는 빈부격차 확대에 대해서도, 국가에 책임을 추궁하며 해결을 요구하는 목소리가 상대적으로 약했다. 물론 근대화기의 삿초(사쓰마-조슈)번벌 독재와 제국주의, 군국주의 체제가 이러한 목소리를 억압한 측면도 없지 않다.

산업화가 늦어 서구권 국가보다 제도 도입이 전반적으로 늦기도 하지만, 위에 서술한 이유로 각종 사회보장제도의 적용범위와 급여수준 등에서도 상대적으로 취약한 모습을 보여준다. 예외적인 분야도 있다. 건강보험과 의료체계 분야다. 전 국민을 대상으로 한 건강보험과 양적·질적으로 세계적 수준에 달한 의료서비스는 서구권 국가의 수준을 넘어서는 단계에 와 있다. 그 배경에는 의료수가와 의약품 가격을 통제할 수 있는 강력한 행정력 외에, 의료서비스의 공공성에 공감하는 사회 전반의 이해와 인식이 있다.

일본의 사회보장제도는 건강보험, 연금보험, 산재보험, 고용보험, 개호보험(노인장기요양보험) 등의 사회보험이 주축을 이루고, 기초보장제도인 생활보호, 취약계층인 아동, 고령자, 장애인 대상의 복지제도 등으로 구축되어 있다. 개호보험을 제외한 4대 사회보험은 태평양전쟁기(1941~1945년)를 전후하여 도입되었으며, 생활보호 등의 복지제도 역시 전후에 도입되고 또 내실화가 시도된다. 이때의 내실화는 초기에 직장근로자 중심으로 제도를 도입한 후, 단계적으로 근로자 외 계층으로 적용대상을 확대하는 방식으로 추진된다.

사회보험은 기본적으로 보험료 방식으로 운영되며, 조세재원은 보험료 부담능력이 낮은 저소득 가입자를 지원형태로 투입된다. 따라서 일본의 사회보장제도는 크게 보면 비스마르크 체계로 분류할 수 있다. 근로자와 사업주 등 소득이 있는 자에게 징수한 보험료를 주된 재원으로 하여 가입자에게 필요한 급여를 제공하는 방식이기 때문이다. 이때 소득수준이 낮은 저소득 가입자는 제도가 지닌 강한 소득재분배 기능으로 보호된다.

일본의 복지체계가 에스핑앤더슨의 복지체계 구분에서 독특하게 구분되는 것은, 제도도입 당시의 시대적 특성과 재정제약이라는 영향 외에 일본인의 의식과 가치관이 강하게 영향을 미치기 때문이다. 정책당국은 전통적으로 고용보장을 통한 생활안정에 사회보장정책의 주안점을 두었다. 가장의 고용과 취업안정이 최소의 비용으로 사회보장을 내실화할 수 있다고 보았기 때문이다. 그 결과 사회민주주의 체계인 북유럽 국가처럼 실업률을 낮게 유지할 수 있었고, 다수가 늦은 나이까지 취업현장에 남아 있을 수 있었다. 실질적 은퇴연령이 70대 전반에 달할 정도다.

이 책은 이상과 같은 특징을 지닌 일본사회를 대상으로 한 사회보장제도를 다루는데 크게 3부로 나누어 접근한다. 제1부는 사회보장을 총괄하여 역사적 전개와 기본구조를 살펴보고, 사회보장과 연관이 깊은 이슈인 경제·고용·소득분배, 인구문제, 정부재정과 사회보장재정, 최근의 사회보장 개혁동향을 다룬다. 제2부에서는 소득보장과 연관된 제도로 공적연금, 고용보험, 산재보험, 가족수당, 공공부조를 해설한다. 그리고 제3부에서는 의료보장 및 사회서비스 관련하여 보건의료, 의료보장, 장기요양보험, 고령자 복지, 장애인 복지, 보육, 주택 문제에 대해 생각해 본다.

이 책의 집필에는 다수의 연구자가 참여하였다. 연구진은 일본에서 유학한 경험이 있는 이들로, 해당분야 집필에 적합한 이들로 판단되어 초빙되었다. 이 시리즈는 공통된 목차가 주어져 일부 주제, 가령 제1부의 역사적 전개, 사회보장제도의 기본구조 등에서는 국가별로 중복되는 내용이 없지 않을 것이다. 이러한 우려가 없지 않지만 이 책에서는 총괄 부분에서 사회보장제도 전반을 간략히 서술하고, 이어서 일본의 경제와 인구문제에 이어 주요 사회보장제도를 소개하고 있다.

각 장의 집필은 기본적으로 2016년 가을 기준으로 작성되었으며 일부가 최근 정보까지 수록하고 있다. 집필체계를 통일하려는 사전 노력에도 불구하고 개별 연구자가 제출한 원고에는 통일성이 결여된 장이 적지 않았다. 이 과정에서 대표 집필자가 도입부와 결론부를 새로 개설하거나 기존 서술 내용을 바꿔 쓴 장이 없지 않다. 제1부 6장, 제2부 8장, 9장, 10장, 11장, 제3부 15장, 16장 등이 그러하다. 이 점에 대해 해당 집필자 전원이 양해해 주어 참으로 고맙게 생각하며, 집필체계의 통일성 확보라는 관점에서 해당 선생님들의 넓은 양해를 구한다. 아울러 책의 발간이 당초 예상보다 1년 이상 늦어지면서 통계를 최근 자료로 바꾸지 못한 곳이 적지 않다. 이 점에 대해서는 독자 여러분에게 양해를 구한다.

2012년에 발간된 《주요국의 사회보장제도: 일본》은 몇 가지 사정으로 다른 국가에 비해 내실 있게 만들어지지 못했다. 그러한 점에서 이 책이 당시의 아쉬움을 달랠 수 있다면 연구진으로선 더할 나위 없는 보람을 느낄 것이다. 다만 좀더 다듬어 알찬 책으로 만들지 못한 것에 대해 대표 집필자로서 깊이 반성하고 있다.

끝으로 책 발간을 기획하고 추진하며 출판하는 과정에서 크게 힘을 쓰신 분들에게 감사드린다. 김상호 전 원장, 조흥식 원장, 노대명 실장, 김근혜 연구원, 정희선 연구원 그리고 참으로 꼼꼼한 나남의 편집담당 선생님 등이 그러한 분들이다. 또한 개별 장을 집필해 주신 각 분야의 고명한 전문가 선생님들에 대한 고마움을 잊을 수 없음은 말할 것도 없다.

한신대학교
배 준 호

주요국 사회보장제도 8
일본의 사회보장제도

차 례

3부 의료보장 및 사회서비스

제 1 부   사회보장 총괄

01

사회보장의 역사적 전개

1. 사회보장의 개념과 기원

1) 사회보장의 기본 개념

세계인권선언[1] 제 22조는 모든 사람이 사회의 일원으로서 사회보장을 받을 권리를 지닌다고 명시한다. [2] 이때 사회보장은 식품과 주택에 대한 충분한 수준에 접근하도록 보장하는 지원조치로 사람들의 복지수준을 높이고, 어린이, 노인, 병약자, 실업자 등 취약계층을 위시한 모든 사람의 건강과 후생을 향상시키기 위해 정부가 추진하는 행동 프로그램을 가리킨다. 대부분의 나라에서는 사회보장(social security)을 사람들이 위험에 처했을 때 사회가 제공하는 경제적 보장(economic security)의 의미로 사용하는데, 미국에서

---

[1] Universal Declaration of Human Rights, 1948. 12. 10.

[2] 제 22조의 전체내용은 "모든 사람은 사회구성원으로서 사회보장을 받을 권리를 지닌다. 모든 사람은 국가의 노력과 국제협력을 통하여 그리고 각국의 조직과 자원에 따라 자신의 존엄과 자신의 인격의 자유로운 발전에 없어선 안 될 경제적·사회적·문화적 권리를 실현할 권리를 지닌다."

는 소득보장제도를 지칭하고 넓은 의미의 사회보장은 복지 (*welfare program*) 라고 부른다.

국제노동기구(ILO)는 사회보장규약3)에서 사회보장이 다루는 전통적 위험으로 퇴직, 배우자 사망, 자녀에 대한 부모의 무보호, 임신과 질병, 실직, 장애, 산업재해 등에 따른 소득상실과 건강상의 위험 등을 거론하고, 기타 이유로 보장된 사회적 최저한(*social minimum*)의 혜택을 받을 수 없는 사람들은 사회적 지원을 받을 수 있어야 한다고 지적한다. 일부 전문가들은 ILO 정의가 현금이전 등으로 너무 좁다고 비판하면서 사회보장은 현금이전은 물론이고 일자리, 건강, 사회참여 등에서의 안전확보 혹은 새롭게 등장하는 사회적 위험인 편부모, 일과 가정생활의 양립 등까지도 그 대상이 되어야 한다고 주장한다.

사회보장을 넓게 정의하면 현금이전과 현물급여를 제공하는 각종 사회보험,4) 정부나 사회보장서비스 제공기관에 의한 근로 시의 건강과 안전, 사회적 근로 관련 복지서비스, 긴급구호가 필요한 이들(난민, 재해이재민 등)에게 제공하는 식료품, 의복, 주택, 교육, 의료, 현금지원 등과 같이 수급자격과 관계없이 제공되는 기초보장이 포함된다. ILO(2014)는 세계 인구의 27%만이 적절한 사회적 보호 혜택을 받으며, 지구촌 인구의 다수는 사회보장에 관한 기초적 인권에 대해 일부만 보장받거나 전혀 그렇지 못하다고 지적한다.5)

사회보장 개념이 일반화되기 이전의 복지정책은 빈민구제에 초점이 맞춰져 있었다. 서양에서는 전성기 로마시대의 빈민지원과 기독교권과 이슬람교권의 교리에 의한 빈민지원, 그리고 종교개혁 이전 수도회 수도승에 의한 빈민구제가 유명하다. 산업혁명기를 거쳐 근대사회로 이행하기까지 서양

---

3) Social Security (Minimum Standards) Convention, nr. 102, 1952.
4) 공적연금, 건강보험, 고용보험, 산재보험, 노인장기요양보험 등을 가리킨다.
5) ILO, 2014, *World Social Protection Report 2014/15*, 서문 참조.

에서는 자선 등 사적 지원에 의한 빈민구제가 주를 이뤘다. 중국과 우리나라, 일본에서도 빈민구제는 늘 주요 이슈 중 하나였지만 체계적이지 못했다. 시대에 따라 빈민, 병자, 각종 곤궁자를 위한 급여가 제공되고 각종 시설이 설치되었지만 서양에 비해 체계적이었다고 말하기 힘들다.

사회보장[6]에 대한 개념이 회자되기 시작한 것은 시기적으로 근간의 일이다. 사회보장이란 용어가 근대에 들어와 사용된 첫 번째 사례는 19세기에 발견할 수 있다. 베네수엘라 독립기념연설(1819년)에서 볼리바르(Simón Bolívar, 1783)[7]가 "가장 완전한 정부체계는 '가장 큰' 행복ㆍ사회보장ㆍ정치적 안정을 가져다주는 정부다"라고 표현한 것이다.

많은 나라에 체계화된 국가주도 복지제공 시스템이 활발히 도입된 시기는 19세기 말부터 20세기 초반이다. 독일재상 비스마르크(Otto von Bismarck, 1815)는 1883년 근로자 계층 대상의 최초 복지체계 중 하나를 도입한다. 영국에서는 캠벨배너만(Henry Campbell-Bannerman, 1836)과 조지(David Lloyd George, 1863)의 자유당 정부 때인 1911년 국민보험 체계가 도입되어 애틀리(Clement Attlee, 1883) 때 확대된다. 미국은 대공황 때까지 체계적 복지시스템을 도입하지 않았는데 루즈벨트(Franklin D. Roosevelt, 1882) 대통령 때 긴급구호 조치가 도입된다. 이때도 뉴딜정책의 초점은 현

---

6) '사회보장'(social security) 외에 '사회적 보호'(social protection)라는 용어가 사용되기도 한다. 나라와 문헌에 따라 정의가 달라 사회보장보다 넓은 의미(통상의 사회보장에 가족이나 지역공동체 구성원 간 지원 포함 등)로 사용하거나 매우 협소한 의미(극빈자, 취약계층 혹은 사회적 배제층 지원 등)로 한정하여 사용한다. ILO는 사회적 보호를 사회보장과 같은 의미 혹은 '사회적 위험과 요구에 대응하여 사회보장이 제공하는 보호조치'의 의미로 사용한다(ILO, 2010: 13).

7) 베네수엘라 군부와 정치지도자로 베네수엘라, 볼리비아, 콜롬비아, 에콰도르, 페루, 파나마가 스페인 통치를 벗어나 독립국이 되는 데 큰 역할을 수행하였다. 아르헨티나 장군으로 훗날 초대 페루 호민관(대통령)이 된 호세 산 마틴(Jose de San Martin, 1778)과 더불어 19세기 초 히스패닉 독립운동 영웅 중 한 명으로 꼽힌다.

금지급보다 프로젝트에의 공공지출을 통한 경제부양과 일자리 제공 프로그램에 맞춰져 있었다.

2) 사회보장의 기원: 근대 이전 빈민구제사

여기서는 근대적 사회보장이 시행되기 이전의 서양과 동양 주요국의 빈민구제사를 간단히 살펴보겠다. 근세 이후 서양 사례는 영국 중심으로 서술한다.

로마시대에 빈민지원 등 복지를 확대한 이는 원로원으로부터 최고 지배자로 칭송받은 제13대 황제 트라야누스(Trajan, AD 53)다. 20년간 권좌에 앉아 제국 영토를 최대로 넓혔는데 그의 복지정책은 원로원 의원이자 철학자인 소 플리니우스(Plinius the Younger) 등으로부터 높이 평가받았다. 유대교의 체다카(tzedakah)[8]는 정의와 공정을 뜻하지만 자선의 의미도 있다. 당시에 자선은 자발적 선행보다 종교적 의무로 간주되어 십일조(Maaser Ani, poor-tithe)의 연장선상에서 빈민을 포함해 모두가 행하는 의무로 기도, 회개와 더불어 악행에 따른 업보를 줄이는 3대 행동으로 인식되었다.

중국에서는 춘추전국시대이던 2천 6백 년 전, 제(齊) 환공(桓公) 시절 재상 관중(管仲)이 9가지 베품의 가르침(九惠敎)을 펼쳤다. 노인, 아동, 고아, 장애자, 미망인, 병자, 빈민, 재난피해자, 전사자(장례)의 지원을 강조했다(管子 · 入国, 卷五十四). 또 2천 5백 년 전 공자의 대동(大同) 사회 사상, 2천 4백 년 전 묵자의 겸애교리(兼愛交利) 사상도 유사하다(공자는 《礼記》〈礼運〉, 묵자는 《墨子》〈兼愛〉). 유사한 제도가 한(漢), 수(隋), 당(唐)

---

8) 이슬람교의 사다카(sadaqah)와 동의어로 사용되기도 하나 다른 내용을 담고 있어 같은 말은 아니다.

으로 이어져오다 활성화된 것은 송(宋)대다. 9) 원(元)을 거쳐 명(明), 청(淸)대로 이어진다.

우리도 고려시대에 개설된 흑창(986년 이후 의창, 흉년에 곡물 지원), 동서대비원(빈민구휼), 혜민국(의약), 구급도감(재해발생 시 임시 구제기구)은 조선시대에도 상당수가 존치되었고, 제생원(지방민 구호), 동서활인서(유랑자 수용과 구휼) 등이 조선시대에 신설되었다. 일본에서는 723년 나라(奈良)시대에 홍복사(興福寺)에 시약원(施藥院)과 비전원(悲田院)이 설치되고 730년에 왕후궁직하에 시약원이 설치되었다는 기록이 있다. 10)

서구에서도 빈민구제는 오랜 전통을 지닌다. 수도승의 아버지로 불리는 대 안토니우스(Anthony the Great, 251년) 등 일부 수도승은 수도원을 통한 빈민구제 외에 자신의 재산을 매각해 빈민을 지원했다. 중세 가톨릭교회는 사회의 거점기관으로서 교회인사는 물론이고 주변 평신도 및 빈민을 대상으로 광범위한 복지시스템을 운영했다. 성직자와 일부 신도를 대상으로 오늘날의 퇴직연금과 유사한 제도를 운영하고 빈민을 상대로 공공부조 유사 제도를 운영해 질병과 굶주림의 위험으로부터 지켜 주었다. 적용대상이 제한적이고 급여수준이 높지 않은 점은 중국, 우리나라와 크게 다르지 않다.

중세시대 수도승 중 일부는 예수를 본떠 거지 모습을 하고 다녔다. 당시 가난은 하나님의 뜻에 부합하는 것으로 여겨져 빈민들에 대한 악감정이 약했다. 특히 탁발한 거지 모습의 (13세기) 도미니크회(Dominicans), 프란시스코회(Franciscans) 수도승들의 기여가 컸다. 서구 수도원주의 창시자격

---

9) 재난피해자와 빈민구제를 위한 광혜창(廣惠倉), 빈곤가정 자녀를 지원하는 거자창(擧子倉), 빈민, 병자 등을 지원하는 복전원(福田院, 당(唐)대 절의 구빈기관인 비전원(悲田院) 후신), 기타 민간시설로 곤궁자를 수용하는 거양원(居養院), 병자를 수용하는 안제방(安濟坊), 곤궁자와 병자를 수용하는 양제원(養濟院), 혜민약국, 빈민묘지의 누택원(漏澤園) 등이 있었다. 1069년 〈청묘법〉(靑苗法)으로 상평창, 광혜창 비축 곡물을 토대로 금전 대부제도를 시행하여 어려운 이들을 도왔다.
10) 전자는 《扶桑略記》卷第六〈元正天皇〉, 후자는 岩本健壽(2008).

인 누르시아의 베네딕토(Benedict of Nursia, 480)가 계율(Rule)을 통해 "수도원을 찾아오는 손님은 모두 예수로 맞아들여야 한다"고 강조했고 수도원 회칙(내지 규칙)에 구빈활동이 의무화된 곳도 많았다. 11)

많은 수도원이 사치하는 귀족의 컨트리클럽 못지않게 부패한 가운데 베네딕토 계율을 따르는 수도원에서는 수도승들이 청빈을 선서하고 농업 등 근로에 종사했다. 특히 시토 수도회 수도승이 그러했다. 베네딕토는 수도승들에게 근로를 권함으로써 스스로 겸손을 체득하도록 했다. 당시 사회는 노동을 품위 없는 것으로 인식하고 있었지만, 성서에 따르면 하나님도 아담이 타락하기 전에 낙원에서 일하도록 했다.

시간이 경과하면서 수도원은 빈민시설, 병자와 순례자 시설, 여행자 숙박시설 등으로 분화된다. 무료급식에 나서며 수도원에는 거대한 식당이 들어서기도 했다. 매일 3백 명에게 급식을 제공하는 클루니(Cluny) 대수도원 등도 생겨났다. 기부금 수입의 일부(1/10~1/3)를 빈민지원에 사용한다고 규정한 곳도 있었다.

이슬람에서도 빈민지원은 신도들의 기본적 의무로 이해되었다. 초기 이슬람법에는 다섯 기둥인 믿음, 기도, 자선, 단식, 메카순례 중 하나인 자카트(Zakat, 자선)에 복지 개념이 들어 있다. 12) 오늘날 자카트는 대부분의 국

---

11) 수도승들은 손님, 순례자, 빈민을 가리지 않고 친절히 맞아들여 발을 씻겨 주고 예배당에 들어가 기도한 후 객실로 안내했다. 수도원이 빈민구제와 사회복지 실천에 중요한 역할을 했다. 다만 종교개혁 이전의 가진 자(수도승 포함)들의 자선과 경건 행위는 빈민구제보다 자신의 공적을 쌓아 구원과 영원한 생명을 얻으려는 경향이 강했던 것으로 이해된다(마태복음, 19장: 23~24절; 菱제晃夫, 2011).

12) 이 기둥은 7세기 중반 라쉬다 칼리프(Rashidun Caliphate)의 둘째 칼리프 우마르(Umar, 583)가 권좌에 있던 10년(634~644년) 이후 확립되는데 자카트는 의무사항이자 종교세의 일종으로 기도 다음으로 중시되었다. 대상자는 일정수준 이상의 소득과 자산을 가진 이들이고 세율은 최저자산(nisab) 초과자산(저축과 부)의 2.5%가 관례였다. 최저자산이 논란이 되기도 했다. 징수된 자카트는 우선적으로 빈민지원에 쓰고 노인, 고아, 과부, 장애자, 개종자, 교회서기 등에게 지출되었다.

가에서 임의화되었으나 말레이시아 등 일부 국가에서는 강제 징수한다.

16세기에 들어와 종교개혁 운동이 일어나면서 빈민에 대한 인식이 크게 바뀌어 구걸을 단속하고 노동이 신성한 의무로 간주된다. 칼뱅은 "누구든지 일하기 싫어하거든 먹지도 말게 하라"는 바울의 말(데살로니가후서, 3장: 10절)을 지지하면서 원칙 없는 구빈활동을 비판한다. 빈민에 대한 시각이 달라지는 가운데 각지에서 빈민지원에 열심이던 수도원이 해산되고 길드는 지배력이 약해진다. 빈민들은 황야나 산속으로 내몰리고 일부는 부랑자가 되어 강도 등 범죄를 일으킨다.

영국에서는 1536년 헨리 8세가 빈민을 질병 등으로 일할 수 없는 자와 게을러 일하지 않는 자로 구별해 전자에게 의식을 제공하고 후자에겐 강제 노동을 부과했다. 이후 체계적 〈구빈법〉 제정 등이 논의되어 1601년 〈엘리자베스 구빈법〉(Poor Laws)이 탄생하면서 국가중심 사회복지제도의 출발점이 된다. 징수한 구빈세는 노동불능 빈민구제, 교정원 유지비, 도제아동 양육비 등으로 쓰였는데, 법의 주목적이 빈민구제보다 치안유지에 있어 급여수준은 제한적이고 복지 성격은 약했다.

18세기에는 위의 〈구빈법〉을 개정한 〈길버트법〉(1782년)과 스핀햄랜드제도(1795년) 등이 있었으나 구빈문제를 원천적으로 해결하지 못했다. 〈신구빈법〉(1834년)은 빈민과 노동자들의 폭동을 유발시키고 노동자와 자본가의 대립을 격화시킨다.[13] 19세기 후반부터 20세기 전반에 걸쳐 빈민이 잠재적 노동자라는 인식과 복지국가 개념이 확산되면서 빈민의 구분이 없어지고 근대적 복지제도가 정비되면서 〈구빈법〉이 폐지된다. 영국에서는 1948년 〈국민생활부조법〉(National Assistance Act) 제정 시 폐지되었다.

---

13) 〈길버트법〉은 토머스 길버트(Thomas Gilbert)가 주도하여 제정한 법으로 건강빈민의 원외구제, 자택근로 등을 규정하였다. 또한 스핀햄랜드제도(Speenhamland System)는 물가연동과 원외구빈제 등을 규정하였으며, 〈신구빈법〉은 교구연합별 구빈과 건강빈민의 원외구빈 폐지, 구제대상 제한 등이 주요내용이었다.

2. 사회보장의 탄생과 발전

여기서는 먼저 서구권 국가에서 근대적 사회보장이 탄생한 배경에 대해 서술하고 이어 초기 사회보장이 어떠한 형태로 발전했는지 간략히 살펴본다.

1) 사회보장 탄생의 배경

근대적 사회보장제도가 서구권 국가에 탄생한 배경에는 18세기 이후 자본가는 물론이고 노동자에 크게 의존하여 발전해온 산업자본주의가 있다. 산업자본주의가 확산되기 이전의 사회는 농업중심 사회로 노동과 생산 모두가 자급자족 성격이 강했다. 자신이 태어난 곳을 중심으로 그곳에서 일하고 살면서 이웃과 공동체를 형성하여 서로 도우면서 안전한 삶을 추구했다. 혈연과 지연, 직연(職緣)이 중심이 된 공동체가 사회생활의 중심이었다.

그런데 광업과 제조업 등 산업의 발달로 국가위상이 달라진다. 개인을 한 지역과 공동체의 일원으로, 나아가 왕과 영주의 신민으로 간주하던 절대주의 국가가 개인을 국가 구성원의 일원인 국민으로 여기고 정책을 펼치는 '국민국가'로 변모해간다. 국민의 일체성에 입각한 주권국가인 국민국가는 산업혁명 이후 각국에서 그 모습이 확인된다(〈그림 1-1〉).

즉, 근대사회는 산업자본주의와 과학기술 발전, 그리고 국민국가라는 특성을 지닌다. 이 중 산업자본주의는 사유재산제, 시장중심주의, 노동력 상품화라는 3가지 속성 위에 성립한다. 18세기 후반 영국의 산업혁명을 계기로 서구에 확산된 산업자본주의는 공업화를 촉진하여 자급자족 경제를 분업화된 상품시장 경제로 변모시킨다. 이 과정에서 많은 농민이 도시로 이동하여 노동자로서 생계를 유지한다. 일부 노동자들은 자본가 계층의 착취, 실업, 재해 등으로 빈민으로 전락하여 소란과 폭동을 일으킴으로써 사회문제가 되기도 했다.

이 시기는 노사관계가 체계화되기 전이라 교섭력이 약한 노동자 계층은 저임금, 장시간노동, 열악한 노동조건, 해고위험을 감수해야 했다. 일부 노동자들이 공제조합 등 상호부조 조직을 만들어 각종 위험에 대응하려 시도했지만, 조직이 결성된 곳은 숙련노동자 등으로 제한되었다. 다수의 비숙련노동자들은 조직을 만들어 스스로의 권익을 지킬 수 없었다.

이러한 노동자 계층을 대상으로 사회주의와 공산주의 사상이 확산될 것은 불문가지다. 정치가와 자본가 계층은 19세기 후반 이후 세력을 확장하는 이들 사상을 위협적으로 간주하여 대책 마련에 나선다. 노동자를 착취 대상이 아닌 장기 비즈니스를 위해 함께 끌고 갈 대상으로 인식하려는 노력을 시작한 것이다. 일부기업을 중심으로 노동자들의 환심을 사기 위해 임금을 올려 주고 노동조건을 개선하는 조치가 전개되는 가운데, 정치가들은 획기적인 노동자 복지대책을 구상한다. 은퇴, 질병, 재해, 사망, 실업 등의 위험에 대비할 수 있는 사회보장제도 도입이 그것이다.

〈그림 1-1〉 산업자본주의·국민국가 형성과 사회보장

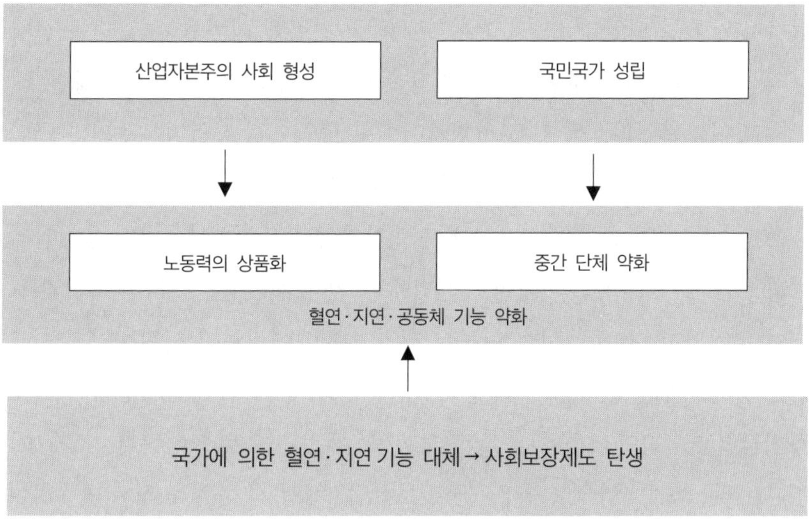

자료: 후생노동성, 2012: 7.

최초의 근대적 사회보장제도는 1883년 독일에서 시행된 노동자질병보험이다. 이어서 1884년 산재보험, 1889년 노령장애보험이 도입되어 노동자가 질병, 재해, 노령, 장애 위험에서 어느 정도 벗어나 일할 수 있는 환경이 만들어진다. 위험에서 완전히 벗어날 수 있는 수준의 급여가 제공되지 않았지만 전보다 안심하고 일할 수 있는 여건이 만들어졌다. 주목할 점은 이 제도 도입을 주도한 정치가가 비스마르크 수상이란 사실이다. 우파 정치인으로 친기업적 성향을 지녔지만 사회주의 사상이 노동자 계층에 확산되는 것을 막기 위해 기업의 추가적 비용부담에도 불구하고 노동자들을 위한 정책을 밀어붙인다. 당시 제도는 독일 내 숙련노동자들이 이용하던 공제 프로그램을 참고하여 설계한 것으로 늘어난 가입대상자에 적합하게끔 변형되었다.

이때 도입된 사회보험형 사회보장은 사업주 부담 외에 노동자 등 피보험자의 부담(갹출 보험료)을 규정함으로써 노동자의 수급권 확보가 시장 내 경제활동과 무관하게 주어지지 않도록 설계되었다. 이 같은 시장정합적 사회보험이 평가받아 다른 나라에서도 유사한 형태로 사회보장제도가 도입된다. 이는 무기여로 수급하는 공공부조가 지닐 수 있는 낙인효과 등을 우려하지 않아도 되었다. 그리고 사전에 각종 위험에 대비할 수 있다는 점에서 당시 유럽국가의 주류였던 사후적 구빈대책보다 앞선 사전적 '방빈' 대책으로 평가받았다. 이 같은 사회보장제도 도입으로 산업자본주의와 국민국가는 한 단계 더 발전하는 계기를 맞이한다.

프랑스도 독일에 이어 산재보험과 퇴직연금을 도입한다. 이런 움직임의 여파로 20세기 초 독일 바이마르 헌법에는 '인간다운 생활'이라는 사회권 보장이 명기되고, 영국에서는 빈곤이 개인의 책임이기보다 사회·경제적 요인에 의해 유발된 것이란 인식이 확산되어 진보적 개혁(*liberal reform*)인 〈노령연금법〉, 〈직업소개법〉, 〈국민보험법〉 제정 등으로 이어진다. 조지(D. L. George, 1863) 영국 수상은 〈국민보험법〉 제정 시 독일을 직접 방문하여 조사하기도 했다.

2) 탄생 이후 발전

20세기 초반까지 서구 주요국에서 사회보장제도의 큰 틀이 구축된다. 가장 늦은 곳이 1935년에 〈사회보장법〉을 제정한 미국이다. 미국이 다른 나라에 비해 늦게 제도를 도입한 것은 다른 나라에 비해 시장기능을 중시하고 자기책임과 자조노력을 강조했기 때문이다. 그런데 이러한 정책을 바꿔 사회보장연금(우리나라의 국민연금)을 도입한 것은 당시의 사회경제 여건이 그만큼 좋지 않았기 때문이다. 1929년 미국발 대공황으로 많은 기업이 도산하고 수많은 실업자가 발생하는 등 사회불안이 증대되었다.

영국에서도 대공황에 따른 혼란을 수습하기 위해 1934년 실업급여를 지급하는 〈실업법〉을 제정한다. 이때의 〈실업법〉은 사회보험인 실업보험과 성격이 달라 보험료 납부여부와 관계없이 조세재원으로 실업급여를 지급하는 파격적 조치였다. 이후 제2차 세계대전 기간 중인 1942년 영국에서 획기적인 사회보장 플랜을 담은 보고서(사회보험과 관련 서비스)가 제시된다. 이 플랜은 베버리지(W. H. Beveridge, 1879) 등이 구상한 것으로 전국민을 대상으로 출생에서 사망 시까지 사회보장 네트워크를 정비하여 빈곤문제를 근본적으로 해결한다는 것이다. 기본적 서비스는 사회보험으로 제공하고 특별서비스는 공공부조, 임의보험을 덧붙이는 방식이다.

이 무렵 베버리지의 최저한 생활보장 구상을 유효수요를 늘려 실업문제를 해소하자는 케인즈 구상과 묶어 '케인즈 베버리지 체계'(복지국가 합의)란 표현이 사용되기도 했다. 영국은 전후 베버리지 구상의 구체화 작업에 나서 둘째 자녀에게 아동수당을 지급하는 〈가족수당법〉(1945년), 실업·질병·장애·노령 시 소득보장을 하는 〈국민보험법〉(1946년), 국가책임의 포괄적 의료서비스 제공을 담은 〈국민보건서비스법〉(1946년), 빈민에의 공공부조와 고령자·장애자 복지서비스를 규정한 〈국민부조법〉(1948년), 아동을 지방자치단체 책임으로 보호하는 〈아동법〉(1948년) 등 법 제정에 나선다. 영국 사례를 토대로 완전고용을 통한 경제의 안정적 성장과 국민복지 충실화를 통한 복지국가(혹은 사회국가-독일) 건설이 서구권 국가들의 공통목표였다.

1950년대부터 1970년대 초반까지 서구권 국가에서는 안정된 성장과 낮은 실업률로 사회보장급여 수준 인상 등의 조치가 시행된다. 사회보장제도 정비가 가장 더딘 미국에서도 1965년 고령자·장애자 대상 공적 의료보험인 메디케어(Medicare), 저소득자 대상 공적 의료부조인 메디케이드(Medicaid) 제도가 도입된다.

이처럼 제1차 석유위기 도래 이후 각종 복지급여를 조정하는 1973년까지가 서구권 국가에서는 '복지국가 전성기'였다. 이 시기에는 '국가최저한'(national minimum) 단계를 넘어 장애자를 포함한 모든 사람이 함께 살아가는 '보통사회'가 강조되었다. 더불어 표준화(normalization)14)를 내세우는 나라가 늘면서 사회보장은 서구권 보통국가에서 기본체계의 하나가 된다.

1970년대에는 두 차례 석유위기를 계기로 성장률이 낮아지면서 주요국에서는 복지지출 억제에 나선다. 강화된 복지가 근로의욕과 국가경쟁력을 낮추는 원인이 된다고까지 지적되었다. 1980년대에 접어들면서는 '복지국가 위기설'이 주요국을 휩쓸면서 신자유주의(neo-liberalism) 노선에 입각한 사회보장 개혁, 복지국가 개혁작업이 시도된다. 15)

각국의 복지제도 개편 노력에도 불구하고 복지분야 지출은 쉽게 줄어들지 않고 있다. 인구의 고령화가 진행되면서 의료비 지출이 늘어 1980년대

---

14) 정상화, 정규화 등으로도 번역될 수 있다.

15) 규제완화와 민영화, 작은 정부 등이 강조되면서 복지분야에서도 그러한 방향으로 정책이 추진되고 복지급여 수급에 함몰되어 노동시장 참여를 기피하는 복지병 퇴치가 정책의 주된 사안의 하나가 되었다. 기업의 대외경쟁력에 부담을 주는 각종 복지제도가 정비대상으로 떠오르면서 최저임금제도가 철폐되기도 했다. 영국에서는 보수당 정권인 메이저 정권 때인 1993년 폐지되었다가 1998년 블레어 노동당 정권에서 다시 부활한다.

〈그림 1-2〉 산업자본주의 및 국민국가 형성과 사회보장의 관계

사회보장제도 기능		국민국가·산업자본주의 발전
사회안전망(효율-공정 택일) 소득재분배 보험-위험분산 사회통합 강화 사회보장 관련 산업 고용증대	 지원 1980년대까지	국민의 일체성 강화 개인의 자립, 행복 추구 허용 건강하고 안전·안심의 삶 경제성장 통한 풍요로운 삶 산업자본주의의 진화

사회보장제도 개편		지속적인 산업자본주의 발전
사회안전망(효율-공정 양립) 소득재분배 (상대적 보험-위험분산 (중요성 조정) 비용부담: 넓고 얕게 양질의 사회보장 산업 일자리	 개편 요구 1990년대 이후	인구감소, 초고령사회 청년과 약자층 사회적 배제 개선 건강하고 안전·안심의 삶 삶의 질 개선 통한 풍요로운 삶 산업자본주의의 진화

자료: 후생노동성, 2012: 7 수정보완.

이후 복지지출은 국내총생산(GDP) 대비로 볼 때 크게 줄어들지 않고 지속적으로 늘어나고 있다. 특히 실업이 크게 증대되어 전보다 실업급여가 늘어나면서 다른 급여지출을 압박하기도 한다.

1990년대 이후에는 사회보장의 중요성이 재인식되어 사회보장의 주요 기능을 유지하면서 고용증대의 중요성을 강조하는 형태로 변모한다. 단순 급여지원보다 직업훈련과 교육을 통해 급여와 취로지원을 연계시켜 취업 의욕과 고용가능성을 높이는 프로그램이 강조된다. 일자리 제공이 곧 복지라는 인식이 어느 때보다 강조되면서 사회보장을 통한 효율과 공정의 양립이 가능하다는 인식이 확산되는 등 복지국가의 재편성기에 접어들었다(〈그림 1-2〉).

이후 나라별로 정치지형, 사회보장에 대한 주류 세력의 철학, 인구구조, 소득수준을 포함한 사회경제 상황의 변화에 따라 사회보장제도는 다양한 유형으로 전개되고 있다.

3. 일본 사회보장의 역사적 전개

여기서는 일본 사회보장의 역사적 변천을 살펴본다. 크게 보면 일본도 앞서 서술한 서구 주요국의 발전 경과를 약간의 시차를 두고 뒤따라왔다고 할 수 있다. 후발 산업자본주의 국가로서 경제발전이 더디고 연대에 대한 의식이 서구권 국가에 비해 상대적으로 약한 일본이라는 점에서 각종 사회보장제도의 적용범위와 깊이 면에서 다소 뒤진 모습을 보여준다.

몇 가지 예외적인 제도도 있다. 가령 건강보험 같은 제도의 경우 서구권 국가의 그것을 넘어설 정도의 적용범위와 깊이를 지닌다고 평가받는다. 건강보험은 국민개(皆)보험을 실현한 대표적 제도로, 국민연금은 국민개연금을 실현한 대표적 공적연금으로 평가받아 서구 주요국의 그것과 비교하여 뒤떨어질 것이 없거나 오히려 나은 것으로 거론되기도 한다. 이 밖에 여러 사회보장 관련 제도, 가령 저소득층 대상의 기초생활보장(일본의 생활보호 등)과 각종 장애자 지원제도에서는 일본이 서구권 국가에 비해 질적, 양적으로 꽤 뒤져 있는 것이 사실이다.

일본의 사회보장제도는 서구 주요국의 그것과 유사한 측면을 지닌 것도 있지만 꽤 다른 형태로 운영되는 것도 있다. 이러한 제도들은 일본적 특성을 반영하는데 그 배경에는 사회보장과 복지에 대한 국민 혹은 수급자층의 인식에서 일본과 서구권 국가가 보여주는 차이가 있다. 일본에 근대적 사회보장제도가 도입된 지 90년 이상이 지났다. 이제부터는 그간의 변천과 경과를 간략히 소개하면서 일본 사회보장의 특성에 대한 이해를 돕겠다.

1) 제2차 세계대전 이전 사회보장

근대적 사회보장제도가 일본에 처음 도입된 것은 1922년으로 이 해에 노동자 대상의 〈건강보험법〉이 제정된다. 이후 노동자 이외로 적용대상을 확대하기 위해 〈구 국민건강보험법〉이 1938년에 도입된다. 이때 제정된 〈국민건강보험법〉은 군인과 국민들을 건강하게 만들겠다는 '건병건민책' (健兵健民策)의 일환으로 도입되었으며 노동자 보험이 아닌 지역가입자 보험으로 서구권 국가의 사례와 다른 것이었다. 서구에 비해 노동자 대상 건강보험 도입은 늦었지만 자영업자와 전업주부 등 지역가입자 대상 건강보험은 일본이 앞서 그 의의가 작지 않다고 할 수 있다. 다시 말해, 전 국민에게 건강보험을 제공한다는 국민개보험 구상의 기초작업이 일찍이 실현되었다.

이처럼 일본의 근대적 사회보장제도는 사회보험인 건강보험에서 시작되었는데 이후 〈선원보험법〉(1939년), 〈근로자연금보험법〉(1941년) 제정으로 이어진다. 〈선원보험법〉은 선원이라는 특수한 직종의 노동자와 그 가족 등을 대상으로 종합적 사회보장을 제공한다. 건강보험(출산·육아지원 포함)은 물론이고 노동자 일반에 적용되지 않고 있던 연금보험, 고용보험, 산재보험, 행방불명수당을 제공하는 내용을 담고 있다.

〈선원보험법〉은 1940년의 시행 이후 오늘날까지 시행되지만 제도내용은 조금씩 바뀌었다. 선원보험은 선원이라는 특수성, 즉 직장과 생활의 터전이 하나이고 자택에서 장기간 떨어져 생활해야 하는 현실, 고립된 선내작업 등 선원작업의 어려움을 고려하여 ILO 조약 및 〈선원법〉 등이 선원에 대해 규정한 우대조치를 담은 종합적 사회보장제도다. 그런데 취업과 경제여건의 변화로 피보험자수가 1971년의 27만 명에서 2016년의 5만 4천 명으로 크게 줄면서 제도의 재정상황이 극도로 어려워지자 개혁이 시도된다.[16)]

노동자연금보험은 일정규모 이상의 기업체에 종사하는 노동자에게 은

퇴 후 노령연금 등을 지급하는 제도다. 중일전쟁이 1937년에 발발한 이후 일본 국가 전체가 전시체제에 돌입하는 과정에서 이 같은 사회보장제도를 도입한 것에 대해 복지제도 도입이라는 표면상 목적 외에 다른 실질적인 목적이 배경에 있다고 주장하는 이들도 있었다. 통화증발에 따라 우려되는 인플레이션을 진정시키고 전비를 조달하는 한 가지 방법으로 연금제도 도입이 구상되었다는 것이다(吉原健二, 2004: 17~18).[17] 물론 그러한 측면을 무시할 수 없겠지만 노동자 대상의 공적연금 도입은 서구권 국가에 비하면 꽤 늦었고 자조노력을 강조하는 미국보다 늦었다는 점을 감안하면 세계적 조류 속에서 노동자 복지정책의 일환으로 도입되었다고 이해하는 것이 본질을 제대로 파악한 것이다. 실제로 전쟁수행의 주무기관인 육군성과 재원조달의 책임부처인 대장성은 연금제도 도입에 초기에 반대의사를 표명했다.

이처럼 근대적 사회보험을 통한 사회보장이 서구권 국가에 비해 크게 늦어진 이면에는 더딘 경제발전이 자리하고 있다. 1880년대 이후 일본에

---

16) 1986년 직무 외 연금부분이 후생연금보험으로 통합되고, 2010년 1월부터 산재보험 상당부분(직무상 질병, 연금관련)은 노재보험, 고용보험 상당부분(실업관련)은 고용보험으로 통합된다. 건강보험 상당부분(직무 외 질병 관련)과 선원노동의 특수성을 고려한 독자급여(ILO 조약과 선원법상의 독자급여, 직무상 추가급여제도)는 신 선원보험으로 전국건강보험협회가 관장한다(전에는 사회보험청 관할). 독자급여는 산재보험에 없는 급여인 하선후요양보상, 행방불명수당, 휴업수당, 그리고 산재보험 수준보다 높은 급여를 제공하는 휴업수당과 장애수당 등을 지칭한다. 기타 복지사업은 일반 제도로 시행 가능한 사업은 산재보험이나 고용보험으로 시행하고 기타 복지사업은 신 선원보험의 복지사업으로 실시한다. 선원보험특별회계는 2009년 말 폐지되고 노동보험특별회계 및 연금특별회계로 통합된다.
17) 당시 법은 제도 도입 목적을 노동자 복지개선과 적용 노동자 확대 등으로 서술하지만 일부 인사들은 실질적 도입목적이 중일전쟁에 따른 과잉구매력 흡수를 통한 인플레이션 억제, 보험료 적립을 통한 자본축적, 노동력의 단기이동 방지 및 장기근속 장려 등에 있을 것이라고 주장했다.

들어선 수많은 공장에는 농촌지역에서 일자리를 찾아 올라온 노동자들이 있었다. 당시의 정부는 노동자들의 열악한 노동환경 개선 등 복지증진보다 자본가인 사용자들의 눈높이와 이해에 맞춰 행정을 펼치고 있었다. 정치가와 관료들 사이에는 "자본가들이 있고 그다음에 노동자가 있다"는 인식이 보편화되어 노동자를 부품 정도로 취급하는 경향이 컸다. 기업별 노동조합이 결성되어 발전하는 것은 제2차 세계대전 이후이므로 이전의 약한 노동자들의 권리보호는 거의 그대로 미숙한 사회보장제도로 이어졌다고 할 수 있다.

제2차 세계대전 이전의 근대적 사회보장제도는 건강보험과 연금보험 정도가 선보여 일부 노동자를 적용대상으로 제도의 혜택을 주고 있을 뿐이었다. 산재보험, 고용보험, 장기요양보험 등의 다른 사회보험과 아동, 여성, 장애인 등 취약계층 대상의 다양한 사회보장 서비스는 엄두조차 낼 수 없는 상황이었다. 예외적으로 선원이라는 특수직종의 노동자와 그 가족을 대상으로 종합적 사회보장제도가 시행된 것이 주목할 만하다.

2) 제 2차 세계대전 이후 사회보장

패전 후 일본은 미군이 중심이 된 연합군총사령부(GHQ) 사령관의 통치를 6년 반가량 경험한다. 이때 일본은 군국주의 국가에서 민주주의 국가로 탈바꿈한다. 이에 따라 전체주의와 군국주의의 구습이 남아 있는 각종 제도를 자유민주주의에 입각한 형태로 바꾸었다. 일부는 일본인 스스로 바꾸기도 했지만 헌법을 위시하여 더 많은 내용을 GHQ의 지침과 지시에 따라 미국방식으로 혹은 미국방식을 참조하여 바꾸었다. 정부의 규제로 억제되던 노동조합 결성이 자유화된 것도 이 무렵이다. 각종 사회보장제도가 정비되기 시작한 것은 이 같은 흐름에 따른 것이라고 할 수 있다.

미군이 주도한 일본국 헌법이 1947년 5월에 시행되는데 여기서 국민의 권리로서 사회권이 규정된다. 사회권에는 생존권(25조),18) 교육을 받을 권리(26조), 근로의 권리와 노동기본권(27조, 28조) 등이 포함된다. 사회권 관련 규정은 대일본제국 헌법(1890년 11월 시행)에는 없다. 이로 인해 사회권 관련 정책은 행정당국의 정책에 좌우된다. 생존권은 사람이 사람답게 살아가는 데 필요한 여러 가지 조건의 확보를 요구하는 권리, 사람이 일정한 사회관계 하에 건강하고 문화적으로 생활할 수 있는 권리를 지칭한다. 생존권을 실현하기 위해서 제정된 법은 노동 3법(〈노동기준법〉, 〈노동조합법〉, 〈노동관계조정법〉) 외에 〈생활보호법〉, 5대 사회보험법(〈국민건강보험법〉, 〈후생연금보험법〉, 〈노동자재해보상법〉, 〈실업보험법〉, 〈개호보험법〉), 〈국민연금법〉, 〈국가공무원공제조합법〉, 〈아동복지법〉, 〈노인복지법〉, 〈장애자기본법〉, 〈지역보건법〉, 〈환경기본법〉 등이다.

1961년에는 가장 큰 변화가 찾아온다. 이 해에 국민 모두가 건강보험과 국민연금(및 후생연금보험)에 가입하는 전국민건강보험, 전국민연금이 실현된 것이다. 이후 고도 경제성장이 지속되는 가운데 고령자 복지, 장애자 복지, 보육 등의 아동복지 관련 제도가 잇달아 정비된다.

1973년 이후에는 다나카 가쿠에이(田中角榮) 총리에 의한 과감한 복지강화가 시도되면서 기왕에 도입된 복지제도 급여수준이 높아진다. 노인의료비 지급제도에 의한 70세 이상 노인의료비 무료화, 고액요양비제도에 의한 요양비 상한제 도입, 노인복지연금 급여수준 대폭인상, 연금급여에의 물가·임금 연동제 도입 등으로 '복지원년'이라고 일컬어지기도 한다.19)

---

18) 헌법 제25조 제1항에 따라 모든 국민은 건강하고 문화적인 최저한도의 생활을 누릴 권리를 지닌다. 제2항에 따라 국가는 모든 생활부면에 대해 사회복지, 사회보장, 공중위생의 향상과 증진에 노력해야 한다. 생존권 보장을 규정한 제25조는 GHQ 초안에 없었는데 사회정책학자 출신으로 사회당 중의원 의원이었던 모리토 다쓰오(森戶辰男, 1888)가 바이마르 헌법에서 제시된 이 권리를 포함할 것을 발안하여 헌법에 포함되었다. 그는 패전 이전 위험한 좌파 사상가로 꼽혀 도쿄대 교수(법대 사회정책학과)에서 축출당했지만 패전 후 문부성 장관을 역임하는 등 교육계 원로로 추앙받았다.

1973년은 전후 베이비붐 세대의 자녀들이 태어날 무렵이다. 결과적으로 보면 이 해에 제1차 석유위기가 일어나고 그 여파로 고도 경제성장이 종료되며 중성장 시대로 접어든다. 제2차 베이비붐을 지켜보면서 다나카는 '사회보장의 내실화'가 표로 이어질 수 있다는 생각에 그간의 양호한 경제성과를 토대로 퍼주는 복지정책을 선거공약으로 내건다. 금전살포에 의한 사회보장 강화와 공공사업 시행을 통한 격차시정에 본격적으로 나선 것이다.

위의 고액요양비제도는 높은 의료비 부담을 낮춰 주기 위해 회사원 부양가족의 한 달 자기부담 상한을 3만 엔으로 제한한 것으로, 초과분은 보험자인 전국건강보험협회, 건강보험조합, 시정촌(市町村) 등이 지급한다 (〈건강보험법〉 제115조, 〈국민건강보험법〉 제57조의 2). 당시 건강보험 가입자인 회사원의 자기부담은 초진 시 2백 엔의 정액제로 낮았지만 부양가족은 30%의 정률제로 요양기간이 길어지면 자기부담액이 꽤 커졌다. 입원실 차액, 치과재료 특별요금, 첨단의료 등 보험이 적용되지 않는 부분, 보험급여 중 정액제인 식사요양, 생활요양 등은 대상에서 제외된다.

1984년 회사원 건강보험에 10% 정률제가 도입되면서 회사원 본인에게도 고액요양비제도가 적용되는데, 저소득층 부담을 덜어 주기 위해 주민세 비과세세대는 3만 엔, 일반소득 세대는 5만 1천 엔의 상한구분이 생긴다.[20]

이후 두 차례에 걸친 석유위기로 경제성장이 둔화하면서 복지강화 노선에 일시적으로 제동이 걸리기도 했지만, 큰 흐름 차원에서는 복지강화 기

---

19) 금권정치의 대명사인 다나카 가쿠에이가 1972년 총리에 취임한 후 시행한 포퓰리즘 정치로 인해 붙은 이름이다. 복지강화 외에 대중국교 정상화, 조에쓰(上越) 신간선 건설 등 인프라 강화를 통한 일본열도 개조 시도, 강한 보스기질과 친화력, 카리스마 등으로 그는 2016년 기준 전후 일본인 중 국민들로부터 가장 높이 평가받는 인물이다.

20) 이후 상한선은 단계적으로 인상되었으며 크게 바뀐 것은 2000년으로 소득계층을 3단계로 나누어 고소득 세대를 신설해 의료비에 연동하여 1% 부담을 덧붙이는데, 1% 부담은 이후 일반소득 세대로 확대된다. 2015년에는 소득계층을 5단계로 늘려 고소득자 부담을 더 늘린다.

조가 유지된다. 그러다가 1981년의 제2차 임시행정조사회(제2임조)가 추진한 행·재정개혁으로 증가 일로를 보이던 사회보장 관련 예산에 일정한 제약이 가해지기 시작한다. 당시 제2임조에 참여한 인사들이 사회보장에 대해 보여준 태도는 '일본형 복지사회' 구상으로 집약될 수 있다. 이는 가족과 지역의 상호부조를 강조하여 복지예산 증대를 억제하자는 구상으로 "일본인이 지니는 자주자조 정신, 배려심 있는 인간관계, 상호부조의 틀을 지키면서 여기에 적정수준의 공적 복지를 결합시킨 공정하고 활력 있는 사회를 추구하자"[21]는 것이다.

3) 1990년대 이후 사회보장: 제도 지속가능성과 기능강화

1990년대 이후의 일본경제는 저성장, 저출산, 저금리, 디플레이션으로 압축될 수 있을 만큼 '저'(低)와 '마이너스' 이미지의 경제상태가 계속되었다. 이 같은 상황에서 지속적으로 수요가 증대되는 것이 사회보장 관련 지출이라는 점에서 이 시기 사회보장은 일본경제와 일본사회 전반에 어두운 그림자를 드리운다. 일부 제도에서 급여의 충실화를 통한 기능강화가 추구되는 한편 다른 제도에서는 부담증대와 급여삭감 등을 통한 지속가능성 확보가 시도되기도 한다. 이 시기의 가장 큰 이슈는 사회보장제도의 지속가능성과 기능강화라고 할 수 있다.

저출산 대책으로 1994년에 문부성, 후생성, 노동성, 건설성 장관 등의 합의로 '자녀양육 지원을 위한 종합계획'(엔젤플랜)이 마련되어 1995년부터 시행되었다. 1999년에는 신엔젤플랜이 수립되어 재무성, 문부성, 후생성, 노동성, 건설성, 자치성의 6장관이 '중점 추진할 소자녀 대책의 구체적 실시계획'을 2000년부터 추진한다. 이후에도 보육원 대기아동 제로

---

21) 오히라 마사요시(大平正芳) 총리, 1979년 시정방침 연설.

작전(2001년), 신 대기아동 제로작전(2008년), 저출산대책 플러스원(2002년, 양육기간 중의 잔업시간 감축, 남성의 최저 5일간 육아휴가취득률과 육아휴업취득률 10% 목표), 〈저출산사회대책 기본법〉(2003년), 〈차세대육성지원대책추진법〉(2003년, 아동수당과 편부모가정의 자립지원 등), 신신엔젤플랜인 아동양육 응원플랜(2005년), 보육소대기아동 해소가속화 플랜(2014년), 아동양육 지원 신제도(2015년) 등이 추진되었다. 그러나 합계출산율은 1.4 이상 수준으로 높아지지 않았다.

노인수가 증가하면서 개호(介護) 수요가 급증하자 2000년 개호보험이 발족한다. 개호의 사회화를 시도한 것으로 보건의료와 복지서비스를 하나로 묶어 제공하는 다섯 번째 사회보험이다. 개호보험의 경우 당초 예상보다 수요가 크게 늘어나 개호보험 적자가 확대되는 등 시행착오를 거치면서 정착에 주력하고 있다.

평균수명의 연장에 따라 60세 정년의 의무화를 넘어서 이를 초과한 연령대에서의 취업을 권장한다. 이를 통해 후생연금과 국민연금의 노령연금 지급개시연령을 65세에서 그 이상의 수준으로 단계적으로 끌어올릴 계획이다(1994년 관련법 개정). 보험료 상한을 정하고 성장률, 피보험자수와 수급자수 변화, 평균여명 증가 등을 고려하여 급여수준을 조정하는 방식인 거시경제연동(2004년) 장치도 도입된다.

또 노인수 증가에 따른 노인의료비 증가로 건강보험비 지출이 빠르게 늘어나면서 가입자 본인 일부부담의 인상이 시도되었다(1997년). 노인보건제도를 폐지하는 대신 75세 이상의 후기고령자의료제도와 전기고령자(65~74세) 의료비 관련 재정조정제를 창설하고, 특정건강검진 등 의료비 적정화 종합추진(2006년) 등을 도모한다.

세계화 추세가 강화되면서 대표적 일본기업들이 경쟁력 확보를 위해 정규직보다 비정규직(단시간근로자, 파견 근로자 등) 형태의 고용을 선호하게 된다. 이로 인해 그간의 사회보장 설계의 전제인 '일본형 고용시스템'이 흔

들리게 되었다.

근간의 제도개혁이 지속가능성을 확보하기 위한 것이지만 그에 따라 보장기능이 떨어지고 의료와 개호 현장이 피폐해지는 문제가 발생하였다. 그래서 2008년 이후 사회보장의 기능을 강화하려는 시도와 더불어 전 세대 대응형 사회보장제도로의 전환이 추진되고 있다.

일본의 사회보장제도를 서구 주요국의 그것과 비교하면 지출규모가 작고 서비스 대상이 노인에 집중된다는 점이 먼저 지적될 수 있다. 이 같은 사회보장제도는 높은 성장률과 낮은 실업률, 정규직 고용 중심의 종신고용, 남성 노동자와 여성 전업주부 그리고 자녀 등 소수의 부양가족, 충실한 기업 내 복리후생, 강한 지역사회 유대 등을 전제로 구축되었다. 안정된 고용이 전제되므로 취업 중인 현역세대(배우자 자녀 등 부양가족 포함)에의 사회보장지출이 낮아 지출의 많은 부분이 퇴직노인의 의료와 연금, 개호관련 비용이다.

그런데 1975년 이후 출산율이 2% 이하로 떨어지면서 저출산이 기조가 되고[22] 일본형 고용시스템이 붕괴되기 시작하는 등 사회보장제도의 전제가 틀어지면서 그간의 제도를 전반적으로 재검토해야 할 시점이다. 그동안 일본사회를 이면에서 지지했던 혈연, 지연, 직연의 축들이 곳곳에서 금이 가고 있어 각 분야에서의 유대감, 연대감 약화를 보완하는 역할이 기왕의 사회보장제도에 추가적으로 기대된다.

---

22) 1961년 1.96, 1962년 1.98, 1966년 1.58의 기록이 있으나 이후 회복되었고 1975년 이후 지속적으로 2.0을 밑돌고 있다(厚生労働省大臣 官房統計情報部, 各 年度, 〈人口動態統計〉).

4. 미래의 사회보장: 방향성 논의

머지않은 앞날에, 여러 나라에서 복지와 사회보장제도의 가치와 위상에 대한 논의가 뜨겁게 일어, 관련제도가 재편되고 새로운 복지국가나 전혀 다른 국가유형으로 진화할 수도 있다. 근원을 따지고 들어가 보면, 근대 복지와 사회보장제도가 권력을 지향하는 정치가들의 이해관계 속에서 그 원형이 배태되었음을 확인할 수 있다. 한번 도입되면 쉽게 없애거나 바꾸기 힘든 복지, 사회보장제도라고 하지만, 인구구조와 정치지형이 바뀌고, 소득수준을 포함한 사회경제 환경이 달라지면, 제도 이면에 깔려 있는 철학과 주요개념에 대한 인식이 재검토될 수 있다. 결과적으로 미래의 복지와 사회보장제도의 방향성이 재정립될 개연성이 작지 않다.

현행 주요국의 복지, 사회보장제도에 깔려 있는 철학과 주요개념 및 이슈는 다음과 같이 정리해 볼 수 있다. 연대와 공동체 의식, 권리로서의 복지, 소득재분배를 통한 격차해소, 성장과 복지의 상호성 인식, 최약자 보호 우선, 사회적 최저한, 보험과 소득재분배 기능을 겸비한 사회보험 활용, 국가 간 경쟁이 아닌 국가 내 자원배분 경쟁, 포퓰리즘과 지속가능성 위협 등이다.

복지와 사회보장제도는 나라별로 그것에 대한 철학이 달라 도입과 운영 역사에서 차이를 보인다. 여기에 인구구조, 정치지형, 소득수준을 포함한 사회경제 환경의 실상과 변화추이가 각국마다 달라서, 복지와 사회보장제도는 수많은 유형으로 다변화되었다. 향후 국가의 지속과 발전과정에서 복지와 사회보장제도가 멍에가 되지 않도록 하기 위해서는, 구성원들이 적시에 합의를 통해 자국에 맞는 형태로 제도를 재정립해야 할 것이다. 이 과정에서 철학과 주요개념 및 특성에 대한 신축적 해석과 접근이 필요함은 말할 것도 없다.

■ 참고문헌

국내 문헌

〈마태복음〉, 19장, 23~24절. 《신약성서》.

吉原健二(2004), 《わが国の公的年金制度: その生い立ちと歩み》. 中央法規出版.
農商務省(1903). 《職工事情》. 農商務省.
菱刈晃夫(2011). "格差社会とルター". 〈初等教育論集〉, 12, 18~30.
細井和喜藏(1925). 《女工哀史》. 改造社.
岩本健壽(2008). "奈良時代施薬院の変遷". 〈紀要〉, 54(4), 87~100.
横山源之助(1899). 《日本之下層社会》. 岩波文庫青(109-1)文庫, 1985.
厚生勞働省(2012). 《厚生勞働白書》. 厚生勞働省.

해외 문헌

ILO(2010). *World Social Security Report 2010/11*. International Labour Organization.
_____ (2014). *World Social Security Report 2014/15*. International Labour Organization.

02

사회보장제도의 기본구조

1. 머리말

이 장에서는 사회보장제도의 기본적 구조에 대해 서술한다. 사회보장제도
는 여러 개의 개별적 제도로 구성되며, 각 제도는 고유의 독립적 기능을 수
행하면서 사회보장이 추구하는 공통의 목적에 부합하는 기능도 함께 수행
한다. 경제발전 상황과 국가별 복지이념의 차이로 사회보장제도의 내용에
다소간 차이를 보이기도 하지만 기본적 구조는 큰 틀에서 유사한 모습을
보여준다. 이하에서는 주요국에서 공통적으로 관찰되는 기본적 구조에 대
해 서술하고, 이어서 일본 사회보장제도의 기본구조를 살펴본다.

국제노동기구(ILO, 2010: 13)[1]는 사회보장의 개념을 규정하면서 사회

---

1) 한편 이들 급여를 좀더 상세하게 나눠 10가지 보호조치로 규정한다. ① 의료 ② 상병수당
   ③ 장애 시의 의료 · 재활 · 장기요양 · 소득지원 ④ 고령자에 대한 소득지원 · 장기요양 ⑤
   유족에 대한 소득지원 ⑥ 임신 시의 의료와 소득지원 ⑦ 아동의 안정적 성장 위한 포괄적
   지원(현금급여, 현물급여) ⑧ 실업자 소득지원과 취업지원 ⑨ 산업재해 시의 의료 · 재
   활 · 소득지원(유족지원 포함) ⑩ 빈곤과 사회배제에 대한 일반적 보호(기초보장, 사회보
   장 비적용자)(ILO, 2010: 20) 등이 그것이다.

적 보호(social protection)를 확보하기 위해 현금이나 현물로 급여를 제공하는 모든 조치를 거론한다. 특히 다음의 4가지 상황, 즉 취업관련 소득의 결여 내지 부족, 의료서비스 접근 결여 내지 불충분, 아동과 성인 부양자에 대한 불충분한 가족 지원, 빈곤과 사회적 배제로부터의 보호조치를 강조한다. 이때 소득결여나 부족의 원인으로는 질병, 장애, 임신, 산업재해, 실업, 고령, 배우자 사망 등이 고려된다.

한편 1952년 제정된 ILO 사회보장(최저표준) 규약(No. 102)[2]에 따르면 사회보장제도의 기본구조는 대략 다음과 같은 프로그램으로 구성된다.[3] 일정 연령을 넘어선 생존노인에 대한 노령연금, 가장 사망에 따른 과부와 미성년자녀 대상의 유족연금, 자녀의 건강유지를 위한 가족수당(family benefit), 임신처치와 질병치료, 임신과 구금 등에 따른 소득상실 보상(임신 육아 수당 포함), 구직자에 대한 실업급여, 상병(휴업) 수당, 장애급여, 업무상 재해(사고와 질병)에 따른 의료조치, 상병휴업, 장애, 사망에 따른 비용과 손실보상 프로그램, 그리고 정부가 규정한 사회적 최저한에 달하지 못한 이들에 대한 공공부조 프로그램이 여기에 속한다.

사회보장규약(1952년)에 이미 대부분의 조치들이 규정되었으나 최근 간행된 ILO 보고서는 이 규약이 담지 않은 사회적 배제(social exclusion)에 대한 보호조치를 규정하는 등 전보다 좀더 넓은 범위의 내용을 사회보장 개념으로 규정한다. 급여 프로그램 중에는 서로 중첩되는 부분이 있을 수 있는데 이 경우 사회보장제도의 혜택이 가능하면 얇고 넓게 확산될 수 있도

---

2) Social Security (Minimum Standards) Convention (nr. 102)

3) ILO (내 ILC)는 1919년의 창립 후 사회보장에 관한 31개 규약(convention)과 23개 권고(recommendation)를 내놓은 바 있다. 그런데 2002년 ILO 지배기구가 31개 규약 중 6개를 현대(up-to-date) 사회보장규약으로 확인한다. No. 102는 이 중 하나다. 이외에 No. 121 (산재급여규약, 1964), No. 128(장애, 노령, 유족급여규약, 1967), No. 130(의료질병급여규약, 1969), No. 168(고용촉진과 대실업보호규약, 1988), No. 183(임신보호규약, 2000) 등이 있다(ILO, 2010: 18).

록 하여 특정 수급자에게 혜택이 집중되지 않도록 권고한다.

이 같은 ILO의 개념 규정에 대해 일부 전문가들은 일자리, 건강, 사회참여와 관련한 안전·안심의 보장, 또 늘어나는 편부모가정, 소녀가장 세대 등 취약가정 지원 강화, 일과 가정생활의 양립을 통한 여성 근로자 지원 강화 등이 추가되어야 한다고 주장한다. 그 배경에는 경제·사회의 발전과 변천으로 현금이전(현금급여), 현물급여 중심의 프로그램만으로 사회보장의 실효성을 확보하기 힘들다는 인식이 있다.

정리하면 사회보장 범위는 좁게는 장수, 질병, 장애, 사망, 실업, 재해 등의 위험에 대비하는 4대 사회보험과 최약층 대상으로 사회적 최저한을 보장하는 공공부조로 규정할 수 있고, 넓게는 이들 급여에 노인성 치매(癡呆)와 와상(臥床) 노인 위험대비 사회보험, 중증장애인, 취약고령자·여성·아동(혹은 가정) 대상의 현금 및 현물급여와 다양한 사회적 서비스를 포함하여 규정할 수 있다. 나라에 따라 안전하고 안심되는 일자리, 건강, 사회참여 보장, 그리고 노동시장의 정비를 통한 일과 가정생활 양립 등까지도 사회보장 대상으로 규정하기도 한다.

ILO(2014)는 2012년 기준 전 세계 인구 중 27%만이 '포괄적(*universal or comprehensive*) 사회보장' 서비스를 제공받는다고 지적한다. 이때의 포괄적 수준은 ILO의 사회보장(확장) 정의에 열거된 10개 요소의 급여가 1952년의 ILO 사회보장규약(No. 102)에서 정의된 최저한 이상일 경우를 지칭한다(ILO, 2010: 22). 포괄적 수준보다 낮은 보호수준으로 기초적 사회보호(*basic social protection*), 부분 기초적 사회보호(*partial basic social protection*)[4]가 있다. 이 정의에 따르면 우리나라는 부분 기초적 사회보호를 받는 것으로 분류된다. 우리보다 소득수준이 낮은 국가 중에도 포괄적 사회보장 서비스를 제공하는 곳이 적지 않은 것으로 나타난다. 대표적인 곳이 러시아와 브라

---

4) 혹은 부분 포괄적 사회보호(*partial comprehensive social protection*)라고도 한다.

질이다. 하지만 전반적으로 평가할 때 이들 국가의 사회보장 서비스 수준이 우리보다 낮다고 보기 힘든 측면이 없지 않다는 점에서 ILO의 측정과 평가를 해석할 때 일정한 유보를 가지고 접근하는 것이 필요할지 모른다.[5]

근대국가는 이상의 사회보장에 대한 종합적 플랜을 세워 중앙정부와 지방정부가 그 업무를 분담하여 민주적이고 또 효율적으로 실시하려고 노력한다. 아울러 국민들도 사회보장제도가 추구하는 사회연대의 정신과 이념에 따라, 제도가 장기간에 걸쳐 지속되면서 필요한 서비스를 제공할 수 있도록 능력에 상응하는 부담을 지는 등 협력하는 것이 중요하다.

근대국가의 사회보장제도는 이 같은 틀에 입각하여 발전했으며 국가에 따라 다소간의 차이는 있지만 큰 틀에서는 기본적으로 동일하다. 일본과 유사한 영미권 국가의 경우 사회보장의 범위를 좁게 규정하는 반면 독일, 프랑스 등 대륙형 국가의 경우 그 범위가 넓고 각각의 제도가 제공하는 급여수준도 충실한 편이다. 그 배경에는 사회연대의 역사와 강도 면에서 대륙형 국가가 영미권 국가보다 훨씬 앞서 있다는 사실이 있다.

한편 대륙형 국가도 스웨덴, 덴마크 등 북유럽형 국가의 경우와 비교하면 복지수준이 낮은 편이다. 그 배경에는 북유럽형 국가들이 적은 인구에도 불구하고 20세기 초 미주대륙에의 이민열풍으로 인구가 크게 줄어들었다는 뼈아픈 역사적 사실이 있다. 그래서 이들 국가는 대륙형 국가와 차별화된 고부담·고급여 복지국가를 지향하여 과도한 이민을 막고 청장년세대의 국내 정착을 유도한다.

---

5) 사회보장의 적용범위(*coverage*)를 평가할 때 적어도 범주(*scope*), 한도(*extent*), 수준 (*level*)의 3가지 차원에서 접근할 수 있는데, 이를 어떻게 규정하느냐에 따라 적용범위에 대한 평가가 달라질 수 있다.

2. 사회보장제도의 기본구조

이 절에서는 먼저 사회보장의 목적과 기능에 대해 살펴보고 일본을 위시한 주요국 사회보장제도의 기본적 구조에 대해 서술한다.

1) 사회보장의 목적과 기능

사회보장제도가 추구하는 목적은 국민이 장수, 질병, 재해, 장애, 사망, 실업 등의 다양한 위험에 처해 인간다운 생활이 어려워질 경우에 현금급여나 현물급여, 사회서비스 등을 통해 위험에서 벗어나 인간답게 살아갈 수 있도록 하는 것이다. 이는 국가가 사회보험 등의 제도와 기타 복지관련 법률을 통해 공적 책임으로 국민과 그 가족의 안전하고 안심된 생활을 보장하는 것에 주된 목적이 있다고 요약할 수 있다.

　사회보장제도의 기능은 소득재분배와 보험(소비수준 평탄화 등), 최저한 생활보장 등으로 정리할 수 있다.[6] 앞의 두 가지 기능은 사회보험을 통해 추구되고 마지막 기능은 기초보장과 각종 사회서비스를 통해 추구된다.

　이 중에서 가장 중요한 기능은 보험, 즉 소비수준의 평탄화라고 할 수 있다. 앞서 언급한 다양한 위험에 직면하더라도 일정수준 이상의 소득 등 현금급여와 현물급여, 사회서비스를 제공받음으로써 위험이전의 소비와 유사한 수준의 소비를 할 수 있다는 것이다. 쉽게 말하면 위험의 실현 여부와 관계없이 일정수준의 안정된 생활을 할 수 있다는 것이다. 공적연금과 고용보험, 산재보험을 통한 소득보장과 건강보험과 산재보험을 통한 의료보

---

[6] 이 같은 전통적 기능 외에 사회보장제도 정비가 가입자와 그 가족이 갖는 각종 위험에 대한 불안감을 완화시켜 필요 이상의 저축을 자제하고 소비하게 함으로써 경제성장과 안정에 기여할 수 있다는 점이 지적되기도 하지만 이는 주된 기능이라고 할 수 없다. 실제로 사회보장제도가 잘 정비된 국가들 사이에도 가계저축률과 가계저축 규모가 큰 차이를 보인다.

장의 가장 핵심적 기능이 바로 보험기능이라고 할 수 있다. 이 같은 소비평탄화 효과는 경제를 안정시키는 기능 중 하나다.

유념해야 할 점은 보험기능을 왜 사회보험을 통해 추구하고 민간 보험회사가 판매하는 민영보험을 통해 추구하지 않느냐는 것이다. 보험기능이 있다는 점은 양자가 같지만 보험을 통한 보장수준이 민영보험보다 높고, 민영보험에 없는 소득재분배 기능이 사회보험에 있기 때문이다.

사회보험의 보장수준이 높은 것은 사회보험은 민영보험과 달리 강제가입이어서 역선택에 따른 비효율이 없고, 운영주체가 수익을 남길 필요가 없어 보험료 전액(혹은 그 이상의 금액)을 가입자에게 돌려줄 수 있기 때문이다. 역선택에 따른 비효율은, 민영보험에서 건강에 자신 있는 사람들이 집중적으로 가입하고 건강에 자신 없는 사람이 가입을 꺼림에 따라 동일한 급여수준에 필요한 (수지균형) 보험료율이 높아짐에 따른 경제적 비효율을 지칭한다.

보험기능 못지않게 중요한 기능이 소득재분배다. 나라에 따라 다소 다르지만 사회보장제도를 통한 소득재분배는 세제를 통한 소득재분배 못지않은 큰 기능을 발휘한다. 사회보험은 거의 모두 소득재분배 기능을 갖고 있다. 이 기능은 세대 내 소득재분배와 세대 간 소득재분배로 나눠서 접근할 수 있다. 전자는 같은 연령대에서 고소득자(혹은 고소득 세대)가 저소득자(혹은 저소득 세대)에게 소득을 이전해 주는 것 혹은 소득을 벌 능력이 있는 자가 소득을 벌 능력이 없는 자에게 소득을 이전해 주는 것을 지칭한다. 후자는 후세대가 현세대에게 소득을 이전해 주는 것을 지칭한다.

사회보험은 가입자가 납부하는 보험료와 제도운영자가 지급하는 각종 급여(현금급여, 현물급여 등)를 통해 이 같은 기능을 수행한다. 특히 건강보험 등 현물급여의 경우 보험료는 가입자의 소득수준에 상응하게 납부하고 급여는 필요에 따라 받으므로 막대한 규모의 소득재분배가 발생한다. 이에 비해 공적연금은 급여가 납부 보험료에 일정부분 연동하여 결정되므로 건강보험 등에 비해 소득재분배 효과가 떨어진다.

한편 기초보장의 경우 재원이 보험료 아닌 조세이며, 급여는 조세납부 여부, 납부세액의 대소와 무관하게 결정된다. 가장 낮은 소득자가 수급대상이 된다는 점을 고려하면 이들이 납부하는 세액은 그 규모가 크지 않을 것이나, 급여는 대부분 중상위 소득자가 내는 조세에서 지급되므로 기초보장을 통한 소득재분배 효과가 꽤 크다. 다만 적용대상이 전체인구의 5% 이하인 경우가 많아 이를 통한 소득재분배 효과는 사회보험의 그것에 비하면 총규모는 작다고 할 수 있다.

소득재분배 효과를 지니계수 변화를 통해 조사한 바에 따르면 일본의 경우 사회보장의 효과가 조세효과보다 월등히 크게 나타난다. 가령 2008년 기준으로 조세와 사회보험료 납부 이전의 당초소득 지니계수와 조세와 사회보험료 납부 및 연금과 건강보험 등 사회보험 급여 수급 후의 재분배소득 지니계수를 비교해 보면 각각 0.5318과 0.3758의 값을 얻을 수 있다 (2008년 후생노동성 소득재분배 조사). 이상의 지니계수 개선도 29.3%는 1996년 이후의 조사와 비교하면 매우 높은 수준이다. 1996년 이후 당초소득의 지니계수는 점차 커져온 데 비해 재분배소득의 그것은 가장 높았던 2005년 대비 0.0115p 작아졌다. 위의 개선도를 분해하면 사회보장에 따른 개선이 26.6%이고 조세에 의한 개선은 3.7%에 불과하다.

지니계수 변화를 5세 단위의 연령계급별로 나눠 살펴보면 60세 이상에서 지니계수 개선도가 월등히 크게 나타난다. 55세 미만에서는 당초소득 (균등화 소득[7] 환산) 지니계수가 0.3을 전후한 값이지만 이후 점차 증가하다가 65세 이상에서는 0.6을 넘는다. 나이 든 세대일수록 당초소득의 불평등도가 높다는 얘기다. 그런데 재분배소득(균등화 소득 환산)의 지니계수는

---

7) 균등화소득(혹은 등가소득)이라 함은 세대단위로 파악한 소득을 세대원 개인단위로 바꾸기 위해 세대소득을 세대원수의 제곱근으로 나눈 값, 즉 세대원 1인당 소득을 지칭한다.

모든 연령계급에서 0.3 전후 수준으로 안정되어 있다. 요컨대 조세납부액이 별로 없는 60세 이상에서 사회보장제도에 의한 소득재분배 효과가 매우 크게 나타난다.

마지막의 최저한 생활보장 기능은 사회보장제도가 지닌 매우 강력한 기능이다. 적용대상이 사회보험과 달리 좁지만, 심각한 위험에 직면하여 국가최저한(national minimum) 이하의 생활을 할 수밖에 없는 이들에게 전액 국가 재원으로 최저한의 생활을 누릴 수 있도록 해준다. 시장중심 자본주의 경제에서 경제주체는 경쟁에서 탈락하여 누구든 사회적 최저한 아래의 생활로 추락할 위험을 안고 있다. 이러한 이들을 지원해 주는 제도가 존재함으로써 모든 경제주체는 경쟁 결과에 대한 두려움을 최소화하고 경쟁에 뛰어들 수 있고, 이로써 시장의 경쟁효율을 확보할 수 있다. 다시 말해, 이러한 최소한의 패자지원 내지 패자부활 제도가 없다면 시장의 경쟁압력이 약해지고 시장에서의 경쟁효율 확보가 힘들어질 것이다.

아울러 취약한 고령자, 장애자, 여성과 아동 대상의 각종 사회서비스는 이들에게 커뮤니티 등 사회활동 참여, 노동시장 참여, 가장부재에 따른 부정적 효과 축소 등으로 인간적 삶을 보장하자는 것이다. 이들 서비스를 제공받음으로써 수급자들이 사회구성원의 일원으로서 자긍심을 갖고 살아가고 미래세대의 주역으로 건강하게 성장할 수 있도록 하자는 것이다. 이 기능은 사회보험과 기초보장 중심인 전통적 사회보장제도에 추가된 기능으로 근래에 들어와 중요성이 부각된다. 이들 사회서비스는 현금급여나 현물급여가 포함되기도 하지만 서비스 중심의 사회보장이란 점이 특징이다.

2) 사회보장제도의 기본구조

〈그림 2-1〉에 사회보장제도의 기본구조가 제시되어 있다. 사회보장과 관련된 각종 제도를 생애주기와 연계하여 보여주는데, 사회보장제도는 크게 의료보장, 소득보장, 고용보장, 사회복지서비스 등, 기초보장 등 5개 영역으로 구분된다. 제도는 나라에 따라 다소 차이가 있지만 이 같은 방식으로 접근하는 것이 전체 국가를 아우를 수 있는 접근방법 중 하나라고 할 수 있다.

다섯 영역을 나눠서 살펴보자. 먼저 의료보장에는 질병치료와 요양 외에 통상 보건위생의 영역으로 간주하는 건강진단과 건강유지까지 들어간다. 생애주기별로 보면 임신과 출산에 따른 검진과 관련 의료서비스, 예방접종을 포함한 유아·영아의 건강검진과 건강유지, 학생과 성인의 건강검진과 건강유지, 건강보험 등이 이에 해당한다. 다른 사회보장제도와 달리

〈그림 2-1〉 사회보장제도의 기본구조: 생애주기별

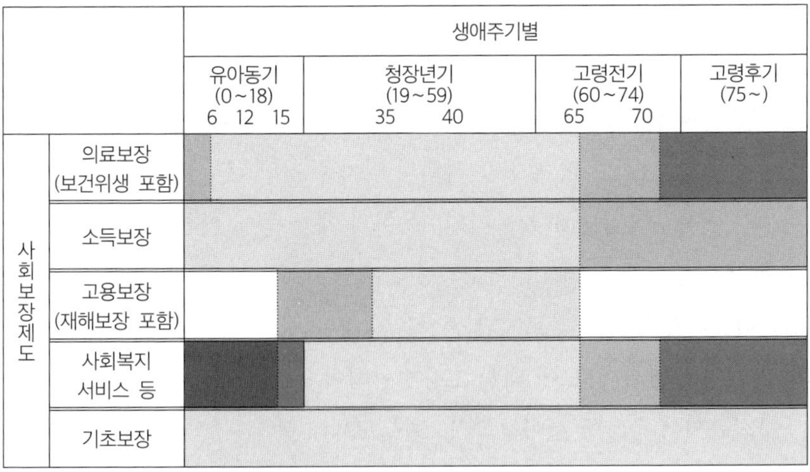

		생애주기별			
		유아동기 (0~18) 6 12 15	청장년기 (19~59) 35 40	고령전기 (60~74) 65 70	고령후기 (75~)
사회보장제도	의료보장 (보건위생 포함)				
	소득보장				
	고용보장 (재해보장 포함)				
	사회복지 서비스 등				
	기초보장				

주: 음영이 진할수록 급여지출이나 서비스 수준이 높음을 의미한다.
자료: 후생노동성, 2012: 34 수정.

주요국별 제도 차이가 꽤 크다. 국가가 조세재원을 토대로 일괄적 서비스를 제공하는 영국형 NHS 방식과 사회보험료를 징수하여 조합단위로 운영하는 사회보험방식(NHI), 그리고 한국, 대만 같은 단일 보험자 사회보험방식이 있다. 여기에 의료서비스 제공기관인 의료체계가 결부되어 한 나라의 의료 보장(혹은 건강보험) 체계를 구축하는데 그 모습은 국가별로 꽤 다양하다.

다음의 소득보장에는 1층의 국민연금 성격의 연금(기초연금 포함), 국민 연금 외 보충연금(미국의 SSI-Supplemental Security Income, 캐나다의 GIS-Guaranteed Income Supplement 등) 혹은 공공부조 등이 있다. 국민연금으로 제공되는 급여인 노령연금, 유족연금, 장애연금이 주축을 이룬다. 노령연금은 65세 이상(일부 60세 이상)의 수급권을 지닌 가입자에게 종신토록 지급되며 소득보장의 핵심을 이룬다. 유족연금은 가입자(혹은 수급권자) 사망 시 그 유족에게 지급되며 장애연금은 가입기간 중 장애자가 된 가입 자 본인에게 사망 시까지 지급된다.

고용보장에는 최저한의 노동조건과 임금보장하에 취업이 지속될 수 있도록 다양한 형태로 지원하며, 재해 등으로 다쳐 노동능력의 전부 또는 일부를 상실할 경우에는 치료와 재활을 돕고, 생계에 필요한 상병수당과 연금 등을 지급하는 조치가 담겨 있다. 취업지원에는 실업 시 실업급여 등으로 생계유지를 돕고, 공공직업훈련 등 직업능력개발과 직업소개를 통한 재취업지원, 취업희망 장애자 등 사회적 약자층 지원, 단시간근로 등 일자리 나누기와 복수직업(two-job) 지원, 육아와 개호 등에 따른 휴업자 지원 등을 통한 여성 고용률 제고, 저소득층 근로자 보조금 지급(EITC 등) 등이 포함된다. 나라에 따라 다르지만 출산율이 높은 주요국의 경우 30대 중반 이하 자녀양육 세대 부모에 대한 고용지원책이 충실하다.

사회복지서비스 등은 아동복지, 편부모세대 복지, 소년소녀가장세대 복지, 장애자복지와 개호보험 등을 포함한다. 아동복지에는 보육, 양육지원, 아동수당, 아동부양수당 등이 해당되고 편부모세대 복지와 소년소녀

가장세대 복지는 경제적으로 어려운 이들 세대의 요보호아동 혹은 가족원에 대한 사회적 양호 혹은 사회적 보호 등을 지칭한다. 장애아와 장애자 복지는 재가서비스, 장애자 지원 시설서비스, 스포츠 등 사회참가 지원, 상담 등을 통한 사회참여(배제예방 포함) 확대, 장애자수당 지급 등이 포함된다. 재가서비스에는 방문간호(혹은 개호), 일상생활 보조서비스(식사, 입욕, 기능훈련, 외출, 커뮤니케이션, 오락 등), 단기체재, 단기입소, 보장구 제공 등이 있다. 나라에 따라 다르지만 출산율이 높은 주요국의 경우 아동복지 지원이 충실하다.

기초보장에서는 경제적 어려움에 빠진 최하위층을 대상으로 인간으로서 건강하고 문화적인 생활의 최저한을 보장한다. 지원대상자의 연령, 성별, 건강상태 등 개인이나 세대의 생활상황을 고려하여 필요한 급여를 제공한다. 지원하는 급여는 국가에 따라 차이가 있지만 핵심은 의식 등 일상생활에 필요한 최저한의 비용을 지원하는 생계급여와 의료급여이다. 이 밖에 주택급여, 교육급여 등이 일반적으로 지원되며 나라에 따라 출산급여, 장제급여, 생업급여(혹은 자활급여), 개호급여 등이 별도 제공된다. 일반적으로 의료급여와 개호급여(일부국가에서 주택급여)는 현물지급 중심이고 나머지는 현금지급 중심이다. 생업급여는 취로 등 생업에 필요한 자금을 지원하며 자활급여는 근로능력 소유자의 자활근로와 탈수급을 지원하기 위해 지급하는 급여다.

3) 일본 사회보장제도의 기본구조

일본 사회보장제도의 기본구조는 〈그림 2-2〉에 정리되어 있는데 〈그림 2-1〉과 크게 다르지 않다. 차이가 있다면 고령 취업자와 장수자가 많은 일본의 특징을 반영하여 의료보장, 고용보장, 사회보험서비스 등에서 생애주기별로 약간 다른 모습을 보여주는 정도라고 할 수 있다. 의료보장에서

〈그림 2-2〉일본 사회보장제도의 기본구조 : 생애주기별

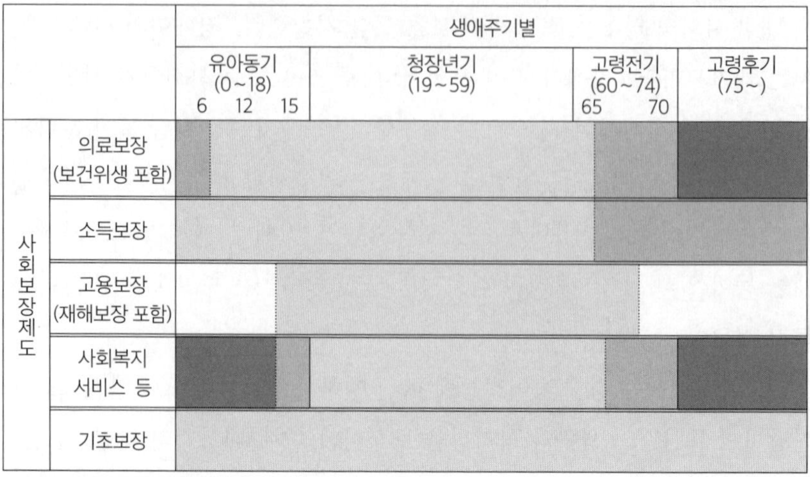

		생애주기별			
		유아동기 (0~18) 6 12 15	청장년기 (19~59)	고령전기 (60~74) 65 70	고령후기 (75~)
사회보장제도	의료보장 (보건위생 포함)				
	소득보장				
	고용보장 (재해보장 포함)				
	사회복지 서비스 등				
	기초보장				

주: 음영이 진할수록 급여지출이나 서비스 수준이 높음을 의미한다.
자료: 후생노동성, 2012: 34 수정.

의료비 지출이 고령후기에 속한 이들에게 집중되고, 고용보장과 사회보험
서비스 등에서는 출산과 자녀양육기에 있는 현역세대 지원이 주요국에 비
해 상대적으로 약하다. 주요국은 일본과 달리 고령세대보다 못하지만 출산
및 자녀양육기의 현역세대 지원에 정책적으로 높은 관심을 두고 있다. 그리
고 기초보장의 지원대상자가 일본에 비해 상대적으로 많고 그 수준이 높다.
그 결과, 주요국의 노인빈곤율과 아동빈곤율은 일본보다 대체로 낮다.

5개 영역을 좀더 상세히 살펴보자. 먼저 의료보장의 제도 특성은 주요국
의 그것과 크게 다르지 않지만 성과 측면에서 주요국보다 우월한 모습을 보
인다. 적은 국민의료비로 낮은 유아사망률과 어느 나라보다 긴 평균수명 및
건강수명 등 양호한 국민건강 지표를 보여주는 것이다. 세계 제일의 장수국
이자 높은 고령화율에도 불구하고 노인의료비 등 국민의료비 규모와 증가
율이 상대적으로 높지 않다. 그 배경에는 고령자의료와 관련하여 전기고령
자재정조정제도(65~74세) 및 후기고령자의료제도(75세 이상)를 통상의 건

강보험과 구별하여 별도 운영하는 등 효과적인 대응이 있다.

소득보장은 국민연금(기초연금), 후생연금, 공제연금 등 각종 공적연금에서 제공되는 급여인 노령연금, 유족연금, 장애연금이 주축을 이룬다. 노령연금은 65세 이상(일부 60세 이상)의 수급권을 지닌 가입자에게 종신토록 지급되며 소득보장의 핵심을 이룬다. 유족연금은 가입자(혹은 수급권자) 사망 시 그 유족에게 지급되며 장애연금은 가입기간 중 장애자가 된 가입자 본인에게 사망 시까지 지급된다. 일본에는 국민연금 혹은 후생연금 급여가 일정수준에 미달할 경우 수령할 수 있는 보충연금 혹은 공공부조가 없다.

고용보장은 최저한의 노동조건과 임금보장하에 취업이 지속될 수 있도록 다양한 형태로 지원하며, 재해 등으로 다쳐 노동능력의 전부 또는 일부를 상실할 경우에는 치료와 재활을 돕고, 생계에 필요한 상병수당과 연금 등을 지급하는 내용을 담고 있다. 취업지원에는 실업 시 실업급여 등을 지급하여 생계유지를 돕고, 공공직업훈련 등 직업능력개발과 직업소개를 통한 재취업 지원, 취업을 희망하는 고령자 고용을 다양한 방법으로 지원, 육아와 개호 등에 따른 휴업자 지원, 여성의 고용기회 균등보장 등이 포함된다. 주요국과 비교해 실업률이 낮고 업무상 재해발생률이 낮아 고용보장에 따른 비용부담이 낮다. 재취업이 상대적으로 힘들어 한 직장 내 '계속고용' 강화에 비중을 두며 고령 취업자가 많고 여성의 고용률이 낮다.

사회복지서비스 등은 아동복지, 모자세대 복지, 장애자복지와 개호보험 등을 포함한다. 아동복지에는 보육, 양육지원, 아동수당, 아동부양수당 등이 해당되고 모자세대 복지는 경제적으로 어려운 모자세대의 요보호아동에 대한 사회적 양호 등을 지칭한다. 장애아와 장애자 복지는 재가서비스, 장애자 지원 시설서비스, 스포츠 등 사회참가 지원, 상담 등을 통한 사회참여(배제 예방 포함) 확대, 특별장애자수당 등 지급이 포함된다. 재가서비스에는 재가개호, 식사 외 목욕, 외출 등 일상생활 지원 서비스, 단기입소, 보장구 제공 등이 있다. 출산율이 높은 주요국과 비교하여 일본의 사회복지서비스 등은 양적·질적 측면에서 미흡한 상황에 있다.

기초보장은 '생활보호제도'를 통해 행해지며 경제적으로 어려움에 빠진 저소득층을 대상으로 최저한의 건강하고 문화적인 생활을 보장한다.[8] 요보호자의 연령, 성별, 건강상태 등 개인 혹은 세대의 생활상황 차이를 고려하여 하나 혹은 둘 이상의 부조가 제공된다. 부조에는 8개 종류가 있는데 핵심은 의식 등 일상생활에 필요한 최저한의 비용을 지원하는 생활부조와 의료부조다. 이 밖에 개호부조, 주택부조, 교육부조, 출산부조, 생업부조, 장제부조가 있다. 의료부조와 개호부조는 현물지급이 원칙이며, 나머지는 현금지급이 원칙이다. 생업부조에는 생업에 필요한 자금, 기구나 자재구입비, 기능습득비, 취로준비비용, 고교취학비 등이 포함된다.

3. 복지체계로 본 일본의 사회보장제도

여기서는 사회보장제도를 중심으로 한 일본의 복지제도가 서구권 국가를 대상으로 일반화된 복지체계 이론에 비추어 볼 때 어떻게 이해될 수 있는지에 대해 살펴본다. 복지체계 이론은 덴마크의 사회정책학자인 에스핑앤더슨(Esping-Andersen, 1990)에 의해 큰 그림이 구축되었다. 일본, 한국 등 비서구권 국가의 경우 그가 제시한 복지체계 모형으로 쉽게 설명하기 힘든 사례가 적지 않다.

---

8) 후생노동성(2012)은 기초보장, 즉 생활보호를 소득보장의 틀 안에서 공적연금과 함께 설명한다(34쪽, 칼럼 내 그림). 여기서는 생활보호가 소득보장의 한 측면보다 최저한의 '생활보장'에 초점을 맞추고 있다는 점을 고려하여 별도로 구분한다.

1) 복지체계 이론과 일본 사회보장제도: 개요

19세기 중후반까지 서구권 국가지도자들은 강한 국가 건설을 지향하면서 부국강병과 산업진흥에 힘을 기울인다. 이들 정책목표를 달성하는 데 필요한 재원을 조세 등으로 조달하되 그 규모를 최소화하여 경제 활성화를 도모한다. 그 과정에서 국가의 역할은 체제유지에 필요한 법제정비와 군사력 보유, 안정된 경제활동을 위한 시장질서 확보, 국민의 생활안정을 위한 치안유지 등으로 제한되는 경향을 보인다. 이른바 국가의 역할을 최소화한 '야경국가'(혹은 치안국가, 최소국가)가 이상적 국가로 인식된다.

이 같은 사조가 바뀌기 시작한 것은 독일 바이마르 공화국의 비스마르크 재상이 1880년대 후반 이후 잇달아 사회보험제도를 도입하면서부터다. 이 시기를 경계로 서구권 국가의 유력 정치가들은 노동자 복지강화를 중심으로 한 '복지국가'로의 변신을 시도한다. 그 배경에는 당시 노동자 계층 중심으로 확산되기 시작한 사회주의, 공산주의 사상의 침투를 막으려는 정책적 배려가 있었다.

우파 정치가인 비스마르크가 강한 소득재분배 기능 등 좌파적 특성을 지닌 사회보장제도 도입을 주도한 것을 역사의 아이러니로 볼 수도 있겠지만 자본주의 경제의 발달과 변천과정에서 자연스럽게 발생한 현상으로 이해하는 것이 타당할 것이다. 우파 정부가 정권을 유지하기 위해서는 자본가 등 기득권층 지지 외에 다수를 점하는 노동자와 노동조합의 지지를 얻을 필요가 점차 커졌기 때문이다. 이후 비슷한 이유로 독일 주변국들이 잇달아 사회보장제도의 도입과 강화에 나선다.

일본은 독일, 영국 등보다 복지국가로의 변신 작업이 늦었다. 근대화 작업 착수가 더뎌 부국강병과 식산흥업에 매진하느라 노동자 등 일반국민의 복지강화에 나설 시기가 그만큼 늦어진 것이다. 또 사회주의 사상의 확산이 군국주의, 전체주의 체제하에 엄격히 단속되면서 노동자 복지강화의

<표 2-1> 복지체계 구분

구분	I 복지접근성	II 복지수준 형평성	III 본인 외 가족 등 부담	IV 복지수준과 본인부담 (조세, 보험료)
자유주의	낮음	낮음	높음	저-저
보수주의	높음	낮음	중간	중-중
사회민주주의	높음	높음	낮음	고-고

자료: Esping-Andersen, 1990; 후생노동성, 2012: 78~86.

필요성이 서구에 비해 약했던 것도 한 가지 이유로 지적될 수 있다. 그렇다 보니 늦게 도입된 사회보험 등 복지체계는 서구권 국가의 그것을 참고하면서도 일본 독자적 특성을 지니게 된다. 그 결과, 일본의 복지체계는 에스핑앤더슨이 일반화하여 제시한 주요국 복지체계에서 독특한 유형으로 분류되기도 한다. 즉, 자유주의 체계와 보수주의 체계가 혼합된 유형이라는 것이다.

에스핑앤더슨은 복지접근성, 복지수준 형평성, 본인 외 가족 등 부담 경감성의 3가지 지표[9]를 토대로, 복지체계 유형을 크게 3가지 즉 자유주의, 보수주의, 사회민주주의 유형으로 구분한다. 지표와 유형의 관계가 <표 2-1>에 제시되어 있다. IV의 복지수준과 본인부담은 에스핑앤더슨의 지표에 들어가 있지 않지만 3가지 지표에 포함되어 있으나 명확히 드러나지 않는 정보라는 점을 고려하여 참고로 소개하였다. 복지수준은 I, II 지표에서, 본인부담은 III 지표에서 각각 유추해 볼 수 있다. 이어 <표 2-2>에서는 복지체계를 역할주체, 소득재분배, 복지와 취로 연계, 주 지원대상의 4개로 나누어 비교한다.

---

9) 후생노동성(2012: 79)은 이를 '참가지원', '평등화', '가족지원' 지표로 표기한다. 첫 번째는 개인이나 가족이 노동시장 참가 여부와 관계없이 사회적으로 인정된 일정수준의 생활을 유지할 수 있느냐는 것이다. 두 번째는 직종, 사회적 계층에 따른 급여와 서비스 수준의 차이가 어느 정도냐는 것이다. 세 번째는 복지서비스로 가족에 의한 복지부담이 얼마나 경감되느냐는 것이다.

〈표 2-2〉 복지체계 비교

구분	I 역할주체	II 소득재분배	III 복지와 취로 연계	IV 주 지원대상
자유주의	시장 > 국가	약	강	빈곤층·고령자 중심 선별주의
보수주의	시장·국가 외 가족·직장	중·강	중·강	고령자 중심 보편주의(사회보험) 단, 공공부조는 선별주의
사회민주주의	시장 < 국가	강	중	현역세대·고령자 대상 보편주의

자료: 후생노동성, 2012: 84, 〈도표 4-5-1〉 재구성.

일본은 사회보장제도가 지닌 특성과 배경의 이념, 철학으로 접근해 볼 때 자유주의와 보수주의의 어느 한 유형에 속하기보다 양자를 혼합한 독특한 유형이다. 이렇게 된 데에는 서구권 국가에 비해 늦게 제도도입이 이루어졌는데 당시의 시대 특성과 재정제약 외에 일본국민의 정서와 가치관 등이 영향을 미쳤기 때문인 것으로 해석된다.

2) 일본의 복지체계, 어떻게 볼 수 있을까

일본의 사회보장은 전통적으로 고용보장을 통한 생활안정에 정책의 주안점이 놓여 있었다. 주요국에 비해 근대화 착수가 늦었고 사회보장제도 도입과 정착 역시 뒤로 미뤄지면서 일본정부는 가장의 고용과 취업안정이 최소의 비용으로 사회보장의 충실화에 가까운 효과를 낼 수 있다고 보았기 때문이다. 그 결과 남성가장 위주의 일본사회는 사회민주주의 체계로 분류되는 북유럽 국가와 유사하게 낮은 실업률을 달성할 수 있었다. 그리고 주요국에 비해 늦은 나이까지 취업현장에 남아 있는 이들의 비율이 높아 실질적 은퇴연령은 70대 전반에 달한다.

사회보장제도를 도입하고 확대하는 과정에서 전제가 된 가족모형이 있다. 정규직 남성가장과 여성 전업주부라는 성별역할 분업모형이다. 이들 부부와 2인 자녀로 이루어진 4인 가정이 오랫동안 일본의 장년세대를 대표하는 기준처럼 인식되었다. 출산율이 낮아지고 단독세대가 늘어나면서 대표성이 약해지고 있지만 여전히 대표 가정모형으로 사용되곤 한다. 그 배경에는 최근 수년간 여성의 고용률(노동력률)이 다소 높아지고 있지만 그 수준은 50% 수준으로[10] 서구 주요국의 50% 중반이 넘는 수준[11]과 대비되고 있다는 현실이 있다.

이 같은 일본의 역할분업 모형은 서구권 국가보다 강한 가족주의와 직장 의존주의 경향을 띤다. 이러한 현상으로부터 앞의 지표에서 '본인 외 가족 등 부담'이 자유주의 체계에 속하는 나라보다 크고, 역할주체에서 가족과 직장의 영향이 크다는 점에서 보수주의 체계에 근접할 것으로 추정해 볼 수 있다.

저출산 현상이 장기화하면서 생산연령인구가 지속적으로 줄고, 전체

---

10) 여성의 노동력률은 2005년 48.4%, 2010년 48.5%, 2015년 49.6%, 2017년 51.1%로 증가세를 보인다. 같은 기간 중의 15~64세는 60.8%, 63.1%, 66.8%, 69.4%로 꽤 높아졌으나 인구가 늘고 있는 65세 이상에서는 12.7%, 13.3%, 15.3%, 16.5%로 증가세가 더디다. 한편 남성의 노동력률은 73.3%, 71.6%, 70.3%, 70.5%로 감소세를 보이고 있다. 연령별로는 15~64세가 84.4%, 84.8%, 85.0%로 약한 증가세를 보이나 인구가 늘고 있는 65세 이상에서 29.4%, 28.8%, 31.1%, 32.5%로 낮은 수준에서 증가세를 보인다. 주목할 점은 65세 이상의 노동력률이 2011년의 28.4%를 저점으로 6년 연속 증가세를 보인다는 사실이다(總務省 統計局, 2016: 3).

11) 2013년 기준 여성(남성, 전체)의 노동력률은 일본 48.9%(70.5%, 59.3%)로 미국 57.2%(69.7%, 63.2%), 영국 57.2%(69.5%, 63.3%), 독일 54.6%(66.3%, 60.3%), 캐나다 62.1%(71.1%, 66.5%), 스웨덴 68.7%(74.2%, 71.5%), 싱가포르 58.1%(75.8%, 66.7%), 프랑스 51.8%(61.7%, 56.5%), EU 15 52.4%(65.2%, 58.6%), 한국 50.2%(73.2%, 61.5%) 보다 낮다. 주요국 중 일본보다 낮은 국가는 이탈리아 40.1%(59.6%, 49.5%) 정도다. 한편 남성의 노동력률은 낮지 않아 일본보다 높은 나라가 캐나다, 스웨덴, 한국, 싱가포르이고, 미국, 영국, 독일, 프랑스, EU15, 이탈리아는 오히려 낮다. 전체 노동력률이 일본보다 높게 나오는 나라는 미국, 영국, 독일, 캐나다, 스웨덴, 한국, 싱가포르이고 프랑스, EU15, 이탈리아는 오히려 낮다((獨)勞働政策研究・研修機構, 2015: 67~73).

인구가 감소하고 있는 일본에서는, 여성의 복지부담 등을 줄여서 출산여성이 노동시장에 참가하기 쉬운 환경을 조성하는 것이 큰 과제로 제기되어 왔다. 출산과 양육에 따른 부담이 가정 내 여성에게 집중되지 않도록 분산시키기 위해 수년 전부터 정치가들이 나서 관련법을 제정하거나 고치고, 예산을 확보하여 보육소(어린이집) 숫자를 늘리고 제공하는 서비스를 개선하는 작업에 나섰다. 이 같은 시도는 사회민주주의 체계의 국가에서 시행되어 효과를 내고 있는 출산과 양육지원 시스템을 도입하려는 것이다. 하지만 그간의 관행을 바꾸는 문제이기도 하여 곧바로 주목할 만한 효과가 나타나지는 않고 있으나 방향성 측면에서 개선의 조짐은 확인된다.

한편 복지관련 지출이 대 GDP에서 점하는 비중으로 보면 일본은 경제·복지정책의 철학이 유사한 캐나다, 미국, 영국보다 높지만 대부분의 유럽대륙의 주요국에 비해 낮다. 2016년 기준 사회(복지) 지출의 대 GDP 비율을 보면 일본(2013년)은 23.1%로 OECD 평균(21.0%)을 넘고 캐나다(17.2%), 미국(19.3%), 영국(21.5%) 보다 높다. [12] 의료비와 연금지출에서 유럽대륙의 주요국 수준에 근접하지만 여전히 낮고 두 부문을 제외한 고용보장과 기초보장, 사회복지서비스 등 분야 지출은 이들 국가에 비해 크게 밑돈다. 다만 주요국 중 일본이 가장 높은 인구고령화율을 보이고 있는 점을 감안하여 이를 반영하여 비교하면, 복지수요자 1인당 사회지출

---

12) 유럽국가 상황을 보면 보수주의 체계로 분류되는 프랑스(31.5%), 독일(25.3%), 벨기에(29.2%)와 사회민주주의 체계로 분류되는 스웨덴(27.1%), 노르웨이(25.1%), 핀란드(30.8%), 덴마크(28.7%)가 일본보다 높다. 그런데 국가경쟁력이 높은 스위스(19.7%), 네덜란드(22.0%), 룩셈부르크(21.8%), 아일랜드(16.1%)는 일본보다 낮다. 재정위기가 거론되는 등 국가경쟁력이 낮은 그리스(27.0%), 이탈리아(28.9%), 스페인(24.6%), 포르투갈(24.1%)은 일본보다 높다. 한국(10.4%)은 아이슬란드(15.2%), 라트비아(14.5%), 터키(13.5%, 2014년), 칠레(11.2%), 멕시코 7.5%(2010년) 등과 더불어 하위권이다(OECD Statistics. http://stats.oecd.org. 2017. 10. 1 인출)

수준은 상대적 측면에서 더 낮게 평가될 수 있다.

다만 이 같은 현상은 일본정부가 앞으로 좀더 고령화가 진행될 것에 대비하여 복지지출의 지속가능성을 확보하기 위해 채택하는 전략에서 빚어진 결과로 이해할 수도 있다. 그렇다 하더라도 부담과 복지수준은 유럽대륙의 주요국과 비교할 때 중ㆍ저 수준에 위치하고 있다는 사실로부터 자유주의 체계의 특성도 지니고 있다고 할 수 있다. 출산율이 상대적으로 높은 사회민주주의 체계의 국가와 달리 장기간 저출산에 직면하고 있는 일본으로서는 제도의 지속가능성 확보 차원에서 부담과 복지수준을 고수준으로 유지하는 것이 불가능할 것이다.

앞에서 일본정부의 복지정책 설계 시 고려된 가족의 기본모형이 정규직 남성가장과 여성 전업주부라는 성별역할 분업모형이라고 했다. 그런데 1990년대 후반 이후 이 같은 가족의 기본모형이 지니는 대표성이 약화되었다. 근로자 중 1/3에 근접하는 이들이 정규직 아닌 비정규직의 지위에 있기 때문이다. 이는 그 이전 비정규직이 10% 전후이던 시기와 비교하면 매우 큰 차이다. 게다가 전체 근로기간 중 비정규직 기간이 긴 이들과 노동시장에서 벗어나 있는 시기가 긴 이들이 늘고 있다.

이로 인해 부부단위나 가정단위로도 일정수준의 소득을 확보하지 못해 근로기간 중에도 힘들게 지내는 이들이 늘어나고 있다. 이러한 이들의 경우 은퇴기 이후 대비가 불충분하여 사회보장제도 의존율이 높아짐에 따라 제도의 지속가능성에 큰 부담 요인으로 작용할 것으로 우려된다. 그래서 근로기에 이들이 고용형태와 관계없이 안정된 생활을 할 수 있도록 노동여건을 정비하고 개선하여 인간적 근로13) 와 복지접근성을 보장하는 것이

---

13) 이는 보람이 있는 인간적인 일인 'decent work' 실현과 연관된 것이다. 1999년 ILO 총회에서 21세기에 추구할 중심 전략목표로 일거리 창출, 일 관련 권리 보장, 사회적 보호 확충, 사회대화 촉진이 제시되고, 이를 남녀평등 실행하에 추구하는 방안이 제안된 바 있다(후생노동성, 2012: 85).

현안으로 부상되었다.

　이상에서 살펴보았듯이 일본의 복지체계에는 보수주의와 자유주의적 요소가 혼재되어 있다고 할 수 있다. 장차 어떠한 체계로 발전할지 미지수다. 에스핑앤더슨이 분류한 3가지 유형과 다른 독자적 체계로 발전할 가능성도 없지 않다.

　한편 이와 같은 가능성을 배제하고 앞에서 논의한 3가지 유형의 범주로 논의를 한정하여 향후 수십 년의 일본 복지체계 변천에 대해 어떠한 전망이 가능할까? 한동안 더 진행될 고령화 시기에는 자조부담과 더불어 정부부담이 늘어 가족과 직장의 부담이 지금까지보다 다소 약해질지 모른다. 고령화가 정점에 달한 후에는 자조부담과 정부부담이 줄면서 세대 간 상조와 가족과 직장, 커뮤니티 부담비중이 좀더 커지는 형태로 바뀌어갈 수 있다. 복지수준과 부담은 지금보다 다소 높아진 수준에서 안정되지만 사회민주주의 체계의 국가 수준으로까지 높아지지는 않을 것이다. 이러한 과정을 거친다면 일본의 복지체계는 장기적으로 지금보다 자유주의 체계 특성은 약해지고 보수주의 체계 특성이 더 강화되는 모습을 띨 것으로 전망된다.

4. 일본 주요 사회보장제도의 개요

여기에서는 일본의 주요 사회보장제도를 큰 틀에서 조망하여 그 개요를 살펴본다. 제도별 상세한 설명은 제2부와 제3부에서 행해진다. 많은 국가에서 그렇듯이 일본의 사회보장제도도 크게 보면 사회보험형 제도와 비사회보험형 제도로 구분할 수 있다. 사회보험형 제도는 제2부에서 다루는 공적연금, 고용보험, 산재보험, 제3부에서 다루고 있는 건강보험(의료보장), 장기요양보험을 포함한다.

　비사회보험형 제도에는 제2부에 정리된 아동수당(가족수당), 공공부조, 제3부에 소개되는 고령자, 아동, 장애자, 저소득층 대상 사회복지 서비스 등이 있다. 물론 이들 제도와 서비스 외에 특정 분야의 약자층 대상 서비스를 제공하는 것들이 없지 않다. 하지만 통상적 사회보장제도에 속하는 제도, 서비스 중 비중이 큰 것을 중심으로 정리하면 이렇게 정리할 수 있다.

〈그림 2-3〉은 일본의 사회보장제도를 사회보험형 제도와 비사회보험형 제도로 구분하여 각각의 제도를 생애주기별 수요와 연관시켜 소개한다. 사회보장제도는 생애주기별로 서비스를 받는 기간이 다소 상이하며 서비스 수준도 조금씩 다르다. 서비스를 제공받는 기간은 음영이 들어간 기간이며 서비스 수준은 음영의 농도 차이로 나타냈다. 이들 기간과 수준은 제도, 서비스별로 차이가 적지 않으며 여기서는 이들 값에 대해 개략적 수준을 제시하였다.

〈그림 2-3〉 일본 사회보장제도의 개요: 생애주기별

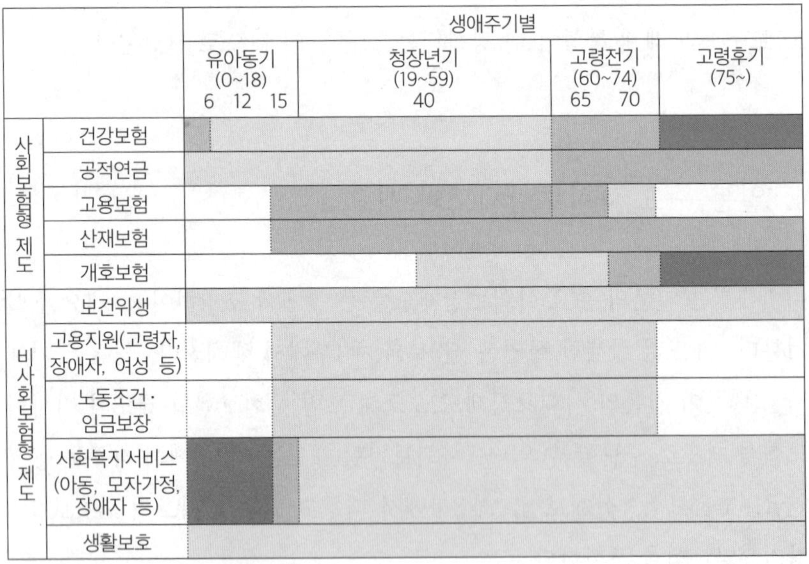

		생애주기별			
		유아동기 (0~18) 6 12 15	청장년기 (19~59) 40	고령전기 (60~74) 65 70	고령후기 (75~)
사회보험형 제도	건강보험				
	공적연금				
	고용보험				
	산재보험				
	개호보험				
비사회보험형 제도	보건위생				
	고용지원(고령자, 장애자, 여성 등)				
	노동조건·임금보장				
	사회복지서비스(아동, 모자가정, 장애자 등)				
	생활보호				

주: 음영이 진할수록 급여지출이나 서비스 수준이 높음을 의미한다.
자료: 후생노동성, 2012: 34 수정.

먼저 사회보험형 제도부터 살펴보자. 건강보험과 공적연금이 전 연령대에 걸쳐 서비스를 제공한다. 건강보험에서는 유아기와 고령기에 서비스 수요가 높아지며 공적연금 역시 고령기에 서비스 수요가 높아지지만 건강보험과 달리 고령후기에 그 값이 높아지지는 않는다.

고용보험은 근로기인 15세 이상 64세 미만의 근로자가 대상이며 65세 이상의 근로자에 통상의 실업급여 대신 '고연령자구직자 급부금'이라는 일시금이 지급되는 등 서비스 수준이 약해진다. 또 60세 이후 임금이 인하되는 경우(75% 미만으로) '고연령고용계속 기본급부금'이 65세가 될 때까지 지급된다. 고용보험은 그동안 65세 이후 가입할 수 없으며 64세까지 고용보험에 가입한 이들을 대상으로 예외적으로 일부 서비스가 적용되고 있었다. 일본정부는 2017년 1월부터 고용보험 적용대상을 65세 이상 고령자에게 확대하고 2020년부터 그동안 면제되어온 고용보험료를 64세 이상 근로자로부터 징수하기로 결정하였다.

산재보험은 근로기에 재해를 입은 근로자를 대상으로 서비스를 제공하며 영구장애를 입은 재해근로자에게는 평생 서비스를 제공한다. 각종 급여수준은 낮지 않은 편이며 연금수급자인 재해근로자가 65세에 달하면 급여수준이 공적연금의 노령연금 등에 준하는 수준으로 하향조정된다.

개호보험은 40세 이상이 적용대상이며 제도의 특성상 고령후기에 수요가 급증한다. 어느 나라보다 고령후기 인구비율이 높은 일본인 만큼 개호보험 수요가 빠르게 늘어나 재정 확보는 물론 인력과 시설의 확보 및 내실화가 과제로 부각된다. 수급자를 시설에 수용하기보다 자가 등에서 해당 서비스를 받을 수 있도록 관련 제도와 인프라를 정비한다.

이어서 비사회보험형 제도를 살펴보자. 먼저 보건위생은 질병예방과 건강유지와 관련된 서비스로 일생에 걸쳐 그 수요가 발생한다. 임산부 검진, 영유아 검진과 예방접종, 학생검진, 직장인 등 성인 건강검진, 전염병 예방, 동물관련 전염병 방역 등이 대표적 서비스다.

고용지원은 노동시장에서 차별받기 쉬운 고령자, 장애자, 여성 등 취약계층이 그 대상이다. 가계특성이나 개인적 선호로 고령에도 취업을 희망하는 이들이 많은 일본이다. 이들의 구직수요에 부응하여 희망하는 직장에 취업할 수 있도록 다양한 구직자지원책을 강구한다. 아울러 장애자와 여성에 대해서도 능력에 부응하는 직장에 취업할 수 있도록 정부차원에서 지원한다. 기업에 대해서는 장애자 의무고용비율(2%)을 부과하여[14] 상용근로자 100인 초과 사업장의 경우 부족한 1인당 월 5만 엔의 '장애자고용납부금'을 징수한다. 또 고용률이 낮은 여성의 취업을 지원하기 위해 남녀고용기회균등의 기치하에 육아휴업과 개호휴업을 활성화하고 정부지원 규모를 확대한다.

한편 고용지원의 일환으로 최저한의 노동조건과 최저임금 이상의 임금을 보장하기 위해 노동시장에 대한 감독과 행정지도를 강화한다. 아울러 근로자가 안전한 환경에서 일할 수 있도록 주도면밀한 안전위생 대책을 강구하여, 사고와 질병의 예방에 힘쓴다. 이러한 대책에도 불구하고 업무 중 사고와 질병 등 각종 재해에 직면한 근로자에게는 사회보험인 산재보험을 통해 다양한 형태의 급여와 서비스를 제공하여 재해근로자의 생활을 보장한다. 고용지원 사업은 그 수요가 근로기에 제한되는데 고령기 전반부로 기간을 확대하려는 움직임이 있다.

일본이 유럽권 국가에 비해 상대적으로 약한 분야가 사회복지서비스 등의 부문이다. 출산과 아동양육을 지원하는 다양한 제도가 있지만 저출산 문제를 근본적으로 해결하지 못한다. 아동수당, 아동부양수당, 보육소, 방과후 아동클럽 운영, 다양한 지역차원의 양육지원 사업(영유아가정 전 가구 방문사업, 지역 양육지원 거점사업 등), 편부모가정의 요보호 아동에 대한

---

14) 종업원 50인 이상 민간기업은 신체장애자 혹은 지적장애자를 일정 비율(법정고용률) 이상 의무 고용해야 한다(〈장애자고용촉진법〉 제43조 제1항). 법정고용률은 2.0%다. 의무고용을 이용하지 않은 사업주에게는 '헬로워크'에서 행정지도에 나선다.

사회적 양호 등이 시행되고 있으나 양과 질의 양 측면을 살펴볼 때 이 분야에서 앞선 유럽국가에 뒤진다.

장애아동과 장애자에 대해서도 특별장애자수당을 지급하고 재가서비스, 시설서비스, 사회참가 촉진 등의 활동에 나서고 있는데, 이 역시 유럽권 국가의 그것에 비하면 상대적으로 열악한 것으로 평가된다. 서비스가 현금급여나 현물급여 중심으로 이루어져 있고 사회참가 촉진 등 장애자의 인간적 생활 등 삶의 가치 증대로 이어질 수 있는 사회복지서비스가 상대적으로 부족하다. 아동관련 복지수요는 수요가 18세 미만 특히 15세 미만의 연령대에 집중되는 경향을 보인다.

기초보장제도인 생활보호가 마지막 사회안전망으로 기능한다. 적용대상이 전체인구 대비 1.5% 전후로 그 숫자가 많지 않은데 낙인효과 때문에 정작 수급이 필요한 이들 중 일부가 수급을 꺼리는 것이 문제점이다. 그 배경에는 남의 눈을 의식하는 경향이 강하고 거주지 이동이 뜸한 일본사회의 특성이 자리한다. 수급자로 지정되기 위해 잠재적 수급자들이 '가난 경쟁'을 벌이는 국가가 적지 않은데 일본정부는 이러한 문제 대신 낙인효과에 따른 일부 대상 수급자의 누락과 그로 인한 빈곤인구 증가를 고민한다. 수급자의 수요에 맞는 맞춤형 서비스를 제공하여 제한된 예산으로 다수의 수급자 지원을 시도한다.

■ 참고문헌

해외 문헌

(獨)勞働政策研究・研修機構(2015). 《國際勞働比較 2015 Databook of International Labour Statistics》. (獨)勞働政策研究・研修機構.

總務省 統計局(2016). 〈勞働力調查(基本集計) 2015年 平均(速報)〉. 總務省 統計局.

厚生勞働省(2012). 《厚生勞働白書》. 厚生勞働省.

Esping-Andersen(1990). The three political economies of the welfare state. *International Journal of Sociology*, 20(3), 92~123.

ILO(2010). *Social Security(Minimum Standards) Convention.* nr.102. International Labour Organization.

_____(2014). *World Social Security Report 2014/15.* International Labour Organization.

기타 자료

OECD Statistics. http://stats.oecd.org. 2016. 9. 7 인출.

03

경제여건과 소득분배구조

1. 머리말

한 나라의 사회보장은 그 나라의 경제상황에 따라 그 내용과 형태가 결정된다. 따라서 일본의 사회보장을 이해하기 위해서는 무엇보다도 경제상황을 먼저 이해하는 것이 필요하다. 이 장에서는 경제성장, 고용 및 소득분배 등 일본의 사회보장을 규정하는 경제의 다양한 측면을 고찰하고 경제가 사회보장제도의 설계와 운용에 주는 함의를 음미해 보고자 한다.

일본은 1950년대 중반부터 1970년대 초반 석유위기가 발생하기 직전까지 10% 전후의 매우 높은 경제성장을 구가하였다. 그러나 1973년 석유위기 이후 경제성장률은 5% 미만으로 급속히 둔화되었고 이러한 추세는 1980년대 후반 거품경제기까지 지속되었다. 1985년에는 플라자 합의에 의해 엔화가치가 급등하였는데 이에 따른 불황을 극복하기 위해 재정과 통화정책을 확장적으로 운용하였다. 엔화, 주식, 토지 등 대부분의 자산가치가 급등하는 상황에서 내수시장은 호황을 구가하였다. 이 시기 경제성장률은 다시 6%를 넘는 수준까지 치솟았다.

그러나 지나친 자산가격 상승을 우려한 정부는 긴축정책을 서둘러 추진하였고 그 결과 자산가격이 급락하면서 거품이 붕괴된다. 일본경제에 장기 저성장의 서막이 열리기 시작한 것이다. 1990년 거품붕괴 후 26년이 경과하도록 일본경제는 이렇다 할 뚜렷한 성장세의 반전을 경험하지 못했다. 물론 2000년대 초부터 글로벌 금융위기 직전까지 장기적인 경기회복 국면이 있었다. 그러나 일본경제의 성장률은 2000년대 초반부터 동 금융위기 직전까지 약 1%대, 그리고 동 금융위기 후 0%대로 주저앉은 상태다.

　정부는 아베노믹스와 같은 온갖 정책수단을 동원하여 실질성장률을 2%대까지 회복시키기 위해 안간힘을 썼다. 그러나 정책효과는 아직 뚜렷이 나타나지 않았다. 오히려 지나친 양적 완화에 따른 부작용을 우려해야 할 상황에 이르렀다. 저성장은 고착화되었고 경제주체들은 저성장을 전제로 경제적 행동을 한다. 향후 이러한 저성장으로부터 벗어나 2%대의 경제성장을 달성할 수 있을지 주목되고 있으나 가능성은 높지 않아 보인다.

　한편, 경제성장세가 둔화되면서 노동시장에도 많은 변화가 발생하였다. 노동시장은 전통적으로 종신고용과 연공서열을 기본적 특징으로 하였으나 1990년대 이후 저성장이 고착화되면서 이와 같은 노동시장구조에 커다란 변화가 나타나기 시작하였다. 종신고용을 전제로 하는 정규직 사원에 비해 언제든지 노동계약의 해지가 가능한 비정규직 사원이 크게 증가하였고 아직 보편적이지는 않으나 성과급 제도가 점차 확산되기 시작하였다. 이러한 노동시장의 변화는 당연히 소득분배와 고용의 안정성에도 영향을 미치기 시작하였고 이는 소비, 저축 등 가계의 경제활동에 지대한 영향을 주는 요인이 되었다.

　이처럼 노동시장은 저성장 시대에 맞는 새로운 구조를 모색하고 있으며 그 기본적 방향은 보다 다양하고 유연한 고용형태의 창출에 맞추어져 있다. 이러한 변화 속에서 고용패턴은 정규직 사원의 종신고용과 연공서열적 임금구조라는 단일한 형태에서 정규직 이외의 다양한 형태의 고용과 성과에 따른 임금지급이라는 새로운 패턴으로 이행하고 있다. 그리고 이 과정에서 소득분배, 고용안정성, 전직(轉職)시장 형성 등과 같은 다양한 과제들이 나타난다.

특히 저성장과 새로운 고용형태의 전개에 따라 가계, 기업, 세대 간의 소득분배에도 큰 변화가 나타났다. 기업과 가계 간의 분배, 기업 간의 분배, 가계 간의 분배, 세대 간의 분배 등 다양한 형태의 분배문제가 등장하고 있다. 예를 들면, 기업들이 이익을 창출함에도 불구하고 이를 투자와 고용창출에 투입하지 않기 때문에 발생하는 기업과 가계 간의 분배구조 악화 문제가 있다. 국민경제 전체의 부가가치가 고용자 보수로 분배되기보다는 기업의 이익으로 분배되는 비율이 점차 높아지고 있기 때문이다.

비정규직의 증가에 따른 정규직과 비정규직 가계 간의 분배구조 악화 문제도 있다. 비정규직근로자가 전체의 약 40%를 차지할 정도로 증가하였으나 비정규직에 대한 임금, 연금 등은 개선되지 않았기 때문이다. 고령화에 따른 빈곤 고령층 증가도 큰 문제이다. 적절한 노후대비가 없는 상황에서 은퇴한 고령세대의 빈곤문제는 점차 심각한 사회문제로 대두될 것으로 보이기 때문이다.

약술한 바와 같이 일본경제는 저성장이 고착화되면서 소득, 고용, 분배 등 다양한 측면에서 커다란 구조변화를 겪었다. 이러한 구조변화는 사회보장제도의 설계와 운용에 매우 중요한 의미를 가진다. 경제의 구조적 변화는 전통적 사회보장제도의 지속가능성을 심각하게 저해할 가능성이 매우 높기 때문이다. 일본에서는 사회보장 비용의 급증으로 인하여 정부재정 상황이 급속히 악화되었고 이것이 다시 사회보장을 저해하는 악순환을 경험했다. 따라서 경제성장도 달성하면서 사회보장도 강화할 수 있는 묘안을 찾는 것이 매우 중요한 과제가 되었다.

경제성장과 사회보장을 연결하는 중요한 고리 중 하나로 최근 정부는 노동시장개혁, 기업개혁 등 새로운 성장전략을 제시했다. 저출산·고령화로 인한 생산가능인구의 감소는 경제의 잠재성장률 하락의 근본원인이기 때문에 여성 및 고령자의 노동시장 참여를 촉진하기 위한 대책이 매우 필요한 상황이 되었다. 이러한 노동환경의 정비는 여성과 고령자의 소득확보 및 노후대비라는 측면에서도 매우 중요하며 이런 점에서 성장과 복지를 동시에 달성할 수 있는 수단이 될 수 있다. 정부는 전통적 고용관행인 남성 중심의 종신고용과 연공서열적 임금구조를 혁파하고 여성과 고령자의 노동시장 참여를 촉진하는 보다 유연한 고용제도 확대를 위한 정책을 추진하고 있다.

기업에서도 수익을 내부유보로 축적하는 것이 아니라 임금을 인상하고 투자를 확대함으로써 '임금상승 → 소비증가 → 기업이익 및 물가상승 → 투자 및 고용증가 → 임금상승'의 선순환이 이루어지도록 개혁을 도모한다. 노동시장과 기업개혁은 다수의 이해관계자가 있기 때문에 실제로 성과를 거둘 수 있을지는 정부의 정책추진 의지와 능력에 달려 있으며 현재로서는 성공여부가 불투명하다. 그러나 일본정부가 현재 추진하려는 정책방향과 그간의 노력은 우리나라에도 시사하는 바가 매우 크다고 하겠다.

이하의 서술은 다음과 같다. 이 장의 2에서는 일본경제의 성장력을 공급측면과 수요측면으로 구분하여 분석한다. 공급측면에서 경제의 성장잠재력은 지속적으로 하락하여 최근에는 잠재성장률이 0%대까지 떨어졌다. 이러한 잠재성장률 하락은 노동공급의 감소, 기업의 투자부진에 의한 자본스톡 형성의 부진, 총요소생산성의 성장둔화에 기인함을 상세히 고찰한다. 또한 수요측면에서 수명연장, 비정규직 급증 등으로 인하여 장래소득의 불확실성이 높아지면서 소비, 투자가 위축되는 구조를 고찰한다.

이 장의 3에서는 노동시장의 구조변화를 고찰하고 정부가 추진하는 노동개혁의 주요 정책을 소개한다. 노동시장은 노동력 부족에 당면해 있는데 이러한 문제를 해결하기 위해 여성과 고령자의 노동력 활용도를 제고하는 것이 필요하다는 점을 살펴본다. 또한 노동생산성 증가가 국제적으로 볼 때 상대적으로 낮은 수준에 머물고 있어서 노동생산성 제고를 통한 양질의 노동력 확보도 매우 필요한 과제임을 확인한다. 이 두 가지 정책과제를 실현하기 위해 정부는 전통적 종신고용, 연공서열의 고용관행을 시정하려는 정책을 추진하며, 이는 저성장에 대한 대응이면서 동시에 사회보장을 강화하는 효과도 가진다는 점에서 향후 일본의 성장과 복지에 매우 중요한 정책과제라는 점을 지적한다.

이 장의 4에서는 일본의 소득분배가 크게 악화되어온 점을 고찰한다. 근간 소득분배의 공평성을 나타내는 각종 지표(예: 지니계수, 상대적 빈곤율 등)가 악화되었을 뿐만 아니라 절대적 빈곤층인 생활보호대상 세대도 크게 증가하였다. 특히 30세 미만의 젊은 세대, 65세 이상의 고령세대에서 상대적 빈곤층이 높은 것으로 나타났는데, 이는 30세 미만에서 비정규직 비중이 높다는 점, 고령자에 대한 사회보장이 여전히 취약하다는 점에 기인한다.

이 장의 5에서는 경제의 구조변화와 사회보장제도 운용의 상호관계에 주목하여 이 문제에 대한 일본의 대응이 우리에게 주는 시사점을 찾아본다. 일본 사례에서 보듯이 저성장의 지속은 고용과 소득분배를 악화시켜 사회보장에 부정적 영향을 준다. 따라서 저성장 극복이 사회보장 강화의 필요조건이라는 점, 재정을 통한 사회보장문제 해결에 한계가 있기 때문에 노동개혁은 사회경제제도의 근본적 개혁을 통해 경제성장과 사회보장을 함께 해결하려는 노력이 필요하다는 점을 지적한다.

2. 일본경제의 성장력

한 나라의 사회보장에 영향을 미치는 변수는 매우 많지만 그중에서도 가장 큰 영향을 미치는 변수는 아마도 성장력일 것이다. 성장력은 공급측면과 수요측면으로 구분해서 살펴볼 수 있다. 먼저 공급측면에서는 재화와 서비스를 공급하는 능력이며 자본설비와 노동, 기술 등의 생산요소를 활용하여 한 나라의 수요를 충족시켜 주는 공급능력을 성장력으로 볼 수 있다. 그러나 아무리 공급능력이 있더라도 이를 받아주는 수요가 없다면 그 나라 경제는 성장할 수 없다. 따라서 수요측면에서는 성장을 가능하게 하는 소비, 투자 등의 수요창출력을 성장력으로 본다.

한 나라의 성장력이 높으면 그만큼 소득과 일자리가 빠르게 증가하기 때문에 사회보장에 대한 수요가 상대적으로 낮을 것으로 기대된다. 반면 성장력이 낮으면 사회보장에 대한 수요가 더 높아질 것이기 때문에 이에 대응한 사회보장제도의 설계와 운용이 필요해질 것이다.

1) 공급측면에서 본 성장력

(1) 잠재성장률 개요

공급측면에서의 성장력을 나타내는 지표는 잠재성장률이다. 잠재성장률이란 생산활동에 필요한 설비 등 자본스톡의 증가율, 노동력인구에 노동시간을 곱해 산출되는 노동력의 증가율, 기술진보에 따른 생산성 증가율을 합산한 것으로, 한 나라 경제가 인플레이션이나 디플레이션을 일으키지 않으면서 달성 가능한 중장기적 성장률을 의미한다.

일본경제의 잠재성장률[15]은 추정이 시작된 1983년부터 경제의 거품이

---

15) 일본은행이 추정한 잠재성장률이다.

<표 3-1> 잠재성장률과 요인별 성장기여도

(단위: %, %p)

시기	잠재성장률	TFP	자본스톡	노동시간	취업자수
1983~1989년	4.16	1.84	1.80	-0.21	0.73
1990~1997년	2.34	0.90	1.58	-0.61	0.48
1998~2007년	0.84	0.87	0.47	-0.37	-0.13
2008~2016년	0.34	0.60	0.03	-0.22	-0.07

자료: 일본은행, 2016.

붕괴되기 직전인 1989년까지의 시기에 4.16%로 높은 수준이었다. 그러나 거품이 붕괴된 1990년부터 금융위기가 발생하기 직전인 1997년까지 2.34%로 하락하더니 1998년부터 글로벌 금융위기 발생 직전인 2007년까지 0.84%, 동 금융위기 후부터 최근까지는 0.34%까지 추가적 하락세를 보였다. 최근(2015년 4분기~2016년 1분기) 추정한 잠재성장률은 0.21%로 거의 0%에 가깝다.

(2) 노동의 잠재성장률 기여도

일본의 잠재성장률을 총요소생산성(TFP: *Total Factor Productivity*), 자본스톡, 노동공급(노동시간, 취업자수)으로 분해하여 각 요소의 기여도를 살펴보자. 노동공급은 이미 1980년대부터 잠재성장률을 하락시키는 요인으로 작용하고 있음을 알 수 있다. 즉, 노동공급은 노동시간에 취업자수를 곱해 얻어지는데, 1980년대부터 노동시간이 감소하기 시작하였고 1990년대 말부터는 취업자수조차 감소하기 시작하여 노동공급 감소에 따른 성장력 저하가 두드러지게 나타났다. 1980년대에 주 2일 휴일제가 도입되었고 저출산·고령화에 따라 생산가능인구가 감소하면서 이 같은 추세가 나타났다.

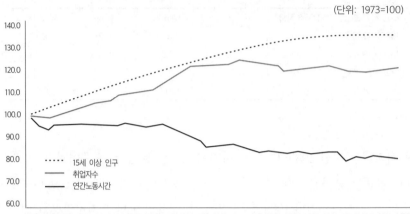

(단위: 1973=100)

자료: 후생노동성, 2015b 수정.

(3) 자본의 잠재성장률 기여도

노동력 감소에 따른 잠재성장률 하락은 자본스톡의 증강 및 생산성 증가로 보완되어야 하는데 일본의 경우 이 두 요인 모두 증가세가 하락하였다. 특히 자본스톡의 성장기여도는 1990~1997년 1.58%에서 1998~2007년 0.47%로 급격히 하락한 후 글로벌 금융위기 이후 0.03%로 잠재성장률에 거의 기여하지 못했다.

내각부가 발표하는 〈민간기업 자본스톡〉 통계도 부진한 자본스톡 증가세를 보여주는데 이에 따르면 민간기업의 자본스톡 증가율(유형고정자산)은 1998년 동아시아 금융위기 전에는 4% 전후를 유지했으나 1998년 이후부터 하락하기 시작하여 글로벌 금융위기 직후인 2009년에는 0.6%에 이르렀다. 이후 1%대를 회복한 상태이다. 이처럼 자본스톡 증가세가 둔화된 이유는 일본기업의 신규투자가 매우 부진했기 때문이다.

<표 3-2> 민간기업 자본스톡 증가율

(단위: %)

| 연도 | 유형고정자산 | | | | 무형고정자산 |
	전산업	제1차 산업	제2차 산업	제3차 산업	전산업
1995	3.8	2.3	3.2	4.5	8.0
2000	2.4	0.5	1.5	3.4	11.8
2005	1.1	-0.2	1.3	1.3	5.2
2010	1.3	-0.8	1.1	1.7	0.1
2011	1.4	-1.0	1.5	1.8	-0.9
2012	1.7	-0.2	1.1	2.4	0.2
2013	1.3	-0.1	0.2	2.1	0.4
2014	1.4	-0.4	1.0	2.0	1.1

자료: 내각부, 2016c.

(4) 총요소생산성의 잠재성장률 기여도

일본경제에 유일하게 남은 잠재성장률 증가요인은 총요소생산성 증가인데 이마저도 하락세를 면치 못하고 있다. 1990~1997년 거품붕괴 후의 총요소생산성의 성장기여도는 0.90%로 1980년대의 1.84%의 절반수준으로 떨어진다. 그 후 총요소생산성의 성장기여도는 이전 수준을 회복하지 못한 채 글로벌 금융위기 후 0.60% 수준에 머무르고 있다. 총요소생산성은 정의상 자본과 노동투입의 증가에 따른 성장을 제외한 기타요인에 의한 성장을 계측하는 방법이며, 기술혁신 등 생산성 증가를 초래하는 모든 요소를 총괄하는 개념이다. 따라서 총요소생산성의 성장기여도가 하락한다는 것은 일본의 지적자본 축적능력, 노동과 자본 등 생산자원의 효율적 배분능력이 하락한다는 것을 의미한다.

좀더 구체적으로 살펴보면 1990년대 이후 총요소생산성의 하락요인으로는 다음의 것들이 제시된다. 첫째는 1990년대 이후 급속히 발전한 정보통신기술(ICT)을 활용하여 경제전반의 생산성을 제고하는 노력을 하지 못했다는 점이다. 정보통신기술을 융합할 경우 제조업 및 비제조업에서 생산성의 비약적 발전이 가능하며 미국은 이에 성공하였으나 일본은 이에 소극적이었다.

둘째는 경직된 노동시장으로 인하여 새로운 기술의 도입이나 인적자본 축적에 실패했다는 요인이 있다. 일본은 정규직에 대해 높은 수준의 보호가 이루어진다. 이는 전통적 고용관행인 종신고용의 연장이며 정규직근로자에 대한 해고요건이 불투명하여 해고 그 자체가 매우 어려운 여건을 형성한다. 그 결과, 정보통신기술의 활용과 같이 노동절약적 기술의 도입은 어려운 여건에 있었다.

한편 정규직의 보호수준이 높기 때문에 이를 회피하기 위한 기업의 새로운 고용관행이 증가했는데 그것이 바로 비정규직근로자의 급증이었다. 비정규직근로자는 고용의 보호수준이 낮기 때문에 기업에 대한 충성도가 낮다. 또한 기업 입장에서도 비정규직근로자에 대한 교육훈련 투자를 증가시킬 동기가 부족하다. 그 결과 비정규직근로자의 인적자본 축적이 이루어지지 못했다. 정규직근로자의 경우에는 보호수준이 높아서 새로운 기술과 능력을 축적하고자 하는 경쟁이 낮고 그 결과 인적자본의 축적이 이루어지지 못했다.

셋째는 시장이 매우 비경쟁적이며 자연도태의 메커니즘이 확립되지 못했다는 점이다. 비효율적 기업이 신속하게 도태되고 그 자원이 보다 효율적인 기업으로 이전되는 메커니즘이 부족한 결과 생산성 향상이 지연되었다는 설명이다. 특히 은행의 부실기업에 대한 자금지원이 계속되면서 생산성이 낮은 기업의 퇴출이 지연되었고 이것이 일본의 자원배분의 전체적인 효율성을 저해하였다.

넷째는 대기업의 생산성은 크게 향상되었으나 중소기업의 생산성은 정체되었고 양자 간의 격차는 더욱 확대되었기 때문이다. 대기업은 글로벌 가치사슬을 형성하는 과정에서 생산공장과 연구개발 기지를 해외에 이전하였고 이를 통해 생산성 향상을 도모하였다. 그러나 중소기업은 대기업과

의 거래관계가 단절되고 이로 인해 중소기업으로의 연구개발의 파급효과가 감소하여 생산성이 정체되고 있다는 설명이다.

(5) 잠재성장률 회복을 위한 정책방향

경제가 성장력을 회복하기 위해서는 위에서 제기된 여러 가지 요인들을 제거하는 정책이 필요하다. 예를 들면, 노동시장을 개혁하여 정규직과 비정규직 간의 격차를 해소하고 정규직에 대한 과도한 보호를 완화하는 노력이 필요하다. 유망한 중소기업의 성장을 촉진하기 위한 정책을 도입해야 하며 국내시장의 경쟁을 강화하기 위해 대외개방, 법인세율 인하 등을 통해 외국기업의 유치를 촉진하는 노력이 필요하다. 비제조업 분야에서는 과도한 규제를 제거하고 완화함으로써 새로운 투자를 유도하고 경쟁을 촉진하는 노력이 필요하다. 이와 같은 정책들은 기업과 산업, 나아가 일본경제 전체의 생산성을 향상시켜 잠재성장률을 높이는 데 기여할 것이다.

2) 수요측면에서 본 성장력

(1) 수요항목별 성장률 개요

경제의 성장력을 수요측면에서 살펴보면 다음과 같다. 한 나라의 총수요는 소비, 투자, 정부지출(최종소비, 공적 고정자본 형성), 수출로 구분하여 볼 수 있는데, 글로벌 금융위기 이후에 나타난 수요측면에서의 중요한 특징은 정책적으로 결정되는 정부지출 이외의 대부분의 수요항목에서 글로벌 금융위기 이전에 비해 저조한 성장세가 지속되고 있다는 점이다.

〈표 3-3〉은 글로벌 금융위기를 전후한 시기[16]에 각 수요항목별 연평균 성장률을 나타내는데 민간소비와 민간설비투자, 그리고 수출의 증가세가

---

16) 글로벌 금융위기가 발생한 직후인 2008~2010년 시기는 비정상적 상황이므로 이 시기를 제외한 2011~2015년 시기가 위기 이전 시기와 비교대상으로서 더 적절한 것으로 보인다.

<표 3-3> 수요항목별 연평균 성장률

(단위: %)

시기	실질 GDP	민간 소비	민간 주택투자	민간 설비투자	정부 최종소비 지출	공적 고정자본 형성	수출	수입
2000~2007년	1.5	1.1	-2.2	3.0	2.1	-6.9	7.7	4.3
2008~2015년	0.2	0.4	-2.4	-0.6	1.3	0.1	1.7	2.2
2011~2015년	0.6	0.4	1.8	2.4	1.2	0.1	2.3	4.4

자료: 내각부, 2016d.

둔화된 것을 확인할 수 있다. 글로벌 금융위기 이전 재정건전성 강화를 위해 공적 고정자본 형성을 위한 정부투자를 자제했으나 위기 이후에는 동일본 대지진 복구사업을 포함하여 사회자본 확충을 위한 정부투자가 증가한 것 이외에는 대부분 수요항목의 성장세가 둔화된 것을 알 수 있다.

(2) 고용 및 소득환경

이처럼 소비, 투자, 수출이라는 핵심적 수요항목의 증가세가 크게 둔화된 이유는 무엇인가? 이를 살펴보기 위해 먼저 가계, 기업의 소득환경을 고찰할 필요가 있다. 가계의 소득, 기업의 수익이 개선되면 가계의 소비와 기업의 투자가 증가할 가능성이 더욱 높아지고 이는 다시 임금과 수익의 증가라는 선순환으로 이어질 수 있기 때문이다.[17] 실제로 최근 일본경제는 아베노믹스라는 확장적 통화 및 재정정책의 영향으로 가계 및 기업의 소득환경은 점차 개선되었다.

① 기업 경상이익

먼저 기업의 경상이익은 글로벌 금융위기 직후인 2008년과 2009년에 각각 전년대비 26.3%와 35.3%의 감소를 보이다가 2010년부터 증가세로 전

---

17) 이 주제는 《2016년 경제백서》의 중요한 주제이며 동 백서의 제1장에서 상세히 다루어진다(內閣府, 2016c).

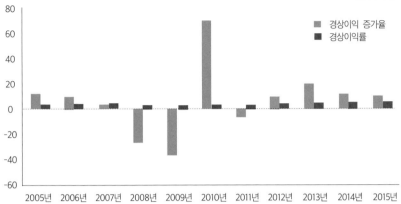

〈그림 3-2〉 기업(전산업)의 경상이익 추이

(단위: %)

■ 경상이익 증가율
■ 경상이익률

자료: 재무성, 2016.

환되었고 이후 지속적 증가세를 보인다. 2015년의 전년대비 경상이익 증가율은 7.5%로 전년에 비해 증가율은 하락하고 있으나 경상이익 규모는 여전히 증가하고 있다. 대기업의 경상이익이 증가하는 가운데 2014년 중반부터는 유가하락 등의 영향으로 중소기업의 경상이익도 크게 개선되기 시작하였고 제조업보다는 비제조업의 이익 증가가 두드러졌다. 제조업의 경우에도 엔화약세를 배경으로 수출기업의 수익성이 크게 개선되면서 특히 제조업 대기업의 수익성이 크게 개선되었다.

매출액 대비 경상이익률은 2009년 2.3%에서 2015년 5.4%까지 회복되었는데 이는 글로벌 금융위기 직전인 2007년의 4.0%보다 더 높은 수준이다. 이처럼 기업의 경상이익 수준이 상당히 회복된 것을 감안해 보면 설비투자 확대를 위한 여건은 상당히 개선되었다고 볼 수 있다.

② 가계 고용 및 소득환경
가계의 고용 및 소득여건도 개선되고 있다. 이 장의 3에서 상술하는 바와 같이 고용시장은 상당히 개선되었다. 생산가능인구가 계속 감소하고 있지만

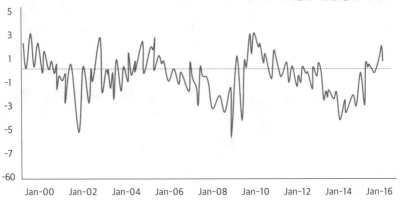

〈그림 3-3〉 실질임금 증가율

(단위: 전년 동기 대비 %)

자료: 블룸버그, 2017. 6. 1 인출.

이 중 노동의지가 있는 노동력인구는 2013년부터 증가세로 돌아섰다. 이
는 고령자 및 여성의 노동참여가 증가했기 때문이다. 또한 1997년을 정점
으로 계속 감소하던 취업자수도 2013년부터 증가세로 바뀌었고 유효구인
배율도 2014년부터 1을 초과하여 노동공급에 비해 노동수요가 더 많은 상
황이 전개되었다. 완전실업률도 2009년 5.1%에서 2016년 6월 3.1%로
상당히 개선되었다.

　이와 같은 고용여건하에서 임금소득도 약간 개선되었다. 1인당 명목임
금[18]은 2014년부터 증가세로 전환되었고 특히 단시간근로자 등 비정규직
근로자의 임금이 정규직근로자에 비해 상대적으로 높게 상승하였다. 이는
최저임금이 빠르게 상승했기 때문이다. 최저임금은 2013~2015년의 3년
간 연평균 16.3엔 상승했는데 이는 2010~2012년의 3년간 연평균 12.0엔
보다 더 높은 수준이었다. 반면 정규직근로자의 임금인상은 이에 미치지

---

18) 명목임금상승률은 2011년도부터 2015년도까지 각각 -0.3%, -1.0%, -0.2%, 0.5%,
　　0.2%이다.

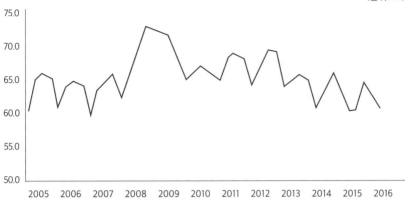

<그림 3-4> 노동분배율 추이

(단위: %)

자료: 재무성, 2016 재구성.

못한다. 실제로 물가상승률을 고려한 1인당 실질임금상승률[19]은 2015년
에도 플러스로 전환되지 못하였고 2016년에 들어서야 상승세가 나타났다.

③ 노동분배율

노동분배율[20]의 개선도 아직 나타나지 못하고 있다. 노동분배율은 최근
약간의 개선이 나타났지만 2012년 수준에 비해 여전히 낮은 수준에 머물고
있다. 이는 기업의 수익이 아직 임금인상으로 충분히 이어지지 못하고 있
다는 것을 의미하며 그 배경에는 정규직근로자의 임금상승을 꺼리는 기업
의 태도가 있다. 기업은 여전히 장래의 성장전망이 불투명하다고 판단하기
때문에 고정비용에 해당하는 정규직근로자의 임금인상에 소극적이다. 반
면 해고가 자유로운 단시간근로자 등 비정규직근로자의 임금인상은 상대
적으로 적극적이다.

---

19) 실질임금상승률은 2011년도부터 2015년도까지 각각 -0.2%, -0.8%, -1.3%, -3.0%,
   -0.1%이다.
20) 노동분배율 = 인건비 / (인건비 + 영업이익 + 감가상각비 + 이자수입)

이상을 종합해 보면 고용시장의 수급여건이 악화되는 가운데 명목임금의 상승이 나타나고 있지만 아직 정규직근로자의 임금상승으로까지는 이어지지 못하고 있고 노동분배율도 개선되지 못하고 있어서 가계의 소득여건은 아직 본격적 회복단계에 이르지 못했다고 볼 수 있다.

(3) 가계소비

가계의 고용 및 소득여건이 일부 개선되고 있음에도 불구하고 가계소비는 여전히 회복되지 않았다. 〈2016년 연차경제재정보고〉의 분석에 따르면 (內閣府, 2016b: 31~33), 소비회복이 지연되는 데는 다음과 같은 구조적 원인이 있다.

첫째는 장래에 대한 불안감이 점차 증가하고 있다는 점이다. 장래에도 안정적 수입을 확보할 수 있을 것인지, 노후대비는 충분히 갖추어져 있는지에 대한 불안감으로 인하여 소비회복이 지연되고 있다고 본다. 특히 20~39세 세대의 소비회복이 이러한 요인에 의해 약해지고 있다. 예를 들면, 이 연령대의 가처분소득은 2012년 이후 조금씩 증가했으나 소비지출은 거의 변화되지 않았고 그 결과 저축(가처분소득-소비지출)이 증가하였고 평균소비성향도 감소하였다. 이 연령대의 평균소비성향은 65~70 수준에서 변화하는데 특히 2014년 이후 감소세로 전환되었다. 이 연령대의 비정규직근로자 비율이 높다는 것도 중요한 이유다. 고용의 안정성과 임금수준이 상대적으로 낮기 때문에 장래에 대한 불안감이 높아져 소비를 억제시키는 요인으로 작용하기 때문이다.

둘째, 60대 전반기에 있는 무직세대의 소비가 매우 미약하다는 점도 주목해야 한다. 이 세대는 정년퇴직을 한 후 아직 새로운 직업을 갖지 못하였으나 연금지급까지는 몇 년을 기다려야 하는 세대이다. 근로소득이나 연금소득과 같은 안정적 소득이 확보되지 않기 때문에 그동안 축적한 금융자산을 소비해야 하므로 적극적 소비를 할 수 없다. 이 연령대는 재고용되어도 임금수준이 퇴직 이전 수준에 비해서 크게 감소하기 때문에 소비를 억제해야 한다.

셋째, 단기적 원인으로는 내구재의 소비회복이 미약하다는 점을 들 수 있다. 정부는 글로벌 금융위기 이후 소비 진작을 위해 가전제품, 자동차 등 내구재에 대해 각종 지원책을 실시했다. 2009년 2분기부터 2010년 3분기까지 에코카 보조금제도를 시행하였고 2009년 2분기부터 2011년 1분기까지 가전 에코포인트 제도를 도입하여 실시하였다. 이러한 각종 지원으로 내구재 소비가 특정시기에 집중됨으로써 그 후의 소비를 정체시키는 요인으로 작용하고 있다. 2014년 4월부터 시행된 소비세율 인상은 인상 전 내구재 소비를 급증시켜 인상 후 소비침체의 원인으로 작용하였다.

이처럼 연령대별로 다른 여건하에서 소비침체가 구조적 요인에 기인하고 있고 소비를 진작하기 위한 정책이 장래의 소비를 현재로 끌어 쓰는 효과를 가지는 정도에 그치기 때문에 국내소비를 회복시키기 위해서는 보다 근본적인 대응책이 필요하다. 39세 이하의 젊은 세대에 대해서는 노동시장 개혁을 통해 임금, 고용의 안정성을 근본적으로 개선하는 것이 필요하다. 이러한 개선이 없이는 장래에 대한 불안, 노후에 대한 불안을 해소할 수 없으며 임시방편적 소비진작책은 일시적 효과만을 가져올 것이기 때문이다.

은퇴연령의 연장 노력도 병행되어야 한다. 은퇴연령을 65세까지 연장하고 은퇴 이후에도 다양한 형태의 취업이 가능하도록 제도를 정비하여 은퇴 이후의 생활에 대한 불안을 해소하고 소득절벽이 발생하는 것을 막아야만 고령자의 소비침체를 억제할 수 있을 것이다. 향후 전체인구에서 고령인구가 차지하는 비율이 더욱 높아질 것을 감안하면 고령세대의 소비진작을 위한 근본적 대책이 필요하다.

(4) 기업 설비투자

글로벌 금융위기 이후 기업의 설비투자는 장기적 침체를 보이고 있다. 일본의 설비투자 증가율은 글로벌 금융위기 이전인 1990~2007년 기간 연평균 약 1%의 증가를 보였으나 2008~2015년 기간에는 연평균 약 -0.6% 정도의 증가를 보였다. 오히려 설비투자가 매년 감소해온 것이다. 설비투자 회복속도도 매우 느리다. 경기순환 상 정점이었던 2008년 1분기를 기준으로 현재까지 약 35분기에 걸쳐 설비투자는 이전 정점 수준을 회복하지 못하였다.

이는 과거의 경기순환과 비교해 볼 때 매우 느린 회복속도이다. 예를 들면 이전의 정점 수준을 회복하는 데 걸린 시간을 보면 1997년 2분기 정점의 경기순환에서는 약 14분기, 2000년 4분기 정점의 경기순환에서는 약 15분기가 소요되었다. 이에 비하면 2008년 1분기 이후의 경기순환에서의 설비투자의 회복속도는 2배 이상 느리며 아직도 정점 수준을 회복하지 못하고 있다는 것을 알 수 있다.

그렇다면 왜 이렇게 설비투자의 회복에 시간이 소요되는 것인가? 더구나 2013년 이후 기업수익성이 과거 최고수준까지 회복되었고 물가도 하락에서 상승국면으로 전환되는 등 투자여건이 크게 개선되었음에도 불구하고 기업의 설비투자 회복이 지연되는 데는 구조적 요인이 있을 것으로 추정된다.

무엇보다도 가장 큰 요인은 기업의 장래 성장전망(즉, 장래의 매출전망)이 약해졌다는 점이다. 장래의 성장전망은 기업의 설비투자를 설명하는 매우 강력한 요인으로 알려져 있는데, 예를 들어, 업계의 성장예상치가 1% 상승하면 설비투자는 0.6~0.7% 성장하는 것으로 추정된다. 반면 경상이익이 설비투자에 미치는 효과는 이에 비해 작아서 1%의 경상이익 증가는 약 0.3%의 설비투자 증가로 이어지는 것으로 분석된다(內閣府, 2016c: 100~101).

내각부 분석에 의하면 글로벌 금융위기 이후 기업의 성장전망은 2007년에는 1.5% 수준에서 최근 0.5% 수준으로 낮아졌다. 이처럼 낮아진 성장전망을 배경으로 기업은 설비투자를 억제했고 그 결과 경제성장력은 약화되었다. 약화된 성장력은 성장률 저하로 이어지고 이는 다시 장래의 성장전망을 어둡게 하는 악순환으로 이어진다.

기업의 수익성 개선도 설비투자 증가로 이어지지 못하는데, 내각부는 그 원인의 하나로 기업의 수익구조 개선이 생산과 매출의 증가라는 영업고유의 요인보다는 비용감축, 환율상승 등과 같은 영업외적 요인에 더 많이 의존하고 있다는 점을 제시한다(內閣府, 2016c: 97~99). 동 분석은 기업의 경상이익을 ① 매출액 요인(매출증가), ② 이익률 요인(매출원가나 판매관리비 등 비용삭감), ③ 영업외 비용요인(금리 등 지불 이자, 환차손 등), ④ 영업외 수익요인(해외 자회사 배당금, 환차익 등)의 4가지로 분해하고 각 요인별 기여도를 분석하였다.

이에 따르면 2013년 이후 크게 증가한 기업이익은 이익률 요인에 가장 크게 영향을 받았다. 다시 말하면 2008년 글로벌 금융위기 이후 매출액 증가가 저조한 상황에서 먼저 매출원가 등 비용을 삭감하여 이익을 창출하였고 2013년 이후 아베노믹스 정책 실시 이후에는 엔화약세 등 환율요인을 배경으로 판매가격을 인상하여 이익률을 개선한 것이 기업이익 증가의 핵심적 요인으로 분석된다. 기업의 생산이나 매출증가와 같은 매출액 요인은 이 시기에 오히려 경상이익을 줄이는 마이너스 요인으로 작용하였다.

이와 같은 수익구조 하에서는 경상이익이 증가하더라도 설비투자를 증가시킬 유인이 없다. 왜냐하면 통상적으로 생산과 매출이 증가하여 수익이 증가해야 추가적 생산설비를 증강하는 설비투자가 발생하기 때문이다. 기업의 수익증가는 이와 같은 공격적 경영의 결과가 아니라 비용을 줄이고 환율요인을 활용하여 가격을 인상하는 등의 매우 소극적 경영의 결과였기 때문에 기업의 설비투자 증가로 이어지지 못했다.

정부는 기업의 설비투자를 확대시키기 위해 성장전략을 추진해왔다. 이 정책의 핵심은 '기업의 수익성 개선 → 임금인상 · 배당확대 · 일자리 창출 → 소비증가 → 투자증가'라는 선순환 구조를 만드는 것이다. 그러나 현재 기업의 수익성은 개선되었으나 이것이 임금상승과 소비증가, 그리고 이에 따른 설비투자 증가로 잘 이어지지 못한다. 이러한 선순환의 고리를 연결시키기 위해 정부는 제4차 산업혁명의 실현, 세계 최첨단의 건강입국, 2020년 도쿄 올림픽을 통한 스포츠의 성장산업화, 관광산업 육성, 환경에너지산업 육성 등 신성장동력을 발굴하려 노력한다. 또 국가전략특구, 새로운 규제 · 제도개혁 메커니즘 도입 등을 통해 규제완화를 도모하며 기업지배구조 개선을 통해 보다 공격적인 기업경영을 유도하는 등 다양한 노력을 기울인다.

(5) 수출

2000년대 들어 수출이 증가세를 보였으나 글로벌 금융위기 이후에는 그 기세가 크게 위축되었다. 수출수량지수(2010년 = 100)를 보면, 국내 금융위기가 있었던 1998년 77.2에서 글로벌 금융위기 직전인 2007년 111.4까지 급상승하다가 2009년 80.5까지 하락한 후 2015년 기준 89.8로 회복세가 지지부진하다.

이처럼 수출은 물량 기준으로 볼 때 2010년 수준에서 10%나 하락한 매우 저조한 상태에 있음을 알 수 있다. 따라서 수출의 경제성장 기여도 이전에 비해 미약한 수준에 머무른다. 2000년부터 2008년까지 1%p 이상의 경제성장 기여를 했던 수출은 글로벌 금융위기 이후 0.5%p에도 미치지 못하는 성장기여도를 보인다. 특히 엔화약세가 본격화되었던 2013년 이후에도 수출수량은 회복되지 못하였다. 다만 엔화표시 수출액은 엔화약세에 따른 환율효과로 인하여 증가세를 보였다.

<표 3-4> 수출관련 지표 추이

연도	수출수량지수 (2010년=100)	수출액 (조 엔)	수출성장 기여도 (실질)
2000	86.2	49.0	1.3
2005	98.6	63.0	0.8
2010	100.0	64.4	3.2
2011	96.2	63.0	-0.1
2012	91.6	62.0	-0.0
2013	90.2	67.8	0.2
2014	90.7	74.1	1.3
2015	89.8	75.3	0.5

자료: 내각부, 2016d.

　　그렇다면 수출은 왜 회복세를 보이기는커녕 오히려 축소되는 것일까? 이러한 현상의 배경에는 다음과 같은 일본경제의 중요한 변화가 있다고 판단된다. 첫째는 무엇보다도 제조업의 국제경쟁력 저하를 들 수 있다. 특히 한국, 동남아, 중국 등 신흥국들의 제조업 경쟁력이 강화되면서 일본 제조업의 국제경쟁력은 많은 업종에서 약해지고 있고, 그 결과 해외수출이 축소되었다. 가장 대표적인 업종이 바로 전기전자 분야일 것이다.

　　둘째는 기업들이 국내에서 생산능력을 증강하기보다는 해외투자를 확대하여 현지생산을 증강했기 때문에 수출이 약화되었다. 즉, 해외투자가 수출을 대체하는 현상이 나타난 것이다. 주지하는 바와 같이 기업들은 저렴한 생산요소, 광대한 시장을 좇아서 중국, 동남아시아 등에 적극적 설비투자를 했고 이를 통해 효율적 생산네트워크를 형성하기 위해 노력했다. 이와 같은 해외투자의 결과 국제수지에서 소득수지가 차지하는 비중과 역할이 크게 증가되었다는 점에 주목할 필요가 있다.

　　셋째는 기업들이 엔화약세 시 가격인하를 통해 수출물량을 증대시키기보다는 가격을 유지하여 수익을 증대시키는 전략을 구사했다는 점이다. 가격인하를 통해 수출물량을 늘리고 시장점유율을 높이기 위해서는 국내 설비투자 확대를 통해 생산능력을 증강해야 하는데 앞에서 언급한 바와 같이 기업들은 이러한 전략을 취하지 않았다. 설비투자 확대를 통한 생산능력 증강은 중장기적으로 수출수요가 증가하고 국내적으로도 매출확대가 기대될 때 이루어질 수 있으나 글로벌 금융위기 이후의 세계 경제상황은 불확실성이 증가하였고 국내적으로도 앞서 언급한 바와 같이 기업의 매출증가 전망이 0.5% 수준으로 매우 저조한 상황에 있었기 때문이다.

이러한 상황을 타개하기 위해 정부는 환태평양 경제동반자협정(TPP: Trans-Pacific Partnership)을 체결하여 수출시장을 개척하고자 노력하였고 철도, 도로, 상하수도, 폐기물처리, 전력 등 신흥국에서 급증하는 인프라 건설관련 수출확대 전략을 수립하는 등 다양한 노력을 기울인다.

3. 고용여건의 변화와 과제

1) 고용여건의 변화

고용상황은 최근 급속히 개선되었다. 무엇보다 완전실업률이 1995년 이후 역대 최저수준까지 하락하였다는 점을 주목할 필요가 있다. 완전실업률은 1995년 3.1%에서 2002년에 5.5%까지 상승하다가 2007년에 3.7%까지 하락했다. 그러나 글로벌 금융위기 이후에 다시 상승하기 시작해 2010년에 5.2%까지 올랐다가 2012년 경기회복과 더불어 하락해 2016년 6월에는 3.1%까지 낮아진 상태다. 이처럼 낮은 실업률이 실현되고 있는데 여기에는 고용시장의 공급측 요인과 수요측 요인이 복합적으로 작용한다.

주목해야 할 점은 그동안 지속적으로 감소했던 취업자수가 2013년부터 다시 증가하기 시작했다는 점이다. 취업자수는 1997년 약 6천 5백만 명대

<표 3-5> 기초 고용통계

(단위: 만 명, 시간)

연도	생산가능인구1)	노동력인구2)	취업자	고용자	연간 실질 노동시간3)
2000	10,836	6,766	6,446	5,356	1,859
2005	11,008	6,651	6,356	5,393	1,829
2010	11,111	6,632	6,298	5,500	1,798
2011	11,111	6,591	6,289	5,508	1,788
2012	11,098	6,555	6,270	5,504	1,808
2013	11,088	6,577	6,311	5,553	1,792
2014	11,082	6,587	6,351	5,595	1,788
2015	11,077	6,598	6,376	5,640	1,784

주: 1) 생산가능인구는 15세 이상 인구로 정의한다.
2) 노동력인구란 생산가능인구 중에서 근로의욕이 있는 자로 정의한다.
3) 월평균 노동시간에 12를 곱하여 산출한다.
자료: 총무성, 각 연도.

에서 절정을 이루었으나 이후 지속적으로 감소하여 2012년에는 6천 2백만 명대까지 약 3백만 명이 감소했다. 그러나 2013년부터 취업자수는 다시 증가하기 시작하여 2016년 6월 현재 약 6,456만 명 수준에 이르렀다.

15세 이상 생산가능인구는 저출산과 고령화의 영향으로 2010년부터 감소세로 전환되었다. 2010년 생산가능인구는 1억 1,111만 명이었으나 이후 감소가 지속되어 2015년 현재 1억 1,077만 명 수준에 이르고 있으며 향후에도 지속적으로 감소할 전망이다. 생산가능인구 중에서 근로의욕이 있는 인구로 정의되는 노동력인구는 1998년 약 6,793만 명을 정점으로 감소하기 시작하였다가 2013년 이후 다시 증가세로 전환되었다.

이처럼 생산가능인구가 감소하는 가운데 근로의욕을 가지는 노동력인구가 증가하였고 이들이 실제로 취업에 성공하여 취업자수도 2013년부터 증가세로 전환되었다는 것은 고용시장이 현재 매우 양호한 상태에 있음을 시사한다. 오히려 고용시장이 노동력 부족 상황에 빠져 있어서 유용한 노동력을 어떻게 원활하게 공급할 것인지가 중요한 과제라는 점을 확인할 수 있다. 실업률이 이미 3. 1%로 매우 낮은 수준까지 하락했다는 것도 이러한 점을 말해 준다.

2) 노동개혁의 과제

고용시장이 안고 있는 과제는 다음과 같이 정리해 볼 수 있다. 첫째는 양적으로 원활한 노동공급을 어떻게 확보하는가의 문제다. 출산율이 낮고 고령인구가 증가하는 가운데 사회 곳곳에 필요한 노동수요를 충족시키기 위해서는 그동안 노동시장에 참가하지 않았던 여성과 고령자의 노동시장 참여를 촉진하는 노력이 필요하게 되었다. 뿐만 아니라 외국인 노동자를 보다 적극적으로 받아들여 이들의 노동력을 활용하는 방안도 필요한 시대가 되었다. 저출산 고령화와 더불어 향후 육아, 의료, 노인 돌봄 서비스 등 다양한 분야에서 노동력이 필요하게 될 것이며, 사회를 유지하기 위해 필요한 최소한의 사회적 서비스를 공급하는 데도 지속적으로 노동력이 필요하게 될 것이다. 향후 이 분야에서의 충분한 양의 노동력을 공급하는 것이 중요한 과제이다.

노동공급과 수요의 상대적 정도를 나타내는 통계로서 유효구인배율이 있다. 이 통계는 일자리를 구하는 구직자 1인에 대해 몇 건의 구인이 있는지 나타내는 것으로 1을 넘으면 노동공급에 비해 노동수요가 더 많다는 것을 의미한다. 유효구인배율은 최근 지속적으로 증가했으며 2016년 7월 1. 37배로 1991년 10월 이후 24년 9개월 만에 최고수준까지 상승했다.

이처럼 유효구인배율이 증가하는 이유는 유효구인이 지속적으로 증가하는 데 반해 유효구직은 오히려 계속 감소하기 때문이다. 예를 들어 유효구직은 글로벌 금융위기 직후인 2009년 월평균 280만 명을 넘었으나 2016년 7월 현재 약 190만 명 수준까지 하락하였다. 반면 유효구인은 동 시기에 120만 명에서 250만 명 수준으로 증가하였다.

<표 3-6> 유효구인배율과 신규구인배율

(단위: 천 명, 배)

구분	2016년 7월	2015년 7월
유효구직자수	1,863	2,002
유효구인수	2,460	2,334
유효구인배율	1.37	1.21
신규구직자수	401	450
신규구인수	891	901
신규구인배율	2.01	1.82

자료: 후생노동성, 2016a.

고용의 선행지표인 신규구인배율[21]도 지속적으로 상승하여 2016년 7월 2.01배에 달했는데 이 또한 신규구직이 지속적으로 감소하는데 반해 신규구인은 오히려 지속적으로 증가하고 있기 때문이다. 2016년 7월 신규구인은 약 89만 명인 데 비해 신규구직자는 약 40만 명에 불과하였다. 특히 신규구인이 크게 증가하고 있는 업종은 대부분 서비스업(예: 도소매업, 숙박·음식업, 생활서비스업, 교육서비스업, 의료복지 등)이며 신규구인의 규모가 큰 업종은 의료복지(19만 7천 명), 도소매업(13만 6천 명), 기타 서비스(12만 3천 명), 숙박음식업(8만 2천 명), 제조업(8만 5천 명), 건설업(6만 8천 명) 등이다.

노동공급이 양적으로 감소하는 데 반해 주로 서비스 분야를 중심으로 노동수요가 지속적으로 증가하고 있어서 이들 분야에 노동을 원활하게 공급하기 위한 노력이 필요하다.

정부는 노동력 공급을 확대하기 위한 환경정비에 정책의 역점을 둔다. 특

---

21) 신규구인배율은 신규구직자수에 대한 신규구인자수의 배율로 정의된다. 신규구인수는 전국의 공공직업안정소에 당월 접수된 신규구인수이며, 신규구직수 또한 동일하게 측정된다. 한편 유효구인수 및 유효구직수는 전월의 구인 및 구직자를 포함하여 산출된다는 점에서 차이가 있다.

히 고령자와 여성의 노동참여를 확대하여 저출산·고령화에 따른 노동력 부족문제를 해결하려고 노력하고 있다. 내각부의 《2016년 경제백서》에 따르면, 60세 이상의 비노동력인구 중 취업을 희망하는 자 및 실업자는 2015년 102만 명에 이르렀다. 이들 고령자 활용 시 총노동공급을 1.0% 정도 증가시킬 수 있다고 한다. 여기에 여성의 노동참가를 확대하면 총노동공급을 2.0% 정도 증가시킬 수 있다는 시산도 있다(內閣府, 2016: 66~68).

〈표 3-7〉 주요 산업별 신규 구인현황(2016년 7월 기준)

(단위: 천 명)

산업	전체 합계	단시간근로자 제외			단시간 노동자
		소계	상용	임시	
합계	891.0	536.4	493.2	43.2	354.6
건설업	68.5	64.0	61.9	2.1	4.4
제조업	85.4	59.5	54.5	4.9	26.0
정보통신업	26.4	23.0	20.4	2.7	3.4
운수, 우편업	48.8	37.2	34.6	2.6	11.7
도소매업	135.7	65.3	62.6	2.7	70.4
학술연구, 전문·학술서비스업	24.5	16.9	15.7	1.2	7.6
숙박, 음식서비스업	81.9	33.7	32.7	1.0	48.2
생활 서비스, 오락업	37.6	18.0	17.3	0.7	19.6
교육, 학습지원업	14.6	6.6	6.3	0.3	8.0
의료, 복지	197.4	107.6	105.3	2.3	89.8
기타 서비스업	123.4	76.4	57.0	19.4	47.0

자료: 후생노동성, 2016a.

〈표 3-8〉 고령자와 여성의 잠재노동력

구분	총노동시간(억 시간)	증가율(%)
출산·육아에 전념한 여성의 노동참가	10.0	0.9
요양 및 간호에 전념한 여성의 노동참가	1.4	0.1
취업을 희망하는 고령자의 노동참가	11.2	1.0
합계	22.6	2.0

자료: 내각부, 2016a: 67.

고령자의 노동참가 및 고용을 촉진하기 위해서는 정년연장, 재고용 확대 등과 같이 현역세대의 은퇴시기를 미루는 정책과 고령자의 여건을 고려한 고용환경의 정비가 필요하다. 현역세대의 은퇴시기를 미루는 정책은 이미 〈고연령자고용안정법〉에 의거하여 2000년부터 시행되었다. 기업이 65세까지 고용을 확보하도록 2000년부터 노력의무가 부과되었고 수차례 개정을 통해 2012년부터는 취업을 희망하는 65세까지의 고령자 전원에 대해 재고용의 의무가 기업에게 부과되었다. 그 결과 정년이 65세 이상인 기업의 비율이 2004년 6.5%에서 2015년 16.9%로 증가하였다.

60~64세 취업률은 2004년 51.5%에서 2015년 62.2%, 65~69세 취업률은 같은 기간에 33.2%에서 41.5%로 각각 늘었다. 또한 고령자의 노동참가를 촉진하기 위해서는 기업의 경직된 노동시간을 개선할 필요가 있다.

한편 여성의 노동참가를 촉진하는 것도 필요하다. 2015년 시점에서 출산과 육아를 이유로 구직활동을 하지 않고 있으나 취업을 희망하는 여성은 95만 명, 요양 및 간호를 이유로 구직활동을 하지 않고 있으나 취업을 희망하는 여성은 13만 명이 있는 것으로 알려져 있다. 이 여성인력의 활용을 촉진하기 위해서는 일과 출산·육아·요양을 병행할 수 있는 환경을 정비하는 것이 필요하다.

이를 위해 정부는 이를 위해 보육원수를 늘렸는데 2015년 4월에는 전년 동월 대비 아동정원 수를 5.9% 확대하였다. 다만 여성의 노동참가가 증가하는 과정에 있어서 여전히 대기아동수는 같은 기간에 8.4% 증가하였다. 보육시설의 추가적인 확충이 향후에도 필요하다. 고령자와 마찬가지로 여성에게도 유연한 노동시간제가 필요하며 재가근무 확대도 요구된다. 배우자가 육아 및 요양 부담을 나눌 수 있도록 남성의 장시간노동을 억제하고 육아, 요양을 목적으로 한 남성의 휴직 제도를 확충할 필요도 있다.

조세와 사회보장 개혁의 추진도 필요하다. 특히 배우자 수입이 130만 엔을 넘을 경우 사회보험의 부양범위에서 제외되거나, 103만 엔을 넘을 경우

납세자 본인의 배우자 공제가 감소하는 등 여성이나 고령자의 노동참여를 억제하는 조세나 사회보장제도는 개선할 필요가 있었다. 실제로 2016년 10월부터는 일정규모 이상 기업의 노동자를 대상으로 주 20시간, 월 8.8만 엔을 넘는 비정규 노동자에게 피용자보험을 적용하여 여성과 고령자의 노동참여를 억제하는 조세, 사회보장제도의 맹점을 개선하였다.

둘째는 질적으로 우수한 노동력을 어떻게 양성할 것인가의 문제이다. 양적으로 풍부한 노동력을 공급하는 것과 달리 노동생산성을 높여 경쟁력을 확보하는 것은 매우 중요한 과제이다. 이를 위해서는 노동자에게 인적자본을 축적할 수 있는 동기와 기회를 충분히 제공해야 하며 각자가 최적의 분야에서 능력을 발휘할 수 있도록 유연한 노동시장이 실현되어야 하고 능력에 따라 보상이 주어지도록 보수체계를 개혁하며 동일한 노동에 대해서는 동일한 정당한 대가가 주어지도록 하여 차별을 제거하는 노력이 필요하다. 이러한 모든 노력들은 궁극적으로는 노동자들의 생산성 향상에 기여하고 국제경쟁력 제고에 기여할 수 있다. 따라서 이를 실현하기 위한 보다 구체적인 개혁이 요구된다.

정부는 전통적 고용관행인 종신고용과 연공서열에 기반한 정규직 고용문제를 개선하기 위해 노력한다. 전통적 고용방식으로는 빠르게 변화하는 산업구조와 기술변화에 적응할 수 없다. 고용정책은 고용을 보호하는 정책에서 새로운 기술과 업종으로 노동자를 원활하게 이동시키는 정책으로 정책의 중점을 전환하였다. 현재 전직시장은 아직 발달하지 못한 상태이다. 2015년 현재 경력직 중도 채용은 약 300만 명 수준이고 이들이 전체 취업자에서 차지하는 비중은 5%에 미치지 못한다. 이는 글로벌 금융위기 이전의 약 5.5% 수준보다도 더 낮아진 것이다.

따라서 새로운 노동수요에 맞게 종래의 취업자가 전직할 수 있는 여건을 정비하는 것이 필요하다. 이를 위해 임금제도를 재정비할 필요성이 크다. 연공서열에 기반한 임금제도를 직무와 능력에 따른 임금제도로 전환하고,

성과임금제를 도입하여 전직 시의 적정임금 수준을 신속하게 파악할 수 있도록 하며, 노동자 개인이 직무능력을 개발할 수 있는 동기를 부여한다. 나아가 정규직과 비정규직의 구별을 없애고 동일노동에 대해서는 동일임금을 지급하고 장시간노동의 폐해를 시정하는 정책을 펼친다.

이러한 개혁에는 전통적 고용제도에서 가장 큰 혜택을 받는 40~50대 정규직근로자의 강한 반발이 있을 것인데, 이를 어떻게 설득하고 필요한 노동개혁을 실현할 수 있을지가 관건이다.

4. 소득분배

경제의 급속한 국제화 과정에서 일본 내 소득과 부의 분배도 큰 변화를 겪었다. 이는 그간의 사회보장제도의 운영과 개혁에 큰 영향을 미쳤다. 분배문제는 단순히 소득이나 부의 분배라는 경제적 관점을 넘어 교육, 사회적 네트워크 등 비경제적 영역에서의 격차의 확대를 발생시키게 되며 사회경제적으로 배제된 약자계층에 대한 사회적 안전망을 제공하는 데 있어 고려해야 할 매우 중요한 요소이다.

사회보장의 관점에서 보면 불평등 분배문제 이전에 먼저 고려되어야 할 것이 바로 빈곤문제다. 일본처럼 소득수준이 높은 나라에서 빈곤이 문제가 되는 이유는 자조노력과 자기책임을 강조하는 사회보장 철학이 유럽대륙 등 복지선진국의 그것과 다르기 때문이다. 생활보호대상 세대수는 1990년대 중반 이후 증가세가 지속되고 있는데, 경제여건의 악화로 생활보호대상으로 전락한 세대 비율이 꽤 늘었다. 후생노동성의 피보호자조사 통계에 따르면, 생활보호대상 세대는 1992년 약 59만 세대로 가장 낮은 수준을 기록한 이후 2016년에는 약 163만 세대까지 증가하였다(厚生労働省, 2016b).

한편 소득분배의 공평성을 나타내는 지표인 지니계수 또한 상승하고 있는데(厚生労働省, 2015a)[22] 후생노동성에 의하면 인구고령화로 고령자세대와 단신세대가 증가하여 세대규모가 작아진 것이 원인인 것으로 분석된다(厚生労働省, 2012: 174). 또한 상대적 빈곤율도 증가해왔다. 상대적 빈곤율이란 가처분소득의 중앙치의 절반(빈곤선)에 미치지 못하는 세대원의 비율을 의미하는데 이 비율이 지속적으로 증가했다. 후생노동성의 국민생활기초조사(內閣府 · 総務省 · 厚生労働省, 2015)[23]에 따르면 상대적 빈곤율은 2000년 15.3%에서 2012년 16.1%로 증가했다.[24] 세대주의 연령대별로 보면 30세 미만(27.8%)과 65세 이상 세대(18.0%)에서 상대적 빈곤율이 높았으며 세대유형별로 보면 단신세대(34.7%)와 성인 1인과 어린이 세대(54.6%)에서 상대적 빈곤율이 높았다.

한편, 1세대당 평균소득금액은 1994년 664.2만 엔을 정점으로 2014년 541.9만 엔까지 감소했다. 이를 통해 알 수 있듯이 1990년대 중반 이후 가구소득이 감소세로 전환되었고 특히 빈곤선 이하의 가구가 상대적으로 더욱 증가하여 가구의 생활여건 그 자체가 악화되어온 것을 확인할 수 있다.

소득분배가 악화되고 생활보호대상자 등 빈곤층이 증가하는 배경에는 고용형태의 격차가 있다. 비정규 노동자가 급증하면서 정규직과 비정규직 간의 고용안정성 및 임금격차[25]가 확대된 것이 소득분배 악화의 또 다른

---

22) 세대단위 당초소득 기준 지니계수는 2002년 0.4194, 2005년 0.4354, 2008년 0.4539, 2011년 0.4703, 2014년 0.4822로 지속적으로 상승해왔다(http://www.mhlw.go.jp/stf/houdou/0000131775.html. 2017. 10. 1 인출).

23) 이 자료에는 2012년까지의 상대적 빈곤율에 대한 자료가 제시되어 있다.

24) 총무성이 실시하는 '전국소비실태조사'도 상대적 빈곤율을 산출한다. 이에 따르면 1999년 9.1%에서 2012년 10.1%로 증가한 것으로 나타났다.

25) 후생노동성의 〈임금구조기본통계조사〉에 의하면 2015년 현재 제조업 대기업 남성의 정규직과 비정규직 간 임금격차는 정규직의 임금피크인 50~54세 연령대에서 가장 크며 약 2배에 이르는 것으로 나타난다.

요인으로 지적된다. 비정규직근로자는 소득과 고용의 불안정으로 인하여 결혼과 출산에도 영향을 받고 이러한 경제적 격차로 인해 교육의 격차도 발생하면서 빈곤의 악순환이 우려된다(厚生労働省, 2012: 177).

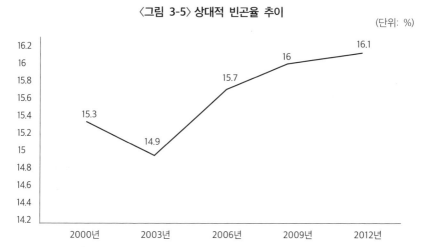

〈그림 3-5〉 상대적 빈곤율 추이

(단위: %)

자료: 내각부·총무성·후생노동성, 2015.

〈표 3-9〉 세대 속성별 상대적 빈곤율

(단위: %)

구분		전국소비실태조사	국민생활기초조사
세대주 연령별	30세 미만	15.6 (15.2)	27.8 (27.8)
	30~49세	7.7 (7.1)	14.4 (11.8)
	50~64세	9.6 (7.7)	14.2 (12.9)
	65세 이상	13.7 (15.0)	18.0 (20.9)
세대 유형별	단신	21.6 (21.5)	34.7 (36.2)
	어른 1인과 어린이	62.0 (62.7)	54.6 (58.3)
	2인 이상 어른	8.3 (7.2)	13.7 (14.0)
	2인 이상 어른과 어린이	7.5 (7.5)	12.3 (12.2)
합계		10.1 (9.1)	16.1 (15.3)

주: 1) 전국소비실태조사는 2009년, 국민생활기초조사는 2012년 수치.
   2) 괄호 안 수치는 각각 1999년, 2000년의 해당 수치.
자료: 내각부·총무성·후생노동성, 2015.

5. 맺음말: 쟁점과 함의

이상에서 우리는 일본경제가 당면한 여러 가지 문제를 경제성장, 노동시장, 분배의 측면에서 고찰하였다. 경제성장이 약화되면서 전통적 노동시장의 기능이 저하되었고 분배가 악화되면서 사회적으로 보호받아야 할 약자층이 증가하는 상황을 개관하였다. 이러한 상황에서 일본은 한편으로는 경제성장을 촉진하면서 다른 한편으로는 사회적 약자에 대한 배려를 강화해야 하는 이중적 과제에 당면했다. 이 두 과제를 동시에 달성할 수 있는 묘안은 있는 것일까? 이 문제는 우리 사회가 해결해야 할 중차대한 과제이기도 하다.

이와 같은 사회경제적 여건의 변화는 사회보장의 운용에 중요한 시사점들을 제공한다. 무엇보다도 사회보장제도와 경제성장 간의 관계에 대한 고찰이 필요하게 되었다. 앞에서 언급한 바와 같이 일본경제는 수요측면에서 소비와 투자가 매우 저조한 상황이 지속되고 있다. 이는 기대수명의 연장과 노후에 대한 불안이 증가하면서 소비가 약화되었기 때문이다. 소비의 약화는 투자의 약화를 초래하고 이는 다시 공급측면에서의 자본형성 약화, 저출산으로 인한 노동공급 약화를 초래한다.

따라서 내수를 살리고 저성장의 침체에서 벗어나려면 장래에 대한 불안을 해소할 수 있는 근본적 대책이 필요하게 되었는데 그것이 바로 사회보장의 역할이다. 즉, 장래에도 안정적 수입을 확보할 수 있는 사회경제적 환경을 정비하는 것이야말로 성장과 사회보장을 동시에 달성할 수 있는 핵심적 과제이다. 그렇다면 무엇이 장래수입의 안정성을 확보해 줄 수 있는가?

일본은 노동개혁을 통해 이러한 모순을 해소하려 한다. 노동개혁의 핵심은 다양한 형태의 노동이 가능하도록 고용형태를 다양화하는 것이다. 이는 종신고용, 연공서열과 같은 전통적인 고용관행하에서는 불가능하기 때문에 정부는 이를 혁파하려 한다. 전통적 고용관행은 여러 가지 문제를 안고 있는데, 비정규직의 급증에 따른 격차의 확대와 빈곤의 악순환, 장시간 노동에 따른 폐해, 경직된 노동시장 등이 그 대표적인 예일 것이다.

　이러한 고용관행하에서는 고령자나 여성과 같이 정규직근로자로 고용되기 어려운 계층의 노동참여를 방해하기 때문에 시급히 개선되어야 한다고 여겨진다. 즉, 정규직 이외의 다양한 형태의 고용방식을 확대시켜야 하는데 이를 위해서는 노동시간, 임금과 같은 핵심적 사항에 대한 유연성을 증대시켜야 하며 이를 통해 여성과 고령자의 노동참여가 확대될 수 있다. 동시에 정규직에 대한 연공서열적인 임금을 성과임금제로 바꾸면 과도한 임금비용을 억제하면서 정규직과 비정규직 간의 임금격차도 줄일 수 있고 중도채용과 같은 경력직 노동시장을 활성화하면서 직무에 의한 노동의 확대를 도모할 수 있다.

　노동개혁은 사회보장과 다음과 같은 점에서 연관되어 있다. 첫째는 고령자의 연금 및 의료비용을 감축할 수 있다는 것이고, 둘째는 극빈층에 있는 모자세대 등의 노동기회와 사회보장기회를 확대하여 사회적 빈곤문제를 해소하는 데 기여할 수 있다는 점이다. 일본은 은퇴 후의 생활을 보장하기 위해 은퇴 후에도 일할 수 있는 기회를 확대한다는 전략을 활용하는데 이는 매우 적절한 방향인 것으로 평가된다. 즉, 은퇴연령을 연장하고, 은퇴 후에도 지속적으로 일할 수 있는 여건을 갖춤으로써 안정적 소득을 얻을 수 있도록 하는 것이다. 이는 은퇴자의 신체적 및 정신적 건강을 증진시켜서 의료 및 개호서비스 비용을 감축하도록 할 수 있다.

　동시에 노동개혁은 경제성장과 다음의 점에서 연관되어 있다. 첫째는 노동공급을 확대함으로써 경제의 성장잠재력 증가에 기여할 수 있으며, 둘째는 노동생산성 제고를 통해 경제의 성장잠재력 증가에 기여할 수 있다. 앞서 언급한 바와 같이 고령자와 여성의 노동참여가 증가하면서 인구감소에 따른 성장잠재력 약화를 방지할 수 있고 특히 산업구조의 변화, 기술변화에 따른 노동력 부족을 해소할 수 있다.

더욱 중요한 점은 노동시장의 유연성을 증대시키고 업종 간 노동의 이동을 촉진함으로써 노동생산성이 향상될 수 있다는 사실이다. 특히 종신고용의 관행을 타파하고 전문성을 중심으로 한 전직시장의 활성화를 통해 인적자본 투자에 대한 인센티브가 증가하여 노동의 질적 수준 향상에 기여할 수 있다.

기업개혁도 경제성장과 사회보장에 중요한 의미를 가진다. 정부는 기업의 투자부진을 해소하기 위해 노력하는데 왕성한 기업투자는 고용과 소득을 창출하므로 가장 근본적인 사회보장이라 볼 수 있기 때문이다. 그런데 기업은 2013년 이후 이른바 아베노믹스 정책의 혜택으로 기업이익이 크게 증가하였음에도 불구하고 투자확대를 미루고 있고 기업의 사내유보금으로 자금이 축적되고 있다. 향후 기업투자를 어떻게 촉진할 수 있을지에 대한 고민은 일본의 사회보장에 매우 큰 의미를 가진다고 볼 수 있다. 유감스럽게도 아직까지 정부는 묘안을 찾지 못하고 있으며 기업의 부진한 국내투자는 향후 당분간 지속될 것으로 전망된다.

임금인상을 위한 노력도 매우 중요한 의미가 있다. 정부는 노사정 위원회를 통해 기업에 임금인상을 촉구했다. 또한 최저임금을 인상하는 조치를 통해 임금수준의 전반적 향상을 도모했다. 그러나 기업의 임금인상은 아직 저조한 수준에 머무르고 있다. 특히 저임금인 비정규직의 비중이 급격히 증가하면서 실질임금의 상승은 여전히 어려운 상황에 있다. 이는 기업의 투자부진과 더불어 경제의 잠재성장력 향상을 저해하는 요인으로 작용하고 있다. 따라서 '임금인상 → 물가상승 → 기대인플레이션율 상승 → 임금인상'이라는 선순환이 나타나기에는 더 오랜 시간이 소요될 것으로 전망된다(IMF, 2016: 16~25).

이상의 일본 사례에서 우리는 다음과 같은 시사점을 얻을 수 있다. 첫째는 저성장의 지속은 고용·소득분배를 악화시켜 사회보장에도 근본적 영향을 미치기 때문에 저성장을 극복하는 것이야말로 사회보장을 강화하는 조건이 된다는 점이다. 둘째는 단순히 재정을 동원하여 사회보장 문제를 해결하기보다는 노동개혁 같은 사회경제 제도의 근본적 개선을 통해 성장과 사회보장을 동시에 달성할 수 있는 방안을 모색해야 한다는 점이다. 정부는 노동시장 유연화, 기업투자 촉진, 임금인상을 통한 가계소비 촉진과 같은 다양한 개혁을 추진하고 있으며 그 성과가 주목된다.

■ 참고문헌

해외 문헌

內閣府(2016a). 《年次経済財政報告-リスクを越えて好循環の確立へ-》. 內閣府.

_____(2016b). 〈平成28年度年次経済財政報告ーリスクを越えて好循環の確立へー〉. 內閣府.

總務省. 《日本統計年鑑》. 各 年度.

IMF(2016). Japan: Selected issues. *IMF Country Report*, No. 16/268, International Monetary Fund.

기타 자료

內閣府(2016c). 〈民間企業資本ストック〉. http://www. esri. cao. go. jp/jp/sna/data/data_list/minkan/files/files_minkan. html. 2017. 9. 1 인출.

_____(2016d). 〈国民経済計算〉. http://www. esri. cao. go. jp/jp/sna/menu. html. 2017. 9. 3 인출.

_____·總務省·厚生労働省(2015). 〈相對的貧困等に関する調査分析結果について〉. http://www. mhlw. go. jp/seisakunitsuite/soshiki/toukei/dl/tp151218-01_1. pdf. 2017. 9. 7 인출.

日本銀行(2016). 〈需給ギャップと潜在成長率〉. https://www. boj. or. jp/research/research_data/gap. html. 2017. 9. 1 인출.

財務省(2016). 〈法人企業統計〉. http://www. mof. go. jp/pri/reference/ssc. 2017. 9. 13 인출.

厚生労働省(2012).《厚生労働白書》. http://www.mhlw.go.jp/wp/hakusyo/kousei/12/dl/1-06.pdf. 2017. 10. 5 인출.

_____(2014), 〈平成26年所得再分配調査結果について〉. http://www.mhlw.go.jp/stf/houdou/0000131775.html. 2017. 9. 22 인출.

_____(2015a), 〈平成27年国民生活基礎調査の概況〉. http://www.mhlw.go.jp/toukei/saikin/hw/k-tyosa/k-tyosa15/index.html. 2017. 10. 4 인출.

_____(2015b), 〈労働統計要覧〉. http://www.mhlw.go.jp/toukei/youran/index-roudou.html. 2017. 10. 13 인출.

_____(2016a), 〈一般職業紹介状況職業安定業務統計)〉. http://www.mhlw.go.jp/toukei/list/114-1.html. 2017. 8. 20 인출.

_____(2016b), 〈生活保護の被保護者調査(平成28年6月分概数)の結果を公表します〉보도자료. http://www.mhlw.go.jp/toukei/saikin/hw/hihogosya/m2016/dl/06-01.pdf. 2017. 9. 16 인출.

04

인구구조의 변화와 전망

1. 머리말

인구는 자연적 증가(출생자수-사망자수)와 사회적 증가(입국자수-출국자수)로 변동한다. 2005년은 일본사회가 커다란 전기를 맞이한 때라고 할 수 있는데, 전쟁·기근 등의 단기적 충격이 없는 상태에서 자연적 증가가 마이너스를 나타낸 해였다. 즉, 이것은 출생자수가 사망자수보다 적다는 것을 의미하며, 인구감소의 신호탄이 된 역사적 사건이라고 할 수 있다.[1] 이러한 인구변동은 인구규모, 경제, 사회보장, 재정, 지역사회 등의 여러 측면에 영향을 미치게 된다.

먼저 인구규모는 인구이동이 없다는 전제하에 자연증가가 계속적으로 마이너스를 유지한다면 언젠가는 감소하게 될 것이다. 일본은 2008년부터 인구가 본격적으로 감소하기 시작하여 계속적으로 감소하였다. 인구에는

---

[1] 2005년 인구감소 후 다음 해에는 소폭 증가하다가 2008년에 다시 감소 국면으로 접어들어 인구는 2008년부터 본격적으로 감소하였다.

'관성의 법칙'이 존재하여 지금 당장 자연증가가 플러스로 변한다 하더라도 일정 기간 계속 감소한다. 그 이유는 인구가 재생산을 하기까지의 기간이 소요되기 때문이다. 즉, 여성일 경우, 최소한 가임기간에 진입하는 15세 이상이 되어야 재생산이 가능하지만, 만혼의 경향이 큰 국가(및 지역)에서는 이러한 기간이 더욱 늘어나게 된다. 따라서 한 번 감소하기 시작한 인구가 다시 증가하는 것은 출산율이 반등된다고 해도 그리 쉬운 일은 아님을 알 수 있다. 그런데 이러한 인구감소는 결국 사람들이 아이를 낳지 않아서 발생한 문제다. 출산율에 관한 지표는 합계출산율(TFR: *Total Fertility Rate*)이 보통 사용되는데, 이것은 여성 1인이 평생 동안 낳는 아이의 수라고 정의되며,[2] 1950년대 이후부터 계속적으로 감소했다.

출산율 감소는 여러 가지의 원인이 복합적으로 작용하기 때문에 어느 한 요인 때문이라고 명확히 말할 수는 없다. 그러나 크게 결혼하지 않거나 한다고 하더라도 늦게 하는 경향이 점점 커지고 있는 점과 결혼한 부부가 평생 동안 낳는 아이의 수가 점점 감소하는 점을 지적할 수 있다. 미혼율은 점점 증가하고 있고, 초혼연령 또한 증가하고 있으며, 가임여성이 계속적으로 감소하고 있기 때문에 결혼하는 부부의 수 역시 감소하고, 따라서 전체적으로 부부가 낳게 되는 아이의 수도 감소하는 악순환이 지속되고 있다고 할 수 있다.

인구변동이 경제에 미치는 영향은 인구규모가 감소하기 때문에 생산인구도 감소하고, 소비도 감소하게 되어 잠재성장률이 감소하면 경제불황이 올 수 있다는 것이다. 생산연령인구는 1990년 이후에 급격히 감소하는데,

---

2) 엄밀히 말하면 합계출산율은 여성 1인이 평생 동안 낳는 아이의 수라고 할 수 없다. 왜냐하면 합계출산율은 지금 현재 각 연령대 여성의 출산패턴을 차용하여 계산되기 때문이다. 합계출산율은 가공의 코호트(동일 출산집단)가 지금 현재 각 연령대 여성의 출산패턴을 따라 출산할 경우의 출산율로 정의되어야 한다. 따라서 앞으로 여성의 출산패턴이 변하면 합계출산율은 편향(*bias*)을 갖게 된다.

큰 이유는 65세 이상 인구가 급격히 증가했기 때문이다. 이러한 생산연령인구의 감소는 소비의 감소와 맞물려 경기에도 영향을 미치게 된다. 또한, 인구의 고령화는 자산구성에도 영향을 미쳐, 특히 고령의 경우 대부분 은퇴하여 근로소득이 없기 때문에 저축률이 낮아지게 되며, 이것은 자본투자 자금의 조달에도 부정적 영향을 미친다.

한편, 고령인구의 증가는 사회보장비 지출의 증가를 초래하는데, 특히 연금, 의료, 장기요양 보험금의 경우, 현재의 생산연령인구가 납입한 보험료로 재원을 충당하는 방식이기 때문에, 인구변동에 취약할 수밖에 없고, 결국 이것은 세대 간 불공평한 배분의 문제와 연결된다. 또한, 저출산·고령화가 지역에 미치는 영향은 지역사회가 쇠퇴 또는 붕괴, 그리고 지역소비가 변화하는 것이다. 즉, 지방은 고령자의 비율이 높기 때문에 그들을 중심으로 시장이 재편될 수 있으며, 젊은이들이 유입되지 않는 지역은 생활권이 쇠퇴하여 유령도시로 남는 곳이 증가하게 될 것이다. 그리고 지방의 자립을 도모하여 지역사회의 쇠퇴를 막고 균형발전을 추진하기 위하여 사회보장 측면에서 지방분권이 일어나 변화가 생기게 된다.

이 장의 2에서 저출산·고령화와 인구감소에 대해 서술하고, 이 장의 3에서 저출산의 배경에 대해 살펴보며, 이 장의 4에서 저출산·고령화가 경제, 사회보장, 지역에 미치는 파급효과에 대해 고찰하고, 이 장의 5에서 우리에게 주는 시사점을 정리한다.

2. 저출산·고령화와 인구감소

1) 인구감소 현황

일본인구는 〈그림 4-1〉에서 보는 바와 같이 제2차 세계대전 기간 중을 제외하고 계속 증가했으나, 2008년을 기점으로 감소하기 시작했다. 1945년에 7천 2백만 명이었던 총인구는 제1차 베이비붐(1945~1947년)을 거쳐 1948년에 8천만 명을 넘었다. 8년 후인 1956년에는 9천만 명을 넘어섰고, 그 11년 뒤인 1967년에 1억 명을 넘어서, 그 후 1984년에는 인구가 1억 2천만 명에 달하였다. 그러나 2005년 인구조사에서 2만 명의 인구가 감소한 것으로 나타난 후로 인구감소에 대한 관심이 최고조에 달했으나, 일본은 이미 1979년에 연소인구(0~14세)가 감소되었고, 생산연령인구(15~64세) 또한 1996년에 감소하고 있었다.

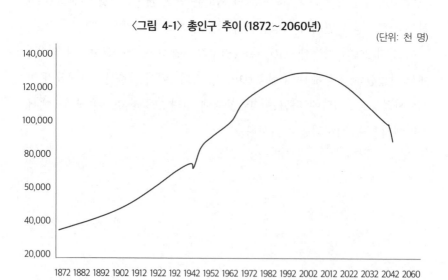

〈그림 4-1〉 총인구 추이 (1872~2060년)

(단위: 천 명)

주: 장래인구추계는 중위수준 기준.
자료: 총무성 통계국, 2016; 국립 사회보장·인구문제연구소, 2016.

〈그림 4-1〉의 2010년 이후 수치는 국립 사회보장·인구문제연구소에서 추산한 장래추계인구를 나타낸다. 2010년의 인구조사 결과를 바탕으로 출생 및 사망의 가정을 중위수준으로 하여 추계한 것이다. 추계치를 보면, 앞으로 인구는 계속 감소할 것으로 예상된다. 2010년에는 실측치 1억 2,806만 명이던 인구가 2030년에는 1억 1,662만 명으로 감소하고, 2048년에는 1억 명 아래로 내려간 9,913만 명, 2060년엔 8,674만 명까지 2010년의 약 1/3에 달하는 인구가 감소하는 것으로 추산된다.

인구감소는 지역별로 보면, 대부분의 지방자치단체에서 이미 감소하고 있는 것으로 나타나지만, 이른바 3대 도시권(도쿄권, 나고야권, 오사카권), 특히 그중에서 도쿄권의 4개 도현(도쿄도, 카나가와현, 사이타마현, 치바현)의 인구는 현재도 증가하고 있다. 그러나 3대 도시권 이외 지역의 대부분은 1980년대 중반부터 현재까지 인구감소가 계속된다. 당시 인구감소의 주된 요인은 인구의 유출(대도시로의 이동)만이었는데, 1990년대 이후에는 자연감소의 비중이 점점 커지고 있고, 이는 결국 지속적으로 인구가 감소할 것이라는 시사점을 제공한다(阿藤誠, 2007: 15).

2) 인구구조의 변화

앞에서 살펴본 바와 같이 일본인구는 감소 외에 지속적 인구구조 변화에 직면할 것으로 유추된다. 〈그림 4-2〉와 〈그림 4-3〉은 연령을 3등분(14세 이하 연소인구, 15~64세 이하 생산연령인구, 65세 이상 고령인구)으로 구분한 인구 및 인구비율을 각각 도시한 것이다. 2010년 이후에는 〈그림 4-1〉과 같이 장래인구추계를 사용하며, 출생과 사망은 중위수준으로 가정한다.

먼저 〈그림 4-2〉의 연소인구를 보면, 1884년에 1,184만 명을 기점으로 제1차, 제2차 세계대전을 거치면서도 지속적으로 증가해왔고, 1975년에 2,705만 명으로 정점을 찍은 이후 감소 국면으로 접어들었다. 그 후 2010년

1,684만 명에서 2015년 1천 5백만 명대로 떨어지고, 2046년엔 1천만 명 아래로 내려가 2060년에 791만 명 규모로 감소하는 것으로 추산된다. 그리고 〈그림 4-3〉의 총인구에 점하는 비율은 1884년 31.6%에서 증가하다가 1940년의 36.7%에서 정점을 찍은 후, 감소 국면으로 전환되어 지속적으로 감소하는 것으로 나타났다. 2010년에는 13.1%로 정점일 때의 약 1/3까지 감소했고, 이후 지속적으로 감소하여 2025년에 11.0%, 2060년에는 9.1%까지 감소할 것으로 예측된다.

다음으로 〈그림 4-2〉의 생산연령인구를 보면, 1884년 2,346만 명에서 1995년까지 급격히 증가하는 것으로 나타나는데, 1995년 8,717만 명을 기점으로 감소 국면으로 접어들었다는 것을 알 수 있다. 2010년의 8,173만 명에서 계속적으로 감소하여, 2060년에는 4,418만 명까지 감소할 것으로 예상된다. 2060년에는 생산연령인구의 최대치인 1995년의 약 1/2로 줄어들 수 있다.

〈그림 4-3〉의 총인구에 점하는 비율을 보면, 1884년 62.6%에서 아래위로 계속 변동하다가 1990년 69.6%로 정점을 찍은 후, 감소국면으로 접어들었다. 2010년에는 63.8%로 감소하여, 2017년에는 60% 아래로 떨어지고, 2060년에는 50.9%까지 감소하는 것으로 추계된다.

마지막으로 〈그림 4-2〉의 고령인구를 보면, 1884년에는 214만 명이었던 것이 급격히 증가하여 2010년까지 계속 증가하는 것으로 나타났다. 2000년은 2천 2백만 명으로 1884년의 약 10배까지 증가하였고, 2010년은 2,948만 명으로 증가했다. 2012년에는 3천만 명을 돌파하여 2040년에 3,868만 명으로 정점을 찍고, 2060년에 3,464만 명이 되는 것으로 추산된다. 〈그림 4-3〉의 총인구에 점하는 비율을 보면, 1884년은 5.7%로 65세 인구 7% 이상이라는 고령화사회에도 진입하지 못하는 수준이었는데, 1970년에 7.1%로 고령화사회로 진입하게 되었다. 그 이후 급격히 증가하여 1995년에는 14.1%로, 65세 이상 인구 14% 이상인 고령사회로 진입하였고, 2005년에는 20. 2%로 65세 이상 인구 20%이상인 초고령사회로 진입했다. 이 수치는 2010년 이후에도 감소 없이 계속 증가하여 2060년에 39. 9%까지 증가하는 것으로 예상된다.

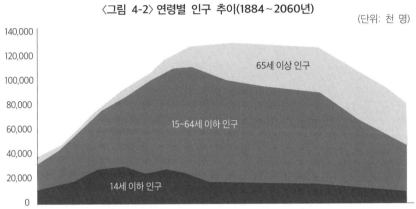

〈그림 4-2〉 연령별 인구 추이(1884~2060년)

(단위: 천 명)

주: 장래인구추계는 중위수준 기준.
자료: 총무성 통계국, 2016; 국립 사회보장·인구문제연구소, 2016.

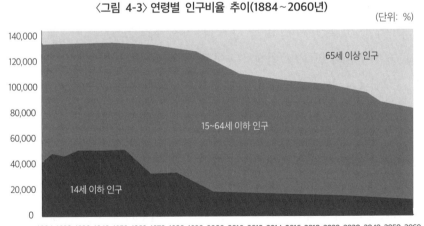

〈그림 4-3〉 연령별 인구비율 추이(1884~2060년)

(단위: %)

주: 장래인구추계는 중위수준 기준.
자료: 총무성 통계국, 2016; 국립 사회보장·인구문제연구소, 2016.

고령화사회라는 것이 결국 65세 이상의 인구비율로 정의된다. 앞서 살펴본 것처럼 고령인구 비율이 지속적으로 증가하기 때문에 앞으로 초고령사회에서 벗어날 수 없음을 알 수 있다. 이 비율을 낮추기 위한 방법으로는 출생아수를 늘려서 연소인구, 생산연령인구의 비율을 높이는 것만이 유일한 길이다. 그러나 뒤에서 살펴보겠지만 출생아수도 지속적으로 감소하고 있기 때문에 이 방법도 어려우리라고 예상된다.

3. 저출산의 배경

1) 합계출산율 추이

일반적으로 사람은 태어나서 성인이 되고 결혼하고 아이를 낳으며 살아가게 되는데, 만일 이들이 아이를 낳지 않으면 인구는 감소하게 될 것이다. 이러한 인구감소를 막고 인구를 일정하게 유지시키기 위한 출산율 수준을 인구대체수준이라고 한다. 인구대체수준은 사망률의 높고 낮음에 따라 달라지지만, 보통 2. 1이라고 할 수 있다. 만일 합계출산율이 인구대체수준을 계속 밑돌게 된다면, 언젠가는 인구가 감소하게 될 것이다.

〈그림 4-4〉는 1925년부터 2014년까지의 합계출산율 추이를 나타낸다. 1925년에 5. 0을 넘었던 출산율이 1940년대 초반 4. 0 정도까지 감소하였으나 제2차 세계대전이 끝나고 난 후인 1947~1949년에는 4. 5까지 증가하였다. 그러나 그 후 계속적으로 감소하여 1970년대 초중반부터 인구대체수준을 밑돌기 시작하였다. 2005년에는 합계출산율 집계 사상 최저인 1. 26을 기록하였고, 이후 소폭 상승을 거듭하여 2014년 1. 42까지 증가하였다. 즉, 현재까지 대략 40여 년간 합계출산율이 인구대체수준을 넘지 못하고 있다.

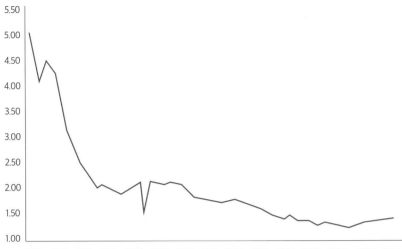

<그림 4-4> 합계출산율 추이(1925~2014년)

자료: 국립 사회보장·인구문제연구소, 2016.

2) 저출산의 원인

저출산의 원인으로는 '만혼화·미혼화', '부부 출산력 감소' 등이 지적된다. 그 배경은 ① 일과 가정을 양립할 수 있는 환경을 만들지 못하는 것, ② 결혼·출산에 대한 가치관 변화, ③ 자녀양육에 대한 부담 증가 등 3가지로 압축할 수 있다(내각부, 2016a: 39).

첫 번째 일·가정 양립에 대해서는, 육아휴직을 하는 것이 어렵고, 혹은 육아휴직을 한다고 해도 휴직을 마치고 복직할 때 복직이 제대로 보장되는지 확실하지 않다는 점을 지적할 수 있다. 그리고 이러한 환경이 충분히 갖추어지지 않으면, 현재 일하고 있으면서 결혼을 하지 않은 여성들이 결혼하려는 의욕을 상실할 것이며, 이것이 확대되면 만혼화가 되는 것이다. 만혼화가 출산율에 영향을 미치는 이유는 여성은 아이를 가질 수 있는 연령이 한정되어 있기 때문이다. 일반적으로 아이를 가질 수 있는 기간을 가임

가능기간이라 하고 이러한 기간 내에 있는 여성을 가임여성이라고 한다. 가임여성은 일반적으로 15~49세로 정의되는데, 만일 40세가 넘어서 결혼한다면 임신할 수 있는 기간이 그만큼 줄어드는 것을 의미하며, 35세 이상인 여성이 임신하게 될 경우를 고령임신이라고 하는데 이 경우 여러 출산 리스크가 발생할 수 있다.

두 번째는 결혼·출산에 대한 가치관 변화이다. 결혼이란 꼭 해야 되는 것이 아니라 인생의 한 과정으로 지나치지 않아도 되는 것으로 생각하거나, 결혼·출산에 대한 의식 혹은 사회적 규범의식보다 개인의 가치관이 더욱 중시되는 사회로 변해가는 것이 영향을 미친다.

세 번째는 자녀양육에 대한 부담 증가이다. 많은 사람들이 자녀를 낳지 않는 가장 큰 이유로 자녀에 대한 비용(교육비 포함) 부담이 크다는 것을 꼽았다. 자녀양육의 심리적·육체적 부담 증가, 자녀를 키우기 힘든 사회환경 등도 문제라고 할 수 있다. 그리고 이러한 양육부담은 물리적 비용뿐만 아니라 아이를 키우기 위하여 포기해야 하는 기회비용도 생각할 수 있다. 즉, 일하는 유배우 여성이 임신 및 출산으로 일하지 않을 경우에 받지 못하게 되는 임금이 발생할 수 있다. 정규직으로 직급이 높은 여성일수록 그 임금이 높을 것이고, 따라서 기회비용도 클 것이므로 아이를 낳지 않게 하는 유인으로 작용할 수 있다.

(1) 미혼화·만혼화

일본은 한국과 유사하게 결혼하지 않으면 출산하지 않는 사회이다. 따라서 결혼과 출산과의 관계가 매우 밀접하여 결혼이 감소하면 출생아수도 감소하기 때문에 결혼하지 않는 것, 또는 늦게 하는 것이 저출산의 한 원인이 된다고 할 수 있다.

15~49세 남녀의 연령별 미혼율과 생애미혼율을 보자(〈부표 4-1〉). 남녀 모두 가장 극적인 변화를 보이는 연령대는 30세 이상인데, 연령이 증가

할수록 그 변화율은 더욱 커진다. 30~34세의 경우, 1970년에 남성은 11.7%, 여성은 7.2%였던 데 비해, 2015년에는 남성이 47.1%, 여성이 34.6%로 각각 약 4배, 약 5배 증가했다. 35~39세의 경우, 1970년에 남성은 4.7%, 여성은 5.8%였다가, 2015년에는 남성은 35.0%, 여성은 23.9%로 각각 약 9배, 약 4배 증가한 것으로 나타난다. 40~44세의 경우, 1970년에 남성 2.8%, 여성 5.3%에서 2015년에는 남성 30.0%, 여성 19.3%로 각각 약 10배, 약 4배 늘어났다. 45~49세의 경우는 1970년 남성이 1.9%, 여성이 4.0%에서, 2015년 남성이 25.9%, 여성이 16.1%로 각각 약 14배, 약 4배 증가한 것으로 나타났다.

이처럼 미혼율의 변화가 매우 급격하게 증가했고, 특히 남성의 경우 그 변화가 매우 크다는 것을 알 수 있다. 남성의 변화율이 더 큰 이유는 출생성비와 관련된 것으로 조금 뒤에 살펴보겠다.

생애미혼율이라는 것은 50세의 미혼율을 나타내며 45~49세의 미혼율과 50~54세의 미혼율을 평균한 수치다. 즉, 50세까지 결혼하지 않는 비율이다. 2015년 생애미혼율은 남성 23.4%, 여성 14.1%로 나타났는데, 이는 곧 남성 5명 중 1명, 여성 10명 중 1명 이상이 평생 결혼하지 않는다는 것을 의미한다.

미혼율 증가와 초혼연령도 함께 증가하는 것으로 나타났다. 〈표 4-1〉은 1970년부터 2014년까지의 초혼연령을 나타낸다. 초혼연령은 1970년 남편이 26.9세, 아내가 24.2세였는데 계속적으로 높아져서 2014년에는 남편 31.1세, 아내 29.4세로 1970년에 비해서 남편은 4.2세, 5.2세 증가하였다.

그러나 이 초혼연령은 결혼한 남녀 연령을 나타내는 것으로, 〈부표 4-1〉에서 본 바와 같이, 30대 초반의 경우 반수 정도가 결혼하지 않고 있기 때문에, 이들이 앞으로 결혼하게 될 가능성을 염두에 둔다면 이 초혼연령은 과소추계 되었을(under estimated) 가능성이 농후하다. 따라서 이러한 점을 보

<표 4-1> 초혼연령 추이

(단위: 천 명)

연도	초혼연령		SMAM	
	남편	아내	남성	여성
1970	26.9	24.2	27.5	24.7
1980	27.8	25.2	28.7	25.1
1990	28.4	25.9	30.4	26.9
2000	28.8	27.0	30.8	28.6
2010	30.5	28.8	31.2	29.7
2011	30.7	29.0	-	-
2012	30.8	29.2	-	-
2013	30.9	29.3	-	-
2014	31.1	29.4	-	-

자료: 국립 사회보장·인구문제연구소, 2016.

완하여 나온 것이 미혼자 평균초혼연령, 즉 SMAM (*Singulate Mean Age at Marriage*) 인데, 인구센서스의 미혼 인구비율에서 산출할 수 있다.[3] <표 4-1>의 SMAM은 대부분 초혼연령보다 높다.

(2) 부부의 출생아수

저출산의 또 하나의 요인은 부부의 출산력 감소인데 이는 <표 4-2>에 제시된 총출생아수와 출생성비에서 확인할 수 있다.[4] 출생아수는 1970년 193만여 명에서 계속적으로 감소를 거듭하여, 2014년 100만여 명으로 1970년에 비하여 약 1/2이 줄어든 것으로 나타난다.

남녀의 출생성비를 보면 대부분 105~107 사이에서 변동하는 것으로 나타난다. 생물학적 출생성비는 보통 104~107로 알려져 있으며, 이는 남아가 여아보다 4~7명 정도 더 태어난다는 것을 의미한다. 언뜻 보면 남녀가

---

3) 따라서 <표 4-1>의 SMAM은 2010년까지밖에 계산되어 있지 않다.
4) 출생성비 = 남자 출생아 / 여자 출생아 * 100

<표 4-2> 2015년 총수(100.6), 남아(51.6), 여아(49.0), 출생성비(105.1)

(단위: 만 명)

연도	총수	남자	여자	출생성비
1970	193.4	100.0	93.3	107.1
1980	157.7	81.1	76.5	106.0
1990	122.2	62.7	59.5	105.4
2000	119.1	61.2	57.8	105.8
2010	107.1	55.1	52.1	105.8
2011	105.1	53.8	51.3	105.0
2012	103.7	53.2	50.5	105.2
2013	103.0	52.8	50.2	105.1
2014	100.3	51.6	48.8	105.6

자료: 국립 사회보장·인구문제연구소, 2017(개정판).

불균형 상태인 것 같지만, 의료가 발달되지 않았던 시대에는 자연선택과 적자생존을 거쳐서 성인이 되었을 때 같은 수가 되기 때문에 균형상태가 되었다. 그러나 의료가 발달한 현대에는 이러한 불균형이 계속 유지되어 결국 남자 성인이 더 많아지게 되며, 이것이 〈부표 4-1〉에서 살펴본 바와 같이 남성의 미혼율이 여성보다 훨씬 높게 나타나는 이유가 된다.

부부들이 몇 명의 자녀를 낳고 싶은지에 대하여 조사한 것이 〈표 4-3〉이다. 부부가 생각하는 이상적인 자녀수는 1977년 2.61명에서 2010년에는 2.42명으로 감소하였지만, 인구대체수준인 2.1을 상회하는 수준이라고 할 수 있다. 그리고 예정자녀수는 현재 자녀수에 앞으로 추가로 낳으려 하는 자녀수를 더한 것으로 1977년 2.17명에서 2010년의 2.07명으로 그다지 큰 감소를 보이지 않았으며, 인구대체수준과 유사한 수준이라고 말할 수 있다.

현재 자녀수는 1977년 1.85명에서 2010년 1.71명으로 약간 감소한 것으로 나타났다. 현재 자녀수가 인구대체수준을 밑도는 수준으로 나타나는데, 현재 시점에 출산을 완료하지 않은 여성이 있을 수 있기 때문에 출산을 다 끝낸 만 49세 시점에서의 출산율을 살펴볼 필요가 있다.

<표 4-3> 2015년 이상자녀수(2.32)·예정자녀수(2.01)·현재자녀수(1.68) 추이

연도	자녀수		
	이상	예정	현재
1977	2.61	2.17	1.85
1982	2.62	2.20	1.88
1987	2.67	2.23	1.93
1992	2.64	2.18	1.86
1997	2.53	2.16	1.84
2002	2.56	2.13	1.78
2005	2.48	2.11	1.77
2010	2.42	2.07	1.71

자료: 국립 사회보장·인구문제연구소, 2017(개정판).

국립 사회보장·인구문제연구소(2011)에서 제시한 완결출산율은 1977년 2.19명이 등락을 거듭하다 2002년 2.23명을 정점으로 2005년, 2010년에 각각 2.09명, 1.96명으로 줄었다(国立社会保障·人口問題研究所, 2011). 2010년 부부가 출산을 완료했을 때 인구대체수준을 밑도는 수준(1.96)까지 감소했다. 이 자료에 근거해 부부의 출산력이 감소하고 있다고 말할 수 있다.

4. 저출산·고령화의 파급효과

1) 경제에 미치는 영향

저출산·고령화가 경제에 미치는 영향은 경제불황 및 생산력 감소에 따른 잠재성장률 저하이다. 경제성장의 근간은 노동 및 자본 투입량의 증가뿐만 아니라 기술진보 등에 따른 총요소생산성(TFP)의 성장에 달려 있는데, 저출산·고령화는 노동력 감소 및 저축 감소로 인하여 잠재성장률을 저하시킨다(厚生労働省, 2012: 152). 이 절에서는 저출산·고령화로 인한 생산력

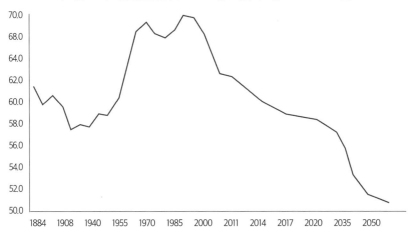

〈그림 4-5〉 생산연령인구(15~64세) 비율 추이(1884~2060년)

주: 장래인구추계는 중위수준 기준.
자료: 총무성 통계국, 2016 ; 국립 사회보장·인구문제연구소, 2016.

변화 및 경기변동에 대해 설명하고, 솔로우 모형을 이용해 이러한 변화가
경제에 미치는 영향에 대해 살펴보도록 한다.

(1) 생산연령인구 및 노동력인구 변화와 경기변동

〈그림 4-5〉는 생산연령인구의 비율을 1884년부터 2060년까지 나타낸 것이
다. 앞에서와 같이 1884년부터 2010년까지는 실측치며, 2010년 이후에는
국립 사회보장·인구문제연구소의 장래인구 추계치다. 그림을 보면, 생산
연령인구는 1990년을 정점으로 2060년까지 지속적으로 감소하는 것으로
예측되는데, 1970년과 1990년 두 번 융기하는 형태를 보인다. 이것은 〈그
림 4-3〉을 참조하여 설명할 수 있는데, 생산연령인구 비율은 연소인구 비
율과 고령인구 비율의 영향을 받으므로 이들의 움직임도 함께 고려하여야
하기 때문이다.

〈그림 4-3〉을 보면, 첫 번째 융기 시점인 1970년 전후는 14세 이하 인구가
급격히 감소하면서 65세 이상 인구가 극적으로 증가하기 직전 시기이므로

〈그림 4-6〉 닛케이 주가지수 추이(1987년 1월~2016년 8월)

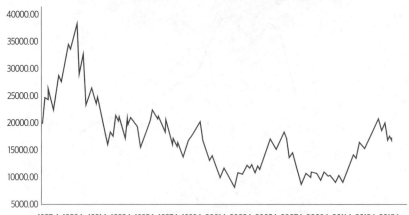

주: 월별 주가지수는 월초 지수와 월말 지수의 평균으로 산출했다.
자료: Yahoo Finance. 2016. 9. 21 인출.

생산연령인구가 높게 나타나는 것을 알 수 있다. 그리고 두 번째 융기 시점인 1990년은 1970년보다 65세 이상 인구는 증가했으나, 그 증가분이 14세 이하 인구의 감소분으로 상쇄되므로 최고점이 나타남을 알 수 있다. 그리고 그 이후의 생산연령인구의 감소는 65세 이상 인구의 급격한 증가로 설명할 수 있을 것이다.

생산연령인구의 감소와 함께 경기침체가 시작되었는데, 이는 주가지수와의 관계를 살펴보면 확인할 수 있다. 〈그림 4-6〉은 닛케이 주가지수 추이를 1987년 1월부터 2016년 8월까지 나타낸 것으로, 월초의 지수와 월말의 지수를 평균하여 산출하였다. 그림을 보면, 1989년 12월에 평균 38,024라는 최고 정점을 찍은 후 급격하게 감소하여, 1990년 10월 22,708을 저점으로 이후 소폭 반등 및 하락을 거듭해 2003년 4월에 7,879로 1989년 12월 최고점에 비해 1/5까지 감소하였다.

물론 1990년부터 시작된 경기침체는 1985년 플라자 합의 후 엔화 절상으로 유동성이 풍부해짐에 따라 기업들이 부동산에 투자하여 거품이 형성된 후, 1990년경부터 거품이 터지기 시작했기 때문이라고 볼 수도 있다. 그러나 소비흐름이 인구구조와 크게 연관되고 소비흐름이 경기를 좌우한다고 주장하는 헤리덴트 이론에 의하면(헤리덴트, 2015: 16~17), 인구구조 변화도 경기침체와 일정부분 관련이 있음을 부정할 수 없다.

(2) 솔로우의 신고전학파 성장모형[5]

솔로우의 신고전학파 성장모형에 따르면, 1인당 GDP는 근로자 한 사람당 자본스톡에 의하여 결정된다. 이는 곧 노동력이 감소하면, 노동의 자본스톡을 증가시키기 때문에 1인당 GDP가 증가한다는 것을 의미한다. 따라서 노동력 감소로 인하여 경제의 규모가 감소한다고 해도 1인당 소득은 증가할 수도 있음을 알 수 있다.

앞서 살펴본 바와 같이 총인구는 2008년 이후 본격적으로 감소하는 반면 노동력인구는 2011년 이후 감소했고, 취업인구는 증가와 감소를 거듭했다. 솔로우 이론은 총인구와 노동력인구를 구분하지 않기 때문에 어떤 인구를 취하느냐에 따라 결과는 달라질 수 있다. 그러나 결국 어느 쪽이라도 감소하면 GDP는 감소하게 될 것이다. 또한 노동력인구의 장래추계와 총인구 장래추계에서는 노동력인구가 총인구보다 빠른 속도로 감소한다고 했기 때문에, 총인구를 적용시키면 GDP 감소가 늦춰질 것이다. 하지만, 결국 총인구도 감소할 것이기 때문에, 인구감소를 막지 못하면 1인당 GDP의 감소도 피할 수 없을 것이다.

한편 성장모형에서는 공장 자동화 등으로 노동의 생산성을 증가시키면 노동력 감소에 의한 생산능력 감소가 상쇄될 것으로 유추할 수 있다. 그러나 자본장비율이 증가하면 할수록 자본의 한계생산성은 감소하기 때문에, 자본장비율이 지속적으로 증가할 수는 없다. 따라서 1인당 GDP의 성장도

---

5) 이 부분의 내용은 近藤誠(2013: 23~28)을 참조하길 바란다.

<表 4-4> 가계저축률 추이

(단위: %)

연도	가계저축률	연도	가계저축률
1995	9.6	2012	1.0
2000	6.3	2013	-1.3
2005	0.9	2014	0.1
2010	2.5	2015	0.5
2011	2.2	-	-

주: 가계저축률 = 순가계저축 / (가계순가처분소득 + 연금기금연금)
　　준비금변동(수취) * 100
자료: 내각부, 2016b.

멈추게 될 것이고, 이러한 경향은 임금 상승과 자본수익률 감소를 발생시키기 때문에, 기업은 임금이 낮고 자본 수익률이 높은 국가를 찾아 해외 이전하는 경우가 생길 수 있다.

자본수익률의 감소 문제 이외에 더욱 큰 문제는 설비투자 자금을 어떻게 조달하느냐 하는 것이다. 국내 투자자금의 공급에는 큰 문제가 있는데 그것은 고령화에 따른 저축률의 감소와 점점 부풀어가는 재정적자이다. 솔로우의 성장모형에서는 저축이 일정하다고 가정하는데 일반적으로 고령화사회에서는 생애주기적으로 저축률이 감소하기 때문에 솔로우 성장모형에서의 가정이 일치하지 않게 된다. 이것은 생애주기 가설로 "개인은 현재소득이 아닌 생애소득을 고려하여 현재의 소비액과 저축액을 정하고, 나이 들면 젊었을 때의 저축을 깨뜨려 미래 소비에 충당한다"는 것이다. 일본의 많은 연구 결과는 이러한 생애주기 가설을 지지한다.

<표 4-4>는 가계저축률 추이를 나타낸다. 가계저축률은 가계저축액을 가처분소득과 연금기금 연금준비금 변동액의 합으로 나눈 값이다. 가계저축률은 1995년에 9.6%였지만, 점점 감소하여 2005년에 0%대에 진입하였고, 그 후 등락을 거듭하여 2013년에는 마이너스까지 감소했다. 2015년에는 0.5%로 증가하였으나 여전히 낮은 수준에서 머물러 있다.

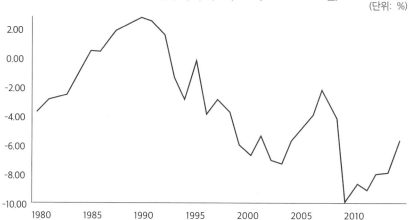

〈그림 4-7〉 정부 재정수지 추이 (대 GDP, 1980∼2014년)

(단위: %)

자료: IMF. World Economic Outlook Database, 2016. 8. 10 인출.

결국 이러한 저축 감소로 자본투자금의 조달이 어려워지고 정부는 투자금을 양적 완화를 통해 국채를 매입하여 충당하게 되는데, 이러한 경향이 지속된다면 재정적자가 매우 증가하게 된다. 〈그림 4-7〉은 1980년부터 2014년까지의 GDP에 점하는 정부 재정수지 비율을 나타낸 것으로 양수가 재정흑자, 음수가 재정적자를 의미한다. 1980년부터 살펴보면, 1984년까지 재정적자를 나타냈으나 1985년부터 재정흑자로 전환되어 1992년까지 지속되었다. 그러나 1993년 이후부터는 단 한 번도 재정흑자로 바뀐 적 없이 계속적으로 재정적자를 기록했다. 특히 2000년 이후 GDP 대비 재정적자 비율이 매우 증가해 2009년에는 -10%에 육박하였으며 2014년에는 -5.58%를 기록했다.

2) 사회보장에 미치는 영향

국립 사회보장·인구문제연구소가 2016년에 발표한 '사회보장급여비' 통계에 의하면, 2014년 총 사회보장급여는 112조 1,020억 엔으로 매년 최고치

<표 4-5> 평균수명 추이

(단위: 세)

연도	남성	여성	연도	남성	여성
1955	63.6	67.8	2010	79.6	86.3
1965	67.7	72.9	2011	79.4	85.9
1975	71.7	76.9	2012	80.0	86.4
1985	74.8	80.5	2013	80.2	86.6
1995	76.4	82.9	2014	80.5	86.8
2005	78.6	85.5	2015	80.8	87.1

자료: 국립 사회보장·인구문제연구소, 2016.

를 갱신했다. 이것은 전년대비 1.3% 증가한 것으로 수치상으로는 그다지 많이 증가하지 않은 것으로 보이지만, 전년대비 약 1천억 엔이 증가한 수치로 금액상으로는 매우 크게 증가하고 있다고 말할 수 있다. 이러한 증가는 1947~1949년에 베이비붐 세대가 은퇴한 것과 고령화가 계속 진행되는 상황의 영향을 받았다고 할 수 있다.

앞에서 살펴보았듯이 일본은 인구감소사회로 접어들었다. 고령자가 증가하는 반면 부양할 수 있는 젊은 인구가 감소하여 사회보장에 매우 부정적인 영향을 미치고 있다. 〈표 4-5〉는 평균수명을 1955년부터 2015년까지 나타낸 것이다. 1955년에 남성은 63.6세, 여성은 67.8세였던 것이 2015년에는 남성이 80.8세, 여성이 87.1세로 남성은 17.2년, 여성은 19.3년 증가하였다. 결국 65세 이상 고령에 머무는 인구가 점점 증가하고 있는 것이다. 그런데 연금의 경우 60~65세부터 지급되고, 고령이 될수록 질병에 걸릴 가능성이 많아지며 장기요양이 필요하므로 사회보장비 지출은 당분간 증가할 것으로 예상된다.

저출산·고령화와 관련이 높은 사회보장제도는 공적연금, 건강보험과 의료, 개호보험(우리의 노인장기요양보험)으로, 사회보장 개혁은 대부분 이 3가지 영역에 대한 논의라고 할 수 있다. 여기서는 저출산·고령화와 연금, 건강보험과 의료, 개호보험과의 관계에 대하여 살펴보기로 한다.

(1) 공적연금

공적연금은 메이지시대 초기·중기의 군인 은급(恩給) 령(해군과 육군)이 그 효시로 알려져 있으며, 1942년 〈근로자연금보험법〉이 제정되면서 사회보험으로서의 공적연금이 확립되었다고 할 수 있다. 그 후 1961년 국민연금이 시행됨으로써 전 국민이 연금의 혜택을 받을 수 있는 시대가 열렸다. 1988년에 국민연금이 시작된 우리나라와 비교하면 그 역사가 길다.

공적연금의 재정방식은 제도시행 초기에는 보험료를 납입하고, 납입된 보험료와 함께 그것을 운용하여 얻은 수익 등을 재원으로 하는 '적립방식'(funded system)으로 운영되었다. 그러나 현재는 연금지급에 필요한 재원을 현역세대가 납입한 보험료로 충당하는 '부과방식'(PAYG: Pay As You Go System)으로 변경되어 운영된다. 그런데 문제는 고령자 증가로 연금지급 금액이 증가함에 따라 필요한 재원도 증가하는데, 저출산으로 점점 보험료를 납입하는 젊은 세대는 감소하는 것이다.

〈표 4-6〉은 1950년부터 2015년까지의 노인부양비를 보여준다. 여기서 노인부양비는 고령인구(65세 이상)를 생산연령인구(15~64세)로 나눈 값에 100을 곱하여 산출된다. 즉, 생산연령인구 100명이 몇 명의 고령인구를 부양해야 하는지 보여주는 것이다. 1950년의 수치를 보면, 8.3%로, 이것은 생산연령인구 100명이 고령인구 8.3명을 부양하면 된다는 것을 의미한다.

〈표 4-6〉 노인부양비 추이

(단위: %)

연도	노인부양비	연도	노인부양비
1950	8.3	2010	36.1
1960	8.9	2011	36.6
1970	10.2	2012	38.4
1980	13.5	2013	40.4
1990	17.3	2014	42.4
2000	25.5	2015	43.3

자료: 국립 사회보장·인구문제연구소, 2016.

<표 4-7> 후생연금의 세대 간 분배: 1940~2010년생

(단위: 만 엔)

출생연도	생애 연금보험료와 수급액 차이	출생연도	생애 연금보험료와 수급액 차이
1940	3,090	1980	-1,700
1945	1,770	1985	-1,980
1950	770	1990	-2,240
1955	210	1995	-2,460
1960	-260	2000	-2,610
1965	-660	2005	-2,740
1970	-1,050	2010	-2,840
1975	-1,380	-	-

자료: 鈴木亘, 2010: 109.

이 수치는 시간이 경과할수록 급격하게 증가하여 1990년과 2000년 사이에 20%를 넘어서고, 2014년에는 42.4%까지 증가했다. 즉, 이러한 경향은 생산연령인구의 부양부담이 점점 증가하고 있는 것을 의미한다. 따라서 생산연령인구 1명이 부담하게 되는 보험료의 수준이 높아지고 있는데, 이것은 생산연령인구의 부담 증가뿐만 아니라 세대 간의 불공평한 분배문제를 양산할 가능성이 있다.

연금의 세대 간 불공평 분배에 대해 연구한 스즈키 와타루(鈴木亘, 2010)는 이미 세대 간 분배의 불공평성이 심각하게 진행되고 있다고 진단하고 그 규모를 계산하였다. 계산의 가정은 후생연금을 40년간 가입한 회사원 부부로 생애수입을 3억 엔으로 하였으며, '생애에 걸쳐 받을 수 있는 연금 총액'에서 '생애에 걸쳐 내야 하는 보험료의 총액'을 뺀 값을 계산하였다. 그 결과를 나타낸 것이 〈표 4-7〉이다.

〈표 4-7〉을 보면, 1940년생에서 1955년생까지 이득을 보는 것으로 나와 있다. 1940년생은 3,090만 엔, 1945년생은 1,770만 엔, 1950년생은 770만 엔, 1955년생은 210만 엔의 이득을 보지만 그 이후 태생은 손해를 보게 된다. 상세히 살펴보면 1960년생이 -260만 엔으로 시작하여 1985년생은

-2천만 엔에 육박하고, 2010년생은 -2,840만 엔까지 감소한다. 이 결과를 바탕으로 하면, 1960년생 이후부터는 연금에 가입하지 않는 것이 더 유리하다는 계산이 나온다.

(2) 건강보험과 의료

의료비는 사회보장 관련 지출의 약 1/3을 차지한다. 후생노동성이 2014년 발표한 국민의료비 결과에 의하면 총액은 40조 8,071억 엔으로 전년도 40조 610억 엔의 1.9%가 증가했다. 따라서 금액으로는 7,461억 엔 증가한 것을 알 수 있다. 〈표 4-8〉은 GDP에서 점하는 의료비의 비율을 1955년부터 2014년까지 나타낸 것이다. 의료비 비율을 보면, 1955년 비율은 2.78%였으나 점점 증가하여 2000년대 들어서 6%를 넘어섰고, 2014년에는 8.33%까지 증가하였다.

의료비가 증가하는 원인은 ① 의료기술의 진보, ② 질병구조의 변화, ③ 인구고령화 등 3가지라고 할 수 있는데, 여기서 세 번째의 인구고령화는 의료비 증가와 직결된다(靑木勢津子, 2014: 85). 이와 관련해 〈그림 4-8〉은 2013년의 연령별 1인당 의료비를 나타낸 것으로, 연령이 증가할수록 의료비가 증가하는 경향을 보여준다. 상세히 살펴보면, 50세 이전에는 0~4세

〈표 4-8〉 의료비 대 GDP 비율 추이

(단위: %)

연도	의료비 비율	연도	의료비 비율
1955	2.78	2010	7.79
1965	3.32	2011	8.14
1975	4.25	2012	8.27
1985	4.85	2013	8.30
1995	5.34	2014	8.33
2005	6.56	-	-

자료: 후생노동성, 각 연도.

〈그림 4-8〉 연령별 1인당 의료비(2013년)

(단위: 만 엔)

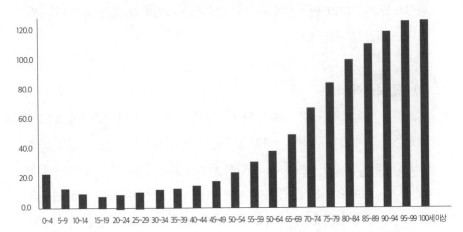

자료: 후생노동성, 2013.

가 22. 2만 엔으로 가장 높으며, 15~19세가 7만 엔으로 가장 낮게 나타나는 데 이후 조금씩 증가하여 50세가 넘어가면서부터 증가폭이 커지는 것을 알 수 있다. 특히 70세 이후 증가폭은 더욱 커지는 것으로 나타나며, 85세가 넘 어가면 100만 엔을 넘어가게 된다.

앞서 살펴본 것과 같이 앞으로 고령자가 증가할 것으로 추계되기 때문에 결국 의료비 또한 증가할 것으로 예상된다. 건강보험은 매년 예산을 편성 하고 당해연도의 지출은 당해연도의 수입으로 충당하는 방식을 채택한다. 그런데 〈그림 4-8〉에서 살펴본 바와 같이 고령자의 의료비 비중이 크고, 의료 보험료의 부담은 생산연령인구에서 크기 때문에 이 방식도 연금과 유 사한 '부과방식'이라고 할 수 있다. 따라서 건강보험 또한 젊은 세대의 부 담이 커질 것으로 예상할 수 있다.

스즈키 와타루는 이러한 것을 보완하기 위하여 일본에도 의료저축계좌 (MSA: *Medical Saving Account*) 의 도입을 주장한다(鈴木亘, 2010: 190~ 194). MSA는 자신의 급여에서 일정액을 원천징수형태로 비과세 또는 우대금리를 적용한 의료전용계좌에 입금하고, 노후에 질병에 걸렸을 때를 대비하여 사용할 수 있게 하는 방식으로 적립방식과 유사한 제도이다. 그러나 이 제도는 큰 질병에 걸려 자신이 적립한 예금을 넘어서는 의료비가 발생하였을 때에는 개인이 파산할 가능성이 있고, 소득재분배의 기능이 없다고 할 수 있다.

이러한 점을 스즈키 와타루(鈴木亘, 2010: 190~194)는 싱가포르의 예에서 찾는다. 전자의 경우, 크게는 그러한 거액의 의료비가 들어가는 질병을 적용 외로 했고, 작게는 가족 간의 계좌에서 융통하거나, 잔액부족일 경우 대출이 가능하게 하는 형태, 그리고 재보험의 형태로 보완한다. 후자는 저소득자가 가입할 수 있는 상품을 마련하는 것으로 대응한다.

(3) 개호보험

고령이 될수록 중증질병에 걸릴 확률이 높아지고 그로 인하여 거동이 불편해져서 일상생활이 불가능해질 수 있다. 이러한 때를 대비해 1997년 12월 17일 〈개호보험법〉이 공포된 후 2000년 4월 1일부터 개호보험이 시작된다. 개호보험이 도입되기 전에는 본인이 받을 서비스 종류 및 기관 등을 국가에서 지정하여 본인의 선택권이 없었고, 노인복지와 노인의료가 분리되어 이용하는 데 불편했다. 또 장기적 케어가 필요한 노인이 병원에 장기간 입원함으로써 비효율이 컸다(社会福祉の動向編集委員会, 2016: 225). 따라서 개호보험은 노인복지와 노인의료를 재편하여 이용자와 사업자를 직접적으로 연계시킴과 동시에 장기적 케어 또한 가능하게 한 제도라고 할 수 있다.

개호보험 관련 지출은 고령자가 늘어날수록 증가한다. 〈표 4-9〉는 개호보험의 총급여액, 연간 실수급자수, 1인당 급여액(월 기준)을 나타낸다. 총지급액은 2001년 4조 3,783억 엔이었으나 2015년에는 9조 5,148억 엔으로 2배 이상 증가했다. 실수급자 역시 2001년 287만 3천 명이었던 것이 2015년

605만 1천 명으로 2배 이상 규모로 늘었다. 그러나 1인당 급여액(월 기준)은 2001년에 16만 5천 엔이었는데 2006년의 14만 5천 엔을 저점으로 반등하여 2015년에는 15만 8천 엔 수준을 보였다.

개호보험의 재원조달에서는 우리나라의 노인장기요양보험과 유사하게 보험료 외에 조세가 큰 역할을 한다. 수급자는 우리나라와 같은 65세 이상이나,[6] 보험료 납부는 40세 이상으로 제한되어 국민건강보험 보험료

〈표 4-9〉 개호보험 총급여액·실수급자수·1인당 급여액 추이

(단위: 억 엔, 만 명, 만 엔)

연도	총급여액	실수급자수[1]	1인당 급여액[2]
2001	43,783	287.3	16.5
2002	52,257	335.2	16.8
2003	57,292	370.6	16.5
2004	62,369	413.6	16.2
2005	62,957	439.8	16.0
2006	61,724	429.6	14.5
2007	64,729	437.0	14.9
2008	67,375	451.6	15.0
2009	72,310	468.7	15.1
2010	75,797	492.8	15.7
2011	79,875	517.4	15.6
2012	85,029	543.1	15.7
2013	88,958	566.1	15.8
2014	93,039	588.3	15.7
2015	95,148	605.1	15.8

주: 1) 연간 기준이며, 동일인이 2회 이상 수급 시 1인으로 계산한다.
    2) 1인당 급여액은 매년 4월 심사분 기준 금액이다. 참고로 2016년 4월 기준 값은 15.7만 엔이다. 비용액/수급자수로 계산하며, 비용액은 보험급여, 공비부담, 이용자 부담의 합계액이다. 개호예방서비스 4.1만 엔, 개호서비스 19.1만 엔으로 개호서비스가 월등히 크다.
자료: 후생노동성, 각 연도. 각 월.

---

6) 65세 미만도 노인성 질환일 경우 수급 가능하다.

납부자[7]와 동일한 우리나라보다는 범위가 좁다. 이러한 재원조달 구조를 갖추게 된 배경에는 조세만으로 소요재원을 충당할 경우 고령화 진전으로 재정적자가 커질 수 있다는 점, 그리고 세대 간 부조에 의한 재원조달로 고령자 부담증대를 일정수준 완화할 수 있다는 점 등이 있다.

그러나 보험은 수익자 부담이 원칙이므로 일부 보험료 납부자들은 단기보험인 개호보험이 수급대상이 아닌 40세 이상 65세 미만에게 보험료 납부의무를 지게 하는 것에 대하여 이의를 제기하기도 한다. 단기보험은 한 해 한 해 재정수지를 맞추는 방식으로 운영되어, 적립방식의 공적연금처럼 보험료를 적립하였다가 훗날 수급자격을 얻게 될 때 적립금 등을 재원으로 하여 지급해 주는 방식이 아니다.

결국 개호보험은 부과방식의 공적연금처럼 세대 간 부조의 원리로 접근해야 이해될 수 있다. 이때 보험료 납부로 부조에 참여하는 세대를 수급 전 25세 이내로 한정한 것은, 이들 세대의 부모가 개호보험 급여를 받을 확률이 더 젊은 세대 부모의 그것보다 높고, 이들 세대가 개호보험 급여를 받을 시기가 더 젊은 세대의 그것보다 조기에 찾아온다는 점 등을 고려한 것이다.

이 같은 설명에도 부모가 없거나 건강한 부모를 둔 이들, 본인 자신이 건강하게 노후를 보낼 자신이 있는 이들은 여전히 납득하지 않을지 모른다(小塩隆士, 2005: 215~217). 하지만 개호보험이 세대(世代) 내 소득재분배와 세대 간 소득이전 기능을 추구하는 사회보험이라는 점을 감안하면, 수익자 부담 원칙을 강조하면서 강변하는 것은 합당한 대응이라고 하기 힘들 것이다.

---

7) 사업장 사용자, 직장가입자, 지역가입자 세대 전원(단 소득과 재산이 없는 미성년자 제외)로 구성된다. 직장가입자 중에는 미성년자도 적지 않아 2016년 7월 기준 18세 미만 직장가입자수는 4,034명이다. 이 중 206명은 사업장 대표, 3,828명이 근로자로 등록되어 있다(국회 기획재정위원회 박광온 의원실, 2016. 9. 26).

〈표 4-9〉에서 살펴본 바와 같이 매년 급격하게 증가하는 개호 지급액을 충당하기 위해서라도 앞으로 개호보험료의 납부의 의무를 지는 대상 연령의 확대에 대한 논의가 시작될 가능성이 있다.

3) 지역에 미치는 영향

(1) 지역별 인구 현황

저출산·고령화에 따른 인구감소는 지역에 따라 다르다. 일반적으로 지역마다 인구를 밀어내는 요인과 끄는 요인이 다르다. 예를 들어 도시부는 유흥 및 일자리가 많기 때문에 끄는 요인이 우세한 반면, 군부는 그러한 것들이 부족하기 때문에 밀어내는 요인이 우세하여 인구이동이 일어난다고 할 수 있다. 즉, 인구이동은 밀어내는 요인과 끄는 요인이 작용하여 발생하는 것으로, 주로 군부에서 도시부로의 이동이 주를 이루게 되며, 이러한 이동은 특히 젊은 인구에서 현저히 나타나 군부는 점점 고령화되는 것이다.

지역의 인구가 감소하면 공동체 붕괴, 생활권 쇠퇴라는 2가지 위기에 직면할 수 있다(吉田良生, 2013: 4). 사회보장제도가 정비되지 않았던 사회에서는 주민이 서로 협력하여 살아가는 공동체가 기본적 단위로, 어려운 일이 있을 때는 공동체 내에서 서로 도우며 해결하는 것이 일반적이었다. 그러나 급속한 경제발전 시기 이후에는 도시화가 진전되고 핵가족화, 개인주의 가치관이 확대되면서 주변에 누가 사는지조차 알지 못하는 사회로 변해왔다. 무연고 사회, 고독사 등은 이러한 상황을 표현하는 대표적 단어라고 할 수 있다.

생활권이라는 것은 어느 정도 인구가 있어야 유지된다고 할 수 있다. 즉, 지역에 사람들이 살면서 일하고, 일한 대가로 얻은 소득으로 상점가에서 소비를 하고, 자녀를 학교에 보내고 병원에 가는 등의 활동을 하는데 이 모든 것은 일정 정도의 인구규모가 유지되어야 가능하다. 만일 인구가 감소하게 되면 상점가가 쇠퇴하고, 학교는 폐교될 것이며, 병원 또한 문을 닫게 될 것이다. 따라서 적정 규모의 인구를 유지하는 것은 사람들이 생활하는 공동체 및 생활권을 유지하는 데 있어서 매우 중요한 요인이라고 할 수 있겠다.

(2) 지역경제에 미치는 영향 [8]

앞서 언급한 바와 같이 저출산·고령화에 의한 인구감소는 지역에 여러 가지 영향을 미친다. 군부는 특히 고령화 진행이 도시부보다 빠르게 진행되는데 이러한 현상은 지역경제에도 많은 영향을 미치게 된다. 여기서는 지역의 소비에 미치는 영향과 지방자치단체의 세수입에 대하여 살펴본다.

① 지역소비
〈표 4-4〉에서 저출산·고령화에 따라 가계저축률이 감소하는 것은 늘어나는 고령자가 근로 수입이 적거나 없어 근로기 저축을 깨뜨려 생활할 수밖에 없는 상황을 반영한다고 볼 수 있다. 결국 이것은 소비수요 확대에 일정한 한계가 있음을 시사하며, 그렇게 되면 앞으로도 소비 증대를 통한 성장 추구가 쉽지 않을 것임을 예상케 한다.

소비구조도 달라질 수 있다. 즉, 청장년세대가 자녀의 교육비, 피복비, 외식비 등에 주로 소비한다면 고령자세대는 식비, 의료비 등의 비중이 높아질 것이다. 고령자들은 활동의 폭이 제한되기 때문에, 쇼핑을 하더라도 가까운 곳에서 해결하려는 경향이 있고, 건강문제로 식사가 자유롭지 못해 외식보다 가정에서 해결하려고 할 것이다. 따라서 대형마트가 쇠퇴하고 접근성이 좋은 편의점 등이 활성화될 것이며 레스토랑 등의 외식관련 산업도

---

8) 이 부분의 내용은 內閣府 (2011b: 194~195) 를 참조하길 바란다.

쇠퇴할 수 있다.

또한 인프라가 부족한 지역에 사는 사람들은 대중교통을 이용하여 가장 가까운 생활권에 가서 모든 것을 해결하게 될 것이다. 그런데 인구감소로 인하여 대중교통을 이용하는 사람이 감소하여, 운영 채산성이 맞지 않아 노선이 폐지되는 경우가 발생한다면, 생활에 많은 불편을 초래할 것이다.

② 지방자치단체 세수입

인구변동이 지방자치단체에 미치는 영향은 2가지로 생각해볼 수 있다. 첫 번째로는 인구가 고령화되어 시간이 갈수록 은퇴하는 인구가 증가하면, 그만큼 소득세 수입이 감소한다. 그리고 교외지역의 주택수요도 감소하게 되어 부동산 가격이 하락하여 재산세의 수입도 감소하게 될 것이다. 두 번째로는 지역의 공적 서비스와 수요가 변화하여 새로운 재원수요가 발생할 가능성이다. 예를 들어, 고령자의 보행을 쉽게 하기 위하여 보도의 높이를 조정한다거나, 상점가 등이 쇠퇴할 경우 이를 활성화시키기 위한 재원이 필요하게 될 것이다. 또한, 저출산 현상의 지속은 학교에 입학할 아동수의 감소를 초래하여 학교의 규모를 줄이거나 폐교하게 되고, 그렇게 되면 공적 서비스의 공급체계를 제고해야 할 필요성이 생기게 된다.

③ 지역사회에 미치는 영향 9)

저출산·고령화는 지역경제뿐만 아니라 지역사회에도 큰 영향을 미친다. 여기서는 저출산·고령화가 지역사회에 미치는 영향, 특히 지역 커뮤니티와 사회적 측면에 어떠한 영향을 미치는지에 대해서 살펴본다.

---

9) 이 부분의 내용은 內閣府(2011b: 195~196)를 참조하길 바란다.

가. 지역 커뮤니티

지역 커뮤니티 활동은 거리환경 정비 및 보전, 방범·방재상의 안전확보, 공동시설·설비의 유지 및 관리분담, 생활의 여유 및 활력향상 등 여러 가지 측면에서 주민생활을 지원하며(support), 마을을 앞으로도 지속가능하게 만드는 원동력이 된다. 그런데 젊은이들이 좀처럼 유입되지 않는 지역사회에서 지역주민의 고령화는 이러한 활동의 참가하고 이를 위한 경제적 부담을 하는 것을 어렵게 하고, 결국 주민 간 네트워크를 단절되게 한다. 특히, 고령자들은 사회적으로 고립되기 쉽다. 내각부의 조사에 의하면 (2011a), '지역사회와 융화되는 것이 필요함'이라고 생각하는 고령자의 비율은 대도시에서도 92%로 높지만, 실제로 '지역사회에 융화되어 있다고 생각해본 적이 있음'이라고 한 비율은 69%밖에 되지 않는 것으로 나타나고 있다. 즉, 지역사회에서 고립되었다고 생각하는 고령자의 비율이 커지고 있음을 알 수 있다.

나. 사회적 측면

저출산·고령화는 거주환경 또한 악화시킬 가능성이 있다. 일본에서는 경제성장기에 대도시에 직장이 있는 이들을 위하여 대도시 근교에 대단위 아파트 단지를 건설하였는데, 그곳에 거주하던 사람들은 시간이 지날수록 감소하고, 마을 인구가 감소하고 있다. 앞서 언급한 바와 같이 생활권의 쇠퇴가 진행되면 사람들의 유입이 더욱 적어지고 결국엔 유령도시와 같은 형태로 남게 될 것이다. 이러한 과정이 시작된 곳이 도쿄 내에도 존재한다. 도영주택 기타아오야마(北青山) 1가 아파트가 그곳이다. 이곳은 도쿄 한복판에 있으면서도 단지 주변에 들어서면 사람 모습을 찾기 힘들고, 젊은 세대들이 거주하지 않아 상권도 쇠퇴하고 있다. 현재 거주하는 이들은 지역이 개발되었을 때 입주한 이들로 대부분 고령 노인들이다(日本経済新聞, 2010. 6. 15).

④ 지역의 사회보장에 미치는 영향

지역사회가 쇠퇴하지 않도록 하기위한 계획 중에 '전국종합개발계획'(이하 종합계획)이라는 것이 있다. 이 계획은 본래 수도권과 지방의 균형적 발전을 도모하기 위한 것으로 1955년 처음 계획되었다. 그 후 여러 번의 계획에 걸쳐 수도권과 지방의 균형적 발전을 위한 청사진을 제시하였다. 그러나 이 계획은 1998년 '21세기 국토 그랜드 디자인'을 마지막으로 중단되었는데, 이 마지막 계획에서 중점을 두었던 것이 정책의 주체를 지방 및 민간으로 이양시키는 것이었다(吉田良生, 2013: 8). 즉, 지방의 자립을 도모하여 지역사회의 쇠퇴를 막고 균형적 발전을 촉진하고자 한 것이다.

이러한 계획은 2000년의 〈지방분권일괄법〉과 2005년 〈국토형성계획법〉으로 구체화되었다. 이러한 법과 함께 2000년 〈고용대책법〉이 개정되어 지방자치단체에 고용대책의 책임을 지게 하고, 2001년 〈지역고용개발 등 촉진법〉에서는 도도부현(都道府県)과 시정촌이 연계하여 고용대책을 강구하도록 규정하였다. 그리고 2003년 〈직업안정법〉의 개정은 지방자치단체가 무료직업소개 사업에 참여하는 것을 허가하였다. 그 이전의 산업정책과 고용정책은 중앙정부 주도하에 이루어졌는데, 이러한 부분에서 지방분권이 일어나 사회보장 측면에 변화가 생기게 되었다.

5. 맺음말: 쟁점과 함의

일본은 2008년부터 본격적으로 인구감소사회에 접어들었으며, 저출산 현상뿐만 아니라 고령화 현상도 급속하게 진행되고 있다. 이러한 저출산·고령화는 인구규모, 경제, 사회보장, 지역에 부정적인 영향을 미치는 것으로 나타났다.

초반에 언급한 바와 같이 인구에는 '관성의 법칙'이 존재하여 지금 당장 출산율이 인구대체수준으로 반등된다고 해도 일정 기간 계속 감소한다. 그 이유는 사람이 태어나서 다시 인구를 재생산하기까지는 어느 정도 기간이 소요되기 때문이다. 1970년대 중반부터 합계출산율이 인구대체수준 이하로 떨어진 일본은 앞으로 더욱 인구가 감소할 것이다. 이런 인구감소가 계속되면 1,800여 곳의 자방자치단체 중 896곳(49.8%)이 소멸된다는 분석도 있다. 관료이자 지사 출신인 마스다 히로야(増田寬也, 2014)의 이 주장은 일본사회에 경종을 울려 지방에 대해 관심을 갖게 만들었다(増田寬也, 2014: 36).

국내에서도 유사한 방법으로 조사한 이상호의 연구 따르면(2016: 6), 우리나라가 일본보다 고령화율은 낮지만 지역적으로 볼 때 소멸 위험성이 있는 지방자치단체가 적지 않은 것으로 나타났다. 분석 결과 230여 곳의 지방자치단체 중 79곳(34.6%)의 소멸 가능성이 있는 것으로 나타나, 일본보다는 적지만 작은 수가 아니라는 것을 알 수 있다. 따라서 2017년부터 생산연령인구가 감소하고 2031년부터 인구가 감소할 것으로 추계되는 우리나라도 인구감소에 대한 대비를 지금부터 시작할 필요가 있다.

고령화율이 전체인구 대비 65세 이상 인구비율로 정의되고, 저출산이 지속되고 수명이 단축되지는 않는 한 전체인구가 감소하면서 고령화율이 지속적으로 증가하여 일본은 한동안 점점 심각한 초고령사회에 직면할 것이다. 우리나라도 일본보다 10년 늦은 1980년대 중반에 합계출산율이 인구대체수준을 밑돌기 시작했으나 장수사회가 도래하면서 인구가 줄지 않았다. 그러나 2017년부터 생산가능인구(15~64세 인구)가 줄고, 2025~2030년경에는 전체인구가 감소할 전망이다. 따라서 우리나라도 고령화율 상승에 따른 파생 효과를 제대로 분석하여 대응해가는 노력이 무엇보다 필요하다.

저출산·고령화를 근본적으로 막는 길은 하나밖에 없다. 출산율을 높일 수 있는 제대로 된 저출산 대책을 만들어 추진하는 것이다. 어느 때보다 가임여성과 젊은 부부의 눈높이에 맞추어 이들이 받아들일 수 있는 합리적이고 효과 있는 대책을 내놓아야 할 것이다.

■ 참고문헌

국내 문헌

이상호(2016). 《한국의 '지방소멸'에 관한 7가지 분석》. 한국고용정보원.

해리 덴트(2015). 《2018 인구절벽이 온다: 소비, 노동, 투자하는 사람들이 사라진 세상》. 권성희 역. 청림출판.

해외 문헌

国立社会保障・人口問題研究所(2011). 《第14回出生動向基本調査(夫婦調査)》. 国立社会保障・人口問題研究所.

_____・人口問題研究所(2016). 《人口統計資料集(2010~2060年)》. 国立社会保障・人口問題研究所.

近藤誠(2013). "少子高齢化が日本経済に与える影響". 〈経済学研究科紀要〉, 第43号. 日本大学.

吉田良生(2013). "人口減少社会における地域社会". 〈常陽ARC〉, 10月号.

內閣府(2011a). 《高齢社会白書》, 內閣府.

_____(2011b). 《地域の経済 2011》. 內閣府.

_____(2016a). 《少子化の状況及び少子化への對處施策の概況》. 內閣府.

社会福祉の動向編集委員会(2016). 《社会福祉の動向2016》. 中央法規.

小塩隆士(2005). 《人口減少時代の社会保障改革》. 日本経済新聞社.

鈴木亘(2010). 《社会保障の不都合な眞実》. 日本経済新聞出版社.

阿藤誠(2007). "人口減少と社会変動". 阿藤誠・津谷典子 編. 《人口減少時代の日本社会》. 原書房.

日本経済新聞(2010. 6. 15). "高齢者見守るのば'センサー'、団地空洞化と闘う". 〈NIKKEI STYLE〉.

増田寛也(2014). 《地方消滅－東京一極集中が招く人口急減》. 中公新書. 마스다 히로야(2015). 《지방소멸》. 김정환 역. 와이즈베리.

青木勢津子(2014). "超高齢社会・人口減少社会における社会保障-危機に立つ社会保障制度". 《立法と調査》 No. 348, 衆議院事務局企画調整室.

總務省 統計局(2015). 〈2010年 國税調査 結果〉. 總務省.

_____(2016). 《日本統計年鑑(1872~2010年)》. 總務省.

厚生勞働省. 〈國民醫療費調查〉. 各 年度. 厚生勞働省.

_____. 〈介護給付費 等實態調查〉. 各 年度, 各 月.

기타 자료

內閣府(2016b). 〈国民経済計算〉. http://www.esri.cao.go.jp/jp/sna/menu.html. 2016.
        8. 23 인출.

IMF. *World Economic Outlook Database*. International Monetary Fund. 2016. 8. 10 인출.

Yahoo Finance. https://finance.yahoo.com. 2016. 9. 21 인출.

05

정부재정과 사회보장재정

1. 머리말

일본정부의 재정수지는 1993년 이후 한 번도 균형재정을 달성한 적 없이 적자가 지속되었다. 그 결과 GDP 대비 정부채무 비율은 재정구조 개혁 원년으로 선포한 1997년 100%를 넘어서고, 2011년 200% 초과 후 2016년 기준으로 250% 수준을 보였다. 미국, 프랑스가 100%대 전후 수준이고, 독일 70%, 한국 40% 미만임을 감안하면 일본정부 재정의 심각성을 짐작할 수 있다.

우리는 일본 재정의 지속가능성을 위협하는 두 가지 요소, 즉 1990년대의 공공투자와 이후의 사회보장지출 중 후자에 주목하고자 한다. 정부의 공공투자 지출은 1990년대 초반 거품붕괴 직후 급증하여 1993년에는 세출의 18.2%에 달하였으나 그 이후 수차례에 걸친 재정개혁으로 2014년에는 7.4%로까지 그 비중이 낮아졌기 때문이다.

대신 정부의 사회보장비 부담은 저출산·고령화와 함께 증가하기 시작해 정부예산에서 사회보장비가 차지하는 비중은 1990년 16.6%에서 2005년

24.1%, 그리고 2012년에는 30%를 돌파하였다. 그중에서도 공적연금 보험이나 공적 의료·개호보험에 투입되는 사회보장비가 대략 70%를 차지한다는 것을 감안하면, 저출산·고령화라는 인구구조 변화가 재정을 압박하고 있음을 실감할 수 있다.

일본의 사회보장제도는 공적연금, 건강보험, 개호보험, 고용보험, 산재보험(일본 내 호칭은 노재보험) 등의 사회보험과 생활보호, 가족수당, 공중위생, 국가유공자에 대한 은급 및 전쟁희생자 지원금 등의 기타 제도로 구성된다. 그런데 최근 일본에서 공적연금의 사각지대에 대한 논의가 활발하고, 젊은 층의 공적연금에 대한 불신과 더불어 실제로 연금을 수령하는 고령자들조차 연금수령액에 대한 불만이 상당하다는 점은 사회보험이 재정의 지속가능성 관점에서 위기에 처했음을 보여준다.

물론 피보험자가 내는 보험료가 수입의 전부가 아니고 정부가 일정한 재원을 부담하며 제도의 지속적 운영을 사실상 보증하고 있어 한 국가의 사회보험이 파탄하는 것은 쉽게 상상하기 어렵다. 그렇지만 사회보험의 운영과 관련하여 정부의 재정부담이 일정수준을 넘어서면서 최근 재정적 한계에 이르렀다는 인식이 확산되었다. 이러한 인식에 입각하여 정부는 보험료율, 환자 본인부담비율 인상, 소비세율 인상 등의 형태로 추가적 재원확보에 나서거나 지급개시 연령의 인상이나 직접적 급여수준 인하 등 다양한 방식을 동원하여 사회보장지출 수준을 줄이려고 시도한다.

우리는 일본의 사회보험이 파탄에 이를지 여부와 그 파급효과에 관심을 두기보다 정부가 사회보험의 지속가능성을 담보하기 위해 어떠한 개혁조치를 단행하고 있는지, 또 그러한 개혁조치에 불구하고 여전히 지속가능성에 대한 불신이 사라지지 않는 현실에 주목하여 현황을 정리하고 시사점을 찾아본다.

이 장의 주된 관심은 일본 사회보장제도의 지속가능성과 재정규율(*fiscal discipline*) 문제를 고찰하는 데 있다. 먼저 제도의 지속가능성은 국가재정이 파탄나지 않고 지속적으로 운영할 수 있는가를 경제학적 관점에서 해명하거나 예측하듯이, 사회보장 특히 공적연금과 건강보험이 장기간에 걸쳐 재정적으로 지속가능한지를 고찰한다.

다음의 재정규율이란 사회보장제도의 지속가능성을 담보하고 세대 내, 세대 간 불공평 문제를 개선하기 위해 정부가 취한 재정관련 개혁조치가 어느 정도의 일관성과 효과성을 지니는지 살펴보는 것이다. 여기서는 2000년대 이후 정부가 공적연금과 건강보험과 관련하여 취한 각종 조치 중 재정측면에서 의미가 있는 것들을 중심으로 고찰한다.

이하의 서술은 다음과 같다. 이 장의 2에서는 1990년대 초반 거품붕괴 후에 초점을 맞춰 재정현황을 점검한다. 1990년대 초반 이후의 재정수지 적자와 이를 보전하기 위한 막대한 규모의 국채발행이 막대한 규모의 국가채무로 연결되는데, 그 메커니즘의 한가운데에 급격히 증가하는 사회보장지출이 자리잡고 있음을 보여준다.

이 장의 3에서는 1990년대 이후 일본 사회보장제도 전반을 대상으로 지출과 세입구조의 특징을 살펴본다. 사회보장급여비가 급증하는 가운데 공적연금과 건강보험에 대한 재정부담 역시 빠르게 늘어나고 있음을 보여준다. 세입측면에서는 사회보험임에도 보험료 수입보다는 국고부담 의존도가 높아지고 있는 현실을 강조한다.

이 장의 4에서는 공적연금의 지속가능성을 둘러싼 정부와 학자 간 이견을 살펴보고, 정부가 공적연금의 지속가능성 담보 차원에서 취한 재정규율 강화조치를 검토한다. 재정규율 강화조치는 1997년과 2000년에 단행한 연금 수급개시 연령의 연장, 2004년 연금개혁 중 연금보험료 인상과 거시경제연동제 도입, 기초연금 재원의 국고부담률 인상, 2012년 사회보장 및 세제 일체개혁의 거시경제연동제 철저 적용 등이다.

이 장의 5에서는 건강보험의 재정구조와 재정규율 문제를 다룬다. 검토대상은 건강보험 중 재정상황이 열악한 국민건강보험과 협회건보다. 건강보험의 재정위기는 취약 가입자인 영세 자영업자, 연금생활자, 비정규직 근로자, 중소기업 근로자 등이 가입하는 국민건강보험에서 크게 문제되고 있지만 후기고령자의료제도에의 소득이전이 작지 않은 영향을 미치고 있다고 지적한다. 재정규율과 관련하여 2015년 5월의 국민건강보험 가입자의 본인부담 인상과 후기고령자의료제도에의 소득이전 방법 개선을 집중 논의한다. 이 장의 6에서는 논의사항을 정리하고 우리에게 주는 시사점을 찾아본다.

2. 정부재정의 지속가능성

1) 재정현황

정부 재정수지는 거시경제의 흐름 외에 정부 재정정책에 크게 영향을 받는다. 재정수지는 1980년대 후반과 1990년대 초반에만 GDP 대비 0.4~1.7%의 흑자를 기록하다가 1993년부터 2015년까지는 연평균 적자가 GDP 대비 6.1%에 이른다. 국채발행 관련 수입과 지출을 제외한 기초재정수지(*primary balance*)[1]도 1993년부터 2015년까지 연평균 적자가 GDP 대비 5.4%를 기록했다(〈그림 5-1〉).

정부재정이 1993년부터 계속 적자라는 것은 이 시기에 정부가 국채를 대량 발행했다는 것을 의미한다. 〈그림 5-2〉는 정부의 국채를 건설국채,[2] 특례국채(혹은 적자국채), 연금특례국채,[3] 부흥채,[4] 차환채(借換債), 재

---

[1] 정부회계에서 세입측면은 국채를 발행하여 얻은 세입을 제외한 세수 및 세외수입, 세출측면은 과거에 발행한 국채에 대한 원금 및 이자상환을 제외한 세출만을 가지고 재정수지를 파악한 것이다.

[2] 건설국채는 〈재정법〉 제4조 제1항에 근거한 것으로서, 정부가 공공사업이나 출자 혹은 대출에 필요한 자금을 조달하기 위해 발행하는 국채다.

정투융자채의 6가지로 구분한 다음, 1970년부터 2016년까지 각 국채종류별 신규 발행액 규모를 보여준다.

〈그림 5-1〉 재정수지 및 국가채무 추이(1980~2016년)

① 재정수지 및 기초재정수지 (단위: GDP 대비, %)

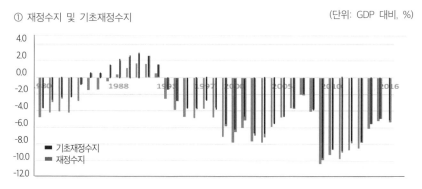

② 국가채무

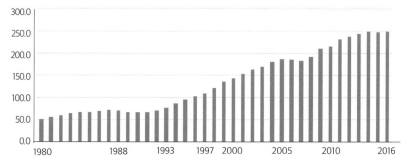

주: 1) IMF가 공표하는 일본의 국채 자료는 SNA 체계에 맞춰 중앙정부와 지방자치단체, 사회보장기금의 채무 잔액을 집계한 것으로, 사회보장기금 채무를 포함하지 않는 재무성의 국채 범위와 상이하다(財務省, 2016: 174).
    2) 2014년 이후는 IMF의 추계치다.
자료: IMF, 2016. 6.

---

3) 2012년 11월 국회를 통과한 〈특례공채법〉에 근거한 것으로, 기초연금에 대한 국고부담 증가에 따라 예상되는 비용의 재원조달 목적으로 2012년과 2013년에 한정하여 발행한 국채다.
4) 부흥채는 2011년 3월 발생한 동일본대지진의 재해복구에 필요한 재원확보 목적으로 2011년부터 2015년도까지 발행한 국채다.

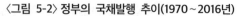

〈그림 5-2〉정부의 국채발행 추이(1970~2016년)

(단위: 억 엔)

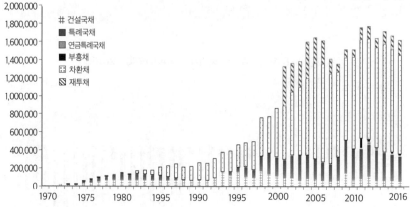

주: 2014년까지는 실적기준이고 2015년은 실적예상치, 2016년도는 정부예상치다.
자료: 재무성 홈페이지, 2016. 9. 12 인출.

　적자국채라고도 불리는 특례국채는 건설국채 발행 목적을 벗어난 재원을 조달하기 위해 정부가 발행하는 국채로, 국회가 필요하다고 인정한 경우 〈특례공채법〉이라는 특별법을 제정하여 발행한다. 1947년 정부가 재정법을 제정할 당시 특례국채는 정부의 소비지출 성격이 짙은 것으로서 사회기반시설 등 국가자산의 축적으로 연결되지 않아 미래세대에 대한 부담 전가라고 인식했기 때문에 특례국채 발행에는 엄격한 태도를 취하였다.

　제1차 석유위기 이후인 1975년부터 2016년까지 특례국채를 발행하지 않았던 시기는 1991년부터 3년이 전부다. 1994년에는 특례국채 발행액이 4. 1조 엔이었으나 2000년도 들어서부터는 특례국채 발행액이 건설국채를 초과하였고, 2015년도에는 특례국채 29. 9조 엔, 건설국채 6. 5조 엔 발행하였다.

　차환채는 정부가 기발행한 국채를 상환하기 위해 다시 발행하는 국채로, 시간이 경과하면서 점차 늘어나 2005년부터는 매년 100조 엔 규모의 신규 차환채를 발행한다.

1990년대 초반 이후의 재정수지 적자와 이를 보전하기 위한 막대한 규모의 국채발행은 국가채무(*gross government debt*)를 폭발적으로 증대시켰다(〈그림 5-1〉). 1997년에는 일본의 GDP 대비 국가채무 비율이 100%를 넘어서자 당시 하시모토 류타로(橋本竜太郎) 내각이 1997년을 재정구조 개혁 원년으로 선포했고, 그 이후 2000년대 초반에는 고이즈미 준이치로(小泉純一郎) 내각이 '성역 없는 구조개혁'을 내걸고 대대적 재정개혁을 단행했음에도 국가채무는 세계에서 가장 높은 수준을 유지한다.

2) 사회보장지출 급증과 재정악화

재정의 지속가능성에 우려가 제기된 근본적 요인은 2000년을 기점으로 하여, 이전에는 공공지출 확대로 경기침체를 벗어나려는 정책에서, 이후에는 사회보장지출이 급증한 데서 찾을 수 있다. 물론 이것은 정부재정의 세출 측면에만 초점을 맞춘 것이고 세입측면으로 눈을 돌리면 장기 경기침체에 따른 자연적 세입 감소와 정부의 감세정책에 따른 인위적 세입감소도 재정의 지속가능성을 크게 위협하는 것이라 할 수 있다.

〈그림 5-3〉은 정부의 일반회계 결산자료에서 주요 항목별 세출 변화를 보여준다. 단, 각각의 연도에 나타나는 수치는 1990년도 대비 증감액이다. 세출의 경우 1990년도를 기준으로 했을 때 공공사업관계비는 2014년까지 누적으로 약 60조 엔 증가한 반면, 사회보장 관계비는 같은 기간 무려 212.7조 엔 증가했다. 정부의 사회보장 관계비 지출은 2000년의 경우 약 17.6조 엔이었으나 2014년에는 30조 엔을 돌파했다. 1990년대 후반만 해도 사회보장관계비의 연간 증가액은 3조~4조 엔에 머물렀으나 2000년대 초반에는 연간 7조~8조 엔, 그리고 2009년 이후에는 연간 17조~18조 엔씩 폭발적으로 증가하고 있음도 알 수 있다.

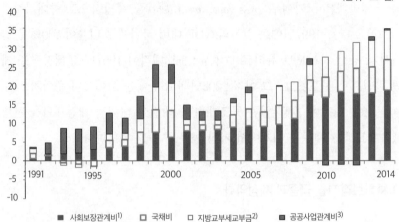

〈그림 5-3〉 주요 세출항목의 정부지출 변화 추이(일반회계, 결산 기준)

(단위: 조 엔)

■ 사회보장관계비[1)]   □ 국채비   □ 지방교부세교부금[2)]   ■ 공공사업관계비[3)]

주: 1) 사회보장관계비는 연금, 의료, 개호보험, 생활보호, 사회복지, 보건위생대책, 고용노재대책
　　비용으로 구성된다.
　　2) 지방교부세교부금은 보통지방교부세교부금과 지방특별교부금을 합한 것이다.
　　3) 공공사업관계비는 재해복구사업비를 포함한다.
자료: 재무성 홈페이지, 2016. 9. 18 인출.

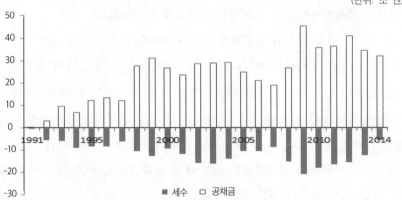

〈그림 5-4〉 주요 세입항목의 정부수입 변화 추이(일반회계, 결산 기준)

(단위: 조 엔)

■ 세수   □ 공채금

주: 각 수치는 1990년도 대비 증감액이다.
자료: 재무성 홈페이지, 2016. 9. 18 인출.

〈그림 5-4〉는 정부의 일반회계 결산자료에서 주요 세입항목 중 세수와 공채금의 1990년도 대비 연도별 증감액을 보여준다. 여기서 우리는 세입 측면에서 장기불황과 정부의 감세정책에 따른 세수감소가 재정수지를 악화시킨 주범이었음을 확인할 수 있다. 즉, 개인소득세, 법인세, 소비세를 망라한 세수는 1998년도부터 1990년도 대비 10조 엔 이상 줄었고 2002년부터는 그 감소폭이 15조 엔 이상으로 확대되었다. 1990년부터 2014년까지 누적세수 감소액은 263.5조 엔에 이른다. 〈그림 5-4〉에서 공채금의 1990년도 대비 증감액은 매년 정부가 막대한 규모의 국채발행으로 세수감소에 따른 재정적자를 보전했음을 보여준다. 1991년부터 2014년까지 정부가 국채발행으로 조달한 누적세입(공채금)은 무려 571.6조 엔에 달한다.

3. 사회보장제도의 지속가능성

1) 사회보장의 지출 구조

제도별 사회보장급여비 추이가 〈표 5-1〉에 제시되어 있는데 급여비 규모가 가장 큰 분야는 공적연금이다.[5] 공적연금 비중은 1970년 13.4%에서 1977년 30%로 급증하고 1985년에는 40%대로 진입하며 1998년에는 50%대가 된다. 2014년에는 47.6%로 다소 줄어든다. 건강보험은 고령자의료제도(구 노인보건제도)가 시행된 1983년엔 36.3%를 차지하여 공적연금과 비슷한 수준이었으나 2000년대에 들어와 30%대로 낮아졌다.

통계에 따르면 사회보장급여비 중 고령자관계 급여비 비중은 1973년 25.0%에서 1985년을 기점으로 50%를 넘어서고 2014년에는 67.9%로

---

5) 좀더 상세한 수치는 〈부표 5-1〉을 참조하길 바란다.

늘어난다.[6] 〈표 5-2〉에 제시되어 있듯이 고령자관련 급여비는 2014년 전체 사회보장지출액 112.1조 엔의 67.9%인 76.1조 엔에 달한다. 공적연금 비중이 70%에 달하여 압도적이고 고령자의료는 17.5%로 그다음이다.

<표 5-1> 제도별 사회보장급여비 추이

(단위: 조 엔)

구분	1970	1980	1985	1990	1995	2000	2005	2010	2014
합계	3.5	24.8	35.7	47.4	65.0	78.4	88.9	105.4	112.1
건강보험	1.8	9.3	9.1	11.7	14.9	14.8	16.4	19.1	20.3
고령자의료제도[1]	-	-	4.1	5.8	8.6	10.4	10.8	11.7	13.4
개호보험	-	-	-	-	-	3.3	5.8	7.4	9.1
공적연금	0.5	8.4	14.5	21.6	31.2	39.2	45.2	51.8	53.4
고용보험	0.2	1.1	1.2	1.2	2.2	2.7	1.5	2.5	1.8
기타	1.1	6.0	6.8	7.1	8.2	8.1	9.1	12.9	14.0

주: 1) 고령자의료제도는 1983년 노인보건제도로 출발해 2008년에 후기고령자의료제도로 바뀌었다.
자료: 국립 사회보장·인구문제연구소, 2014.

<표 5-2> 고령자관계 급여비 내역(2014년)

(단위: 조 엔)

연금보험	고령자의료	노인복지서비스	고령자고용계속급여비	합계	사회보장급여비
53.4	13.4	9.2	0.2	76.1	112.1

자료: 국립 사회보장·인구문제연구소, 2014.

---

6) 1973년 1월 당시 다나카 가쿠에이(田中角榮) 내각이 1973년을 복지원년으로 선포하면서 고령자의 의료비 자기부담비율을 30%에서 0%로 낮추자 고령자관련 사회보장지출이 급증한다. 여기서 고령자관계 급여비란 사회보장급여비 중 공적연금, 고령자의료비, 노인복지서비스, 고연령고용계속 관련 급여비를 합한 것이다.

2) 사회보장 재원

〈표 5-3〉은 사회보장 운용에 필요한 재원조달 내역을 보여준다. 7) 1989년 4월의 소비세(3%) 도입 이후 25년 사이에 전체 사회보장 재원 중 가입자와 사업주 부담 보험료는 약 30조 엔으로 85.5%가 증가한 반면, 중앙정부와 지방정부의 부담인 세금은 15.3조 엔에서 44.8조 엔으로 193.5%가 늘었다. 그 결과 2014년 기준 전체 사회보장 재원 중 국고부담(세금) 비중은 1989년의 25.7%에서 32.8%로 상승하였다.

〈표 5-3〉 사회보장 재원의 구성내역 추이

(단위: 조 엔)

연도	보험료			공비부담			적립금 운용수익	기타	합계
	소계	피보험자	사업주	소계	국고부담	기타공비			
1989	35.1	16.3	18.8	15.3	12.7	2.5	7.7	1.3	59.4
1995	51.2	24.4	26.8	20.7	16.6	4.1	9.8	2.0	83.7
2000	55.0	26.7	28.3	25.1	19.7	5.4	6.5	2.5	89.0
2005	55.3	28.4	27.0	30.0	22.3	7.8	18.8	11.7	115.9
2010	58.5	30.3	28.2	40.8	29.5	11.3	0.8	9.6	109.7
2011	60.1	31.1	29.1	43.6	31.6	12.0	3.7	8.4	115.8
2012	61.4	32.2	29.2	42.5	30.2	12.3	16.0	7.1	127.1
2013	63.0	33.2	29.8	43.3	30.7	12.5	15.8	5.2	127.3
2014	65.2	34.3	30.9	44.8	31.8	13.0	21.7	4.9	136.6

주 : 기타공비는 중앙정부 제도에 입각한 지방정부 부담비용과 지방정부 독자적 부담 의료비 급여분, 공립보육소 육영비의 합계이다.
자료: 국립 사회보장·인구문제연구소, 2014.

---

7) 사회보장 재원 통계는 다케시타 노보루(竹下登) 내각이 1989년 4월 3%의 소비세를 도입한 시점부터 비교한다. 앞 절에서는 정부가 사회보장 운용 시 제도별로 어느 정도의 재정을 투입하는가를 살펴보았는데, 여기서는 제도의 지속가능성 관점에서 정부 외 보험가입자와 사업주 보험료 부담까지 함께 고려한다.

사회보장 재원에서의 국고부담 비중 증가는 제도의 사회보험 성격이 약해지고 있으며, 각종 사회보험제도의 재정적 지속가능성이 떨어지고 있음을 의미한다. 하지만 정부가 가진 정책수단은 소비세 인상이 거의 유일했다.[8] 실제로 정부는 2014년 4월부터 '소비세의 사회복지 목적세화' 약속에 따라 소비세 세입(稅入)을 전액연금, 의료, 개호, 저출산 대책 등 이른바 사회보장 4대 경비에 지출한다. 그럼에도 불구하고 2014년도 기준 기초연금, 의료, 개호 등 3가지 분야의 공적 비용이 28.2조 엔에 달하나 소비세 세입은 13.4조 엔에 불과해 소비세만으로 제도의 지속가능성을 담보할 수 없는 상태이다.

4. 공적연금의 지속가능성과 재정규율

1) 공적연금의 지속가능성

일본 공적연금의 지속가능성은 재정측면에서 제도가 중장기적으로 수입과 지출 간 균형을 유지할 수 있는가라는 문제로 귀결된다. 공적연금의 지속가능성에 대한 정부측의 '믿음'은 후생노동성이 5년마다 시행하는 '재정검증' 중 '재원과 급여 내역'에 잘 드러난다. 정부는 2009년의 '재원과 급여 내역'을 통해, 2004년 〈연금법〉 개정으로 향후 100년간의 연금급여비는 모두 지급가능하며, 후생연금 및 국민연금(기초연금)에 부족한 부분은 없다고 명시하였다. 가장 최근의 '2014년도 재정검증'에서도 후생연금과 국민연금은 재정의 지속가능성에 전혀 문제가 없다고 밝혔다.

---

8) 1989년 4월 3%로 시작한 소비세는 1997년 4월부터 5%로 인상되었고, 2012년 여야 3당이 '사회보장 및 세제 일체개혁'에 합의함에 따라 2014년 4월부터는 8%로 인상되었고, 2019년 10월에는 다시 10%로 인상될 예정이다.

정부가 공표한 공적연금의 '2014년도 재원과 급여 내역'은 2110년까지의 향후 95년간 공적연금의 재원과 급여 내역을 2014년 가격으로 현재가치화하여 추정한 일종의 대차대조표를 말한다. 다만, 거시경제 변수에 관한 전제를 3가지 시나리오로 나누어 추정한다.[9] 후생연금과 국민연금 모두 2110년에도 재원총액(현재가치)과 급여총액(현재가치)이 일치하고 있어 재정의 지속가능성에 전혀 문제가 없다는 것이다.

그러나 정부가 공표한 '공적연금제도의 재정수지 현황' 자료를 보면, 후생연금, 국가공무원공제조합, 지방공무원 공제조합, 사립학교교직원공제, 국민연금(국민연금 계정, 기초연금 계정) 등 전체 공적연금의 적립금 총액은 공교롭게도 정부가 '안심 100년'을 대대적으로 홍보한 2004년 연금개혁 당시부터 감소하였다. 즉, 정부가 공표를 시작한 1995년 말 161.5조 엔이었던 공적연금 적립금(장부가액 기준)은 2003년까지 196.9조 엔으로 증가하였으나, 2004년부터는 감소 기조로 전환되어 2004년 말 약 198조 엔에서 2014년 말에는 163조 엔으로 하락하였다. 물론 2014년에는 아베노믹스 효과로 주가가 급등한 덕에 공적연금 운용수익이 무려 19.9조 엔 증가하여 적립금이 3조 엔 정도 불어나는 데 일조하긴 하였으나 전반적인 적립금 축소기조에는 변화가 없는 것으로 보인다(〈그림 5-5〉).

공적연금 중 적립금 감소가 두드러지게 진행되는 것은 후생연금과 국민연금이다. 후생연금 적립금은 전체 공적연금 적립금의 65%를 차지하는 최대의 공적연금인데, 2004년 말 137.6조 엔을 정점으로 2014년 말에는 104.9조 엔으로 감소하였다. 국민연금의 경우는 2002년 말 9.9조 엔을 정점으로 2014년 말에는 7.2조 엔으로 감소하였다. 적립금이 감소하지 않고

---

9) 西沢和彦(2011: 140~143)가 2009년도 '재원과 급여 내역'을 비판하는 것은 크게 두 가지 점이다. 하나는 장래 거시경제 변수를 지나치게 낙관적으로 전제한다는 것이고, 다른 하나는 보험료 중 장래 가입자 납입 보험료를 지금의 인구추계에 입각하여 확정 재원으로 보는 것은 무리라는 점 등이다.

있는 것은 사립학교교직원공제 연금이 유일하다.

공적연금의 지속가능성에 대한 의문은 정부가 연금고갈 사태를 미연에 방지하기 위해 국고보조금을 연간 10조 엔 이상 투입하고 있음에도 불구하고, 연금 적립금이 언제 고갈될지 모른다는 우려로 대변된다. 이에 대한 정부의 공식적 답변은 후생노동성이 2015년 9월 공표한 '2014년도 재정검증'의 시뮬레이션 결과에 나와 있다.

〈그림 5-5〉 공적연금 적립금 추이

(단위: 10억 엔, 장부가액 기준, 연말)

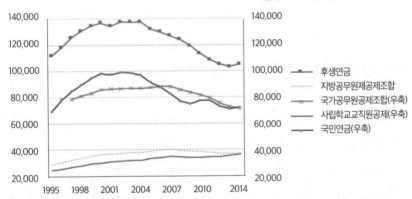

주: 1) 1996년까지 국가공무원공제조합의 적립금은 연합회, 일본철도, 일본전신전화, 일본담배로
　　 구성되어 1997년 이후 자료와 정합적이지 못한 관계로 생략했다.
　　2) 국민연금 적립금은 기초연금 계정을 제외한 국민연금 계정에 한한다.
자료: 후생노동성 홈페이지, 2016. 9. 23 인출.

〈표 5-4〉 후생연금과 국민연금의 재정전망

(단위: 조 엔)

연도	경제변수에 대한 시나리오[1]	후생연금		국민연금	
		재정수지	연말 적립금[2]	재정수지	연말 적립금
2020	H	1.0	150.1	-0.1	9.4
2030	H	2.5	142.4	-0.1	7.3
2040	H	-0.0	134.4	-0.4	4.6
2050	H	1.0	119.0	-0.5	1.2

주: 1) 'H' 시나리오에서 경제변수에 대한 가정은 다음과 같다. 물가상승률 0.6%, 실질임금상승률:
　　 0.7%, 적립금 운용수익률(실질): 1.7%, 2024년 이후 연평균 실질 경제성장률: -0.4%.
　　2) 2014년 불변가격 환산치다.
자료: 후생노동성 홈페이지, 2016. 9. 24 인출.

〈표 5-4〉는 정부가 공표한 후생연금과 국민연금의 재정시뮬레이션 결과 중 일부를 발췌한 것인데, 시뮬레이션에서 가장 중요한 가정인 인구변수와 경제변수 중에서 장래 인구변화를 '출생중위, 사망중위'로 고정시킨 다음, 장래 공적연금의 수입과 지출에 영향을 끼칠 수 있는 제반 경제변수를 A, B, C, D, E, F, G, H 8개의 시나리오 하에서 각각의 상황에 준하는 후생연금과 국민연금의 재정수지와 연말 적립금 규모를 추정한 것이다. 여기서 주목해야 하는 것은 정부의 시뮬레이션 결과 중 장래 경제변수들을 가장 비관적으로 상정하는 H 시나리오의 경우에도 국민연금 적립금은 2054년에 고갈되고 후생연금 적립금은 계속해서 줄어들지만 시뮬레이션의 마지막 연도인 2055년도 전혀 고갈되지 않는다는 점이다.

노구치 유키오(野口悠紀雄, 2014)는 니시자와 가즈히코(西沢和彦, 2011: 140~143)의 비판과 맥을 같이 하면서 정부 발표보다 조기에 적립금이 고갈될 것이라고 전망한다. 그는 각종 거시경제 변수나 거시경제연동을 현실적 시나리오로 바꾸면, 후생연금이 정부 전망치와 달리 2016년부터 매년 8조~12조 엔의 적자로 돌아서고 2033년에는 적립금이 모두 고갈될 것이라는 결과를 내놓았다. 그가 지적한 문제점은 정부의 경제변수 시나리오 7가지 중 가장 비관적인 H 경우조차 연간 물가상승률과 실질임금상승률이 각각 0.6%와 0.7%로 상정되는 것이다. 노구치는 가정들이 지나치게 낙관적이라 지적하면서 연간 물가상승률과 실질임금상승률을 0%로 놓고 시뮬레이션한다.

정부의 공적연금에 대한 재정전망이 낙관적인 것은 "후생연금과 국민연금은 2100년까지 절대 고갈되지 않는다"는 취지의 시뮬레이션 결과를 제시한 '2004년 재정검증'에서도 마찬가지였다. 이에 대해 스즈키 와타루(鈴木亘) 학습원대학 교수는 당시 후생노동성의 시나리오 전망치가 지나치게 낙관적이라고 지적하였다. 그다음, 후생노동성이 가정한 공적연금의 운용수익률 4.1%를 국채 40년물의 수익률 2.1%로 대체하고, 2004년 정부가 도입한 거시경제연동제를 2012년부터 2048년까지 엄격하게 적용하고, 임금 상승률 1.5%, 물가상승률 1.0%이라는 가정에서는 후생연금 적립금은 2033년, 국민연금 적립금은 2037년에 고갈할 것이라는 시뮬레이션 결과를 발표하였다(山本信幸, 2012).

2) 재정규율

공적연금의 지속가능성을 담보하기 위해 정부가 취한 재정규율 강화조치는 1997년과 2000년에 단계적으로 시행한 지급개시 연령의 연장과, 보험료 인상, 거시경제연동제 도입, 기초연금의 국고부담 인상을 핵심내용으로 한 2004년의 연금개혁, 2012년 8월 민주당 정권이 시행한 '사회보장 및 세제 일체개혁' 중 '특례수준'의 해소가 큰 뼈대를 이룬다.[10]

　일본에서 2004년 공적연금 개혁은 지속가능성 측면에서 다음과 같은 의의를 갖는다. 일본은 1961년 〈국민연금법〉 시행과 함께 자영업자 등도 공적연금에 가입할 수 있는 제도적 기틀을 다졌고, 1985년에는 국민연금과 후생연금, 공제연금이라는 '2층구조'의 현행 공적연금의 틀을 완성하였다. 그러나 공적연금이 본격 가동하면서 국민들의 복지수준은 향상되었지만 한편에서는 저출산·고령화가 급진전함에 따라 정부로서는 공적연금에 대한 재정규율을 강화할 필요성을 절감하게 되었다.

　이에 따라 정부는 연금가입자가 납입하는 보험료를 인상하는 조치를 단행하였다. 후생연금의 지급개시연령을 기존 60세에서 1997년에는 정액부

---

10)　정부의 연금개혁을 되짚어 보자. 지급액의 실질가치를 유지하기 위해 1973년 도입한 물가연동제와 표준보수 재평가는 2000년 이후 디플레이션으로 효력을 상실했다. 2012년 8월 '사회보장 및 세제 일체개혁' 중 후생연금 적용대상 확대, 기초연금의 수급자격기간 단축, 저소득·저연금 고령자에 대한 연금지급 확대는 재정규율보다 사각지대에 대한 보완조치로 해석할 수 있다. 관련사안에 대한 상세한 내용은 제2부 제7장의 공적연금을 참조한다.

분에 대해 65세로 연장하고, 2000년에는 보수비례부분으로까지 확대하여 65세로 연장했지만,[11] 이것만으로는 연금재정의 지속가능성을 보장할 수 없다고 판단한 것이었다. 정부는 후생연금의 보험료율을 2004년 10월부터 매년 0. 354%(근로자 본인은 0. 177%)씩 인상하여 2004년 당시의 13. 58%(본인 6. 79%)의 보험료율을 2017년부터는 18. 3%로 끌어올렸고, 국민연금은 2005년 4월부터 매년 280엔 인상해 2004년 당시의 월 1만 3, 300엔에서 2017년도부터는 월 1만 6, 900엔으로 인상했다(〈그림 5-6〉).

〈그림 5-6〉 2004년 〈연금법〉 개정: 보험료 인상

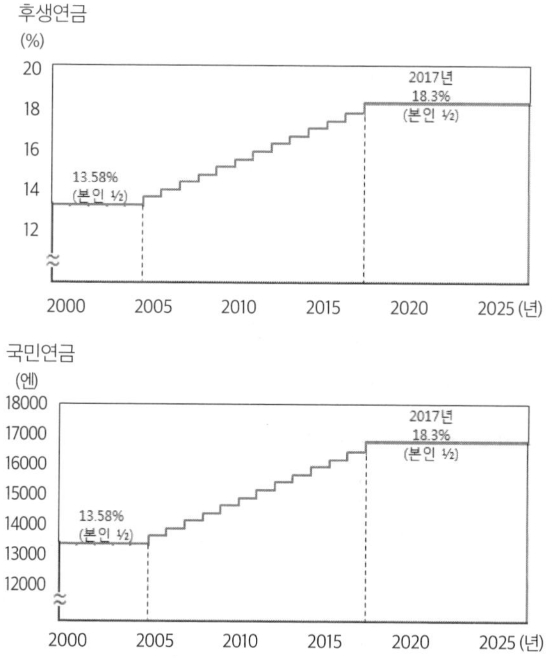

후생연금
(%)

13.58%
(본인 ½)

2017년
18.3%
(본인 ½)

국민연금
(엔)

13.58%
(본인 ½)

2017년
18.3%
(본인 ½)

자료: 후생노동성, 연금재정 홈페이지, 2016. 9. 28 인출.

---

11) 〈연금법〉 개정과 함께 즉시 시행한 것은 아니고 후생연금의 정액부분에 대한 연금지급 개시 연장은 남성은 2001년부터 12년에 걸쳐 단계적으로 시행하였고 여성은 2006년부터 12년에 걸쳐 단계적으로 시행중이다.

2004년 〈연금법〉 개정에서 연금재정의 지속가능성을 담보하려는 두 번째 조치는 거시경제연동제 도입이다(〈그림 5-7〉). 이 제도는 임금이나 물가수준을 반영하여 연금지급액을 조정하는 부분(임금·물가에 따른 개정률)에서 현역세대의 피보험자수 감소와 평균 잔여수명의 연장을 반영하여 연금액을 조정하는 거시경제연동 조정률을 차감하는 방식으로 연금지급액을 조정한다. 다만, 이 조치는 임금이나 물가가 상승하는 경우를 상정하고 도입하였기 때문에 반대 시에는 수급 시 반발 때문에 적용하기가 쉽지 않았다.

그 결과 2004년 제도도입 후 2015년에야 처음으로 이 조치가 적용된다. 〈그림 5-7〉에서 첫 번째 경우(임금·물가 상승폭이 큰 경우)에 해당하는데, 2014년의 물가상승률을 반영한 명목임금상승률은 2.3%이었는데 0.9%의 거시경제연동을 적용하여 연금수령액은 1.4% 증가한다. 그러나 후술하는 바와 같이, 2015년 3월에는 '특례수준'의 해소분 0.5%가 겹쳐 실제 연금수령액은 0.9% 증가에 멈춘다. 이후에는 거시경제연동만 적용한다.

2016년 12월, 〈연금개혁법〉[12]이 국회를 통과하였다. 이 개혁안은 국민연금 1호 피보험자인 여성의 출산 전후 보험료 면제(2019년 4월 시행)나 중소기업의 단시간근로자의 후생연금 가입 허용(2016년 10월 시행) 외에, 연금액 조정과 관련한 거시경제연동장치 강화(미조정분 조정 2018년 4월, 임금연동제 2021년 4월 시행), 연금적립금관리운용 독립행정법인(GPIF) 조직개편(2017년 10월 시행), 일본연금기구 국고납부 규정정비(공포 후 3월 이내 시행) 등을 담고 있다. 거시경제연동의 경우 지금까지는 임금과 물가가 상승하지 않으면 이 조치를 적용하기 힘들었는데, 법개정으로 디플레이션으로 거시경제연동이 보류되면 이후 임금·물가 상승 시 그 보류분을

---

12) 정식명칭은 〈공적연금제도의 지속가능성 향상을 위한 국민연금법 등 일부개정 법률안〉이다.

소급적용하여 연금지급액의 '유효' 삭감이 가능하게 되었다. 후생노동성은 이 같은 연금액 연동장치 개선으로 은퇴세대 연금액이 다소 줄고 현역세대 연금액이 다소 늘어나 세대 간 연금 불공평이 어느 정도 해소될 것으로 전망한다. 13)

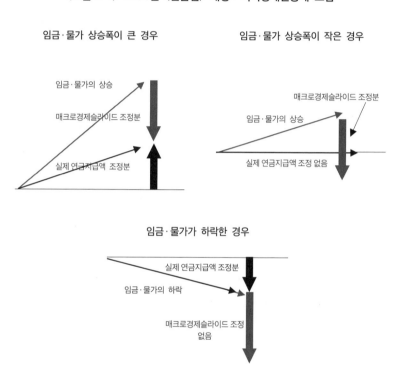

〈그림 5-7〉 2004년 〈연금법〉 개정 : 거시경제연동제 도입

임금·물가 상승폭이 큰 경우

임금·물가 상승폭이 작은 경우

임금·물가의 상승

매크로경제슬라이드 조정분

실제 연금지급액 조정분

매크로경제슬라이드 조정분

임금·물가의 상승

실제 연금지급액 조정 없음

임금·물가가 하락한 경우

실제 연금지급액 조정분

임금·물가의 하락

매크로경제슬라이드 조정
없음

자료: 일본연금기구 홈페이지, 2016. 9. 26 인출.

---

13) 자민당 등 여당 정치인들이 이 개혁법을 〈장래연금(수준) 확보법〉이라고 부르는 것은 이 장치가 임금이 줄어들고 있는 현역세대의 장래 연금수준을 확보해 주는 특성을 지니기 때문이다. 이번 개혁으로 수급세대의 소득대체율이 낮아지는 반면 현역세대의 소득대체율이 높아져 연금에서의 세대 간 공평성이 제고될 전망이다.

세 번째 조치는 기초연금의 국고부담 비율인상이다. 14) 그 이전에는 기초연금 지급에 필요한 비용총액을 계산하여 그것의 1/3을 정부가 국고 부담한 것인데, 2004년 〈연금법〉 개정으로 '경과조치'로 그 비율을 1/2로 인상한 것이다. 단, 2012년 8월의 '사회보장 및 세제 일체개혁'으로 소비세 인상이 가능해지면서 경과조치는 영구조치로 전환된다.

2012년 8월 민주당 정권이 '사회보장 및 세제 일체개혁' 일환으로 시행한 〈연금개혁관련법〉은 특례수준 해소라는 재정규율 장치를 도입하였다는 점에서 의의가 있다. 주지하는 바와 같이 정부는 1973년부터 공적연금에 물가연동제를 적용하여 전년도 소비자물가지수에 연동하여 당해연도 연금지급액을 조정하였다. 그러나 2000년부터 2002년에 걸쳐서 물가가 하락했음에도 불구하고 특례법을 제정하여 연금지급액을 하향조정하지 않는 '물가연동 특례수준'의 연금을 지급했고 그 이후에도 특례법을 폐지하지 않았다.

후생노동성에 따르면 '특례수준'의 연금지급으로 2000년부터 2012년까지 총 8조 엔이 과다 지급되었다. 그렇다고 해서 〈연금개혁관련법〉이 시행되는 2013년 10월에 '특례수준'을 즉각 폐지하는 것은 아니고 2015년 3월까지 단계적으로 실행하였다. 미즈호종합연구소(みずほ総合研究所, 2014)는

---

14) 일본의 공적연금에서 후생연금의 피보험자와 그 배우자는 제2호 피보험자, 제3호 피보험자라 부르는데, 이들은 별도로 국민연금 보험료를 납입하는 것은 아니다. 단지 후생연금을 지급받을 때에 기초연금(공적연금의 1층인 국민연금)과 비례보수부분(공적연금의 2층인 후생연금 또는 공제연금)을 구분하고 있을 뿐이다. 즉, 후생연금 가입자인 근로자 입장에서는 후생연금만 납입하면 자동적으로 국민연금을 납입한 것이 된다. 기초연금 거출금이란 나중에 기초연금으로 지급하게 될 재원을 말하는 것으로, 자영업자 등이 납입하는 국민연금 보험료와, 근로자와 공무원 등이 각각 납입하는 후생연금과 공제연금 보험료의 일부로 구성된다. 다만, 이들 재원만으로는 기초연금 지급이 불안하므로 정부가 국고의 일부를 보조한다. 다시 말해, 기초연금에 필요한 지급액을 미리 계산해 그 부담액을 정부(국고), 국민연금, 후생연금, 공제연금에 할당하여 기초연금 거출금이란 계정을 만든 것을 말한다.

'특례수준'의 해소로 남편이 40년간 후생연금에 가입한 경우 2015년 4월의 후생연금 수급액이 6천~7천 엔 감소한 것으로 추정하였다.

5. 건강보험의 재정구조와 재정규율

1) 재정구조

건강보험은 회사원이나 공무원 등이 가입하는 피용자 건강보험, 자영업자, 연금생활자, 비정규직근로자가 가입하는 국민건강보험, 75세 이상 고령자가 가입하는 후기고령자의료제도 3가지로 대별할 수 있다. 피용자 건강보험은 다시 대기업 근로자가 가입하는 조합관장 건강보험(조합건보), 중소기업 근로자가 가입하는 전국건강보험협회 관장 건강보험(협회건보), 국가공무원이나 지방공무원, 사립학교 교직원이 가입하는 공제조합으로 구분된다.

국민건강보험과 함께 관리되는 건강보험으로 의사나 약사 등 동종동업의 전문직업인이 가입하는 국민건강보험조합도 있다. 이들 건강보험에 가입한 '피보험자'가 75세에 이르면, 광역단체인 도도부현에 설치된 후기고령자의료 광역연합이 운영하는 '후기고령자의료제도'에 가입한다.

(1) 국민건강보험과 협회건보의 재정수지

건강보험별 재정상태는 가입자의 연령·소득 분포에 의거하여 추론해 볼 수 있다. 근로자 건강보험 중에서는 중소기업 근로자들이 가입하는 협회건보가 상대적으로 재정상황이 열악하고, 이곳보다 더 열악한 곳이 자영업자, 연금생활자, 비정규직근로자, 동종동업 조합원들이 가입하는 국민건강보험이다. 여기에서는 지면제약상 국민건강보험과 협회건보에 한정하여 재정상황을 살펴본다.

후생노동성 등 정부는 국민건강보험(시정촌)15)의 재정수지를 판단할 때 다음과 같은 방식을 도입해 사용한다. 국민건강보험 특별회계의 '단년도 수지'에서 보험자인 시정촌이 법정외로 국민건강보험 특별회계를 지원한 금액인 '법정외 일반회계전입금'을 차감한 값을 '실질적 단년도 수지'로 파악한다. 〈표 5-5〉에 나와 있듯이, 후생노동성이 공표하는 〈국민건강보험 사업연보〉 결산자료를 보면 국민건강보험 특별회계의 수입과 지출을 비교한 단년도 수지는 2014년을 제외하고 흑자이지만, 보험자인 시정촌이 자체 일반회계 예산에서 법정분16)을 초과하여 지원하는 금액은 매년 3천 6백 ~4천억 엔에 달한다.

2014년도의 경우 단년도 수지는 214억 엔의 소규모 적자이지만 후생노동성 등 정부에서는 여기서 시정촌 일반회계 전입금(법정외) 3,783억 엔을

---

15) 국민건강보험은 2014년 기준 보험자가 1,880곳이며 이 중 1,716곳은 시정촌이고 164개가 조합이다. 이때의 시정촌은 도쿄도의 특별구를 포함한다. 조합은 '직역국보'(職域國保)라고도 하며 동종동업의 조합원들로 결성된다. 건설업 32곳, 의사·치과의사·약제사 92곳, 기타 일반 40곳 등이 있다. 세대수와 피보험자수는 시정촌이 1,981만 세대에 3,303만 명이며 조합은 142만 세대에 291만 명으로 시정촌이 조합보다 10배 이상 큰 규모를 보인다. 세대당 피보험자수는 시정촌이 1.67명인데 비해 조합은 2.05명이다. 시정촌 피보험자에 단신세대가 그만큼 많다는 것으로, 경제적 취약계층이 시정촌이 운영하는 보험에 다수 포함되어 있음을 시사한다.

16) 〈국민건강보험법〉에 따라 중앙정부, 도도부현, 시정촌은 보험기반안정(보험자지원분), 보험기반안정(보험료경감분), 기준초과비용에 대해 각 부담비율에 따라 국고지출금, 도도부현지출금, 시정촌 일반회계 전입금(법정분)으로 분담한다. 2014년도 분담 내역을 보면 국고지출금 33,595억 엔, 도도부현지출금 11,239억 엔, 시정촌 일반회계 전입금(법정분) 4,516억 엔이다. 전체 지원금 합계는 49,350억 엔이며 기관별 분담률은 68.1%, 22.8%, 9.2%다. 기관별 분담금이 의료급여분과 개호분으로 나뉘어져 연도별 분담률이 조금씩 다르게 나타난다. 전체 지원금과 분담비율만 보면 2013년 47,864억 엔, 68.9%, 22.3%, 8.8%, 2012년 47,557억 엔, 68.9%, 22.2%, 8.9%, 2011년 47,591억 엔, 72.2%, 18.8%, 9.0%다. 시정촌 분담비율은 9%, 중앙정부는 69%, 도도부현은 22% 전후 수준을 보인다(厚生労働省, 各 年度).

더한 합계액 3,997억 엔을 2014년도 국민건강보험(시정촌) 특별회계 적자로 간주한다.

그런데 이때의 일반회계 전입금은 크게 보면 결산보전 등의 분야와 그렇지 않은 분야로 나눌 수 있다. 결산보전 등 분야 내역을 지원금 기준으로 보면 시정촌 차원의 단년도 결산보전, 보험료 부담완화, 지방독자사업인 의료급여비 파급증대, 의료비 증가, 누적적자 보전, 보험료 감면액 보충, 지방단독의 보험료 경감, 후기고령자 지원금 순이다. 결산보전 이외 분야는 지원금액이 결산보전 등 분야의 10%에 미달하며 기타, 보건사업비 충당, 기금적립, 변제금 순이다(厚生労働省, 2015).

이상에서 살펴보았듯이 법정외 전입금의 90% 이상이 결산보전 등에 활용되고 있다는 점에서 위 지원금을 적자에 포함시키는 것은 나름대로 일리가 있는 분석이라고 할 수 있다. 문제는 재정적으로 여유가 있는데 법정외 전입금을 활용하고, 다른 곳보다 보험료가 낮게 설정되어 있는데 법정외 전입금을 지원하며, 상습적으로 법정외 전입에 의존하는 시정촌이 없지 않다는 것이다. 이러한 곳들의 재정 지원을 엄격히 관리할 경우 법정외 전입금의 30% 정도만 단년도 수지에 덧붙여 국민건강보험 재정수지 적자로 보는 것이 타당할 것이라고 지적하는 이들도 있다. 이들은 시정촌이 재정수지 적자를 실제보다 부풀려 중앙정부와 도도부현으로부터 각종 지원금을 더 받아내고 있다고 비판한다.[17]

국민건강보험이 일본 내 건강보험 중 후기고령자의료제도에 이어 두 번째로 의료비 지출 규모가 큰 제도[18]인데, 재정적으로 매우 취약하다는 사

---

17) 西沢和彦(2015) 등이 대표적이다.

18) 국민건강보험의 의료비는 9조 5,331억 엔(2013년 기준)으로 후기고령자의료제도의 13조, 821억 엔에 이어 두 번째로 크다. 전체 국민의료비 40조 610억 엔의 24.0%와 32.7%를 점한다. 가입자수는 국민건강보험이 3,821만 명, 후기고령자의료제도가 1,473만 명으로 전 가입자수의 30.2%와 11.6%를 점한다. 참고로 협회건보는 4조 4,926억 엔(11.2%),

<표 5-5> 국민건강보험(시정촌) 재정수지 추이

(단위: 10억 엔)

연도[1]	1인당 보험료(엔)	1인당 급여비(엔)	국고 보조금[3]	일반회계 전입금 (법정외)[2]	단년도 수지	국고 보조율(%)[4]	기금 적립금 등[5]
2006	77,892	163,030	3,283.0	361.8	137.0	27.1	-
2007	79,818	176,141	3,279.7	380.4	42.2	25.0	320.8
2008	84,599	230,364	3,060.3	367.1	9.3	24.1	336.5
2009	84,570	237,252	3,190.9	360.1	6.6	24.7	326.7
2010	83,295	246,286	3,279.1	397.9	29.3	25.0	292.9
2011	85,383	254,989	3,394.5	390.3	102.0	24.8	339.2
2012	87,155	262,165	3,234.3	388.2	57.4	22.8	386.6
2013	89,956	269,264	3,257.7	389.5	20.6	22.7	427.0
2014	90,622	277,414	3,311.9	378.3	-21.4	23.0	414.9

주: 1) 2006년도 이전의 통계자료는 일부 지표만 공개된다.
　　2) 후생노동성 등 정부가 재정수지 적자에 포함시키는 항목이다.
　　3) 국고보조금은 국고지출금 해당분이다.
　　4) 국고보조율은 전체수입 대비 국고지출금 비율이다.
　　5) 기금적립금 등은 당년도말 순자산에 당년도 국고거출금과 요양급여비교부금 정산액을 더한 금액.
　　　순자산은 기금등보유액＋익년도이월금＋대부금 등＋기타자산 - 각종부채(시정촌채 등)로 계산한다.
자료: 후생노동성, 각 연도. 사업개황 표 20, 21(일부 표 26, 27).

실은 〈표 5-5〉에서 확인할 수 있다. 피보험자들이 내는 보험료는 전체 급여비의 32.7%(2014년도 기준)에 불과하다. 나머지 67.3%는 중앙정부, 도도부현, 시정촌이 조세와 채권발행 수입 등으로 부담한다. 그런데 시간이 경과하면서 보험료 비중이 점차 줄어들고 있다. 2006년에는 47.8%에 달했으나 2010년 33.8%로 낮아졌고 이후에도 매년 약간씩 낮아진다. 이는 경제력이 약한 저소득 고령자들이 매년 국민건강보험 피보험자로 누적되고 있기 때문이다.

그런데 〈표 5-5〉에서 확인되는 국고보조율은 높아지지 않고 있다. 그

3,502만 명(27.6%)이고 건보조합·공제 등은 4조 3,888억 엔(10.9%), 3,869만 명 (30.5%)이며, 이들이 재정적 측면에서 국민건강보험과 후기고령자의료제도를 떠받치고 있음을 알 수 있다. 일본은 전체 국민의료비의 87.5%가 보험이나 공비로 조달되어 환자 본인부담 등이 12.5%에 불과한 친환자형 비용절약형 재원구조를 보인다.

배경에는 국고지출금 이외 명목으로 지원되는 각종 지원금, 가령 전기고령자교부금, 공동사업교부금 등이 기간 중 크게 늘어났다는 사실이 있다.

이어서 협회건보의 재정수지에 대해 살펴보자. 정부(사회보험청)가 보험자이던 2008년 9월 이전에는 재정수지가 적자를 기록하는 해가 많았지만 보험자가 10월부터 전국건강보험협회(협회건보)로 바뀌면서 재정수지가 흑자를 보였다. 그 배경에는 2010년부터 3년에 걸쳐 보험료율을 인상하고 진료비의 환자 자기부담률을 높이며 보험료율 산정 시 소득에 상여금까지 포함하는 총보수제를 도입하는 등 과감한 재정안정 조치를 취한 사실이 있다(〈부표 5-2〉).

1997년에 단행한 보험료율 인상(8.2%→8.5%), 환자의 자기부담률 인상(10%→20%)은 1998년의 단년도 수지균형에 결정적 역할을 하였음이 눈에 띈다. 2002년 10월부터 시행한 노인보험제도(후술)의 대상 연령 인상(70세→75세)과 환자 자기부담률 인상(30%→50%), 2003년 4월부터 시행한 총보수제의 도입[19] 역시 1999년부터 악화된 재정수지를 다시 개선하는 데 큰 기여를 하였음을 지적할 수 있다.

그러나 1992년부터 2007년까지의 단년도 수지를 보면, 1997년부터 본격화된 보험료율 인상과 환자 자기부담률 인상, 보험료 산정방법의 변경, 나아가 진료보수·약가의 인하와 같은 재정건전화 조치들은 그 효과가 단기에 그쳤음을 알 수 있다. 2007년부터 2009년까지 글로벌 금융위기의 여파로 근로자의 임금이 대폭 하락한 탓도 있지만 재정수지는 적자를 시현하였고 2009년의 경우 준비금은 -3천억 엔에 이르렀다. 현행 협회건보 제도는 후기고령자의료제도(후술)가 도입된 직후인 2008년 10월 보험자가 사회보험청에서 전국건강보험협회(협회건보)로 바뀌면서 등장한 것이다.

---

19) 2003년 4월부터 보험료율이 8.50%에서 8.20%로 인하되었지만 총보수제를 도입함으로써 실제 보험료 수입은 증가했다.

2010년 4월 협회건보는 수지개선의 차원에서 보험료율 인상(8. 20% →
9. 34%)에 나섰고, 2010년 5월에는 정부가 〈국민건강보험법〉을 개정하여
향후 3년간의 특례조치로 국고보조율을 인상(급여비 대비 13% → 16. 4%)
하였다. 이로써 협회건보의 재정상황은 2003년 이후의 안정기로 돌아간
것처럼 보인다.

(2) 건강보험제도 간 수입 이전

후기고령자의료제도는 정부가 2008년 4월 기존의 퇴직자의료제도와 노인
보건제도를 각각 전기고령자의료제도와 후기고령자의료제도로 대체하면
서 도입되었다. [20] 이 두 제도는 각각 65~74세의 고령자와 75세 이상의
고령자를 피보험자로 하지만 별반 차이가 없다. 전기고령자의 의료비 일부
도 각 건강보험이 '전기고령자납부금' 명목으로 부담하도록 의무화하였기
때문이다.

전기고령자의료제도는 〈그림 5-8〉에서 알 수 있듯이 일반 건강보험과
독립된 제도가 아니라 전기고령자가 가입하는 각 건강보험 간 의료비 부담
의 불균형을 조정하기 위해 만든 것이다. 다만 각 건강보험 전기고령자의
료제도에 이전하는 지급액은 납부금으로 호칭된다.

---

20) 일본에 전국민연금보험이 도입된 시점은 1961년 4월이지만 고령자의료제도인 '노인의료
비 지급제도'가 도입된 것은 1973년 1월이다. 당시 대상자는 70세 이상이었고 환자 자기
부담(30%)을 정부와 지방자치단체가 분담해 고령자 부담은 없었다. 1983년 2월 도입된
'노인보건제도'의 대상연령은 70세 이상으로 같았으나, 환자 자기부담을 유료화하고
〔외래 1월 4백 엔, 입원 1일 3백 엔(2개월 상한)〕, 재원 일부를 다른 건강보험에서 지원
해 주도록 한 점이 달랐다. 문제는 노인보건제도로 고령자의 의료비를 해결하지 못한 가
운데 1984년 10월 유사한 내용을 담은 '퇴직자의료제도'를 도입하지만 해법이 되지 못한
다. 그 후 70세 이상 자의 자기부담액이 1987년 외래 1월 8백 엔, 입원 1일 4백 엔(2개월
상한)으로 인상되고 1992, 1995, 1996, 1997년에도 인상되지만 2002년 10월부터 정률
제(10%)로 전환되고 노인보건제도 대상 연령이 70세에서 75세로 인상된다.

<그림 5-8> 고령자의료제도

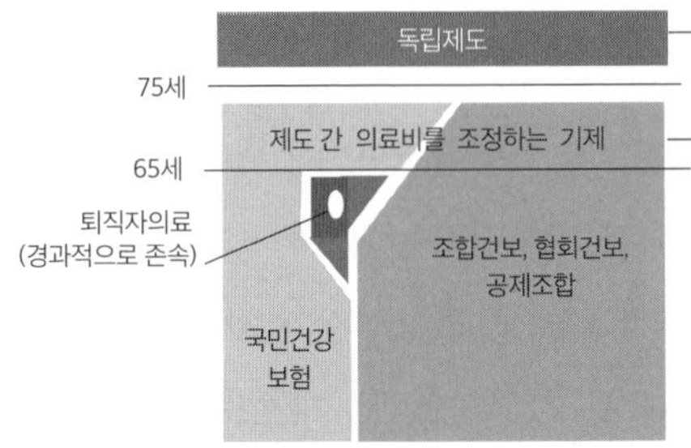

		가입자수	보험자수
독립제도	후기고령자의료제도	약 1,610만 명	47(광역연합)
제도 간 의료비를 조정하는 기제	전기고령자재정조정제도	약 1,630만 명	-
	국민건강보험	약 3,700만 명	약 1,900
조합건보, 협회건보, 공제조합	조합건보	약 2,890만 명	약 1,400
	협회건보	약 3,500만 명	1
	공제조합	약 880만 명	85

75세
65세
퇴직자의료
(경과적으로 존속)
국민건강보험

주: 1) 가입자수와 보험자수는 2015년 예산 기준.
　　2) 퇴직자의료제도는 2014년까지의 경과조치로 대상연령은 65세까지고 대상자는 약 120만 명이다.
　　3) 후기고령자의료제도에서 환자 자기부담률은 10%(단, 소득수준이 현역세대와 비슷하면 30%)
자료: 일본 IBM 건강보험조합 홈페이지, 2016. 10. 4 인출 ; 佐藤豪竜, 2015: 5.

건강보험의 수입과 지출을 살펴보자(〈부표 5-3〉). 건강보험 전체로 보면 수입의 58. 4%를 보험료에 의존하고 세금에 의존하는 비율은 16. 3%에 불과하지만, 국민건강보험(국민건강보험조합도 포함)과 협회건보에는 세금 재원인 국고보조금이 4. 4조 엔과 1. 4조 엔이 지원된다. 재원의 세금 의존도는 국민건강보험이 28. 8%, 협회건보는 14. 3%에 이른다. 두 제도에 비해 조합건보는 세금에 의존하지 않고 보험료만으로 재정을 꾸린다.

국민건강보험의 경우, 일반 자영업자, 농어민, '근로자 보험'에 가입하지 못한 근로자, 65~74세의 전기고령자, 실업자처럼 다른 공적 건강보험의 사각지대에 놓인 사람들이 가입했고, 협회건보는 주로 대기업 근로자에 비해 급여수준이 낮은 중소기업 근로자가 가입했다. 만일 모든 건강보험을 보험료만으로 운용한다면 국민건강보험과 협회건보에 가입하고 있는 피보험자들의 보험료는 감당하기 어려운 수준으로 높아질 것이다.

2014년 국민건강보험의 수입 15. 3조 엔 중 보험료 비중은 23. 2%(3. 5조 엔)에 불과하고, 중앙정부와 지방정부 보조금(세금)과 다른 건강보험의 지원금(전기고령자교부금과 요양급여비 등 교부금) 비중이 각 28. 8%(4. 4조 엔),

26.1%(4.0조 엔)에 이른다.[21] 협회건보의 2014년도 전체 수입(9.8조 엔) 중 중앙정부와 지방정부 보조금(세금) 비중은 14.3%(1.4조 엔)로 아주 낮지는 않다.

주목할 점은 건강보험의 특징인 제도 간 소득이전이다(〈부표 5-3〉). 건강보험 지출 면에서 보험급여가 60% 정도를 점하는데, 후기고령자의료제도에 총지출의 25%를 지원(2014년, 5.8조 엔)하고, 전기고령자의료제도에 총지출의 15.5%(2014년, 3.3조 엔)를 지원하였다. 개호보험에도 총지출의 5%(2014년, 1.8조 엔) 정도를 지원했다.

이상에서 보듯이 건강보험 재정문제의 많은 부분이 후기고령자의료제도에서 파생되었다(田中直毅·国際公共政策研究センター, 2013: 105; 西沢和彦, 2011: 211~218). 〈표 5-6〉은 이 제도가 도입된 2008년부터 2014년까지 보험자인 '후기고령자의료 광역연합'의 재정수지 현황을 보여준다. 관련 법(즉, 고령자의 의료 확보에 관한 법률)은 후기고령자의료제도 재원을 75세 이상 후기고령자 가입자 환자부담은 제외하고, 세금(국고보조비, 광역단체보조비, 기초단체보조비) 50%, 후기고령자교부금 40%, 가입자 본인부담 10%로 조달하도록 규정한다.

후기고령자의료제도의 수입에서 세금(국고보조비, 광역단체보조비, 기초단체보조비)이 차지하는 비중은 2008년 57.8%(5.7조 엔) 대비 2014년 47.2%(6.8조 엔)로 다소 낮아졌지만, 중앙정부와 지방정부 보조금은 여전히 중요한 재원이다. 그다음으로 비중이 높은 항목은 2008년 이후 매년 40% 전후를 점하는 '후기고령자교부금'이다.

---

21) 국민건강보험은 정부보조금에도 불구하고 가입자의 수입에 비해 여전히 보험료가 높다(西沢和彦, 2011: 201).

<표 5-6> 후기고령자의료제도 수지 추이

(단위: 조 엔)

연도	수입 (합계)	보험료	세금				후기 고령자 교부금	지출 (총액)	보험 급여비
				국가	광역단체	기초단체			
2008	9.9	n.a	5.7	3.1	0.8	1.8	4.1	9.6	9.5
2009	11.2	0.9	6.4	3.6	0.9	1.9	4.7	11.1	11.0
2010	12.2	0.9	5.6	3.7	1.0	0.9	5.0	12.1	11.7
2011	12.6	0.9	5.9	3.9	1.3	1.0	5.2	12.5	12.3
2012	13.2	1.0	6.3	4.2	1.1	1.0	5.4	12.9	12.7
2013	13.9	1.0	6.6	4.4	1.1	1.1	5.6	13.5	13.1
2014	14.5	1.1	6.8	4.6	1.1	1.1	5.6	14.0	13.4

주: 여기서 후기고령자교부금은 <표 5-9>의 후기고령자 지원금 합계와 약간 다르다.
자료: 후생노동성, 2016.

2) 재정규율

정부의 건강보험에 대한 재정규율 강화조치는 2012년 8월 여야 3당이 합의한 '사회보장 및 세제 일체개혁'에 의거하여 설치된 '사회보장제도 개혁 국민회의'에서 본격적으로 논의되었다. 2015년 5월 제정된 <지속가능한 의료보험제도를 구축하기 위한 국민건강보험 등의 일부를 개정하는 법률>(이하 <개정 국민건강보험법>)은 그 결과물이라 할 수 있다.

물론 2015년 5월 <개정 국민건강보험법> 내용이 모두 재정규율을 강화하는 것은 아니고, 국민건강보험에 대한 국고보조금을 확대하고 관리주체를 기초단체에서 광역단체로 이전하여 보험운용을 체계화하여 지방자치단체 간 건강보험 격차를 해소한다든지, 의료비 적정화 계획을 통해 보험가입자의 건강관리 및 질병예방 노력에 대해서는 정부가 보조금을 지급하고, 혼합진료 규제를 일부 완화하는 내용도 포함한다. 그럼에도 2015년 5월 <개정 국민건강보험법>은 환자·가입자의 부담증액, 국민건강보험조합에 대한 국고보조율 인하, 후기고령자 지원금제도의 개선과 같이 재정규율 관점에서 높게 평가할 수 있는 개혁조치를 담고 있다.

〈표 5-7〉국민건강보험 재정규율 강화 1: 환자·가입자 부담증액

구분	현행	개정
입원 시 식사요양비 인상	• 1식 부담액 260엔. • 단 저소득자는 100~210엔	• 2016년부터 1식 부담 • 260엔 → 360엔 • 2018년부터 1식 부담 • 360엔 → 460엔(저소득자 불변)
소개장 없는 대형병원 진료에 정액부담 도입	• 200병상 넘는 병원은 초·재진 환자에 별도요금(선정요양비) 징수 가능(요금수준 상이) - 초진: 1,191개 시설 (최고 8,400엔, 최저 105엔) - 재진: 110개 시설 (최고 5,250엔, 최저 210엔)	• 특정기능병원과 500병상 이상 지역의료지원병원을 소개장 없이 수진할 경우 초·재진 환자에게 일정액 자기부담 부과(2016. 4. 1) - 초진 5천 엔, 재진 2,500엔 - 치과는 각 3천 엔과 1,500엔
근로자 공적 의료 보험에서 표준보수 월 금액 상한 인상	• 최고등급: 월 121만 엔	• 최고등급: 월 139만 엔

자료: 후생노동성, 2015; 佐藤豪竜, 2015.

첫째, 환자·가입자의 부담증액은 모든 건강보험에 대해 포괄적으로 적용하는 것은 아니고, 입원 시 식비(식사요양비)를 인상하는 것부터 시작한다. 일반소득 수준의 환자가 입원할 경우 그 환자가 부담하는 식비는 현행 260엔이나 2015년〈개정 국민건강보험법〉은 이것을 2016년부터는 360엔으로 인상하고 2018년도부터는 460엔으로 인상한다는 것이다. 여기에는 고령화가 진행됨에 따라 병원보다는 재가의료를 활성화하겠다는 정책의지가 포함되어 있다.

2015년〈개정 국민건강보험법〉은 주치의보다는 대형병원에 대한 의존도가 높은 의료시스템을 개혁하고자 지역의료기관의 소개장 없이 대형병원을 찾는 초·재진 환자에 대해 정액부담을 의무화하는 조항도 담고 있다. 2011년 조사에 의하면 5백 병상 이상의 대형병원이더라도 소개장 없이 내원하는 외래환자가 60~70%에 달하고, 현행 제도에서도 소개장 없이 환자가 2백 병상 이상의 대형병원 내원 시 병원은 '선정요양비' 명목으로 환자에게 별도 부담을 요구할 수 있으나 초진의 경우 45%, 재진은 4%만이 추가 부

담을 요구한다. 이에 따라 2015년 〈개정 국민건강보험법〉은 지금까지 병원이 임의적으로 적용하였던 '선정요양'을 의무화하도록 규정하고, 정부는 소개장 없이 내원하는 환자가 부담할 금액을 5천 엔(초진, 재진은 2천 5백 엔, 치과는 3천 엔과 1천 5백 엔)으로 결정한다.[22]

한편, 정부는 부담과 급여 간 균형을 맞추기 위해서 표준보수에 상한을 설정하고 있다. 근로자가 가입하는 건강보험에서 보험료는 월 표준보수에 보험료율을 곱하여 산정하지만 건강보험 급여는 소득수준과 무관하게 지급되기 때문이다. 그동안 월 121만 엔을 초과하는 표준보수에 대해서는 의료보험료를 면제해왔다. 그런데 2015년 〈국민건강보험법〉이 개정되어 상한이 월 139만 엔으로 인상되었다. 고소득자의 건강보험 부담액이 늘어났다.

둘째, 협회건보와 국민건강보험조합에 대한 국고보조율 재조정이다. 정부는 협회건보의 재정적자를 해소하기 위해 2010년 5월 〈국민건강보험법〉 개정을 통해 2012년까지 3년간의 특례조치로서 ① 국고보조율 인상 (13% → 16.4%) ② 후기고령자 지원금의 1/3에 대한 부담 완화(총보수 기준으로 전환) 조치를 강구했다. 이때 보험료율 인상조치도 함께 단행되어 2010년 9.34%에서 2011년 9.50%, 2012년 이후에는 10.00%로 인상되어 조합건보의 9.021%보다 높은 기이한 현상이 연출되었다. 결국은 협회건보의 재정안정 차원에서 정부가 국고보조금을 늘릴 수밖에 없는 상황이었는데, 2013년 〈국민건강법〉 개정으로 상기 특례조치 ①, ②는 2년간, 즉 2014년까지 연장했다(厚生労働省, 2015: 8~9; 佐藤豪竜, 2015: 19~20). 2015년 〈개정 국민건강보험법〉에서도 국고보조율과 보험료율은 현행 수준을 유지하는 방향으로 가닥을 잡았다.

---

[22] 厚生労働省(2015: 6), 佐藤豪竜(2015: 18), 厚生労働省 中央社会保険医療協議会(中医協) 답신(2016. 2. 10) 의거, 2016년 4월 1일부터 시행했다.

<표 5-8> 국민건강보험 재정규율 강화 2: 조합 국고보조율 개편

구분	현행	개정
협회건보	국고보조율: 13% → 16.4% (2010년부터 5년간)	국고보조율: 16.4% (특례기간 불특정)
국민건강보험조합	국고보조율: 32%	국고보조율: 13~32%

자료: 후생노동성, 2015; 佐藤豪竜, 2015.

정부는 그간 근로자가 가입하는 건강보험과 달리 사업주의 보험료 부담이 없다는 이유로 국민건강보험조합에게도 국민건강보험과 동일한 수준인 32%의 정률보조를 지급하였다. 그러나 2015년 〈개정 국민건강법〉은 의사나 약사 등 동종 전문직업인이 가입하는 '국민건강보험조합'에 대해 각 조합의 소득수준에 따라 국고보조율을 최저 13%, 최고 32%로 조정했다.

셋째, 후기고령자 지원금제도의 개선이다. 앞 절에서 지적한 바와 같이 협회건보나 국민건강보험, 나아가 조합건보의 재정이 열악한 이유 중의 하나는 후기고령자의료제도에의 소득이전에 있다. 후기고령자의료제도 수입 중 40%가 다른 건강보험의 후기고령자 지원금이다. 2014년 협회건보의 국고보조금 수입은 1. 4조 엔인데 후기고령자의료제도에의 소득이전은 1. 7조 엔으로 이 금액을 초과한다.

국민건강보험의 경우도 4. 4조 엔의 국고보조금 중 절반에 달하는 2조 엔을 후기고령자의료제도에 이전하였다. 후기고령자의료제도에의 소득이전은 재정이 양호할 것 같은 조합건보에 대해서도 상당한 재정압박 요인이 되었다.

2014년의 경우 조합건보의 수입 중 40% 정도가 후기고령자의료제도 지원금과 전기고령자의료제도 납부금으로 지출되었는데, 조합건보에 가입한 기업수가 1991년 1, 823개에서 2014년에는 1천 4백 개 수준으로 감소하고 있는 데서 일부 추론할 수 있듯이, 기업 도산이나 합병이 아님에도 자율적으로 조합건보를 해산하는 현상도 나타난다(西沢和彦, 2011: 203~204).

<표 5-9> 국민건강보험 재정규율 강화 3: 후기고령자 지원금제도 개선

현행	개정
• 후기고령자 지원금 약 6조 엔을 다른 건강보험이 가입자수 비례하여 할당 분담	• 2015년 후기고령자 지원금의 1/2에 대해 총보수 기준 도입 • 이후 2016년 2/3, 2017년 전액으로 확대

자료: 후생노동성, 2015; 佐藤豪竜, 2015.

　정부가 후기고령자 지원금제도를 도입할 당시에는 후기고령자의료비를 모든 국민이 공평하게 분담한다는 취지에서 각 보험자(운영자)의 가입자수 기준으로 지원금을 할당한 결과, 보험자의 재정능력이 취약한 협회건보나 국민건강보험에 상대적으로 과중한 부담이 가해졌다. 특히 협회건보의 재정악화를 감안하여 2010년부터 2014년까지 협회건보의 후기고령자 지원금의 1/3은 가입자수 아닌 총보수가 할당기준으로 적용된다.

　나아가 2015년 <개정 국민건강보험법>은 모든 건강보험의 후기고령자 지원금에 대해 2015년부터 1/2, 2016년부터 2/3, 그리고 2017년부터 전액에 대해 총보수 기준을 적용하도록 했다. 후생노동성은 이와 같은 총보수 기준 할당제 도입으로 협회건보가 연간 2천 4백억 엔 정도 후기고령자 지원금을 줄일 수 있을 것으로 전망한다(厚生労働省, 2015: 3; 佐藤豪竜, 2015: 15~16).

6. 맺음말: 쟁점과 함의

사회보장재정이 국가재정을 압박하는 증거는 정부예산에서 사회보장관계비 비중이 1980년의 18.8%에서 2014년 30.5%로 늘어난 데서 극명하게 드러난다. 사회보장급여 지출의 합계인 사회보장급여비도 1990년의 50조 엔대가 2010년 100조 엔으로 2배 늘었다. 그간의 고령화, 장수화가 진전되면서 고령자관련 사회보장 비용이 대폭 늘었기 때문이다.

사회보장 비용의 급증은 정부의 경제정책 자유도를 크게 제약한다는 점에서 많은 문제를 안고 있다. 고도 경제성장기의 공공투자 확대와 경제성장 사이에는 선순환 관계가 있었으나 2000년대 이후의 사회보장 비용 급증과 저성장은 악순환 관계로 접근할 수 있다.

일본의 고령화율은 1990년대에 현재 우리 수준인 13%대에 진입하였으며, 그때부터 전체 사회보장지출의 60% 이상이 고령자에게 지출되고 있었다. 이는 고령화사회에서 경제성장과 사회보장이 양립할 수 있는 정책 패러다임을 어떻게 구축해야 할지에 대해 일정한 시사점을 준다.

사회보장 비용의 급증은 재정운용에서 복지재원의 조달문제를 제기한다. 일본은 복지재원의 대부분을 적자국채에 의존하였으나 그 한계를 절감하고 소비세를 새로운 재원으로 주목한다. 그렇지만 1989년 소비세(3%) 도입 후 1997년 5%, 2014년 8%로의 세율인상에도 불구하고 여전히 재원 부족에 허덕인다.

우리는 일본에 비하면 복지재원 마련이 다소간 여유가 있어 보이지만 일본의 경험에서 보듯 증세 없는 복지강화는 허구에 가깝다. 복지 외 세출삭감이 생각보다 쉽지 않기 때문이다. 하지만 한국판 소비세인 부가가치세 세율 인상이나 복지목적세 등 신규 조세 창설은 저항이 심해 국민적 합의 도출에 이를 수 있을지 불확실하다.

사회보험제도에 대한 재정규율 강화 면에서도 일본 사례에서 시사점을 찾아볼 수 있다. 공적연금을 예로 들어 보자. 1985년의 기초연금 도입 시 급여 승률(乘率)의 대폭인하를 통한 연금액 삭감과 이후의 추가적 인하, 연금수급 개시연령의 65세로의 단계적 인상(1997년~), 보험료율의 단계적 인상(2005년~), 거시경제연동제 도입(2004년 개혁) 등은 사회적 합의를 통한 재정안정 시도라는 점에서 재정규율 강화가 일정수준 기능하고 있음을 확인시켜 준다.

우리나라도 국민연금의 급여수준 삭감(1999, 2008년), 공무원연금의 급여수준 삭감(1995, 2009, 2014년)과 같이 연금재정 안정을 위한 재정규율 강화 사례가 없지 않다. 하지만 일본처럼 백 년 앞 미래를 내다본 장기재정 안정계획에 입각한 재정규율 강화까지는 이르지 못했다. 제도도입 후 20년 만에 파격적 개혁을 보여준 우리의 국민연금이지만 일본 후생연금(1985, 2004, 2016년)이 보여준 수준으로 재정규율을 강화하지는 못했다는 점에서 조기의 추가적 재정규율 강화가 요청된다.

정부는 건강보험에서 가장 취약한 제도인 국민건강보험과 협회건보에 대해 지속가능성 확보를 위한 자조노력 강화를 주문한다. 국고보조금 확대 외에 소득을 고려한 보험료율 현실화, 환자 자기부담 비율 인상 등을 요구한다. 나아가〈국민건강보험법〉을 개정하여(2015년 5월) 운영주체를 기초단체에서 광역단체로 바꾸어 취약 기초단체의 부담을 덜어 주는 등 기초단체 간 비용부담의 형평화를 추구한다.

보험자가 국민건강보험공단 하나뿐인 우리의 경우 일본의 국민건강보험이나 협회건보 같은 취약한 보험자가 없다. 하지만 보험료율 부과의 형평성 확보, 상급 종합병원을 찾는 경증질환 환자에 대한 자기부담 비율 인상, 후발의약품 처방 확대, 비급여 진료에 대한 심사 평가 도입과 규제 강화 등은 재정규율 강화 차원에서 여전히 과제로 남아 있어 일본의 유사 사례에서 교훈을 얻을 수 있는 부분이라고 할 수 있다.

■ 참고문헌

해외 문헌

国立社会保障・人口問題研究所(2016). 〈人口統計資料集〉. 国立社会保障・人口問題研究所.

みずほ総合研究所(2008). "年金支給開始年齢の更なる引上げ：67歳支給開始の検討とその條件". 〈みずほ総研論集〉, 2008年 I 号.

みずほ総合研究所(2014). "年金額の特例水準の解消開始". 〈みずほリサーチ〉, 2014年 2月.

山本信幸(2012). "どうなる? 社会保障と日本経済". 〈President〉. 2012年 1月 16日号.

西沢和彦(2011). 《税と社会保障の抜本改革》. 日本経済新聞社.

_____(2015). "国民健康保険財政〈赤字〉の分析", 〈JRIレビュー〉, 3(22), 27〜42.

佐藤豪竜(2015). "国保改革をはじめとする持續可能な医療保険制度の構築". 〈時の法令〉, 1989号.

野口悠紀雄(2014). 《2040年超高齢化日本への提言：日本経済は社会保障費の膨張を乗り切れるか?》. DIAMOND Online.

財務省(2016). 《債務管理レポート2016〜国の債務管理と公的債務の現状》. 財務省理財局.

_____(2017). 〈財政統計(予算決算等データ)：昭和57年度以降一般会計歳入主要科目 別決算〉. 財務省.

全国健康保険協会. 〈決算報告書〉. 各 年度.

田中直毅・国際公共政策研究センター(2013). "社会保障制度-若者の負担輕減をどう図るか", 《10のポイントで考える日本の成長戦略》, 第4章, 東洋経済新報社.

厚生労働省(2015). 〈平成24年度国民健康保険(市町村)の財政状況 速報〉, 西沢和彦. 厚生労働省.

IMF(2016. 6). *World Economic Outlook Database*. International Monetary Fund.

기타 자료

国立社会保障・人口問題研究所(2014). 〈社会保障費用統計(平成26年度)〉. http://www.ipss.go.jp/ss-cost/j/fsss-h26/fsss_h26.asp. 2017. 10. 1 인출.

日本年金機構. 〈マクロ経済スライド〉. http://www.nenkin.go.jp/service/jukyu/kyotsu/shikyu-chosei/20150401-02.html. 2016. 9. 26 인출.

日本アイ・ビー・エム健康保険組合. 〈高齢者の医療費を支える納付金と特定保険料〉. http://www. ibmjapankenpo. jp/member/info/fee2. html. 2016. 10. 4 인출.

財務省. 〈国債發行額の推移〉(実績ベース). http://www. mof. go. jp/jgbs/reference/ appendix/index. htm. 2016. 9. 12 인출.

_____. 〈財政統計(予算決算等データ): 昭和42年度以降主要経費別分類による一般会計歳出予算現額及び決算額〉. http://www. mof. go. jp/budget/reference/ statistics/data. htm. 2016. 9. 18 인출.

厚生労働省. 〈公的年金各制度の財政收支現況〉. http://www. mhlw. go. jp/topics/nenkin/ zaisei/04/04-01-02. html. 2016. 9. 23 인출.

_____. 〈年金財政ホームページ: 厚生年金, 国民年金の財政〉. http://www. mhlw. go. jp/ topics/nenkin/zaisei/zaisei/index. html. 2016. 10. 8 인출.

_____. 〈年金: 将來の公的年金の財政見通し(財政検証): 国民年金及び厚生年金に係る財政の現況及び見通しの関連試算(オプション試算詳細結果)財政見通し等〉. http://www. mhlw. go. jp/stf/seisakunitsuite/bunya/nenkin/nenkin/zaisei-kensyo/ index. html. 2016. 9. 24 인출.

06

최근 사회보장 개혁동향

1. 머리말

이 장에서는 일본에서 전개되는 최근의 사회보장 분야 개혁을 알기 쉽게 소개한다. 우리보다 앞서 저출산과 고령화를 경험하고 있는 일본에서는 공적연금, 의료제도와 건강보험, 개호보험(우리나라의 노인장기요양보험) 이슈가 주요 정치가를 위시하여 당국이 가장 중요시하는 정책과제 중 하나다. 따라서 관련 분야에 대한 논의가 우리보다 체계적으로 또 농밀하게 진행되고, 그 과정에서 제공되는 각종 통계와 분석 자료 중에는 우리에게 참고가 될 만한 정보가 적지 않다. 이 장의 2에서는 전후 70년 이상이 경과하는 동안 일본의 사회보장제도가 어떻게 바뀌었는가를 분야별로 주된 입법과 개혁사안에 초점을 맞춰 조망한다. 이 장의 3에서는 2008년 이후 본격적으로 논의되기 시작한 '사회보장 및 세제 일체개혁' 사안이 여야 간의 협의와 타협을 거쳐 2013년 8월 보고서로 최종 정리되기까지의 과정을 정리한다. 이 장의 4에서는 이 보고서 제출 후 추진되고 있는 각 분야의 개혁을 소상히 소개하고 이 장의 5에서 일본이 추진하고 있는 최근 개혁이 우리에게 주는 시사점을 정리한다.

2. 전후 사회보장제도의 변천 개요[1]

제2차 세계대전 후 사회보장은 본격적으로 발전하기 시작한다. 헌법에 생존권과 근로권이 규정되었고 〈생활보호법〉(1950년)과 노동 3법〔〈노동기준법〉(1947년), 〈노동조합법〉(1949년), 〈노동관계조정법〉(1946년)〕이 제정되었다. 이후 1961년에는 전 국민이 건강보험과 공적연금에 가입하는 전 국민건강보험과 전국민연금이 실현되었고, 고도성장하에 고령자·장애인·아동에 대한 복지제도가 정비되기 시작하였다.

1973년에는 노인의료비 무료화, 건강보험의 급여율 개선, 물가연동제 도입 등 다양한 사회보장정책이 실시되었는데, 이처럼 사회보장정책이 확대·실시된 1973년을 일본에서는 '복지원년'으로 부른다.

1970년대에는 제1차 석유위기 이후의 인플레이션에 대한 대응, 고령화율의 상승, 핵가족화의 진행 등에 의해 사회보장에 대한 수요가 이전보다 증가하게 되었다. 따라서 정부의 재정지출은 늘어나기 시작했고 1975년도 보정예산에서는 10년 만에 특례공채(적자국채)를 발행하게 되었다.[2] 1979년에는 정부재정의 공채 의존도가 39.6%에 달하게 되는데, 정부는 재정적자 문제를 해결하기 위해 과세기준이 넓고 낮은 세율로 많은 세수를 확보할 수 있는 이점이 있는 일반소비세의 도입을 검토하기 시작한다.

1979년 1월 오히라[3] 내각은 각료회의에서 소비세 도입을 결정하지만 자민당 내의 반발과 야당 및 여론의 반대가 심해지자, 같은 해 10월의 총선거에서 승리하기 위해 선거 중 소비세 도입을 단념한다.[4] 1981년에는 증세

---

1) 이 절은 厚生労働省(2012)을 참조했다.
2) 1989년까지 발행되던 적자국채는 이후 1990년부터 1993년까지는 발행하지 않았으나 거품경제 붕괴 등의 영향으로 1994년부터 다시 발행하여 지금에 이른다.
3) 오히라 마사요시(大平正芳)는 일본의 68~69대 총리다.
4) 하지만 이러한 노력에도 불구하고 당시 자민당은 총선거에서 참패해 의석을 크게 잃는다.

없는 재정재건을 내건 제2차 임시행정조사회가 설치되어 행정 및 재정 전반이 재검토되는 가운데 사회보장 관련 예산도 엄격하게 억제되는 시기를 맞이한다.

더욱이 1990년대 초에는 거품경제가 붕괴되어 경제는 장기간에 걸쳐 불황을 경험한다. 특히 1990년에는 1989년의 합계출산율이 1.57까지 저하된 것이 공표된 이른바 1.57 쇼크5)에 의해 저출산이 사회적 문제로 인식되게 되었다. 또한 1994년에는 전 인구에서 차지하는 65세 이상 인구의 비율이 14.5%로 14%를 넘어 고령사회에 진입하였다.

이와 같은 저출산 고령화의 급속한 진전과 경제의 국제화에 대응하기 위한 경제구조 개혁 등이 요구되는 가운데, 정부는 육아지원을 위해 1994년에 문부성, 후생성, 노동성, 건설성 장관의 합의하에 '향후 육아지원을 위한 시책의 기본적 방향', 즉 엔젤플랜을 수립하여 시행한다. 이에 따라 저연령 아동의 육아소 대기기간의 해소와 연장보육의 확대 등과 관련된 정책이 실시되었다. 한편 고령자 복지 분야에서는 2000년 4월부터 개호의 사회화 및 보건·의료·복지서비스의 일률적 제공 등을 목적으로 5번째 공적 사회보험제도인 개호보험제도가 시행되었다.

또한 1998년 4월 이후 〈고연령자고용안정법〉에 의해 60세 정년이 의무화되었고, 1994년의 개정에 의해 정액부분의 지급개시연령을 2013년까지 단계적으로 60세에서 65세로 연장하게 되었다. 한편 고령화 등에 의한 의료비 증가에 대응하기 위해 1997년 9월에 〈건강보험법〉을 개정하여 피용

---

5) 당시 합계출산율 1.57명은 병오년인 1966년의 1.58명을 밑도는 수준으로 23년 만에 최저치를 기록하였다. 1966년은 간지의 병오년 말띠에 해당하는 해로 이 해에 태어난 여성은 평균적으로 팔자가 사납다고 하는 미신 때문에 출산을 기피하는 경향이 있어 이례적으로 출산율이 낮았다. 하지만 1989년은 특별히 출산을 기피할 이유가 없음에도 불구하고 1966년의 합계출산율 1.58을 밑돌게 되어 정부는 이를 1.57쇼크로 부른다. 최근 들어 합계출산율이 조금씩 상승하고 있지만 아직도 1989년의 1.57명을 넘어서지 못한다.

자보험의 본인 일부부담 비율을 10%에서 20%로 인상하였다.

하지만 거품경제의 붕괴와 함께 경제의 국제화가 한층 진전함에 따라 기업의 경영환경은 더욱 악화되게 되었다. 기업은 이에 대한 대책의 일환으로 단시간근로자나 파견근로자와 같은 비정규직근로자의 비율을 늘리기 시작하였는데, 이러한 조치는 일본형 고용시스템을 흔드는 계기가 되었고, 이와 함께 정규직근로자를 중심으로 설계된 사회보장제도에 대한 개혁도 요구되었다.

2000년 이후 일본의 사회보장제도는 저출산 고령화에 대한 대책을 마련하고, 기존 제도의 지속가능성을 유지하기 위해 다양한 개혁을 실시한다. 공적연금에서는 보험료 수준 고정, 거시경제연동에 의한 급여수준 조정 등이 행해지고, 개호보험에서는 개호예방을 중시하는 관점에서의 새로운 예방급여 창설, 시설입소자의 거주비 본인부담 등이 실시된다. 건강보험에서는 노인보건제도를 폐지하고 후기고령자의료제도(75세 이상 고령자 대상)가 신설되고 전기고령자(65~74세 고령자) 재정조정(전기고령자의료비 관련 재정조정시스템)이 실시되며, 특정건강심사 등 의료비 적정화 작업이 시도된다.

이러한 일련의 사회보장 구조개혁은 사회보장제도의 충실보다는 지속가능성을 중시한 것으로, 그 결과 사회안전망 기능이 저하하고 의료 및 개호 현장이 피폐해지는 등 새로운 문제가 부상된다. 이에 따라 자민당 정부는 2008년 '사회보장국민회의'를 설치하고 사회보장의 기능강화를 추진한다. 그런데 2009년 민주당으로 정권이 교체되면서 사회보장의 내실화가 기대되기도 했지만 소기의 성과를 내지 못한 가운데 2012년 말 다시 자민당으로 정권이 넘어간다. 그 결과 사회보장 개혁의 주된 흐름은 내실화보다 제도의 지속가능성 강화에 초점이 맞춰진다.

3. 사회보장제도개혁 국민회의 보고서 제출[6]

1) 개 요

2012년 8월 의원입법에 의해 〈사회보장제도개혁추진법〉이 성립되고 그해 11월 유식자 등으로 구성된 사회보장제도개혁 국민회의[7] (2013년 8월까지 한시적 설치) 가 설치된다. 이 회의는 20여 회에 걸친 논의를 거쳐 연금, 의료, 개호, 저출산의 4개 분야 개혁과 관련하여 구체적 내용과 일정 등을 담은 보고서를 2013년 8월 아베 총리에게 제출한다. 이 보고서의 정식명칭은 〈사회보장제도개혁 국민회의 보고서: 확실한 사회보장을 장래세대에 물려주기 위한 방법〉[8] (이하 〈사회보장국민회의 보고서〉) 이다. 이 절에서는 이 보고서가 작성되기까지의 경과를 정리한다.

사회보장 및 세제 일체개혁은 두 차례의 정권교체를 거치는 동안 가장 중요한 정책과제의 하나였다. 사회보장 및 세제 일체개혁은 자민당과 공명당의 연합정권하에 2008년 설치된 '사회보장국민회의'에서 처음 논의되기 시작하였고 이후 기본적 내용이 2009년 설치된 '안심사회실현회의'에 계승된다. 사회보장국민회의는 사회보장의 기능강화에 대한 구체적 안을 제안하였으며, 안심사회실현회의는 사회보장, 고용, 교육의 연계를 고려한 안심 사회의 방향성을 제시하였다.

저출산 대책으로 2007년 '아동과 가족을 응원하는 일본 중점전략'이 채택된다. 아울러 2009년 세제 개정법 부칙 제104조에 소비세 전액을 연금, 의료, 개호의 사회보장급여와 저출산 대책에 비용으로 사용하는 것을 포함

---

6) 이 절은 厚生労働省(2014b), 社会保障制度改革国民会議(2013) 를 참조했다.
7) 이 회의는 〈사회보장제도개혁추진법〉에 따라 사회보장제도의 개혁과 관련된 내용을 논의하기 위해 임기말의 민주당 노다 정권 하에서 민주당, 자민당, 공명당 합의하에 내각에 설치된다. 각 당에서 추천하고 총리가 임명한 15명의 유식자로 구성된다.
8) 社会保障制度改革国民会議報告書: 確実な社会保障を将来世帯に伝えるための道筋.

한 세제 근본개혁 조치를 2011년도까지 강구하도록 명기된다.

민주당 정권에서도 자민당 정권의 안심사회실현회의 등에서 논의된 내용이 계승되어, 2010년 10월 '사회보장 개혁에 관한 전문가 검토회'가 설치된다. 2012년 2월에는 '사회보장 및 세제 일체개혁 대강'이 각의에서 결정되고, 관련법안이 국회에 제출된다. 2012년 8월의 〈소비세 증세법〉[9]은 민주당, 자민당, 공명당의 3당 합의하에 제정되며, 여기서 소비세율 인상에 따른 증세분을 모두 사회보장의 충실 및 안정화 재원으로 사용키로 한다.

한편, 〈소비세 증세법〉 제정 시 〈사회보장제도개혁추진법〉이 함께 제정된다. 자민당의 사회보장특명위원회가 작성한 〈사회보장제도개혁 기본법안〉(가칭, 2012년 5월 29일)에 근거한 이 법은 공적 책임에 의한 사회보장의 충실보다 사회보장의 지속가능성을 위한 사회보장의 억제와 삭감을 기본적 방향으로 설정한다.

이와 같이 소비세의 단계적 10% 인상, 아동·육아지원, 연금개혁 관련 법안이 제정되면서 소비세 증세분(지방소비세 및 지방교부세 분 제외)[10]을 아동 및 육아지원 확대, 기초연금의 국고부담 인상($1/3 \rightarrow 1/2$), 저소득자 복지급여 등으로 사용할 수 있게 된다.

2012년 12월 자민당의 아베정권 탄생과 더불어 사회보장제도 개혁이 본

---

9) 이는 사회보장의 안정재원 확보 목적의 조세 근본개혁을 위한 소비세법 일부개정 법률, 사회보장의 안정재원 확보 목적의 조세 근본개혁을 위한 지방세법 및 지방교부세법의 일부개정 법률의 2법을 지칭한다.

10) 소비세율 5%일 때의 구성은 소비세 4%와 지방소비세 1%이며, 소비세 4%는 다시 국가분 2.82%와 지방교부세분 1.18%로 나뉘어 전체적으로 보면 국가 2.82%, 지방 2.18%였다. 8%로 인상되면서 소비세 6.3%와 지방소비세 1.7%이며, 소비세 6.3%는 또다시 국가분 4.9%와 지방교부세분 1.4%로 나뉘어 전체적으로 국가 4.9%, 지방 3.1%가 되었다. 향후 (2019년 10월 이후) 10%로 인상되면 소비세 7.8%와 지방소비세 2.2%이며, 소비세 7.8%는 다시 국가분 6.28%와 지방교부세분 1.52%로 나뉘어 전체적으로 보면 국가 6.28%, 지방 3.72%가 될 전망이다(http://www.mof.go.jp/tax_policy/summary/consumption/404.htm, 2018. 2. 12 인출)

격화된다. 〈사회보장제도개혁추진법〉에 입각해 설치된 사회보장국민회의가 보고서를 총리에게 제출하고, 이후 2013년 12월 이 보고서의 내용을 법제화한 개혁 기본법인 〈지속가능한 사회보장제도 확립을 위한 개혁 추진에 관한 법률〉이 제정된다. 사회보장국민회의는 2013년 8월 21일 활동을 마치고 폐지되고 동 회의의 업무와 행정문서 등은 내각관방 사회보장개혁담당에 인계된다.

2014년 6월에는 〈지역의 의료 및 개호의 종합적 확보를 추진하기 위한 관련법률의 정비 등에 관한 법률〉 제정에 따라 〈개정 의료법〉은 2014년 10월, 〈개정 개호보험법〉은 2015년 4월부터 각각 시행된다. 또한 2015년 5월에는 〈지속가능한 의료보험제도를 구축하기 위한 국민 건강보험 등의 일부를 개정하는 법률〉(이하 의료보험개혁법) 이 제정되어, 2018년부터 국민건강보험의 운영주체가 기존의 시정촌에서 도도부현(광역단체)으로 옮기게 된다. 사회보장 및 세제 일체개혁과 관련된 관련법의 제정(국회통과) 및 시행상황은 〈그림 6-1〉을 참조한다.

2) 보고서 제출 배경

왜 정부는 사회보장 및 세제개혁을 추진하지 않으면 안 되었던 것일까? 여기서는 당시의 사회보장을 둘러싼 인구통계학적 그리고 재정적 환경을 살펴본다.

일본의 고령화율은 1970년에 7%를 넘어선 이후 빠른 속도로 상승하여 2013년 9월 시점에는 25%를 넘어서게 되었다. 가구구성도 이전의 3세대 가구가 줄어들고 핵가족화가 진행되었고 지역사회도 붕괴하기 시작하여 이전과 같이 이웃의 도움을 기대하는 것도 어려워짐에 따라, 육아, 개호 등에서 새로운 시스템의 도입이 요구받게 되었다.

〈그림 6-1〉 사회보장 및 세제 일체개혁 관련법의 제정 및 시행 상황

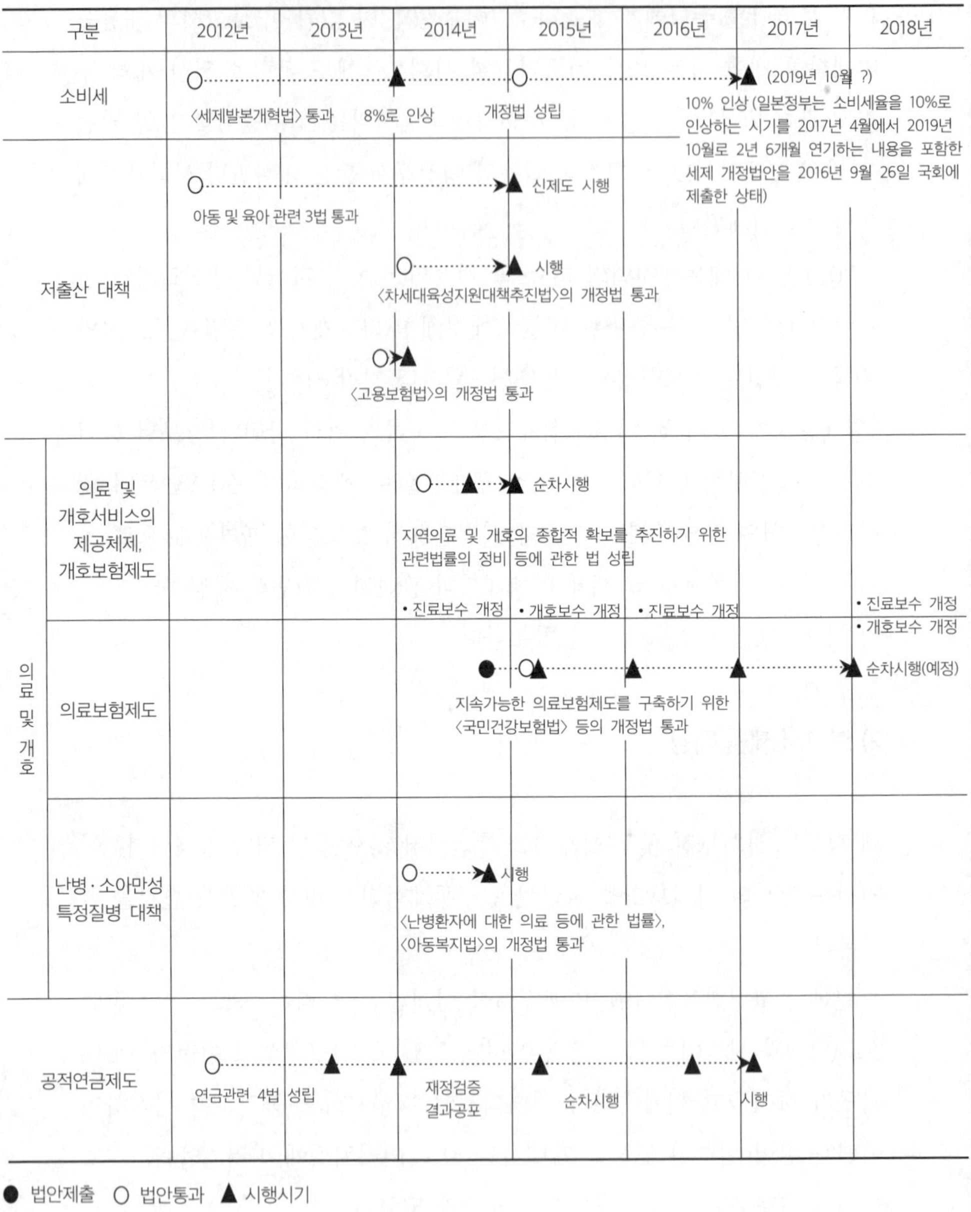

구분		2012년	2013년	2014년	2015년	2016년	2017년	2018년
소비세		○····〈세제발본개혁법〉통과		▲ 8%로 인상	○ 개정법 성립		▶▲ (2019년 10월 ?) 10% 인상 (일본정부는 소비세율을 10%로 인상하는 시기를 2017년 4월에서 2019년 10월로 2년 6개월 연기하는 내용을 포함한 세제 개정법안을 2016년 9월 26일 국회에 제출한 상태)	
저출산 대책		○·········아동 및 육아 관련 3법 통과		▶▲ 신제도 시행 ○·▶▲ 시행 〈차세대육성지원대책추진법〉의 개정법 통과 ○▶▲ 〈고용보험법〉의 개정법 통과				
의료 및 개호	의료 및 개호서비스의 제공체제, 개호보험제도			○····▲·▶▲ 순차시행 지역의료 및 개호의 종합적 확보를 추진하기 위한 관련법률의 정비 등에 관한 법 성립 • 진료보수 개정	• 개호보수 개정	• 진료보수 개정	• 진료보수 개정 • 개호보수 개정	
	의료보험제도			●○▲···▲···▲··▶▲ 순차시행(예정) 지속가능한 의료보험제도를 구축하기 위한 〈국민건강보험법〉 등의 개정법 통과				
	난병·소아만성 특정질병 대책			○·······▶▲ 시행 〈난병환자에 대한 의료 등에 관한 법률〉, 〈아동복지법〉의 개정법 통과				
공적연금제도		○ 연금관련 4법 성립	▲	▲ 재정검증 결과공포	▲	▲ 순차시행	▲▶▲ 시행	

● 법안제출 ○ 법안통과 ▲ 시행시기

또한 근로자의 고용형태도 커다란 변화를 보이기 시작했다. 1984년에 약 15% 정도에 불과했던 비정규직근로자 비율이 2012년 말(2013년 4월)에는 35.2%까지 상승했다. 기존의 비정규직근로자가 가계를 보조하거나 용돈을 벌기 위해 비정규직이라는 고용형태를 선택했던 것과는 달리, 가계의 생계유지자가 정규직 일자리를 얻지 못해 비정규직근로자로 노동시장에 참가하는 사례가 증가했다. 이처럼 비정규직근로자가 증가함에 따라 기존에 남성 정규직근로자를 중심으로 설계되었던 사회보장제도의 개혁이 요구되었다.

〈그림 6-2〉 사회보장 재원 내역 추이

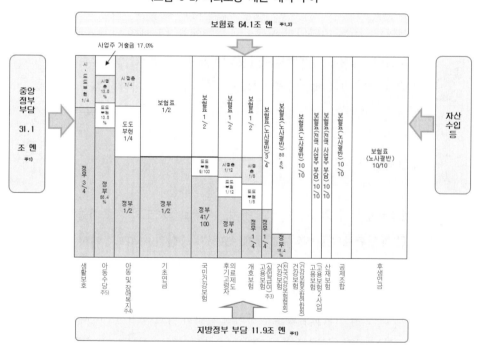

주: 1) 보험료, 국고, 지방부담 금액은 2014년 당초예산 기준이다.
2) 보험료는 사업주 부담분을 포함한다.
3) 당분간 고용보험의 국고부담(1/4)의 55%에 해당하는 금액을 부담한다.
4) 아동 및 장애복지 중 아동입소시설 등에 대한 조치비의 부담비율은 원칙적으로 정부 1/2, 도도부현·지정도시·중핵시·아동상담소를 설치한 시 1/2 등으로 구성한다.
5) 아동수당은 2014년도 당초예산 기준 비율이다.
자료: 후생노동성, 2014b.

급속한 저출산 고령화의 진행에 의해 사회보장과 관련된 비용은 급속히 증가하였다. 1990년에 47. 2조 엔이었던 사회보장 관련 급여비는 2014년도 예산 베이스로 약 115. 2조로 약 2. 4배나 증가하였다.

사회보험방식을 기본으로 하는 사회보장제도는 보험료 60%, 공비 40%로 충당(적립금의 운영수입 등을 제외)되는데(〈그림 6-2〉), 보험료 납부가 어려운 저소득자 등에 대한 공비지원과 고령화에 대비하기 위한 국고부담 비율의 인상으로 인해 공비부담 비율이 점차 증가하는 추세이다.

2014년 예산의 사회보장과 관련된 국고부담은 처음으로 30조 엔(전체 예산의 31. 8%)을 넘어서게 됐고, 2013년의 신규국채 발행액은 약 40. 9조 엔에 달하였다. 이는 1990년의 신규국채 발행액 6. 3조 엔의 약 6. 5배에 달하는 규모이다. 이처럼 국채발행액이 증가하게 된 배경에는 사회보장 관련 비용의 증가 등에 의해 세출이 증가하는 한편, 세수가 증가하지 않은 점을 들 수 있다.

3) 보고서의 주내용

사회보장국민회의 최종보고서는 첫째, 사회보장제도의 지속가능성 향상을 위한 재원확보와 급여억제, 둘째, 고령자 중심의 사회보장에서 전 세대 대상의 사회보장으로의 전환이라는 방향성을 명확히 한다.

첫째에 관해서는 기존 제도에 대한 안정적 재원확보와 기능강화를 도모하기 위해, 세금과 사회보험료를 인상하여 기업과 국민이 이전보다 더 많이 부담하게 하는 한편, 급여를 중점화하고 효율화하여 사회보장과 관련된 국가지출을 최소화하려고 하는 방향성이 보고서 전체에 반영되어 있다. 특히 사회보장 관련 비용과 부담을 장래세대에 떠넘기는 문제점을 개선하기 위해, 사회보장의 수급자를 포함한 현역세대의 부담증가를 요구하는 자세를 분명히 하였다. 현역세대의 부담을 증가시키는 구체적 방법에 대해서는 기존의 연령을 기준으로 한 부담에서 부담능력을 기준으로 하는 부담으로 전환할 필요성이 제기되었다. 구체적으로는 세대 내 소득격차가 큰 고령자에 대해서는 일률적 부담에서 부담능력에 따른 부담을 요구하는 한편, 사회보장 및 조세 번호제도(마이넘버 제도)를 활용하여 자산을 포함한 부담능력을 평가하고 이에 따르는 부담을 요구하는 시스템으로 전환할 필요성을 제안했다.

둘째에 대해서는 사회구조 변화에 따른 개혁의 필요성을 요구한다. 현 사회보장제도는 젊은 층이 많고, 고령자가 적은 인구구조와 남성의 대부분이 안정적 고용을 확보함에 따라 현역세대 생활이 보장되던 1960~70년대의 사회구조를 전제로 구축되었다. 하지만 현역세대의 축소와 고령인구의 확대, 안정적 고용기회의 감소와 현역세대의 생활불안정화, 빈곤의 확대 등으로 인해 사회보장의 전제가 되는 사회구조는 크게 변화하였다고 할 수 있다. 이에 따라 보고서는 필요한 재원을 확보한 뒤에 '고령기 중심의 사회보장'(1970년대 모델)에서 '자녀를 키우는 세대와 비정규직근로자 등 전 세대를 대상으로 한 사회보장'[21세기(2025년) 일본 모델]으로의 전환을 주장하고 있다. 특히 저출산 관련 대책은 사회보장의 지속가능성과 경제성장에 기여하는 투자로 여기고 이를 충실히 실시하는 방향성을 분명히 했다.

보고서는 사회보장의 전환과 관련된 구체적 방침으로 육아지원 강화, 비정규직근로자의 증가에 대응한 사회보장제도의 개혁, 사회보장제도의 저소득자 대책의 충실화를 요구했다. 이와 같이 고령자 중심의 사회보장에서 전 세대를 중심으로 하는 사회보장으로의 전환에 대한 방침은 민주당 정권하에서 각의 결정된 사회보장 및 세제 일체개혁에서도 확인되었으며, 향후의 사회보장제도 개혁의 기본적 방향성을 나타내는 이번 보고서에서도 재확인되었다.[11] 보고서는 의료, 개호, 연금, 저출산과 관련된 개혁안을 제안하였는데 그 구체적 내용은 다음과 같다.

---

11) 김명중(2013)의 내용을 부분적으로 인용하였다.

(1) 의료

사회보장국민회의는 의료개혁의 일환으로서 병원 완결형에서 재가의료와 개호를 연결하는 지역 완결형으로의 전환을 제안하고, 베이비붐 세대[12]가 75세 이상이 되는 2025년을 목표로 제도를 정비할 것을 요구하였다. 또한, 좀처럼 추진되지 않는 병원 및 병상의 기능분화와 개호서비스까지 포함한 연계 강화를 장려하는 수단으로 기금방식을 신설하는 안을 제시하였다. 이는 정부 안을 적극적으로 추진하는 지역을 대상으로 보조금을 지원하는 방식으로, 현재 실시되는 지역의료재생기금을 재편성하여 의료뿐만 아니라 개호서비스를 포함한 제공체제의 재구축을 위해 사용할 수 있게 하겠다는 취지라고 할 수 있다.

사회보장국민회의는 병원 기능 재편의 주된 역할을 도도부현이 담당할 것을 제안하는데, 이 경우 도도부현은 기금이라는 재원을 확보함에 따라, 조성금 지급을 희망하는 각 지역 의료기관의 기능 수정에 어느 정도 효과가 있을 것으로 내다본다. 실제로 서유럽과는 달리 민간에 의한 의료기관이 대다수를 차지하고 있어 정부가 강제력을 가지고 개혁을 진행하기 어려운 게 사실이다. 또한 기금방식은 기존의 보수방식(진료 및 개호보수)에 비해 정부의 재정부담을 줄여 주는 효과도 있으리라 기대된다.

환자의 대형병원 집중을 방지하기 위한 방법으로는 두 가지 개혁안이 제시되었다. 첫 번째 개혁안은 소개장 없이 대형병원의 진료를 받을 경우 일정 금액의 비용을 부담하게 하는 방법이다. 현 제도하에서도 병상수가 2백 개 이상인 대형병원의 초진 및 재진료는 보험 이외의 병용요양비제도의 선정요양에 해당하여, 별도로 자유롭게 설정할 수 있는 추가요금을 징수하는 것이 가능한 상황이다. 한편 보고서에서 제시한 정액부담은 선정요양과는 전혀 다른 개념으로, 초진 및 재진료 자체를 보험 비급여 항목으로 지정하고, 환

---

12) 1947년에서 1949년 사이에 태어난 세대를 가리킨다.

자가 지불해야 할 일정액을 정부가 결정하는 내용이 포함되어 있다. 단, 소개장이 없더라도 구급진료의 경우와 병상이 중증 이상으로 판명될 경우에는 정액부담 대상에서 제외되게 된다.

대형병원 집중현상을 방지하기 위한 두 번째 대책은 주치의 제도[13] 의 보급이다. 보고서에서는 우선 지역의 주치의로부터 진료를 받고 필요한 경우에 큰 병원을 소개받는 유연한 게이트키퍼 제도[14] 를 고려한다.

사회보장국민회의는 심각한 재정난을 겪고 있는 국민건강보험을 재건하기 위해 시정촌 단위로 운영되는 국민건강보험을, 5년 이내에 도도부현 단위로 운영하도록 요구했다. 시정촌이 운영하는 국민건강보험은 가입자의 연령이 높아, 의료비가 증가하는 한편, 현역세대의 비율은 낮아 만성적 적자에서 빠져 나오지 못하고 있는 상황이다. 시정촌이 운영하는 국민건강보험(2011년 피보험자수 3,520만 명)은 매년 3천억 엔이 넘는 적자를 내고 있는 상황인데, 적자액의 대부분을 국고로 충당한다.

국민건강보험을 시정촌에서 도도부현으로 이관시키려는 생각은 주머니를 크게 해서 재정을 안정화시키려는 발상에 기본을 둔다. 하지만 도도부현 측은 오랜 기간 동안 적자가 계속되는 시정촌 국민건강보험을 그대로 끌어안는 데에 대해서는 부담을 느끼는 게 사실이다. 정부는 이에 대해 소비세율 인상에 의해 증가한 세수의 일부를 국민건강보험 재정에 충당하겠다는 입장을 밝혔지만 이러한 조치를 취하더라도, 국민건강보험의 적자를 해소하기는 힘들 것으로 보인다.

이에 대해 국민건강보험회의는 국민건강보험의 적자를 해결할 방법으로

---

13) 일본 의사회는 주치의를 무엇이나 상담할 수 있고, 최신 의료정보를 잘 알고 있고 필요할 때에는 전문의, 전문의료기관을 소개할 수 있고, 항상 의존할 수 있는 지역의료, 보건, 복지를 담당하는 종합적 의료를 담당하는 의사로 정의한다.
14) 1차 의료기관이 상급 병원에 가서 치료할 만한 질환상태인지 판정하고 환자들의 병원 선택을 통제하는 역할을 하는 시스템이다.

후기고령자의료제도에 대한 대기업 건강보험조합의 재정부담을 늘리는 총보수비율제의 전면적 도입을 제안하였다. 즉, 현재 환자부담을 제외한 후기고령자의료제도의 재원 중 약 40%는 대기업이 독자적으로 운영하는 건강보험조합과 중소기업의 회사원이 가입하는 전국건강보험협회, 그리고 공무원이 피보험자인 공제조합연합회가 분담하여 지원금을 부담하는 구조로 되어 있다. 또한 각 보험자가 부담하는 지원금의 대부분은 피보험자수(가입자비율제)에 따라 계산되었다(2015년 4월 이전). 사회보장국민회의는 지원금의 계산방법을 기존의 피보험자수에서 종업원 총보수로 변경하는 안을 제안하였다. 즉, 총보수비율제를 전면적으로 실시하면 사원의 평균 보수가 높은 대기업 건강보험조합이 부담하는 지원금이 증가하게 되며, 이에 따라 기존에 전국건강보험협회(중소기업의 회사원이 가입하는 건강보험)에 지원하던 공비를 국민건강보험으로 돌릴 수가 있게 된다. 사회보장국민회의는 2015년도부터 총보수제의 실시를 요구하였다.

사회보장국민회의는 70~74세 고령자가 의료서비스를 이용할 경우에 10%만을 부담하도록 하는 본인부담률의 특례조치를 폐지할 것을 제안하였다. 70~74세 고령자의 본인부담률은 2008년부터 20%(현역세대 정도의 소득이 있는 경우에는 30%)가 적용되도록 결정되었지만, 고령자의 반발(선거에 대한 악영향 등도 포함)을 염려하여 본인부담률을 10%로 하는 특례조치가 계속해서 유지되었다. 하지만 70~74세 고령자의 부담을 10% 경감하는 데에는 매년 약 2천억 엔의 국비가 투입되어서, 경제재정자문회의 등에서는 이전부터 특례조치의 폐지를 강력하게 요구했다.

(2) 개호

개호분야에서는 보험재정의 건전화를 위해 중도(重度)의 개호가 필요한 자에 대한 개호의 중점화를 기본으로 급여의 수정이 제안되었다. 주목할 만한 첫 번째 포인트는 요지원자에 대한 개호예방급여를 개호보험에서 분리하여

단계적으로 시정촌으로 이관하는 점이다. 즉, 현재 실시되는 개호보험제도
는 개호의 정도에 따라서 요지원 1~2등급(개호예방 단계)와 요개호 1~5등
급(케어플랜)의 7단계로 등급을 분리하는데, 이 중 비교적 개호도가 가벼운
요지원 1~2등급을 개호보험에서 분리하여 시정촌의 지역포괄추진사업에
서 서비스를 제공하도록 제안하였다(〈그림 6-3〉).

현재 개호의 필요도가 상대적으로 낮다고 할 수 있는 요지원에 해당하는
개호서비스 이용자는 전국적으로 일률적 헬퍼 방문에 의한 청소나 조리 등
의 서비스를 제공받는데, 향후에는 이러한 서비스를 시정촌으로 이관할 방
침이다. 시정촌이 독자적으로 실시하게 되면 재정지출을 줄이기 위해 시민
단체 등 보다 저렴한 서비스를 이용할 가능성이 높아 재정지출을 억제할
수 가 있을 것으로 예상되기 때문이다.

〈그림 6-3〉 이관 전후의 요지원 1~2의 구성도

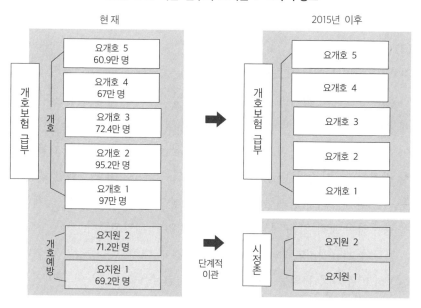

주: 2012년 4월말 시점 기준.
자료: 일본경제신문, 2013. 8. 6. 조간 5면 재구성.

사회보장국민회의 제안이 실현되면, 민간사업자가 지방자치단체로부터 위탁을 받아 서비스를 제공하게 되지만, 사업자가 받게 되는 보수가 변동될 가능성도 배제할 수 없는 게 사실이다. 시정촌 사업인 만큼 어느 정도는 지방자치단체의 판단으로 자유롭게 보수를 설정할 수 있다. 예를 들어 시정촌이 보수수준을 현행보다 크게 인하할 경우 서비스의 질적 저하는 물론 사업의 존속여부도 불투명하게 되는 문제점이 발생할 수 있다. 따라서 서비스 보수의 갑작스런 인하를 방지하기 위해 정부에 의한 격변완화 조치 등의 대책이 요구된다.

또한 현재 개호보험 서비스 이용자의 본인부담률은 수입에 관계없이 일률적으로 10%로 설정되어 있는데, 향후에는 고소득자(연간소득 3백만~4백만 엔 정도)의 본인부담률을 인상하는 한편, 저소득자의 보험료를 경감하여 소득이 많은 자가 경제적으로 여유가 없는 자를 보조하는 시스템을 적용할 방침이다.

(3) 연금

사회보장국민회의는 보고서에서 연금재정은 장기적 "지속가능성이 확보되어 있는 구조라고 밝히며, 남겨진 과제로 '장기적 지속가능성의 강화'와 '경제상황의 변화에 대응할 수 있는 사회안전망 기능의 강화'를 들었다." [15] 이를 위한 해결책의 하나로 고소득자의 연금급여에 대한 과세 강화를 검토할 방침이다. 기존에는 65세 이상 고령자의 연금수입이 연 7백만 엔일 경우, 183만 5천 엔을 공제한 금액을 과세대상으로 설정했었는데, 공제부분을 축소하여 보다 많은 세금을 징수하는 방안이 제안되었다.

연금의 지급개시연령의 추가적 상향조정에 대해서는 중장기적 과제로 설정하고 추가적 논의는 보류되었다. 공적연금은 정액부분인 국민연금과

---

15) 김명중(2013)의 내용을 인용하였다.

샐러리맨이 가입하는 후생연금(공무원의 경우 공제조합)으로 구성되어 있는데, 이미 정액부분은 2001년도부터 지급개시연령이 3년마다 1세씩 상향조정되어, 2013년부터는 65세부터 연금이 지급되었다.

보수비례부분도 2013년 4월부터 지급개시연령이 상향조정되어, 2016년 기준 남성의 경우에는 62세가 되어야 연금을 받을 수 있게 된다. 그리고 3년마다 1세씩 상향조정되어 2025년 4월부터는 65세 이상이 되어야만 후생연금을 받을 수 있는 자격이 발생한다(여성은 남성보다 5년 늦게 실시, 〈그림 6-4〉).

사회보장국민회의는 저출산 고령화의 진전 등에 의한 공적연금의 재정 파탄 등을 우려하여 연금의 지급개시연령을 66세 이상으로 상향조정하는 사항을 제안한다. 최근 연금부회 논의에서는 연금 지급개시연령의 연장을 제안하는 목소리가 커지고 있다. 정부시산에 의하면 연금 지급개시연령을 1세 올리면 5천억 엔의 정부부담 비용삭감 효과가 있다.

〈그림 6-4〉 보수비례부분의 지급개시연령 상향조정과 고연령자 고용

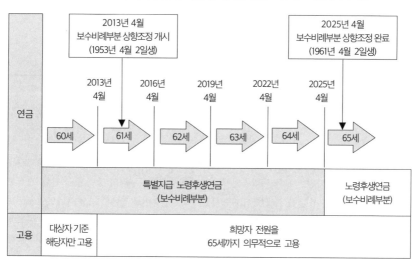

자료: 후생노동성 홈페이지 재구성. 2017. 10. 1 인출.

(4) 저출산

저출산 관련 대책은 상기에서 언급한 바와 같이 1990년의 1.57 쇼크를 계기로 시작되었다. 이후 엔젤플랜과 신엔젤플랜 등 저출산 관련 대책16) 이 실시되었지만 합계출산율은 정부의 기대만큼 개선되지 않았다. 사회보장국민회의는 과거 20년간의 저출산 관련 대책이 저출산 극복에 효과가 없었던 점을 지적하면서, 지역사정을 고려한 시정촌 중심의 대응 및 저출산 대책에 대한 기업의 재정적 지원을 요구하였다.

〈표 6-1〉 저출산 대책 과제와 극복대책

주제		과제와 대책	
		과제	대책
1	아동발달 초기 지원 환경 정비	아동의 취학 전 발달보장 환경 정비	• 교육과 보육의 단일 시설 내 제공 • 인정어린이원 보급 확대
2	대기아동과 방과후 아동대책 충실	대기아동, 학동(學童)기 방과후 대책	• 대기아동해소 가속화 플랜에 근거한 보육소 정원 확충 • 아동과 육아 지원제도하 보육소 정원 확충
3	임신, 출산, 육아의 지속적 지원	일관적 상담과 지원책 구축	• 시정촌 중심 보건소-의료기관-보육·교육기관의 연계와 정보공유
4	일과 생활의 조화 추진	양립강화 위한 기업측 지원	• 〈차세대육성지원대책추진법〉 10년 연장(~2025년) • 육아휴직 기간 중의 소득보장 확충
5	저출산 대책 재원확보	재원부족	• 소비세율 인상, 0.7조 엔 확보 • 미확정 재원 0.3조 엔 확보

자료: 미즈호종합연구소, 2013.

---

16) 정부는 엔젤플랜을 실시하기 위해 보육소의 양적 확대와 저연령층 아동(0~2세)의 보육, 연장보육 등의 다양한 보육 서비스의 충실, 지역 아동지원센터의 정비 등을 위한 '긴급보육대책 등 5개년 사업'을 결정해, 1999년도를 목표로 정비를 진행했다. 이후 1999년 12월 저출산대책추진관련 각료회의에서 '저출산대책추진 기본방침'을 결정하고, 동년 동월에 이 방침에 기초한 중점 시책의 구체적 실시계획으로서 '중점적으로 추진해야 할 저출산 대책의 구체적 실시계획'(신엔젤플랜)를 수립한다. 신엔젤플랜은 종래의 엔젤플랜과 '긴급보육대책 등 5개년 사업'을 수정한 것으로 2000년에 시작해 2004년까지 실시된다.

보고서는 구체적 과제로 다음의 5가지를 들고 있다. ① 아동발달 초기지원 환경 정비 ② 육아와 일의 양립지원책으로서의 대기아동과 방과후 아동대책 충실 ③ 임신 · 출산 단계부터 육아까지의 지속적 지원 ④ 일과 생활의 조화 추진 ⑤ 저출산 대책 기능강화를 위한 재원확보가 그것이다. 주요 내용은 〈표 6-1〉과 같다.

4. 사회보장제도개혁 국민회의 보고서 제출 후

여기서는 보고서 제출 후 실제로 추진된 사회보장 개혁에 대해 살펴본다. 사회보장국민회의가 제안한 내용의 많은 부분이 실행된 것은 눈여겨보아야 할 점이다.

1) 의료제도 개혁

의료제도 개혁과 관련해서는 2015년 5월 29일 〈의료보험개혁법〉이 공포된다. 개정법의 주요내용과 그 외 최근 건강보험 관련 개혁내용은 다음과 같다.

(1) 국민건강보험 재정 안정화

국민건강보험에 대해서 2014년도에 실시한 저소득자 보험료 경감조치의 확충(약 5백억 엔)에 추가적으로 매년 약 3천 4백억 엔의 재정을 지원하여 국민건강보험의 재정기반을 강화할 방침이다. 또한 2018년부터 국민건강보험의 운영주체를 기존의 시정촌에서 도도부현으로 이관하여 안정적 재정운영과 효율적 사업을 확보하게 하는 등 국민건강보험 운영의 중심적 역할을 담당하게 하여 재정 안정화를 추진한다. 한편 시정촌은 자격관리, 보험급여, 보험료율의 개정, 부과 및 징수, 보건사업 등을 담당한다.

(2) 대형병원 등의 정액부담제 도입

2016년 4월부터 소개장 없이 대형병원(특정기능병원, 17) 일반병상 5백 개 이상의 지역의료지원병원18)) 등에서 진료받는 환자는 진료비 등과 별도의 비용을 부담해야 한다. 초진은 5천 엔 이상(치과는 3천 엔 이상), 재진은 2천 5백 엔 이상(치과는 1천 5백 엔 이상)이다. 이는 외래진료의 기능분화를 위한 것이다. 즉, 대형병원에 경증환자가 방문하여 중증환자에 대한 고도치료가 힘들어지는 것을 막아 보자는 것이다.

물론 지금도 일반병상수 2백 개 이상의 병원에서는 환자가 진료소와 다른 병원으로부터의 문서에 의한 소개 없이 진료(초진)를 받는 경우 환자에게 추가적 특별요금을 청구할 수 있다. 또 병세가 호전되어 다른 진료소나 병원에서 진료를 받도록 소개했는데 환자가 여전히 같은 병원에서 진료받는 경우(재진)에도 초진과 마찬가지로 특별요금을 청구할 수 있다. 2013년 7월 1일 기준 초진 및 재진에 대한 특별요금의 설정상황은 다음과 같다. 초진은 1,191개 시설 대상으로 최고 8,400엔, 최저 105엔, 평균 2,130엔이다. 재진은 110개 시설 대상으로 최고 5,250엔, 최저 210엔, 평균 1,006엔이다.

새롭게 바뀐 특별요금이 평균기준으로 지금보다 배 이상 높아져 당국이 의도하는 효과가 일정수준 나타날 가능성이 있어 보인다. 다만 관행을 바

---

17) 특정기능병원은 고도의 선진의료를 제공·평가·개발·연수할 수 있고, 내과·외과 등 주요 진료과가 10개 이상 있을 것, 병상수가 4백 개 이상으로 집중진료실 등 고도 의료기기 및 시설을 갖추고, 의사·간호사·약제사 등이 특정수 이상 있을 것을 조건으로 한다.

18) 지역의료병원은 의료기관의 연계 및 역할분담을 위해 소개환자에 대한 의료 제공, 병상이나 의료기기의 공동이용 시설, 지역의 의료종사자의 연수 등을 통해 주치의 등을 지원하는 기능을 겸비한 병원을 말한다.

꾸는 작업이라 기대만큼 성과가 나타날 때까지 적지 않은 시간이 소요될 가능성도 없지 않다.

(3) 후기고령자 지원금, 전면 총보수비율제로 산정

현역세대의 후기고령자 지원금은 피보험자수에 의한 가입자비율제와 총보수에 의한 총보수비율제를 같이 적용해 정한다. 이 방식에 문제가 있어서 2017년부터 부담능력이 큰 보험자가 더 많은 지원금을 부담하게 했다. 가입자비율제를 폐지하고 총보수비율제로만 지원금을 산정한다(〈그림 6-5〉). 19)

이에 따라 표준보수가 높은 건강보험조합연합회(대기업이 독자적으로 운영하는 건강보험조합, 건보조합)는 부담금이 증가하고, 표준보수가 상대적으로 낮은 전국건강보험협회(중소기업을 총괄적으로 관리하는 건강보험조합, 협회건보)의 부담금은 줄어든다.

〈그림 6-5〉 후기고령자의료제도의 의료비 부담 구조(2016년 예산 기준)

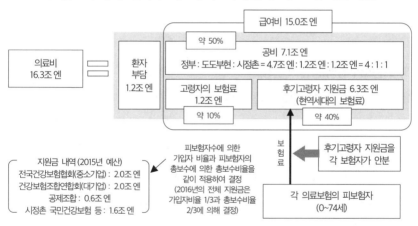

주: 금액은 반올림했기 때문에 합계액은 일치하지 않는다.
자료: 후생노동성, 2016.

---

19) 전체 지원금 중 총보수비율에 의한 지원금 비율은 2015년 1/2, 2016년 2/3가 적용됐다.

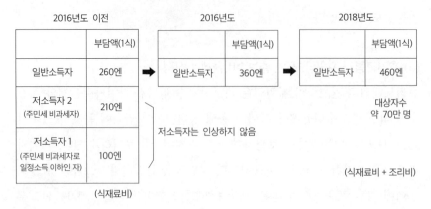

〈그림 6-6〉 입원 시 식사비의 개정

	2016년도 이전
	부담액(1식)
일반소득자	260엔
저소득자 2 (주민세 비과세자)	210엔
저소득자 1 (주민세 비과세자로 일정소득 이하인 자)	100엔

(식재료비)

	2016년도
	부담액(1식)
일반소득자	360엔

저소득자는 인상하지 않음

	2018년도
	부담액(1식)
일반소득자	460엔

대상자수 약 70만 명

(식재료비 + 조리비)

자료: 후생노동성, 2016.

(4) 식사요양비 등 인상

입원 시의 식사비를 재가요양 시의 식사비와 공평화하기 위해 기존의 식재료비에 조리비를 포함하여 단계적으로 인상한다. 단, 저소득자의 식사비는 인상하지 않는다(〈그림 6-6〉).

(5) 표준보수월액 상한액 인상

직장 건강보험의 보험료 기준이 되는 표준보수월액의 등급을 2016년부터 3등급 추가해(기존의 47등급에서 50등급으로 변경) 상한액이 121만 엔에서 139만 엔으로 조정되었다. 동시에 표준상여금의 연간 상한액도 540만 엔에서 573만 엔으로 인상되었다. 또한 건강보험의 일반보험료율의 상한도 2016년부터 12%에서 13%로 조정되었다(선원보험도 똑같이 적용한다). 국민건강보험의 연간 보험료 부과한도액은 2015년에 4만 엔 인상된 상태다(81만 엔에서 85만 엔으로 인상했다).

(6) 환자신청요양제도 신설

치료가 어려운 질병을 치료하기 위해 노력하는 환자가 일본에서 아직 승인되지 않은 약품 등을 빠른 시일 내에 보험외 병용요양제도[20]를 통해 이용하기를 희망하는 의견을 반영, 환자 신청일을 기점으로 하는 새로운 시스템인 '환자신청요양제도'(가칭)를 2016년 신설했다. 이에 따라 2016년 4월부터 일본 내 미승인 항암제 등을 보험진료와 함께 사용할 수 있게 되었다.

일본에서는 기본적으로 혼합진료가 허용되지 않고 있어, 환자가 보험이 적용되는 진료와 비급여 진료를 함께 이용할 경우 원래 보험이 적용되는 진료도 보험적용에서 제외되어 진료비 전액을 환자 본인이 부담해야 한다. 이에 대해 정부는 환자부담이 급증하는 것을 방지하기 위해 일부 진료를 예외항목으로 인정하고 보험진료와 비급여 진료를 같이 이용할 수 있게 한다. 대표적 사례가 선진의료로, 2016년 10월 1일 현재 중입자선을 이용한 항암치료 등 103종류가 선진의료로 인정된 상태이다. 또한 이용상황을 보면 2013년 7월 1일부터 2014년 6월 30일까지 1년간 일본 전역의 571개 의료기관에서 2만 3,925명이 이용한 것으로 밝혀졌다.

이번에 새롭게 실시되는 환자신청요양제도는 선진의료를 보다 확대한 제도라고 할 수 있는데, 선진의료와의 차이점은 환자 본인의 신청이 개시 시점이 되어 심사기간을 대폭 줄일 수 있다는 점이다. 선진의료의 경우에는 신청자는 의료기관으로 신청 후 승인까지 걸리는 기간은 대략 3~6개월 정도였다. 한편 환자신청요양제도는 환자 본인이 사용하고 싶은 약이나 기술을 주치의와 상담하고, 상담 후 임상연구핵심병원[21]을 통해 신청서류를

---

20) 일본에서는 기본적으로 혼합진료가 허용되지 않는데, 일부 요양(의약품, 병상 등)에 대해서는 보험이 적용되는 요양과 보험이 적용되지 않는 요양을 동시에 이용하는 것을 인정한다.
21) 2016년 3월 25일 기준 일본 내 임상연구핵심병원으로는 도호쿠대학병원, 국립암연구센터중앙병원, 오사카대학의학부 부속병원, 국립암연구센터 히가시병원, 나고야대학의학부부속병원, 큐슈대학병원, 도쿄대학의학부부속병원, 게이오기쥬쿠대학병원이 지정되어 있다.

작성하고 국가에 이를 제출하는데, 심사결과는 일본 내 전례가 없는 치료의 경우 6주, 전례가 있는 치료의 경우 2주가 소요될 것으로 예상한다. 단 제도시행 이후 현재까지 승인된 사례는 1건에 불과한 상태이다.

(7) 전국건강보험협회에의 국고보조율 특례조치 유지

정부는 2015년 4월에 2014년도(2015년 3월말)로 기한이 종료한 전국건강보험협회에 대한 국고보조율 특례조치를 당분간 유지하기로 결정하였다. 이에 따라 향후 일정 기간 동안 국고보조율 16.4%를 유지하여 재정 안정화를 도모할 방침이다.

(8) 국민건강보험조합 국고보조율 차등적용

국민건강보험조합의 피보험자의 평균소득별로 국고보조율이 차등적용된다. 이에 따라 국민건강보험조합에 대한 국고보조율은 2016년부터 5년간 개정작업을 거친 후에 국민건강보험조합의 피보험자의 평균소득에 따라 13%에서 32%까지 차등적용된다. 구체적으로는 피보험자의 평균소득이 150만 엔 미만인 국민건강보험조합에 대해서는 32%의 국고보조율이 적용되지만, 150만 엔 이상인 국민건강보험조합의 경우에는 평균소득에 따라 국고보조율이 단계적으로 하락하여 240만 엔을 넘을 경우에는 13%가 적용된다.

(9) 후발의약품 사용 장려

정부는 가격이 선발의약품에 비해서 싸다고 할 수 있는 후발의약품의 사용을 확대하는 정책을 전개한다. 일본의 후발의약품 점유율은 2013년 현재 46.9%로 미국 90%(2010년), 영국 75.2%(2013년), 독일 82.5%(2013년), 프랑스 70.7%(2012년)에 비해 크게 낮은 수준이라고 할 수 있다. [22] 정부는 후발의약품 사용을 장려해 후발의약품의 점유율을 2020년 말까지 80%

수준까지 끌어올리겠다고 발표했다. 이와 같은 정책이 실현되면 일본의 의료비는 2020년도에 약 1.3조 엔(국비 약 3,300억 엔, 지역자체단체 부담 비용 약 1,600억 엔, 환자부담 약 1,600억 엔, 보험료 약 6,300억 엔) 줄어들 것으로 예상된다.

하지만 후발의약품에 저항감을 가진 환자도 적지 않은 게 사실이다. 따라서 후생노동성은 후발의약품의 사용 비율이 높은 건강보험조합에 대해서 75세 이상 후기고령자의료제도에 대한 지원금 부담을 가볍게 하는 제도를 실시하여 보급을 촉진한다. 또한 약제사가 후발의약품을 조제하는 경우에는 진료보수의 가산을 확충하는 것도 검토하는 중이다.

2) 개호보험제도 개혁

최근의 개호보험제도 개혁은 2014년에 실시되었다. 2014년 6월 18일에 국회를 통과한 개정 〈개호보험법〉은 2015년 4월부터 순차적으로 시행되고 있으며, 그 주요내용은 다음과 같다.

(1) 지역포괄케어 시스템의 구축

베이비붐 세대가 75세 이상이 되는 2025년을 목표로 중도(重度)의 개호가 필요한 상태가 되어도 오랫동안 생활해 정든 지역에서 변함없이 살아갈 수 있도록 의료, 개호, 예방, 거주, 생활지원이 일체적으로 제공되는 지역포괄케어 시스템의 구축을 지향하였다. 정부는 향후 치매 고령자가 증가할 것으로 예상되는 가운데 치매 고령자가 지역에서의 생활을 유지할 수 있게 하

---

22) 일본은 2013년 9월 '薬価調査', 미국은 2012년 'IMS Health', 영국은 'Analysis of NHS Prescription Data for 2013', 독일은 'Pro Generika(IMS PharmaScope)', 프랑스는 프랑스 정부・의약품경제위원회 2012년 활동 레포트, 'Rapport annuel 2012 CEPS'(財務省統計局, 2015; 社会保障, 2015. 4. 27 재인용).

기 위해서도 지역포괄케어 시스템의 구축이 중요할 것으로 내다본다.

인구변동이 적고 75세 이상 인구가 급증하는 대도시가 있는 반면, 75세 인구 증가는 완만하지만, 인구가 감소하는 소도시와 시골지역이 있는 등 고령화의 진전 상황은 지역에 따라 커다란 차이를 보인다. 따라서 지역포괄케어 시스템의 보험자인 시정촌과 도도부현은 지역의 자주성과 주체성에 근거하여 지역특성에 적합한 시스템을 구축할 필요가 있다.

정부는 지역포괄케어 시스템의 구축을 위한 구체적 사업으로 재가의료 및 개호연계, 치매대책, 지역케어회의, 생활지원 서비스를 추진할 방침으로 2018년까지 모든 시정촌이 이러한 대책을 실시할 수 있도록 118억 엔을 지원하기로 결정했다(〈그림 6-7〉).

〈그림 6-7〉 지역포괄케어 시스템의 주요사업

재택의료 및 개호를 연계 (13억 엔)	치매대책 (28억 엔)	지역케어회의 (24억 엔)	생활지원의 충실 및 강화 (54억 엔)
지역의료 및 개호관계자로 구성된 회의 개최, 재택의료 및 개호 관계자에 대한 연수 등을 실시하여, 재택의료와 개호서비스를 일률적으로 제공하는 체제 구축을 추진	초기집중지원팀의 관여에 의한 치매 조기진단 및 조기대응, 지역지원추진원에 의한 상담대응 등을 실시하여 치매환자 본인 의사가 존중되고, 가능한 한 오랫동안 생활해 정든 지역에서 변함없이 생활할 수 있는 지역환경 구축	지역포괄지원센터 등에서 다양한 직종 간 협동에 의해 개별사례 등을 검토하여 지역 네트워크 구축, 케어매니지먼트 지원, 지역과제 파악 등을 추진	생활지원 코디네이터를 배치하고 협의체를 설치하여 담당자와 서비스 개발 등을 실시하고, 고령자의 사회참가 및 생활지원 추진

주: 1) 2018년부터 전 시정촌이 실시할 수 있도록 단계적으로 예산을 확충한다(재원은 소비세 인상에 의한 세수 증가분을 활용).
2) 상기의 지역지원 사업(포괄적 지원사업)의 부담비율은 정부 39%, 도도부현 19.5%, 시정촌 19.5%, 제1호 피보험자(65세 이상) 보험료 22%이다.
3) 금액은 반올림하여, 억 엔 단위로 정리하였기 때문에 합계액은 일치하지 않는다.
자료: 후생노동성 노건국노인보건과, 2015.

① 재가의료 및 개호연계를 추진

의료 및 개호 모두를 필요로 하는 고령자가 오랫동안 생활해 정든 지역에서 변함없이 살아갈 수 있도록 지역의 의료 및 개호관련 기관을 연계하여 포괄적이고 계속적인 재가의료 및 개호를 제공할 방침이다. 이를 위해 관련 기관이 연계하고, 다양한 직종 간의 협력에 의해 재가의료 및 개호를 일체적으로 제공할 수 있는 체제를 구축하기 위해, 도도부현 및 보건소의 지원하에 시구정촌이 중심이 되어 지역의 의사회 등과 긴밀히 연계하면서 지역의 관련기관과의 연계체계를 구축하도록 한다.

시구정촌은 지역의 의료 및 개호관련 기관 및 단체와 협력하여 다음과 같은 사업을 추진한다.

- 지역의 의료 및 개호자원의 파악: 지역의 의료기관의 분포, 의료기능을 파악하여 일람표를 작성. 필요에 따라 연계에 유용한 항목(재가의료에 대한 대책 현황, 의사의 상담대응이 가능한 일시 등)을 조사. 결과를 관계자 간에 공유
- 재가의료 및 개호연계 과제를 추출하고 대응책을 검토: 지역의 의료 및 개호 관계자 등이 참가하는 회의를 개최하여, 재가의료 및 개호연계 현상을 파악하고 과제의 추출, 대응책을 검토
- 지속적 재가의료와 개호제공 체제의 구축을 추진: 지역의 의료 및 개호 관계자의 협력을 얻어 재가의료 및 개호서비스의 제공 체제의 구축을 추진
- 의료 및 개호 관계자의 정보공유를 지원: 정보공유 시트, 지역연계 패스 등을 활용해 의료 및 개호 관계자의 정보공유를 지원. 재가개호 등에도 활용
- 재가의료 및 개호연계에 관한 상담을 지원: 의료 및 개호 관계자의 연계를 지원하는 코디네이터의 배치 등에 의한 재가의료 및 개호연계에 관한 상담 창구의 설치 및 운영에 의해 연계 대책을 지원
- 의료 및 개호 관계자에 대한 연수의 실시: 지역의 의료 및 개호 관계자가 그룹 워크 등을 통해 다양한 직종의 연계를 체험할 수 있도록 함. 개호직을

대상으로 한 의료관련 연수회를 개최

- 지역주민에 대한 홍보 및 보급: 지역주민을 대상으로 한 심포지엄 등을 개최, 팸플릿, 홈페이지 등을 활용하여 재가의료 및 개호서비스의 보급을 위한 홍보 활동의 실시
- 재가의료 및 개호연계와 관련된 시구정촌과 연계

② 치매대책의 추진

치매전문의에 의한 지도하에 조기진단, 조기대응을 위해 다음과 같은 내용이 실시될 수 있도록 지역포괄지원센터 등에 정비를 요구한다.

- 치매 초기집중지원팀(개별 방문지원): 복수의 전문직이 치매가 의심되는 자, 치매환자와 그 가족을 방문하고, 치매전문의에 의한 진단 등을 기준으로 관찰 및 평가를 실시하여 본인과 가족에 대한 초기 지원을 포괄적이고 집중적으로 실시하여 자립생활을 지원
- 치매 지역지원추진원(전임의 연계지원 및 상담 등): 치매환자가 가능한 한 오랫동안 생활해 정든 지역에서 생활할 수 있도록, 지역의 실정에 맞추어 의료기관, 개호서비스사업소와 지역지원기관을 연결하는 연계지원과 치매환자와 그 가정을 지원하는 상담 사업 등을 실시

③ 지역케어회의의 추진

지역케어회의는 지역포괄센터 등이 주최하고 개호지원 전문원, 지방자치단체 직원, 개호사업자, 의사, 간호사, 재활요법 전문직, 사회복지사, 민생위원, 자치회의 대표자 등이 참가하는 회의로 지역의 고령자에 대한 지원 충실과 사회기반 정비 촉진 등을 목적으로 한다. 2015년 4월 1일에 시행된 〈개정 개호보험법〉에는 시정촌이 지역케어회의를 설치할 것을 명기하는데, 지역케어회의의 주된 기능은 〈그림 6-8〉과 같다.

④ 생활지원 서비스의 충실 및 강화 및 고령자의 사회참가

단신가구 및 지원을 필요로 하는 경도의 고령자가 증가하는 가운데, 정부는 자원봉사자, 시민단체, 민간기업, 사회복지조합, 협동조합 등 다양한 사업주체가 이들에 대해서 생활지원 및 개호예방 서비스를 제공할 수 있도록 지원할 방침이다. 또한 고령자의 개호예방과 관련해서는 고령자가 사회에 참가해 사회적 역할을 담당하도록 하는 것에 의해 개호예방을 할 수 있도록 장려한다.

〈그림 6-8〉 지역케어회의 주기능

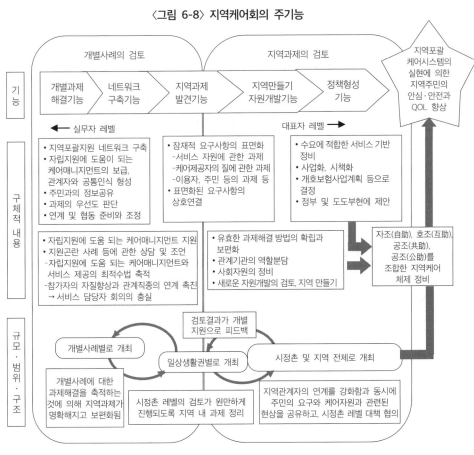

자료: 후생노동성 노건국, 2016.

⑤ 종합사업과 생활지원 서비스의 충실

예방급여 중 전국적으로 일률적인 방문개호 및 통소개호에 대해서는 시정촌이 지역실정에 적합한 대책을 실시할 수 있는 개호보험제도의 지역지원사업으로 단계적으로 이행하여 다양화할 계획이다(~2017년 말). 정부는 방문개호 및 통소개호가 지역지원 사업으로 이행됨에 따라 기존의 개호사업소가 제공하던 서비스에 추가적으로 NPO, 민간기업, 자원봉사자, 협동조합 등에 의한 다양한 서비스의 제공되어 효율 및 효과가 더 증가할 것으로 기대한다.

⑥ 특별양호노인홈의 중점화

2015년 4월부터 원칙적으로 특별양호노인홈의 신규 입소자를 요개호 3등급 이상 고령자로 한정하여, 재가생활이 곤란한 중도(重度) 이상의 개호가 필요한 자를 돌보는 시설로 기능을 중점화하였다. 한편 요개호 1 · 2등급의 고령자 중에서 부득이한 사정에 의해 특별양호노인홈 이외의 시설 등에서 생활이 곤란하다고 인정되는 자에 대해서는 시정촌의 적절한 관여하에 특별조치로 특별양호노인홈에 입소하는 것을 인정한다.

(2) 비용부담의 공평화

저소득자에 대한 보험료 경감 정책을 확대하고, 보험료 상승을 가능한 한 억제하기 위해 소득과 자산이 있는 자의 이용자 부담을 수정할 방침이다.

① 저소득자의 보험료 경감비율 확대

개호보험의 1호 보험료에 대해 현재 전체 급여비의 50%를 차지하는 공비와는 별도의 공비를 투입해 저소득 고령자의 보험료 경감을 강화한다.

② 일정금액 이상 소득 있는 개호서비스 이용자의 본인부담률 인상

보험료 상승을 가능한 한 억제하면서 제도의 지속가능성을 높이기 위해, 기존에 일률적으로 10%로 설정되었던 개호서비스의 이용자 부담을 상대적으로 부담능력이 있는 일정금액 이상의 소득이 있는 자의 본인부담률을 20%로 인상하는 방향으로 조정하였다. 단 월 상한액이 설정되어 있기 때문에 본인부담률 인상 대상자 전원의 부담이 2배가 되는 것은 아니다.

본인부담률 20%는 합계소득금액[23]이 160만 엔 이상인 자가 적용된다. 단 합계소득금액이 160만 엔 이상이더라도 실질소득이 280만 엔에 달하지 않는 케이스와 2인 이상 가구의 부담능력이 낮은 케이스를 고려하여 연금수입과 기타 합계소득금액의 합계액이 1인가구의 경우 280만 엔, 2인 이상 가구의 경우 346만 엔 미만인 경우에는 본인부담률은 10%가 적용된다 (〈그림 6-9〉).

〈그림 6-9〉 개호서비스를 이용하는 제1호 피보험자의 본인부담률

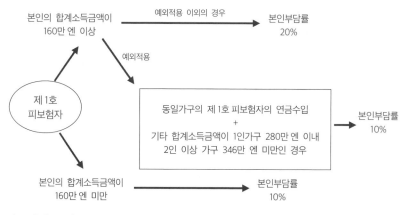

자료: 후생노동성, 2015.

---

23) 합계소득금액은, 수입에서 공적연금 공제와 급여소득 공제, 필요경비를 공제한 뒤에 기초공제나 인적 공제 등을 공제하기 전의 소득금액으로 정의한다.

③ 저소득 시설 이용자 식비 및 거주비를
   보전하는 '보조급여' 요건에 자산 등 추가

시설입소 등에 드는 비용 중 식비 및 거주비는 본인부담을 원칙으로 하는데, 주민세비과세가구인 입주자에 대해서는 신청에 근거하여 보조급여를 지급하여 부담을 경감하는 조치를 실시한다. 단, 일정금액의 예금 및 저금 등(1인가구 1천만 엔 이상, 2인가구 2천만 엔 이상)이 있는 경우에는 대상에서 제외된다. 또한 시설에 입소할 때 가구가 분리되는 경우가 많은데, 배우자의 소득은 가구가 분리된 후에도 반영하기 때문에 배우자가 과세대상인 경우 보조급여는 받을 수 없게 된다. 보조급여의 지급단계(지급대상은 제1단계부터 제3단계까지)를 판정할 때에는 비과세연금(유족연금 및 장애연금)도 반영한다.

(3) 연금제도 개혁

① 거시경제연동의 상시발동

정부는 2015년부터 연금재정의 안정화를 목표로 거시경제연동을 본격 적용할 방침이다. 공적연금의 보험료율을 18. 3%(후생연금)로 고정한 결과 장래 약 백 년 동안의 수입(보험료) 총액이 확정되게 됨에 따라, 백 년 동안의 지출(급여) 총액을 수입총액과 일치시키기 위해서는 수급자 1인당 급여수준을 자동적으로 조정할 필요가 있다. 이 자동조정 기능이 거시경제연동으로 현역인구 감소율과 평균수명 증가가 연금 급여수준에 반영되어 매년 0. 9% 정도 급여액이 삭감되게 된다.

거시경제연동이 도입되기 전 공적연금에는 물가연동이 적용되었다. 가령 물가가 2% 상승하면 연금액이 2% 증가하는 방식이다. 하지만 거시경제연동을 적용하면 물가상승률 2%가 연금액에 모두 반영되지 않고 2%에서 거시경제연동 0. 9%를 뺀 1. 1%만큼 연금액이 증가한다. 거시경제연동은 제도의 지속가능성을 높이기 위해 2004년에 도입되어 2009년부터 실시될 예정이었지만 2014년까지 물가와 임금이 하락하는 디플레이션이 계속되면서 실제로 발동되지 않았다. 도입 당시 물가나 임금이 지속적으로 떨어지는 상황을 예상하지 못한 데다, 연금삭감 시의 수급자 저항 등에 대한 종합적 판단하에 정책당국은 이 조치를 발동하지 않았다. 하지만 엔저 현상과 소비세율 인상 등으로 인해 2014년 물가가 2.7%, 임금이 2.3% 상승하면서 2015년 4월부터 거시경제연동이 처음 발동된다.

또한 정부는 지금까지 물가 하락 시 연금액을 감액하지 않고 지급해왔는데(물가연동 적용 시보다 많음 금액 지급), 24) 이로 인해 연금재정이 악화하자 지금까지 감액하지 않았던 연금액 일부를 2015년 4월 이후 지급되는 연금액에서 단계적으로 차감하고 지급하기로 결정한다.

② 단시간근로자에 대한 후생연금보험 및 건강보험의 적용
기존의 〈후생연금보험법〉 및 〈건강보험법〉에서는 ① 적용사업자에 사용되는 자를 피보험자로 규정함과 동시에 ② 임시로 사용되는 자 등에 대해서는 적용을 제외하는 원칙을 적용하였다. 이러한 법률상의 규정에 기준하여 단시간근로자의 후생연금보험 및 건강보험의 적용은 적용사업소와 상용적 사용관계에 있는지 아닌지, 구체적으로는 '1일 또는 1주간의 소정근로시간' 및 '1개월의 소정근로일수'가 동일 사업소의 동종 업무에 종사하는 통상 근로자의 소정근로시간 및 소정근로일수의 '대략' 3/4 이상인지 아닌지가 하나의 판단기준이었다.

2016년 10월 1일부터는 단시간근로자에 대한 후생연금보험 및 건강보험의 적용이 확대됨에 따라 상기 ①에 대한 기준이 법률상 명확해졌다. 즉,

---

24) 원래 연금 지급액은 물가연동이 적용되어 물가상승 시 연금 지급액이 늘고 물가하락 시에는 줄어야 한다. 그런데 정부는 물가의 지속적 하락에도 불구하고 연금 지급액을 줄이지 않고 그대로 지급해왔다.

기준을 보다 알기 쉽게 하기 위해 '1일 또는 1주일의 소정근로시간' 요건을 폐지하고 '1주간의 근로시간' 요건만 적용했다. 이에 따라 2016년 10월 1일 이후부터는 '1주간의 소정근로시간' 및 '1개월의 소정근로일수'가 동일 사업소의 동종 업무에 종사하는 통상 근로자의 소정근로시간 및 소정근로일수의 3/4 이상인 단시간근로자가 후생연금보험 및 건강보험의 피보험자가 되었다. 또한 40시간 기준을 충족하지 않더라도 다음 '가'에서 '마'에 해당하는 요건을 충족하는 단시간근로자의 경우 새롭게 후생연금보험 및 건강보험의 피보험자가 되게 되었다.

가. 1주간의 소정근로시간이 20시간 이상일 것
나. 1년 이상의 고용기간이 기대될 것
다. 임금 월액이 8.8만 엔 이상일 것
라. 학생이 아닐 것
마. 상시 종업원 501명 이상인 기업(특정적용사업소)에서 근무하고 있을 것

③ 연금 수급자격기간의 단축(25년 → 10년)
정부는 2016년 9월 26일의 임시 각료회의에서 연금을 수급하지 못하는 자들을 줄이기 위해, 연금의 수급자격을 얻을 수 있는 가입기간을 기존의 25년에서 10년으로 단축하는 법안을 결정하여 중의원에 제출하였다.

이후 법안이 통과되어 2017년 10월부터 약 35만 명이 새롭게 연금수급자가 되었다. 이 숫자는 시간이 지나면서 좀더 커질 전망이다. 원래 연금수급자격의 단축은 소비세율을 10%로 인상함과 동시에 실시할 예정이었지만 소비세율 인상이 연기되어 실시 시기가 불투명해진 상태였다. 아베 총리는 7월 회견에서 '무연금 문제는 조속히 해결해야 할 과제'라고 표명하고 수급자격기간의 단축을 진행했다.

5. 맺음말: 쟁점과 함의

2013년 8월의 〈사회보장국민회의 보고서〉에 따른 일련의 개혁은 향후 21세기 전반에 행해진 사회보장 개혁에서 전환점의 하나로 기억될 것이다. 일부 비판이 없지 않지만 초고령사회로 진입한 일본이 선택할 수 있는 방향성을 제시해 주었다고 평가할 수 있다. 제도의 충실과 안정을 추구하는 측면이 없지 않지만 주된 포인트는 사회보장제도의 지속가능성을 높이는 데 있다. 이를 위해 정부부담을 줄이고 기업과 개인의 부담을 높이며 지방자치단체와 시민단체 등에 지금까지 이상의 활약을 기대한다.

정부는 사회보장제도의 충실과 안정을 위한 재원확보, 2020년까지 기초적 재정수지 흑자화를 목표를 내걸고 소비세율 5%p 인상을 추진했지만 경기침체에 대한 배려 등으로 10%로의 인상 시점을 2019년 10월로 미루고 있다.[25] 기왕의 3%p 인상에 의한 세수 증가분 8.4조 엔(1%p 당 세수 증가분 2.8조 엔으로 가정)만으로 사회보장재정을 안정화시키는 것은 도저히 불가능하다. 후발 의약품의 사용 장려, 지역포괄케어 시스템 구축, 거시경제연동의 상시발동, 생활보호급여비 삭감 등을 포함한 사회보장 관련 지출을 줄일 수 있는 특단의 대책을 지속적으로 강구해야 할 상황이다.

주목할 사안은 성장전략의 일환으로 추진하는 의료분야 규제개혁에 대한 우려가 높아지고 있는 점이다. 환자신청 요양제도를 통해 미승인(비급여) 의약품 사용을 허용하고, 국가전략특별구역 내에서의 의료 규제완화와 개혁으로 의료법상의 병상규제 특례에 의한 병상의 신설 및 증설, 외국인 의사 진료허용, 보험외 병용요양비 확대(혼합진료의 예외적 인정) 등을 추진한다. 이 같은 개혁은 외국병원을 이용하는 부유층 등 일정 소수에게

---

25) 8%에서 10%로의 인상시기를 2019년 10월로 2년 반 연기하는 내용은 2016년 9월 제출된 세제 개정법안에 담겨 있다. 이는 2014년 11월의 연기(기존의 2015년 10월을 2017년 4월로 연기) 이후 2번째 연기다.

의료혜택을 안겨줄 수 있겠지만 공공의료와 지역의료를 위축시킬 수 있다 (伊藤周平, 2015).

아울러 주목할 사안 중 하나가 일본사회의 격차와 빈곤이 확대되면서 생활보호 수급자가 증가세를 보이는데 이들 세대(혹은 개인)에 대한 주된 급여인 생활부조비가 줄어들고 있다는 사실이다. 2013년부터 3년간 생활부조비는 지역과 가구유형에 따라 차이가 있지만 5%에서 8% 정도 삭감되었다. 동계 가산의 하향조정과 주택부조 조정 등 자민당 정권의 사회보장급여 삭감정책의 영향을 받은 것이다(〈부표 6-1〉).

실제로 2014년 7월 시점에서 정부는 고령화 등에 동반한 연금, 의료 등의 경비증가(이하 자연증가 부분)를 약 8천 3백억 엔으로 예상하였다. 하지만 2015년도 예산안에서 이를 수정해 자연증가 부분을 4천 2백억 엔으로 대폭 압축하고 사회보장 예산을 삭감하기 시작했다. 이는 계획보다 3천 9백억 엔이나 삭감된 금액으로, 자연증가 부분의 개정은 개호보수(개호서비스에 대한 요금)의 개정, 전국건강보험협회에 대한 국고보조 삭감, 생활보호 적정화 등에 의해 실시되게 된다.

이러한 사회보장 관련 예산의 삭감을 중심으로 하는 사회보장 개혁은 헌법 25조 1항에 기재된 생존권을 공동화하는 정책으로 빈곤과 격차문제를 지금보다 심각하게 할 가능성이 높다. 사회보장제도의 충실을 위해 소비세율을 인상하겠다는 정부의 약속이 지켜졌다고 믿는 일본인이 과연 얼마나 있을까? 정부는 사회보장제도의 지속가능성을 높이기 위해 국민의 부담을 증가시키고 정부지출을 축소하는 방법을 실시하지만, 지금과는 상황이 전혀 다른 시대에 만들어진 제도를 유지하는 게 얼마나 국민에게 도움이 되는지 신중히 생각해야 할 것이다. 시대적 상황을 고려하여 보다 많은 국민이 혜택을 받을 수 있고 신뢰할 수 있는 과감하고 적절한 사회보장 개혁이 실시될 필요가 있을 것으로 사료된다.

■ 참고문헌

국내 문헌

김명중(2013). "일본의 사회보장국민회의 최종보고서의 개요와 문제점: 연금과 저출산 대책을 중심으로". 〈국제노동브리프〉, 11권 9호.

해외 문헌

みずほ総合研究所(2013). 〈再稼働した社会保障政策〉, 2013. 8. 23. みずほ総合研究所.

社会保障制度改革国民会議(2013). 〈社会保障制度改革国民会議報告書: 確実な社会保障を将来世帯に伝えるための道筋〉, 2013. 8. 6.

伊藤周平(2015). 《社会保障改革のゆくえを讀む》. 自治体研究社.

財務省統計局(2015). 〈社会保障〉, 2015. 4. 27. 財務省統計局.

中央法規出版(株)(2016), 《社会保障の手引平成 28年版》. 中央法規.

厚生労働省社会・援護局保護課(2011). 〈生活保護制度の概要等について〉. 2011. 4. 19. 第1回社会保障審議会生活保護基準部会. 資料 4.

厚生労働省(2014a). 《平成26年版 厚生労働白書》. 厚生労働省.

_____(2014b). 《社会保障制度改革の全体像》. 厚生労働省.

_____(2014c). 〈社会保障・税一体改革による社会保障制度改革の実施状況等〉. 厚生労働省.

_____(2012). 《平成24年版 厚生労働白書》. 厚生労働省.

_____(2013). 《薬価調査》. 厚生労働省.

_____(2016a). 〈全国高齢者医療・国民健康保険主管課(部)長及び後期高齢者医療廣域連合事務局長会議,保険局高齢者医療課説明資料〉, 2016. 2. 29. 厚生労働省.

_____(2016b). 〈平成28年4月1日から入院時の食費の負担額が変わり, 新たに調理費の負担が追加されます〉. 厚生労働省.

厚生労働省老健局老人保健課(2015). 〈在宅医療・介護連携推進事業について〉 2015. 3. 9. 平成27年度 第3回都道府県在宅医療・介護連携担当者・アドバイザー合同会議.

厚生労働省社会・援護局保護課(2016). 〈生活保護制度の概要等について〉, 2016. 5. 27. 第23回社会保障審議会生活保護基準部会. 参考資料 1.

제 **2** 부　소득보장제도

07

공적연금제도

1. 머리말: 역사적 전개와 개요

공적연금은 주요 선진국의 대부분이 그렇듯 일본에서도 노후소득보장제도의 근간을 이룬다. 일본의 공적연금 도입은 구미 선진국가들에 비해 꽤 늦었다. 이들 국가에서는 19세기 후반부터 20세기 전반에 걸쳐 민간근로자 대상의 공적연금이 도입되는데 일본에서는 20세기 중반인 1942년에야 〈근로자연금보험법〉이 제정되고 적용대상도 남성 육체노동 근로자로 한정된다. 1944년 명칭이 〈후생연금보험법〉으로 바뀌면서 남성 사무직근로자와 여성 근로자에게까지 확대된다. 이때의 연금은 소득비례연금으로 소득재분배 기능이 없고 보험기능만 있는 반쪽짜리 공적연금이었다.

이러한 후생연금보험 방식에 대한 문제가 제기되어 1954년 법이 전면개정된다. 지급개시연령이 55세에서 60세로 상향조정되고 소득비례 방식의 연금이 '정액부분 + 소득비례부분' 방식의 2층구조로 바뀐다. 이때의 개혁으로 민간근로자 대상의 공적연금인 후생연금보험[1]이 체계화되고, 이후 적용대상, 보험료율과 급여수준, 지급개시연령, 재정운용방식 등에서 여러 차례 개정을 거치면서 오늘의 제도에 이른다.

후생연금보험의 재정방식은 전면개정 이후 수정적립방식, 즉 계단형보험료방식이 채택되어 유지된다. 제도도입 초기의 보험료가 평준보험료 방식에서 요구되는 수준보다 낮게 설정되면서 미적립채무가 장기간에 걸쳐 누적된다. 따라서 후생연금보험은 세대 간 부조 즉 자녀세대가 부모세대 연금 지급을 지지하는 방식으로 운영된다. 이렇게 운영하면서 미적립채무를 통제 가능한 수준으로 유지해야만 후생연금제도의 장기 지속가능성이 확보된다. 그 결과 제도도입 후 70년 이상 경과한 후생연금보험은 재정적으로 장기 지속가능성 측면에서 큰 문제가 없는 것으로 평가된다. [2]

민간근로자가 아닌 자영업자와 가족종사자 등 지역주민 등에 대한 공적 연금은 1961년에 도입되었다. 이 연금 역시 구미권 국가에 비해 도입이 꽤 늦은데 법적 명칭은 '국민연금'이다. 민간근로자 대상 연금이 후생연금보험으로 '보험'이라는 명칭이 붙는데 비해 국민연금은 그렇지 않다. 전자는 가입자인 민간근로자와 사용자가 부담하는 보험료 수입이 주 재원이고 제도운영이 통상의 보험원리에 준해 운영된다. 이에 비해 국민연금은 가입자

---

1) 이렇게 정의한 후생연금은 '광의의 후생연금'이다. 그런데 1986년 기초연금제도가 도입되면서 2층의 보수비례 부분만을 후생연금으로 지칭하기도 하는데 이는 '협의의 후생연금'으로 정의될 수 있다. 이 책을 포함해 연금관련 저작에서 이에 대한 구분이 명확하지 않으므로 독자들은 이 점을 유념하여 해당 용어가 '협의'와 '광의' 중 어느 쪽인지 분별해야 한다.

2) 후생노동성은 2004년 이전에는 5년마다 '재정재계산'을 통해 국민연금과 후생연금의 재정상황을 검토하고 필요시 제도를 개정해왔다. 영구(재정) 균형 방식하에 일정 급여수준을 유지하기 위해 보험료율, 지급개시연령 인상 등이 검토되었다. 그런데 2004년 이후약 백 년간의 유한(재정) 균형방식하에 보험료 상한을 정하고 인구구조와 경상황 등을 반영하여 필요 시 급여수준이 자동인하(하한선 소득대체율 50%)되는 급여와 부담의 균형방식이 도입된다. 5년마다 시행하는 것은 비슷하나 명칭이 '재정검증'으로 바뀌고 제도개정을 수반하지 않는다. 재정검증은 소득대체율이 하한선 이하로 떨어지지 않는 한 2004년 개정 시 도입된 급여와 부담의 조정방식이 적절히 기능하는지 정기 점검하는 기능을 지닌다(厚生労働省年金局数理課, 2015: 16~24).

인 자영업자 등이 부담하는 보험료 외에 적지 않은 국고지원금이 투입되어 통상의 보험원리에 준한 운영이라고 보기 힘들다.

자영업자 등에 대한 국고지원은 이들의 경제력이 약한데 보험료 전액을 부담해야 한다는 점을 고려한 것으로, 지원액은 보험료의 1/2이었다.[3] 이때 국고지원금 재원은 대부분 조세나 국채 발행수입으로 조달된다.

국민연금의 도입으로 일본은 마침내 전국민연금 시대를 연다. 하지만 피용자의 배우자인 전업주부가 국민연금 강제가입 대상에서 제외되어 이때의 전국민연금은 말뿐이며 1985년 개혁으로 전업주부가 제3호 피보험자로 지정되면서 진정한 전국민연금 시대가 도래된다. 아울러 이때 공적연금제도를 연계하는 '통산제도'가 도입되어 직업이 공무원, 교원에서 민간근로자로 혹은 그 반대로 바뀌는 경우에도 다른 연금으로 갈아탐으로써 공적연금의 가입력이 끊기지 않고 이어져 가입자 후생이 크게 증대된다.

민간근로자나 자영업자 등이 아닌 공무원, 사립학교 교직원 등은 그동안 공제연금이라는 별도의 공적연금을 적용받았으나 2015년 10월부터 민간근로자와 동일하게 후생연금을 적용받는다.

공제연금은 1875년에 제정된 군인 대상의 은급제도가 그 뿌리다. 1876년 육군은급령, 1884년 관리은급령을 거쳐 1890년 〈군인은급법〉과 〈관리은급법〉이 제정된다. 1923년 〈은급법〉으로 통합되어 오늘에 이르며[4] 지급

---

3) 도입초기인 1961년 4월 이후 보험료는 100엔(20~34세), 150엔(35세 이상)으로 낮았지만 국고부담은 보험료의 1/2이었다. 이들의 경제력이 약한데 사용자 부담이 없었기 때문이다. 이후 1976년 국고지원은 급여비의 1/3로 축소되었다가 2009년부터 급여비의 1/2로 상향조정된다(厚生労働省, 2002).

4) 1933년 은급비가 삭감되고 이후 전사자와 전몰자 유족에 대한 대우가 크게 개선되는 형태로 개정된다. 1946년 맥아더 사령관 지령으로 군인은급은 일부 제외하고 지급 정지됐다가 1953년 다시 지급된다. 급여종류는 ① 보통은급 ② 증가은급, 상병연금, 특례상병은급, 상병사금(일시금) ③ 부조료, 상병자유족특별연금(1976년 신설) ④ 일시은급, 일시부조료 등이 있다. 1978년 법개정으로 계속된 실재직 연수 3년 이상 구 군인에게도 특별일시금(계속일시금)이 지급된다.

재원은 전액조세로 충당한다.

〈은급법〉이 적용되지 않는 공무원을 대상으로 한 공제연금에는 여러 가지가 있다. 지방공무원의 경우 1943년 정촌(町村) 직원은급조합과 1955년 시정촌직원공제조합 연금이 있고, 국가공무원의 경우 1947년 (재)정부직원공제조합연합회, 1949년 구 국가공무원공제조합, 1958년 신 국가공무원공제조합 연금이 있다.

공무원 중 철도, 전매, 체신 등 현업 업무수행자의 경우 비현업 공무원보다 공제연금이 일찍 적용된다. 1907년 제국철도청직원구제조합, 1908년 철도원직원구제조합, 1918년 철도원공제조합이 그것이며 1923년에는 전매, 인쇄, 체신, 조폐, 영림 등으로 공제조합 연금이 확대된다. 이 밖의 공제연금으로 1954년 사립학교교직원 공제조합, 1956년 공공기업체직원 등 공제조합, 1959년 농림어업단체직원 공제조합, 1962년 지방공무원 공제조합 등이 있다.

이상에서 살펴보았듯이 일본의 공적연금은 2015년 10월 이후 국민연금(1986년 4월 이후 기초연금이라고도 함)과 후생연금의 2종으로 단순화되었다. 물론 기왕의 가입자 기 가입기간과 수급자에게는 은급과 각종 공제연금이 그대로 적용됨은 말할 것도 없다.

정리하면 현역세대는 모두 국민연금, 즉 기초연금의 피보험자이며 은퇴 후 1층부분의 기초연금을 받고, 민간근로자와 공무원은 기초연금 외에 후생연금과 공제연금이라는 2층부분의 소득비례연금을 추가로 받는다. 기초연금지급 재원은 원칙적으로 50%를 국고가 부담하고 나머지를 자영업자 등(제1호 피보험자)과 민간근로자와 공무원 등 피용자(제2호 피보험자)가 부담한다. 피용자 부담분에는 이들의 배우자(제3호 피보험자, 전업주부 등)가 부담해야 할 보험료가 포함된 것으로 간주된다. 제3호 피보험자는 소득활동을 하지 않더라도 기초연금으로 일정금액을 받을 수 있다. 5)

후생연금과 공제연금은 제도 도입의 역사가 길어 성숙과정에 접어들었고, 그 결과 피보험자가 부담하는 보험료는 17~18%로 꽤 높다. 정책당국은 2004년의 연금개혁 이후 국민연금과 후생연금의 보험료율 합계가 20%를 넘어서지 않도록 하는 방안을 정책기조로 삼는다. 부담과 급여수준의 조정이 필요할 경우에는 급여수준을 낮추는 방안을 우선 검토한다.

공적연금(국민연금, 후생연금 등) 가입대상자 6,721만 명(2016년 3월 기준) 중 미가입자는 9만 명 정도로 대부분이 가입하였다. 또 일본 은퇴자의 공적연금 수급률과 급여액이 국제적으로 결코 낮은 수준이라고 할 수 없다.

이 장의 2에서 공적연금체계의 개요, 이 장의 3에서 전 국민이 가입하는 국민연금과 민간근로자가 가입하는 후생연금, 이 장의 4에서 공무원 등이 가입하는 구 공제연금에 대해 살펴본다. 이 장의 5에서 후생연금과 구 공제연금을 비교하고, 이 장의 6에서 일본 공적연금제도가 우리에게 주는 시사점을 정리한다.

---

5) 이에 비해 한국에서는 배우자 등에게 부양가족연금이 지급되지만 급여액이 낮아 소득보장 효과를 기대하기 힘들다. 미국에서는 전업주부 등에 대한 부양가족연금이 가입자 노령연금의 절반에 가까워 소득보장 효과가 두텁다.

2. 공적연금체계의 개요

공적연금체계가 〈그림 7-1〉에 제시되어 있다. 현역세대는 모두 국민연금, 즉 기초연금의 피보험자이며 은퇴 후 1층부분의 기초연금을 받을 수 있다. 민간근로자와 공무원은 기초연금 외에 후생연금과 공제연금이라는 2층부분의 소득비례연금을 받는다. 기초연금 지급 재원은 원칙적으로 50%를 국고가 부담하고 나머지를 자영업자 등(국민연금 제1호 피보험자)과 민간근로자와 공무원 등 피용자(국민연금 제2호 피보험자)가 부담한다. 피용자 부담분에는 이들의 배우자(국민연금 제3호 피보험자)가 부담해야 할 보험료가 포함된 것으로 간주된다.

〈그림 7-1〉 공적연금체계(1986년 이후)

(수치는 공적연금은 2017년 3월말, 국민연금기금 등 3층은 2016년 3월말 기준, 명)

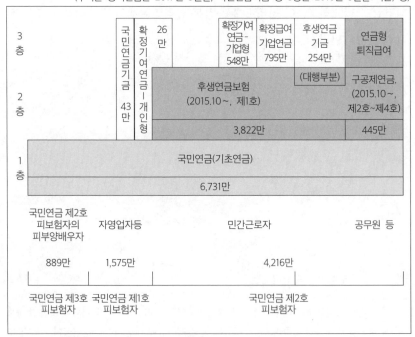

자료: 후생노동성, 2017: 239; 후생노동성연금국, 2017: 2.

<표 7-1> 피보험자 구분과 보험료 부담

피보험자 구분	적용연금	직업 등	보험료 부담(2017년 9월 기준)
제1호	국민연금	자영업자, 농민, 무업자 등 20세 이상 60세 미만	• 정액보험료: 월 1만 6,490엔 • 2005년 4월부터 매년 280엔씩 올려 2018년 이후 1만 6,900엔(2004년 가격)으로 고정 • 매년 보험료액과 인상폭은 물가, 임금동향 따라 변동
제2호	국민연금 + 후생연금	사업장근로자 70세 미만	• 보수비례 보험료 • 보수액의 18.3%(노사 절반씩 부담) • 2004년 10월부터 매년 0.354%씩 올려 2017년 9월 이후 18.3%로 고정
	국민연금 + 공제연금	공무원, 사학교원	• 공무원: 월 급여의 17.986%(사학공제 14.265%) • 매년 9월 0.354%씩 인상, 2018년 18.3%로 인상
제3호	국민연금	제2호 피보험자 등의 피부양배우자	• 보험료 부담 없음 • 후생연금(혹은 공제연금)이 부담

자료: 후생노동성, 2017: 244.

피보험자별 보험료는 〈표 7-1〉에 정리되어 있듯이 보험자 종류별로 또 가입한 연금에 따라서 약간씩 상이하다. 피용자의 상이한 보험료율은 2017, 2018년(사학공제는 2027년)에 18.3%로 일원화될 예정이다. 정책당국은 2004년의 연금개혁 이후 국민연금과 후생연금의 보험료율 합계가 20%를 넘어서지 않도록 하는 방안을 정책기조로 삼는다. 즉, 그렇게 할 필요가 있을 경우에는 급여수준을 낮추는 방안을 우선 검토하도록 제도를 운영한다.

피보험자 분포와 이들의 보험료 납부내역이 〈표 7-2〉에 정리되어 있는데, 공적연금에 가입하지 않아 피보험자에서 누락된 이들이 9만 명 정도 있다. 또 가입하여 피보험자로 구분되고 있지만 보험료를 미납하여 장차 연금을 수급하지 못하거나 저연금 수급이 예상되는 이들이 224만 명 있다. 이들을 합친 233만 명은 공적연금 가입대상자 6,721만 명의 3.5%에 해당한다. 여기서 미납자라 함은 보험료를 24개월 이상 납부하지 않은 자를 지칭한다.

<표 7-2> 공적연금 가입자 분포와 보험료 납부 현황(2015. 3)

(단위: 만 명, %)

미가입자 9	미납자 224(3.3)	면제자 380(5.7) 학생특례 연소유예 222(3.3)	보험료 납부자 916 (13.6)	후생연금 3599 (53.6)	공제연금 439 (6.5)	제3호 피보험자 932 (13.9)
	제1호 피보험자 1,742(26.0)			제2호 피보험자 4,038(60.2)		
	가입자 6,712(100.0)					
	공적연금 가입대상자 6,721					

자료: 후생노동성연금국·일본연금기구, 2015.

보험료 미납과 관련하여 집중관리 대상인 제1호 피보험자의 경우 보험료 납부율이 매년 낮아져서 문제점으로 지적된다. 납부율은 1990년에 85.2%이던 것이 2000년 73.0%, 2005년에 67.1%(최종납부율 72.4%), 2010년 59.3%(동 64.5%), 2012년 59.0%(동 67.8%)로 떨어졌다. 다행히 2013년 60.9%, 2014년 63.1%로 높아져 상승세를 보였으나 향후 전망은 불투명하다. 여기서 최종납부율은 2년 사이에 납부한 분을 포함한 값이다(厚生労働省年金局·日本年金機構, 2015: 2).

그렇다면 공적연금의 급여관련 통계를 살펴보자. 공적연금 실수급자수[6]는 2015년 3월말 기준 3,991만 명이며 이들에게 지급되는 총연금액은 53.4조 엔이다. 구성내역을 보면 국민연금(기초연금) 21.3조 엔, 후생연금 25.6조 엔, 공제연금 6.5조 엔 등이다. 평균적으로 1인당 연간 134만 엔, 월 11만 엔의 연금이 지급되는 셈이다.

먼저 수급자수가 가장 많은 노령연금을 예로 들어 설명해 보자. 노령기초연금은 2015년 3월말 기준 수급자가 2,977만 명이며 평균연금액은 월 5.4만 엔(노령후생연금 없는 노령기초연금만의 수급자 5만 엔), 새롭게 연금을 받기 시작한 수급자의 평균연금액은 월 5.1만 엔(동 5.5만 엔)으로 낮다.

---

6) '수급자수'는 '수급권자수'에서 '전액지급정지자수'를 차감한 값이다.

40년을 가입한 만액 수급자는 월 6.5만 엔을 받을 수 있지만 40년 미만 가입자가 많아 위와 같은 값이 얻어진다. 후생연금의 기초연금 부분을 제외한 국민연금만의 연간 지출비용은 3.6조 엔이며 적립금은 장부가기준 7.2조 엔, 시가기준 9.3조 엔이다. 적립비율[7]은 장부가기준 4.2배 시가기준 5.0배. 노령기초연금의 지급개시연령은 65세다.

노령기초연금과 더불어 노령연금의 또 다른 축을 이루는 것이 노령후생연금이다. 2015년 3월말 기준 수급자가 1,458만 명(통산노령연금 수급자 1,271만 명 제외)이며 평균연금액은 월 14.8만 엔이다. 이는 두 그룹으로 구분하여 접근할 수 있다. 노령기초연금 없이 노령후생연금만 수급하는 경우 7.8만 엔이고, 노령기초연금을 함께 수급하는 경우 이를 포함해 15.6만 엔이다(厚生労働省年金局, 2015: 7). 다수는 양자를 함께 수급한다.

이들 통계로부터 홑벌이 민간근로자 대표부부의 공적연금액을 추정해 볼 수 있다. 대표부부는 제1호 피보험자인 남성 근로자가 평균임금으로 40년 가입 후 받는 노령후생연금(노령기초연금 제외)과 부부의 기초연금(40년 전업주부 배우자분 포함)으로 연 266만 엔, 월 22.2만 엔을 수령한다. 이는 노령후생연금 9.2만 엔과 기초연금 13만 엔으로 구성된다.

후생연금(기초연금, 즉 정액부분 포함)의 연간 지출비용은 38.8조 엔이다. 적립금은 장부가기준 105조 엔, 시가기준 136.7조 엔을 기록하여 적립비율은 장부가기준 3.5배 시가기준 4.1배를 보인다. 노령후생연금의 지급개시연령은 보수비례부분(노령후생연금)이 61세이고 정액부분(노령기초연금)은 65세다.

이어서 장애연금과 유족연금에 대해 기초연금, 후생연금의 순으로 살펴

---

7) 이는 전년도 말 보유 적립금을 당해연도 실질지출에서 점하는 보험료 갹출 조달액으로 나눈 값이다. 즉, 실질지출 중 국고, 공경제 부담을 제외한 값이다. 이에 비해 적립정도(積立度合)는 전년도말 보유 적립금을 국고, 공경제 부담, 추가비용을 포함하는 당해연도 실질지출로 나눈 값으로 적립비율보다 낮다(厚生労働省, 2016: 239).

보자. 장애기초연금과 유족기초연금은 노령기초연금에 비해 급여수준이 높다. 장애기초연금은 1급이 월 81,260엔(노령기초연금 6만 5,008엔의 1.25배)이고 2급이 월 6만 5천 엔이다. 유족기초연금은 미성년 자녀가 있을 경우에만 지급되며 자녀 1인시 월 8만 3,717엔(노령기초연금 + 1만 8,708엔), 자녀 2인시 월 10만 2,425엔(노령기초연금 + 3만 7,417엔)이다. 3인 이상의 경우 1인당 월 6,233엔을 추가한다. 2015년 3월말 기준 수급자 평균연금액은 장애기초연금이 월 7.2만 엔, 유족기초연금이 8.1만 엔이다.

장애후생연금과 유족후생연금은 노령후생연금보다 급여수준이 낮다. 은퇴하기 전 가입자가 장애자가 되거나 노령후생연금 수급 중 사망하는 경우에 지급되는 이들 연금은 성격상 노령후생연금 수준을 넘어서기 힘들다. 2015년 3월말 기준 노령후생연금 14만 8천 엔(노령기초연금 수급자의 경우 15만 6천 엔)에 비해 장애후생연금은 10만 2천 엔, 유족후생연금은 8만 5천 엔 수준이다. 장애후생연금은 급수(1~3급)에 따라 차등 지급되며 1급 15만 8천 엔, 2급 12만 엔, 3급 5만 9천 엔 수준이다.[8] 3급의 최저보장금액은 월 4만 9,158엔(2015년)이며 일시금인 장애수당금(최저보장)은 115만 2백 엔(2015년)이다.

한편 국민연금과 후생연금의 수지와 적립금 상황을 2014년을 기준으로 정리해 보자. 국민연금은 수입이 3.84조 엔(기초연금교부금 제외)이고 지출이 3.74조 엔으로 0.1조 엔의 흑자를 보이며, 적립금(연금특별회계 국민연금계정)은 2015년 3월말 기준 9.3조 엔(시가기준) 수준이다. 수입내역을 보면 주종인 보험료 수입이 1.63조 엔, 국고부담이 1.93조 엔을 점한다. 적립금의 운용실적이라고 할 수 있는 수익률은 11.8%로 높은 편이지만 연도

---

8) 이 금액에는 장애기초연금이 일정부분 포함되어 있다. 1급 8.1만 엔, 2급 6.6만 엔 수준이다. 기초연금(국민연금)만 가입한 이들은 장애등급에 따라 5만~8만 엔, 후생연금까지 가입한 이들은 각 6만~16만 엔을 지급받는다. 연금액은 가입월수와 연수, 장애등급에 따라 달라진다.

별로 기복이 크다. 9)

후생연금은 수입이 40.5조 엔(기초연금교부금 제외)이고 지출이 38.7조 엔으로 1.8조 엔의 흑자를 보이며, 적립금(연금특별회계 후생연금계정)은 2015년 3월말 기준 136.7조 엔(시가기준) 수준이다. 수입내역을 보면 주종인 보험료 수입이 26.3조 엔, 국고부담이 8.8조 엔을 점한다. 적립금의 운용실적이라고 할 수 있는 수익률은 11.6%로 높은 편이지만 연도별로 기복이 크다. 10)

보험료의 징수와 연금의 지급, 가입자 관리 등 제도집행 업무는 2010년 1월 1일부터 사회보험청에서 일본연금기구로 이관되었다. 발족 초기 기구 인원은 1만 7,830명 정도였지만 개혁작업이 추진되면서 2015년 4월 기준 1만 3천 명 정도로 축소되었다. 11)

이상의 공적연금 외에 강제가입에 준하거나 임의 가입하는 연금이 있다. 〈그림 7-1〉에 제시된 3층연금12) 이 그것이다. 여기에는 국민연금에 가입한 자영업자 등이 이용하는 국민연금기금(가입자수 45만 명, 2015년 3월말 기준)과 확정갹출연금 개인형(동 21만 명), 확정갹출연금 기업형(동 505만 명), 확정급여연금(동 782만 명), 후생연금기금(동 363만 명), 연금형 퇴직급여 (2015년 10월 이후, 441만 명, 이전 가입분은 직역연금 가산 적용)이 있다.

---

9) 2013년도 8.3%, 2012년도 9.5%, 2011년도 2.2%, 2010년도 -0.3% 등이다(厚生労働省, 2015).

10) 2013년도 8.2%, 2012년도 9.6%, 2011년도 2.2%, 2010년도 -0.3% 등이다(厚生労働省, 2015).

11) 이 수치는 동 기구 연차보고서에 서술된 정규직과 준직원수 1만 2천 명에 보고서에 서술된 기간업무 강화 목적으로 특별 배치된 준직원 약 1천 명을 포함시킨 값이다. 이 밖에 유기고용과 계약 등 형태로 일정 수의 직원이 별도로 있다(日本年金機構, 2015: 73).

12) 3층연금이라고 하면 통상 개인연금 등의 개인저축을 지칭할 때가 적지 않다. 하지만 여기서는 국민연금(기초연금)을 1층으로 보므로 퇴직연금(혹은 기업연금)이 3층연금으로서 술되었다.

이들은 가입 시 일정규모의 소득공제 등 세제혜택이 주어지는 퇴직연금(혹은 기업연금)의 성격을 지닌다. 가입자수가 2천 1백만 명을 넘지만 임의가입이 일반적이다. 이들 연금에 대해서는 여기서 별도로 언급하지 않으며 이에 대한 정보는 후생노동성이 발행하는 《후생노동백서》 2016년판 자료편 기업연금 등을 참조하기 바란다(厚生労働省, 2016: 249~251).

3. 국민연금·후생연금의 개요

1) 국민연금·후생연금의 도입과 발전

(1) 제도의 창설

일반국민 대상의 공적연금은 후생연금이 시초다. 태평양전쟁이 한창이던 1942년 근로자 대상의 〈근로자연금보험법〉이 제정된다. 다만 이때의 적용대상은 남성 육체노동 근로자로 제한되었다. 도입목적은 장기적 측면에서의 노동자 복지의 충실과 노동력 보전 강화, 생산력 확충이었다. 하지만 이 같은 단기, 중기적으로 당장의 태평양전쟁 수행에 필요한 자금을 조달하는 것이 또 하나의 감추어진 목적이었다. 공적연금의 경우, 제도시행 효과가 단기, 중기 및 장기에 따라 크게 달라질 수 있기 때문에 이 같은 해석이 가능하다. 특히 도입 초기의 소수 은퇴자에게 지급하는 데 필요한 연금액 이상의 보험료를 부과하는 경우 이렇게 이해될 수 있다.

이후 1944년에 법의 명칭이 〈근로자연금보험법〉에서 〈후생연금보험법〉으로 바뀌면서 적용대상에 남성 사무직근로자와 여성 근로자가 포함되었다. 여성 근로자를 포함한 것은 전쟁수행에 이들이 동원되기 시작하면서 배려할 필요성이 커졌기 때문이다. 그렇지만 제도를 도입하고 적용대상을 확대한 가장 큰 이유는 군비를 조달하면서 군수물자로 인한 인플레이션을 억제하기 위해 근로자 임금을 강제저축토록 하기 위함이었다. 연금의 종류로는 노령연금 외에 장애연금(1급, 2급)이 있었다. 유족연금(초기명칭은 과부연금)은 1948년 8월에 창설되었다.

재원은 피보험자와 사업주 보험료가 대부분을 점했지만 국고도 일정부분 지원되었다. 노동자연금보험 발족 시에는 장차 지급될 급여비의 10%(갱내원 20%)로 높지 않은 수준이었다.

1954년에 전면개정되어 지급개시연령을 55세에서 60세로 올리고 소득비례연금이던 기본연금액 급여산식을 '정액부분 + 소득비례부분' 연금의 2층 구조로 바꾸면서 수정적립방식의 재정방식을 채택하였다. 이 같은 제도 개편은 소득비례연금만으로는 공적연금에 요구되는 소득재분배 기능을 수행할 수 없다는 그간의 지적이 지지를 받았기 때문이다. 또 보험료를 평준보험료 방식에서 요구되는 수준보다 낮게 설정한 것은 제도 도입 초기에 적용대상자 저변을 확대하기 위한 것이었다.

도입 초기에는 급여비 부담이 크지 않았기 때문에 국고부담은 1954년 개정 시 급여비의 15%로 인상되었고 1965년에 다시 20%(갱내원 25%)로 인상되었다. 급여의 한 종류인 장애연금에 3급을 신설하고 정신장애도 장애연금 지급대상에 포함시켰다.

국민연금은 후생연금보다 늦은 1961년 도입되었다. 적용대상은 20세 이상 60세 미만의 일본국민으로 후생연금과 공제연금 적용대상이 아닌 자로 주로 자영업자나 가족종사자 등의 지역주민이다. 이 제도가 시행되면서 일본은 마침내 전국민연금을 실현한다. 물론 피용자 배우자인 전업주부가 강제가입 대상에서 제외되어 이름뿐인 전국민연금이라는 한계가 있다는 점은 앞에서 지적한 바와 같다. 그런데 적용대상자들의 소득수준 등 경제력이 약하다는 점이 감안되어 보험료 면제 또는 이들이 갹출하는 보험료의 1/2을 국고가 부담하는 제도가 초기부터 도입된다. [13]

이때 제도 간 연금을 연계하는 '통산제도'를 도입하여 직업이 바뀌어서 적용제도가 달라지는 경우에도 연금 가입력이 끊기지 않고 이어지도록 하였다.

1959년 제정된 〈국민연금법〉은 갹출제 국민연금과 더불어 무갹출제 복지연금도 규정하였다. 이는 국민연금 도입 시 이미 노인, 장애자이거나 모자가정 세대원 등인 이들을 지원하기 위한 것이다. 이들에게는 노령복지연금, 장애복지연금,14) 모자복지연금, 준모자복지연금이 지급된다. 연금지급에 필요한 재원은 전액 국고부담으로 조달된다. 다만 일정액 이상의 다른 공적연금을 받고 있거나 본인, 배우자 혹은 부양의무자 소득이 일정액 이상이면 그 기간 중에는 지급이 정지된다.

보험료는 후생연금의 경우에 시행 초기(1942년 6월~) 남녀구별 없이 6.4%에서 시작해 11%(1944년 10월~), 9.4%(1947년 9월~, 여자 6.8% 이때부터 1993년 1월 이전까지 남녀 차등화), 3%(1948년 8월~)로 바뀌었으며 국민연금은 시행 초기(1961년 4월~) 100엔(20~34세)과 150엔(35세 이상)으로 시작하여 1967년 1월 200엔과 250엔으로, 1969년 1월 250엔과 300엔으로 인상되다가 1970년 7월 450엔으로 인상되면서 연령별 차이가 없어졌다.

---

13) 도입초기인 1961년 4월 이후 보험료는 100엔(20~34세)과 150엔(35세 이상) 수준으로 낮았으며 국고부담은 보험료 총액의 1/2이었다. 그 배경에는 적용대상자의 경제력이 보편적으로 약하다는 사실과 사업주부담이 없어 국고부담을 후생연금보다 높게 설정할 필요가 있다는 정책적 판단이 있었다. 아울러 기금을 국가재정에서 독립시켜 운영하는 것이 적립금 운용에 유리하다는 점 등이 고려되어 갹출시의 국고부담 방식으로 결정된다. 그런데 1976년 급여지출이 크게 늘 것으로 우려되자 장래의 재정안정을 위해 급여비용의 1/3로 축소된다. 이후 법개정으로 2009년도부터 동 1/2로 상향조정된다(厚生労働省, 2002).

14) 무갹출 장애복지연금은 도입 당시 수급자격은 20세 전에 초진일이 있는 자와 1961년 4월 1일 전에 초진일이 있는 장애자로 한정되고 소득제한도 있었다.

(2) 제도의 충실

제도발족 후 이런저런 이유로 국민연금 보험료를 내지 못하거나 기피하여 수급에 필요한 가입력을 못 채워 무연금자가 될 이들이 큰 문제점으로 지적되었다. 이들에 대한 대책이 마련되면서 1989년에는 학생이 적용대상에 포함된다. 국민연금의 장애연금 수급대상에 정신박약(1965년 8월)이 추가되고, 또 신장병, 간장병 등 장애(1966년 12월)로 확대된다. 1985년에는 20세 전 장애자에게 장애기초연금 지급으로 제도가 바뀐다.

제도발족 후 시간이 지나면서 가입력이 늘어나 급여수준이 늘어난다. 1965년 후생연금의 노령연금 표준지급액이 월 1만 엔대에 달하고 국민연금은 부부가 합쳐서 1969년 2만 엔, 1973년 5만 엔, 1976년 9만 엔으로 늘어난다.

보험료는 계단형보험료방식 원리에 따라 도입된 후 단계적 인상이 예정됐다. 후생연금은 3.5%(1960.5~), 5.5%(1965.5~), 6.2%(1969.11~), 6.4%(1971.11~), 7.6%(1973.11~), 9.1%(1976.8~), 10.6%(1980.10~), 12.4%(1985.10~), 14.3%(1990.1~), 14.5%(1991.1~, 1993.1~ 남녀 동일보험료율), 16.5%(1994.11~), 17.35%(1996.10~)로 인상되다 총보수제가 도입되면서 13.58%(2003.4~), 13.934%(2004.10~)로 조정된 후 2008년을 제외하고 거의 매년 보험료율이 0.354%씩 인상되었다. 2017년 9월부터 18.3%로 고정된다.

국민연금의 경우 월 550엔(1972.7~), 900엔(1974.1~)과 같이 단계적으로 상승해 1993년 4월 1만 500엔으로 1만 엔대를 넘어선다. 이후 1998년 4월 1만 3,300엔으로 인상된 이후에 한동안 이 금액이 지속되다가 2005년 4월부터 매년 상향조정되어 2010년 4월 1만 5,100엔에 이른다. 이후에 2011년과 2012년에 1만 5,020엔, 1만 4,980엔으로 하락하다 매 4월 기준 2013년 1만 5,040엔, 2014년 1만 5,250엔, 2015년 1만 5,590엔, 2016년 1만 6,260엔으로 인상되었다. 2017년 1만 6,490엔, 2018년 1만 6,340엔,

2019년 이후에는 '1만 6,900엔 × 보험료 개정률'로 고정된다. 여기서 개정률은 임금과 물가변동을 기준으로 매년 개정된다.

이상에서 살펴본 바와 같이 급여는 장애연금 등 일부 급여에서 내실화가 추구되었으나 그 내용은 급여수준 인상 대신 급여수준 인하 등의 조치가 주된 것이었다. 아울러 급여비용을 마련하기 위해 보험료가 지속적으로 인상되었다. 여기서 말하는 '제도의 충실'이라는 개념은 보험료 인상을 통한 재정안정과 이에 입각한 제도 정착 강화로 이해하는 것이 맞을 것이다.

(3) 고령사회 대비 개혁: 2004년 이전

1985년부터 본격적 고령사회 도래에 대비하여 기초연금이 신설되고, 이 위에 소득비례연금인 후생연금과 공제연금이 추가되는 2층구조 연금의 틀이 만들어진다. 기초연금 도입으로 후생연금에 대한 국고부담은 기초연금에 대한 국고부담으로 개편되고 국고지원 수준은 이전의 '급여비의 20%'에서 '기초연금 각출금의 1/3'로 바뀐다. [15]

이때 전업주부의 국민연금 가입이 의무화되면서 여성연금권이 확립된다. 전업주부는 소득이 없어 보험료를 납부하지 않지만 배우자가 납부하는 보험료 일부를 전업주부 납부 보험료로 의제하여 납부기간에 대응하는 기초연금을 수급하도록 했다.

연금제도 성숙에 대비하여 급여수준의 단계적 인하가 추진되었다. 구체적인 방식은 수급자의 연금을 임금변동과 물가변동에 연동하는 방식을 통한 것이다. 후생연금의 연금액 연동은[16] 1973년 개혁 시 5년마다 행하는 재정재계산 시 임금재평가를 통해 연금액을 조정토록 한다. 임금재평가의

---

15) 이렇게 개정한 배경은 ① 기초연금이 노후소득보장의 기본 부분을 맡고 있어 조세재원이 이를 부담하는 것이 의의가 크고 ② 보수비례부분에 대한 국고부담이 소득역진적이기 때문이다. 부담수준은 종래 후생연금의 국고부담 수준과 유사하다(厚生労働省, 2002).

16) 이하의 내용은 厚生労働省年金局(2014: 4)을 참조하길 바란다.

경우 1993년까지는 표준보수 증가에 맞춰 재평가하고 1994년 이후에는 보험료율 상승분을 고려하여 재평가하는 '가처분소득 연동'을 적용한다. 재정재계산의 중간연도에는 물가연동을 적용한다. 1989년까지는 5% 초과 변동이 있을 때만 자동적으로 반영하고(실제로는 거의 매년 개정) 1990년 이후 완전물가연동이 적용된다.

국민연금은 후생연금과 달리 생활수준과 소비수준 등의 동향을 종합적으로 고려한 '정책연동' 방식이 도입된다.

이후 2000년 개혁 때 65세 이후 기재정(裁定) 연금에는 임금재평가와 정책연동 대신 물가연동만을 적용하는 것으로 바뀐다. 다만 물가연동 적용 시 연금액과 65세 이후 임금재평가 등 적용 시의 연금액 격차가 너무 클 때는 기재정연금도 임금재평가 등을 적용하도록 한다(이른바 8할룰). 이 개정룰은 법률에는 규정되지 않고 향후 재정재계산시 기초연금액과 후생연금의 재평가율 개정 방침으로 들어갔다. 통상 '생년별 재평가율 설정'이라고 부른다.

기초연금 도입과 더불어 후생연금과 공제연금 등의 피용자연금제도 간 비용부담 조정법이 제정(1989년 12월) 되고, 1990년부터 이에 따른 비용부담 조정사업이 시작되나 1996년까지 시행되고 폐지된다.

1985년 개혁 때 연금연동과 더불어 연금지급개시연령이 상향조정된다. 후생연금의 경우 2000년까지 남성은 60세에서 65세, 여성은 55세에서 60세로 단계적으로 인상되면서 특별지급 노령후생연금제도가 도입된다. 이 제도의 적용대상은 남성이 1961년 4월 1일 이전, 여성은 1966년 4월 1일 이전 출생이다. 이 연금은 정액부분과 보수비례부분으로 구분되어 지급개시연령이 생년월일과 남녀에 따라 다르다.

정액부분(즉 기초연금)의 수급은 1943년 4월 2일∼1945년 4월 1일 출생 남성(여성은 5년 시차)은 61세, 1945년 4월 2일∼1947년 4월 1일 출생 남성은 62세, 같은 방식으로 1953년 4월 2일∼1955년 4월 1일 출생 남성은 65세다. 보수비례부분은 출생 연도에 관계없이 60세부터 수급했으나 2000년 개혁으로 지급개시연령이 상향되어 1955년 4월 2일~1957년 4월 1일 출생 남성(여성은 5년 시차) 61세, 같은 방식으로 1961년 4월 2일(여성은 5년 시차) 이후 출생자는 65세부터 수급한다. 이 같은 개편은 2025년(여성은 2030년)까지 계속될 예정이며 지금은 이행과정에 있다.

2000년 개혁으로 후생연금의 보수비례부분이 5% 인하되고 60대 후반 재직자 대상의 재직자노령연금제도가 창설된다. 아울러 연금연동의 경우 기재정연금(65세 이후)은 물가연동제만 적용하고 임금재평가와 정책개정을 적용하지 않도록 하여 사실상의 급여수준 인하를 꾀한다.

보험료는 앞에서 보았듯이 꾸준히 인상됐으며 후생연금의 경우 1994년부터 보너스에도 특별보험료가 징수되다 2000년부터 보험료가 총보수(상여금 포함) 기준으로 바뀌면서 특별보험료는 폐지된다. 그리고 육아휴업기간 중의 본인보험료가 1994년부터 면제되다가 2000년부터는 사업주부담분도 면제된다. 또 같은 해 국민연금 보험료 면제제도가 확대 시행되면서 반액면제제도와 학생납부특례제도[17]가 창설된다.

이 무렵 후생연금으로의 제도통합이 활발하게 진행되어 1996년 JR 공제, JT 공제, NTT 공제연금이, 2001년 농림어업단체직원 공제조합이 각각 후생연금에 통합된다.

한편 후생연금과 국민연금 위에 위치하는 2층 사적연금 성격의 후생연금기금이 1965년, 국민연금기금이 1989년 각각 창설된다.

---

17) 학생이 국민연금에 강제가입토록 규정된 것은 1989년이며 당초 1990년 4월부터 시행 예정이었으나 1991년 4월로 미뤄져 시행된다. 이때 학생의 보험료 납부면제 기준이 완화된다. 1995년에는 20세 도달자가 스스로 자격취득을 신고하지 않아도 직권적용 방식으로 적용토록 한다. 2000년 학생납부특례제도를 거쳐 2005년 청년납부유예제도가 10년 한시 조치로 도입된다.

(4) 고령사회 대비 개혁: 2004년

1985년 이후 몇 차례 개혁이 있었지만 연금재정 불안정 문제가 근본적으로 해소되지 않았다. 그래서 2004년에 인구 및 경제사정의 변화를 고려하여 급여수준을 신축적으로 조정할 수 있는 과거소득 재평가 및 연금연동 방식이 도입된다. 장기적인 재정안정화를 염두에 둔 개혁이라고 할 수 있다.

먼저 연금개혁의 배경을 3가지로 정리해 보자. 첫째, 합계출산율 저하와 평균수명의 지속적 상승으로 인해 현행제도 유지 시 2038년경 국민연금(기초연금)과 후생연금의 보험료율이 각각 2만 5,900엔과 26%로 전망된다. 둘째, 경제의 장기침체로 연금제도의 지속가능성이 보장되기 힘들어진다. 셋째, 미래세대 부담 증가와 급여수준의 보장 불확실로 젊은 가입자층의 불신과 보험료 미납 증가로 국민연금의 공동화 현상이 우려된다. 국민연금의 보험료납부율은 1990년대 후반부터 하락했다(1990년, 85% → 2015년, 73%).

2004년 개혁안의 핵심내용은 임금과 물가에 따른 개정률을 조정하여 연금액을 완만하게 조정하는 장치를 도입한 것이다. 기존의 개정률에서 현역 피보험자수 감소와 평균여명의 증가에 따라 계산한 '슬라이드조정률'을 차감하여 연금액을 조정한다(거시경제연동). 이로써 개혁 전 급여수준 59.3%가 장기적으로 50.2%로 하락할 것으로 예상된다. 물론 급여수준이 50% 이하로 하락할 것으로 우려되는 경우 이를 유지하기 위한 별도조치를 취하도록 한다.

이상의 연금액 연동작업 시 임금재평가와 정책연동을 포함한 관련 룰을 법정화한다. 신규재정 시에는 임금변동률을 적용하고 기재정연금에는 물가연동을 적용한다. 아울러 장기적으로 급여와 부담의 균형을 위해 이상의 연동조치를 일정부분 조정하는 위의 거시경제연동 방식을 도입하며 구체적 연동수준은 매년 정령으로 규정토록 하였다.

보험료도 장기적 재정안정을 염두에 두고 인상 계획을 확정한다. 국민연금은 1만 3,300엔(2004년) → 1만 6,900엔(2017년), 후생연금은 13.58%

(2004년, 총소득 기준) → 18.3% (2017년)로 단계적으로 인상하되 이후 이 수준에서의 고정을 목표로 삼는다. 아울러 기초연금에 대한 국고부담비율을 지출의 1/3 → 1/2로 단계적으로 인상하고 연금급여 과세를 강화한다. 아울러 기초연금의 보험료 납부율 제고 방안 등 제도내실화 조치도 마련한다. 다양한 보험료 면제제도를 도입(전액, 3/4, 1/2, 1/4 면제 등)하는 한편, 20대 젊은 층 대상으로 납부유예제도를 신설한다(단, 유예기간은 10년 이내). 그리고 이혼에 따른 배우자에의 연금분할제도가 이때 도입된다.

당시 정부와 여당은 연금개혁 시 기본방향을 현 제도의 기본틀(기초연금 + 소득비례연금 체계)을 유지하되, 향후 100여 년간(~2100년) 고치지 않아도 안정적 재정운영이 가능하고, 2100년경 적립률(2100년의 연금기금 규모/당년도 급여지출) 1 수준을 유지할 수 있는 방안으로 정한다. 이 방안을 담은 법안은 야당의 반대에도 불구하고 고이즈미 준이치로 총리가 이끄는 여당 단독으로 2004년 6월 국회를 통과한다. 이때 여당은 야당이 제기하는 연금제도 일원화를 향후 5년 이내에 결론짓겠다고 약속한다.

개혁안에 반대하는 제1 야당인 민주당은 기초연금과 소득비례연금을 소득비례연금 하나로 일원화하고 대신 최저보장연금을 도입하자고 주장한다. 노동조합은 현행 체제하에 기초연금 재원의 전액 조세화를 주장하였고, 사용자단체는 소득비례연금의 민영화를 주장한다. 언론은 정부의 재정추계 결과(출산율 가정 등)에 불신감을 제기하였고 수급자 단체는 실질적 급여축소 방안에 강하게 저항한다.

돌이켜 보면 2004년 연금개혁안은 적정 급여수준 보장보다 '부담 가능한 수준의 보험료 유지'에 방점이 놓인 개혁안으로 그간의 연금정책 노선이 크게 바뀐 안이라고 할 수 있다. 이 같은 비판에도 불구하고 일본은 이때의 개혁으로 인구 및 경제변화에 신축적으로 대응할 수 있는 자동재정안정(*automatic balancing*) 장치 도입에 일단 성공한다. 그렇지만 이 장치의 실용 측면에서의 타당성 확인, 연금제도 일원화 등의 과제를 남겼다.

(5) 제도·세대 간 형평성 제고와 무연금자 해소: 2012년 개혁

여기서 지칭하는 2012년 개혁은 2012년 입법과 이후 연관하여 입법된 제법에 의해 추진된 일련의 개혁조치다. 이 개혁을 통해 일본이 추진하고자 하는 주된 사안은 공무원연금과 일반근로자 연금 간의 불공평 해소, 은퇴세대와 현역세대 간의 급여수준의 불공평 해소, 무연금자 감소 등이다.

오랫동안 별도 제도로 운영되었던 공무원 대상의 공제연금을 일반근로자 대상 후생연금에 통합시켜 공제연금에 규정된 각종 우대조치를 해소하였다.[18] 다음으로 수급자가 받는 연금액 조정방식을 '물가연동 + 거시경제연동'에서 '물가연동·임금연동[19] + 거시경제연동'으로 수정한다. 임금변동이 물가변동보다 더 낮을 경우 임금에 연동하여 수급세대 연금액을 하향조정함으로써 수급세대와 현역세대(혹은 미래세대) 간의 소득대체율상의 불공평을 줄인다.[20] 그리고 25년 이상 가입해야 수급할 수 있는 기초(노령)연금의 가입기간을 10년 이상으로 단축하였다.

개혁논의를 2008년부터 추적하여 간단히 정리해 보자. 2008년 12월 사

---

[18] 두 제도의 통합 논의는 1984년의 각의 결정에서 출발한다. 당시에는 '1995년 목표 통합 완료'였다. 이후 각의 결정이 몇 차례 더 있었으나 입법에 이르지 못하다가 2007년 〈피용자연금 일원화법안〉이 국회에 제출된다. 그러나 2009년 국회해산으로 폐안되고 민주당 집권기인 2012년 4월 〈피용자연금 일원화법안〉이 국회에 다시 제출되어 같은 해 8월 성립한다(厚生労働省年金局年金課, 2015: 8~10).

[19] 임금변동률이 물가변동률을 밑돌 경우 임금변동률에 맞춰 연금액을 낮춘다.

[20] 10년간의 디플레기 임금인하로 현역세대 기초연금 소득대체율이 28.4%에서 26.0%로 감소하는 반면 수급세대 기초연금 소득대체율은 33.7%에서 36.8%로 상승할 것으로 예상되었다. 이는 물가연동 방식에서 정책적 배려로 물가 인하분만큼 연금액을 낮추지 않았기 때문이다(명목연금 수준 유지). 이것이 문제라고 판단하여 (임금인하 시) 임금연동 방식을 추가 적용키로 한다. 참고로 2005년 이후 연금개정률 추이를 보면, 제로가 2005, 2007, 2008, 2009, 2010, 2013, 2016, 2018년이고, 마이너스가 2006년, -0.3%, 2011년, -0.4%, 2012년, -0.3%, 2014년, -0.7%, 2017년, -0.1%, 플러스는 2015년, 0.9% 하나다. 거시경제연동은 장기간의 디플레로 2015년 처음으로 시행된다(堀江奈保子, 2018: 2. 도표 2 연금개정률 추이).

회보장국민회의는 최종보고에서 '지속가능한 사회보장 구축과 안정재원 확보를 위한 중기프로그램'을 제시한다. 이듬해 정권이 자민당에서 민주당으로 교체되면서 혼선을 빚다가 2011년 '사회보장 및 세제 일체개혁'에 나서 2012년 8월 사회보장 및 세제 일체개혁을 담은 총론 법안인 〈사회보장제도 개혁추진법안〉이 성립한다.

이후에 재집권한 자민당 정권에서 이 법에 의거하여 사회보장제도개혁 국민회의가 설치되어서 보고서가 2013년 8월 제출되고, 이를 토대로 2013년 12월 〈지속가능한 사회보장제도 확립을 위한 개혁추진법안〉이 성립한다. 두 총론 법안 외에 연금 관련 제법이 2012년 7월 이후 단계적으로 성립한다. [21] 참고로 2012년 7월 이후 2016년 12월까지 사회보장 및 세제 일체개혁 관련하여 국회에서 성립된 법안은 자녀와 양육지원 관련 5개, 의료와 개호관련 5개, 고용관련 3개, 장애자 관련 1개, 조세 2개 등이다. [22]

2012년 개혁과정에서 집권당이 민주당에서 자민당으로 바뀌지만 개혁의 큰 흐름은 영향을 받지 않는다. 여야가 필요성과 기본방향에 대해 공감하는 바가 있었기 때문일 것이다.

이때 성립한 연금관련 제법에 따라 기초연금의 국고부담 비율 1/2이 항구

---

21) 관련법안은 다음의 6개가 있다. 〈국민연금 등 일부개정 법률 등의 일부개정 법률안〉(2012. 7 성립), 〈공적연금제도 재정기반 및 최저보장기능 강화 등 위한 국민연금 등 일부개정 법률안〉(2012. 8; 2016. 11), 〈피용자연금제도 일원화 등 위한 후생연금보험법 등 일부개정 법률안〉(2012. 8), 〈연금생활자 지원급부금 지급에 관한 법률안〉(2012. 11), 〈공적연금제도 지속가능성 향상위한 국민연금법 등 일부개정 법률안〉(2016. 12), 〈수급자 격기간단축법안〉(2016. 12) 등이 그것이다(內閣官房. http://www.cas.go.jp/jp/seisaku/syakaihosyou/houan.html. 2017. 10. 1 인출).

22) 조세관련 법안은 〈사회보장 안정재원 확보 등 목적세 근본개혁 위한 소비세 등 일부개정 법률안〉(2012. 8 성립), 〈사회보장 안정재원 확보 목적세 근본개혁 위한 지방세법과 지방교부세법 일부개정 법률안〉(2012. 8) 이다.

화되고,[23] 공제연금이 후생연금에 통합되며, 2004년 개혁 시 도입된 장기급여와 부담의 균형을 위한 연금재정의 틀, 즉 '물가연동 + 거시경제연동'이 수정·보완되면서 수급세대와 현역세대의 소득대체율상의 불공평이 완화되고 제도의 지속가능성이 높아진다. 또 기초연금 수급자격기간이 10년으로 단축되며,[24] 단시간근로자 약 50만 명[25]에게 후생연금과 건강보험 등의 적용이 확대되고, 자영업자 등 국민연금 1호 피보험자에 대한 산전산후기간의 4개월 보험료 면제와 만액 기초연금이 보장된다. 이 밖에 저소득자와 저연금고령자 대상 복지급여(최대 연 6만 엔)가 창설되고, 연금적립금관리운용 독립행정법인(GPIF)에 합의제 경영위원회가 설치되며, 일본연금기구 불요재산의 국고납부 규정이 정비되었다.

각종 조치의 시행시기는 조금씩 달라 기초연금의 국고부담 비율 1/2 항구화는 2014년 4월, 일본연금기구 불요재산의 국고납부 규정 정비는 법 공포일부터 3개월 이내, 공제연금의 후생연금 통합은 2015년 10월, 단시간근로자의 후생연금, 건강보험 적용은 2016년 10월, 기초(노령)연금의 수급자격기간 단축은 2017년 8월, GPIF의 합의제 경영위원회 설치는 2017년 10월, 1호 피보험자 산전 산후 기간 보험료 면제는 2019년 4월, 저소득자와 저연금 고령자 대상 복지급여는 2019년 10월, 연금연동 방식 수정은

---

23) 국고부담 비율 1/2은 2009년도부터 시행되다가 2014년 4월 이후 항구화되는데 이는 〈연금기능강화법〉에 의한 것이다. 이전에는 임시재원(재정투융자특별회계 잉여금, 2009, 2010년), 부흥채(2011년), 연금교부국채 등(2012년), 연금특례공채(연계국채, 2013년) 등으로 조달했다. 2014년도 이후 조세 근본개혁에 의한 소비세 증세(8%로 인상) 재원을 활용한다(厚生労働省年金局, 2014: 4).

24) 이 조치로 64만 명이 새롭게 기초연금 수급자가 될 것으로 전망되나 그래도 여전히 26만~54만 명 정도가 무연금자로 남게 될 전망이다.

25) 이전 개정으로 501인 이상 대기업 근로 단시간근로자에게 인정하기로 했다가 500인 이하 중소기업 근로 단시간근로자가 추가되는 형식이 된다. 그렇지만 시행시기는 양자 모두 2016년 10월로 같다.

2021년 4월[26] 〔단 과거 미조정분 조정(*carry over*)은 2018년 4월〕 등이다.

2012년 개혁에 포함되지 않은 조치 중 유의할 사안의 하나로 연금의 관리운영 조직의 변화가 있다. 2009년까지 연금의 관리운영은 정부기관인 사회보험청이 담당했다. 그런데 2007년 2월 이후 가입자의 보험료 납부 기록 등 '연금기록' 관리에 커다란 허점이 발견되면서 정치논쟁을 넘어 사회문제화된다. 이것이 한 가지 이유가 되어 정권이 바뀌었다는 말이 나올 정도였다. 문제에 대처하는 과정에서 총무성은 연금기록문제검증위원회, 연금기록확인 제3자위원회, 후생노동성은 연금기록문제확대작업위원회, 연금기록회복위원회 등을 설치·운영한다. 또 〈연금시효특례법〉, 〈후생연금특례법〉 등[27]이 제정되어 가입자 피해를 최소화하려 했다.

이후 민주당 정권이던 2010년, 독립행정법인 일본연금기구가 새로운 관리기구로 발족한다. 이 기구는 조직규모를 줄이고 그동안 문제로 지적되어 온 내부조직의 적폐를 일신하기 위해 노력하지만 실추된 위상을 회복하기까지 적지 않은 기간이 소요될 전망이다.

2) 국민연금·후생연금의 제도 개요

(1) 국민연금과 후생연금제도 비교 요약

〈표 7-3〉에 국민연금과 후생연금제도 내용이 비교되어 있다. 비교 항목은 적용대상, 재원조달과 납부방법, 수급자격기간, 노령연금, 장애연금, 유족연금, 배우자연금, 조건, 보험료 면제제도, 연금증식 방법, 관리기구 등이다.

---

26) 이전까지는 물가연동이 원칙이어서 현역세대 임금이 낮아질 경우에도 이를 반영할 수 없었다(임금연동 비적용). 이번 개정으로 임금인하 시 이에 맞춰 수급세대 연금액을 인하조정할 수 있도록 바뀌었다. 물가 대비 임금이 명목 혹은 실질로 더 낮아질 경우 임금 변화에 맞춰 연금액을 인하(임금연동)하도록 한 것이다.

27) 2007년 6월과 12월에 성립하였고 이 밖에도 2009년 5월 〈연금지연가산금법〉, 〈연금연체금경감법〉이 제정되었다.

〈표 7-3〉 국민연금과 후생연금제도 내용 비교

구분		국민연금(기초연금)	후생연금
적용대상		• 일본 내 거주하는 20~60세 미만 자 (제1호 피보험자)	• 후생연금 가입기업에 근무하는 70세 미만 자(제2호 피보험자)
재원조달		• 가입자 보험료 월 16,340엔(2018년) 현금납부나 계좌이체 • 국고부담(1/2)	• 가입자와 사용주 반씩 부담 • 표준보수월액의 18.3%(2018년) 기업에서 원천징수
급여	수급자격	• 25년 이상(2017년 이후 10년), 65세 도달	• 25년 이상. 60세 도달(단계적 인상 중)

	노령연금	• 65세부터 노령기초연금 수급
		• 가입기간 짧으면 수급액 감소
		• 40년 납부 월액 6.5만 엔
		• 부부합산 시 월 13.0만 엔(2018년)
			• 65세부터 노령기초연금 + 노령후생연금 수급
			• 수급액은 가입기간, 급여수준 따라 차등화
			• 생계 함께하는 65세 미만 배우자, 18세 미만 자녀(장애자 20세 미만) 가급연금 가산
			• 전업주부 모델 소득대체율 64.1%
			  (2014년, 이후 2044년까지 지속적 하락)
			• 40년 납부시 월 21.5만 엔
			  (기초연금 12.8만 엔 + 노령후생연금 8.7만 엔)
			• 21.5만 엔 / 33.5만 엔, 2014년도 신규재정자, 33.5만 엔은 가처분소득
			• 통합모형(후생연금 + 공제연금) 전업주부 모델 소득대체율 62.7%(2014년, 이후 2044년까지 지속적 하락하여 50.6~51.0% 예정)
			• 기초연금 12.8만 엔 + 노령후생연금 9만 엔 (전업주부 모델)
			• 21.8만 엔 / 34.8만 엔, 2014년도 신규재정자, 34.8만 엔은 가처분소득

	장애연금	• 1급, 2급 장애: 장애기초연금 • 자녀 있으면 자녀수 따라 각 월 1.9만 엔 추가(셋째 이후 월 6천 엔) • 장애기초연금(1급) 월 8.1만 엔에 자녀 가산, 2급은 월 6.5만 엔	• 1급, 2급 장애: 장애기초연금+장애후생연금 • 생계를 함께하는 65세 미만 배우자, 18세 미만 자녀(장애자 20세 미만) 가급연금 가산 • 장애후생연금은 가입기간, 급여에 따라 차등화 • 가벼운 장애: 장애수당금
	유족연금	• 18세 미만 자녀 있는 처: 유족기초연금 월 6.5만 엔 • 자녀수에 따라 자녀가산 각 월 1.9만 엔 • 셋째 이후 월 6천 엔, 특정 조건 충족 시 사망일시금, 과부연금 지급	• 18세 미만 자녀 있는 처: 유족기초연금 + 유족후생연금(남편 연금액 의 75%) • 자녀 없는 처: 유족후생연금(특정조건 충족 중고령 처에게 과부가산 있음)
	배우자연금	• 제1호 피보험자로서 배우자몫 보험료 납부해야 수급	• 제3호 피보험자 조건 충족하면 보험료 부담 없이 자동가입, 수급
보험료 면제제도		• 학생납부특례, 청년층납부유예, 퇴직(실업)에 의한 특례면제, 국민연금 임의가입	-
연금 증식방법		• 부가연금, 국민연금기금, 소규모 기업공제, 국민연금 지연 지급	
		• 확정기여연금(개인형), 개인연금, 변액연금보험, 고금리 예금	
관리기관		• 시읍면	• 일본연금기구

자료: 일본연금기구 및 후생노동성 홈페이지; 후생노동성연금국수리과, 2015: 38~39.

(2) 국민연금의 개요

① 적용대상

일본에 거주하는 20~59세인 자가 가입대상이며 60~64세인 자는 임의가입으로 연금액을 늘릴 수 있다. 수급자격기간 10년(2017년, 이전은 25년)을 채우지 못한 자는 70세까지 임의가입하여 수급자격을 획득할 수 있다. 해외 거주하는 20~64세(특별한 경우 69세까지 허용)인 자도 임의가입할 수 있다.

② 재원조달

재원은 피보험자인 가입자와 사용주가 부담하는 보험료와 국고부담금으로 구성된다. 2009년 이전에는 국고부담이 급여비의 36.53%와 관리비 전액이었으나 2009년 이후 50%로 늘어나 지금에 이른다. 자영업자 등 제1호 피보험자는 본인이 보험료 전액을 부담하고 제2호 피보험자인 피용자는 보험료의 절반을 부담하여 이 보험료에 국민연금 보험료가 포함된다. 또 피용자보험료에 전업주부 등 배우자몫의 국민연금 보험료가 포함된 것으로 간주된다. 후생연금과 공제연금에 납부되는 보험료 중 국민연금 상당분은 국민연금으로 이관된다.

③ 급여

가. 급여종류와 수급자격

ㄱ. 노령기초연금

수급요건은 25년 이상의 가입력과 65세 도달이다. 이때의 기여기간에는 피보험자의 피부양자(자녀 등)와 민법상 배우자가 가입한 모든 근로자 대상 연금의 가입기간이 포함된다. 수급을 위해 은퇴가 필요하지 않으며 소득 테스트도 없다. 조기연금은 60~64세에 지급되며 연기연금은 66세 전에 연금을 청구하지 않을 경우 지급된다. 배우자나 자녀 몫의 가급연금[28]은 배우자가 65세에 이르러 노령기초연금을 받거나 자녀가 성년이 되면 지급정지된다.

ㄴ. 장애기초연금

수급요건은 국민연금 가입시 초진일이 있고, 일정한 장애상태에 있으며, 초진일 전일에 보험료 납부요건을 충족해야 한다는 것이다. 초진일이 있는 월의 전전월까지 공적연금 가입기간의 2/3 이상 기간 보험료를 납부하였거나 면제받고, 혹은 초진일에 65세 미만으로 초진일이 있는 월의 전전월까지 1년간 보험료를 미납하지 않았어야 한다. 아울러 장애를 인정받아야 한다. 처음 의사의 진료를 받은 때부터 1년 6월이 지난 시점(그 사이 나은 경우에는 나았을 때)에 장애상태에 있거나 65세에 달할 때까지 장애상태에 있어야 한다.

---

28) 가입자가 후생연금에 단독으로 원칙 25년 이상 가입하고 1층 정액부분 연금이 지급될 때 생계를 함께 하는 65세 미만의 배우자나 18세 미만의 자녀(법적 양자도 포함)가 있으면 1인당 연간 22만 7,900엔이 지급된다. 단, 배우자 연소득이 850만 엔 미만이고 배우자의 후생연금 가입기간이 20년 미만이라야 한다. 즉, 부부가 후생연금에 원칙 20년 이상 가입하고 있으면 상당수준의 연금액을 받게 되므로 가족수당 성격의 가급연금은 지급되지 않는다. 가급연금은 사실혼의 배우자에게도 지급되며 배우자에게는 '특별가산'이 별도로 붙고 배우자가 65세에 달할 때 지급이 중지된다. 특별가산은 1943년 4월 2일 이후 출생한 남성 배우자에게 연간 약 17만 엔이 지급된다. 그래서 종종 배우자 가급연금은 법정금액인 연 22만 7,900엔보다 많은 연 40만 엔 수준이라고 얘기되기도 한다. 가급연금제도는 1980년 6월 1일에 개정된 바 있다.

ㄷ. 유족기초연금

수급자격은 사망자가 국민연금의 피보험자, 국민연금의 피보험자였던 자로 일본 내에 주소를 두고 60세 이상 65세 미만인 자로 보험료 미납기간이 1/3 미만인 자[29] 혹은 노령기초연금 수급권자나 노령기초연금 수급자격 충족자라야 한다. 수급자는 유족기초연금의 경우 18세 미만의 자녀가 있는 배우자[30]와 자녀다. '중고령과부가산'은 피보험자 사망 시 여성 배우자가 40세 이상이고, 40~64세 때 생계를 함께 하는 자녀가 없는 과부에게 유족기초연금의 3/4이 유족후생연금에 덧붙여 지급된다. [31]

나. 급여수준: 산식 등

ㄱ. 노령기초연금

연금액은 2016년 4월 이후 만액연금이 월 6.5만 엔이며 가입기간에 따라 감액된다. 산식은 '78.01만 엔 × (보험료납부완료월수 + 전액면제월수 × 4/8 + 3/4 면제월수 × 5/8 + 반액면제월수 6/8 + 1/4 면제월수 × 7/8) /480월, 다만 2009년 3월분까지는 전액면제 2/6, 3/4면제 3/6, 반액면제 4/6, 1/4면제 5/6 으로 계산한다. 분모의 가입가능월수 480월의 경우 출생일자에 따라서 1926년 4월 2일~1927년 4월 1일 출생자는 300월, 1927년 4월 2일~1941년 4월 1일 출생자는 출생일에 따라 26년에서 39년으로 줄어든다.

　조기수급은 60세부터 가능하며 1월에 0.5% 1년에 6%가 감액된다. 감

---

29) 단, 경과조치로 2026년 3월말까지는 사망일이 속하는 월의 전전월까지의 1년간에 보험료 체납이 없을 경우 이 조건과 무관하게 지급한다.

30) 2012년 4월 이전에는 유족기초연금 지급대상이 모녀가정으로 한정되어 있었으나 4월 이후 부자가정 즉 자녀가 있는 남편에게도 지급되게 되었다.

31) 자녀 없는 여성 배우자에게는 본래 유족기초연금이 지급되지 않는데, 중고령자에게 일정액을 지급하는 특별조치다.

액률은 0.5%부터 30%까지다. 일부 조기수급은 1941년 4월 2일~1949년 4월 1일(여자는 1946년 4월 2일~1954년 4월 1일) 출생자로 제한된다. 이들 세대는 지급개시연령이 단계적으로 인상되므로 희망 시 일부 조기수급을 허용한다. 지연수급은 1월 지연 시 0.7%가 가산되어 1년에 8.4% 증액된다. 증액률은 0.7%에서 42%에 이른다.

ㄴ. 장애기초연금

연금액은 2016년 4월 이후 적용되는 금액이 1급이 97.5만 엔(월 8.135만 엔)에 미성년 자녀(혹은 20세 미만 장애등급 1, 2급 장애자) 가산분(둘째까지 연 22.45만 엔, 셋째 이후 7.48만 엔)이 더해진다. 2급은 78.01만 엔(월 6.5만 엔)에 위의 자녀 가산분이 더해진다. 1등급은 상시 보조를 필요로 하는 장애, 2등급은 독립적으로 살기 힘들 정도의 심한 장애로 평가되며 꽤 구체적으로 정해진 규정에 맞아야 한다.

　장애기초연금에는 소득제한이 있다. 이는 20세 이전의 상병으로 장애자가 된 경우로 한정하며 이유는 본인이 보험료를 내지 않았기 때문이다. 소득액이 398.4만 엔(2인세대 급여 기준)을 넘을 경우 연금의 절반이 지급정지되고, 500.1만 엔을 초과하면 전액 지급정지된다. 1인 세대는 기준금액이 360.4만 엔과 462.1만 엔으로 낮아진다.

ㄷ. 유족기초연금

연금액은 2016년 기준 78.01만 엔이며 자녀가산은 둘째까지 22.45만 엔, 셋째 이후는 7.48만 엔이 지급된다. 자녀가 유족기초연금 수급 시의 가산대상은 둘째 자녀 이후다. 1호 피보험자로 보험료 납부완료기간이 25년 이상인 남편이 노령연금을 받기 전에 사망할 경우 혼인기간이 10년 이상인 아내는 유족기초연금의 수급여부와 관계없이 60세부터 64세까지 '과부연금'을 받을 수 있다. 금액은 남편이 받을 것으로 예상되는 노령기초연금의 75%다.

④ 관리운영

국민연금은 후생노동성(2001년부터 후생성과 노동성이 통합)이 관장한다. 후생노동성은 국민연금 외 후생연금보험 정책을 결정하고 관련기관을 지도 감독하는데, 성내 연금국이 이들 연금제도를 종합적으로 기획, 조정한다.

연금집행 사무는 2009년까지 후생노동성 산하조직인 사회보험청(중앙관리조직)과 사회보험사무소(지방조직)가 수행하였으며, 2010년 1월 이후 일본연금기구라는 공공기관이 이를 인수하여 수행한다. 중앙정부 집행기관인 사회보험청은 국민연금, 후생연금보험, 선원보험, 정부관장 건강보험을 총괄 관리하면서 사회보험업무센터(사회보험 관련 각종기록 전산관리)와 사회보험사무소를 감독하였다. 사회보험사무소는 국민연금, 후생연금, 선원보험, 정부관장 건강보험의 전반적 업무(자격, 부과징수, 급여업무)를 담당하였다. 시정촌 행정조직도 국민연금 자격관련 신고접수처리, 보험료 징수 및 급여청구서 접수 등 일선업무를 일부 처리한다.

그런데 2007년을 전후하여 가입자의 보험료 납부기록 관리에 허점이 드러나면서 기존 조직에 대한 불신감이 폭발, 정부기관인 사회보험청이 폐지되고 공공기관인 일본연금기구가 새롭게 발족하였다. 이 과정에서 조직이 축소되고 인력도 다소 줄었다. 이를 통해 정형적 업무를 외부 위탁하고, 시장화 테스트에 따른 외부 위탁을 확대하며, 시스템 혁신 등에 의한 업무 삭감 등 쇄신작업에 나섰다.

(3) 후생연금보험의 개요

① 적용대상

적용대상은 그동안 선원을 포함한 모든 민간근로자였는데, 피용자연금 통합조치로 2015년 10월부터 공무원을 포함한 모든 피용자다.

② 재원조달

30등급으로 구분된 표준보수월액(급여와 상여금 합계, 세전소득 기준)의 18.3%(2018년)를 가입자와 사용주가 반씩 분담한다. 후생연금기금에 가입한 이들의 경우 적용제외(contracted-out) 적용으로 보험료율은 면제보험료율 2.4~5.0%가 공제되어 표준보수월액의 15.9~13.1%로 낮아진다.

표준보수월액은 최저한이 월 9.9만 엔이고 상한은 월 62만 엔이다(2000년 10월 이후). 최저한은 발족 당시 1만 엔이 2만 엔(1973년 11월), 3만 엔(1976년 8월), 4.5만 엔(1980년 10월), 6.8만 엔(1985년 10월), 8만 엔(1989년 12월), 9.2만 엔(1994년 11월)으로 늘어났다. 상한은 발족 당시 1.8만 엔이 3.6만 엔 (1960년 5월), 6만 엔(1965년 5월), 10만 엔(1969년 11월), 13.4만 엔(1971년 11월), 20만 엔(1973년 11월)으로 늘었다. 이후에는 최저한 조정 시에 32만 엔, 41만 엔, 47만 엔, 53만 엔, 59만 엔 등으로 인상되었다. 이들 값은 평균보수월액 증가에 따라 그때그때 조정된다. 관리운영비는 국고에서 부담한다.

③ 급여

가. 급여종류와 수급자격

ㄱ. 노령후생연금

수급요건은 노령기초연금 수급요건인 보험료 납부와 면제기간 합계가 25년 (2017년부터 10년) 이상을 충족하고 후생연금 피보험자 기간이 1월 이상이어야 한다. 다만 65세 미만 자가 수급할 경우 피보험자 기간은 1년 이상이어야 한다. 지급개시연령은 남녀, 출생일에 따라 다르며 1961년 4월 2일 (여자는 5년 후) 이후 출생자는 원칙 65세다. 이전 출생자는 60~64세부터 수급할 수 있으나 출생일에 따라 다르다. [32] 퇴직은 원칙적으로 수급요건에 들어가지 않는다.

다만 1941년 4월 2일 이후 출생자도 피보험자 기간이 44년 이상으로 퇴직한 경우, 또 장애 1~3급으로 퇴직하고 본인이 신청하면 특별지급 노령후생연금(정액부분+보수비례부분)을 60세부터 받을 수 있다.

재직 중 수급할 경우 연금과 취업소득 합계가 일정금액 초과 시 연금이 감액된다(재직자노령연금). 감소분은 60대 후반보다 60대 전반에서 더 크다. 2007년 4월 이후 70세 이상(1937년 4월 2일 이후 출생)에도 적용된다.

지급개시연령은 2025년(여성 2030년)까지 단계적으로 65세로 인상되며 구체적인 연령 스케줄은 각주 32의 서술을 참조한다.

수급자가 65세 미만이면 정액부분, 보수비례부분, 가급연금을 수령할 수 있고 65세에 달하면 정액부분이 노령기초연금으로 대체되어 보수비례부분과 가급연금을 수령한다. 가급연금은 65세 미만의 피부양 배우자와 자녀에게 지급되는데 배우자가 65세에 이르러 노령기초연금을 수급하면 정지된다. 자녀는 18세(장애자의 경우 20세)에 이르는 연말까지 지급된다. 수급권자 출생일(1934년 4월 2일 이후)에 따라 배우자몫 가급연금이 특별가산된다.

수급자가 노령기초연금의 조기수급을 희망할 경우 일부 조기수급이면 보수비례부분과 조기수급조정액[33]을 지급하고 전부 조기수급이면 보수비례부분과 경과적 가산금을 지급한다. 경과적 가산은 정액부분에서 노령기

---

32) 1941년 4월 2일~1943년 4월 1일 출생(여자는 5년 후)은 보수비례부분 60세, 정액부분 61세부터 수급가능하다. 이후 1943년 4월 2일~1945년 4월 1일 출생은 60, 62세, 1945년 4월 2일~1947년 4월 1일 출생은 60, 63세, 1947년 4월 2일~1949년 4월 1일 출생은 60, 64세, 1949년 4월 2일~1953년 4월 1일 출생은 60, 65세, 1953년 4월 2일~1955년 4월 1일 출생은 61, 65세, 1955년 4월 2일~1957년 4월 1일 출생은 62, 65세, 1957년 4월 2일~1959년 4월 1일 출생은 63, 65세, 1959년 4월 2일 ~1961년 4월 1일 출생은 64, 65세다.

33) 조기수급조정액은 '정액부분 × [1 - (조기수급청구월에서 특례지급개시연령 월의 전월까지의 월수/조기수급청구월에서 65세 되는 전월까지의 월수)]'로 계산한다.

초연금 상당분을 차감한 금액이다. 34) 반대로 노령기초연금의 지연수급 희망 시에는 노령기초연금과 노령후생연금이 증액된다. 1942년 4월 2일 이후 출생자는 원칙 66세 도달 이후 신청할 수 있다. 1942년 4월 1일 이전 출생자도 2007년 4월 이후 노령후생연금 수급권자이면 지연수급을 신청할 수 있다.

ㄴ. 장애후생연금

장애연금의 수급요건은 후생연금 가입 시 초진일이 있고, 일정한 장애상태에 있으며, 초진일 전일에 보험료 납부요건을 충족해야 한다는 것이다. 즉, 초진일이 있는 월의 전전월까지 전 가입기간의 2/3 이상에 걸쳐 보험료를 납부하였거나 면제받고, 혹은 초진일에 65세 미만으로 초진일이 있는 월의 전전월까지 1년간 보험료를 미납하지 않았어야 한다. 아울러 장애를 인정받아야 한다. 처음 의사의 진료를 받은 때부터 1년 6월이 지난 시점 (그 사이 나은 경우에는 나았을 때)에 장애상태에 있거나 65세에 달할 때까지 장애상태에 있어야 한다.

ㄷ. 유족후생연금

수급요건은 첫째, 피보험자 사망이나 피보험자 기간 중의 상병이 원인이 되어 초진일로부터 5년 이내 사망한 경우(사망자의 보험료 납부기간이 전 가입기간의 2/3 이상이어야 함), 둘째, 노령후생연금 수급권자 사망 시(사망자의 피보험자 기간이 20년 이상이어야 함), 셋째, 1, 2급 장애후생연금 수급자 사망 시다.

수급대상은 사망자에 의해 생계를 유지하던 아내(30세 미만 유기), 자녀,

---

34) 특별지급 노령후생연금의 정액부분 금액에서 후생연금보험 피보험자 기간 중 1961년 4월 이후에 20세 이상 60세 미만 기간에 해당하는 노령기초연금 상당액을 차감한 것이다.

손자녀, 유족기초연금 수급권을 지닌 55세 이상의 남편, (동 수급권 없으면 55~60세 사이 지급정지), 부모, 조부모다. 수급개시연령은 60세부터다. (18세 미만) 자녀 있는 배우자는 유족기초연금과 유족후생연금을 받는다. 자녀는 배우자(즉 모친)가 수급할 경우 지급정지된다.

나. 급여수준: 산식 등

ㄱ. 노령후생연금

연금액은 정액부분, 보수비례부분, 가급연금액의 합계이다. 정액부분은 '1,626엔 × 출생일에 따른 율(정액단가) × 피보험자 기간 월수'의 식으로 정해진다. 출생일에 따른 율은 1946년 4월 2일 이후 출생자는 1.0이며 보다 빠른 이들에게는 더 큰 값이 적용된다. 피보험자 기간 상한은 1946년 4월 2일 이후 출생자는 480월, 그 이전은 이보다 낮다. 기간 상한은 정액부분에만 있고 보수비례부분에는 없다. 정액부분은 '노령기초연금 + 경과적 가산'에 해당한다. 경과적 가산은 노령기초연금 가입월수가 480월에 미달하여 만액을 수령하지 못하는 이들이 60세 이후 후생연금 가입 시(상한 480월 내) 추가로 받을 수 있는 금액을 지칭한다.

보수비례부분은 〈표 7-4〉의 두 식 중 큰 쪽이다.

〈표 7-4〉 노령후생연금의 보수비례부분 산식

구분	연금액(1년분)
1. 보수비례부분	$AS \cdot (0.0095 \sim 0.007125) \cdot A + AS \cdot (0.007308 - 0.005481) \cdot B$
2. 보수비례부분-물가연동특례	$[AS \cdot (0.01 \sim 0.0075) \cdot A + AS \cdot (0.007692 \sim 0.005769) \cdot B] \cdot 1.031 \cdot 0.961$

주: 1) 2003년 3월 31일까지 피보험자 기간 월수(A), 2003년 4월 1일 이후 피보험자 기간 월수(B)
　　2) AS : 평균표준보수(월)액, 2003년 4월 1일 이후에는 표준상여금을 포함한다.
　　3) 보수비례부분 물가연동특례는 2000~2002년에 (-) 물가연동 적용 않은 조치를 지칭한다.
　　4) 괄호 안 수치는 출생일에 따른 값이다.
자료: 일본연금기구, https://www.nenkin.go.jp/service/seidozenpan/yakuwari/20150518.html. 2017. 10. 1 인출.

〈표 7-5〉 재직자노령연금(60대 전반) 산식

총보수월액 상당액+기본월액	총보수월액 상당액	기본월액3)	수급월액 계산식
28만 엔1) 이하	-		전액지급
28만 엔 초과	46만 엔2) 이하	28만 엔 이하	기본월액-(총보수월액상당액+기본월액-28만 엔)·1/2
		28만 엔 초과	기본월액-총보수월액상당액·1/2
	46만 엔 초과	28만 엔 이하	기본월액-(47만 엔 + 기본월액-28만 엔)·1/2 -(총보수월액상당액-47만 엔)
		28만 엔 초과	기본월액-47만 엔·1/2-(총보수월액상당액-47만 엔)

주: 1) 28만 엔: 지급정지조정개시액.
　　2) 46만 엔: 지급정지조정변경액. 매년 변경, 최근 수년 사이에 '48만 엔→ 47만 엔→ 46만 엔→
　　　　47만 엔→ 46만 엔'으로 바뀌었다(2017. 4. 1).
　　3) 기본월액: 가급연금 제외한 특별지급 노령후생연금(보수비례부분) 월액.
자료: 일본연금기구, https://www.nenkin.go.jp/service/seidozenpan/ 2017. 10. 1 인출.

　　가급연금액은 정액부분 지급 시에 지급되며 65세 미만 배우자에게 연 22. 45만 엔이 지급된다. 둘째 자녀까지는 인당 22. 45만 엔이 지급되고 이후 자녀는 인당 연간 7. 48만 엔이 지급된다. 자녀가 18세가 될 때까지 지급된다. 수급자 출생일에 따른 배우자 특별가산액은 3. 32만 엔에서 16. 56만 엔이다.

　　수급자가 재직하는 경우 연금 일부가 지급정지 된다. 60~64세 수급자와 65세 이후로 나누어 전자에게 더 강한 지급정지 조치가 적용된다. 취업 중인 수급자(60~64세)에게 지급하는 재직노령연금은 연금액과 취업소득의 합계가 28만 엔을 넘지 않으면 만액연금이 지급된다. 합계액이 28만 엔을 넘어서면 초과액의 50%를 연금에서 삭감한다. 급여가 46만 엔을 넘어서면 별도의 추가적 삭감조치가 취해진다(〈표 7-5〉).

　　65세 이상의 경우 '총보수월액상당액 + 기본월액'이 46만 엔 이하이면 전액 지급하고 46만 엔을 초과하면 '기본월액 - (총보수월액상당액 + 기본월액 - 46만 엔) * 1/2'의 식을 적용한 값을 지급한다. 식의 결과 연금지급월액이 마이너스로 나올 경우에는 가급연금을 포함한 노령후생연금 전액을 지급

노재보험급여	수급연금		
	장애후생연금, 장애기초연금 모두	장애후생연금	장애기초연금
휴업(보상)급여	27%	14%	12%
상병(보상)연금			
장애(보상)연금		17%	

자료: 후생노동성 외, https://www.mhlw.go.jp/bunya/roudoukijun/faq_kijyungyosei46.html. 2017. 10. 1 인출.

정지한다. 2015년 10월 이후 1937년 4월 1일 이전 출생자에게도 적용하며 노령기초연금과 경과적 가산액은 취업과 무관하게 전액 지급한다. 70세 이상은 피보험자가 아니므로 보험료를 내지 않는다. 그리고 대상자가 기업연금인 '후생연금기금' 가입기간이 있을 경우 이 기금에 가입하지 않았다고 가정하고 계산한 노령후생연금 연금액을 토대로 기본월액을 계산한다.

ㄴ. 장애후생연금

1등급은 노령후생연금(보수비례연금)의 125%에 가급연금액(22.45만 엔)이 추가된다. 2등급은 동 100%에 가급연금액, 3등급은 동 100%가 지급되며 최저보장은 연 58.51만 엔이다. 피보험자 기간이 300개월 미만이면 300월로 계산하여 지급한다. 3급 상당으로 치유된 경우에는 장애수당금(혹은 장애일시금)이 지급되는데 노령후생연금의 200%가 일시금으로 지급되며 최저보장액은 117.02만 엔이다.

피보험자가 업무상 재해나 통근재해로 노재보험(우리의 산재보험)에서 급여를 받게 되면 병급조정이 필요하다. 노재보험에서 휴업(보상)급여, 상병(보상)연금, 장애(보상)연금을 받을 경우 장애후생연금이 우선 지급되고 노재보험급여가 감액된다. 노재보험 수급자가 장애후생연금, 장애기초연금수급자가 되면 이를 노동기준감독서에 신고해야 한다. 병급조정 시의 감액률은 〈표 7-6〉과 같다.

병급 시의 적용기준에 대해 정리해 보자. ① '20세 전 장애에 따른 장애기초연금'은 노재보험 수급 시 지급정지하여 노재보험 수급을 우선한다. ② 장애후생연금, 장애기초연금의 지급이유인 상병과 노재보험 지급이유인 상병이 다르면 노재보험급여는 감액되지 않는다. 이때도 20세 전 장애에 따른 장애기초연금은 지급정지된다. ③ 병급으로 노재보험이 감액되어도 노동복지사업 차원의 '특별지급금'은 감액되지 않는다. ④ 장애등급 8~14등급에 지급되는 장애(보상)일시금은 병급조정이 아니다. ⑤ 장애후생연금, 장애기초연금의 병급하는 노재보험 수급자가 노령연금과 유족연금 수급권을 가져 장애연금 대신 노령연금과 유족연금을 선택하더라도 노재보험은 감액되지 않는다. ⑥ 상병으로 노재보험 수급권을 지닐 경우(실제로 노재보험급여를 받지 않더라도) 상병이 나은 날에 장애수당금이 지급되지 않는다. ⑦ 노재보험 미가입 사업장 근로자가 재해로 〈노동기준법〉상의 '사업주재해보상' 수급 시35) 장애연금은 6년간 지급정지된다.

〈표 7-7〉에 장애연금 수급자의 종류별, 등급별 숫자가 제시되어 있다. 직무/공무상의 상병으로 장애연금을 받는 이들의 숫자가 매우 제한적임을 알 수 있다. 이로부터 병급조정으로 노재보험급여를 감액받는 이들의 숫자는 매우 적을 것으로 판단된다.

장애연금 급여수준은(2014년 말 기준)은 자녀가산과 배우자가급연금을 포함하더라도 장애기초연금 7.2만 엔(1급 8.1만 엔, 2급 6.6만 엔), 장애후생연금이 10.2만 엔(1급 15.3만 엔, 2급 11.6만 엔, 3급 5.6만 엔)이며 1, 2급은 장애기초연금 포함 금액이다. 산재보험(노재보험) 급여 병급자가 매우 적어 65세 이전 장애자세대는 쪼들린 생활에 내몰릴 수 있다. 장애기

---

35) 현실적으로 사업주재해보상을 받는 재해근로자가 거의 없는 것은 이들에게도 노재보험급여가 지급되기 때문이다. 이때 정부(노동기준감독기관)는 사업주에게 과거 2년간의 노동보험료를 일괄 납부토록 하고 노재보험급여의 40%(악질이라고 판단되면 100%) 상당액을 납부토록 한다.

〈표 7-7〉 장애연금 수급자의 장애등급별 구분(2014년)

구분		수급자(만 명)				평균연금 월액
		전체(비율)	1급	2급	3급	(엔)
장애연금	장애기초연금	182.7(92.6%)	72.8	109.9	-	71,995
	장애기초연금만·구법	157.0(79.5%)	66.6	90.4	-	72,265
	20세 전 장애	101.0(51.2%)	48.9	49.3	-	
	장애후생연금	40.4(20.5%)	6.7	19.6	14.0	101,906
	기초·후생연금 동시 수급	25.7(13.0%)	6.1	18.2	-	
	전체	197.4(100%)	73.9	104.7	13.3	

주: 1) 장애기초연금 수급자는 기초연금 수급자(176.6만 명)와 구법 각출제 수급자(6.1만 명)의 합계.
　　기초연금 수급자는 1급 69.8만 명, 2급 106.9만 명으로 구성. 20세 전 장애가 101만 명
　　(법 30조의 4 부칙 제25조 해당, 구 장애복지연금), 나머지가 75.6만 명이다.
　2) 1~3급 구분은 직무/공무상 장애연금 수급자(1,024명) 제외한 수급자수.
　3) 장애기초연금(구법 수급자 포함) 평균연금월액 1급 81,285엔, 2급 65,836엔.
　4) 장애후생연금 평균연금월액은 1급 153,484엔, 2급 116,298엔, 3급 56,197엔,
　　직무/ 공무상은 189,149엔.
자료: 후생노동성, 2016; e-Stat 정부통계 종합창구.

초연금(2급)의 급여수준이 노령기초연금과 거의 같은 수준으로 설계되어 있다는 사실에서 일본 정책당국의 자세를 엿볼 수 있다.

　1, 2등급 장애자에게 65세 미만의 피부양 배우자가 있는 경우 가급연금으로 장애후생연금에 연 22. 45만 엔이 지급된다. 배우자가 65세에 이르러 노령기초연금을 받으면 가급연금은 정지된다.

ㄷ. 유족후생연금

유족후생연금의 보수비례부분 급여산식은 〈표 7-8〉과 같다. 피보험자의 사망시 가입기간이 300월에 미달이면 300월로 간주하여 계산한다.

　아내가 40세 이상 65세 미만이고 생계를 함께하는 자녀가 없으면 중고령 과부가산에 의해 연 58. 51만 엔(유족기초연금의 3/4, 2016년)이 추가된다. 또 유족기초연금과 유족후생연금을 받고 있는 자녀 있는 아내(40세 도달시 자녀로 인해 유족기초연금받는 자로 한정)가 자녀의 18세 도달로 유족기초연금을 받지 못할 때에도 중고령가산이 적용된다.

<표 7-8> 유족후생연금의 보수비례부분 급여산식

구분	연금액(1년분)
보수비례부분	[AS · 0.007125 · A+AS · 0.005481 · B] · 0.75
보수비례부분-물가연동특례	[[AS · (0.01-0.0075) · A+AS · (0.007692-0.005769) · B] · 1.031 · 0.961] · 0.75

주: 1) 2003년 3월 31일까지 피보험자 기간 월수(A), 2003년 4월 1일 이후 조합원기간 월수(B)
　　2) AS: 2003년 3월 31일까지 평균표준보수월액, 2003년 4월 1일 이후 평균표준보수액
　　　 평균표준보수액에는 평균표준보수월액외 표준상여금액이 포함된다.
　　3) 보수비례부분 물가연동특례는 2000~2002년도에 (-) 물가연동 적용 않은 조치를 지칭한다.
자료: 일본연금기구, https://www.nenkin.go.jp/service/seidozenpan/yakuwari/20150518.html. 2017. 10. 1 인출.

한편 '경과적 과부가산'은 65세에 이르러 중고령과부가산이 종료되고 수급하는 노령기초연금 금액이 적을 경우 이를 보전하는 제도다. 이는 중고령과부가산을 적용받고 있거나 동 가산 수급요건을 충족한 1956년 4월 4일 이전 출생 아내가 65세 이상이 되어 유족후생연금 수급권을 갖게 될 때 적용된다. 가산액은 이를 노령기초연금과 합쳐 중고령가산액 수준이 되도록 정해진다. 정리하면 남편의 사망시점이 아내가 65세 되기 전이면 중고령과부가산(65세 이전)과 경과적과부가산(65세 이후)을 적용받고, 아내가 65세가 된 이후면 경과적과부가산만 적용된다.

65세 이상 유족후생연금 수급권자가 자신의 노령후생연금 수급권을 획득하면 병급조정된다. 2007년 4월 1일까지는 다음 3가지 중 택할 수 있었다. (a) 노령기초연금 + 유족후생연금 (b) 노령기초연금 + 노령후생연금 (c) 노령기초연금 + 유족후생연금의 2/3와 노령후생연금의 1/2. 단 (c)는 유족후생연금 수급권자가 배우자인 경우로 한정된다. 2007년 4월 1일 이후에는 노령후생연금은 전액 지급되고 유족후생연금이 노령후생연금 상당액만큼 지급 정지되는 형태로 단순화되었다.

④ 관리운영
후생연금은 국민연금을 관리하는 연금관리기구에서 통합하여 관리한다. 국민연금에 서술된 관리운영 내용을 참조한다.

후생연금의 기금운용은 1999년까지 연금적립기금은 〈자금운용부자금법〉에 근거해서 전액 재무성(구 대장성)에 예탁되어 관리되었다. 그런데 2000년 3월 28일 연금개혁관련 법개정으로 후생노동성이 연금적립금 전액을 관장한다. 후생노동성 장관은 제도설계, 재정 재계산, 보험료 징수, 연금급여 등의 업무를 관장하고, 적립금 운용의 기본방침을 정하고 운용관리기관인 일본적립금관리운용 독립행정법인(GPIF)을 지도·감독한다.

GPIF는 정부의 공적연금 적립금의 관리, 운용을 맡은 기관으로 자가운용과 외부 위탁투자 형태로 기금을 운용한다. 자가운용과 외부 위탁투자의 구체적 비중은 GPIF에서 정하는데 외부 운용기관인 신탁은행과 생명보험회사 등에 위탁하는 것을 원칙으로 한다. 그래서 대부분의 적립금이 외부위탁투자 형태로 운용된다. GPIF는 기금수익률 제고 차원에서 기본 자산운용 포트폴리오에서 채권 비중을 줄이고 국내외 주식 비중을 높이고 있다. 2010년대에 들어와 주식 비중을 높아지는 등 공격적 형태로 기금이 운용되면서 연도별 수익률 차이가 크지만 평균적 수익률은 전보다 높게 나타난다.

4. 공제연금의 개요

이 절에서는 공무원(국가직, 지방직)과 사학교직원 등에게 적용되는 공제연금의 도입과 발전과정, 제도내용에 대해 살펴본다. 일본의 공제연금은 제도발족 이후 일반국민에게 적용되는 국민연금 및 후생연금과 그 모습이 꽤 달랐으나 1985년 개혁 이후 유사한 모습으로 바뀌어오다 2015년 10월 후생연금에 통합되었다. 이러한 상황을 고려하여 이하에서는 공제연금의 도입과 발전 중심으로 관련사안을 간략히 정리하고 후생연금과의 차이점에 대해서는 비교표를 통해 설명한다. [36]

---

36) 공제연금에 대한 상세한 내용은 김상호 외(2015: 303~341)를 참조하기 바란다.

1) 공제연금의 도입과 발전

(1) 제도의 창설

공제연금은 초기에 군인 대상의 은급제도에서 출발하였다. 1875년에 제정된 '육군무관 상이부조 및 사망자 제사와 유족부조개칙'[37]과 '해군퇴은령'(海軍退隱令)이 그것이다. 여기서 해군은퇴령은 우리나라에 진출하여 운양호 사건 등에 연루된 피해자를 지원하기 위한 것이었다. 원칙적으로 '판임관'(判任官) 상당이거나 그 이상의 공무원과 군인이 대상이었다. 즉, 직무를 돕기 위해 채용된 '고원'(雇員)이나 '용인'(傭人) 등은 대상이 되지 않았다.

1876년에는 육군은급령이 제정되었는데 이는 당시 일본 각지에서 일어나던 사족반란과 농민반란을 제압하기 위해 투입된 군인 중 피해를 입은 자를 지원하기 위해 제정된 것이다. 1884년에는 관리은급령이 제정되었다. 이들 은급의 지급에 소요되는 재원은 전액 조세로 충당하였다. 1890년에 〈군인은급법〉과 〈관리은급법〉이 제정되고 1923년에 〈은급법〉이 제정되어 오늘에 이른다.[38]

정부사업을 수행하는 현업관청 중 최초로 공제연금을 도입한 곳은 제국철도청으로 1907년에 제국철도청직원구제조합이 결성됐는데 이때 기여금은 노사가 분담하는 형태로 최초의 근대적 보험료 방식의 공제제도가 일본에 시행됐다. 이후 철도원직원구제조합(1908년), 철도원공제조합(1918년), 국유철도공제조합(1920년)으로 개칭하였다.[39] 1923년에는 철도 외에 전

---

37) 陸軍武官傷痍扶助及び死亡の者祭し並びにその家族扶助槪則.

38) 1933년에 은급비가 삭감되고 이후 전사자와 전몰자 유족에 대한 대우가 크게 개선되는 형태로 개정되었다. 1946년 맥아더 사령관의 지령으로 군인은급은 일부를 제외하고 지급이 정지되었다가 1953년에 다시 지급되기 시작했다. 급여의 종류에는 ① 보통은급 ② 증가은급, 상병연금, 특례상병은급, 상병사금(일시금) ③ 부조료, 상병자유족특별연금(1976년 신설) ④ 일시은급, 일시부조료 등이 있다. 1978년의 법개정으로 계속된 실재직 연수가 3년 이상인 구 군인에게도 특별일시금(계속일시금)이 지급된다.

매, 인쇄, 체신, 조폐, 영림 등 현업 공무원을 대상으로 한 공제조합이 설립되었다.

1943년에는 정촌(町村) 직원은급조합이 발족하여 서기 이상 직원이 가입하고 시직원 대상의 퇴은료조례가 발족하였으며 1955년에는 시정촌직원공제조합이 발족하여 고용인도 가입대상에 포함되었다.

1947년에는 (재) 정부직원공제조합연합회가 설립되어 1949년, 〈구 국가공무원공제조합법〉에 의거해 설립된 비현업공제조합연합회의 권리의무를 승계했다. 이후 1958년의 〈신 국가공무원공제조합법〉 제정으로 지금의 국가공무원공제조합연합회가 개칭되었다. 1959년에는 5개 현업분야 고용인, 비현업의 기타직원들에게 〈국가공무원공제조합법〉이 적용되었다.

1956년 7월에는 공공기업체직원 등 공제조합, 1959년 1월엔 농림어업 단체직원 공제조합, 1962년엔 지방공무원 공제조합제도가 각각 발족했다.

사립학교 교직원 대상의 사학공제는 전 사학관계자들의 노력으로 성립된 〈사학공제법〉에 따라 1954년 1월 발족하였다. 그런데 발족 한 달을 앞둔 1953년 12월 1일, 후생성은 사립학교를 민간근로자가 적용되는 후생연금 적용사업장으로 바꾸었다. 그러자 큰 대학 등이 이 조치를 환영하면서 후생연금 적용사업장으로 신청하였다. 하지만 일부 소수 대학이 사학공제에 가입하면서 위기상태에 있던 사학공제가 예정대로 발족할 수 있었고 이후 1972년경 후생연금에 가입했던 대형 대학들이 사학공제로 옮겨오면서 사학공제의 기반이 강화될 수 있었다(全國私學共濟年金者連盟, 2013: 1).

---

39) 이후 1948년에 국철공제조합으로 개칭하여 구 〈국가공무원공제조합법〉을 적용했고 1949년 6월에 일본국유철도법이 시행되어 국철이 공사화되면서 1956년 7월에는 〈공공기업체직원 공제조합법〉이 시행되어 〈구국공법〉(旧国共法) 에서 〈공기체법〉(公企体法) 으로 적용 법령이 바뀌었다. 1984년 4월에 공기체법이 폐지되면서 〈국가공무원등공제조합법〉이 다시 적용된다. 그러다 1987년 4월 국철이 분할, 민영화되면서 일본철도공제조합으로 이름이 바뀌었다가 2007년 4월 후생연금에 통합된다.

(2) 제도의 충실: 고령사회 대응과 재정재계산

보험료는 먼저 도입된 국가공무원공제의 경우 7.04%(1959년 10월)에서 시작하여 단계적으로 인상되었다(〈표 7-9〉). 보험료 부과대상 소득이 상여금이 포함된 총보수로 바뀌면서 보험료율이 인하되어 13.58%(2003년 4월)로 낮아졌다 2004년 개혁 이후 지속적으로 인상되어 15.154%(2009년 9월)가 되면서 국가공무원공제와 지방공무원공제의 보험료율이 같아진다. 2016년 9월 기준 17.632%인 보험료는 향후 2회에 걸쳐 단계적 인상되어 2018년 9월부터 18.3%로 고정된다.

3년 늦게 발족한 지방공무원공제는 초기에는 7.04%(1962년 12월)로 국가공무원공제와 동일한 값으로 시작했으나 2년 후부터 3년간 낮은 수준을 보이다가 1967년 이후 오히려 높게 유지된다. 그런데 1984년 이후 꽤 낮은 수준으로 유지되다가 2009년 국가공무원공제와 같은 수준이 된다(〈표 7-9〉).

상대적으로 발족이 빠른 사학공제의 보험료(장기가입자 납부분 기준, 복지사업과 사무비 분 제외)는 6.2%(1954년 1월)에서 출발해 조기에 또 지속적으로 인상하여 다른 두 공제보다 양호한 재정상황을 보여주면서 월등히 낮은 보험료율을 유지한다. 장기 목표인 18.3%에의 인상은 다른 공제에 비해서 10년 정도 늦은 2027년 4월 예정이다(〈부표 7-1〉, 〈그림 7-2〉). 이와 별도로 2012년의 〈피용자연금 일원화법〉에 따라 독자재원을 활용하여 보험료를 경감할 수 있게 되면서 사학공제는 예정된 수준보다 낮춰 적용하는 방안을 검토하고 있다. 4월부터 8월까지 5개월은 1.151%를 낮추고, 9월부터 이듬해 3월까지 7개월은 0.797%를 낮추는 방안 등이 그러한 안이다. 40)

사학공제 보험료는 국가공무원공제보다 초기에 낮았으나 1965년부터 1983년까지 높은 수준으로 부과해 1984년부터는 국가공무원공제보다 낮다.

---

40) 이러한 계획이 실현될 경우 사학공제 보험료율이 18.3%에 달하는 시점은 당초 계획한 2027년 4월보다 4년 늦은 2031년 4월경이 될 전망이다(日本私立學校振興·共濟事業團 홈페이지. http://www.shigakukyosai.jp/topics/topics_140811.html. 2017. 10. 1 인출).

사학공제 가입자는 장기급여분외에 단기급여분 등과 퇴직 등 연금급여 보험료를 별도로 납부한다. 단기급여분 등에는 단기급여(건강보험＋사무비), 복지사업분, 개호보험분이 포함된다. 2016년 9월 기준 보험료율은 25.056%로 단기급여분 등 9.645%, 퇴직 등 연금급여 1.5%, 장기급여(경감보험료율) 13.911%다. 단기급여분 등은 단기급여 8.232%, 41) 복지사업분 0.25%, 개호보험분 1.163%다. 40세 미만 가입자는 개호보험분이 제외된다. 42)

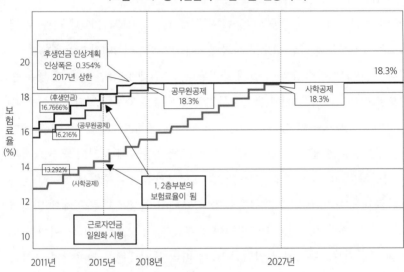

〈그림 7-2〉 공적연금의 보험료율 인상 추이

자료: 山下馨, 2015: 5.

---

41) 2016년의 단기급여분 8.232%는 가입자 기본보험료율 5.092%와 고령자의료제도 등 재정지원을 위한 특정보험료율 3.14%의 합계치다. 2016년 보험료율은 2015년 보험료율 7.445%에 비해 꽤 오른 값이다. 이는 고령자의료제도 지원금 부담증대 등 향후 수년의 재정안정을 위한 것이었다. 한편 2015년부터 사무비분 보험료율 0.055%가 단기급여(건강보험, 7.390%)에 포함되어 부과된다.

42) 私學共濟事業. "平成28年度の掛金等の率". 日本私立學校振興·共濟事業團 홈페이지. 2017. 10. 1 인출

〈그림 7-3〉 공제연금의 조합원수·수급자·부양비율 전망(2015~2110년)

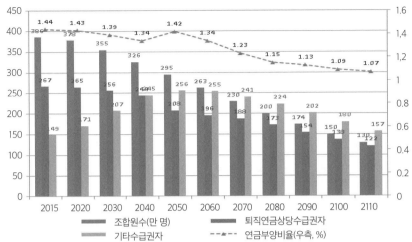

주: 퇴직연금상당수급권자는 조합원 기간이 25년 이상 되는 퇴직공제연금수급권자와 퇴직연금·
　　감액퇴직연금 수급권자 합계. 국가공무원와 지방공무원 공제를 합친 숫자다.
자료: 지방공무원 공제조합연합회, 2014.

　공제연금의 경우, 시간이 지나면서 조합원수는 줄고 연금수급권자수는
늘 것으로 전망된다. 5년마다 시행하는 재정재계산과 재정검증 작업이
2014년에 있었다. 분석결과에 따르면 2015년의 연금부양비율(가입자수/수
급자) 1. 44는 2110년에 1. 07로 낮아질 것으로 전망되었다(〈그림 7-3〉).
장래추계인구 등에 기초하여 계산한 값으로 불확실성이 높은 전망치이지
만 재정안정화 조치가 절실하다는 것을 보여주는 값이라고 할 수 있다. 정
부는 2004년 재정재계산후의 개혁을 통해 공제연금의 보험료율을 장기적
으로 18. 3%로 고정시키고 급여수준을 피보험자수 감소와 평균여명 증대
에 맞춰 낮추는 거시경제연동장치를 도입한 바 있다. 43)

---

43) 연금액 인상 시 임금과 물가 변화율에서 현역 취업자인 피보험자 감소와 평균여명 증대를
반영한 '거시경제연동 조정률'을 차감하고 인상한다. 이 연동방식은 임금과 물가가 일정
수준 상승할 때에는 적용에 문제가 없으나 하강할 때에는 연금액이 줄어드는 문제가 생겨
현실적으로 적용하기 힘든 문제가 있다. 2010년대 전반에 이러한 일이 생겨 2016년 개혁
시 물가, 임금의 인하 시에도 적용하는 것으로 바뀌었다.

(3) 피용자연금 일원화 통한 격차해소: 후생연금으로 통합

공제연금은 민간근로자가 가입하는 후생연금보다 여러 면에서 유리하게 설계되어 있었다. 이에 대한 문제점이 지속적으로 제기되자 2005년 9월 고이즈미 준이치로 전 총리가 피용자연금의 일원화를 검토하도록 한다. 2006년 4월에는 피용자연금의 일원화 기본방침이 각의(閣議)에서 결정되고 같은 해 12월에는 정부·여당 협의회가 일원화 추진방안을 승인한다. 정부가 2007년 4월 〈공무원공제연금법〉 등 관련법률 개정안을 국회에 제출했지만 2009년 7월의 중의원 해산으로 법안이 자동 폐기된 바 있다.

2009년 9월 정권이 민주당으로 넘어가면서 연금개혁이 다시 시동되어 2012년 8월 마침내 사회보장과 조세의 동시 개혁법안과 〈피용자연금 일원화법〉 등이 국회를 통과한다. 사회보장을 조세와 함께 개혁하는 것은 소비세 증세 등으로 사회보장 재원을 확보하기 위함이다. 이때의 입법을 토대로 사회보장제도개혁 국민회의 등이 구체적인 시행방안을 마련하여 제시함으로써 신규 공무원은 2015년 10월부터 후생연금에 가입하게 되었다.

2012년 8월의 입법조치로 연금수급 자격기간이 25년에서 10년(2017년 이후)으로 단축되었다. 이 같은 개편은 2004년 개혁 이후 지속적으로 논의되어 오다가 2009년 4월 이후 집중 검토를 거쳐 시행되었다. 보험료율도 2018년까지 후생연금과 동일하게 18.3%로 인상된다.

일련의 개혁법안에 대한 공무원들의 초기 반발이 거셌지만 정부는 연금개혁 외에 공무원 인력까지 감축하는 개혁을 단행한다. 그만큼 정부의 재정상황이 녹록지 않기 때문이다. 이러한 상황을 반영하여 오래전에 퇴직한 공무원이 받는 은급대체분(恩給代替分)도 최대 10% 깎였다. 은급대체분은 공무원연금이 생기기 전에 퇴직한 공무원에게 퇴직금 대신 지급하는 연금이다. 연 1조 7천억 엔 정도가 지출된다.

공제연금이 후생연금으로 통합된 후에도 공제조합은 일정한 사무를 관장한다. 그동안의 공제연금(후생연금상당액 + 직역가산액) 기금관리와 급여

지급 업무가 개정 후에는 후생연금상당액 부분을 제외한 구 직역가산(개정 전 기간)과 신제도인 연금형 퇴직급여 재원의 관리, 급여 지급업무 등으로 축소된다(〈그림 7-4〉).

연금형 퇴직급여는 부과방식의 종신연금이었던 직역가산을 적립방식의 유기연금과 종신연금 혼합 형태로 바꾸고 급여수준을 다소 낮춘 제도다. 급여는 캐시밸런스(*cash-balance*) 방식으로 설계되어 보험료 추가 갹출위험을 억제하고 보험료율 상한을 법으로 정했다(노사 합쳐 1.5%). 캐시밸런스 방식은 급여수준을 국채이자율과 예상사망률에 연동시켜 급여채무와 적립금이 괴리되는 것을 억제한 방식이다(〈표 7-9〉). 수급은 65세부터가 원칙이나 60세 조기수급이 가능하며 유기연금은 10년과 20년 중 택할 수 있고 일시금도 허용된다.

본인 사망 시 종신연금은 지급이 종료되나 유기연금의 잔여분은 유족에게 일시금으로 지급된다. 급여수준은 직역가산(약 2만 엔/월) 때보다 작은 월 1만 8천 엔 정도가 예정된다. 제도 이행에 장기간이 소요되어 2060년경까지 구 직역가산이 경과조치로 남아 있고 연금형 퇴직급여가 동시에 시행될 전망이다. 가령 2015년 10월 이후 퇴직 시에는 (줄어든) 퇴직수당과 직역부분(구 직역가산의 경과지급)에 연금형 퇴직급여를 받고 2060년경 퇴직자는 퇴직수당과 연금형 퇴직급여만을 받는다.

공무상의 부상이나 질병으로 장애자가 되거나 사망 시 공무상 장애·유족연금을 지급하고 재직 중 신용실추행위 등으로 처벌받으면 지급이 제한된다. 구 직역가산 부분 미재정자에게는 경과조치를 적용한다.[44] 이상의 내용은 '국가공무원 퇴직수당 등 일부개정 법률'에 규정되어 있다.

한편 공무원의 퇴직급여에는 기초연금, 공제연금 외에 일시금으로 지급

---

44) 2015년 10월 이후 퇴직자는 직역부분 가입기간에 따라 해당 급여를 지급하지만 2015년 10월 이후 공무 외로 사망한 경우의 유족연금은 지급하지 않는다.

되는 퇴직수당이 있다. 이는 장기근속 및 공로보상적 성격의 급여인데 민간근로자의 퇴직금보다 다소 많다. 인사원(2012)은 비슷한 경력의 민간근로자 '퇴직일시금+기업연금'과 공무원 '퇴직수당+직역부분'을 비교하였다. 민간근로자는 퇴직일시금 1,041.5만 엔, 기업연금 1,506.3만 엔으로 합계 2,547.7만 엔, 이에 비해 공무원은 퇴직수당 2,707.1만 엔, 직역부분 243.3만 엔으로 합계 2,950.3만 엔이다. 민간근로자보다 공무원이 402.6만 엔(15.8%)이 더 많다.

이상의 조사결과에 대해 '공제연금직역부분과 퇴직급여에 관한 유식자회의'(2012)는 격차를 시정해야 한다고 결론짓고, 전액을 일시금으로 지급하는 퇴직수당 수준의 단계적 인하를 통해 조정토록 주문했다. 2,707.1만 엔에서 14.9%를 낮춘 2,304.5만 엔으로의 인하 권고[45]에 따라서 2013년 1월 이후 한 해 세 차례나 인하하여 즉각 시행한 바 있다. [46] 퇴직수당은 퇴

---

45) "共済年金職域部分と退職給付に関する有識者会議'. 2012년 4월 26일 첫 모임 후 7월에 보고서를 제출한 위원은 야마자키 야스히코(山崎泰彦, 神奈川県立保健福祉大学名誉教授) 등 총 10인이다. 기업 측은 구보타 마사카즈(久保田政一) 경단련 전문이사(현 사무총장), 노조 측은 스가야 이사오(菅家功) 일본노동조합총연합회 부사무국장이 참가했다(내각관방 행정개혁추진실. http://www.gyoukaku.go.jp/koumuin/kaigi. 2016. 8. 24 인출).

46) 이 같은 조치에도 불구하고 여전히 민관격차가 존재한다고 지적하는 목소리가 있다. 그 배경에는 퇴직금의 민관 비교가 쉽지 않다는 사실이 있다. 민간의 경우 직종, 근속연수, 학력, 기업규모에 따라 큰 차이를 보이고, 공무원도 국가직과 지방직 간에 차이가 있기 때문이다. 오누마 에미코(大沼惠美子)는 근속 35년 이상 대졸자가 정년 시 받는 퇴직급여는 민간근로자의 경우 1,567만 엔으로 국가공무원 2,300만 엔보다 733만 엔 적다고 지적한다. 또 지방공무원의 퇴직금은 더 높아 도도부현 2,457만 엔, 지정도시 2,597만 엔 정도다. 이 금액은 민간근로자가 일시금 외 연금을 함께 받을 경우(퇴직금 제도운영 기업의 23% 정도)의 2,562만 엔과 비교할 수 있다. 후생노동성 "2013년 취로조건종합조사결과 개황: 결과의 개요-퇴직급여(일시금, 연금) 지급실태"에 따르면 퇴직금 제도운영 기업이 75.5%이고 이 중 일시금 65.8%, 퇴직연금 11.6%, 양 제도 병용 22.6%다. 추세적으로 퇴직금은 감소하고 있다(All About money 홈페이지. http://allabout.co.jp/gm/gc/450623. 2016. 8. 24 인출).

직 당시 봉급월액에 퇴직사유・근속연수별 지급률을 곱한 후 재직 중 공헌도를 감안한 조정액을 더하여 계산된다. 47)

〈그림 7-4〉 퇴직수당 포함 공제연금 개편 후 체계

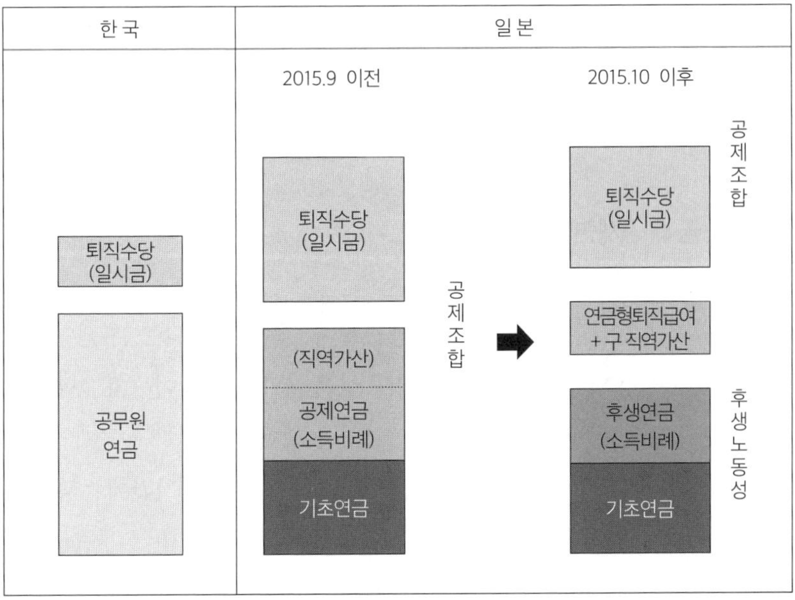

자료: 국가공무원공제조합연합회. http://www.kkr.or.jp/seidokaikaku/27ichigenka/index.html#shikumi-to-ichigenka. 2017. 10. 1 인출.

〈표 7-9〉 구 직역가산과 신 연금형 퇴직급여 비교

구분	구 직역가산	신 연금형 퇴직급여
제도성격	공제연금 일부: 세대 간 부양	퇴직급여 일부, 민간 퇴직연금 대응
재정방식	부과방식	적립방식
급여설계	확정급여형	캐시밸런스형-국채이자율과 예상사망률 연동
보험료율	보험료율 상한 없음	보험료율 상한(1.5%)

자료: 지방공무원공제연금제도연구회・(주)사회보험출판사, 2013: 11.

---

47) 지급률 등 상세한 내용은 김상호 외(2015)를 참조한다.

우리나라에서도 1991년 퇴직수당제도를 도입한 바 있다. 48) 국민연금이 시행된 1988년, 민간근로자와의 형평성 도모 차원에서 공무원에 퇴직수당을 도입해야 한다는 주장이 나와 검토를 거쳐 만들어졌다. 하지만 급여수준은 일본보다 훨씬 낮다. 2012년 기준 퇴직수당 수급자를 비교하면 우리는 평균근속연수 23년에 평균액 4,219.3만 원인데 비해 일본은 평균근속연수 18년에 1,175.3만 엔(1억 2천만 원 수준)이다. 우리보다 평균근속연수가 5년 짧은데 퇴직수당은 2.8배에 달한다.

2) 후생연금과 공제연금의 제도 비교

여기서는 기초연금을 포함하여 민간근로자 등에 적용되는 후생연금과 공무원 등에 적용되는 공제연금을 제도 항목별로 비교하여 〈표 7-10〉으로 정리함으로써 구 공제연금에 대한 설명을 갈음한다. 49) 구 공제연금은 2015년 10월 이전 재직기간에만 적용되고 10월 이후 재직기간에는 후생연금이 적용된다. 정리된 비교표에서 알 수 있듯이 공제연금이 후생연금으로 통합되기 이전, 적지 않은 우대 혜택이 공제연금에 부여되고 있었음을 알 수 있다.

---

48) 지급요건은 1년 이상 재직하고 퇴직이나 사망한 자다. 지급액은 기준소득월액 × 재직년수 × 지급률이다. 지급률은 1~5년 6.5%, 5~10년 22.75%, 10~15년 29.25%, 15~20년 32.5%, 20년 이상 39%다.

49) 공제연금의 제도내용에 대한 상세한 설명은 김상호 외(2015)를 참조한다.

〈표 7-10〉 후생연금과 구 공제연금 비교

구분		기초연금+후생연금	기초연금+구 공제연금	비교·특징(2015년 10월 일원화)
제도 기본틀	재정 방식	• 수정적립방식(계단형보험료방식)		• 동일
		• 후세대 부담 완화, 적립 강화 (1986~2018, 2027년)		• 동일
	기본 구조	• 저부담·중급여 → 중부담·중급여		• 보험료율 단계적 인상
		• 소득재분배		• 기초연금 급여비용 (보험료50%,조세 50%)
		• 고소득·장기가입 → 저소득·단기가입		• 동일

운영
주체
	보험료
	징수
		일본연금기구	공제조합
			• 국가공무원:
			  각 성청공제조합
			• 지방공무원:
			  각 지방자치단체 공제조합
			• 사립학교진흥·공제사업단
				• 공제조합은 연금급여
				(장기급여)외 건강보험 급여
				(단기급여)도 취급

	가입자· 급여관리			
가입자 유형		• 제2호 피보험자(제3호 피보험자)		• 동일
가입자 연령제한		• 70세까지	• 연령제한 없음 (사학공제 제외)	• 통일 (70세까지)
단시간 근로자		• 통상 근로자 노동시간 (혹은 일수)의 3/4 이상에게 적용	• 상근직원 준한 근로형태 비상근직원(상근직원 근무시간 이상 일한 날이 18일 이상 있는 월이 계속하여 12개월 초과자)	• 공제연금이 엄격
재원조달		• 주: 가입자와 고용주 보험료 + 기금운용수익 • 부: 국고지원금 (기초연금 재원의 50%)		• 기금규모 및 운용수익: 축소 중 • 보험료 부과기준은 기본적으로 동일 (지방공무원 공제조합은 약간 다름, 수당 등이 포함되지 않는 급여와 상여)
		• 보험료 18.3% • 후생연금 2017년 9월 도달	• 보험료 18.3%(19.8%) • 공제연금 (국가공무원, 지방공무원 2018년, 사학교직원 2027년)	
		• 보험료: 노사 반씩 부담 • 국고: 기초연금 재원 50%	• 보험료: 노사 반씩 부담 (연금형 퇴직급여 포함) • 국고: 기초연금 재원 50%, • 추가비용: 은급기간 부분 보장 따른 소요비용 (사학공제 제외)	• 사학공제에는 도도부현 기여금 보조 있는 곳이 있음

자료: 관련 자료 이용하여 필자 작성.

⟨표 7-10⟩ 계속

구분			기초연금+후생연금	기초연금+구 공제연금	비교·특징(2015년 10월 일원화)
수급단위			• 개인		• 동일
급여구조			• 2층구조 (기초+소득비례)	• 2층 위에 3층 '직역가산'	• 2015년 10월 이후 3층은 '연금형 퇴직급여'로 대체
			• 기초부분 < 보수비례부분(평균소득자 개인기준) (부부기준 시 기초부분 > 보수비례부분)		• 기초와 보수비례 급여 격차 축소 중(개인기준)
급여종류			• 3종: 노령(퇴직)·유족·장애연금(가급연금 별도)		• 동일
급여	수급자격	노령			
		기초	• 가입기간(보험료 납부+면제) 10년 이상(2017년) • 원칙 65세		• 동일
		완전	• 가입기간 25년 이상, 원칙 60세		• 공제연금, 65세로의 지급개시연령 완전 인상자는 남녀 공히 1961년 4월 2일 이후 출생자(2025년부터)
			• (특별지급 노령연금 지급개시연령 인상 시) 여성은 남성보다 5년 늦게 (1946년 4월 2일 이후 출생)	• (좌동) 여성도 남성과 동일(1941년 4월 2일 이후 출생)	
		조기	• 25년 이상 60~64세, 월 0.5% 감액, 기초연금만 해당		• 동일
		연기	• 25년 이상 66~70세, 월 0.7% 증액, 기초연금만 해당		• 동일
		재직	• 60세 이상으로 노령후생연금 + 소득활동자		• 동일
		중고령 특례	• 40세(여성 35세) 도달월 이후 피보험자 기간 15년 이상 시 수급자격 부여 (1947년 4월 1일 이전 15년, 1947년 4월 2일~ 16년, 1951년 4월2일~20년)	—	—
		장애	• 보험료 납부요건: 초진일 전전월까지 보험료 납부 및 면제기간 합산이 전 가입기간의 2/3 이상 (1, 2층 지급요건 동일)	• 보험료 납부요건 없음 (1층, 2층 지급요건 다름)	• 후생연금 방식으로
		유족	• 보험료 납부요건: 사망일 전전월까지의 보험료 납부완료기간과 보험료 면제기간 합산이 2/3 이상 • 유족범위: 남편, 부모, 조부모는 55세 이상. 자녀, 손자녀는 (장애자 포함) 20세에 실권 선순위자 실권 시 차순위 이하 수급 못함	• 보험료 납부요건 없음 • 유족범위: 남편, 부모, 조부모의 연령제한 없음. 자녀, 손자녀는 1, 2급 장애자이면 계속지급 • 선순위자 실권시 차순위 이하자에게 지급(전급). • 단 사망 시 조합원에 의해 생계를 유지하고 있는 자로 한정	• 후생연금 방식으로
		가급	• 가입기간 20년 이상 혹은 40세 이후 가입기간 15년 이상, 정액부분 지급개시연령 도달 시		• 동일
		미지급연금 지급범위	• 사망자와 생계 함께 하던 배우자, 자녀, 부모, 손자녀, 조부모, 형제자매, 조카 등	• 유족 혹은 상속인 (유족 없는 경우) • 유족: 사망자에 의해 생계유지 하던 배우자, 자녀, 부모, 손자녀, 조부모	• 후생연금 방식으로

〈표 7-10〉 계속

구분		기초연금+후생연금	기초연금+구 공제연금	비교·특징(2015년 10월 일원화)
탈퇴 수당금		• 1985년 개정으로 폐지, 경과조치 있음	• 1980년 1월 폐지 1985년 개정으로 탈퇴 일시금 수급자가 이자 상당분 추가해 반환 시 노령연금에 가산	• 후생연금 방식으로
외국인탈퇴 일시금		• 피보험자 기간 6개월 이상 • 일본국적 아닌 자 • 노령후생연금 등 연금수급권 없는 자		• 후생연금 방식으로
기초(노령)		• 연 78.01만 엔 × 가입력, • 가입력=[납부월수+면제월수(전액면제 1/2, 1/4납부 5/8, 반액납부 6/8, 75% 납부 7/8)]/480 10년 가입 시 연 19.5025만 엔(만액의 1/4)		• 동일
급여수준 / 완전 (노령)	기본 연금액 산식	• 65세 미만 정액부분 (연간): 1,676엔× 가입기간(상한 480월, 1946년 이후 출생)× 0.961 • 보수비례부분(연간): 평균표준보수월액× 7.5/1000×2003.3까지 가입기간월수 + 평균표준 보수월액 × 5.769/1000 × 2003.4 이후 가입 기간 월수 • 65세 이상 보수비례 부분 + 경과적 가산 (정액부분 -노령기초연금 상당액 차감분) • 연금액산정기초: 전가입기간 보수평균	• 공제연금에는 2층연금의 최대 20% 상당 직역 부분 있음 • 재직 중 지급정지 • 금고 이상의 형, 징계 처분 시 일부삭감 • 지급비율은 가입기간, 출생연도에 따라 차등 • 20년 이상: 5~20% • 1~20년 미만 2.5~10% • 2015년 10월 이후 연금형 퇴직급여 즉 일시금(혹은 유기연금) + 퇴직연금(종신연금) • 연금액산정기초: 1986년 4월 이후 전가입기간 보수평균, 1986년 3월 이전은 공제별 별도규정 적용	• 동일 • 연금액산정기초 (1986년 3월까지 공제별 별도규정) • 국공제: 봉급연금제, 연금지급사유 발생일 속하는 월 이전 직전 1년간 월평균의 12배액 • 지공제: 평균급여연액제. 연금지급사유 발생일 속하는 월 이전 직전 3년간 급여 월평균의 12배액 • 사학공제: 평균표준급여 연액제. 연금지급사유 발생일 속하는 월 이전 직전 1년간 월평균의 12배액
	소득 대체율	평균소득자 기준		• 공제연금(2014년)은 후생연금과 공제연금 합친 일원화모형 소득대체율 (厚生労働省年金局, 2014: 30)
		• 2009년 62.3% (22.3만 엔/35.8만 엔) • 남편 후생연금 9.2만 엔 • 부부기초연금 13.1만 엔 • 2014년 64.1% (기존 후생연금) (21.5만 엔/33.5만 엔) • 남편 후생연금 8.7만 엔 • 부부기초연금 12.8만 엔	• 2009년 56.7~58.2% • 국가공무원공제 58.2% • 지방공무원공제 56.7% • 사학공제 57.9% • 2014년 62.7% (후생연금, 공제연금 통합) (21.8만 엔/34.8만 엔) • 남편 후생연금 9만 엔 • 부부기초연금 12.8만 엔	

구분		기초연금+후생연금	기초연금+구 공제연금	비교·특징 (2015년 10월 일원화)
급여수준	감액 (노령)		• 1985년 개정 시 폐지 (경과조치로 조기연금 존치)	• 감액연금은 은급과 공제연금 통합 시, 은급 45세, 공제연금 50세 인 지급개시연령을 55세로 올리면서 기득권 보호차원 도입(지급개시연령은 출생연월 따라 권장퇴직 46~49세, 자기사정퇴직 51~54세로 차등, 퇴직공제연금 56~59세)
	조기 (노령)	• 60세 이전 조기수급 불가 • 60~64세 기본의 58% (60세)~89%(64세)	• 60세 이전 조기수급 가능 • 단 가입기간 20년 이상 60~64세 동일	• 후생연금 방식으로
	연기 (노령)	• 기본의 112%(66세) ~ 188%(70세)		• 동일
	재직 (노령)	• 후생연금수급자가 후생연금피보험자 되면 -60~64세 ① T(기본월액+총보수월액상당액) ≤ 28만 엔→전액지급 ② T > 28만 엔, 총보수월액 상당액 ≤ 47만 엔 → (T-28)/2 차감 ③ T>28만 엔, 총보수월액상당액 > 47만 엔 →(47+기본월액-28)/2 + 47만 엔 초과 총보수월액상당액 차감 ② ③에서 기본월액 상한 28만 엔 -65세 이상(2007년 4월 이후 70세 도달자에게도 적용) ① T(기본월액 + 총보수월액상당액) ≤ 47만 엔 → 전액지급 ② T > 47만 엔→ (T-46) / 2 차감 • 후생연금수급자가 공제조합조합원 되면 급여조정 없음	• 공제연금수급자가 공제조합원 되면 연령 관계없이 28만 엔 기준으로 지급정지액 결정(후생연금과 동일), 3층부분도 지급정지 • 공제연금수급자가 후생연금피보험자 되면 연령 관계없이 47만 엔 기준으로 지급정지액 결정, 3층부분 지급 • 28만 엔과 47만 엔은 '지급정지조정액'으로 임금과 물가변동 고려하여 매년 개정 • 노령기초연금과 경과적 가산은 지급정지 대상 아님 • 기본월액 일부지급 되면 가급연금 지급	• 후생연금 방식으로
	장애	• 직역부분 없음 • 재직자 급여조정 (제도 내, 제도 간 없음) • 노동재해보상보험과의 조정: 연금 그대로, 노재보상감액	• 직역부분: 노령연금과 동일 • 재직자급여조정 (제도 내: 28만 엔 기준 방식, 3층 지급정지, 제도간: 47만엔 기준방식) • 노동재해보상보험과의 조정: 연금감액 (3층 일부), 노재보상 그대로	• 후생연금 방식으로

〈표 7-10〉계속

구분		기초연금+후생연금	기초연금+구 공제연금	비교·특징 (2015년 10월 일원화)
급여수준	*재직 (장애)	• 연령 관계없이 - 후생연금피보험자, 공제조합조합원 되면 급여조정 없음	• 연령 관계없이 - 후생연금피보험자 되면 재직(노령)의 ② 적용 (47만 엔 기준) - 공제조합조합원 되면 재직(노령)의 ① 적용 (28만 엔 기준)	
	유족	• 직역 없음 • 중고령과부가산: 남편 사망 시 35세 이상 아내에게 40세부터 지급 • 노동재해보상보험과의 조정: 연금 그대로, 노재보상감액	• 직역부분: 노령연금과 동일 • 중고령과부가산: 남편사망 시 연령 무관하게 40세부터 지급 • 노동재해보상보험과의 조정: 연금감액(3층 일부), 노재보상그대로	• 후생연금 방식으로
	가급연금 (노령연금에 추가)	• 65세 미만 배우자나 18세(1~2급 장애 시 20세) 미만 자녀(2인까지) 각 22.45만 엔 • 셋째 이후 7.48만 엔, 위금액에 수급권자 연령에 따라 3.32만~16.56만 엔 특별가산 • 1943년 4월 이후 16.56만 엔		• 동일
	분할연금	• 이혼 시 배우자의 분할청구권 허용 (단, 연금분할 아닌 표준보수 등 분할) - 합의분할(2007. 4. 1~) - 3호분할(2008. 5. 1~)		• 동일 • 2007년 4월 이후 도입, 차이 없음 • 분할 후 본인 수급요건 충족해야 수급가능
	탈퇴수당금	• 원칙 본인부담 보험료분 지급(단, 최장 36개월) • 피보험자 기간 평균 표준보수액 ×지급율 • 지급율: 보험료율 ×1/2×가입기간(6~36으로 구분)		• 동일
	지방단체장 특례	-	• 지방자치단체장 재직 기간 12년 이상인 자의 공제연금 • 2층연금+3층연금+ 평균급여월액 × 43.846/100	• 1985년 개정 전 단체장은 12년 근속 시 수급자격 획득(일반조합원 20년 연금의 35/40 수급) • 1985년 개정으로 수급자격 특례 없애고 급여액특례(60%) 도입 • 2000년 급여승율 5% 인하 (0.95) • 2003년의 총보수제도입 (1/1.3)으로 43.846%
기금운용	지배구조	• 연금적립금관리운용 독립행정법인(GPIF)	• 국가공무원공제조합 연합회(KKR), 지방 공무원공제조합 연합회, 사립학교진흥공제사업단 등	• 일원화 후에도 기금운용 주체는 그대로
	기금운용 대상	• 주식 vs 채권, 국내자산 vs 외화표시자산 비율 상황 따라 신축적 운용(5:5, 6:4 등)	• 좌측과 동일 • 국내채권 비율 줄이고 주식, 외화표시자산 비율 확대	• KKR 등 3공제 등의 자산운용 • 2015년 10월 기준 GPIF형으로 통일

5. 맺음말: 쟁점과 함의

위에서 일본 공적연금제도의 주된 축을 이루는 국민연금(기초연금), 후생연금, 구 공제연금에 대해 도입 이후 변천과 제도 현황에 살펴보았다. 노인인구 비율이 세계 최고수준에 달하고 장수자가 지속적으로 늘어나고 있는 만큼 공적연금은 건강보험 및 개호보험과 더불어 일본에서 매우 큰 관심사 중 하나다. 정치인와 관료, 연구자는 물론이고 일반인들 중에도 적지 않은 전문가가 있어 연금의 미래상 정립을 놓고 열띤 논의가 이루어지고, 이를 바탕으로 주기적으로 제도가 개편되었다.

그동안 이루어진 제도 개편 중 특히 주목할 만한 조치로 다음의 3가지를 들 수 있다.

첫째, 1986년의 기초연금 도입이다. 이때의 조치로 민간근로자, 공무원, 자영업자 등으로 분립되었던 공적연금제도에 공통기반이 구축되면서 제도별 가입자 간 연금 불공평 해소의 시발점이 된다. 특히 피용자의 무소득 배우자(제3호 피보험자)에게 기초연금 수급권을 허용함으로써 맞벌이와 외벌이 부부의 은퇴기 연금 격차를 줄인 점은 주목할 점이다. 물론 '근로기 소득에 비례한' 연금지급이라는 연금철학에 비추어 반론이 없다. 하지만 여성의 근로기 취업여건이 양호하지 않아 자의와 달리 취업하지 못한 이들이 적지 않다. 또 전업주부의 출산율이 상대적으로 높고 자녀양육을 통한 사회기여도도 작지 않다.

둘째, 긴 기간을 두고 피용자연금제도를 하나로 통합한 점이다. 1985년 개혁으로 피용자연금제도를 기초연금과 소득비례연금의 2층으로 구분하여 제도 간 통합의 기반을 구축한 다음, 단계적 준비 작업을 거쳐 30년 후 두 제도를 통합하였다. 물론 보험료율과 급여수준 등이 완전히 같아지기까지 시간이 좀더 소요되겠지만 단계적 일치를 통한 연금 불공평 해소라는 정책목표를 일관되게 추진한 점이 평가될 수 있다.

셋째, 고령화와 장수화가 한층 심화되더라도 그간의 개혁조치로 모든 공적연금이 100년 후 시점에도 특단의 정부 재정지원 없이 독자적으로 지속할 수 있는 가능성이 높다. 출산율, 성장률, 물가상승률 등이 변수로 작용하겠지만 이들 모수의 통상적 가정치하에 높은 지속가능성이 확인된다. 급여수준도 후생연금에서 보험료율을 20% 이하로 억제하면서 4인가구(전업주부) 모델의 소득대체율이 2044년 이후에도 50%를 밑돌지 않도록 배려한다. 장래이 수준을 밑돌 것으로 예상되는 경우 보험료율 인상, 가입연수 연장, 지급개시연령 상향 등 다양한 방안을 검토할 예정이다. 한편 자조노력을 통한 사적연금(퇴직연금, 개인연금)과 주택연금 등으로 15~20% 수준의 소득대체율이 확보될 경우, 최저한 이상의 안정된 노후소득을 확보할 수 있을 것이다. 다만 공적연금에서 후생연금 없이 국민연금만 있는 이들과 사적연금 등이 없거나 적은 이들이 적지 않아 이들에 대한 노후생활 보장이 과제로 남아 있다.

이상의 3가지 조치는 우리의 공적연금제도에 적지 않은 시사점을 준다. 먼저 우리도 기초연금(기초노령연금)을 2014년 7월(2008년 1월)부터 시행하고 있지만 수급대상과 급여수준 면에서 차이가 크다. 수급대상은 일본의 97%에 비해 70% 수준이고 평균 급여수준은 일본의 35% 이하다. 또 급여액이 가입기간에 따라 차등화되는 일본에 비해 국민연금 연금액 등에 의해 차등화되고, 부부 수령 시 감액되지 않는 일본에 비해 각 20% 감액되는 것 등도 다르다. 기초연금 도입이 일본(1986년)보다 28년 늦었고, 향후 개혁으로 일본 수준에 근접할 수 있는 여지가 남아 있다는 점에서 우리 기초연금제도 운영에 일정한 시사점을 제시한다.

둘째, 피용자연금 통합도 우리의 경우 몇 차례 논의가 있었지만 실현되지 못했다. 국민연금과 공무원연금을 통합하고 공무원의 직업 특성을 고려한 별도 연금 창설 등이 방안으로 제시되었지만 공무원층의 반대로 무산되었다. 이러한 우리와 비교할 때 공무원층 반대가 거셌지만 이를 무릅쓰고 제도 통합을 단행한 일본 사례는 시사해주는 바가 적지 않다. 물론 30년이라는 준비 및 이행 기간을 두긴 했지만 정치가와 관료 등 정책 결정에 책임 있는 이들이 개혁의 큰 방향성에 따라 일관되게 추진한 점은 본받을 자세라고 할 것이다. 우리의 경우 '국민연금＋퇴직(연)금'과의 형평성을 고려하여 2009년, 2015년 개혁으로 '공무원연금＋퇴직수당'을 축소 조정했다고 아직도 공무원연금이 유리하다는 지적이 적지 않다.

셋째, 100년이라는 장기간에 걸쳐 공적연금의 재정안정을 높은 확률로 확보하고 있는 일본이 그렇지 못한 우리에게 시사해주는 바가 많다. 우리의 후세대에 조세, 보험료율로 높은 부담을 지워 좁혀져가는 일본과의 격차를 다시 키울 가능성도 있다. 이 같은 차이의 이면에는 몇 가지 이유가 있을 수 있다. 일본과 비교한 상대적 측면에서 닥칠 위험에 대한 일반국민의 약한 대비의식, 정치가와 관료 등 정책에 책임 있는 집단의 약한 도덕성과 규율, 미래에 대한 낙관적 국민성 등이다. 이들을 고려하면 조기에 일본 수준으로 공적연금의 재정안정을 기하는 작업이 쉽지 않을지 모른다. 하지만 언제까지 미룰 사안이 아니라는 점에서 정치가 등 책임 있는 그룹의 조기 결단이 요망된다.

이상에서 살펴본 일본의 공적연금은 유럽의 복지 선진국가의 그것과 비교하면 급여수준 등 부족한 점이 적지 않다. 하지만 우리에게는 여러 면에서 벤치마킹하고 따라 가야 할 대상이라고 할 수 있다.

끝으로 노후소득보장은 공적연금에만 의존하여 해결하기보다 주된 부분을 맡는 공적연금을 사적연금이 보조하는 형태로 공사 연금이 조화를 이루도록 하는 것이 필요하다. 어느 정도로 보조해야 할지는 나라별 역사와 여건에 따라 상이할 것이다. 효율과 공평 측면에서 공적연금 강화가 바람직하지만 가입자 저항이 클 경우 자조노력 강화를 통한 사적연금 비중 강화가 대안으로 고려될 수 있다. 다만 사적연금 강화가 국내 자본시장 및 금융 보험회사 발달 수준과 밀접하게 연관되어 있고, 은퇴자 연금소득 불평등 확대로 이어질 수 있다는 점에서 신중히 접근해야 할 것이다.

■ 참고문헌

국내 문헌

김상호・배준호・심창학・윤석명・최영준(2015). 《일반국민과공무원의노후보장체계 국제비교연구》. 국민연금공단국민연금연구원 용역보고서 2014-05.

해외 문헌

官民給与の比較方法の在り方に関する研究会(2006). 〈7月 報告書〉.

堀江奈保子(2018). "みずほインサイト〈2018年度の年金額は据え置き〉: 将來の年金 額底上げに向けた見直しが必要". みずほ総合研究所.

吉原健二(2004). 《わが国の公的年金制度：その生い立ちと歩み》. 中央法規出版.

山下馨(2015). 〈年金制度等について〉. 日本私立学校振興・共済事業団.

日本年金機構(2015). 《Annual Report 2014》. 日本年金機構.

全國私學共濟年金者連盟(2013). 〈私學年金連報〉, 72, 2013. 10. 1.

地方公務員共濟組合連合會(2014). 〈財政再計算の結果および新掛金率について〉.

地方公務員共濟年金制度研究會・(株)社会保険出版社(2013). 〈共済年金は厚生年 金に統一されますー平成27年10月から被用者年金が一元化されますー〉.

厚生労働省(2002a). 〈年金制度に對する國庫負擔關係資料〉, 2002. 6. 11. 第5回 社 會保障審議會年金部會 資料 1～2.

_____(2002b). 〈厚生年金・國民年金における國庫負擔の經緯〉, 2002. 6. 11. 第5回 社會保障審議會年金部會 資料 1.

_____(2012). 《厚生勞働白書》. 厚生勞働省.

_____(2014). 《平成24年度厚生年金保險・国民年金事業年報》. 厚生労働省.

_____(2015). 〈平成26年度 年金積立金運用報告書〉. 厚生労働省.

_____(2017). 《厚生労働白書》, 資料編 11, 年金制度の概要.

_____(2017). 《平成27年度厚生年金保險・國民年金事業年報》. 厚生労働省.

_____(2018). 〈平成30年1月末現在國民年金保險料の納付率〉. 厚生労働省.

厚生労働省年金局(2014a). 〈年金分野の改革の進捗状況について〉, 2014. 10. 10. 基 礎年金國庫負擔1/2の實現について.

_____(2014b). 〈年金額の改定(スライド)の在り方〉, 2014. 10. 15. 第26回社会保障 審議会年金部会.

_____(2014c). 〈企業年金制度の現狀等について〉, 2014. 6. 30. 第5回社会保障審議 会企業年金部会, 參考資料 1.

_____(2015).《平成26年度厚生年金保険・国民年金事業の概況》. 厚生労働省年金局.

_____(2017).《平成28年度厚生年金保険・國民年金事業の概況》. 厚生労働省年金局.

厚生労働省年金局年金課(2015).〈被用者年金の一元化について〉, 2015. 11. 30.

厚生労働省年金局数理課(2015).《平成26年財政検証結果レポート―国民年金及び 厚生年金に係る財政の現況及び見通し》. 厚生労働省年金局数理課.

厚生労働省年金局・日本年金機構(2015).〈平成26年度の国民年金保険料の納付状 況と今後の取組等について〉.

横田直喜(2012). "障害者に對する所得保障擴充の必要性-障害年金制度 の現狀と課 題",〈生活福祉研究〉, 通巻 80号, 1~16.

SSA(2015). *Social Security Programs Through the World: Asia & Pacific 2014.* SSA

기타 자료

國家公務員共濟組合聯合會(2017). http://www.kkr.or.jp/seidokaikaku/27ichigenka/index. html#shikumi-to-ichigenka. 2017. 10. 1 인출

內閣官房. http://www.cas.go.jp/jp/seisaku/syakaihosyou/houan.html. 2015. 8. 24 인출.

內閣官房行政改革推進室. http://www.gyoukaku.go.jp/koumuin/kaigi. 2015. 8. 24 인출.

日本私立學校振興・共濟事業團・私學共濟事業.〈平成28年度の掛金等の率〉. http://www.shigakukyosai.jp/topics/topics_160122.html. 2017. 10. 1 인출. http://www.shigakukyosai.jp/topics/topics_140811.html. 2017. 10. 1 인출.

日本年金機構(2014).〈国民年金・厚生年金 被保険者のしおり〉. http://www.nenkin.go.jp/index.html. 2015. 8. 24 인출. http://www.nenkin.go.jp/n/www/service. 2015. 8. 24 인출.

_____. https://www.nenkin.go.jp/service/seidozenpan/yakuwari/20150518.html. 2017. 10. 1 인출.

厚生勞働省.〈いっしょに検証! 公的年金〉. http://www.mhlw.go.jp/nenkinkenshou/ verification/index.html. 2015. 8. 24 인출.

_____(2014). 厚生労働白書, 資料編,〈年金〉. http://www.mhlw.go.jp/wp/hakusyo/ kousei/14~2/dl/11.pdf. 2015. 8. 24 인출.

厚生勞働省 外. https://www.mhlw.go.jp/bunya/roudoukijun/faq_kijyungyosei46.html. 2017. 10. 1 인출

e-Stat 정부통계 종합창구. http://www.e-stat.go.jp/SG1/estat. 2015. 8. 24 인출.

All About Money. http://allabout.co.jp/gm/gc/450623. 2015. 8. 24 인출.

08

고용보험제도 및 고용정책

1. 머리말

일본의 고용보험은 5대 사회보험 중 건강보험과 공적연금(후생연금보험)에
이어 1947년 12월 '실업보험'이라는 이름으로 시행된다. 같은 해 9월에 앞
서 시행된 노재보험과 더불어 노동보험의 2대 보험이 비슷한 시기에 발족
한 것이다. 패전 직후의 혼란한 경제상황에서 실업급여 지급을 주된 목적
으로 창설되었다가 1975년, '고용보험'으로 이름을 바꾸면서 실업급여 지
급 외에 고용안정과 능력개발 등의 부대사업을 추가하여 추진한다.

출발 당시 제법 높았던 보험료율(2.2%)은 제도시행 70년 후인 2017년
기준 0.9%[1] (일반사업 기준, 농림수산·청주제조는 1.1%, 건설은 1.2%)로
주요국과 비교할 때 월등히 낮은 수준이다. 근로자와 사업주에게 주는 부

---

1) 노사로 구분하면 근로자 0.3% 사업주 0.6%(고용보험 2사업보험료율 0.3% 포함)다.
농림수산·청주제조사업은 근로자 0.4%, 사업주 0.7%(고용보험 2사업보험료율 0.3%
포함), 건설사업은 근로자 0.4%, 사업주 0.8%(고용보험 2사업보험료율 0.4% 포함)
다(후생노동성, 2017.1.31. 관련법안 국회제출).

담은 세계적으로 볼 때 최저수준에 가깝다. 완전실업자가 2010년부터 지속적으로 감소하면서 7년째 인하 추세가 지속되었다.[2] 배경에는 경기회복 요인도 일정부분 기여하고 있지만, 그 이상으로 베이붐세대의 은퇴에 따른 대체 고용수요가 있다.

낮은 실업률과 보험료율만으로 고용보험제도가 잘 운영되고 있다고 단정할 수는 없다. 보험료율이 높더라도 실업급여를 포함하여 고용안정, 능력개발 관련 급여가 충실하면 근로자와 사업주 측의 만족도가 높고, 장기적으로 실업률을 낮게 유지하는 데 도움이 될 수도 있기 때문이다. 문제는 실업위험의 보장에 대한 철학과 역사가 국가별로 달라, 고용보험의 적용대상, 보험료율, 각종 급여의 수급조건과 수준, 수급기간 등을 비교 평가하여 국가 간 고용보험 운영의 성과를 비교하기가 쉽지 않다는 것이다. 이들 정책의 성과는 실업률과 경제생산 등 거시적 경제지표와 연관되어 있고, 일부에서 이용하는 사회후생의 평가기준도 다를 수 있기 때문이다.

그럼에도 불구하고 ILO나 OECD 등의 국제기관에서는 대표적인 몇 가지 지표의 국제 비교, 현지 방문조사를 통해 국가별 제도운영 실태를 정성적으로 평가하고, 적절하다고 생각되는 방안을 권고하기도 한다.

OECD(2015)는 일본 사례, OECD(2013)는 우리나라 사례를 분석하였다. 일본에 대해서는 고용감소기업에서 고용창출기업으로의 노동자의 원활한 이동 지원, 퇴직 후 경제적으로나 재취업 지원 측면에서 열악한 위치에 있는 청년층, 여성 등의 실태파악과 지원 강화, 재취업과 관련한 민관 연계 강화 등 정책 측면에 초점을 맞춰 권고한다. 이에 비해 우리나라에 대해서는 고용센터 직원의 자질 향상과 실직자에의 맞춤형 지원 노력, 기업 등 이해 관계자와의 소통 강화 통한 순응도 제고, 성장산업에 유용하게 쓸

---

2) 고용보험 실업급여 중 가장 비중이 큰 '일반 구직자급여'는 2010년 1조 1,060억 엔에서 2011년 1조 404억 엔, 2012년 9,432억 엔, 2013년 8,359억 엔, 2014년 7,248억 엔, 2015년 6,772억 엔으로 감소했다(厚生勞働省, 2016c).

수 있는 총괄 기술 등 교육 훈련 프로그램으로의 방향 전환 등 좀더 본질적인 문제를 지적한다.[3]

국제적으로 평가가 낮지 않은 일본의 고용보험제도 운영이지만 곧잘 문제점으로 지적되는 것이 있다. 낮은 실업급여 수급률이 그것이다. 여기서 수급률은 실업자 중 실업급여 수급자 비율을 지칭하는데, 일본의 수급률은 20%대[4]로 OECD 국가 중 밑에서 네 번째 순위다. 우리나라의 절반 정도에 불과하며, 일본보다 낮은 나라로는 폴란드, 터키, 슬로바키아 정도가 있을 뿐이다.[5] 실업자 중 80% 가까운 이들이 실업급여를 받지 못하고 있으니 그러한 평가를 받을 법도 하다. 물론 다른 주장도 있다. 이에 대해서는 이 장의 후반부 시사점 서술을 참조하기 바란다.

일본은 주요국 중 실업률이 매우 낮고 고용보험료율도 높지 않다.[6] 낮은 비용으로 고용보험의 고유 정책목표의 하나라고 할 수 있는 조기 재취직을 통한 실업률 상승 억제를 달성하고 있는 점은 평가받아 마땅하다. 그

---

3) 이 밖에 6개월 이상 장기실직자에 대한 지원 강화, 직업탐색 지원과 훈련 효과의 모니터링과 평가 통한 효과성 높은 프로그램 구축, 실업급여 받지 못하는 저소득 실직자가 기초생활보장에 쉽게 접근할 수 있도록 배려 등이 함께 권고된다.

4) 2015년 기준 완전실업자 223만 명, 실업급여(일반구직자급여 기본수당) 수급자 46만 명(평균, 개별연장급여 수급자 제외)으로 수급률은 20.6%다. 수급률은 1982년의 59.5%를 정점으로 지속적으로 낮아져 2008년 21.1%를 보였으며, 이후에도 20%대 수준에 머물러 있다(厚生勞働省, 2016, 〈雇用保險事業年報 平成 27年度〉 외. 주요지표(1), 주요지표(2)). 한편 ILO(2009)에 따르면 일본 23%, 미국 41%, 캐나다 44%, 영국 55%, 프랑스 80%, 독일 94%다.

5) OECD, 2017, Tax-Benefit Models.

6) 2005년 전후 5개국의 보험료율과 실업률 수치다. 일본 1.6~4.7%, 미국 3.5~5.5%, 프랑스 6.4~9.7%, 독일 6.5~9.5%, 네덜란드 8.6~4.6%다. 10년 이상 경과한 2016년에는 일본 1.1~3.4%로 낮아졌다. 비슷한 시기에 미국 6.0~5.4%, 독일 3.0~4.2%, 프랑스 6.4~10.5%, 네덜란드 2.44%(평균 2.16%) -7.0%로 나타나 보험료율은 미국만 높아지고, 실업률은 일본과 독일이 낮아지고 프랑스와 네덜란드가 상승하였음을 알 수 있다(ISSA, 2016b).

렇지만 앞에서 거론한 수급률 외에 실업급여 수준[7]과 수급기간[8] 등의 측면에서 주요국보다 열악한 위치에 있음도 부인하기 힘들다. 문제는 이때의 비교열위 측면이 낮은 보험료율에 따른 기업과 근로자의 부담경감과 그에 따른 사회후생 증대라는 비교우위 측면과 견주어 어떻게 평가될 수 있느냐 하는 점이다.

이에 대해서는 좀더 체계적이고 엄밀한 분석이 필요할 것이다. 현시점에서 말할 수 있는 것은 고용보험제도가 추구하는 궁극의 목표가 '실업위험 해지'와 '안정된 일자리에의 조기복귀'를 낮은 비용으로 달성하는 데 있다는 점을 고려하면, 일본은 성과가 양호한 그룹에 속하는 것으로 평가될 가능성이 높다는 사실 정도일지 모른다.

고용보험은 노재보험과 더불어 노동보험의 두 축인데, 노동보험은 인구구조가 고령화하고 경제 사회가 발전하더라도 제도운영비가 크게 늘어나지 않는 특성을 지닌다. 인구구조의 고령화와 더불어 건강보험, 공적연금, 개호보험 등의 제도운영 비용이 급증하는 것과 대조를 이룬다. 그 배경에는 노동보험이 노동기, 즉 취업기에 발생하는 실업, 재해 등으로 인한 소득상실 등의 위험을 보상하는 제도라는 고유한 특성이 있다.

경제 사회가 발전하면서 작업환경이 개선되고 안전 의식 또한 제고되면서 노동현장의 재해발생은 추세적으로 줄어든다. 실업위험도 경기순환과 외부 충격 등에 좌우되지만 지속적이기보다 간헐적이거나 주기적으로 발생한다. 따라서 단기보험인 고용보험이 초기에 이들 위험에 대비하기 위한 기금이나 적립금 계정에 일정수준의 자금을 적립할 경우, 향후 보험료율을 낮출 수 있는 여력을 지닐 수 있다. 지금의 일본 사례가 바로 여기에 해당한다.

---

7) 이 장의 수급자 소득대체율 관련 서술을 참조할 것(〈표 8-7〉).
8) 40세 근로자 기준 실업급여 최대수급기간, 비교에 의하면 일본은 9개월로 OECD 평균 이하이며 밑에서 7번째 순위다(한국은 7개월로 밑에서 5번째). 평균 수급기간은 일본 154일, 한국 121일이다(OECD, 2010).

노동보험특별회계 고용계정 적립금 잔고는 2015년 말 기준 6조 4,260억 엔이며, 이는 역대 최고수준으로 2015년도 고용보험 지출 2조 1,455억 엔[9]의 3.0배, 실업등급여비 1조 5,030억 엔의 4.3배에 해당한다. 위 적립금은 불황기에 늘어나는 실업 등 급여 재원으로 충당하기 위한 재원이다. 그런데 고용계정에는 고용안정사업의 기동적 운영을 위한 별도 고용안정자금[10]이 있다. 잔고는 2015년 말 기준 9,403억 엔 규모이며 이를 위 적립금 잔고에 합친 7조 3,663억 엔은 고용보험 지출액의 3.4배, 실업등급여비의 4.9배에 해당한다. 이러한 상황을 고려하여 후생노동성 장관은 2017년부터 3년 시한부로 근로자와 사업주의 보험료율 및 국고부담률을 인하할 계획이다.

이상으로 일본의 고용보험이 지난 70년간 걸어온 길의 큰 흐름과 운영성과에 대해 간략히 살펴보았다. 이 장의 2에서 일본 고용보험제도의 변천을 살펴보고, 이 장의 3에서 현행 고용보험제도의 현황을 정리하며, 이 장의 4에서 최근의 제도개혁 사항을 고찰한다. 이 장의 5에서 최근의 노동정책 변화와 관련된 4가지 주제인 〈근로자파견법〉 개정, 동일노동 동일임금 실시, 일하는 방식 개혁, 최저임금 인상에 대해 정리하고, 이 장의 6에서 일본 고용보험제도운영의 약점으로 꼽히는 낮은 구직자급여 수급률 문제에 대해 그 내막을 들여다보고, 제도의 한·일 비교를 통해 우리나라에 주는 시사점을 찾아본다.

---

9) 항목별로는 가장 비중이 큰 실업등급여비가 1조 5,030억 엔으로 70%를 점한다. 이외에 고령자 등 고용안정 촉진비 1,326억 엔, 고용안정자금 전입 1,074억 엔, 업무취급비 920억 엔, (독)고령장애 구직자고용지원기구운영비 680억 엔, 지역고용기회창출등대책비 669억 엔, 직업소개사업등실시비 544억 엔, 직업능력개발강화비 470억 엔, 취업지원법사업비 227억 엔 등이다.

10) 후생노동성 홈페이지에서 확인 가능한 값은 2007년 1조 4억 엔, 2008년 1조 679억 엔, 2009년 8,001억 엔, 2010년 5,048억 엔, 2011년 3,895억 엔, 2012년 3,747억 엔, 2013년 4,731억 엔, 2014년 6,744억 엔, 2015년 9,403억 엔(1조 584억 엔이란 자료도 있음)이다.

2. 제도의 변천

고용보험은 1947년의 도입 당시에는 실업보험이라는 명칭을 지녔었다. 〈실업보험법〉(법률 제146호)은 실업자의 생활 안정을 목적으로 제정된 것이다. 도입 당시는 태평양전쟁의 패전으로 인플레이션이 심하고, 실업자가 크게 늘어난 상황으로 이들의 생활을 안정화시키는 것이 정부의 큰 과제였다. 1946년 11월의 헌법 제정 후, 〈실업보험법〉 제정에 대한 사회적 요구가 커지자, 당시의 가타야마(片山) 내각이 〈실업보험법〉과 실업수당 법안을 마련하여 1947년 8월 국회에 제출한다. 공포는 그해 12월 1일이지만 이보다 한 달 앞선 11월 1일로 소급하여 적용, 시행된다.

피보험자는 상시고용 근로자 5인 이상 사업소 고용자로 한정되었으며, 급여는 실업급여와 이주비가 있었다. 실업급여는 피보험자가 근로의욕과 능력이 있음에도 불구하고 취직하지 못할 때, 이직 전 1년간 6개월 이상 피보험자 기간 충족 시 이직 후 1년간 180일 분 해당 금액을 지급하는 것이었다. 실업급여 일액은 피보험자의 임금일액의 100분의 40에서 80 사이로 최고지급액은 170엔이었다. 실업급여를 지급받으려면 공공직업안정소를 방문하여 구직신청을 하고, 실업을 인정받아야 했다. [11] 이주비는 수급자격자가 안정소가 소개한 직장에 근무하기 위해 주소와 거주지를 바꾸는 경우에만 지급된다.

이때 실업급여 지급에 필요한 재원은 3분의 1을 국가 즉 중앙정부가 부담하고, 3분의 2는 사용자와 근로자가 절반씩 납부하는 보험료로 충당하였다. 하지만 12년이 지난 1959년부터 정부부담은 4분의 1로 줄어들고

---

11) 정당한 이유 없이 안정소로부터 소개받은 직장을 거절할 경우, 거절한 날부터 1개월 동안은 실업급여가 지급되지 않고, 피보험자 본인 책임으로 인해 해고되거나, 불가피한 사정이 없음에도 불구하고 본인 사정으로 퇴직할 때에는 1개월 내지 2개월 동안 실업급여가 지급되지 않았다.

1992년부터 현재까지 잠정조치로 그 이하 수준이 유지된다(단 2001년부터 2006년까지의 6년간은 1/4 유지). [12]

1948년 말 연합군총사령부(GHQ)에 의한 경제 9원칙 실시로 불황[13]이 발생하면서 실업자가 급증하자, 1949년 〈긴급실업대책법〉의 제정과 개정으로 일용직근로자실업보험제도를 창설한다. 1960년에는 공공직업훈련 수강 시 급여 연장과 취직지원금을 지급하는 제도를 창설하고, 1963년에는 부양가산, 기능습득수당, 기숙수당 제도를 창설한다. 1969년에는 제도 적용대상을 종업원 5인 미만 사업소까지 확대(1972년 4월부터 단계적 확대)한다. 또 같은 해 12월에는 실업보험과 노재보험의 적용징수를 통합하는 노동보험 보험료 징수 등에 관한 법률이 제정된다.

이 같은 대응에도 불구하고 실업과 고용 정세 급변으로 기왕의 제도를 근본적으로 개혁할 필요성이 커졌다. 그래서 1974년 2월 이러한 여건 변화에 대응하도록 관련 내용을 고치고 명칭도 고용보험으로 바꾼 고용보험법안이 다나카(田中) 내각에 의해 국회에 제출된다. 하지만 심의가 제대로 이루어지지 않고 폐기된다.

이후 석유위기에 대응하는 과정에서 실업과 고용 상황이 한층 악화되자, 여건 변화에 대응하는 내용을 담아 미키(三木) 내각이 1974년 12월 고용보험법안을 다시 국회에 제출한다. 이때의 법안에는 실업자 생활 안정 외에 추가로 3사업인 고용개선, 능력개발, 고용복지 사업이 포함된다. 12월 28일 〈고용보험법〉(법률 제116호)이 공포되고 1975년 4월 1일부터 시행되면서 〈실업보험법〉은 폐지되고, 명칭이 실업보험제도에서 고용보험제도로 변경된다.

---

12) 잠정조치 폐지와 25%로의 복귀에 대해서는 2010년, 2011년, 2017년 등 고용보험료율 개정 시에 거의 예외 없이 정책 노력의 필요성이 언급된다.

13) 1949년 2월에 일본경제의 자립과 안정을 위해 재정 및 금융에 대한 긴축정책을 실시하였는데, 그 결과 인플레이션은 막을 수 있었지만, 반대로 디플레이션이 발생하여 실업과 도산이 계속되는 닷지불황이 발생하였다.

1977년에는 고용개선사업이라는 명칭 대신 고용안정사업의 명칭이 사용되고, 일부 남아 있던 고용개선사업은 1989년 고용안정산업으로 통합된다. 그리고 2007년 고용복지사업이 폐지되면서 고용 3사업은 고용 2사업으로 바뀐다. 별도 제도로 운영되던 선원보험의 고용보험 해당사업이 2007년 고용보험으로 통합된다.

개정은 1989년, 1992년, 1994년, 1998년, 2000년, 2003년, 2007년, 2009년, 2010년, 2011년, 2012년, 2016년에 있었지만 주된 개정은 1994년, 1998년, 2003년, 2007년 개정이라고 할 수 있다(厚生勞働省, 2013; 厚生勞働省, 2016a).

네 차례의 주된 개정 중 2003년 개정이 급여지출을 억제 등 긴축운영에 초점을 맞추고 있고, 나머지 개정은 인구구조와 노동시장 환경 변화에 대응하기 위한 신규 서비스 제공을 포함한 제도운영의 합리화와 다변화 등에 초점을 맞추었다. 2003년은 보험료율이 1.95%로 1952년 이후 가장 높았던 시기였다. 이때 실업급여 기본수당과 교육훈련급여의 급여율과 일액상한이 인하되고, 고연령고용계속급여 지급요건이 강화된다. 2010년 이후 완전실업자수가 지속적으로 감소하면서 고용보험 재정 운영에 여유가 생겨 보험료율이 지속적으로 낮아지고, 그동안 미흡했던 서비스 분야에 대한 지원이 강화되었다.

단시간노동피보험자와 관련해 1989년 단시간노동피보험자 구직자급여(특례)가 창설되고, 2003년 단시간근로자 급여가 통상의 노동자 급여로 통합된다. 2007년엔 단시간근로자의 피보험자 자격과 수급자격요건이 통상의 노동자 자격과 수급자격요건으로 통합되면서, 단시간노동피보험자 구분이 없어진다.

탄력조항 관련하여 1989년 3 사업에 대한 탄력조항이 개정되고, 1992년 임금일액 계산특례가 탄력화되며, 2007년에는 실업등급여의 고용보험요율 탄력요율이 확대된다.

재취직 및 취업 촉진 관련해 1992년과 1994년에 재취직수당 지급요건이 개선되고, 2009년과 2011년, 2016년에 재취직수당 급여율이 인상된다. 2003년에는 취업촉진수당이 창설된다. 2009년에는 상용취직준비수당 대상 범위를 늘리고 급여율을 인상하며, 2011년 시한부이던 조치를 항구화한다. 1998년에는 교육훈련급여가 창설되고 2003년 관련 급여율 상한액이 인하된다.

고연령자 관련하여 1994년 고연령자 기본수당 급여율을 인하하는 한편 고연령고용계속급여를 창설하고, 고연령구직자급여를 인상한다. 1998년에는 고연령구직자급여를 인하하고, 이 급여에 대한 국고부담을 폐지한다. 2003년에는 고연령고용계속급여 지급요건을 강화한다. 2016년에는 65세 이상 신규 고용자를 적용대상으로 하고(단 보험료 징수는 2019년분까지 면제), 실버인재센터 업무 중 파견·직업소개의 경우 주 40시간 취업을 허용한다.

육아 및 개호 등에 의한 노동시장 이탈을 방지하기 위해 1994년 육아휴업급여를 창설하고 2000년과 2007년에 급여율을 인상하며, 2016년에는 육아휴업 대상이 되는 자녀 범위를 확대하고 육아휴업을 신청할 수 있는 유기계약노동자 요건을 완화한다. 1998년 개호휴업급여를 창설하고 2000년 급여율을 올리며, 2016년에는 개호이직을 방지하기 위해 개호휴업의 분할취득, 소정외 노동면제 창설, 개호휴가 반일 단위 취득, 개호휴업 급여율 인상 등에 나선다.

취약 노동자 지원 관련하여 1994년 일용직노동자 구직급여 일액을 인상하고, 2010년에는 비정규직근로자 적용범위를 확대하며, 미가입자에의 소급적용 기간을 개선하고, 고용보험 2사업 재정지원을 목적으로 실업 등 급여 적립금에서의 차입을 잠정적으로 허용한다. 한편 2009년에는 실업급여 수급자 중 특정수급자격자 등에 대해 연령과 지역을 고려하여 재취직이 힘들 경우, 급여일수를 60일분 연장하는 개별연장급여를 창설하여 시한부 조치로 운영한다. 또 2000년에는 불가피하게 이직한 노동자 지원을 위해 기본수당 소정급여일수를 변경하고, 2003년에는 장년층(35세 이상~45세 미만) 근로자의 기본수당 급여일수를 30일간 연장한다.

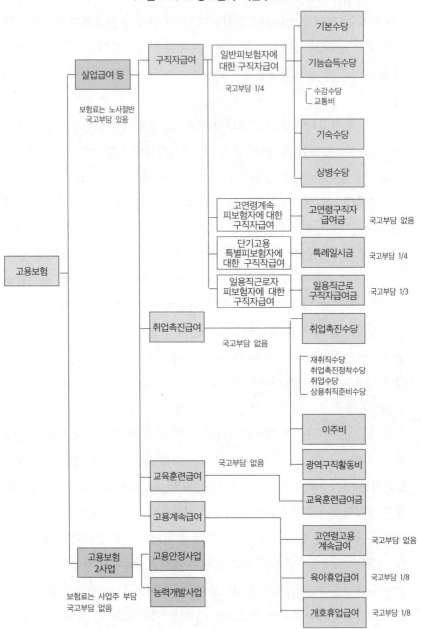

〈그림 8-1〉 고용보험의 기본구조

구직자급여 — 일반피보험자에
대한 구직자급여
국고부담 1/4

- 기본수당
- 기능습득수당
  - 수강수당
  - 교통비
- 기숙수당
- 상병수당

고연령계속
피보험자에 대한
구직자급여 — 고연령구직자
급여금 — 국고부담 없음

단기고용
특별피보험자에
대한 구직작급여 — 특례일시금 — 국고부담 1/4

일용직근로자
피보험자에 대한
구직자급여 — 일용직근로
구직자급여금 — 국고부담 1/3

취업촉진급여 — 취업촉진수당
국고부담 없음
- 재취직수당
- 취업촉진정착수당
- 취업수당
- 상용취직준비수당

- 이주비
- 광역구직활동비

교육훈련급여 — 교육훈련급여금
국고부담 없음

고용계속급여
- 고연령고용
계속급여 — 국고부담 없음
- 육아휴업급여 — 국고부담 1/8
- 개호휴업급여 — 국고부담 1/8

실업급여 등
보험료는 노사절반
국고부담 있음

고용보험

고용보험
2사업
보험료는 사업주 부담
국고부담 없음
- 고용안정사업
- 능력개발사업

자료: 고용보험 홈페이지 재구성. www.mhlw.go.jp. 2017. 10. 1 인출.

이상의 변천을 거쳐 오늘에 이른 일본 고용보험제도의 기본구조가 〈그림 8-1〉에 제시되어 있다. 실업급여와 고용보험 2사업(고용안정사업과 능력개발사업)으로 구분되고, 실업급여 안에 구직자급여, 취업촉진급여, 교육훈련급여, 고용계속급여 등이 있다.

3. 현행 고용보험제도 개요

이하에서는 적용과 관리체계, 재원조달, 급여와 조성금, 고용보험 재정, 최근의 〈고용보험법〉 개정 관련의 순으로 서술한다.

1) 적용과 관리체계

고용보험의 적용대상은 근로자가 고용되어 있는 사업소로 업종이나 기업규모에 관계없다. 단 농림수산업의 경우에는 사업소의 파악이 어렵고, 고용관계 및 임금지불관계가 명확하지 않기 때문에 개인사업소로, 고용하고 있는 근로자가 5명 미만이면 임의 적용대상이다. 적용사업에 고용되어 있는 근로자는 당연히 고용보험의 피보험자가 된다.

피보험자는 일반피보험자, 고연령계속 피보험자, 단기고용특례 피보험자, 일용근로피보험자로 구분된다. 고연령계속 피보험자는 동일 사업주의 적용사업에 65세 이전부터 고용되어 65세 이후에도 계속해서 고용되고 있는 피보험자이며, 단기고용특례 피보험자는 특정 계절에 한정적으로 고용된 자나 단기간 고용된 피보험자(동일 사업주에 계속하여 고용된 기간이 1년 미만인 자)를 지칭한다. 한편 일용근로피보험자는 1일 또는 30일 이내의 기간 동안 고용된 피보험자로 정의된다.

〈고용보험법〉은 여러 가지 사정을 고려하여 적용예외자를 설정한다. 주

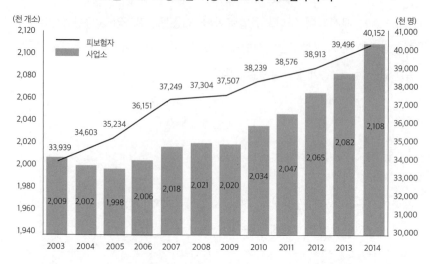

〈그림 8-2〉 고용보험 적용사업소 및 피보험자 추이

자료: 후생노동성, 〈고용보험사업연보〉 각 연도 재구성.

된 적용예외자는 다음과 같다. 1주일간의 소정근로시간이 20시간 미만인 자, 동일 사업주에 계속하여 31일 이상 고용될 것이 기대되지 않는 자, 계절 고용자로 4일 이내의 기간을 정해 고용된 자 또는 1주일간의 소정근로시간이 20시간 이상 30시간 미만인 자, 일용직근로자로 적용지역에 거주하고 적용사업에 고용되는 등의 요건에 해당하지 않는 자, 정부·광역자치단체(도도부현)·기초자치단체(시정촌)에 고용된 자, 주간 학생 등이다. 65세 이후 고용된 자는 2016년까지 적용제외되고 있었지만 2017년부터 고연령피보험자로서 강제적용된다.

2015년 기준 적용사업소가 213만 개소, 피보험자가 4,086만 명에 달한다(〈그림 8-2〉). 이 같은 피보험자수는 같은 해 상용근로자 4,744만 명의 86%에 해당한다. 2015년 기준 기업규모별 적용사업소수와 피보험자수를 보면 사업소는 종업원수 30명 미만이 90.6%를 차지하고, 피보험자수는 종업원수 30명 이상 사업소가 77.0%를 점한다(〈그림 8-1〉).

일반피보험자 구직자급여 수급자수는 초회 수급자와 실업급여 기본수당 수급자 실인원 모두 여성비율이 높다(〈표 8-2〉). 또 시간이 지나면서 그 비율이 더욱 높아지고 있으며, 이는 노동시장 내 여성인력의 이동성이 커지고 있음을 시사한다.

〈표 8-1〉 기업규모별 적용사업소수와 피보험자수(2015년)

규모별	적용사업소수 (만 개소)	구성비	피보험자수 (만 명)	구성비
4인 이하	129.0	60.3	218.5	5.3
5~29인	64.8	30.3	723.8	17.7
30~99인	13.6	6.4	712.4	17.4
100~499인	5.5	2.6	1,119.7	27.2
500인 이상	1.0	0.5	1,319.5	32.3
계	213.9	100.0	4,086.1	100.0

자료: 후생노동성, 2015.

〈표 8-2〉 일반피보험자 구직자급여 수급상황

(단위: 만 명, %)

구분		2010	2011	2012	2013	2014	2015
초회 수급자	소계	164.8	164.3	154.6	138.8	128.4	121.6
		100.0					
	남	72.9 (44.2)	70.7 (43.0)	66.3 (42.9)	56.5 (40.7)	51.0 (39.7)	48.1 (39.5)
	여	91.9 (55.8)	93.7 (57.0)	88.3 (57.1)	82.3 (59.3)	77.5 (60.3)	73.5 (60.5)
수급자 실인원	소계	65.4	62.5	57.6	52.7	46.7	43.6
		100.0					
	남	31.3 (47.9)	28.5 (45.6)	26.1 (45.3)	23.0 (43.7)	19.5 (41.8)	18.1 (41.6)
	여	34.0 (52.1)	34.0 (54.4)	31.5 (54.7)	29.7 (56.3)	27.2 (58.2)	25.4 (58.4)

주: 기본수당 소정급여일수분만 고려한다.
자료: 후생노동성, 각 연도.

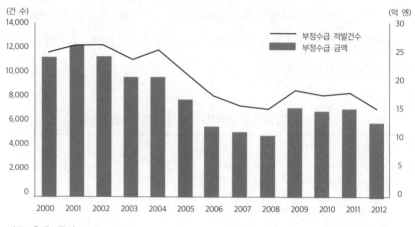

<그림 8-3> 부정수급 적발건수 및 금액 추이

자료: 후생노동성, 2010.

고용보험제도 운영 시 문제점의 하나가 부정수급이다. 〈그림 8-3〉은 실업급여 등 고용보험제도와 관련된 부정수급 적발건수 및 금액 추이를 나타내는데, 2000년에 11,550건이었던 부정수급 적발건수는 2012년에는 7,127건까지 감소하였다. 부정수급금액은 2001년에 26억 엔으로 정점에 달한 후 감소하기 시작해 2012년에는 2001년의 절반수준인 12.4억 엔까지 감소하였다.

부정수급의 대표적 사례는 '실업인정 신고서'에 신고사항을 제대로 신고하지 않는 것이다. 실업급여 수급기간 중의 아르바이트를 신고하지 않음, 취업일자를 늦춰 신고, 아르바이트 시간의 과소신고, 가족 및 친척 경영기업에 임원으로 취임한 사실을 신고하지 않음, 새로 시작한 자영업의 무신고 등이 그에 해당한다.

고용보험의 관장은 중앙정부에서는 후생노동성 직업안정국 고용보험과, 지방정부에서는 각 도도부현 노동국의 고용보험주관과와 공공직업안정소가 맡는다. 후생노동성이 제도 전체를 총괄하며, 행정구역별 노동국(도도부현별 노동국)이 보험료 징수 및 수납 업무를 담당한다. 공공직업안

<表 8-3> 고용보험료율(2017년)

(단위 : %)

구분	고용 보험료율	노동자 부담	사업주 부담		
			소계	실업등급여 보험료율	고용보험2사업 보험료율
일반사업	0.9 (0.11) (0.135)	0.3 (0.4) (0.5)	0.6 (0.7) (0.85)	0.3 (0.4) (0.5)	0.3 (0.3) (0.35)
농림수산· 청주제조사업	0.11 (0.13) (0.155)	0.4 (0.5) (0.6)	0.7 (0.8) (0.95)	0.4 (0.5) (0.6)	0.3 (0.3) (0.35)
건설사업	0.12 (0.14) (0.165)	0.4 (0.5) (0.6)	0.8 (0.9) (1.05)	0.4 (0.5) (0.6)	0.4 (0.4) (0.45)

주: 1) 농림수산 중 원예서비스, 우마 육성, 낙농, 양계, 양돈, 내수면양식 및 특정선원 고용사업에
　　대해서는 일반사업률을 적용한다.
　2) 괄호 안 값은 2016년, 2015년 적용분.
자료: 후생노동성, 2017.

정소는 전국에 544개(2016년 10월 현재)[14]가 설치되어 있으며 헬로워크라
고 불린다. 업무는 직업소개 및 직업상담, 직업훈련의 수강 알선, 직업훈
련수강급여 지급 등이다.

2) 재원조달

고용보험의 재원은 보험료와 국고부담으로 구성된다. 보험료는 사업주와
피보험자가 분담하여 부담한다. 2016년 기준 보험료율은 일반사업이
1.10%, 농림수산 및 청주제조사업이 1.30%, 건설업이 1.40%이다. 사
업주 부담이 근로자보다 많은 것은 사업주가 고용보험 2개 사업에 대한 보
험료를 별도 부담하기 때문이다. 2개 사업은 1975년 실업보험이 고용보험
으로 바뀌면서 도입된 바 있다. 실업급여 등에 소요되는 재원은 사업주와
피보험자가 절반씩 부담한다.

---

14) 직원수 10,666명, 상담원수 15,697명이다.

국고부담은 일용근로구직자급여 외의 일반피보험자 구직자급여(고연령 구직자급여 제외)는 전체 소요비용의 1/4(일정 경우에 대해서는 최고 1/3까지), 일용근로구직자급여는 전체 소요비용의 1/3, 고용계속급여(고연령자 고용계속급여 제외)는 전체 소요비용의 1/8이다.

1947년 제도도입 당시 1/3로 시작했는데 1959년에 1/4로 줄어들었다가 1992년 이후 현재까지 그 이하 수준으로 유지되고 있기 때문이다(단 2001년부터 2006년까지의 6년간은 1/4로 복귀). 15) 2016년 기준 13.75%를 부담하며, 여유 있는 적립금 규모를 고려해 2017년부터 3년간 시한부로 2.5% 수준으로 낮게 유지될 계획이다. 국고부담의 25% 복귀에 대해서는 노동자 단체 등이 지속적으로 문제를 제기했고, 전문가 등도 이에 동조하여 기회가 있을 때마다 안정적 재원확보를 통한 잠정조치 폐지가 검토된다. 16)

나아가 후생노동성 장관은 2017년부터 3년 시한부로 근로자와 사업주의 보험료율도 인하하여 전체 보험료율을 0.9% 수준으로 유지할 계획으로 있다. 이상의 조치는 보험료율을 신축적으로 변경할 수 있는 탄력조항17) 을 활용한 것이라고 할 수 있다.

---

15) 1992년 22.5%, 1993~1997년 20.0%, 1998~2000년 14.0%, 2007~2016년 13.75%다.
16) 2010년, 2011년, 2017년 등 고용보험료율 개정관련 전문부회(노동정책심의회 내) 논의 시 거의 예외 없이 정책노력의 필요성이 언급되었다.
17) 재정상황을 고려해 아래 조건을 충족할 경우 변경할 수 있다. 실업등급여 관련은 A/B > 2 면 보험료율을 1%까지 인하 가능하고, A/B < 1 이면 보험료율을 1.8%까지 인상할 수 있다. A는 〔(보험료수입+국고부담액) - 실업등급여비 등〕 + 연말 적립금 + 고용안정자금 잔고, B는 실업등급여비 등이다. 국고부담액은 제도발족 시 실업등급여비 기본수당의 1/3 이었으나 1959년 이후 1/4로 줄어 지금에 이른다. 다만 1992년 이후 잠정조치로 25% 미만을 부담한다. 1992년 22.5%, 1993년 20.0%, 1998년 14.0%, 2007년 이후 13.75% 다. 다만 2001년부터 2006년까지는 25%를 부담했다. 국고부담도 향후 3년(2017, 2018, 2019년)에 한해 2.5%로 낮추고 2020년부터는 25%로 복귀하는 방향이 제시된다. 물론 안정된 재원확보가 전제이며 이 경우 법 부칙 제13조의 국고부담에 관한 잠정조치를 폐지 하도록 한다(厚生勞働省 職業安定分科会雇用保険部会, 2017: 7~8).

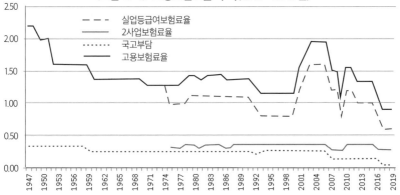

<그림 8-4> 고용보험료율 추이(1947~2019년)

자료 : 후생노동성, 2018.

　참고로 1947년 이후 보험료율 추이가 〈그림 8-4〉에 제시되어 있다(수치는 〈부표 8-1〉 참조). 도입 이후 추세적으로 하강세를 보이다가, 2000년 전후부터 상승하여 다소 높은 수준에 있었으나, 2011년 이후 다시 낮아져 2017년 기준 사상 최저수준을 보이고 있다.

3) 급여와 조성금 등

여기서는 고용보험의 핵심사업인 실업급여 등과 고용보험 2대 사업에 대해 서술한다.

(1) 실업급여 등[18]

① 구직자급여

가. 기본수당
기본수당은 구 〈실업보험법〉의 실업보험금에 해당하는 급여로, 일반피보험자가 이직했을 경우 근로의욕과 능력이 있어 구직활동을 하고 있음에도 불

---

18) 김명중(2014)에서 부분 인용.

구하고 취업하지 못했을 때 지급되는 급여다. 기본수당을 받기 위해서는 원칙적으로 이직일 전 2년간의 피보험자 기간이 12개월 이상이어야 하며, 실업을 인정받은 후 통상 5일 이내에 지정한 금융기관의 예금계좌에 입금된다.

고용보험에서 지급되는 실업급여의 1일 기본수당을 '기본수당일액'이라고 하는데, '기본수당일액'은, 원칙적으로 이직일 직전의 6개월간 매월 지급된 소정임금(상여금 등을 제외한) 총액을 180으로 나누어 산출한 금액(임금일액)의 약 50~80%(60~64세의 경우에는 45~80%) 수준으로, 임금이 낮은 자일수록 높은 비율이 적용된다. 임금일액은 상한액 및 하한액을 설정하며, 〈매월근로통계〉의 평균정기급여액의 증감에 따라서 매년 8월 1일에 그 금액을 변경한다. 〈표 8-4〉는 2016년 8월 1일부터 적용되는 임금일액의 연령계급별 하한 및 상한액을, 〈표 8-5〉는 연령계급별 기본수당 급여율을 나타낸다.

〈그림 8-5〉 실업급여를 받기 위한 조건

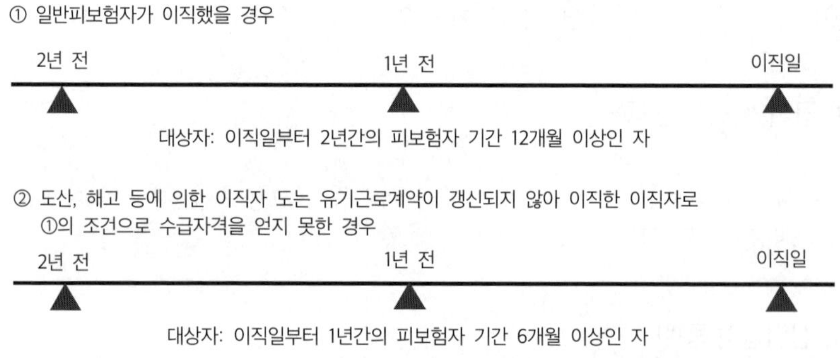

① 일반피보험자가 이직했을 경우

2년 전	1년 전	이직일
▲	▲	▲

대상자: 이직일부터 2년간의 피보험자 기간 12개월 이상인 자

② 도산, 해고 등에 의한 이직자 도는 유기근로계약이 갱신되지 않아 이직한 이직자로 ①의 조건으로 수급자격을 얻지 못한 경우

2년 전	1년 전	이직일
▲	▲	▲

대상자: 이직일부터 1년간의 피보험자 기간 6개월 이상인 자

자료: 후생노동성, 2013.

〈표 8-4〉 연령계급별 임금일액의 상한·하한

(단위: 엔)

연령	임금일액 하한	임금일액 상한
30세 미만		12,740
30세 이상 45세 미만	2,290	14,150
45세 이상 60세 미만		15,550
60세 이상 65세 미만		14,860

자료: 후생노동성, 2016d.

고용보험의 실업급여의 수급기간은 원칙적으로 이직한 날의 다음날부터 1년간이지만, 이 기간에 질병, 임신, 출산, 육아 등의 이유로 계속해서 30일 이상 근무할 수 없는 경우에는, 근무하지 못한 일수만큼 수급기간을 연장할 수 있다(최대 3년간). 그리고 소정급여일수가 330일 또는 360일인 자가 연장할 수 있는 기간은 각각 최대 3년간 30일 및 3년간 60일로 정해져 있다.

〈표 8-5〉 연령계급별 임금수준별 급여율

(단위: 엔)

60세 미만			60세 이상 65세 미만		
임금일액	급여율	기본수당일액	임금일액	급여율	기본수당일액
2,290~4,580	80%	1,832~3,664	2,290~4,580	80%	1,832~3,664
4,580~11,610	50~80%	3,664~5,805	4,580~10,460	45~80%	3,664~4,707
11,610~15,550	50%	5,805~7,775	10,460~14,860	45%	4,707~6,687

자료: 후생노동성, 2016d.

〈표 8-6〉 실직자 유형별 기본수당 수급기간

① 도산, 해고 등에 의한 이직자

구분＼피보험자 기간	1년 미만	1년 이상 5년 미만	5년 이상 10년 미만	10년 이상 20년 미만	20년 이상
30세 미만	90일	90일	120일	180일	-
30세 이상 35세 미만		90일	180일	210일	240일
35세 이상 45세 미만				240일	270일
45세 이상 60세 미만		180일	240일	270일	330일
60세 이상 65세 미만		150일	180일	210일	240일

② 취직곤란자(장애인 등)

구분＼피보험자 기간	1년 미만	1년 이상 5년 미만	5년 이상 10년 미만	10년 이상 20년 미만	20년 이상
45세 미만	150일	300일			
45세 이상 65세 미만		360일			

일반 이직자(① 또는 ② 이외의 이직자)

구분＼피보험자 기간	1년 미만	1년 이상 5년 미만	5년 이상 10년 미만	10년 이상 20년 미만	20년 이상
전 연령	-	90일		120일	150일

자료: 후생노동성, 2016d.

2001년 4월 1일부터 법이 개정되어 자발적 이직자에 대해서는 비자발적 이직자보다 실업급여 소정급여 일수가 줄어들어 실업급여의 남용이 방지된다. 일반피보험자에 대한 소정급여일수는 비자발적 실업자의 90~330일에 비해 자발적 실업자는 90~150일로 제한한다(〈표 8-6〉).

나. 기능습득수당

수급자격자의 직업 자질을 향상시키고, 재취직을 쉽게 하기 위해 공공직업 훈련 등의 수강을 촉진하기 위해 지급되는 수당으로, 수강수당과 통근수당이 제공된다. 수강수당은 수급자격자가 공공직업안정소장이 지시한 공공직업훈련 등을 받는 경우에 지급되는데, 지급액은 기본수당의 지급대상이 되는 날 중 공공직업훈련 등을 받은 일수에 일액(500엔)을 곱해 산정한다. 단 상한액은 2만 엔으로 설정되어 있다. 통학수당은 주소, 거주지에서 공공직업훈련 등을 실시하는 시설을 다니기 위해 교통기관, 자동차 등을 이용하는 경우에 지급된다(월 상한액은 4만 2,500엔).

다. 기숙수당

기본수당의 수급자격자가 공공직업안정소장이 지시한 공공직업훈련 등을 받기 위해, 수급자격자에 의해 생계가 유지되고 있는 동거 친족과 별거하여 기숙하는 경우에 그 기숙하는 기간에 대해서 지급된다(월액 1만 700엔).

라. 상병수당

기본수당의 수급자격자가 이직 후 공공직업안정소를 방문하여 구직신청을 한 후에 15일 이상 계속해서 질병 또는 부상 때문에 취업하지 못한 경우, 해당 질병 또는 부상 때문에 기본수당을 지급받지 못하는 날의 생활의 안정을 도모하기 위해 지급되는 수당이다. 상병수당의 일액은 기본수당의 일액과 동일하며, 지급일수는 소정급여일수에서 이미 지급된 기본수당의 일수를 뺀 일수를 한도로 한다. 한편 질병 또는 부상과 관련해 다른 법령에 의해 유사한 급여를 받았을 경우 해당하는 일수에 대해서는 상병수당이 지급되지 않는다. 30일 이상 계속해서 질병이나 부상 때문에 일을 할 수 없는 경우에는 수급자격자의 신청에 의해 수급기간을 최대 4년까지 연장할 수 있다.

마. 고연령구직자급여: 고연령계속 피보험자 구직자급여

고연령계속 피보험자가 실업한 경우에 지급되는 급여로, 이직일 이전 1년간의 피보험자 기간이 6개월 이상인 경우에 기본수당의 일정 일수(1년 미만의 경우 30일분, 1년 이상의 경우 50일분)에 해당하는 금액이 일시금으로 지급된다.

바. 특례일시금(단기고용특례 피보험자 구직자급여)

단기고용특례 피보험자가 실업한 경우에 지급되는 급여로, 이직일 이전 1년간의 피보험자 기간이 6개월 이상인 경우에 기본수당일액의 30일분(당분간은 40일분)이 특례일시금으로 지급된다. 단, 수급기간을 계산하는 데 있어서는 1개월 동안 임금이 지불된 일수가 11일 이상인 달을 1개월로 인정하는 특례를 설정한다.

사. 일용근로 구직자급여금(일용직근로피보험자 구직자급여)

일용근로 피보험자가 실업한 경우에 지급되는 급여로, 실업한 날이 포함된 달의 이전 2개월에 통산 26일분 이상의 인지 보험료를 납부하면 지급한다. 급여금 일액은 1등급 7,500엔, 2등급 6,200엔, 3등급 4,100엔으로 되어 있으며, 인지 보험료 일액은 각각 176엔, 146엔, 96엔이다. 임금일액구분은 1등급이 11,300엔 이상에 해당하고, 2등급이 8,200엔 이상~11,300엔 미만, 3등급이 8,200엔 미만에 해당한다.

이상으로 구직자급여의 개별 항목에 대해 살펴보았다. 이하에서는 실직 후 구직자의 주 소득원인 기본수당을 중심으로 일본의 실업급여 수준이 국제적으로 어느 정도 수준인지를 파악해 보기 위해, 간략히 국제 비교를 시도한다. 〈표 8-7〉에 제시된 순소득대체율은 실업급여 외에 가족수당 등이 포함된 값으로, 엄밀한 의미에서의 구직자급여 비교라고 할 수는 없다. 국가별로 운영되는 다양한 실직 후 지원제도를 OECD 전문가들이 최대한 정리하여 비교 가능한 수준으로 만든 표로 이해하면 좋을 것이다. 이때에 현금 주거 부조를 위시한 각종 공공부조 지원은 고려되지 않는다.

일본은 OECD 국가 중에서는 평균을 밑돌아 중하위권임을 알 수 있다. 여기서 순소득대체율이라 함은 실업급여 등의 세후 소득을 실직 전 세후 소득으로 나눈 값이다. 평균소득자인 '중'을 기준으로 살펴보면 일본은 미국, 영국, 스웨덴, 한국 보다 높지만, 독일, 프랑스, 이탈리아, 네덜란드, 스위스, 캐나다 보다 낮다. '저'의 경우 OECD 평균과의 격차가 줄어들고 '중'에서 낮았던 프랑스보다 높은 수준을 보인다. 실업 후 5년이 경과할 무렵의 소득수준은 공공부조를 받을 경우와 그렇지 않을 경우에 큰 차이를 보여, 받지 않으면 OECD 평균을 밑돌지만 받을 경우에는 평균을 넘어선다.

〈표 8-7〉 실직 후 순소득대체율(2014년)

(단위 : %)

국가	실직 직후(공공부조 무)[1]			실업 후 5년	
	저	중	고	공공부조 무	공공부조 유[2]
일본	70	56	48	15	65
미국	52	42	30	4	25
영국	56	48	35	32	61
독일	82	69	67	42	61
프랑스	68	67	67	45	59
이탈리아	75	70	55	9	9
네덜란드	80	79	61	29	70
캐나다	78	85	64	25	52
스웨덴	65	47	36	37	63
스위스	84	86	78	24	69
한국	58	43	30	12	42
OECD 평균[3]	73	64	51	28	52

주: 실직 직후는 4인 가족·홑벌이 가정 기준. 저소득자는 평균소득의 66%, 중소득자는 동 100%, 고소득자는 동 150% 소득자. 계층구분은 실업 배우자 소득 기준. 공공부조 등 수취에는 활동성조사(구직행동, 근로의사 등) 요건 충족이 필요하다. 두 자녀는 4세, 6세로 자녀수당 등은 고려하지 않는다.
1) 현금 주거부조 등 공공부조 없이 실업급여와 가족수당 포함 세후 금액 기준.
2) 실업급여, 가족수당 외 공공부조 포함. 주거비는 평균임금의 20%로 가정.
3) OECD 평균은 중앙치다.
자료: OECD, 2017.

실직자마다 각기 다양한 사정으로 실직급여를 포함한 실직 후 소득이 다를 수 있다. 일본을 포함한 모든 국가에서 그러할 것이다. 따라서 위에 제시된 비교표는 지극히 표준화된 사례를 대상으로 한 비교라고 이해하는 것이 합리적일 것이다. 실업 후 5년이 지난 시점에서 공공부조를 받는 이와 받지 않는 이의 격차가 매우 크게 나타나는데, 그 경계에는 공공부조 이외의 소득, 자산 등에서의 차이가 있을 터이다. 이러한 점을 종합적으로 고려하여 실직 후 소득을 접근하는 것이 타당할 것임은 말할 필요가 없을 것이다.

② 취업촉진급여

가. 취업촉진수당
취업촉진수당은 재취직수당, 취업촉진정착수당, 취업수당, 상용취직준비수당으로 구분된다. 재취직수당은 기본수당의 수급자격자가 소정급여일수의 1/3 이상이 남아 있는 상태에서 안정된 직장에 취업했을 경우에 지급된다. 재취직수당은 다음과 같이 계산된다.

재취직수당 = 소정급여일수의 지급잔여일수 × 급여율 × 기본수당일액

급여율은 지급잔여일수에 의해 달라지는데, 지급잔여일수가 1/3 이상인 경우에는 50%가, 2/3 이상인 경우에는 60%가 적용된다. 또한 기본수당일액은 연령에 따라 상한액(2015년 8월 1일 현재, 59세 이하 5,830엔, 60~64세 4,725엔)이 다르게 설정되어 있다.

취업촉진정착수당은 재취직수당을 지급받은 자가 계속해서 재취직한 곳에 6개월 이상 고용되고 동시에 그 6개월 동안 지급된 임금의 일액이 이직전 임금의 일액에 비해 낮아진 경우 지급된다. 취업촉진정착수당은 다음과 같이 계산된다.

> 취업촉진정착수당 = (이직 전 임금의 일액 - 6개월 동안 지급된 임금의 일액) ×
> 6개월 동안 지급된 임금의 기초가 되는 일수

> 상한액 = 기본수당일액 × 재취직수당의 지급을 받기 전 지급잔여일수 × 40%

이 기본수당일액에도 재취직수당과 마찬가지로 연령에 따라 상한액(2015년 8월 1일 현재, 59세 이하 5,830엔, 60~64세 4,725엔)이 설정되어 있다.

취업수당은 재취직수당의 대상이 되지 않는 상용고용 이외의 형태로 취업한 경우에 지급잔여일수가 소정급여일수의 1/3 이상인 동시에 45일 이상으로 일정 요건에 해당하는 경우에 지급된다. 취업수당의 지급액은 기본수당일액의 30% 상당액을 취업한 일수에 곱하여 계산한다. 단 1일 지급액은 연령에 따라 상한액(2015년 8월 1일 현재, 59세 이하 1,749엔, 60~64세 1,417엔)이 설정되어 있다.

상용취직준비수당은 기본수당 등 수급자격자 중에서 장애가 있는 등 취직이 곤란한 자가 안정된 직업(1년 이상 계속해서 고용되는 것이 확실한 직업)에 취업한 경우에 기본수당의 지급잔여일수가 소정급여일수의 1/3 미만으로 일정 요건에 해당하는 경우에 지급된다.

단, 일수는 기본수당의 지급잔여일수가 90일 미만의 경우에는 그 일수가 적용되며, 지급잔여일수가 45일을 밑도는 경우에는 45일이 적용된다. 또한 이 기본수당일액에도 재취직수당과 마찬가지로 연령에 따라 상한액(2015년 8월 1일 현재, 59세 이하 5,830엔, 60~64세 4,725엔)이 설정되어 있다.

나. 이주비

수급자격자 등이 공공직업안정소가 소개한 직장에 취업하기 위해, 또는 공공직업안정소가 지시한 공공직업훈련 등을 수강하기 위해서 주소와 거주지를 변경하는 경우에 지급된다(철도비, 선임, 항공비, 차비, 이주비, 이주완료수당이 지급).

다. 광역구직활동비

수급자격자 등이 관할 공공직업안정소의 소개에 의해 광역구직활동[19]을 하기 위해 필요한 비용(교통비와 숙박비)이 지급된다.

재취직수당을 제외한 취직촉진급여는 일반피보험자뿐만 아니라, 단기 고용특례 피보험자나 일용직피보험자의 경우에도 일정요건을 충족하면 지급된다.

③ 교육훈련급여

근로자가 본인 스스로 비용을 부담하여 일정 교육훈련을 받는 경우, 그 교육훈련에 필요한 비용의 일부에 해당하는 금액이 교육훈련급여로 지급된다. 교육훈련급여금은 일반교육훈련급여금과 전문실천교육훈련급여금으로 구분되며, 2019년 3월 31일까지의 시한적 조치로 교육훈련지원급여금이 지급된다.

먼저 일반교육훈련급여금은 일반피보험자 또는 일반피보험자였던 자가 일정한 교육훈련을 받고 그 교육훈련을 수료한 경우에 지급된다. 대상자는 피보험자 기간이 3년 이상인 자로, 과거에 이 급여금을 받은 자의 경우에는 3년 이상 경과해야 다시 대상자가 될 수 있다. 교육훈련급여를 받을 수 있는 교육훈련은 후생노동성 장관이 고용안정과 취로촉진을 도모하는 데에 필요하다고 판단하여 사전에 지정한 교육훈련으로 한정된다. 지급액은 근로자가 부담한 교육훈련의 입학과 수강과 관련된 비용의 20%(상한 10만 엔)로 설정되어 있으나, 비용이 4천 엔을 넘지 않는 경우에는 지급되지 않는다.

전문실천교육훈련급여금은 수강개시일 현재 고용보험의 피보험자 기간이 10년 이상인 자, 또는 과거에 교육훈련급여금을 수급하고 10년이 경과

---

[19] 공공직업안정소의 관할구역 밖에 있는 구인사업소를 방문하여 구인자에게 면접을 받거나 사업소를 견학하는 행위이다.

한 자 등 일정 요건을 충족하는 고용보험의 일반피보험자(재직자) 또는 과거에 일반피보험자였던 자(이직자)가 후생노동성 장관이 지정한 교육훈련을 수강하고 수료한 경우에 지급된다. 지급액은 교육훈련시설에 지불한 교육훈련경비의 40%에 해당하는 금액으로, 1년간 32만 엔을 넘는 경우에는 최대 32만 엔(훈련기간은 최대 3년으로 3년간 최대 96만 엔이 지급)이 지급되나, 4천 엔을 넘지 않는 경우에는 지급되지 않는다. 전문실천교육훈련의 수강을 수료한 후, 사전에 정해진 자격을 취득하고 수강수료일 다음날부터 1년 이내에 일반피보험자로서 고용된 자 또는 이미 고용되어 있는 자에 대해서는 교육훈련비의 20%에 해당하는 금액이 추가로 지급된다. 이 경우 이미 지급된 훈련경비의 40%와 추가급여 20%를 합쳐 총 60%에 해당하는 급여금이 지급되게 되는데, 이 금액이 144만 엔을 넘을 경우에는 144만 엔까지만 지급(훈련기간이 3년인 경우의 상한액 144만 엔, 2년 96만 엔, 1년 48만 엔)되며, 4천 엔을 넘지 않는 경우에는 지급되지 않는다.

한편 교육훈련지원급여금은 처음으로 전문실천교육(통신제, 야간제를 제외)을 수강하는 자로 수강개시 시의 연령이 45세 미만 등 일정요건을 충족할 필요가 있으며, 훈련기간 중 실업상태에 있는 경우에 지급된다. 훈련기간 중이라 기본수당을 받을 수 없는 기간에 대해서 기본수당의 일액과 동일하게 계산한 금액의 50%에 해당하는 금액에 2개월마다 실업인정을 받은 일수를 곱하여 계산한 금액이 지급된다.

④ 고용계속급여

가. 고연령계속급여
고연령계속급여는 60세 시점에 비해 임금액이 75% 미만으로 저하한 상태에서 고용을 계속하는 60세 이상 65세 미만의 피보험자로 피보험자 기간이 5년 이상인 자에게 지급된다.

60세 시점의 임금월액의 상한액은 2015년 8월 1일 현재 44만 7,600엔, 하한액은 6만 9천 엔으로, 임금월액이 상한액을 넘거나 하한액을 밑도는 경우에는 상한액과 하한액을 이용해 계산한다. 지급 상한액은 34만 1,015엔으로 지급대상 월의 임금이 이 이상인 경우에는 고연령고용계속급여는 지급되지 않는다. 지급대상 월의 임금과 지급액의 합계가 34만 1,015엔을 넘는 경우에는 임금에서 34만 1,015엔을 차감한 금액이 지급된다. 지급 하한액은 1,840엔으로 지급액이 이 금액을 넘지 않는 경우에는 고연령고용계속급여는 지급되지 않는다.

나. 육아휴업급여

생후 1년 또는 1년 2개월(해당 자녀가 생후 1년이 된 날 이후에 휴업하는 것이 고용 계속을 위해 특별히 필요하다고 인정되는 경우에는 1년 6개월) 미만의 자녀를 양육하기 위해 육아휴업을 취득한 일반피보험자로 원칙적으로 육아휴업 개시 전 2년 동안 통상적으로 취업한 기간이 12개월 이상인 경우에 지급된다. 육아휴업의 개시부터 6개월 동안은 피보험자가 휴업을 개시하기 전 임금일액에 지급일수의 67%에 상당하는 금액을 곱한 금액이, 6개월을 경과한 후에는 피보험자가 휴업을 개시하기 전 임금일액에 지급일수의 50%에 상당하는 금액을 곱한 금액이 지급된다. 단 육아휴업 기간 중에 사업주로부터 임금이 지급되는 경우도 있는데, 이러한 경우에는 지급된 임금과 육아휴업급여의 합계금액이 육아휴업 개시 이전 임금의 80%를 넘을 때에는 육아휴업 개시 이전임금의 80%에서 육아휴업 기간 중에 지급된 임금을 차감한 금액이 지급된다. 또한 지급한도액(2015년 8월 1일 현재, 육아휴업 개시 6개월 동안은 1개월에 285,621엔, 6개월이 경과한 후에는 1개월에 213,150엔)이 설정되어 있다.

육아휴업급여는 원칙적으로 생후 1년 미만의 자녀를 위한 육아휴업 중에 지급된다. 또한 2010년 6월에 시행된 '파파·마마육아플러스제도'(부모가 같이 육아휴업을 취득한 경우에 육아휴업 취득가능기간을 연장하는 제도)를 이용하는 경우에는 자녀가 생후 1년 2개월이 되기 전 날까지 최대 1년간 지급된다.

다. 개호휴업급여

가족을 개호하기 위해 개호휴업을 취득한 일반보험자로 원칙적으로 개호휴업 개시 전 2년간에 통상 취업기간이 12개월 이상인 경우에 지급된다.

> 지급액 = 피보험자가 휴업을 개시하기 전의 임금일액 × 지급일수 × 40%

단, 개호휴업기간 동안에 사업주로부터 임금이 지불되는 경우 그 임금과 개호휴업급여를 합한 금액이 개호휴업 개시 이전 임금의 80%를 넘을 때에는 개호휴업 개시 이전 임금의 80%에서 개호휴업 기간 중에 지불된 임금을 차감한 금액이 지급된다. 또한 지급한도액(2015년 8월 1일 현재 1개월 170,520엔)이 설정되어 있다. 개호휴업급여는 개호를 하기 위한 휴업을 개시한 날부터 시작하여 3개월(일정 요건에 해당할 경우에는 통산 93일)이 경과할 때까지 지급된다.

(2) 고용보험 2대 사업

① 고용안정사업

고용안정사업은 실업 예방, 고용상태의 시정, 고용기회의 증대 및 기타 고용안정을 도모하기 위한 사업으로 그 내용은 다음과 같다.

사업축소 시의 고용안정과 관련하여 경기변동이나 산업구조의 변화, 기타 경제상의 이유에 의해 부득이하게 사업을 축소한 사업주가, 근로자에게 휴업, 교육훈련, 출향을 실시한 경우 조성금을 지급한다. 고연령자의 고용안정과 관련하여 정년연장, 정년에 도달한 자의 재고용 등에 의해 고연령자의 고용을 연장하거나 또는 고연령자를 고용한 사업주에 대해 조성금을 지급한다.

지역의 고용안정과 관련하여 고용기회를 늘릴 필요가 있는 지역에서 사업소의 신설 및 증설 등과 함께 소정의 고용을 실시하는 사업주, 계절근로자의 통년(通年) 고용을 실시하는 사업주 등에게 조성금을 지급한다. 장애인 및 기타 취직이 특별히 곤란한 자를 공공직업안정소의 소개를 받아 상용고용자로 고용한 사업주에게 조성금을 지급한다.

② 능력개발사업

능력개발사업이란 기술 진보, 산업구조의 변화 등에 대응하여 직업생활의 전 기간을 통해 근로자의 능력을 개발, 향상시키는 것을 촉진하기 위한 사업으로 그 내용은 다음과 같다.

사업주 등이 실시하는 직업훈련에 대한 지원과 관련하여, 인정훈련을 실시하는 중소기업 사업주나 그 단체에 대한 필요한 지원, 사업 내 직업능력개발계획에 근거하여 근로자에게 직업훈련을 실시하는 사업주에게 조성금을 지급한다.

공공직업능력개발시설의 충실과 관련하여, 공공직업능력개발시설의 설치 및 운영과 도도부현에 대한 보조를 실시한다. 직장 강습 및 직장적응 훈련의 실시와 관련하여, 퇴직예정자와 일정 구직자에 대해서 재취직을 쉽게 하기 위해 필요한 지식과 기능을 습득시키기 위한 직업강습을 실시함과 동시에 작업환경에 적응시키기 위한 직장적응 훈련을 실시한다.

재취직 촉진 강습과 관련하여, 수급자격자의 재취직 촉진을 위해 필요한 지식과 기능을 습득시키기 위한 강습을 실시하는 사업주와 그 강습을 수강하는 수급자격자에게 조성금을 지급한다. 훈련 등 수강 장려와 관련하여, 고용하는 근로자에게 기능을 습득시키기 위해 인정직업훈련시설이 실시하는 직업훈련을 수강시킨 중소기업 사업주에게 조성금을 지급한다.

기능평가의 실시 및 원조와 관련하여, 직업훈련, 기능검정의 보급과 진흥을 위해 정부의 위탁을 받고 기능검정의 실시를 목적으로 한 중앙 및 각 도도부현의 직업능력개발협회에 대해 조성금을 지급한다.

4) 고용보험 재정

최근의 경기호조와 노동력 부족 등에 의해 실업자수는 점차 감소하여 수급자 실인원이 계속해서 감소하고 있다. 노동보험특별회계 고용계정 적립금 잔고는 2015년 말 기준 6조 4,260억 엔이며, 이는 역대 최고수준이다(〈그림 8-6〉). 적립금 잔고는 2015년도 고용보험 지출 2조 1,455억 엔[20]의 3.0배, 실업등급여비 1조 5,030억 엔의 4.3배에 해당한다. 위 적립금은 불황기에 늘어나는 실업 등 급여비 재원으로 충당하기 위한 재원으로,

---

20) 항목별로는 가장 비중이 큰 실업 등 급여비가 1조 5,030억 엔으로 70%를 점한다. 이외에 고령자 등 고용안정촉진비 1,326억 엔, 고용안정자금 전입 1,074억 엔, 업무취급비 920억 엔, (독)고령・장애・구직자고용지원기구 운영비 680억 엔, 지역고용기회창출 등 대책비 669억 엔, 직업소개사업 등 실시비 544억 엔, 직업능력개발강화비 470억 엔, 취업지원법사업비 227억 엔 등이다.

<그림 8-6> 고용보험의 적립금 잔고와 수급자 실인원 추이

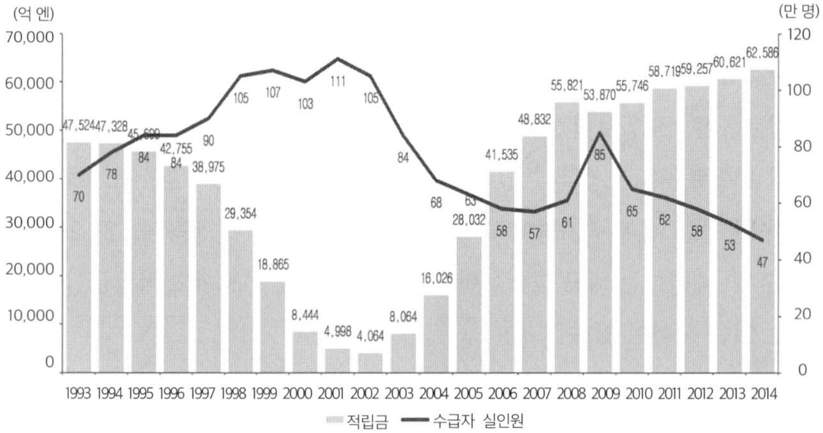

(억 엔) (만 명)

70,000 / 120

60,000 / 100

50,000 / 80

40,000 / 60

30,000 / 40

20,000 / 20

10,000 / 0

0

적립금 수치: 47,524 47,328 45,699 42,755 38,975 29,354 18,865 8,444 4,998 4,064 8,064 16,026 28,032 41,535 48,832 55,821 53,870 55,746 58,719 59,257 60,621 62,586

수급자 실인원 수치: 70 78 84 84 90 105 107 103 111 105 84 68 63 58 57 61 85 65 62 58 53 47

1993 1994 1995 1996 1997 1998 1999 2000 2001 2002 2003 2004 2005 2006 2007 2008 2009 2010 2011 2012 2013 2014

적립금 ── 수급자 실인원

자료: 후생노동성, 2016d.

2009년도에 5조 454억 엔으로 5조 엔대에 올라선 후 실업등급여비 지출이 줄면서 2014년도에는 6조 엔대에 달했다.

고용계정에는 실업등급여비 지출에 대비하는 위 적립금 외에 고용안정 사업의 기동적 운영을 위한 별도 고용안정자금이 있다. 이 자금은 2015년 말 기준 9,403억 엔으로, 이것을 적립금 잔고에 합친 7조 3,663억 엔은 고용보험 지출액의 3.4배, 실업등급여비의 4.9배에 해당한다. 안정된 적립금 잔고로 인해 후생노동성 장관은 보험료율을 신축적으로 변경할 수 있는 탄력조항을 활용하여 2017년부터 3년 시한부로 근로자와 사업주의 보험료율 및 국고부담률 인하를 계획하고 있다.

5) 최근의 <고용보험법> 개정 관련

2016년도 <고용노동법> 개정으로 아래의 사안에서 변동이 생긴다. 특별히 언급하는 경우를 제외하면 개정사항은 2017년 1월부터 시행된다.

(1) 보험료율과 적용대상

① 보험료율 인하
보험료율은 〈노동보험징수법〉에 명시되었는데(제12조 4항), 일정범위 내에서 보험료율을 조정할 수 있는 탄력조항이 설치되어 있다(제12조 5항). 최근 수년 동안 이 탄력조항이 발동되어 고용보험료율이 계속적으로 인하되었다. 그 배경에는 최근 고용보험 재정수지가 흑자를 보이고 적립금이 증가하고 있는 사실이 있다(〈표 8-3〉).

② 적용대상 확대
2016년까지는 65세 이상은 65세 이전부터 계속하여 고용되어 있는 경우, '고연령계속 피보험자'로서 고용보험 피보험자 자격을 유지할 수가 있었다. 2017년 1월부터는 65세 이후 신규 고용된 자도 고용보험의 적용대상이 된다. 이들은 '고연령피보험자'로 분류되며 기존의 '고연령계속 피보험자'도 이 명칭으로 통일된다.

③ 취직촉진급여 확충
재취직수당 상한을 60%에서 70%로 인상한다. 또 기본수당 수급자가 소정급여일수의 1/3 이상을 남기고 재취직했을 때, 개정 전에는 지급잔여일수의 50%에 기본수당일액을 곱하여 재취직수당을 지급하였으나, 개정 후에는 지급잔여일수의 60%에 기본수당일액을 곱해서 재취직수당을 지급한다. 그리고 기본수당 수급자가 소정급여일수의 2/3 이상을 남기고 재취직했을 때에는, 개정 전 지급잔여일수의 60%에 기본수당일액을 곱하여 재취직수당을 지급하였으나, 개정 후에는 지급잔여일수의 70%에 기본수당일액을 곱해서 재취직수당을 지급한다.

④ 특정수급자격자 기준 수정

특정수급자격자 기준을 다음과 같이 수정한다. 정당한 절차를 거치지 않은 근로조건 변경, 일정 임금 미지불, 〈육아·개호휴업법〉에 정해진 법적의무 위반, 〈남녀고용기회균등법〉에서 금지하는 임신 및 출산 등을 이유로 한 해고 및 기타 불이익을 주는 행위가 사업주에게 발견되어 이직한 경우 등이다.

(2) 육아 관련

① 육아휴업 대상 아동 범위 확대

기존에는 육아휴업 대상이 되는 아동은 근로자와 법률상의 친자관계라야 했는데 개정법에 의해 아동 범위가 추가되었다. 추가된 내용은 다음과 같다. 특별양자결연의 성립을 가정재판소에 청구한 자로 해당자가 현재 보호하고 있는 아동, 〈아동복지법〉 6조의 4 제1항에서 규정하고 있는 수양부모에게 위탁되어 있는 아동 중, 해당자가 양자결연에 의해 양부모가 되는 것을 희망하는 자, 상기 내용에 준하는 자로 후생노동성령에서 정한 자에게 후생노동성령에서 정한 장소에 위탁되어 있는 자 등이다.

② 육아휴업 신청가능 유기계약근로자 요건 완화

육아휴업을 신청할 수 있는 유기계약근로자 요건을 〈그림 8-7〉과 같이 완화하였다.

③ 자녀의 간호휴가 단위 취득

기존에는 원칙적으로 1일 단위의 취득이 가능했지만, 개정법에 의해 1일 소정근로시간이 짧은 근로자로 후생노동성령이 정한 자 이외의 근로자는 1일 미만(반나절)의 단위로 간호휴가를 취득할 수 있는 것이 명문화되었다.

〈그림 8-7〉육아휴업 신청가능 유기계약근로자 요건 변화

현행	개정내용
유기계약근로자의 경우에는 다음 요건을 충족하는 경우 육아휴업 취득 가능	이하의 요건으로 완화
① 신청시점에서 과거 1년 이상 계속해서 고용되어 있는 자.	① 신청시점에서 과거 1년 이상 계속해서 고용되어 있는 자.
② 자녀가 생후 1년이 된 이후에도 계속해서 고용될 것으로 기대되는 자(신청시점에서 판단)	② 자녀가 생후 1년 6개월이 될 때까지의 기간 동안에 고용계약이 갱신되지 않을 것이 명확한 자는 제외(신청시점에서 판단)
③ 자녀가 생후 2년이 될 때까지의 기간 동안에 고용계약이 갱신되지 않을 것이 명확한 자는 제외(신청시점에서 판단)	

반나절 정의에 대해서는 노사협정으로 결정할 수 있으며, 소정근로시간의 1/2이 아니더라도 가령 점심시간 전의 오전 3시간 또는 점심시간 후의 오후 4시간을 반나절로 규정하는 것도 가능하다.

(3) 개호관련

① 개호휴업, 3회까지 분할취득 가능
개정 전에는 개호를 필요로 하는 가족 1명에 대해 최대 93일간 원칙적으로 1회에 한하여 개호휴업을 취득할 수 있는데, 개정 후에는 93일을 최대 3회에 걸쳐 분할하여 취득할 수 있다.

② 개호휴업 신청가능 유기계약근로자 요건 완화
개정 전에는 휴업개시일부터 93일을 경과하는 날 이후에도 계속해서 고용되는 것이 기대되는 자가 대상(93일을 경과한 날부터 1년을 경과하기까지의 기간 동안 근로계약기간이 만료하는 동시에 근로계약의 갱신을 하지 않는 것이 명확한 자 제외)이었는데, 개정 후에는 괄호 안 규정이 "휴업개시예정일부터 기산하여 93일을 경과하는 날부터 6개월을 경과하는 날까지의 기간 동안 근로계약기간이 만료하는 동시에 근로계약의 갱신을 하지 않는 것이 명확한 자 제외"로 변경되어 요건이 완화된다.

③ 개호휴가(1년에 5일) 취득단위 유연화

개호휴가의 경우에도 기존에는 원칙적으로 1일 단위의 취득만 가능했지만, 개정에 의해 1일 소정근로시간이 짧은 근로자로 후생노동성령이 정한 자 이외의 근로자의 경우에는 1일 미만(반나절)의 단위로 개호휴가를 취득할 수 있도록 명문화하였다.

④ 개호휴업급여 지급횟수 제한 완화

개정 전에는 대상 가족 1명당 개호휴업급여금의 지급을 1회로 제한하지만, 개정 후에는 대상 가족 1명당 3회까지의 휴업이 개호휴업급여 지급대상이다.

⑤ 개호휴업급여 급여율 등 인상

개정 전에는 개호휴업급여는 임금의 40% 수준으로 설정하는데, 개정 후에는 육아휴업급여가 잠정적으로 인상되는 점을 고려하여 부칙에 의해 개호휴업급여의 급여율도 육아휴업급여와 동일한 수준(67%)까지 인상한다.

덧붙여 개호휴업급여의 임금일액 상한액도 변경한다. 개정 전에는 휴업 시작 시 개호휴업급여의 임금일액 상한은 30세 이상 45세 미만의 기본수당일액 수급자의 임금일액으로 설정된다. 개정 후에는 임금일액 기준을 45세 이상 60세 미만의 상한액으로 조정한다. 이 부분은 2016년 8월부터 시행한다.

4. 최근 노동정책의 동향

이하에서는 사회보장제도와 연관이 깊은 노동정책 사안을 중심으로 최근의 동향을 정리, 소개한다. 다루는 주제는 파견 근로자의 고용안정, 동일노동 동일임금 실시, 일하는 방식 개혁, 최저임금 인상의 4가지다. 사회보장과 연관이 있는 내용 중심으로 간략히 소개한다. [21]

1) 〈근로자파견법〉 개정

일본에서는 2015년 9월 30일부터 개정된 〈근로자파견법〉이 시행된다.[22] 이 법은 파견회사를 모두 허가제로 하는 등 규제를 강화한 반면, 이전에는 업무에 의해 차이가 있던 파견근로자의 사용기간(파견기간)을 업무와 관계 없이 3년으로 통일하였다. 기업이 파견근로자를 3년 주기로 교체함으로써 동일 업무에 대해 계속하여 파견근로자를 사용할 수 있게 하는 등 기업 사정을 고려한 개정이라고 할 수 있다.

파견사업체는 2016년 1월 기준으로 8만 6,338개가 있으며, 이 중 특정 근로자파견사업을 실시하고 있는 사업체가 6만 8,222개, 일반근로자파견 사업을 실시하고 있는 사업체가 1만 8,116개다(〈부도 8-1〉). 일반근로자 파견사업이란 근로자를 등록해 놓고 파견할 기업이 생겼을 경우에만 고용 관계를 체결해 기업에 파견해 근무하게 하는 사업을 말하며, 특정근로자 파견사업이란 파견 사업체가 자사의 정사원으로 고용계약을 체결한 자만 파견하는 사업을 의미한다.

파견근로자는 2016년 8월 기준으로 134만 명이며, 비규직근로자 중 파견근로자 비율은 6.6%다(〈부도 8-2〉). 파견근로자의 평균시급은 2016년 9월 기준 3대도시권[23]에서 1,602엔이다(リクルートジョブズ, 2016). 지난

---

21) 이와 관련된 좀더 상세한 내용은 김명중이 한국노동연구원에서 발간하는 〈국제노동브리프〉(2013년 5월호, 2015년 5월호, 2016년 3월호·5월호·9월호)에서 소개하는 기사를 참조하기 바란다.

22) 정식명칭은 〈근로자파견사업의 적정한 운영 확보 및 파견근로자의 보호 등에 관한 법률 등의 일부를 개정하는 법률〉이다.

23) 3대도시권에는 ① 관동지역, ② 동해지역, ③ 관서지역이 포함된다. ① 관동지역은 도쿄도, 가나가와현, 치바현, 사이타마현, 이바라키현, 도치기현, 군마현, 야마나시현, ② 동해지역은 아이치현, 미에현, 기후현, 시즈오카현, ③ 관서지역은 오사카부, 효고현, 교토부, 나라현, 시가현, 와카야마현 등을 포함한다.

5년간의 추이가 〈부도 8-3〉에 제시되어 있다.

〈개정 근로자파견법〉은 근로자파견사업의 건전화, 파견근로자의 고용안정과 커리어 향상, 파견기간 규제 개편, 파견근로자의 균등 대우 강화 등의 내용을 담고 있다. 이 중 사회보장과 연관이 깊은 것은 파견근로자의 고용안정이라고 할 수 있다. 이와 관련된 내용은 다음과 같다.

첫째는 파견기간의 상한이 모든 업종에서 3년으로 통일되었다는 사실이다. 파견법은 파견근로자의 의지와는 관계없이 파견취업이 고정화되고, 파견근로자가 파견된 사업체의 상용근로자와 대체되는 것을 방지하기 위해 파견근로자의 파견기한을 제한해왔다. 종래에는 상용근로자를 대체할 염려가 없는 전문 업무 26개 업무에 대해서만 파견기간을 설정하지 않고, 그 외 업무에 대해서는 최장 3년의 파견기간의 상한을 설정하였다. 개정법에서는 보다 알기 쉬운 제도를 구축한다고 하는 취지하에, 업무내용과 관계없이 파견근로자의 파견기간의 상한을 3년으로 통일하였다.

둘째는 파견 근로자의 고용안정을 위해 파견 사업주에게 동일 조직단위에 계속하여 3년간 파견될 것으로 예상되는 유기고용 파견근로자에 대해 파견 종료 후 고용을 계속할 수 있는 조치의 실시가 의무화된 점이다. 파견 사업주는 ① 사용사업주에게 직접 고용을 의뢰, ② 새롭게 파견될 기업을 소개, ③ 파견사업주가 파견근로자 이외의 근로자로서 무기고용, ④ 기타 필요한 조치 중 한 가지 조치를 취해야 한다. 또한 1년 이상 3년 미만 파견될 것으로 보이는 파견근로자에 대해서는 상기 조치 실시가 노력의무로 부과되었다.

이러한 조치를 도입한 것은 〈구 근로자파견법〉에서 파견사업주가 파견기간 종료 후 파견근로자를 계속 고용할 의무가 없어, 파견기간의 상한기간에 맞추어 근로계약을 해지하는 등 파견근로자의 고용불안정이 문제시되었기 때문이다.

덧붙여 파견사업주는 파견근로자의 커리어 향상을 위해 파견근로자에게

〈그림 8-8〉 비정규직근로자 비율 추이

(단위: %)

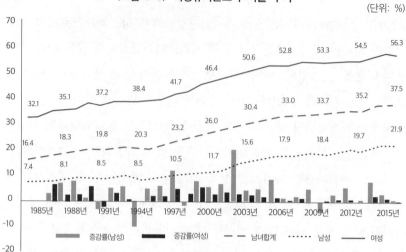

자료: 총무성 〈노동력 조사〉 홈페이지 재구성. 2017. 10. 1 인출.

단계적이고 체계적인 교육훈련을 유급 및 무상으로 실시해야 한다. 그리고 파견근로자를 사용하는 사용사업주는 파견사업주의 요구가 있을 경우, 파견근로자가 교육훈련을 받을 수 있도록 가능한 한 협력하고 필요한 편익을 제공함과 동시에, 파견근로자의 커리어 향상을 지원할 수 있도록 파견근로자의 직무수행상황 등의 정보제공에 힘써야 한다.

2) 동일노동 동일임금 실시

비정규직근로자 비율은 2015년 기준 37.5%로 나타났다(〈그림 8-8〉). 남녀 모두 노동력의 비정규직화가 빠르게 진행되고 있으며, 여성이 56.3%로 남성의 21.9%보다 월등히 높다. 이로부터 노동력의 비정규직화가 그동안 여성 중심으로 진행되었음을 알 수 있다. 다만 최근 들어 남성 근로자의 비정규직화가 여성 이상으로 빠르게 진행되고 있다.

정규직근로자 비율이 높은 수준을 유지하면서 제기되는 문제 중 하나는, 비정규직근로자가 수행하는 동일 노동에 대해 차등임금이 적용되어 불공평감이 확산되고 있는 점이다. 그래서 동일노동 동일임금의 원칙이 곧잘 주장되었다. 당연한 것처럼 들리는 이 주장이 일선 노동현장에서 현실화되지 못하고 있는 무엇 때문일까.

이와 관련하여 츠치다 미치오(土田道夫, 2016)는 일본 내 노동 현장의 관행이 유럽 등 서구의 그것과 다르다는 점에 입각하여 설명한다. 그는 동일노동 동일임금의 원칙은 근로자가 종사하는 직무가 명확하게 정의되어, 임금이 해당 직무에 연동되어 결정되는 직무급 시스템에 적용되는 원칙이라는 것이다. 따라서 직무급 체계가 잘 갖춰진 유럽, 미국에서 비교적 도입하기 쉽지만, 일본처럼 종합직 정사원이 명확히 구분된 업무를 하는 대신 여러 가지 다양한 직무를 수행하는 상황에서는 이 원칙을 적용하기 곤란하다고 주장한다. 정규직과 비정규직간의 직무의 동일성 즉 동일 노동 여부를 판정하는 것 자체가 어렵다는 것이다.

설혹 크게 보아 수행하는 직무가 같더라도 정규직의 임금이 직무만으로 결정되지 않기 때문에, 비정규직근로자에게 정규직과 동일한 임금을 적용하기 힘들다는 주장도 있다. 일본기업의 정규직 임금은 본래 연공임금 체계에 입각해 구축된 것이지만, 최근에는 성과주의가 부분적으로 도입되면서 임금책정 시 직무와 성과가 함께 고려된다(연공급과 직능급의 혼합). 나아가 정규직의 임금은 이상의 요소에 조직 내 경력과 책임, 고용의 구속성 수준 등이 추가적으로 고려되어 최종적으로 결정된다.

직무급 기준으로 동일노동 동일임금을 실시하는 유럽국가에서도 근속연수와 자격, 학력 등에 따라 발생하는 임금격차는 정당화된다. 이로부터 유럽도 하나의 직무에 일률적으로 동일한 임금을 적용하는 단일등급직무급보다 직무 내에 등급을 설정하여 차등적으로 임금을 지급하는 복수등급직무급이 일반적이라고 할 수 있다.

근로의 질, 근속연수, 커리어 코스 등의 차이를 동일노동 동일임금의 예외규정으로 설정하는 등, 동일노동에 대해 항상 동일한 임금의 지급을 의무화하기보다 임금제도의 설계, 운용 시 해당 인력의 다양성이 고려된다고 할 수 있다.

아베 총리의 문제 제기 후 2016년 3월 동일노동 동일임금의 조기실현을 목적으로 후생노동성 내에 '동일노동 동일임금의 실현을 위한 검토회'가 설치된 바 있다. 검토회가 어떠한 해법을 내놓을지 아직 불확실하다. 예상해 볼 수 있는 것은 검토회 등 관련 기구가 내놓을 해법도 위에서 논의한 일본 특유의 현실에 대한 인식에 입각한 원칙 내지 가이드라인이 제시될 가능성이 높다는 점이다. 동일노동 동일 임금이 단순 명쾌한 캐치프레이즈이자 원칙적인 추진 방향이지만, 이를 실현하는 길이 다양할 수 있음은 유럽 등의 사례에서도 확인된다.

3) 일하는 방식의 개혁

언뜻 보면 이 분야는 사회보장과 직접적인 연관이 커 보이지 않게 여겨질지 모른다. 하지만 곰곰이 따져보면 그렇지만도 않다. 장시간노동과 낮은 생산성,[24] 여가 선용보다 회사 근무 우선, 생애 현역, 단시간노동과 복수 직업에 대한 이질감 등 일본의 노동현장을 상징하는 이 단어들은 근로자의 복지와 직간접으로 연관되어 있고, 당연히 각종 사회보장제도의 운영에 이런저런 형태로 영향을 미친다.

---

24) 2015년 6월 발표한 〈일본재흥전략' 개편 2015~미래에 대한 투자 및 생산성 혁명〉. "현재 일본이 직면한 노동력의 공급 제약에 대응하기 위해서는 노동생산성을 향상하여 생산 능력을 높일 필요가 있습니다. 장시간 근무를 시정하고, 일하는 방식을 개혁하여 개인의 잠재력을 최대한 발휘해야 합니다. (중략) 장시간 근무의 시정 등을 통해 여성이 활약하기 쉬운 직장 조성에 의욕적인 기업일수록 선호되는 사회적 환경을 만들어가기 위해 각 기업의 근로시간 등을 수치로 확인할 수 있는 작업을 철저하게 추진해야 합니다."

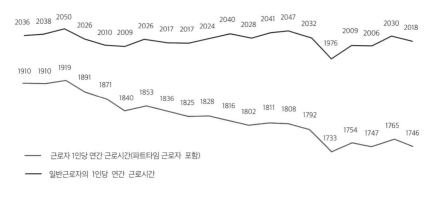

〈그림 8-9〉 근로자의 연간 근로시간 추이

근로자 1인당 연간 근로시간(파트타임 근로자 포함)
일반근로자의 1인당 연간 근로시간

1994 1995 1996 1997 1998 1999 2000 2001 2002 2003 2004 2005 2006 2007 2008 2009 2010 2011 2012 2013

주: 규모 5인 이상 사업장 기준.
자료: 후생노동성, 각 연도, 각 월.

　2016년 9월에 설치된 '일하는 방식 개혁실현 회의' 등을 통해 제시된 이슈 중 사회보장과 연관이 깊은 사안은 파견사원과 단시간근로자 등의 비정규직근로자와 정규직근로자 간의 임금격차 해소, 장시간 근무의 시정이라고 할 수 있다. 이 중 전자는 앞에서 다루었으므로 여기서는 후자, 즉 장시간 근무 관행의 시정에 대해 살펴본다.

　〈그림 8-9〉는 근로자 1인당 연간 근로시간 추이를 나타내는데, 단시간근로자를 포함한 근로자 1인당 연간 근로시간은 1994년 1,910시간에서 2013년에는 1,746시간으로 크게 감소했지만, 정규직 중심의 일반근로자 1인당 연간 근로시간은 2013년 2,018시간으로 1994년 2,036시간과 별 차이가 없다. 최근의 근로시간 감소는 단시간근로자 등 비정규직 증가로 인한 것이며, 정규직의 근로시간은 크게 줄지 않았음을 알 수 있다.

　일본생산성본부의 조사에 의하면(日本生産性本部, 2015), 2014년의 노동생산성(취업자 1인당 명목부가가치)은 7만 2,994달러로 OECD 평균 8만

〈그림 8-10〉 유급휴가의 평균취득률 등 추이

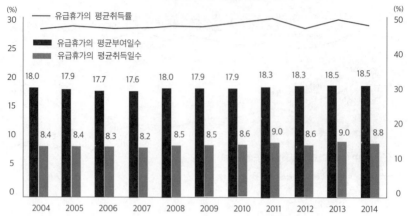

주: 장기 추이를 보기 위해 복합서비스사업 미포함 데이터를 사용했다.
자료: 후생노동성, 각 연도.

7, 155달러보다 낮게 나타났으며, OECD 가맹국 중에서도 21위 수준이다. 이처럼 낮은 생산성의 원인으로 장시간 근무를 중심으로 하는 구시대적 업무처리 방식이 지적되었다.

정부는 장시간 근무에 대한 대책의 일환으로 유급휴가 사용을 장려했지만 유급휴가 사용률은 크게 바뀌지 않았다. 〈그림 8-10〉에 제시된 유급휴가 평균사용률 등의 추이는, 2014년의 근로자 1인당 유급휴가 평균사용일수가 8. 8일로, 10년 전인 2004년의 8. 4일과 비교해 크게 바뀌지 않은 것을 보여준다. 2014년의 근로자 1인당 유급휴가 평균사용률 47. 3%도 2004년의 46. 6%와 별 차이가 없다.

이 같은 결과의 배경에는 국경일(연간 국경일수는 16일) 증가, 완전 주휴 2일제25) 확산 등도 있지만, 보다 근본적인 이유로 근로자가 직장 및 직장

---

25) '주휴 2일제'와 '완전 주휴 2일제'를 구별할 필요가 있는데, 일반적으로 구인광고 등에 게재되어 있는 '주휴 2일제'는 1개월 동안 1주일간의 휴일수가 이틀인 주가 한 번 이상임을 의미하는 것에 비해 '완전 주휴 2일제'는 매주 휴가를 이틀씩 제공하는 것을 의미한다.

동료들의 시선을 의식하여 유급휴가를 제대로 사용하지 못했다는 사실이 있다.

정부는 중앙에 '일하는 방식·휴가 취득방법 개선 포털 사이트'를 설치하여 연차유급휴가 사용을 홍보하고, 지방 노동국에 '일하는 방식·휴가 사용방법 개선 컨설턴트'를 배치하여 사업주 등의 근로시간제도 및 연차유급휴가 취득 등에 무료상담 서비스를 제공한다. 또 중소기업 사업주 대상의 '직장의식개선 조성금제도'를 통해 직장 내 의식 개선과 근로시간 설정 개선 등의 계획을 작성하고 계획에 근거하여 조치를 효과적으로 실시한 기업을 지원한다.

'일하는 방식 및 휴가 취득 방법 개선지표'는 근로시간과 휴가에 관한 기업의 실태 등을 시각화한 것으로, 기업용과 근로자용이 있으며, 기업용은 포지션 맵(문제유무의 파악)과 레이더 차트(구체적 문제 파악)로 구분된다. 포지션 맵은 일하는 방식 및 휴가 취득방법 중 어느 쪽에 문제가 있는지를 시각적으로 파악할 수가 있는 방법이다. 가령 '1주일간의 근로시간이 60시간 이상인 근로자 비율'과 '연차유급휴가 사용률'을 포지션 맵에 넣으면, 평균치를 목표치와 비교할 수 있어 자사의 일하는 방식과 휴가사용방법의 개선점을 확인할 수 있다.

〈그림 8-11〉을 보면 B 해당기업은 장시간 근무 근로자비율이 높고, C 해당기업은 휴가 사용률이 낮으며, D 해당기업은 장시간 근무와 휴가 사용방법에 둘 다 문제가 있는 것을 알 수 있다. 따라서 이들 기업들의 경우 잔업과 휴일출근을 줄이는 등 장시간 근무를 줄이고 휴가사용을 장려하여 우선적으로 A점에 도달하기 위해 노력해야 하며, 장기적으로는 목표치 이내인 S 영역에 들어갈 수 있도록 기업 내의 의식 및 제도 근무환경 등을 개선할 필요가 있는 것을 확인할 수 있다.

정부의 지원정책 덕분에 최근 일하는 방식 개혁을 실시하는 기업들이 점차 증가하고 있다. 한 민간 연구소의 조사((株)NTTデータ経営研究所·

NTTコムリサーチ, 2016)에 의하면 일하는 방식 개혁을 실시하고 있다고 응답한 기업의 비율은 2016년에 32.1%로 2015년의 22.2%보다 9.9%p 증가했다(〈그림 8-12〉).

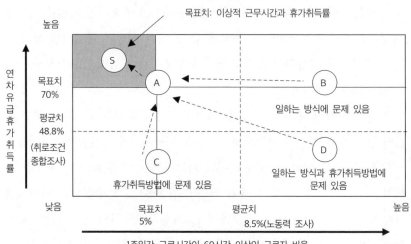

〈그림 8-11〉 포지션 맵의 사례

자료: 김명중, 2016.

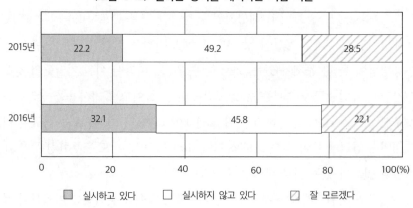

〈그림 8-12〉 일하는 방식을 개혁하는 기업 비율

자료: ㈜ NTT 데이터 경영 연구소·NTT 컴 리서치, 2016.

4) 최저임금 인상

2013년과 2014년의 최저임금 인상으로, 11개 도도부현에서 발생했던 최저임금을 받고 노동시장에 참가하는 근로자의 실수입이 생활보호급여액을 밑도는 이른바 '역전현상'이 해소된다. 2016년 10월 1일부터 발효된 2016년 최저임금은 전국 가중평균이 823엔으로 1년 전에 비해 25엔(3.31%)이나 증가하였다.

도쿄도의 최저임금은 932엔으로 전국에서 가장 높고, 다음으로 가나가와현(930엔)과 오사카부(883엔)다. 한편 오키나와현과 미야자키현의 최저임금은 714엔으로 전국에서 가장 낮았다(〈부도 8-5〉). 지역 간 차이가 큰 이유로는 최저임금 결정 시 각 지역의 기업경영, 소득, 소비 관련 지표가 반영되기 때문이다.

최저임금은 47개 광역자치단체(도도부현)를 A, B, C, D의 4개의 등급으로 구분하고 이에 따라 중앙최저임금심의회가 기준치를 제시한다. 이 기준치에 근거하여 지방최저임금심의회가 각 도도부현의 인상액을 결정한다. 도도부현의 등급 구분은 5년마다 실시되며, 소득, 소비, 급여, 기업경영에 관한 지표를 산출하여 각 지표를 평균한 종합지표에 근거하여 각 등급으로 나뉜다.

최저임금 수준은 다른 OECD가맹국과 비교해 낮은 수준이며, 정규직과 비정규직간 임금 격차도 여전히 크다. 예를 들어 최저임금이 가장 높은 도쿄에 사는 최저임금 노동자가 1인가구로 사는 것은 가능하겠지만, 부양가족이 있는 3, 4인가구 세대주라면 헌법에 명기되어 있는 '건강하고 문화적인 최저한도의 생활'을 영위하기가 불가능할 것이다. 따라서 사회안전망으로서의 최저임금의 인상을 포함한 빈곤층 대책이 필요하다.

기업은 최저임금 인상이 기업의 인건비 부담을 증가시켜 이익감소와 경쟁력 저하로 이어진다고 부정적 입장을 보인다. 실제로 급격한 최저임금

인상은 중소기업의 존속과 성장에 위협이 될 수 있으므로 단계적 인상 등의 배려가 필요할 것이다. 최저임금 인상의 타격이 클 것으로 예상되는 중소, 영세 기업에 대한 공적 지원제도 확충도 함께 검토될 수 있을 것이다.

5. 맺음말: 쟁점과 함의

끝으로 일본 고용보험제도의 문제점으로 곧잘 제기되는 낮은 구직자급여 수급률 문제와 관련하여 일본 내 연구자 등의 반론을 통해 관련 문제를 검토하고, 이어서 고용보험제도 운영의 한·일 비교를 통해 한국에 주는 시사점을 정리한다.

1) 낮은 구직자급여 수급률, 문제 없나?

앞에서 일본의 고용보험과 근간의 노동정책 동향에 대해 살펴보았다. 우리보다 50년 가깝게 앞서 고용보험을 도입한 국가로서, 또 우리가 고용보험제도 도입 당시 크게 참조한 국가답게 모범적으로 제도를 운영하고 있음을 확인할 수 있다. 낮은 수급률과 급여수준, 짧은 수급기간 등 겉으로 보기에 유럽 주요국의 그것보다 떨어지는 듯한 제도적 외양을 갖고 있지만, 내실을 들여다보고 이를 고용보험제도가 추구하는 궁극의 목적[26]에 비추어 보면, 겉과 달리 꽤 양호한 운영성과를 거두고 있는 것에 깜짝 놀랄지 모른다.

---

26) 〈고용보험법〉 1조에 명시되어 있는 목적을 요약하면, "실업과 지속적인 취업 곤란시의 소득보상 등 필요한 급여지원, 직업관련 교육훈련 지원을 통한 근로자 생활과 고용안정 도모, 구직활동 지원, 실업 예방·고용상태 시정·고용기회 증대·능력 개발과 향상·근로자 복지증진을 통한 직업안정"으로 정리할 수 있다. 법에는 이들 목적을 최소한의 비용으로 추구해야 한다는 내용이 담겨져 있지 않지만, 이렇게 해야 한다는 것은 '암묵지'라고 할 것이다.

이는 일본의 고용보험을 조사하고 권고안을 담고 있는 OECD(2015) 보고서에도 확인할 수 있다. 일본을 방문하여 일본의 현지 기관과 전문가들을 면담한 OECD 전문가들은 실태파악에 도움이 될 수 있는 근거 정보가 불비되어 있는 점 등을 지적하지만, 정부가 즐겨 쓰는 예방과 조기개입정책이 실직자수 감소와 실직에 따라 근로자가 입을 수 있는 손실을 낮게 억제하는 데 크게 기여하고 있다고 평가한다. 또 정책정부와 민간이 유기적으로 연계하여 실직 예방과 대량 실직사태에 지혜롭게 대처하고 있음에 놀라면서, 이 같은 방안을 널리 확대하고 정착시킬 것을 권고한다. 우리나라를 조사 분석한 OECD(2013)가 권고하는 내용과는 그 성격과 톤이 다르다.27)

이들의 분석이 제3자에 의한 것인 만큼 일정수준의 신뢰도를 지니고 있다고 볼 수 있겠지만, 국내 고용노동 당국이 어느 정도 무게감 있게 이들의 권고를 받아들이고 있는지는 미지수다. 다만 이후 고용노동부 등에서 제시되고 있는 일련의 정책과 그 방향성을 보면 위 보고서에 담긴 권고사항이 현실에 반영되고 있는지에 대해서는 의구심이 없지 않다. 참고로 일본 조사팀에는 우리나라를 조사한 전문가도 핵심요원의 일원으로 참여했다.

OECD 보고서가 강조하여 지적하고 있지 않지만 일본의 고용보험 당국이 신경 쓰는 사안의 하나가 낮은 수급률이다. 시간이 경과하면서 높아지기보다 지속적으로 낮아지는 이 지표가 일본 고용보험에 대한 인식을 대내외적으로 악화시킬 우려가 있기 때문이다. 이러한 상황에서 이 분야 전문가들이 수급률 문제에 대해 이런저런 분석을 내놓고 있다. 여기서는 이들 중 수급률의 직선적 비교에 문제가 있음을 지적하는 키타자와(Kitazawa, 2015), 수급률의 지속적 하락 원인을 구명하고 수급률이 적절한 정책목표가 될 수 있는지에 대해 고찰한 사카이 타다시(酒井正, 2012)의 내용을 간략히 소개하면서 일본의 수급률 문제의 본질을 살펴본다.

---

27) OECD(2015)가 제시한 주요 고용정책 제언 8가지는 〈부도 8-6〉을 참조할 것.

키타자와는 수급률이 높은 영국과 독일의 수치에는 실업부조 등의 공공부조가 포함되었기 때문이며, 이를 차감하고 실업보험만 고려하면 2013년 기준 일본의 22.3%는 독일 25.8%(2012년)보다 낮지만 영국 7.4%보다 높다고 반박한다. 그는 이러한 기준을 적용하여 국가별 수급률 값을 다시 계산한 결과 미국 26.1%, 캐나다 38.6%, 프랑스 43.7%, 덴마크 59.4%, 스웨덴 29.0%라는 결과를 제시한다(Kitazawa, 2015: 135).

이 같은 지적에도 불구하고 수급률이 실업부조가 없는 우리나라보다 월등히 낮다는 것은 쉽게 납득하기 힘들다. 실직자 중에는 OECD(2015)에서 지적된 바 있는 대기업 퇴직자 중심의 장기실직자 등 수급 기간(최장 360일) 종료자가 적지 않고, 적용대상 제외자인 단시간·계절노동자 및 공무원 실직자, 65세 이상 고령 실직자 등 애초부터 고용보험 실직급여를 받을 수 없는 이들이 많고 정규직 피보험자의 실직자가 적다.

사카이 타다시(酒井正, 2012)는 일본에서 장기실직자가 증가하고 있는 것은 1984년의 〈고용보험법〉 개정 즉 피보험자 기간이 길수록 급여기간을 늘린 사실이 일정부분 영향을 미친 때문이라고 지적한다.[28] 아울러 자발적 퇴직자에 대한 급여제한 기간이 이때의 개정으로 한 달에서 세 달로 늘어나 수급률 인하 요인으로 작용한 점, 그리고 노동시장의 여건 변화로 정규직근로자의 고용이 안정세[29]를 보인 점 등이 부분적 이유라고 지적한다.

이상의 일본 사례에 대한 검토를 토대로 할 때, 납득하기 힘든 우리나라의 상대적으로 높은 수급률은 어떻게 해석하는 것이 올바른 것일까? 고려해 볼 수 있는 이유로 일본에 비해 장기실직자가 적다, 피보험자인 정규직근로자

---

28) 1984년 개정 이전부터 연령이 높을수록 수급기간이 길었는데 이때의 개정으로 피보험자 기간별로 차등화가 이루어져 지금에 이른다.

29) 배경에는 일본인의 직장우선의 독특한 근로의식과 사용주가 근로자를 가족 같은 존재로 보는 일본형 노사관계가 있는지 모른다. 1990년대 이후 약화되고 있는 지적도 있으나 여전히 살아 기능하는 곳이 많다.

의 실직이 많다, 적용제외자이거나 미가입자인 근로자의 실직이 적다. 그리고 수급자격이 없는 자발적 퇴직자가 조기에 재취직한다[30]는 것 등이 있다. 아쉽지만 이에 대한 확인작업은 향후 과제로 남겨두어야 할 듯싶다.

참고로 고용보험 가입률은 2015년 기준 일본이 86%[31]로 우리나라의 75%[32]보다 높다. 일본의 경우 전체 근로자수가 줄고 있는데 적용사업장과 피보험자가 매년 늘어나는 것은 평가받을 점이다.[33]

관련하여 검토가 필요한 문제가 "낮은 수급률이 고용보험의 저조한 성과를 나타낸다"는 인식의 타당성 여부다. 이러한 인식이 맞다면 수급률을 정책목표로 삼는 것이 타당할 것이기 때문이다.[34] 이에 대한 답을 찾기 위해서는 전체 실직자의 연령별 소득과 자산 분포, 실직급여 수급자와 비수급자로 이분하여 실업급여가 수급자에게 미치는 파급효과에 대한 분석이 필요할지 모른다. 요컨대 꽤 엄밀한 실직자 실태분석이 선행되어야, 수급률이 낮은 게 문제가 되는지 여부를 신뢰도 있게 판단할 수 있기 때문이다.

---

30) 2012년 기준 피보험단위기간을 충족한 퇴직자 309.6만 명 중 자발적 퇴직자로 간주되어 수급하지 못한 이들이 69.4%이고 수급자는 30.6%에 불과하다. 연도별로 다르지만 퇴직자 가운데 자발적 퇴직자는 60% 전후 규모다(이병희, 2015: 149).

31) 2015년의 노동력인구는 6,625만 명이며 65세 이상 746만 명을 차감하면 64세 이하 노동력인구는 5,879만 명이다. 여기서 자영업자 546만 명과 무급가족종사자 162만 명을 차감한 5,171만 명이 65세 미만의 임금근로자다. 여기서 적용제외인 공무원 441만 명을 차감하면 4,730만 명이 고용보험 적용대상이라고 할 수 있다. 피보험자 4,086만 명을 적용대상 숫자로 나누면 0.864가 얻어진다. 적용대상에는 상용근로자, 임시·일용직 등도 포함된다.

32) 임금근로자 1,880만 명 중에서 공무원 교사 등 140만 명, 특수직종 140만 명을 제외한 1,600만 명 중 가입한 피보험자가 1,204만 명인 것으로 고려한 값이다. 방하남·남재욱 (2016)의 표 4에 제시된 경제활동인구 구분 등을 참조하여 계산한 값이다.

33) 2010년과 2015년을 비교하면 사업소수가 203.4만 개소에서 213.9만 개소로 5.2% 늘고, 피보험자수는 3,824만 명에서 4,086명으로 6.9% 증가한다(厚生勞働省, 2016).

34) 적극적이지는 않지만 사카이 타다시도 수급률이 정책목표가 될 수 있을지에 대해 이의를 제기한다(酒井正, 2012: 15).

일본의 경우 장기실직자가 많고 늘어나는 배경에 대기업 퇴직자 등처럼 경제적으로 여유 있는 이들이 제법 있고, 소속 직장에서 끝까지 버티다 어쩔 수 없이 퇴직하여 심신이 쇠약해진 이들이 적지 않으며, 패자부활이 쉽지 않다는 노동시장의 특성이 있다. 그런데 이러한 이들까지 조기에 재취직시키는 것이 고용보험 당국의 정책목표가 되어야 할지에 대해서는 여러 가지 의견이 있을 수 있다.

엄격한 분석 후에 얘기할 사안이겠지만, 현 단계에서는 낮은 수급률을 고용보험의 저조한 성과로 인식하기보다, 일본 노동시장의 복합적 특성이 반영된, 한마디로 단정하기 힘든 지표라고 보는 것이 더 바람직할지 모른다. 다시 말해 이 문제는 앞으로 천착해야 할 주제라는 것이다.

고용보험 사각지대 해소가 지속적인 과제로 남아 있는 우리의 입장에서, 사각지대를 줄여온 일본이 수급률 저하 현상을 보이는 배경의 원인을 분석하면, 우리의 사각지대 해소와 관련한 유의미한 시사점을 얻을 수 있을지 모른다.

2) 한·일 비교와 시사점

이상에서 살펴본 수급률이 주는 시사점 외에 일본의 고용보험제도가 우리나라의 제도운영에 주는 시사점은 적지 않다. 이를 간략히 정리하고 논의를 마무리한다. 양국의 고용보험제도의 현황을 비교하면 〈표 8-8〉과 같이 정리할 수 있다. 급여는 실업급여 중 구직자급여 중심으로 서술한다.

일본에 비해 제도도입이 50년 가깝게 늦은 한국이지만 단기간에 꽤 넓은 적용대상을 확보하고, 일본 이상의 실직급여 수급률을 보인다. 그렇지만 이 두 가지 점을 제외하면 거의 모든 면에서 일본과 비교하여 성과가 뒤진다. 그 이유를 살펴보면 다음과 같다.

첫째, 국고지원이 너무 적어, 재원의 대부분을 부담하는 민간기업의 보험료 부담이 높고, 대기업 등은 위험 요인 등 보험 원리와 무관하게 높은 보험료를 부담한다.

둘째, 보험급여 등 지출 측면에서는 실업급여의 재취직 촉진 기능이 취약하고 구직자 소득보상제도의 성격이 너무 강하다. 이 같은 보험급여 지출은 재원의 효과적 활용으로 보기 힘들다. 이러한 현상에 대한 인식이 관계 분야 공무원의 수준을 높이고 맞춤형 서비스 제공에 초점을 맞추라는 OECD(2013) 지적의 배경일지 모른다.

셋째, 제도도입 후 보험료율이 지속적 상승세를 보인다. 추세적으로 실업률을 낮춰 보험료율 인하 기조를 보이고 있는 일본과 대조된다. 단기보험인 고용보험의 특성상 보험료율은 단기간에 인상 혹은 인하될 수 있다. 박근혜 정부가 들어선 2013년에 보험료율이 크게 인상되지만 이후 4년간 실업률은 미미하게 증가했을 뿐이다.[35]

넷째, 실업급여의 핵심인 구직자급여 수준의 소득대체율과 평균 수급기간이 낮고 짧아 수급자 후생 수준이 떨어진다.[36] 이처럼 수급수준과 수급기간에서 밀리는데 보험료율이 더 높은 것은, 일본보다 실업률이나 실업자 중 수급자 비율이 높기 때문이다.

---

35) 평균 실업률은 이명박 정부 5년이 3.4%인데 비해 박근혜 정부 4년은 3.5%다. 청년실업률은 이명박 정부가 7.7%인데 박근혜 정부는 9.0%다(기획재정부, 2017).

36) 김지운(2017)은 국내에서 제기되고 있는 실업급여의 보장성 강화 주장과 관련하여, 소득대체율 10%p 인상안과 최대지급기간의 1개월 연장안을 비교 평가하였다. 분석 결과 후자가 사회후생 측면에서 우월한 정책이라고 주장한다. 다만 그의 분석은 '같은 규모의 고용보험 예산 증대'라는 제약을 두지 않아, 학술분석으로서는 약점을 지니고 있다. 보험료율은 전자에서 0.08%, 후자에서 0.05% 상승하여 전자에서 예산 증대가 60% 정도 더 큰 것으로 나타났다.

〈표 8-8〉 고용보험제도 운영의 한·일 비교

항목	일본	한국
도입연도	1947년	1995년
제도의 틀	사회보험 방식	사회보험 방식
적용대상	임금근로자 사용 사업, 강제가입 대상의 86%	임금근로자 사용 사업 + 자영업자 (임의가입) 강제가입 대상의 75%
재원조달	보험료 + 국고지원(원칙, 실업급여 1/4, 잠정조치로 부담감소)	보험료 + 국고지원 (직업능력개발 관련, 미미)
보험료율1)	1.35%(일부에 1.65% 적용)	1.55~2.15%
실업급여 수급률	20% 전후	40% 전후
수급자 중 정규직 비율	상대적으로 낮음	상대적으로 높음
실직자 주류그룹	장기실직자, 임시·일용직, 고령자 등	정규직, 임시·일용직
자발적 취업 시 수급여부	최대 3개월 유예 후 수급가능 (법 33조)	수급불가(법 58조)
실업급여(순소득대체율)	56%(평균소득자)	43%(평균소득자)
실업급여 수급기간 평균	154일 전후	121일 전후
고용보험 지출내역	실업급여: 2사업 → 7 : 3	실업급여: 2사업 → 7 : 3
실업급여 지출내역	구직자급여 : 취업촉진급여 → 86 : 142)	구직자급여 : 취업촉진급여 → 96 : 4
실직급여의 특성	취업 취약계층 소득지원 강, 재직직 촉진 기능 강	취업 취약계층 소득지원 + 재취직 촉진 기능 약
관리주체	후생노동성 직업안정국 고용보험과 + 지방 노동국 고용보험주관과 + 공공직업안정소(헬로워크) 전부 공무원	고용노동부 + 고용지원센터 + 근로복지공단(가입자 관리 등) 공무원 + 공공기관

주: 1) 일본에서는 1.35%가 대부분의 사업에 적용되며 최고율인 1.65%는 건설사업 등으로
제한 적용된다. 이에 비해서 한국에서는 1.55%가 징수보험료(2014년) 기준으로 35.8%,
2.15%가 31.2%를 차지하여 최저율과 최고율 적용이 비슷하다(고용노동부, 2016: 113,
〈표 10-4〉).
2) 2015년 기준으로는 '구직자급여 : 취업촉진급여→ 83 : 17'이다. 취업촉진급여 지출이 늘면서
실직급여의 재취직 유발유인이 더 강화되고 있다(〈부표 8-2〉 참조).
3) 특별한 언급이 없으면 평가기준은 2014, 2015년 기준.
자료: 필자 작성.

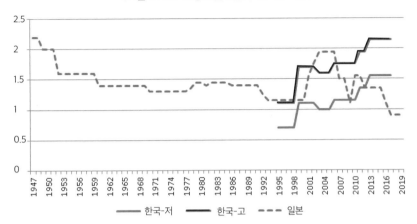

〈그림 8-13〉 고용보험료율의 한·일 비교

— 한국-저　— 한국-고　--- 일본

주: 한국-저는 150인 미만 사업, 한국-고는 1천 인 이상 사업 적용 보험료율이다.
자료: 후생노동성, 2018; 고용노동부, 2017.

　다섯째, 자발적 이직 시 실업급여를 수급할 수 없는데, 일본은 최대 3개월(최단기 1개월)을 늦춰 수급할 수 있다. 자발적 이직자 비율이 높은 우리나라지만, 이직자에 대한 실업급여 지급은 원천적으로 차단되어 있다.[37] 일본이 자발적 이직자에 실업급여를 지급하면서도 보험료율이 낮은 것은, 3개월 이내 재취직자가 적지 않다는 것을 시사하며, 이는 일본의 적극적 노동시장 정책과 연관이 없지 않다.

---

37) OECD 가입국에서는 수급자격을 인정하지 않는 국가보다 지급유예기간을 두고 수급자격을 인정하는 국가가 더 많다. 전자에는 미국, 캐나다, 이탈리아, 네덜란드 등이 있고, 후자에는 일본, 영국, 독일, 프랑스, 스웨덴 등이 있는데, 다수가 10주 이상의 지급 유예기간을 둔다(Venn, 2012: 36~37).

■ 참고문헌

국내 문헌

고용노동부(2017). 《2017년판 고용보험백서》. 고용노동부 고용정책실 고용보험기획과.

기획재정부(2017). 《주요경제지표》. 기획재정부.

김명중(2014). "일본의 고용보험제도 개요와 부정수급의 현황 및 대책". 〈해외고용리포트〉, 2014년 2분기(여름호).

＿＿＿＿(2016). "일본정부의 일하는 방식 개혁과 기업 사례". 〈국제노동브리프〉, 14권 9호(2016년 9월호). 金明中(2017). "加速する'働き方改革'。—長時間労働や残業のない社会は本当にやってくるのか? データで見る働き方改革の理由." 〈基礎研 REPORT〉, 2017년 3월호.

김지운(2017). 〈실업급여 보장성 강화의 경제적 효과 분석〉, 2017. 4. 5, 한국개발연구원.

(獨)労働政策研究·研修機構(2014). 〈失業保険制度の国際比較—デンマーク、フランス、ドイツ、スウェーデン〉. JILPT資料シリーズ No. 143.

リクルートジョブズ(2016). 〈2016年9月度派遣スタッフ募集時平均時給調査〉. リクルートジョブズ.

방하남·남재욱(2016). "고용보험의 사각지대와 정책과제에 관한 연구: 실업급여를 중심으로". 〈사회복지정책〉, 43권 1호, 51~79.

이병희(2015). 《고용보험 20년의 평가와 과제: 사각지대와 실업급여를 중심으로》(125~155쪽), 한국사회보장학회 정기학술대회 논문집.

해외 문헌

日本生産性本部(2015). 《日本の生産性の動向 2015年版》. 日本生産性本部.

(株)NTTデータ経営研究所·NTTコムリサーチ(2016). 〈働き方改革 2016 働き方変革に取り組む企業は1年で約1割増、3社に1社が取り組む〉. (株)NTTデータ経営研究所·NTTコムリサーチ.

酒井正(2012). 〈雇用保険の受給者割合はなぜ低下してきたのか〉. IPSS Discussion Paper Series No. 2011-J02.

中央法規出版(株)(2016). 《社会保障の手引 平成28年版》. 中央法規出版(株).

土田道夫(2016). "同一労働同一賃金の原則?"〈労働新聞〉, 2016. 5. 2. 황덕순(2016). "새로운 20년에 맞는 고용보험을 준비해야 한다". 〈월간노동리뷰〉, 통권 140호(11월호), 3~5.

厚生労働省. 〈毎月勤労統計〉. 各 年度, 各 月. 厚生労働省.

_____(2010). 〈雇用保険業務 '論点等説明資料' 省內事業仕分け室作成資料〉, 資料 3. 厚生労働省.

_____(2013). 〈第87回労働政策審議会職業安定分科会雇用保険部会資料3-制度改正の経緯〉.

_____(2015). 〈働き方・休み方改善指標〉. 厚生労働省.

_____(2016a). 〈雇用保険法等の一部を改正する法律の概要〉, 2016. 3. 29. 厚生労働省.

_____(2016b). 〈雇用保険事業年報 平成28年度〉. 厚生労働省.

_____(2016c). 〈雇用保険事業年報 平成 27年12月〉.

_____(2016d). 〈第115回労働政策審議会職業安定分科会雇用保険部会資料1-雇用保険制度の概要〉.

_____(2017). 〈平成 29年 4 月から雇用保険料率が引き下がります〉. 厚生労働省.

_____(2018). 〈雇用保険料及び国庫負担の推移〉. 雇用保険率に関する参考資料. p. 7.

厚生労働省 労働政策審議会 職業安定分科会雇用保険部会(2013a). 〈雇用保険制度の概要〉, 第87回 資料 1.

_____(2013b). 〈制度改正の経緯〉, 第87回 資料 3.

_____(2016). 〈雇用保険制度の概要〉, 第115回, 資料1.

_____(2017). 〈第122回 雇用保険部会報告〉, 参考資料.

厚生労働省職業安定局(2016). 〈公共職業安定所(ハローワーク)の主な取組と実績〉10月. 厚生労働省職業安定局.

ILO(2009). *The Financial and Economic Crisis: A Decent Work Response.* Geneva: International Institute for Labour Studies.

ISSA(2016a). *Social Security Programs Throughout the World: The Americas, 2015.* International Social Security Association.

_____(2016b). *Social Security Programs Throughout the World: Europe 2016.* International Social Security Association.

Kitazawa, K. (2015). International comparison of unemployment compensation programs: Focus on recipient ratio to unemployed workers. *Japan Labor Review*, 12(2), 124~144.

OECD(2010). *Unemployment Insurance Benefits.* Organization for Economic Cooperation and Development.

_____(2013). *Back to Work Korea: Improving the Re-Employment Prospects of Displaced*

Workers, 2013. 5. 2. Organization for Economic Cooperation and Development.

_____(2015). *Back to Work Japan: Improving the Re-Employment Prospects of Displaced Workers*, 2015. 1. 19. Organization for Economic Cooperation and Development.

_____(2017). Tax-Benefit Models.

Venn, D. (2012). Eligibility criteria for unemployment benefits: Quantitative Indicators for OECD and EU countries. *OECD Social, Employment and Migration Working Papers*, No. 131.

09

산재보험제도

1. 머리말: 도입 후 발전

일본의 산재보험은 5대 사회보험 중에서도 가장 모범적으로 운영되는 제도라고 평가받는다. 이는 어느 보험보다 재정이 장기적으로 안정되어 있고, 재해 발생률이 지속적으로 낮아지면서 그렇지 않아도 낮은 가입자(사업장)의 보험료 부담이 추가적으로 인하되고 있으며, 중증 재해로 연금을 받는 수급자수가 매년 줄어드는 등 산재보험 운영 성과가 걸출하게 양호하기 때문이다.

얼마 전부터는 고유업무인 피재근로자와 유족 대상의 보험급여 업무가 일정수준 이상에 달했다는 인식하에 이 사업과 함께 추진해온 피재근로자의 사회복귀촉진 등 사업의 효율성 강화에 주력한다. 이 사업은 피재근로자의 재활 지원, 피재근로자와 유족의 원호, 안전과 위생 확보를 통한 노동재해 방지 등을 포함하는데[1] 관련사무는 (독)노동자건강안전기구가 후

---

[1] 특기할 점은 이들 사업과 더불어 '임금 지불 확보 사업'이 포함되어 있다는 사실이다. 산재보험 예산으로 도산기업 퇴직자의 미지불 임금의 일부를 사용주 대신 지급해 주고, 중소기업의 퇴직금 공제사업을 지원해 주는데 예산규모가 꽤 크다. 2011년 기준 200억 엔

생노동성의 위탁을 받아 수행한다. 이들 사업은 매년 엄격한 기준에 의한 평가를 통해 예산지출의 효율적 활용이 추구된다.

일본에서는 산업재해보상보험(산재보험)을 '노동자재해보상보험'(노재보험)이라고 칭한다. 이하에서는 논의상의 혼란을 피하기 위해 일본이 사용하는 용어인 '노동자재해보상보험'(노재보험)이라는 표기를 사용하며 이 점에 대해 양해를 구한다.

〈노동자재해보상보험법〉은 1947년 법률 제50호로 도입된 〈노동기준법〉과 동시에 입법, 시행되었다. 동시에 입법된 것은 노동자재해보상〈노동기준법〉 제8장에 서술되고 있는 재해보상에서 업무상 재해에 대해 사업주의 무과실배상책임을 규정하기 때문에, 재해발생에 따른 사업주의 일시적 보상 부담을 완화하고 재해노동자에 대한 신속하고 공정한 보상을 실현할 필요성이 있었기 때문이다.

법제정 후 70년이 경과했는데 어떠한 변천을 거치면서 세계적으로 평가가 좋은 제도를 구축해왔는지 주된 변화를 간략히 정리해 보자.

먼저 정책당국은 재해발생을 억제하기 위해 재해발생률이 낮은 사업장에 대해서는 보험료를 할인해 주고 반대로 높은 사업장에 대해서는 보험료를 할증하는 유인효과를 지니는 제도를 일찍부터 활용한다. 법제정 후 4년이 지난 1951년의 일이다. 이 제도는 개별실적요율제도라고 하여 1947년의 법제정 시 들어가 있었지만 과거 5년의 재해율 통계가 있어야 적용할 수 있기 때문에 시행이 미뤄졌었다. [2] 당시 재해발생이 줄지 않고 보험재정

(3,682 기업, 4.3만 명)으로 전체 사회복귀촉진 등 사업 예산(918억 엔)의 22%에 해당한다. 일본 산재보험 재정에 여유가 있음을 말해주는 대표적 사례일지 모른다(厚生労働省, 2017, 主な安全衛生確保等事業).

2) 당시 〈노동재해보상보험법〉 제27조의 내용이다. "상시 300인 이상의 노동자를 사용하는 개개 사업에 대해 과거 5년의 재해율이 동종 사업의 재해율에 비해 현저히 고율이거나 저율일 때, 정부는 그 사업에 대해 다른 보험료율을 정할 수 있다."

상황이 안 좋자 정책당국은 조기시행을 통한 재해예방이 필요하다고 판단하여 법을 개정한 것이다. 3)

재해를 예방하는 유인효과와 더불어 재해율이 다른 사업장 간 보험료 부담의 형평성을 제고하는 효과를 기대할 수 있도록 이 제도는 이때 이후 약간씩 수정되면서 지금도 활용된다. 정책당국은 자국에서 '메리트제'라고 부르는 개별실적요율제도가 재해예방에 일정한 효과를 내고 있다고 보는 듯하다. 물론 이를 객관적으로 입증해 주는 분석적 연구 결과물은 찾아보기 쉽지 않다.

다음은 재해보상 급여를 조기에 연금화하고 그 수준을 국제적 기준에 맞춰 피재근로자와 유족의 생활안정을 추구함으로써 노동자와 사업장으로부터 제도에 대한 강한 신뢰감을 구축하는 데 성공한다. 노동계의 지속적 요구사항이었던 장기보상체계(연금 도입)와 임금변동에 따라 보험급여를 인상하는 연동(자동급여인상) 방식을 1960년 3월에 도입한다. 이 조치로 장기요양을 필요로 하는 상병인 규폐, 외상성척수장애와 중도(重度) 신체장애자에 대한 체계적인 보상과 지원이 가능해지고 보험급여가 주기적으로 인상된다.

이때의 장기보상이 부분적인 것이었기 때문에 1965년 6월 연금화 작업이 본격적으로 확대되어 장애등급 1급에서 7급까지 보상급여가 연금으로 지급되고, 유족보상급여도 원칙 연금으로 지급된다. 당국은 급여의 연금화에 만족하지 않고 1970년 5월 이를 ILO 업무재해급여조약(제121호,

---

3) 개정된 조항이다. "100인 이상의 노동자를 사용하는 개개사업으로 12월 31일자로 보험관계 성립 후 3년을 경과한 사업에 대한 보험금과 보험료 비율(해당사업이 보험관계 성립 후 5년 이상 경과한 때는 가장 가까운 5년간의 보험금과 보험료 비율)이 85/100를 넘거나 75/100 이하인 때는 주무 장관이 동종의 사업에 대해 정해진 보험료율을 30/100 범위에서 명령으로 정하는 율만큼 인상하거나 인하한 율을 해당사업의 다음 보험연도의 보험료율로 정할 수 있다."

1964년) 수준으로 끌어올린다. 4) 이때 연금급여는 〈노동기준법〉에 정해진 일시금의 6년분 틀을 넘어서는 수준으로 인상된다. 이어서 1974년 12월에는 유족보상연금 인상 등5) 추가적 급여수준 강화로 대부분의 보상급여 수준을 ILO 권고 수준으로 끌어올린다. 6)

이와 같은 방식으로 1970년대 초반까지 정책당국은 사업장 대상의 재해발생 억제 정책과 피재근로자와 유족 대상의 보상급여 수준 확보에서 일정한 성과를 거둔다. 이어 당국은 노재보험의 과제로 남아 있던 적용대상 확대와 통근재해에의 노재보험 적용에 나선다. 1972년에는 원칙적으로 모든 사업장에 노재보험이 강제적용되어 그동안 적용대상에서 배제되었던 5인 미만의 제조업 사업장, 재해발생 빈도가 낮은 사업장 등이 제도권으로 들어온다. 그리고 1973년 9월에는 통근재해보호제도가 창설되어 통근재해도 업무상 재해와 동일하게 보험을 적용받는다. 이로써 일본의 노재보험은 유럽 선진국에 뒤지지 않는 수준의 보호망을 갖춘다.

외형상 선진국에 부러울 게 없는 노재보험이었지만 1980년대에 들어와

---

4) 121호 조약 비준국은 24개로 ILO 조약당 평균 비준국수 46개보다 적다. 일본의 노재보험과 낮은 재해발생률이 세계적으로 평가받는 배경에 이 같은 당국의 정책의지가 있다고 할 수 있다.

5) 이때 유상보상연금액이 최고액(유족 5인 이상 시) 급여기초연액의 60% 상당액에서 동 67% 상당액으로 인상된다.

6) 일본은 ILO가 내놓은 사회보장 관련 7개 조약 중 사회보장(최저기준, 1952년 제102호), 업무재해급여(1964년, 제121호)의 2개만 비준하고 나머지 5개는 비준하지 않았다(2015년 11월 기준) (ILO駐日事務所, 2016: 72). 미비준 조약은 장애 노령 및 유족급여(1967년, 제128호), 의료 및 질병 급여(1969년, 제139호), 고용촉진 및 실업보호(1988년, 제168호), 균등대우(사회보장, 1962년, 제118호), 사회보장 권리유지(1982년, 제157호)의 5가지다. ILO의 발효 조약은 175개이며 일본이 비준한 조약은 49개다. 참고로 일본보다 적은 국가로는 한국 29개, 미국 14개, 캐나다 34개가 있고 많은 국가에는 스페인(133), 프랑스(128), 이탈리아(113), 네덜란드(107), 스웨덴(96), 영국(88), 독일(86), 호주(59) 등이 있다(ILO駐日事務所, 2016: 104~107).

연금수급자가 늘면서 장기재정 상황이 불안해졌다. 그래서 당국은 1989년 획기적 개혁에 나선다. 장기급여 재정방식을 수정부과방식에서 적립방식으로 바꾸고 보험료율을 인상하여 적립금을 늘려갔다. 당시까지 발생했던 미적립 채무를 장기(35년)에 걸쳐 상환하기 위해 필요 보험료를 전 업종에 일률 부담시키는 등 강력한 제도개혁을 단행한다.

이때의 개혁으로 일시적으로 평균보험료율이 인상되기도 했으나 장기재정이 안정되고 재해발생이 줄면서 평균보험료율은 다시 지속적으로 하락하여 2015년에 0.47%를 보였다. 국제수준의 보상급여 수준을 유지하면서 이 정도의 낮은 평균보험료율을 보이는 국가는 찾아보기 쉽지 않다. 7)

이처럼 1990년대에 이미 세계적인 수준의 산재보험 체계를 구축한 일본은 이후 내실화에 나선다. 1995년엔 전 국민 대상의 개호보험 실시(2000년)에 앞서 노재보험상의 개호(보상)급여를 창설하고, 2000년에는 2차 건강검진 등 급여를 창설하여 돌연사, 과로사 발생의 억제에 나선다. 2006년 3월에는 〈석면건강피해구제법〉을 통해 석면에 의한 질병으로 사망한 노동자 등의 유족에게 '특별유족급부금'을 지급한다. 8)

이 장의 2에서는 일본 노재보험제도의 역사적 발전과정과 특징을 좀더 구체적으로 살펴보고, 이 장의 3에서 적용·징수체계, 급여체계 및 재정

---

7) 참고로 우리나라 산재보험의 평균보험료율은 2017년 현재 1.7%로 일본보다 3.6배나 높다. 산재보험을 사회보험 형태로 제공하는 국가들의 경우 서비스 수준에 따라 차이가 있어 직선적 비교가 힘들지만 평균보험료율은 1.5% 전후 수준이며, 민영보험 형태로 제공하는 국가에서는 다소 높은 2.0% 전후 수준이다.

8) 대상자는 2016년 3월 26일까지 석면에 의한 질병으로 사망한 노동자(산재특별가입자 포함)의 유족으로 노재보험의 유족보상급여 청구권(사망일 익일로부터 5년)을 시효로 상실한 이들이다. 지원금은 특별유족연금의 경우 유족수에 따라 연간 240만 엔에서 330만 엔, 특별유족일시금의 경우 1,200만 엔이다. 청구기한은 2022년 3월 27일까지다. 지급결정건수는 2011년부터 5년간 합계가 270건 정도다. 〈노재보험법〉에 근거한 보험급여 중 석면에 의한 지급결정건수는 5,384건이다(厚生勞働省, 2016).

현황을 분석하며, 이 장의 4에서 급여체계와 재정현황, 이 장의 5에서 제도개정 논의와 시사점을 서술한다.

2. 〈노재보험법〉 제정 이전 제도 변천

여기서는 〈노동자재해보상보험법〉(1947년) 제정 이전의 노동자재해보상 관련 제도의 역사적 변천의 내용과 의의를 살펴본다. 위 법은 일본국 헌법 (1946년) 상의 노동자의 권리와 보호(제27조)와 〈노동기준법〉(1947년)에 규정된 노동재해 보상 의무에 입각한 사회보험으로서의 노재보험을 규정한 최초의 법으로, 그때까지의 노동자재해제도와 근본적으로 다르다.

노동자 재해는 어느 시절에나 있는 사건이지만 이 사건에 대응하는 방식은 시간의 경과와 사회 발전에 따라 조금씩 바뀌어왔다. 이하에서는 근세시대인 17세기 초반 도쿠가와(德川) 막부 시절부터 1945년 패전 이전까지를 대상으로 일본 내 노동자 재해에 대한 노동자, 사업주, 당국의 대응을 정리한다.

1) 뿌리는 도모코(友子)동맹

오늘날 일본의 업무상 재해 보험제도는 가장 많은 이들이 적용받는 〈노동자재해보상보험법〉(1947년)을 필두로 〈노동기준법〉(1947년), 〈선원보험법〉(1939년), 〈국가공무원재해보상법〉(1951년), 〈지방공무원재해보상법〉(1967년) 등에서 그 모습을 확인할 수 있다. 이 법들은 노동재해를 노동자의 생존권 이념에 근거하여 적용대상을 관련 노동자 전반으로 넓히고, 근로자의 무과실책임보상, 사회보험 방식 등을 규정하는 등 근대적 입법 형태를 갖추고 있다. 하지만 이전 시기로 눈을 돌려 살펴보면 지금의 입법 체계에 이르기까지 여러 모로 힘든 길을 걸어왔음을 알 수 있다.

제도의 뿌리를 찾아 가면 도쿠가와(德川) 막부 시대로까지 거슬러 올라간다. 17세기 이후 일본의 금속광산, 유황광산 등에서 일하는 갱내부(坑內夫)를 중심으로 한 도모코(友子) 동맹이 만들어져 일하다가 재난을 당했을 때를 대비하는 공제 서비스를 제공한다(労働省労働基準局, 1991: 23). 도모코동맹은 근대식 사회보험이 도입되기 이전에 위험도가 높은 일에 종사하는 사람들이 상부상조하기 위해 만든 조직으로 1920년대까지 존속하였으며 이후 건강보험 등 사회보험이 보급되면서 차츰 자취를 감춘다.

도모코동맹은 광산, 토건노동자들 사이에 자연발생적으로 생긴 상호부조조직으로 재난대비 구제조직이라고 할 수 있다. 활동범위는 3단계로 나뉘어져 있다. 1단계는 광산 중심 공제로 새로 들어온 도모코(友子)는 오야붕(親分)에게 3년 3개월 10일간 봉공(奉公)하면서 수업해야 한다. 이후 근속연수에 따라 겐로(元老), 다이쿠(大工), 오야다이쿠(親大工) 등의 고붕(子分) 직책이나 오야모토(親元), 오반토(大番頭), 도반토(當番頭) 등의 역할이 부여된다. 그리고 갱원(坑員)이 병에 걸리거나 부상, 사망하는 경우 적절히 구체활동에 나서야 한다.

2단계는 도모코 역할을 전국단위로 확대, 수행하는 것으로 실업자 취업 알선과 중상자에 대한 전국단위 구제, 호조활동 등을 포함한다. 마지막 3단계는 특정 기술의 전수가 필요할 때 오야붕과 고붕, 아니붕(兄分)과 오토토붕(弟分)의 관계를 맺어 오야붕과 아니붕이 내내 고붕과 오토토붕의 뒷바라지를 책임진다(農商務省鉱山局, 1920; 高橋保·尾崎毅, 1998: 88).

2) 일본갱법·광업조례·광업법·공장법

법제로 체계화되기 시작한 최초 사례는 〈일본갱법〉(1873년)이며 훗날의 광업조례(1890년)[9]로 이어진다. 특히 광업조례는 광산노동자의 생명과

위생상의 보호를 전면에 내세웠다는 점에서 일본 최초의 노동자보호법으로 일컬어지기도 한다. 이 조례의 정신은 이후 〈광업법〉, 〈공장법〉, 〈건강보험법〉, 〈노동자재해부조법〉, 〈노동자재해부조책임보험법〉 등으로 이어지고, 시간이 경과하면서 적용대상과 급여의 종류, 보상수준이 단계적으로 확대된다.

이때의 광업조례는 무과실책임을 규정하지 않고 있는 점에서 한계가 있다. 광부가 자신의 과실이 아닌 이유로 일하다가 부상을 당한 경우에 진찰비, 의료비, 요양휴업 일당, 장제비, 유족 수당, 장애자에의 기한부 보조금 등의 지급을 규정한다(동 72조[10]). 그렇지만 사업주인 광업인에게 업무 중 재해(질병 제외)를 당한 노동자에 대한 구휼(救恤) 의무를 부과한다.[11]

이후에 제정된 노재관련 법제로 관역인부사상수당규칙(1875년)이 있다.[12] 관청 공사에 종사하는 노동자가 일로 인해 죽거나 다친 경우 상당한 수당이 지급되며 요양부조료, 매장료 등이 포함된다. 4년 후인 1879년에는 '각청기술공예인 취업상사상수당내규'가 제정되어 앞의 규칙 관련 수당이 각청의 기술공예인에게도 지급된다. 하지만 두 규칙은 어디까지나 시혜적 시책으로, 동 규칙은 관역직공인부부조령(1907년), 용인(傭人) 부조령(1918년), 고원(雇員) 부조령(1928년)으로 이어지면서 관업노동자 노재제

---

9) 이는 광산 보안 단속외에 광부의 생명과 안전, 위생상의 보호를 주된 목적으로 내세우고 있다. 이 조례가 1892년에 시행되면서 〈일본갱법〉은 폐지된다.

10) 제72조 "鑛業人ハ左ノ場合二於テ其ノ雇入鑛夫ヲ救愉スヘシ其ノ救血規則ハ所轄鑛山監督署ノ認可ヲ受クヘシ -鑛夫自己ノ過失二非スシテ就業中負傷シタル場合二於テ診察費及療養費ヲ補給スルコト." 이어 3개 조가 이어진다(高橋保 · 尾崎毅, 1998: 90).

11) 구휼 대상이 업무상 재해자로 규정되고 재해 범위에서 질병이 제외되면서 광부가 구휼을 받기는 쉽지 않았다고 한다. 여기서 구휼은 재난을 당한 사람이나 빈민에게 사회적, 국가적 차원에서 금품을 주어 구제하는 행위를 지칭하며, 오늘날의 구제, 구호에 상응하는 단어다.

12) 이보다 2년 앞선 1873년 제정된 규칙이 '各寮二備使スル職工及ヒ役夫ノ死傷賑憧規則'인데 자료가 남아 있지 않다.

340

도로 기능한다.

　민간분야 노재관련 법제에는 광업조례의 흐름을 이어받은 〈광업법〉
(1905년)과 〈공장법〉(1911년)이 있다. 두 법이 노동재해에 대한 사용주의
부조 책임을 명시함으로써[13] 노동재해부조제도가 체계화되기 시작한다.
다만 이들 법에 규정된 노재제도는 민사상 손해배상제도에 입각한 것이라
기보다 경찰단속법규나 시혜적 성격의 입법조치였다.[14] 단속 법제로 노동
재해를 줄이려는 의도가 있고, 피재해자에의 부조는 사업주가 베푸는 것이
지 피재해자가 권리로서 받는 것이 아니라는 것을 천명하였다.

　〈광업법〉(제80조)은 광업조례(제72조)와 달리 4가지 점에서 광부와 유
족을 두텁게 보호한다. 첫째, '구조(救助)' 아닌 '부조' 형태의 지원임을 명
시하여 구휼 개념과 경찰단속법규 성격을 벗어났다. 둘째, 광부의 '무과실'
아닌 '중대 과실 아님'을 적시하여 과실에 대한 광부 책임을 덜어 주었다.
셋째, 노재 대상에 질병을 포함하며 넷째, 유족 지원이 사망 외 부상과 질
병시에도 이루어지도록 했다. 〈광업법〉 80조가 시행된 것은 광업법시행
규칙(1905년)과 광부노역부조규칙(1916년)이 제정된 이후다.

　노동자 일반이 대상인 〈공장법〉상의 노동자 보호도 1911년 이후에 시
작된다. 노재관련 규정은 〈공장법〉 제15조에 규정되어 있다.[15] 〈광업법〉

---

13) 〈광업법〉 제80조는 "鉱夫自己ノ重大ナル過失二因ラスシテ業務上負傷シ疾病二罹リ
　　又ハ死亡シタルトキハ鉱業權者ハ命令ノ定ムル所二從ヒ鉱夫又ハ其ノ遺族ヲ扶助ス
　　ヘシ"라고 하여, 자신의 중대한 과실이 아닌 이유로 광부가 다치거나, 질병에 걸리고 사
　　망하는 경우 광업권자는 광부나 그 유족을 부조해야 한다고 규정한다.

14) 〈일본갱법〉 제33조는 "凡坑法ノ意趣二戻ル過失有ル者ハ輕重二從ツテ罰金ヲ命スヘ
　　シ若シ事業疎略ニシテ人命ヲ失フハ国法ヲ以テ論處スヘシ"로 규정하여 법 취지에 반
　　해 과실을 범한 자는 경중에 따라 벌금을 매기고 사업자가 관리를 소홀히 하여 사망사고
　　가 발생하면 법으로 다스린다고 선언한다. 노동자의 권리와 사용자 책임에 근거하는 오
　　늘의 법제와는 이념이 크게 다르다.

15) "職工自己ノ重大ナル過失二依ラスシテ業務上負傷シ、疾病二罹リ又ハ死亡シタルト
　　キハ工業主ハ勅令ノ定ムル所二依リ本人又ハ其ノ遺族ヲ扶助スヘシ."

제80조 규정과 거의 같다. 이로부터 〈공장법〉에 명시된 노재제도의 특징은 다음과 같이 정리할 수 있다. 사용자가 노동자의 중과실 아닌 경과실 등 (무과실 포함)으로 인한 노동재해에 대해 부조의무를 지며, 급여로 요양부조, 휴업부조, 장애부조, 유족부조, 장제비, 타절(打切)부조16)가 있고, 노재부조와 민법상의 손해배상은 공제 등의 형태로 조정 가능하며, 노동자를 해고하더라도 부조의무를 벗어날 수 없다는 점 등이다.

〈광업법〉과 〈공장법〉은 이전 법제에 비해 노동자 보호를 강화했지만 적용대상이 노동자 15인 이상이고(〈공장법〉, 제1조), 부조수준이 낮았으며, 시혜적 성격을 지니는 부조제도의 틀을 벗어나지 못했다. 이러한 틀을 벗어나게 되는 것은 〈건강보험법〉(1922년) 제정으로 부조제도가 사회보험화되면서부터다.

3) 건강보험법·노동자재해부조법·노동자재해부조책임보험법

이 무렵의 〈건강보험법〉 제정은 노동자 복지증진이라는 명분 외에 당시 확산되고 있던 사회주의 사상과 이와 연관된 각종 노동 운동을 억제하겠다는 목적이 있었다. 사회보험이므로 부조제도의 틀을 넘어 권리로서의 수급권을 보장하였지만 적용대상은 〈공장법〉과 〈광업법〉 적용대상자로 한정되었다. 여기에 보험료 절반을 노동자에게 부담하도록 하여 이들의 불만이 컸고, 〈공장법〉 등에 규정된 장애부조, 유족부조, 타절부조 등이 보험급여화되지 않는 등 급여종류17)가 제한되고 그 수준도 크게 개선되지 않았

---

16) 시행령 14조에 규정된 급여를 지칭한다. 이는 시행령 5조에 따라 직공의 부상이나 질병에 대해 공업주가 요양비 등의 비용을 부담하는 상황에서, 요양 개시 후 3년이 경과해도 부상이나 질병이 치유되지 않을 경우, 임금 170일분 이상의 부조료 지급으로 시행령 2장 (비용부담) 규정에 따라서 부조부담을 지지 않는 것을 지칭한다(高橋保·尾崎毅, 1998: 96).

다. 보험자는 정부(정부관장 건강보험)와 건강보험조합(조합관장 건강보험)으로 규정되었다.

이러한 사정 때문에 노동자, 사업주, 의사회 등이 제도도입에 반대하기도 했다. 사업주들은 관리 조합과 관련하여 자신들의 지혜를 살릴 수 있는 민간공제조합에 대행을 인정하지 않고 정부 감독과 지휘를 받는 건강보험조합으로 한정한 점을 지적하고, 중소기업 사업주는 무거운 보험료 부담을 이유로 들었다. 의사회는 메이지시대 이후 전통인 자유개업의 제도의 전면 부정과 정부의 의료시장 개입에 저항하였다(高橋保·尾崎毅, 1998: 100). 이 같은 이해관계자들의 저항 외에 관동대지진(1923년) 등이 영향을 미쳐 건강보험은 1927년에야 시행된다. 18) 유의할 점은 〈건강보험법〉이 〈공장법〉과 〈광업법〉의 노재관련 조항을 대체하는 것이 아니며 병행하여 시행되었다는 사실이다.

1920년대 이후 정부가 인프라 구축과 정비에 나서면서 토목, 건축 분야에서 일하는 노동자들이 크게 늘어난다. 이들은 업무의 특성상 공장 등 실내에서 일하는 이들보다 노동재해에 노출될 확률이 더 높다. 그런데 당시의 어떤 제도도 이들을 노재 위험으로부터 보호해 주지 못했다. 또 이 무렵 ILO가 노재보상 관련 조약 등을 잇달아 내놓아19) 노동자 재해보호에 대한 기운이 고조되기도 했다.

정부는 검토를 거쳐 〈노동자재해부조법〉(1931년)과 〈노동자재해부조책임보험법〉(1931년)을 제정하여 시행한다. 후자는 전자의 법제가 규정한

---

17) 급여종류로 질병과 부상에 대한 요양급여, 매장료, 분만비, 출산수당, 상병수당 등이다.
18) 건강보험은 좀더 일찍 도입될 뻔하였다. 1897년 당시 내무성 위생국장이던 고토 신페이 (後藤新平)가 제3차 이토(伊藤) 내각에 〈노동자질병보험법안〉을 제출한 바 있으며, 이 법안 27조는 1898년 7월 1일부터 시행한다고 규정한다. 이후 1920년 당시 여당이던 헌정회가 〈질병보험법안〉을 공표한 바 있으나 입법으로 이어지지 못했다.
19) 1925년 제7회 ILO 총회에서 '노동자재해보상 조약'(제17호), '노동자직업병보상 조약'(제 18호), '노동자재해보상의 국내외 노동자 동등 대우 조약'(제19호) 등이 채택된 바 있다.

사업주의 부조책임을 보험대상으로 하므로 보험자는 정부이고 피보험자는 사업주(혹은 원청업자)이며 노동자가 아니다. 보험금은 보험계약자로 피보험자인 사업주에게 지급된다. 20) 이같이 특이한 형태의 제도가 도입된 배경에는 토건업계가 부조제도 방식이 아닌 보험 방식을 강하게 요청해 사실이 있다. 부조방식은 (보험과 유사한 방식으로 재해에 대처해온) 토건업계의 전통적 미풍을 해치고, 권리의무를 고집할 경우 오히려 노사갈등을 증폭시키고 분쟁을 늘려 사회문제로 발전할 수 있다는 우려를 표명한 것이다. 이에 비해 보험방식은 사전에 다수의 고용주에게 위험을 분산시켜 노동자배상을 확실히 하면서 재해발생 고용주의 경제적 부담을 덜어줄 수 있다고 주장하였다.

두 법의 내용에 대해 간단히 살펴보자. 먼저 〈노동자재해부조법〉은 적용대상은 〈광업법〉, 〈공장법〉에 비해 확대되어 토석채취업, 철도, 궤도, 삭도, 자동차운수사업, 토목건축업, 중개업(仲仕業) 등이 추가되었다. 수급대상은 노동자 본인과 유족, 피부양자 등이며 부조의무자는 사업주와 원청업자다. 다음의 〈노동자재해부조책임보험법〉에서는 보험자가 정부이고 보험계약은 정부와 사업주(혹은 원청업자)가 맺는다. 보험대상인 부조책임과 이에 따른 보험료는 시행령에 규정되어 있는데 여기에는 요양부조, 휴업부조, 장애부조, 유족부조, 타절부조에 대한 부조책임이 포함된다. 하지만 두 법에 의한 보상수준은 여전히 낮아 피재해자와 그 유족은 일상생활의 어려움에 노출될 수밖에 없었다.

한편 이들 법이 시행될 무렵 일본은 만주사변을 위시하여 15년 전쟁기에 접어든다. 이 같은 흐름 속에 〈공장법〉(1947년 〈노동기준법〉 시행 시 폐지) 등의 〈노동보호법〉은 적용이 정지되지만 재해부조의 보험화 작업은 오히

---

20) 이러한 방식의 노재보험 방식은 당시 세계적으로 유례를 찾아보기 힘든 사례라고 한다 (勞働省, 1961: 298).

려 확대되어 〈노동자연금법〉(1941년), 〈후생연금보험법〉(1944년) 제정으로 이어진다. 그 과정에서 장애연금과 동 수당, 유족연금 등의 급여가 늘어나고 수급기간의 종신화가 시도된다. 이후 〈건강보험법〉도 개정되어 〈공장법〉과 〈광업법〉에 규정된 노재부조는 〈건강보험법〉과 〈후생연금보험법〉으로 거의 흡수된다. 전쟁기에 이 같은 조치가 취해진 것은 그 배경에 노동력 보전(과 사기고조)을 통한 전시체제 강화라는 전략 목표가 있었던 것으로 이해할 수 있다(高橋保・尾崎毅, 1998: 105).

3. 〈노재보험법〉 제정 이후 제도 변천

1) 〈노동기준법〉과 노재보험제도

앞 절에서 살펴보았듯이 종전(終戰) 이전의 노동자 재해는 사회보험방식에 의한 보상보다 부조 중심의 노재제도나 노재부조책임보험 등이 중심이 되어 운영되었다. 사회보험 방식의 건강보험이 있었지만 적용대상과 급여 종류가 좁고, 보상수준도 충분한 수준과는 거리가 멀었다. 그래서 전후 일본국 헌법(1946년)과 〈노동기준법〉(1947년)을 제정하면서 노동재해를 사회보험 방식으로 보상하도록 규정한 〈노재보험법〉(1947년)이 제정된다.

　〈노동기준법〉은 제8장에서 노동자가 업무상 부상, 질병, 사망 등의 사고를 당하는 경우에 사용자가 이를 보상하도록 책임지웠다. 이 법은 일본에 근대적 노동관계 확립하고 근로자를 보호할 종합적 법률로 제정된다. 〈광업법〉, 〈공장법〉, 〈건강보험법〉, 〈노동자재해부조법〉, 〈노동자재해부조책임보험법〉, 〈후생연금보험법〉 등에 분산되어 규정됐던 내용을 제8장 '재해보상'에 통합하여 규정하면서 재해부조 수준을 높인다.

　재해보상이 사용자의 무과실책임으로 규정되면서 노동자는 재해가 업무와 연관되어 발생한 것임을 입증하면 보상을 청구할 수 있게 된다. 재해보상 급여에는 요양보상, 휴업보상, 타절보상, 장애보상, 유족보상, 장제료 등이 있다. 보상액은 노동자 평균임금(〈노동기준법〉 제12조)에 기초하여 산정된다. 〈노재보험법〉은 〈노동기준법〉에 규정된 사용자 재해보상책임의 이행을 확보하기 위해 제정된 것이다. 법은 정부가 보험자, 사용자가 가입자인 강제보험을 통해 재해발생 시 사용자의 일시적 보상부담을 완화하고 보상이 신속하고 공정하게 실시되도록 한다. 〈노동기준법〉은 〈노재보험법〉에 입각하여 급여가 행해질 경우, 사용자의 재해보상책임을 면제한다(제84조). 즉, 사용자가 책임지는 요양보상 등의 지급을 보험자인 정부가 대신 행하면 사용자 책임이 면제된다.

〈노재보험법〉이 제정될 초기에는 〈노동기준법〉 상의 재해보상과 내용과 수준이 같았지만 1960년대 이후 노재보험법이 개정되면서 적용대상, 적용 보험사고, 급여내용이 확대되거나 충실해진다. 장애보상연금, 유족연금, 통근재해 보상 등이 대표적이며, 이들 제도의 도입으로 노재보험의 사회보장제도로서의 성격이 한층 강화된다.

이렇게 발족한 노재보험은 제도 발전을 제약하는 몇 가지 문제점을 안고 있었다. 우선 개개인의 사업주 재해보상을 〈노동기준법〉에서 규정하는 것은 노동기준 행정과 노재보험 보급이 확대되는 기본적 조건이 되었지만 몇 가지 문제가 있었다.

〈노동기준법〉의 재해보상이 노재보험급여의 기준이 되어 그 범위가 어디까지나 업무재해에 대한 사업주의 책임한도를 의미하는 것으로 제한되어 보험급여의 내용과 보험료 부담에 대한 제도개선의 과정을 왜곡시키는 원인되었다.

또 〈노재보험법〉이 〈노동자재해부조책임보험법〉을 입법 기술적으로 계승한다는 것은 〈노동기준법〉과 함께 통합적 보험제도를 확립하려는 입법 정책에는 부합되지만, 노재보험을 〈노동기준법〉에 따른 개별사업주의 보상책임에 대한 보험으로 인식되었고 제도개선과 사업운영을 제약하는 원인이 되었다. 노재보험제도가 〈노동기준법〉의 재해보상을 넘어 독자적으로 발전할 가능성을 내포하고 있었다는 사실은 1960년 법개정으로 명확해졌지만, 이 같은 인식이 널리 확산된 것은 1965년 법개정을 통한 급여체계 재편과 연금급여화라고 할 수 있다.

2) 노재보험제도의 변천

(1) 개별실적요율제도 확충

노재보험은 업무상의 사유로 인해 발생한 재해를 보상하여 근로자를 보호하는 것을 목적으로 하지만 동시에 보험료 부담의 조정을 통해 사업주의 자발적 재해방지 노력을 유인하는 재해방지의 자동 조정기능을 가진다. 즉, 보험료율은 업종별 재해율에 따라 증감되는 업종별 요율제도와 개별사업장의 재해율에 따른 개별실적요율제도를 조합하여 보험료를 부과한다.

노재보험제도 도입 당시 업종별 보험료율은 최고가 임금 44/1,000, 최저가 1/1,000의 5단계로 구분되었고 개별실적요율제도는 상시 300명 이상 근로자를 사용하는 사업의 과거 5년간의 재해율이 업종별 보험료의 기초가 되는 과거 5년의 재해와 비교하여 현저하게 높거나 낮은 경우에 적용하였고 제도도입 후 5년이 경과한 1953년도부터 실시할 계획이었다.

그렇지만 1949년도와 1954년도에 발생한 재정위기는 1965년 법개정에 이르기까지 보험료율 방식과 형태에 대한 성격을 결정하게 되는 계기가 되었다고 할 수 있다.

결국 보험재정의 추이에 따라 노재보험의 보험료율은 업종별·개별실적요율제도를 최대한 확대하여 재해방지촉진기능을 최대한 발휘했던 것이다. 우선 업종별보험료율에 대해서 살펴보면 제도도입 초기에 5등급으로 구분되어 있었지만, 1955년도에는 최고 128/1,000, 최저 28/1,000분의

28등급으로 구분하였다. 이와 같은 보험료율의 변화추이는 재해율 실적에 따른 업종별 보험료율제도의 확대라 할 수 있지만 다른 한편으로는 보험료율 격차의 확대와 등급구분의 세분화를 과도하게 초래한다는 우려가 있다는 점을 부정할 수 없다.

보험료율 전체의 수준을 인상하려면 보험료율 격차를 확대할 수밖에 없었고 이 격차를 확대하려면 보험료 부담의 공평성을 고려하여 등급구분을 세분화할 수밖에 없다. 그러나 보험의 원리와 보험료율의 적용기술을 고려하면 이 격차확대와 등급세분화에는 한계가 있다.

이러한 한계로 개별실적요율제도는 보험재정의 위기를 맞아 개별 사업주의 재해방지노력의 촉진하는 것이 재정위기를 극복할 수 있는 대책이라는 측면에서 1953년도부터 실시될 예정이었지만, 1951년도에 조기 실시되었고 그 적용대상도 근로자 3백 명 이상의 사업소에서 1백 명 이상의 사업소까지 확대되었다.

(2) 급여 연동제 도입

규폐는 업무상 질병 중에서 장기적인 요양급여와 휴업급여를 필요로 하는 질병이었다. 규폐질환을 앓고 있는 대다수는 3년 동안 치료해도 완치되지 않아, 1960년 법률이 개정되기 전까지 보상일시금을 받고 요양이 종료되었다. 규폐문제는 정부에서도 지속적으로 예방대책을 중심으로 검토했고 노동계도 보상기간 연장과 임금수준 변경에 따른 보상액 연동을 강하게 요구했다.

원래 휴업보상과 같이 지속적 급여는 실질적 가치를 유지하기 위해 임금수준 변동에 연동시켜 급여액을 인상할 필요가 있었다. 이에 노동성에서도 규폐대책을 검토하면서 동시에 연동제도에 대해 내부 연구를 진행하였고 1952년 〈노동기준법〉 개정 시 이를 반영시켰다.

노재보험급여 연동 제도는 이와 같은 경위로 우선 휴업보상비의 자동연동제로서 제도화되었고, 그 연장선상에서 1960년 법개정에 의한 급여의 일부 연금화, 1965년 법개정에 의한 급여의 대폭 연금화 등이 행해졌다. 이처럼 1952년 법개정은 훗날의 급여 연금화 등 노동보험의 급여개선 과정에서 획기적 의의를 지닌다.

(3) 장기보상체계 도입

또한 노동성에서는 규폐 등의 특별보호제도에 대해 근본적인 제도개선을 검토하여 〈진폐법안〉과 〈노동자재해보상보험법의 일부를 개정하는 법률안〉을 만들어 1959년 12월 국회에 제출하였다. 이러한 법률 개정안은 제안한 이유를 다음과 같이 설명하고 있다. [21]

"노동자의 업무상 상병에 대한 예방 및 재해보상에 대해서는 일반적으로 〈노동기준법〉 및 〈노동자재해보상보험법〉에 기초하여 실시하고 있지만 규폐는 그 예방이 곤란하고 한번 걸리면 치유되기 어렵고 많은 경우 〈노동기준법〉 또는 〈노동자재해보상보험법〉에 의해 3년간 요양보상을 받은 후에도 계속해서 요양을 필요로 한다."

첫째로 현행 〈노동자재해보상보험법〉에서는 업무상의 상병이 요양개시 후 3년을 경과해도 치유되지 않는 경우에는 평균임금의 1,200일분에 상당하는 금액의 보상일시금을 지불하고 이 후 일절 보상을 하지 않아도 된다고 하지만 개정 법률안은 요양개시 후 3년을 경과해도 치유되지 않는 모든 상병에 대해서 필요한 기간, 보상일시금 대신하여 장기상병자 보상을 하도록 했다.

둘째로 이상과 같이 장기상병자와의 균형을 도모하는 것과 함께 중증의 신체장애자에 대한 대책으로서 요양개시 후 3년 이내에 증상이 고정된 경우에도 장애등급 제3급 이상의 중증의 신체장애가 남은 사람에 대해서는 종래 일시금에 의한 장애보상비를 대신하여 장기급여금인 장애보상비를

---

21) 문성현(2008: 14) 참조.

지급하도록 했다.

이와 같이 〈노재보험법 개정법안〉은 규폐와 척추손상 환자에 한정하지 않고 다른 중증의 상병자에 대해서도 종신적 보장을 하도록 했다. 이 개정 법안은 1960년 4월부터 시행된다.

(4) 장기보상체제 확립: 본격적 연금급여화

1960년 법률개정에서는 규폐에 관한 특별보호제도를 포괄하면서 2차 세계 대전 이후 논란이 되었던 규폐문제를 해결하는 동시에 노재보험제도에 장 기보상급여를 도입하는 내용이 포함되었다. 그러나 '장기상병자 보상'에는 구 보상일시금의 흔적이 남아 있었고 급여의 연금화도 장애등급 제1급에서 제3급까지의 중증장애에 한정되어 유족보상비는 일시금으로 남아 있는 등 장기보상화도 부분적인 것이었기 때문에 근래에 본격적 제도개혁을 해야 하는 과도기적인 것이었다.

① 노동자재해보상보험심의회 답신에 포함
1960년 법개정의 경위, 그 후 제반 정세로 가까운 장래에 노재보험제도 전 반에 걸친 개선이 필요하다고 생각되어 1961년 10월 노동자재해보상보험 심의회(노재보험심의회)는 '노재문제간담회'를 설치하였다. 노재문제간담 회는 약 2년에 걸쳐 활발한 논의를 거듭한 후에 그 결과를 노재보험심의회 에 보고했다. 1964년 7월에 이루어진 노재보험심의회의 답신은 모든 사업 에 대한 노재보험의 전면강제적용과 보험급여의 본격적 연금화를 중심으 로 한 전반적 급여개선 등을 포함한 한 것으로 노재보험의 형태를 결정하 는 획기적인 것이었다.

② 1965년 개정의 핵심사안 중 하나
노동성에서는 노재보험심의에서 제시한 답신에 근거하여 1965년 〈노동자재 해보상보험법〉을 개정하였다. 1965년 개정된 〈노동자재해보상보험법〉은 노

재보험제도 전체를 개정하는 내용이었고, 그 주된 개정내용은 다음과 같다.

첫째로 노재보험의 적용대상은 모든 사업에서 종사하는 모든 근로자에 대해 강제로 보험을 전면적으로 적용하는 프로그램이라는 것을 명확히 하고, 보험관계를 일괄적용하는 제도를 도입하여 사무를 간소화했다. 둘째로 보험급여는 산정기초로서 이용되던 평균임금이 보상의 기초로서 부적절한 경우에 구제를 할 수 있도록 급여기초일액을 보험급여의 산정기초로 했다. 1965년 개정의 중심이었던 보험급여의 대폭적 연금화는 우선 장애보상의 연금범위를 제1급에서 제7급까지 확대하고 유족보상을 원칙적으로 연금화했다. 셋째로 보험료는 산정 및 납부방법 등을 간소화했을 뿐만 아니라 업종별 보험요율과 개별실적요율의 산정기간을 3년으로 통일하여 기술적인 부분을 조정하였다. 또한 노재보험 운영에 필요한 비용을 국가에서 지원하도록 했다. 넷째로 중소기업주의 노재보험 가입 촉진과 사무부담 경감을 위해 노재보험 사무조합제도를 도입했다. 다섯째로 중소기업사업주, 일인친방(一人親方) 등 근로자에 준하는 사람의 업무재해에 대해 보호하기 위해 특별가입제도를 도입했다.

1965년 개정법안은 노재보험제도 발족 이후 규폐문제에서 시작된 급여연장, 1960년 법개정을 통한 장기보상의 일부도입이라는 노재보험급여를 개선하는 획기적인 것이었다. 결국 3년으로 한정한 일시금 중심의 보상일시금의 급여체계에서 각종 연금에 의한 장기보상의 급여체계로 역사적 제도개혁이 실현되었다.

(5) 적용대상 확대

1965년 법개정에 따른 장기보상체제의 확립은 노재보험의 급여체계가 〈노동기준법〉의 보상체계에서 독자적인 발전을 했다는 성과를 올렸지만 이로 인해 노재보험과 〈노동기준법〉의 보상격차가 더욱 확대되었다. 그 결과 노재보험의 적용을 받지 않는 중소기업이 많았기 때문에 모든 사업에 대한 노재보험의 전면적용에 대한 요구가 높아졌다.

① 전면적용 시도

정부는 5인 미만의 근로자를 사용하는 사업에 실업보험을 확대 적용하는 것과 함께 모든 사업에 대한 노재보험의 전면적용을 위한 법률안을 1967년 4월에 국회에 제출하였다. 그러나 국회사정으로 법안은 거의 심의되지 못한 채로 무산되어 버렸다. 또 같은 국회에서 1963년 미츠이미이케(三井三池) 대재해를 계기로 〈탄광재해에 의한 일산화탄소중독증에 관한 특별조치법〉이 성립되어, 탄광재해가 발생한 이후 특별건강진단, 중증자에 대한 개호료 지급, 치유된 이후 후유증상 진료제도의 실시 등이 규정되었다.

② 5인 이상 사업 전면적용

모든 사업에 노재보험의 전면적용은 무산되었지만 보험가입을 촉진하고 적용확대를 위해 노력한 결과, 노동보험법 시행령을 개정하였다. 이로써 1968년 4월부터 5인 이상 근로자를 고용하는 사업은 업종에 상관없이 노재보험에 의무적으로 가입하게 되었다.

③ 노동보험료 징수 일원화

1969년 정부는 다시 모든 사업에 대한 노재보험의 전면적용을 위한 법률안을 국회에 제출하였고, 동시에 전면적용을 위해 필수불가결한 노재보험 및 실업보험의 적용과 보험료 징수를 일원화하는 〈노동보험 보험료 징수 등에 관한 법률안〉을 국회에 제출하여 개정하였다.

④ 전면적용 실현

전면적용을 위한 법률과 노동보험료 징수일원화를 위한 법률은 1972년 4월부터 시행되었기 때문에 이론적으로는 근로자를 사용하는 모든 사업은 노재보험에 당연가입하게 되어 제도상으로는 전면적용이 시행되었다. 그러나 백만 개 이상이나 되는 소규모 영세사업을 한꺼번에 노재보험에 강제적용시키는 것은 행정적으로 많은 문제가 있기 때문에 당분간은 '잠정임의 적용사업'이라고 하여 단계적으로 적용을 확대해갔다. 잠정임의적용사업으로 상시 5인 미만 근로자를 사용하는 상업과 서비스업 등 비공업적 사업이 지정되었다. 그 후 1975년 4월부터 정령의 개정으로 상시 5인 미만의 근로자를 사용하는 상업과 서비스업도 당연적용사업으로 포함되었다. 다만 상시 5인 미만의 근로자를 사용하는 개인경영의 농림업, 수산업 일부는 여전히 임의적용사업으로 남아 있다.

(6) 국제 수준에 이른 노재보험

① 연금급여 인상

1965년 법개정으로 연금 중심의 장기보상 급여체계가 실현되었지만 그 후 사회적 환경변화로 인해 노재보험의 급여개선을 요구하는 의견이 많았다. 또 국제적으로도 새롭게 높은 수준의 재해보상을 규정한 ILO 제121호 조약이 ILO총회에서 채택되어 1967년에 발효되었다.

이와 같은 상황에서 노재보험심의회는 다시 한 번 노재보험제도에서 개선이 필요한 부분을 1년 동안 논의하여 〈노동자재해보상제도의 개선에 대한 건의〉라는 보고서로 정리하였고, 이를 1969년 8월 노동성 장관에게 제출하였다. 이 법 개정안은 노재보험의 연금액의 수준을 ILO 제121호 조약이 제시하는 국제수준으로 인상하는 것과 동시에 이전에 〈노동기준법〉의 일시금의 6년분 틀에 있던 연금액을 뛰어넘는 수준으로 인상되었다.

② 통근재해보호제도 도입

일본 내 교통사정 등의 변화로 근로자가 통근도중에 재해를 당하는 일이 많아졌지만 이에 대응하는 보호가 충분하게 이루어지고 있지 못하였다. 이에 따라 1973년 〈노재보험법〉의 개정으로 통근재해가 노재보험의 보호대상에 포함되었다.

과거에 통근재해는 노재보험제도가 아닌 다른 제도를 통해 보상을 받고 있었지만, 피재근로자의 업무재해 보상과 비교하면 급여수준이 낮다고 판단하였고 통근이 노무제공에 있어서 필연적인 것이기 때문에 통근재해에 대해 보다 두터운 보호가 필요하다는 주장이 많아졌다. 이러한 상황을 고려하여 노동성은 1970년 2월 '통근도상재해조사회'를 설치, 통근재해의 보호에 관련된 제반 문제를 검토하도록 했다. 이 조사회의 의견을 반영하여 법 개정안을 작성하여 1973년 9월에 성립되었다. 그 결과 노재보험에서는 통근재해를 업무상 재해와 동일한 보호를 받을 수 있도록 하였고 이에 따라 통근재해도 업무재해와 동등한 보호를 해야 한다는 ILO 제121호 조약 요건도 충족시킬 수 있게 되었다.

이와 같이 1970년과 1973년 법개정을 통해 노재보험제도는 보호수준과 보호대상에 있어서 ILO 제121호 조약을 충족할 수 있게 되어 1974년 6월 조약을 비준하게 되었다. 이렇게 해서 일본 노재보험의 급여수준은 국제적 수준에 도달하게 되었다.

(7) 근간의 환경 변화에 대응

① 개호보상급여 창설

노재보험제도는 피재근로자와 그 유족을 보호하기 위한 제도개선이 이루어져 질적·양적 측면 모두 높은 수준에 도달하게 되었다. 그러나, 일본에서 인구고령화와 핵가족화가 진전되고 있고, 기업의 국제적인 활동 등 사회경제 환경변화, 중소기업에 재해가 집중되어 발생하고 있는 상황을 고려할 때 중증의 피재근로자에 대한 개호보상과 특별가입제도 개선 등 노재보험제도의 개선을 통해 대응해야 할 필요성이 높아졌다.

〈표 9-1〉 노재보험의 주요제도와 보험급여의 변천

연도	주요 개정
1947	• 노동기준법과 동시 제정. • 노동기준법 제8장 재해보상에서 업무상 재해에 대한 사업주 무과실배상책임 이념 확립 • 재해발생 사업주의 일시적 보상부담을 완화하고, 노동자에 대한 신속하고 공정한 보호를 확보하기 위해 〈노재보험법〉 제정, 보험급여는 모두 단기급여
1955	• 장기요양자 대상 보상일시금 후 2년 한정 추가보상
1960	• 장기요양 필요 상병(규폐, 외상성척수장애등)과 중증 신체장애자 보상 목적의 장기상병자 보상 등 도입, 장기요양자 · 장애등급 1~3급 보상급여 연금화
1965	• 급여의 본격적 연금화 • 그간의 부분적 장기보상 체계를 일신, 장애등급 1~7급 보상급여를 연금화 • 8급 이하는 일시금화 • 유족보상급여는 연금을 원칙으로 하고 유족 없을 경우 일시금 지급 • 장기상병보상급여는 상병이 요양개시 후 3년 경과해도 낫지 않을 경우 요양보상급여와 휴업보상급여 대신 지급
1966	• 연금화 확대, 장애 4~7급자 · 유족보상급여 연금화
1970	• 연금급여 수준 인상(ILO 121호 조약 수준으로 인상)
1972	• 전면적용 • 일정규모 이상 사업에 한정되어 있던 노재보험 적용을 원칙적으로 전면적용
1973	• 통근재해보호제도 도입 • 통근재해에 업무재해와 동일한 보험급여를 제공. 이는 통근 재해가 증가하고 있고, 통근이 단순한 사적행위와 달리 노무 제공에 필요 불가결한 행위이며, 통근 재해가 어느 정도 불가피한 사회적 위험이므로 사회적 보호제도 창설로 대응하는 것이 필요하다는 사실에 근거함
1974	• 연금급여 수준 인상(ILO 121호 권고 수준으로 인상), 특별지급금 도입
1977	• 상병연금제도(장기요양자 급여 개정) 도입
1980	• 유족연금 급여수준 개정
1995	• 개호(보상)급여 창설 • 고령화, 핵가족화, 여성취업률 향상 등으로 중도(重度) 피재해노동자가 가정에서 제대로 개호받기 어려워지고 있음. 노동재해로 인한 개호손해 보전 목적
2000	• 2차 건강진단 등 급여 창설 • 노동안전위생법 규정에 입각한 직전 정기건강진단 등에서 뇌혈관질환 혹은 심장질환 관련 일정 항목의 이상소견 진단 노동자에 대해 보험급여로 2차 건강진단과 특정보건지도를 지급

이에 따라 노동성에서는 개정안을 작성하고 1995년 2월에 국회에 제출, 3월에 성립되었다. 이 법률개정은 개호보상급여를 도입하여 지금까지 노동복지사업에서 지급되었던 개호료를 새롭게 법정 급여화하고 지급대상자를 확대하였다.

② 2차 건강진단 등 급여 도입

최근 정기건강검진에서 유소견자의 비율이 높아지는 등 건강상태에 문제가 있는 근로자는 증가경향에 있다. 뇌혈관질환 과 심장질환은 잘못된 생활습관에서 생기는 질병이지만 업무상 스트레스나 과중한 업무부담으로 발생하는 경우도 있다. 또 발병 전 단계에서는 예방이 효과적이기 때문에 노동안정위생법에 따른 정기건강검진 결과, 뇌혈관질환 및 심장질환이 발생할 위험이 높다고 판단된 근로자에 대해서는 뇌혈관 및 심장의 상태를 파악하고 질병을 예방하는 것이 중요하게 되었다.

이러한 상황에서 노재보험심의회에서는 노재보험제도의 근로자의 건강확보의 지원형태 등을 검토한 결과 "건강확보지원급여(가칭) 창설은 새로운 법정급여로 도입하는 것이 필요하다"는 의견을 노동성 장관에게 제출하였다. 이에 기초하여 노동성에서는 개정안을 작성하고 2000년 11월에 성립되었다. 이 법률개정은 업무상 사유로 인한 뇌·심장질환의 발생을 예방하기 위해 2차 건강검진 등 급여제도를 도입하였다.

4. 관리운영 · 적용 · 보험료 징수체계

1) 관리운영 체계

일본의 노동보험은 노동자재해보상보험(노재보험)과 고용보험을 총칭한다. 보험급여는 양 제도에서 개별적으로 이루어지지만, 보험료 징수는 노동보험으로 통합 징수한다. 단시간근로자를 포함해 근로자를 한 사람이라도 고용하고 있으면 업종과 규모 여하를 불문하고 노동보험 적용사업이 되어, 사업주는 성립(가입) 신고를 하고 노동보험료를 납부해야 한다.

노동보험료는 당해 연초에 개산으로 신고·납부하고 다음연도 초에 확정 신고를 통하여 정산한다. 사업주는 전년도에 납부해야 할 확정보험료와 당해연도에 납부해야 할 개산보험료를 합산하여 신고하고 납부해야 한다.

노재보험과 고용보험을 관장하는 중앙부처는 후생노동성이다. 지방에 관할 도도부현 노동국이 설치되고, 그 산하에 노동보험 관련 각종 현업을 맡고 있는 노동기준감독서와 공공직업안정소가 있다. 노동기준감독서는 노동보험(노재보험과 고용보험)의 적용과 보험료 징수, 노재보험급여를 담당하고, 공공직업안정소는 고용보험의 피보험자 자격관리와 실업급여 지급, 고용보험사업 실시를 담당한다.

도도부현 노동국은 후생노동성의 지방출장소(지사)의 하나로 모든 도도부현에 설치되어 있다. 도도부현 노동국은 법률상 총칭으로 실제 명칭은 '도쿄노동국'처럼 도도부현 지명에 노동국을 붙인다. 명칭 때문에 도도부현(광역 지방자치단체)의 기관으로 오인되기도 하지만 이는 중앙정부의 지사(출장소)이고, 소속직원은 국가공무원이다. 2001년 1월 시행된 중앙부처의 재편에 앞서 2000년 4월 (재편 전) 노동성의 지방출장소(지사)이던 도도부현 노동기준국, 도도부현 여성소년실과 도도부현 직업안정주무과를 통합하여 도도부현 노동국으로 발족한 바 있다.

〈그림 9-1〉 후생노동성의 노동관련 조직

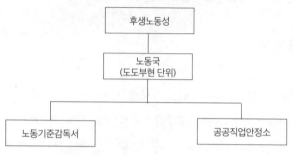

자료: 내각부 홈페이지, 2016. 10. 25 인출.

〈그림 9-2〉 중앙부처 재편(2001년) 이전 노동성의 지방조직

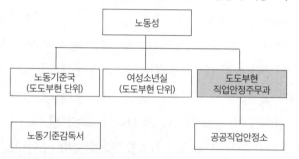

주: 음영이 표시된 부분은 지방사무관제도로 운영된다.
자료: 내각부 홈페이지, 2016. 10. 25 인출.

〈그림 9-3〉 2000년 이전 지방사무관 제도를 통한 공공직업안정소 운영

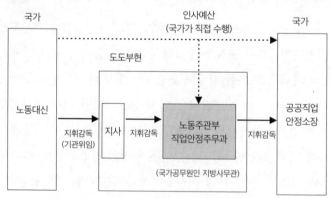

자료: 노동정책 연구·연구기구 홈페이지, 2016. 10. 25 인출.

2000년 이전에 지방에서는 노동기준국과 여성소년실이 현재의 도도부현 노동국과 동일한 형태로 설치되어 운영되었고, 도도부현의 직업안정주무 과는 지방사무관 제도로 운영되고 있었다. 지방사무관제도는 국가공무원 인 지방사무관이 도도부현에서 업무를 담당하고 도도부현 지사가 업무에 대한 지휘감독도 하지만, 인사권은 중앙부처 장관이 쥐고, 급여와 사무 경 비도 중앙정부 예산으로 운영된다.

2001년의 중앙부처 재편을 통해 분리 운영되던 노동성의 지방조직을 도 도부현 노동국으로 통합운영하고, 도도부현에 위임했던 직업안정과 관련 된 업무도 국가가 직접 담당하게 되었다.

2) 적용체계: 일원적용·이원적용

(1) 노동보험의 보험관계

노재보험과 고용보험에 있어서 보험적용 관계는 '노동보험의 보험관계'에서 구체적으로 나타난다. 여기서 보험관계는 노재보험에서 사업장마다 노재 보험에 가입하고 업무상 재해나 통근재해 등 보험사고가 발생한 때에 근로 자나 그 유족이 보험자에게 보험급여 청구권을 가지며, 사업주는 보험자에 게 보험료 납부의 의무를 지는 법률관계에 기초하고 있다.

여기에서 적용단위인 '사업'이라는 것은 공장이나 사무소, 건설공사 등 일정한 장소에서 일정한 조직을 갖추고 유기적으로 이루어지는 경영활동을 의미하는 것으로 회사 자체를 의미하는 것은 아니다. 한 회사에 몇 개의 지 점, 공장이 있는 경우, 보험관계는 원칙적으로 지점, 공장별로 성립한다.

(2) 일원적용사업과 이원적용사업

일원적용사업은 노재보험과 고용보험의 보험관계가 동시에 모두 적용되는 사업을 의미하는데, 이러한 사업은 하나의 동일한 노동보험의 보험관계로 간주하여 보험료의 신고·납부 등의 절차를 통합하여 하는 사업이다. 대부분의 모든 사업은 일원적용사업이라고 할 수 있다. 반면 이원적용사업은 사업의 특성상 노재보험과 고용보험을 구별해 적용해야 하는 사업이다.

이에 따라 노재보험의 적용과 고용보험의 적용을 각각 다르게 취급하여 노동보험료의 신고·납부 절차도 별도로 한다. 대표적인 이원적용사업은 지방정부가 수행하는 사업과 후생노동성령으로 정한 사업이라고 할 수 있다.

후생노동성령으로 정한 이원적용사업은 대부분 노재보험제도와 고용보험제도에서 적용근로자의 범위와 적용방식이 서로 다른 사업이다. 적용범위와 적용방식이 상이한 사업에 대해서는 동일한 방식으로 적용하기 어렵기 때문에 노재보험과 고용보험이 각각 개별적으로 적용한 이원적용사업이 된다.

일원적용사업과 이원적용사업은 기본적으로 보험관계성립신고서, 보험료 신고, 보험료 납부 등 보험사무와 관련된 행정을 각각 다른 기관에서 담당하고 있다.

노동보험 성립절차는 4가지로 구분할 수 있는데 ① 〈보험관계성립신고서〉(보험관계가 성립한 날로부터 10일 이내), ② 〈개산보험료신고서〉(보험관계가 성립한 날로부터 50일 이내), ③ 〈고용보험 적용사업장 설치신고서〉(설치일로부터 10일 이내), ④ 〈고용보험피보험자 자격취득신고서〉(자격취득 사실이 있는 날의 다음달 10일까지)가 있다. 일원적용사업장과 이원적용사업장은 노동보험의 성립절차에 있어서 차이가 발생한다. 22)

우선 일원적용사업장의 경우 ① 〈보험관계성립신고서〉는 노동기준감독서에 하고, ② 〈개산보험료신고서〉는 노동기준감독서나 도도부현 노동국에 제출하고, ③ 〈고용보험 적용사업장 설치신고서〉, ④ 〈고용보험피보험자 자격취득신고서〉는 공공직업안정소에 해야 한다. 23)

이원적용사업장은 노재보험과 고용보험을 별도로 적용하는 사업장으로

---

22) 조정호 외(2012: 117) 참조.
23) 위의 책 참조.

노재보험의 성립을 위해서 ① 〈보험관계신고서〉는 노동기준감독서에 제출하고 ② 〈개산보험료신고서〉는 노동기준감독서나 도도부현 노동국에 제출해야 한다. 고용보험의 경우에는 ① 〈보험관계성립신고서〉는 공공직업안정소에, ② 〈개산보험료신고서〉는 도도부현 노동국에 제출하고, ③ 〈고용보험 적용사업장 설치신고서〉와 ④ 〈고용보험피보험자 자격취득신고서〉는 공공직업안정소에 해야 한다. 24)

(3) 유기사업과 계속사업

유기사업은 기간이 정해져 있는 사업을 말하는데, 사업의 특성상 일정한 기간 동안 소정의 사업목적을 달성하면 종료되는 사업을 말한다. 예를 들어 건축공사나 댐 또는 도로공사 등 토목건축공사, 벌목업 등의 임업이 유기사업에 해당된다. 유기사업에 해당하는 사업은 대부분 이원적용사업이라고 할 수 있는데, 이는 고용보험제도에서 유기사업에 종사하는 근로자를 적용하고 있지 않기 때문이다.

반대로 계속사업은 유기사업이 아닌 사업으로 기간이 정해져 있지 않은 사업을 말하는데, 예를 들면 일반적인 공장이나 상점 또는 사무소가 여기에 해당된다. 어떤 사업이 계속사업인지 또는 유기사업인지에 따라 노재보험의 관리운영방식과 보험료 납부방식, 개별실적요율제도 적용방식이 상이하다.

3) 보험료 징수체계

(1) 비용부담 주체는 사용자

노재보험제도는 근로자에 대한 사용자의 무과실배상책임에 근거한 손해보험적 성격이 있기 때문에 국제적으로 사용자가 보험료를 부담하는 것이 특징이다.

또한 노재보험의 급여대상이 되는 원인은 일정한 연령에 도달하면 지급

---

24) 위의 책 참조.

되는 노령연금 등 필연적으로 발생하는 사유가 아니라 우발적이고 돌발적으로 발생하는 것이다. 더욱이 노재보험의 지급사유가 발생한 상황이나 보험급여의 수준은 보험가입 기간과 전혀 관련성이 없다. 이러한 이유로 노재보험급여 비용을 장기간에 걸쳐 적립하지 않기도 한다.

(2) 단기·장기급여로 구분하여 보험료 부과

노재보험의 보험료는 '단기급여'와 '장기급여'의 2종류로 구분되어 별도의 재정방식을 사용하여 보험료를 산정한다. 이하에서 단기급여와 장기급여 개념을 이용한 논의가 이어지므로 양자의 차이에 대해 간단히 설명한다.

먼저 단기급여는 지급신청에 따라 일시금 형태로 지급되며 ① 요양보상급여 ② 휴업보상급여 ③ 장애보상급여 ④ 유족보상급여 ⑤ 장제비 ⑥ 상병보상급여 ⑦ 개호보상급여 ⑧ 2차 건강검진 등이 있다. 이를 지급형태에 따라 구분하면 ①, ②, ⑦, ⑧은 각각 요양급여, 휴업급여, 개호급여, 2차 건강검진 등의 지급사유가 발생할 때마다 신청에 따라 지급된다. ③ 중에 장애등급 8~14급 해당 급여, ④ 중 유족보상연금 수급 권리가 있는 유족이 없을 때 지급되는 유족보상일시금, ⑦은 지급사유가 있을 때 한 번만 지급된다.

그리고 장기급여는 수급자가 사망하는 등 수급권을 상실하지 않는 한 연금급여 형태로 계속 지급되는 것을 지칭한다.

(3) 업종별 보험료 설정

산업재해가 발생하는 상황을 보면 업종마다 작업의 형태 등에 차이가 있기 때문에 재해의 종류나 재해발생 확률에는 격차가 발생한다. 이 때문에 노동재해의 발생상황이 높은 업종에 대한 강한 재해방지책이 필요하다. 재해방지 조치로 재해가 줄면 보험료가 줄어드는 구조를 보험제도 내에 내재시킬 경우 사업주에 대한 재해방지 노력을 높일 수 있다. 이 때문에 노재보험에서는 업종별 산업재해의 발생현황에 차이가 있다는 것을 고려하여 작업의 형태와 재해유형에 유사성이 있는 업종별로 구분하여 보험료를 설정하고 있다.

(4) 노동복지사업과 사무비

노재보험에서는 피재근로자 등의 보험급여 외에 노동복지사업, 보험료 징수와 보험급여 등의 사무를 적절히 수행해야 한다. 이러한 노동복지사업의 실시와 보험사무 집행에 소요되는 비용을 조달하기 위해 별도로 보험료를 부과한다.

(5) 보험료율 산정절차

① 보험료율 설정방식

노재보험료율은 〈노동보험의 보험료 징수 등에 관한 법률〉에 따라 장래에 걸쳐 노재보험 사업과 관련하여 재정균형이 이루어지도록 사업종류에 따라 과거 3년 동안의 보험급여 등을 바탕으로 산정한 예상금액을 기초로 하여 과거 3년간의 재해율, 노동복지사업으로 실시하는 사업종류 및 내용, 노재보험 사무를 집행하는 데 필요한 비용, 기타의 사정을 감안하여 산정한다. 또한 노재보험료율은 후생노동성의 노동정책심의회와 노동조건분과회의 의 노재보험부회의 심의를 거쳐 매 3년마다 산정하고 있다.

　노재보험율의 구체적 설정은 업무재해분, 비업무재해분(통근재해와 2차 건강진단 등 급여분), 노동복지사업과 사무 집행 소요비용으로 구분해 접근한다.

　먼저 업무재해분은 단기급여분, 장기급여분, 과거채무분으로 3분하여 계산한다. 단기급여에 해당하는 부분은 순부과방식으로 운영되고 3년간의 수입과 지출의 균형이 이루어지도록 산정한다. 장기급여분은 충족부과방식으로 노재보험사고의 책임은 노재보험사고 발생 시점의 사업주 집단이 져야 한다고 하는 관점에서 재해발생 시점의 사업주 집단으로부터 장래급여분도 포함한 연금급여에 필요한 비용을 전액 징수할 목적으로 산정한다. 장래급여분은 적립금으로 보유한다. 이 방식은 1989년도부터 채택되었다. 과거채무분은 1988년도 이전에 수급권이 발생한 연금수급자에게 향후 지급해야 할 급여비용으로 1989년도 이후 35년간 균등 부과한다. [25]

다음의 비업무재해분(통근재해와 2차 건강진단 등 급여분)과 노동복지사업과 사무 집행 소요비용은 이하의 계산방식 설명 시 상세히 설명한다.

② 임금총액 계산

노재보험료율은 보험급여를 지급하기 위해 필요한 금액을 임금총액으로 나눠서 산정하기 때문에 업종별로 각각 임금총액을 추정할 필요가 있다. 과거 3년간의 비업무상 재해에 해당하는 부분을 제외한 보험료 징수액에 반환금이나 잡수입, 국가보조금 등을 반영하여 실질적 수입예상액을 산출하고, 이 수입예상액을 비업무 재해분을 제외한 노재보험요율로 나눠 임금총액을 계산한다. 이 임금총액을 기초로 새로운 요율 산정기간(향후 3년간)의 임금총액의 예상액을 추계한다.

③ 업무재해분 계산

가. 단기급여분 계산

단기급여에는 요양보험급여와 휴업급여, 장애보상일시금과 유족보상일시금, 장의비와 개호보상급여, 기타 특별지급금이 포함된다. 업무재해에서 단기급여분은 '순부과방식'을 사용하며 과거 3년간의 급여액 등을 기초로 새로운 요율 산정기간의 예상액을 추계한다.

위에서 추계된 예상액을 재해발생일로부터 3년 이내의 요양자에게 지급되는 급여예상액과 3년을 넘는 요양자에게 지급되는 급여예상액으로 나눈다. 3년을 넘는 요양자에게 지급되는 부분은 업종 간 조정을 거쳐서 전 업종에 일률적으로 부과하기 때문에, 3년이 넘는 요양자에게 지급되는 부분의 전 업종 합계금액을 각 업종의 임금총액으로 재분배한 금액을 계산한다.

재분배한 금액과 3년 이내의 요양자에게 지급되는 급여예상액의 합산액이 해당업종의 단기급여 예상액이 된다. 이 단기급여의 예상액을 임금총액으로 나누고 산정료율(업무재해분·단기급여분)을 계산한다.

---

25) 문성현(2013: 40) 참조.

나. 장기급여분 계산

장기급여란 상병보상연금, 장애보상연금, 유족보상연금 및 이에 부수적으로 지급되는 특별지급금이다. 업무상 재해로 인한 장기급여는 '충족부과방식'으로 재정을 운영하고, 1인당 충족부과금액(재해근로자에게 미래에 지급해야 연금 등 급여에 필요한 비용에 새로운 요율 산정기간에 있어서 신규 연금수급자 예상수)을 곱한 금액을 부과한다.

위의 부과액을 재해발생으로부터 7년 이내에 지급을 개시하는 신규 연금수급자분과 7년을 넘어 지급을 개시하는 신규 연금수급자분으로 나눈다. '7년을 넘어 지급을 개시하는 신규 연금수급자분'만 업종 간 조정을 하고 전 업종 일률적으로 부과하기 때문에 '7년을 넘어 지급을 개시하는 신규 연금수급자분'의 전 업종의 합계액을 각 업종의 임금총액에 따라 재배분한 액수를 계산한다.

이 재배분한 액수와 7년 이내에 지급을 개시하는 신규연금 수급자분의 액수의 합계액을 해당업종의 장기급여 부과액으로 한다. 이 장기급여의 부과액을 임금총액으로 나누고 산정료율(업무재해분 · 장기급여분)을 계산한다.[26]

다. 과거 채무분

앞에서 설명하였듯이 1988년도 이전에 재정(裁定)된 연금수급자에 향후 지급해야 할 비용이며, 부족액은 1989년도 이후 35년간 균등하게 전 업종에 일률적으로 부과한다.

④ 비업무재해분 계산

비업무상 재해부분은 통근재해에 해당하는 부분과 2차 건강진단 급여 등에 해당되는 부분으로 이루어졌는데, 이 부분은 전 업종이 공통으로 부담하게 된다.

가. 통근재해분(단기급여분)

업무상 재해의 단기급여와 동일하게 '순부과방식'으로 운영되고 있고, 과

---

26) 문성현(2013: 42) 참조.

거 3년 동안의 급여액을 기초로 하여 새로운 요율 산정기간의 예상액을 추정하여 부과한다.

나. 통근재해분(장기급여분)

업무상 재해의 장기급여와 동일하게 '충족부과방식'으로 운영되고 있고, 새로운 요율 산정기간에 발생하는 신규 연금수급자수에 1인당 충족부과액을 곱한 금액을 부과한다.

다. 2차 건강진단급여분

2차 건강진단급여에 해당하는 부분은 '순부과방식'으로 운영되며, 과거 3년간의 급여액을 기초로 하여 새로운 요율 산정기간의 예상액을 추정해 부과한다.

⑤ 노동복지사업 등

노동복지사업에 관련된 비용은 노동복지사업이 피재근로자 등을 대상으로 하는 사업뿐 아니라 노동재해의 방지 근로자의 건강증진 등 모든 근로자를 대상으로 한 사업을 전개하며, 사무비도 보험급여 및 징수사무라는 모든 사업장을 대상으로 하기 때문에 전 업종 일률적으로 부과하는 방식을 채택한다.

이상의 기준에 의거하여 2015년 노재보험료율 개정 시 각 항목별 인상, 인하 요인을 감안하여 조정한 보험료율은 〈표 9-2〉와 같다.

〈표 9-2〉 2015년 노재보험료율 개정 시 보험료율의 구성요소

노재보험료율을 구성하는 요소		요율 (‰)
업무재해분	• 단기급여분 → 요양보상급여, 휴업보상급여 • 순부과방식 : 3년간의 수입과 지출이 균형을 이루도록 산정	2.23
	• 장기급여분 → 연금에 해당하는 보험급여 등 • 적립금방식 : 재해발생 시점의 사업주집단에게 장래급여분도 포함해 연금급여에 필요한 비용을 전액 징수한다는 생각으로 산정 • 장래급여분은 적립금으로 보유	1.24
• 비업무상 재해분(통근재해 및 2차 건강진단 급여분)(전 업종 동일)		0.6
• 노동복지사업과 사무집행에 필요한 비용분(전 업종 동일)		0.9
• 과거부채분(적립금의 과부족 조정분)(전 업종 동일)		-0.4
• 평균노재보험료율		4.7

자료: 후생노동성 홈페이지, 제60회 노동정책심의회 노동조건분과회 노재보험부회 〈참고 1-2〉, 2016. 10. 15 인출.

5. 급여체계와 재정상황

1) 급여체계

노재보험의 급여에는 업무상 재해급여와 통근재해급여가 있다. 업무상 재해로 인한 급여에는 요양보상급여, 휴업보상급여, 유족보상급여, 장애보상급여, 상병보상연금, 장제료, 개호보상급여 등 7가지가있다. 통근재해로 인한 급여에는 요양급여, 휴업급여, 유족급여, 장애급여, 상병연금, 장제료, 개호급여 등 7가지가 있다. 통근재해급여는 그 명칭에서 알 수 있듯이 보상이라는 단어가 들어가 있지 않다. 이는 통근재해가 업무상 재해에 포함되지 않는다는 것을 의미한다.

(1) 요양보상급여

요양보상급여는 근로자가 업무상 사유로 인해 부상을 당하거나 질병에 걸려 요양이 필요한 경우에 지급된다. 요양보상급여에는 요양급여와 요양비용의 지급이 있다.

요양급여는 근로자가 노재보험에서 지정한 병원 등에서 무료로 치료를 받을 수 있는 현물급여제도이다. 요양급여를 제공하는 것은 보험자가 운영하는 노재병원이나 도도부현의 노동국장이 지정한 병원, 진료소, 약국, 방문간호사업자이다. 요양급여는 상병을 치료하기 위해 필요한 모든 의학적 조치를 포함하고 있다. 여기에는 진찰, 약제 또는 치료재료 지급, 처치, 수술, 기타 치료, 입원요양에 필요한 간호, 기타 간호 등이 포함되는데, 정부에서 필요하다고 인정된 것에 한정하여 제공한다. 그리고 근로자를 재해현장이나 자택에서 병원이나 진료소로 이송하는 데 필요한 비용과 병원이나 진료소에서 다른 병원이나 진료소로 이송하는 데 필요한 비용도 요양비로 지급한다.

요양급여는 재해로 인한 상병이 치유되어 더 이상 요양할 필요가 없을 때까지 지급된다. 치유는 더 이상 요양이 필요 없는 것을 말한다. 이 경우에 증상 또는 장애가 남는 일이 있지만 증상이 고정되어서 더 이상 요양의 효과를 기대할 수 없으면 요양이 필요하지 않는 것으로 간주하여 요양보상급여가 지급되지 않는다.

요양비용의 지급은 근로자가 지정병원 이외의 병원에서 요양한 경우에 그 요양에 소요된 비용을 지급하는 현금급여다. 요양비용이 지급되는 범위와 기간에 대해서는 요양급여와 동일하다.

(2) 휴업보상급여

휴업보상급여는 근로자가 업무상 질병의 요양을 위해 일할 수 없게 되어 임금을 받지 못한 경우에 4일째부터 지급된다. 1일당 급여기초일액의 60%에 해당하는 액수가 지급된다. 또한 휴업보상급여의 수급권자에는 휴업 4일째부터 휴업 1일당 급여기초일액의 20%에 해당하는 휴업특별지급금이 지급된다. 휴업보상급여가 지급되는 4일째 이전의 3일 동안을 대기기간이라고 하는데, 사업주는 재해근로자에게 〈노동기준법〉에 따라 휴업보상(평균임금의 60%)을 해야 한다.

(3) 장애보상급여

장애보상급여는 업무상 질병이 치유된 후 신체에 일정한 장애가 남은 경우에 지급된다. 중도의 장애가 남을 경우에는 장애보상연금, 가벼운 장애일 경우에는 장애보상일시금이 각각 장애의 정도에 따라 지급된다. 이 경우 상병이 치유되었다는 것이 반드시 완벽하게 재해 이전의 건강상태가 되었다는 것을 의미하는 것은 아니고 증상이 고정되어 더 이상 치료효과를 기대할 수 없는 상태를 의미한다.

① 장애보상연금

장애보상연금은 장애등급표의 1∼7급까지의 장애가 남은 경우에 지급된다. 장애보상연금은 장애정도에 따라 〈표 9-3〉과 같이 급여지초일액의 313일 (1급)에서 131일(7급)까지의 액수로 되어 있다. 장애보상연금의 수급권자에 대해서는 장애특별지급금 및 보너스 등의 특별급여를 기초로 하는 장애특별 연금이 지급된다.

② 장애보상일시금

장애보상일시금은 장애가 경증일 경우에 지급하게 되는데, 그 금액은 장애 의 정도에 따라 〈표 9-4〉와 같이 급여기초일액의 503일분(8급)에서 56일분 (14급)을 일시금으로 지급한다. 장애보상일시금의 수급권자에 대해서는 장애특별지급금 및 특별급여를 기초로 하는 장애특별일시금이 지급된다.

〈표 9-3〉 장애등급별 장애보상연금

장애등급	장애연금액
제1급	급여기초일액의 313일분
제2급	급여기초일액의 277일분
제3급	급여기초일액의 245일분
제4급	급여기초일액의 213일분
제5급	급여기초일액의 184일분
제6급	급여기초일액의 156일분
제7급	급여기초일액의 131일분

자료: 후생노동성 홈페이지, 노재보험급여의 개요, 2016. 10. 15 인출.

〈표 9-4〉 장애등급별 장애보상일시금

장애등급	장애연금액
제8급	급여기초일액의 503일분
제9급	급여기초일액의 391일분
제10급	급여기초일액의 302일분
제11급	급여기초일액의 223일분
제12급	급여기초일액의 156일분
제13급	급여기초일액의 101일분
제14급	급여기초일액의 56일분

자료: 후생노동성 홈페이지, 노재보험급여의 개요, 2016. 10. 15 인출.

(4) 개호보상급여

근로자가 업무상 사유로 인해 부상 또는 질병에 의해 장애 또는 상병보상연금을 수급하며 당해 장애가 일정한 것이고 현재 개호를 받는 경우에는 개호상태에 따라 개호보상급여를 받을 수 있다.

① 요상시개호자

개호비용으로 지출된 액수(10만 4,290엔을 넘을 경우에는 10만 4,290엔)가 지급된다. 단 친족 등에게 개호를 받고 있어 개호비용을 지출하지 않는 경우 또는 지출액이 5만 6,600엔을 밑도는 경우 일률적으로 5만 6,600엔이 지급된다.

② 요수시개호자

개호비용으로 지출된 액수(5만 2,150엔을 넘을 경우에는 5만 2,150엔)가 지급된다. 단 친족 등에게 개호를 받고 있어 개호비용을 지출하지 않는 경우 또는 지출액이 2만 8,300엔을 밑도는 경우 일률적으로 2만 8,300엔이 지급된다.

(5) 유족보상급여

근로자가 업무상 사유로 인해 사망한 경우에 남은 유족은 유족보상급여를 받을 수 있다. 유족보상급여는 원칙적으로 연금으로 지급해야 하지만, 사망한 근로자의 부양을 받은 유족이 없는 경우 등 연금으로 지급하는 데 적합하지 않는 경우에는 일시금으로 지급된다.

① 유족보상연금

유족보상연금은 유족수에 따라 〈표 9-5〉에 열거되는 금액을 연금으로 지급하고 매년 2월, 4월, 6월, 8월, 10월, 12월로 6회로 나눠서 지급한다.

② 유족보상일시금

유족보상일시금은 근로자가 업무상 재해로 인해 사망할 당시 유족보상연금을 수급할 자격이 있는 유족이 없는 경우 급여기초일액의 1천 일분을 지급한다.

<표 9-5> 유족수별 유족보상연금액

유족수	유족연금액
1인	급여기초일액의 153일분 (단 그 유족이 55세 이상의 처 또는 일정한 장애상태에 있는 처의 경우에는 급여기초일액의 175일분)
2일	급여기초일액의 201일분
3인	급여기초일액의 223일분
4인 이상	급여기초일액의 245일분

자료: 후생노동성 홈페이지, 노재보험급여의 개요, 2016. 10. 15 인출.

<표 9-6> 상병등급별 상병보상연금액

상병등급	상병보상연금액
제1급	급여기초일액의 313일분
제2급	급여기초일액의 277일분
제3급	급여기초일액의 245일분

자료: 후생노동성 홈페이지, 노재보험급여의 개요, 2016. 10. 15 인출.

또한 유족보상일시금의 수급권자가 두 명 이상일 경우에는 등분한 액수가 각각 수급권자의 수급액이다.

(6) 상병보상연금

상병보상연금은 업무상 재해로 인해 부상을 당하거나 질병에 걸린 근로자가 요양을 시작한 1년 6개월이 경과한 날 또는 그날 이후 다음과 같은 요건을 충족한 경우 다음달부터 지급한다. ① 업무상 부상이나 질병이 치유되지 않고, ② 업무상 부상 또는 질병으로 인해 장애정도가 상병등급에 해당할 때이다. 상병보상연금은 다른 보험급여와는 달리 근로자가 청구하여 지급 결정되는 것이 아니고 지급해야 할 사유가 발생하게 되면 정부가 직권으로 결정하여 지급하게 된다. 상병보상연금을 받는 자는 휴업보상급여는 받지 못하지만 요양보상급여는 치유될 때까지 계속해서 지급된다. 상병보상연금은 <표 9-6>과 같이 장애연금의 장애등급별 연금액과 동일한 급여가 지급된다.

(단위: 억 엔)

구분	2010년	2011년	2012년	2013년	2014년	2015년
요양급여	2,012	2,089	2,210	2,198	2,295	2,271
휴업급여	1,037	1,031	1,031	1,002	1,006	987
장애일시금	330	319	327	326	323	318
유족일시금	70	98	80	72	77	68
장제비	25	35	25	23	25	22
개호급여	70	69	68	68	68	66
연금 등 급여	3,893	3,859	3,818	3,785	3,710	3,658
2차 건강검진 급여	8	8	9	9	10	11
합계	7,445	7,508	7,568	7,452	7,513	7,400

자료: 후생노동성, 각 연도.

(7) 장제료

근로자가 업무상 사망한 때에는 장례를 하는 자에게 장제료가 지급된다. 장례를 하는 자란 반드시 유족으로 한정하고 있지는 않지만, 일반적으로 장례를 하기에 적합한 유족을 말한다. 장제료의 금액은 31만 5천 엔에 급여기초일액의 30일분을 더한 금액이다. 단 이 금액이 급여기초일액의 60일분에 미달할 경우에는 급여기초일액의 60일분이 장제료 금액이다.

2) 재정상황

노재보험의 총보험급여에 대한 최근 6년간의 통계가 〈표 9-7〉에 제시되어 있다. 2015년 기준 7,400억 엔이며 연금 등 급여가 3,658억 엔으로 총보험급여의 49.4%를 차지하여 가장 큰 항목이다. 다음은 요양급여 2,271억 엔으로 30.7%를 점하며 휴업급여가 987억 엔으로 13.3%로 뒤를 잇는다. 총보험급여는 2012년을 정점으로 3년째 감소세를 보여서 재정안정에 기여함은 물론이고 노재보험 사업 자체가 바람직한 형태로 전개된다.

(단위: 억 엔)

구분	2010년	2011년	2012년	2013년	2014년	2015년
① 수입	11,386	11,610	11,166	11,492	12,239	12,200
보험료수납액	7,841	8,095	7,447	7,923	8,668	8,632
이자수입	1,314	1,329	1,337	1,322	1,319	2,019
② 지출	12,385	12,686	12,181	11,926	11,967	11,864
보험급여비	7,445	7,508	7,568	7,452	7,513	7,400
특별지급금	1,078	1,117	1,048	1,017	1,011	977
사회복귀촉진 등 사업	800	918	621	648	570	591
결산상 수지	-999	-1,076	-1,015	-434	272	336
적립금 누적액	80,533	79,457	78,442	78,008	78,280	78,616

자료: 후생노동성, 각 연도.

보험급여를 포함한 전체 재정수지가 〈표 9-8〉에 나와 있다. 2010년부터 4년간 수입보다 지출이 많아 수지가 적자로 나타났다. 이는 그간의 안정된 재정운영으로 연금수급권자에게 장래 지급할 연금급여 적립금 즉 책임준비금이 초과 적립되어 있어 이를 축소하는 과정에서 당해연도 보험료율을 통상의 수지균형 보험료율 수준보다 낮게 설정한 조치에 기인한다. 이 같은 조정작업으로 2013년의 적립금 규모는 2010년 대비 3% 줄어들었다.

6. 맺음말: 쟁점과 함의

이하에서는 먼저 최근 일본에서 진행되는 노재보험제도 개정관련 3가지 쟁점을 소개하고 해당 논의가 주는 시사점을 정리한다. 이어서 노재보험제도 발족 후 70년간 일본이 보여준 재해발생 억제 노력과 제도운영 경험이 주는 시사점을 정리한다.

1) 최근 제도개정 논의와 시사점

쟁점은 이중취업자에 대한 통근재해보호, 개별실적요율제도의 효율화, 업종분류 합리화로, 보상급여의 적용대상이 넓고 그 수준이 국제적 수준에 달하고 있어 보장성 확대보다 제도 측면의 합리화에 초점이 맞춰져 있다.

첫 번째, 이중취업자에 대한 통근재해의 경우 이를 보호대상에 포함시켜야 하는지 여부와 보상급여의 기초가 되는 평균임금 산정 시 복수 사업장에서 받는 임금을 합산해야 하는지가 쟁점이었다. 전자는 보호대상으로 판정하였다. 향후 이중취업자 증가가 예상되는 가운데 이중취업자의 사업장간 이동이 불가피하게 발생하는 사회적 위험이라고 평가될 수 있으며, 이중취업자의 사업장 간 이동은 자택과 사업장 간의 이동과 마찬가지로 계속성이 있다고 볼 수 있다고 보았기 때문이다.

후자는 합산하지 않고 재해발생 사업장의 사용자 지급 임금을 기초로 평균임금을 산정하는 것으로 결론지었다. 이유는 평균임금이 〈노동기준법〉상 재해보상의 산정기초 외에 근로자 해고 시 해고예고수당, 사용자 책임이 있는 휴업 시 지급하는 휴업수당, 연차유급휴가일에 대해 지급되는 임금 등의 산정기초가 되기 때문이다.

두 번째, 개별실적요율제도의 효율화와 관련해서는 재해예방이라는 도입목적에 맞게 운영하기 위해서 적용사업장을 지금보다 더 늘리고 할인·할증폭을 확대할 필요가 있는지 등이 쟁점이었다. 결과는 현행방식을 유지하는 것이었다. 전자의 적용대상 확대는 소규모 사업장을 늘리는 것인데 이렇게 되면 재해가 발생하지 않는 무재해 사업장의 비율이 높아지게 되어 보험료 수입이 감소하게 되고 이를 보충하기 위한 보험료율 인상이 우려된다. 확률이 낮지만 재해가 발생한 소규모 사업장은 대폭 할증된 보험료 부담이 경영에 큰 부담이 될 수 있다. 계속사업의 경우 연평균 1건 정도의 재해가 발생하는 규모를 기준지표로 삼는 것이 적당하다.

후자의 할인·할증폭 확대가 보류된 것은 제도도입 초기에 비해 재해율이 월등히 낮아진 지금, 증감폭 확대가 어느 정도의 재해예방 효과를 지닐지 예측하기 힘들고, 증감폭 확대는 그간의 운영 경험상 보험료 수입 감소로 이어져 전 업종의 보험료율 인상 압력요인이 될 것이라는 판단 때문이다.

세 번째, 업종 분류 시 지금보다 더 세분화하거나 단순화할 필요성이 있겠느냐는 것이었다. 결론은 업종에 따라 세분화가 필요한 곳은 그렇게 하고 세분화의 의미가 퇴색한 업종은 뭉쳐서 단순화해야 한다는 것이었다. 업종을 세분화하면 업종별 재해리스크가 반영되므로 정밀한 보험료율을 설정할 수 있지만 세분화로 업종별로 보험규모가 작아져 보험재정이 불안정해지고 보험료율 변동이 커지는 등 노재보험의 상호부조 기능이 약화된다.

큰 방향은 세분화보다 통합을 통한 사회보험 기능강화가 맞지만 세부적으로는 세분화와 통합의 조화가 필요할 것이다. 산업 내 비중이 작지만 업종이 세분화되어 있는 제조업은 통합하여 단순화하고, 산업 내 비중이 커지는 기타 각종사업은 사업세목에 따라 업종을 세분화하는 것이 한 가지 대안이 될 수 있을 것이다.

이상에서 살펴본 3가지 논점은 우리에게도 적지 않은 시사점을 준다. 첫 번째 논점은 통근재해보호제도를 도입하지 않은 상황이어서 당장은 해당사항이 없어 보이지만 머지않아 통근재해가 산재보험의 보상급여 대상으로 들어올 것으로 예상되므로 제도도입 시 당국이 참고하는 데 일정한 지침이 될 수 있을 것이다. 두 번째와 세 번째 논점은 우리나라에서도 오래전부터 이슈로 부각되는 사안이라는 점에서 역시 당국과 전문가들이 유용한 정보로 활용할 수 있을 것이다. 우리나라의 정책당국도 일본측이 판단하는 것과 큰 틀에서 유사하게 보는 듯하지만, 일본에 비해 재해율이 월등히 높은 우리인 만큼 기대되는 재해율 인하 효과와 연관짓는 등 우리 실정을 반영하여 제도를 운영해야 할 것이다.

2) 제도운영 70년이 주는 시사점

일본의 산업현장에서는 재해발생률이 지속적으로 낮아지고, 이에 따라 사업장에 부과하는 보험료 수준도 지속적으로 인하되었다(〈그림 9-4〉). 피재근로자와 유족에 대한 급여수준까지 ILO가 정한 수준 이상이다. 연금수급자에게 장래 지급할 적립금도 충분하게 적립해 놓았다. 이러한 실적을 바탕으로 최근에는 피재근로자의 직업·가정복귀 프로그램 강화와 재해예방에 힘을 쏟는다. 이러한 성과로부터 일본의 산업재해 대응은 정책당국과 사업장에서 세계 최고수준에 있거나 근접해 있다고 평가된다.

이에 비하면 우리의 산재보험에 대해서는 양호한 평가점수를 주기가 쉽지않다. 제도발족이 일본에 비해 불과 17년 늦어[27] 각각 46년과 50년 늦게 발족한 국민연금과 건강보험에 비해 제도를 발전, 성숙시킬 수 있는 시간이 충분했다고 할 수 있다. 1964년의 제도시행 후 54년이 경과했으므로 지금쯤엔 재해발생률이 낮아지고 산재보험료율도 초기에 비해 대폭 낮아진 수준에 있는 게 당연할지 모른다. 그런데 현실은 이 같은 기대와 너무 다르다.

외형적 재해발생률은 전보다 낮아졌지만 사망 등 중증재해가 많이 발생하고 있고, 적지 않은 재해가 공상으로 처리되어 은폐되는 등 일선 현장에서의 실제 재해발생률은 과거에 비해 크게 낮아지지 않았는지 모른다. 그리고 산재보험제도도 국제적 수준에 달하거나 그 이상인 일부 보상 급여를 제외하면 적용대상, 보험료율, 장기재정 안정, 개별실적요율제도 등 재해억제 장치의 유인 효과, 피재근로자 직업·가정복귀 등 사회복귀 지원 측면에서 일본에 비해 꽤 뒤져 있다.

---

27) 사회보험 방식이 아닌 재해부조가 일본에 선보인 것까지 고려하면 양국 간 차이는 17년 이상으로 확대된다. 재해부조는 광업조례(1890년), 〈광업법〉(1905년), 〈공장법〉(1911년, 1916년 시행), 〈건강보험법〉(1927년)을 거치면서 체계화된다.

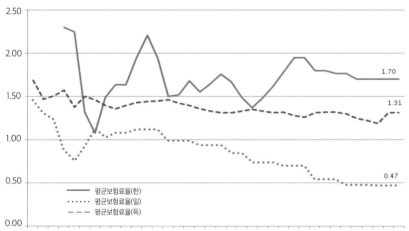

〈그림 9-4〉 산재보험 평균보험료율의 한·일·독 비교

1.70

1.31

0.47

평균보험료율(한)
평균보험료율(일)
평균보험료율(독)

1950 1960 1970 1980 1990 1992 1994 1996 1998 2000 2002 2004 2006 2008 2010 2012 2014 2016 2017

자료: 〈부표 9-1〉 참조.

　게다가 양국 간 격차는 좁혀지기보다 유지되거나 확대되는 경향까지 보인다. 우리나라의 제도시행 역사가 50년을 넘었고 국민의 소득수준이 일본의 80% 이상의 수준에 달했는데 재해발생률과 산재보험제도의 운영성과의 현실은 참담한 상황이다. 외형적인 법제의 틀은 일본의 그것과 별반 다를 게 없는데 성과에서 차이가 크다.

　대표적 지표인 평균보험료율에서 격차가 크다(〈그림 9-4〉, 〈부표 9-1〉). 일본은 시간이 경과하면서 지속적으로 낮아져 2017년 기준 0.47%다. 이에 비해 우리는 1.70%로 일본보다 260%, 독일(1.31%)보다 30% 높다. 일본의 보상급여 수준은 우리보다 나은 부분과 못한 부분이 있어 전체적으로 보면 유사하다고 말할 수 있다. 독일은 3국 중 적용대상과 보상급여 수준 등 여러 면에서 단연 으뜸이다. 일본과 비슷한 수준의 서비스를 제공하면서 사업장에 3배가 넘는 보험료를 부과한다.

　배경에는 여러 가지 이유가 있겠지만 가장 큰 원인은 높은 재해발생률이다. 여기에는 사업장과 재해근로자, 산재보험제도, 28) 근로복지공단과 안전보건공단 등 제도 주변 이해관계자[29] 모두에게 일정부분 책임이 있을 것이다. 그런데 분야 조직이 책임 의식하에 재해발생을 줄이려는 구체적이고 체계적인 노력을 진지하게 진행하기보다 구호와 시늉으로 끝내는 사례가 적지 않다.

여기에 재해발생률이 더디게나마 주는 사실을 높게 평가하면서 우리의 산재보험제도 운영이 모범적이라고 평가하는 전문가까지 있다. 상황이 이렇다 보니 혹자는 재해 감소로 일거리가 주는 것을 꺼리는 그룹이 이면에서 재해예방과 감소를 암묵 간에 방해하는 것은 아닐까 생각할 수도 있다.[30]

산재보험은 국내 5대 사회보험 중 역사가 가장 깊지만 높은 보험료 부담과 약한 장기재정안정도 등으로 운영성과가 좋지 않다. 긴 제도운영 기간을 고려하여 평가하면 후발 사회보험인 국민연금, 건강보험, 고용보험, 노인장기요양보험보다 일본과의 격차가 가장 크다고 할 수 있다. 늦었다고

---

28) 이는 무과실책임 보상에 입각한 산재보험제도가 근로자의 도덕적 해이 행동에 의한 재해를 유발할 수 있음을 지칭한다. 일부 현장에서는 "재해발생을 두려워 말고 일해라. 재해가 나더라도 국제 수준의 보상급여를 받을 수 있다"는 얘기가 작업원 간에 오가면서 안전의식이 약해져, 도덕적 해이성 사고가 발생한다. 교통사고 환자의 높은 입원율에서 확인되듯 도덕적 해이가 심각한 국내에서 국제 수준의 보상급여를 제공하는 산재보험이 건전하게 운영되기 힘든 것은 당연할지 모른다.

29) 노동부와 노동부 산하 각종 공공기관 가령 근로복지공단, 안전보건공단, 노동연구원 등이 거론될 수 있다. 근로복지공단은 〈산재보험법〉 10조에 명시되어 있듯이 동법 제1조의 목적달성 사업의 효율적 수행을 위해 설립된 조직이다. 동법 1조는 "이 법은 … 재해예방과 그 밖에 근로자의 복지증진을 위한 사업을 시행하여 … "로 규정한다. 한편 안전보건공단도 한국산업안전보건공단법 1조에 " … 산업재해예방기술의 연구 · 개발과 보급 … 등 산업재해 예방에 관한 사업을 효율적으로 수행 … "에 명시되어 있듯이 재해예방이 핵심 업무다. 재해예방 업무는 법에 따라 두 공단이 함께 수행하고 있지만 책임한계가 모호하고 성과도 미미하다. 통합 등 강력히 대책이 필요함은 말할 것도 없을 것이다.

30) 터놓고 얘기하기 힘들다는 점에서 불편한 진실일 수 있지만 일감 측면에서 재해발생과 피재근로자가 빠르게 줄지 않는 것이 득(?)이 되는 그룹을 생각해 볼 수 있다. 산재관련 의료기관, 공단, 노무사(와 노무법인), 전문가 등이다.

생각할 때가 빠르다는 말처럼, 지금이라도 진지한 반성을 토대로 일본과 차이가 벌어진 이유와 배경을 찾아내, 확실한 대책을 세워 격차가 더 벌어지는 것을 막아야 할 것이다. 31)

■ 참고문헌

국내 문헌

문성현(2008). 〈일본 노재보험제도의 운영현황 및 민영화 논의"근로복지공단〉. 노동보험연구원.

_____ 외(2013). 〈산재기금 연금부채규모 계산 및 합리적인 적립방안 등에 대한 연구〉. 고용노동부 연구용역보고서.

조정호 외(2012). 〈고용·산재보험 적용·부과 시스템의 효율화 방안〉. 고용노동부 연구용역보고서.

해외 문헌

高橋保·尾崎毅(1998). "日本社會保障法の形成過程(三)", 〈創価法学〉, 28卷 1号 (12月号), 87~157.

労務行政(2011). 《平成22年度版 雇用保険の実務手引》. 労務行政.

労働省(1961). 《労働行政史》, 第一卷, 労働法令協会.

労働省労働基準局(1991). 《労災保険·業務災害及び通勤災害認定の理論と実際》, 上卷, 労働法令協会.

_____ (1998). 《改正最近における労災保険制度の課題と展開》. 日刊労働通信社.

農商務省鉱山局(1920). 〈友子同盟に関する調査〉. 農商務省鉱山局.

---

31) 우선 검토사안으로 두 공단의 재해예방 기능 중복, 엄격한 산재 인정에 따른 피재근로자 간 (소득) 불평등, 소수 수급자에의 과다 보상급여, 노령기(65세 이후)에 노령연금으로 인하 조정되지 않는 장해보상연금(1~3등급), 연금수급자 대상 필요준비금 미적립 등이 고려될 수 있을 것이다.

三信図書 編集(2012)．《労働保険の手引き(平成24年度版)》．三信図書.

奥山茂・浜民生(1989)．《新・労災保険財政の仕組みと理論》．労働行政研究所.

厚生労働省(2005)．〈労災保険料率の設定に関する研究会 報告書: 労災保険率，業種區分，メリット制〉．厚生労働省.

_____(2011)．〈労災保険研究会 中間報告-積立金，メリット制-〉．厚生労働省.

_____．《労働者災害補償保険事業の概要》．各 年度.

厚生労働省労働基準局労災補償部補償課(2002)．《労災保険の実務一加入手續・保険料申告から給付請求まで》．日本法令.

ILO駐日事務所(2016)．《国際労働基準ILO條約・勧告の手引き2016年版》.

기타 자료

厚生勞働省(2016)．〈石綿による健康被害の救済に関する法律の施行状況について〉．http://www.mhlw.go.jp/file/05-Shingikai-12602000-Seisakutoukatsukan-Sanjikanshitsu_Roudouseisakutantou/01_1.pdf. 2016. 9. 30 인출.

_____．〈主な安全衛生確保等事業〉．http://www.mhlw.go.jp/bunya/roudoukijun/ dl/ syakaihukki_link3.pdf. 2017. 4. 30 인출.

10

아동수당제도

1. 머리말

일본에는 '가족수당'이라는 명칭의 복지제도는 없다. 아동수당과 아동부양수당이 그에 유사한 제도라고 할 수 있다. 아동수당은 1972년부터 시행된 보편적 복지제도인 반면, 아동부양수당은 이보다 이른 1962년에 도입된 편부·편모가정의 아동 부양을 지원하는 제한적 복지제도다. 아동부양수양은 제도도입 후 편모가정 지원으로 한정 운영되다가 2010년부터 편부가정으로 확대되었다. 주목할 점은 아동수당이 일본 사회보장제도 중 가장 늦게 도입된 제도라는 사실이다. 그 배경에는 일본사회의 고유한 특성이 자리잡고 있다.

먼저 일본에서는 아동복지에 대한 관심이 노인복지에 대한 관심보다 낮다. 아동에 대한 보호를 사회의 책임이라기보다 부모와 가정의 책임으로 인식하는 것이 일본사회의 풍토다. 그래서인지 오늘날에도 아동빈곤율이 노인빈곤율보다 높다. 다음으로 아동수당 등 가족수당이 일본 특유의 연공형 임금체계에 반영되어 있어 별도 제도가 필요 없지 않느냐는 인식이 있었다. 아동수당제도가 도입되기 전까지 일본의 임금체계는 서구권 국가의 직무급 임금 체계와 다른 구조를 지니고 있었다. 덧붙여 일본에서는 출산율 저하 문제가 주요 선진국에 비해 늦은 1970년대 중반 이후 부각된다.

여기서 아동관련 경제적 지원조치인 두 제도의 차이를 좀더 살펴보자. 아동수당은 때에 따라 소득제한이 설정되지만 아동이 있는 가정 대부분이 지원대상이다. 따라서 소요예산 규모가 크고 국민경제에 미치는 파급효과도 강하다. 이에 비해 아동부양수당은 경제적 취약 계층의 아동을 지원하므로 지원대상이 제한적이고 소요예산 규모도 아동수당의 1/4 이하 규모다. [1]

비용부담은 아동수당의 경우 2/3를 중앙정부, 1/3을 지방정부가 부담한다. 다만 3세 미만 아동의 부모가 후생연금 피보험자일 때는 사업주가 전체 비용의 7/15를 부담한다. 소요비용의 부담비율은 중앙정부가 지방정부보다 2배 크다.

이에 비해 아동부양수당에서는 사업주 부담이 없고 소요비용의 1/3을 중앙정부, 2/3를 지방정부가 부담하여 아동수당과 달리 지방정부 부담이 중앙정부보다 2배 크다. 이 같은 비용부담 구조는 1985년 8월 이후 바뀐 것으로 그 이전에는 전액 중앙정부 부담이었다. 그 배경에는 이 시기가 제 2 임조 행정개혁으로 정부 특히 중앙정부 재정건전화가 키워드로 강조되던 시기였는데, 기초연금 도입 등으로 중앙정부 재정부담이 크게 늘어날 예정이어서 이를 줄이려는 방안이 다각도로 고려되고 있었다는 사실이 있다.

장기간 지속되고 있는 저출산이 정부의 큰 고민거리 중 하나이므로 대책의 일환으로 아동수당 대폭 확대가 시도된 적이 있다. 2009년 총선을 앞두고 야당이던 민주당이 아동수당 대폭 확대를 공약으로 내걸고[2] 선거에서

---

1) 2016년 예산 기준 아동수당은 2조 2,216억 엔이고 아동복지수당은 5,237억 엔이다.
2) 선거공약은 2011년 4월부터 제1자 이후 모든 자녀에게 15세까지 월 2만 6천 엔을 지급하겠다는 것이었다. 당시 아동수당이 12세까지의 제1자, 제2자에게 월 5천 엔, 제3자 이후 월 1만 엔이었으므로 제1자, 제2자의 경우 5배 이상 규모로 확대된 값이다.

승리한 후인 2010년과 2011년이다. 3) 하지만 상향조정된 아동수당의 항구적 재원을 확보할 수 없게 된다. 재정상황이 녹록지 않은 가운데 때마침 발생한 2011년 3월 11일의 동일본대지진과 쓰나미로 막대한 피해가 발생하여 긴급복구에 재원을 투입해야 했기 때문이다. 결국 민주당은 자민당 등 야당과의 조율을 거쳐 상향조정된 아동수당을 2012년 다시 하향조정하고 만다.

2009년 선거에서 내건 아동수당 공약은 당초부터 포퓰리즘 공약이라는 비판이 거셌다. 실현가능성이 약했기 때문이다. 역시나 재원 마련에 실패하면서 공약을 지키지 못하는데, 대지진에 이은 후쿠시마 제1 원자력발전소 사고, 그에 따른 방사성물질 확산 사태에 제대로 대처하지 못해 정치적 신뢰를 상실하고 만다. 민주당은 3년 3개월 만에 정권을 자민당에 내주고 야당으로 전락한다.

자민당은 야당 시절 훨씬 강한 인하안4)을 내세웠지만 집권 후에는 정치적 배려 차원에서 민주당과 조율한 안을 유지하여 지금에 이른다. 한시적으로 인상된 아동수당 덕분에 출산율이 어느 정도 상승할지에 대해서는 명확히 말하기 힘들 것이다. 다만 과거 실증분석 결과에 따르면 값이 크지 않지만 출산율 상승효과를 기대할 수 있을 것으로 전망된다. 5) 구미권 국가

---

3) 실제로는 선거공약대로 인상하지 못하지만 2배 이상 규모로 확대한다. 2010년 6월부터 2011년 9월까지 15세까지의 모든 자녀에게 월 1만 3천 엔, 2011년 10월부터 2012년 3월까지 3세 미만 1만 5천 엔, 제3자 이후 1만 5천 엔, 3세부터 15세까지(제1자, 제2자) 1만 엔이다. 2012년 4월 이후 2년간 사용한 어린이수당 명칭을 다시 아동수당으로 바꿔 동일한 형태로 지급한다.

4) 민주당과의 합의안 외에 자민당(과 공명당)은 집권 시 소득제한을 860만 엔(합의안 960만 엔)으로 설정하고, 수당 지급액도 대폭 낮춰 3세 미만과 제3자 이후 월 1만 엔(동 1만 5천 엔), 3세부터 초등 6년까지 월 5천 엔(동 1만 엔)을 지급하겠다는 과감한 개혁안을 내놓은 바 있다(風間春香, 2011: 3).

5) 1990년대에 행해진 연구에서는 다소간의 긍정적 효과가 있는 것으로 나타났다(原田泰·高田聖治, 1993; 織田輝哉, 1994; 塚原康博, 1995). 2000년대에 행해진 연구에서도 긍정적 효과를 확인했지만 크기가 미미하다고 지적한다. 高山憲之 외(2000)는 지역더미

사례에 대한 실증분석에서도 큰 결론은 아동수당, 가족수당 등의 경제적 지원 중심의 출산율 제고정책이 출산증대 효과를 지니지만 그 크기는 크지 않다고 나온다(小島宏, 1994; 姉崎猛・佐藤豊・中村明惠, 2011: 39).

이하의 서술은 다음과 같다. 이 장의 2에서는 아동수당의 역사적 변천, 이 장의 3에서는 아동수당제도의 개요와 파급효과에 대해 살펴본다. 이 장의 4에서는 아동부양수당제도 개요와 특징에 대해 검토하고, 이 장의 5에서 우리나라에 주는 시사점을 정리한다.

2. 아동수당의 역사적 변천

아동수당이 최초로 제도화된 곳은 프랑스로 알려져 있다. 공공부문에서는 나폴레옹 3세 집권기인 1860년 12월 26일, 황제통달(*circulaire imperiale*)로 가족수당이 도입된다. 현역 해병대원과 5년 이상 해군군적 등록자에게 그들이 부양하는 10세 미만 자녀 1인당 하루 10산팀(*centime*, 0.1 프랑)의 보상수당금이 지급된다. 이후 이러한 부가임금(*supplements*) 지급관행은 점차 다른 공공부문과 준공공부문으로 확대된다(宮本悟, 2006: 2).

한편 민간부문의 아동수당은 19세기 후반 민간기업가 레온 아르메르(Leon Harmel)가 자신이 경영하는 발데부아 공장(Filature du Val des Bois)

사용 시 긍정적 효과를 확인되며, 森田陽子(2006)는 긍정적이지만 크기가 미미하며, 白川浩道・塩野剛志(2009)는 출생률의 소득탄력성이 높은 제3자에게는 유효하다고 지적한다. 姉崎猛・佐藤豊・中村明惠(2011: 37~39). 한편 大石亞希子(2014)도 이론 분석과 실증 분석에 대한 기존 연구를 서베이하면서 아동수당이 출산율 제고에 미치는 효과를 고찰한다. 아동수당이 출산율에 미치는 네 편의 실증연구를 요약, 정리하였다(표 1). 아울러 그는 10만 엔에 약간 못 미치는 출산수당일시금이 출산율 제고 효과를 지닌다는 연구(田中隆一・河野敏鑑, 2009: 24)를 소개하면서 크게 늘어나기 이전의 아동수당도 출산율 제고에 유효하게 기능하였을 가능성이 있다고 지적한다.

에 시행한 가족수당(allocation familiales) 혹은 보너스(sursalaire)가 최초로 알려져 있다.6)

정부가 지급대상을 특정 직역 등으로 한정하지 않고 금전형태로 부양아동이 있는 가족을 지원하기 시작한 것은 1926년 뉴질랜드 사례가 시초다. 이는 사회보장제도의 일환인 아동수당제도의 확립으로 간주할 수 있다.

아동수당에 대한 최초의 국제조약은 ILO의 '사회보장 최저기준에 관한 조약'(1952년 6월) 제7부에 실린 가족급여라 할 수 있다. 이 조약은 한 해 앞인 1951년 11월 UN이 채택한 '아동권리 선언'에 영향을 받은 것이다. 동 선언은 "자녀가 많은 가족의 아동을 지원하기 위해 국가와 기타 기관이 비용을 부담하는 것이 바람직하다"고 규정한다. 이 무렵 세계적으로는 미국, 일본 등을 제외한 서구권 38개국이 아동수당이나 가족수당 제도를 시행했다(嶋田津矢子, 1971: 227~228).

이 같은 세계적 흐름에 비추어 일본의 아동수당 도입은 아주 늦었다. 1971년 5월, 10여 년의 검토 끝에 아동수당법이 공포되고 1972년 1월부터 시행된다. 아동수당은 2000년에 도입된 개호보험을 제외하면 일본 사회보장제도 중 가장 늦게 도입된 제도라고 할 수 있다. 당연히 제도를 창설하려는 움직임은 수면하에서 지속적으로 있었다.

아동수당이 구체적 정책과제로 논의되기 시작한 것은 1960년 무렵이다. 이때에는 전 국민 대상의 건강보험과 국민연금이 시행되면서 사회보장제도의 기틀이 자리를 잡는다. 그래서 1960년 중앙아동복지심의회가 당시의 후생성 장관에 보낸 '아동복지행정 쇄신에 관한 의견'에서 "전국민건강보험과 국민연금이 정비된 지금, 주요 국가와 마찬가지로 신속히 아동수당을 실시하기 위한 검토를 서둘러야 한다"고 지적한다. 이후 내각이 의결한 '국

---

6) 아르메르가 가족수당을 지급한 시기에 대해서는 몇 가지 설이 있다. 1854년, 1884년, 1891년이 그것이다. 이에 대한 상세한 내용은 宮本悟(2005: 3, 각주 4), 嶋田津矢子 (1971: 227)를 참조하길 바란다.

민소득배증계획'에서 이 제도 창설 검토의 필요성이 지적된다.

후생성은 1961년 6월 '중앙아동복지심의회의 특별부회'를 설치하고 '아동수당부회'를 발족시켜서 정부차원에서 아동수당에 대한 논의를 시작한다.[7] 해당 부회는 핀란드(1926년), 벨기에(1930년), 프랑스(1932년) 등 일찍이 아동수당을 도입한 국가들의 사례를 검토하고 일본 가정의 실태를 파악한 후, 1964년 중간보고서를 제출한다. 이 보고서에서 부회는 사회보험제도 형태로 도입하고, 첫 자녀부터 지원하며, 의무교육이 끝날 때까지 또는 18세까지 지급하고, 아동의 최저생활비를 유지하는 제도로서 아동수당을 제안한다.[8]

중간보고에 제시된 아동수당제도 도입의 목적은 크게 4가지다. 먼저 아동복지의 관점에서 아동의 생계비를 현금급여로 지급함으로써 아동의 양육 육성을 사회적으로 보장하고, 이어 사회보장의 관점에서 다산(多産)으로 인한 빈곤을 방지하며, 셋째, 임금·고용정책 관점에서 임금에서 가족급여 부분을 떼어내 직무급여로 변환함으로써 노동력의 유동화를 도모하고,[9] 넷째, 소득격차 시정과 인적자원 개발의 관점에서 연공형 임금제도가 도입된 대기업과 직무급여 성격이 강한 영세기업 간 소득격차를 줄이며, 인적자원을 개발함으로써 사회적 생산력을 확보하는 것이다.

---

7) 1964년 아동수당제도가 정책과제로 이슈가 된 배경에는 아동의 양육비 부담 증가 및 출산율의 저하 등의 원인으로 '중앙아동복지심의회 아동수당부회'에서 문제제기와 함께 보고서를 작성하였다

8) 중앙아동복지심의회 아동수당부회(1964. 10. 5). 〈아동수당제도에 대하여 중앙아동복지심의회아동수당부회 중간보고〉.

9) 이는 임금이 연공제 임금체계(가족급여 포함)와 달리 자녀수와 관계없이 지급되는 직무급 형태가 되면 중고령 노동자가 직장을 쉽게 옮겨 다닐 수 있는 필요조건이 충족된다는 것을 말한다(経済審議会, 1963. 1. 14). "今後に予想される技術革新の進展, 労働需給の変化等に對応し, わが国経済を健全に發展させるためにとるべき人的能力政策に関する答申." 이는 社会保障研究所(1975: 324~325, 330)에 수록되었다(北明美, 2004: 35).

특히 주목할 점은 셋째 부분에 설명된 내용이다. 임금에서 가족급여 부분을 분리하여 직무급여로 대체함으로써 노동력의 유동화를 꾀하는 등 아동수당을 고용정책의 일환으로 삼으려고 한 점이다. 즉, 낮은 임금으로 가족의 생계를 이끌지 못하는 영세기업 노동자를 지원하는 아동수당의 역할이 강조된다.

이때의 중간보고는 3년 이상에 걸친 준비기간을 거쳐 위에 제시한 것처럼 파격적인 제안을 내놓았지만, 실은 아동수당의 방향성에 대해 치밀한 검토 끝에 얻어진 실행가능한 방안의 제시라기보다 이상적 방향성을 제시한 것이라고 할 수 있다. 제시 안대로 시행할 경우 엄청난 재원이 소요되는 방식이었기 때문에 5년 동안 전혀 진전을 보지 못하고 만다. 그래서 훗날의 보고서[10]에는 이때의 구체적 제안에 대한 소개 대신 중간보고에서는 아동수당 제도에 대한 포괄적이고 체계적인 검토가 행해져 향후 논의의 토대가 되었다고 서술한다.

1964년 중간보고에서 제시된 아동수당제도의 4가지 관점은 이후 논의에도 큰 영향을 미친다. 앞에 제시된 몇 가지 이상적인 제도의 기본틀보다 각각의 관점에서 바라본 기대효과와 문제점에 대해 이해 관계자들이 이를 진지하게 검토하여 일본 현실에 맞는 제도도입을 논의하는 계기를 만든다.

1968년 당시의 후생성 장관 간담회에서의 아동수당간담회 안건보고, 1970년 후생성 아동수당심의회 중간보고 의견 심의를 거쳐 1971년 아동수당법이 입법되고 1972년 1월부터 아동수당제도가 시행된다.

당시의 제도내용은 자녀를 3명 이상 둔 가정에서 셋째가 5세 미만일 경우 1인당 3천 엔을 지급하는 것이었다. 재원은 기업, 중앙정부, 지방정부가 분담하되 이를 풀(pool)화하도록 했다. 지급액은 1974년과 1975년에 4천 엔과 5천 엔으로 늘어난다. 하지만 일정한 소득제한이 있고, 18세 미

---

10) 厚生労働省(1971). 《厚生白書》. 厚生労働省.

만 아동이 3명 이상 있어야 하며, 의무교육수료전의 제 3자 이후 아동에게 지급되는 점에서 상당히 한정적인 제도였다. 즉, 초기의 아동수당은 자녀가 많은 세대의 빈곤방지 대책의 성격을 지녔다.

1984년 12월 중앙아동복지심의회 아동수당부회는 이 같은 문제를 인식하고 아동수당제도의 개혁방향에 대해 언급했다. "현행제도는 제3자 이후 제한적인 아동을 대상으로 하므로 다산으로 인한 빈곤을 방지하려는 측면이 있고 아동수당 본래의 취지와는 다른 성격이 있다. … 자녀들을 양육하는 부모들에게 급여가 지급되는 방향으로 제도를 개혁할 필요가 있다"고 지적한다(児童手当制度研究会, 2007).

1970년대 중반의 석유위기 이후 일본경제가 저성장 시대로 접어들면서 재정이 악화되면서 1982년에는 부양가족이 5명인 경우 소득제한 기준이 연간 450만 엔에서 391만 엔으로 하향조정된다. 이러한 조치로 아동수당은 다산 세대의 빈곤방지 대책으로서의 성격이 강해진다.

제도발족 이후의 변천내용이 〈부표 10-1〉에 정리되어 있다. 1985년의 법개정으로 1986년 이후 아동수당 지급대상이 크게 확대되어 수당지급 기준이 제3자 출산 이후에서 제2자 출산 이후로 확대된다. 대신 지급기간은 단축되어 의무교육 수료 전에서 초등학교 취학 전으로 바뀐다. 새로 지급대상이 된 제2자에 대한 수당 지급액은 월 2천 5백 엔이었다.

이때의 법개정에 대해 중앙아동 복지심의회는 "본격적으로 고령화사회로 접어들은 일본이 … 고령화사회에 대응하는 사회보장제도를 구축하기 위해서 … 아동수당 제도개혁은 불가피하다. … 제도의 본 취지로 회귀하여 아동수당을 자녀를 양육하는 부모들이 폭넓게 혜택을 받을 수 있도록 해야 한다"고 하면서 제도개혁의 필요성을 강조하였다.

1991년의 법개정에서는 지급대상이 제1자 출산 이후로 확대되고 지급금액은 기존에는 제1·2자 출산 시 월 2천 5백 엔, 제3자 출산 시 월 5천 엔이 제1·2자 출산 시 월 5천 엔, 제3자 출산 시 월 1만 엔으로 증대되었다. 그러나 지급대상 연령은 기존에 초등학교 취학 전에서 3세 미만으로 기준을 낮췄다.

2000년 이후에는 아동수당은 저출산의 대책으로 그 성격이 강화되었다. 2000년의 법개정에서 기존의 3세 미만의 아동에게만 지급되었던 아동수당이 3세 이상 초등학교 취학 전 아동에게까지 대상이 확대된다. 《후생백서》(2000)는 종합 저출산 대책 추진의 일환인 아동수당이 보육을 필요로 하는 가정의 경제적 부담을 줄이는 기능을 담당한다고 서술한다. 그 후 2004년 지급대상은 초등학교 3학년 수료까지로 확대되고, 2006년에는 초등학교 졸업까지 그 범위가 넓어진다. 2007년에는 유아동 가산이 설정되어 3세 미만의 지급액이 일률적으로 1만 엔으로 증대된다. 그리고 2001년부터 2006년까지 소득제한이 완화된다.

2009년에는 수급자 소득제한이 도입되어 지급대상인 부모가 후생연금 가입자로서 피용자일 경우, 부부·아동 2세대에서는 연소득액 646만 엔으로 제한된다.

2010년 이후에는 민주당 집권 이후 아동수당의 명칭이 어린이 수당으로 개칭되고, 부모의 소득제한이 폐지되면서 고소득자에게도 어린이수당이 지급된다. 따라서 〈그림 10-1〉에서 알 수 있듯이 지급대상 및 지급총액이 증가됨을 알 수 있다. 어린이 수당 지급액은 15세(중학교 졸업까지)까지로 확대되어 모든 대상자들에게 일률적으로 1만 3천 엔이 지급된다. [11]

2012년 4월부터는 전년도 8월의 여야 3당 합의에 따라 아동수당 현금급여를 차등화하여 3세 미만과 제 3자 이후 자녀는 월 1만 5천 엔, 3세~중학 3년까지는 월 1만 엔으로 바꾸고, 명칭을 아동수당으로 변경하며 소득제

---

11) 민주당은 2011년 총선에서 소득에 상관없이 0~15세 아동에 대해서 월 2만 6천 엔 지급을 공약했으나, 야당인 자민당 등의 반대에 부딪쳐서 절반이 삭감된 금액인 월 1만 3천 엔을 지급하였다.

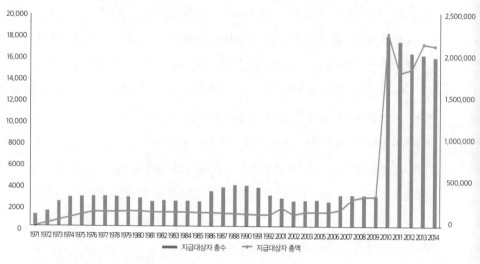

〈그림 10-1〉 아동수당의 지급대상자 총수 및 지급총액 추이

자료: 국립 사회보장·인구문제연구소, 2014.

한을 도입한다. 소득제한은 회사원 4인세대(부부와 아동 2인) 기준 연소득 상한 960만 엔이다.[12]

　소득제한 이상의 가정인 경우 아동수당은 중학교 졸업까지 일률적으로 5천 엔이 지급되었다. 소득제한 미만의 가정인 경우 아동수당은 3세 미만은 일률적으로 1만 5천 엔이 지급되며, 3세 이상 초등학교졸업까지 첫째, 둘째는 1만 엔, 셋째 이후에는 1만 5천 엔, 중학생은 일률적으로 1만 엔이 지급되었다.

---

12) 이때의 합의는 자민당이 재집권(2012년 12월) 하기 전인데, 재집권 후에도 정치적 배려 차원에서 2011년 8월 합의대로 시행했다. 소득제한 세대에도 월 5천 엔을 지급했다.

3. 아동수당의 개요와 파급효과

1) 개 요

아동수당제도는 아동을 양육하는 자에게 아동수당을 현금으로 지급함으로 써 가정생활의 안정을 도모하고, 미래를 담당할 아동의 건전한 생활 및 자 질향상에 이바지하는 것을 목적으로 한다(〈표 10-1〉). 아동수당은 0세부 터 중학교[13])에 취학한 아동을 양육하는 부모에게 지급된다.

〈표 10-1〉 아동수당제도 개요

구분	개요
목적	• 수당지급을 통한 아동양육자 가정생활의 안정과 미래세대를 책임질 아이의 성장을 지원
지급대상 아동	• 0세부터 중학교까지의 아동
소득제한	• 있음(예: 부부 및 아동 2명 세대 기준 연소득 960만 엔)
지급금액	• 소득제한금액 미만 가정 - 3세 미만: 월 1만 5천 엔 - 3세 이상부터 초등학교 졸업 전(제1자녀, 제2자녀): 월 1만 엔 - 3세 이상 초등학교 졸업 전(제3자녀 이후): 월 1만 5천 엔 - 중학생: 월 1만 엔 • 소득제한금액 이상 가정: 월 5천 엔(특례급여)
비용부담	• 중앙정부와 지방정부(도도부현, 시정촌)의 부담비율은 2:1. • 3세 미만 자녀를 둔 피용자(소득제한금액 미만 자)에 대해서는 사업주가 7/15를 부담한다. • 공무원은 소속관청에서 부담한다.
2016년도 예산	• 급여총액: 2조 2,216억 엔 • 중앙정부부담분: 1조 2,320억 엔 • 지방정부부담분: 6,160억 엔 • 사업주부담분: 1,835억 엔 • 공무원분: 1,902억 엔

자료: 후생노동성, 2016.

---

13) 지급대상은 15세가 되었을 때의 날 이후의 3월 31일까지이며, 일본 국내에 거주하는 아 동을 대상으로 지급한다.

아이들을 위한 현금급여제도에 대해 〈아동수당법의 일부를 개정하는 법률안〉은 제180회 국회에 제출되어 중의원에서 법률안의 수정이 행해진 후 2012년 3월에 확정 발표하여 같은 해 4월 1일부터 시행되었다.

구체적인 개정 아동수당제도는 소득제한 금액(예: 부부·아동 2명 세대의 경우는 연소득 960만 엔)이 설정되어 소득제한 금액 미만인 자를 대상으로는 3세 미만과 3세부터 초등학생 대상으로 자녀가 3명까지의 아동에 대해서 아동 1명당 월 1만 5천 엔, 3세부터 초등학생 대상으로 첫째 및 둘째와 중학생에 대해서는 아동 1인당 월 1만 엔을 지급한다. 그러나 소득제한 금액 이상의 가정에 대해서는 특례지급으로 아동 1명당 월 5천 엔을 지급한다.

또한 〈아동수당 지급에 관한 특별조치법〉은 아래와 같은 내용을 포함시켰다. ① 대상아동은 국내에 거주해야 하는 요건을 충족해야 하며(해외유학 아동인 경우는 제외) ② 아동요양시설에 입소하고 있는 아동 등에 대해서는 수당을 시설의 설치자에게 지급한다. ③ 보육료를 아동수당에서 직접 징수할 수 있으며, 학교급식비를 수당에서 지급해야 할 경우 본인의 동의를 얻어야만 한다. 이러한 3가지 내용에 대해서도 새로운 아동수당 제도에 의하여 지속적으로 시행한다.

2) 비용부담과 지급절차

아동수당의 재원은 중앙정부, 지방정부(도도부현, 시정촌), 사업주거출금으로 구성된다. 사업주거출금은 후생연금 보험료와 함께 사업주가 납입하며 표준보수월액의 0.15%다.

〈아동수당법〉 제20조는 사회 전체가 아동의 성장에 필요한 비용을 부담해야 한다는 관점에서 사업주는 자신이 고용한 노동자의 자녀양육에 필요한 거출금을 납부해야 할 의무를 가진다는 취지가 규정되어 있으므로, 사업주는 아동수당 거출금을 부담해야 한다. 아이가 없는 근로자에 대해서도 사업주는 아동수당거출금을 전액 부담해야 하며 피보험자는 납입하지 않는다. 건강보험 및 후생연금보험 등의 다른 사회보험과 비교해 보면, 실제 거출금액 규모는 작지만 사업주의 법정복리비 총액은 적지 않을 것으로 평가된다.

아동수당 거출금은 전국적으로 일률적인 비율로 산정되며 후생연금보험의 표준보수월액 및 표준상여금에 따라서 거출금이 징수된다. 현재 아동수당 거출금 비율은 0.15%로써 2006년까지 적용된 0.09% 및 2007년 적용된 0.13%에 비해 증가되었다. 따라서 표준보수월액이 30만 엔일 경우 450엔을 부담한다.

사업주가 3세 미만의 아동에 대한 아동수당 거출금을 부담하는 경우 수급자가 후생연금보험에 가입하여 피보험자일 경우 거출금은 사업주 7/15, 중앙정부 16/45, 지방정부 8/45로 배분 부담한다. 거출금 전체 금액의 50% 상당 금액을 사업주가 부담하지만 기존 아동수당에 비교해 보면 사업주 부담비율은 낮아졌다. 또한 사업주거출금의 일부는 방과후 아동건전 육성사업(방과후 아동클럽 등)의 재원에도 사용된다.

이어서 아동수당의 지급절차에 대해 살펴보자. 아동수당을 수령하려는 자는 아이출생 후 거주지 소재의 시정촌에 수당청구금을 청구하며, 아동이 타지역의 시정촌에 거주하는 경우에도 청구할 수 있다. 출생신고 및 전입신고 등으로 자동으로 지급되지 않고 별도로 수당에 관한 '신규인정청구' 절차의 신청을 거쳐야 한다. 또한 아동수당을 지급받는 중 출산하면 추가적 아동수당 지급금액 '개정인정청구' 절차신청이 필요하다. 청구에 따라 지급이 결정되면, 신청한 다음달부터 지급되며, 6월(2~5월분), 10월(6~9월분), 2월(10~1월분)에 각각 4개월분이 지급되며 일반적으로 수급자가 지정하는 금융기관의 계좌에 입금된다.

3) 아동수당 지급과 가정의 변화

(1) 아동수당의 용도

2010년 후생노동성은 각 수혜자들이 아동수당을 어떻게 활용하는지를 파악하기 위해 '어린이 수당의 사용 등에 관한 조사'를 실시하였다. 본 조사는 '어린이 수당의 사용'과 관련하여 중학교 3학년 이하의 자녀를 양육하는 보호자들을 대상으로 실시되었고, 특히 2010, 2011년에 시행된 '어린이 수당'과 2012년 4월1일부터 시행된 '신아동수당'에 관하여 각 수혜자들이 지급받은 수당에 대한 지출내역을 파악하기 위해 조사가 이루어졌다.

연도별 조사결과를 살펴보면 2010년 어린이 수당의 주요 지출내역은 '아이의 장래를 위하여 저축 및 보험료'가 41.6%로 가장 높았으며, 다음으로 '아이의 의류 및 잡화비'가 16.4%, '아이의 학교 외 교육비'가 16.3%, '가정의 일상생활비'는 7.6% 순으로 나타나고 있다. 또한 '아직 사용용도를 결정하지 않았다'라고 응답한 보호자는 11.5%이며, '보호자의 용돈 및 오락비'는 0.4%의 비율을 보였다.

2011년 어린이 수당의 주요 지출내역은 '아이의 교육비'가 46.4%로 가장 높았으며, 다음으로는 '아이의 생활비'가 12%, '가정 내 저축 및 보험료'는 2.8%, '그 외'는 2.1%, '보호자의 용돈 및 오락비'는 1.5% 순이다. 또한 '아직 사용용도를 결정하지 않았다'라고 응답한 보호자는 16.5%이다.

2011년 어린이 수당으로 지급된 5만 2천 엔(2~5월 4개월) 중 수혜자(7,611명)들이 지출한 내역은 '아이의 교육비'로 17,878엔(15.3%), '아이의 생활비' 6,634엔(12.8%), '아이의 용돈 및 오락비' 2,372엔(4.6%), '그 외' 961엔(1.8%) 순이다. 또한 '아직 사용용도를 결정하지 않았다'는 6,893엔(13.3%)이다. '가정 내 저축 및 보험료'는 805엔(1.5%), '보호자의 용돈 및 오락비'는 238엔(0.5%)으로 아동수당이 자녀양육에 지출되는 금액은 전체 배정예산의 67.1%이고 그렇지 않은 지출내역은 1천 엔 미만이다.

2012년 아동수당이 주요 지출내역은 '아이의 교육비'가 44.2%로 가장 높았으며 '아이의 생활비'는 33.8%, '가정 내 일상생활비' 29.4%, '아이들의 장래를 위한 저축 및 보험료' 21.8%, '아이의 용돈 및 오락비' 10.6%, '가정 내 저축 및 보험료' 4.0%, '그 외'는 2.2%, '보호자의 용돈 및 오락비'는 1.8% 순이다. 또한 '아직 사용용도를 결정하지 않았다'라고 응답한 보호자는 8.3%이다.

　　2012년 아동수당 사용별의 사용금액(10월의 지급기에 아동수당을 지급받은 자(8,999명)의 평균 금액)을 살펴보면, '아이의 교육비'가 9,724엔(27%)으로 가장 높다. 다음은 '아이의 장래를 위해 저축 및 보험료'로 8,118엔(22.5%), '가정 내 저축 및 보험료'는 7,196엔(20%), '아이의 생활비' 5,600엔(15.5%), '아이의 용돈 및 오락비' 1,139엔(3.2%), '가정 내 저축

〈그림 10-2〉 아동수당의 용도

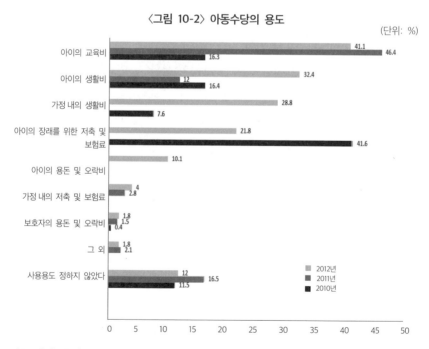

자료: 후생노동성 고용균등·아동가정국, 각 연도.

및 보험료’ 982엔(2.7%) 순이다. 또한 ‘그 외’는 694엔(1.9%), ‘보호자의 용돈 및 오락비’ 257엔(0.7%)으로 다른 지출내역 보다 적은 금액이 지출되었다. 그러나 ‘아직 사용용도를 결정하지 않았다’는 2,338엔(6.5%)이다. 이처럼 아동수당이 아이들을 위해서 쓰이는 금액은 전체 지출내역의 68.2%이다.

이상의 아동수당 지출내역을 정리해 보면 〈그림 10-2〉에서 제시한 바와 같이 2010년에는 ‘아이의 장래를 위한 저축 및 보험료’가 가장 높은 비율을 차지했으나, 2011, 2012년에는 ‘아이의 교육비’가 가장 높게 나타났다.

한편, 아동수당이 아이들을 위해 쓰이지 않은 이유로 2011, 2012년 ‘가계의 여유가 없기 때문에’가 각각 72.2%, 72.5%로 가장 높았다. 다음은 ‘자유롭게 사용할 수 있기 때문’이 21.8%, 20.0%이며, ‘가족의 장래를 위해 저축할 필요가 있기 때문’이라고 응답한 비율은 14.6%, 18.5%이다.

(2) 아동수당 지급과 가정 내 변화

후생노동성은 아동수당 지급에 따른 가정의 생활 및 인식변화의 조사항목을 ① 아이들의 장래에 대한 가족대화 등의 기회 증가, ② 아이들의 의견을 들을 수 있는 기회의 증가, ③ 출산계획의 고려, ④ 아이들의 양육에 대해 생각 기회의 증가 등에 대한 4개의 항목에 대해서 5단계로 평가하였다 (〈표 10-2〉).

〈그림 10-3〉은 아동수당 지급으로 인한 수혜자의 인식에 대한 변화를 긍정적 평가 및 부정적 평가로 나타낸 것이다. 평가항목에서 각 연도별 비교결과에 따르면 ‘아이들 장래에 대한 가족대화 등의 기회가 증가’ 및 ‘아이들의 양육에 대해 생각할 수 있는 기회의 증가’에서는 긍정적으로 평가 되었으나 ‘아이들의 의견을 들을 수 있는 기회의 증가’ 및 ‘출산계획의 고려’에서는 부정적으로 평가되었다. 따라서 ‘출산계획 고려’에 대해서는 긍정적 기능으로 작용하지 않음을 알 수 있다.

그러나 2012년의 제1자의 학연령별로 '출산계획의 고려' 대해 그 특성을 살펴보면 〈그림 10-4〉와 같은 특징이 나타난다. 학연령별로 '출산계획의 고려'에 관하여 살펴보면 0~3세부터 중학교 1~3학년에서는 긍정적 평가가 부정적 평가의 비율보다 낮게 나타났음을 알 수 있다. 그러나 0~3세에서 '아주 해당'(5.3%)과 '약간 해당'(15.2%)의 합계는 20.5%로 긍정적 평가가 가장 높다.

<table>
<tr><td colspan="7">〈표 10-2〉아동수당 지급과 수혜자 인식(2010~2012년)</td></tr>
<tr><td colspan="7" align="right">(단위: %)</td></tr>
</table>

연도	항목 및 평가	아주 해당	약간 해당	해당 없음	약간 해당 없음	전혀 해당 없음
2010	아이들의 장래에 대한 가족대화 등의 기회가 증가	5.6	25.5	34.4	10.6	23.8
	아이들의 의견을 들을 수 있는 기회의 증가	2.8	11.3	36.7	13.4	36
	출산계획의 고려	2	6.5	21.9	10.1	59.4
	아이들의 양육에 대해 생각할 수 있는 기회의 증가	8.2	30.3	30.4	9.7	21.5
2011	아이들의 장래에 대한 가족대화 등의 기회가 증가	8.4	29.5	35.7	10.1	16.2
	아이들의 의견을 들을 수 있는 기회의 증가	4.5	15.7	39.9	14.2	25.8
	출산계획의 고려	3.5	10.1	27.1	12.4	46.8
	아이들의 양육에 대해 생각할 수 있는 기회의 증가	8.7	32.1	34.4	9.3	15.5
2012	아이들의 장래에 대한 가족대화 등의 기회가 증가	8.1	27.6	33.7	12.1	18.4
	아이들의 의견을 들을 수 있는 기회의 증가	4.5	18	34.3	14.9	28.3
	출산계획의 고려	2.9	8.1	11.8	55.7	
	아이들의 양육에 대해 생각할 수 있는 기회의 증가	7.2	29.2	33.3	11.5	18.8

자료: 후생노동성 고용균등·아동가정국, 각 연도 재구성.

그 외 학연령별로 긍정적 평가비율은 4~6세에서 13.6%, 초등학교 1학년~3학년 9.0%, 초등학교 4~6학년에서 6.4%, 중학교 1~3학년은 5.3%로, 자녀의 연령이 낮을수록 '출산계획의 고려'에 대한 긍정적 평가가 높은 경향이 있다.

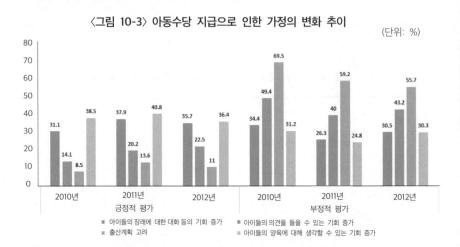

〈그림 10-3〉 아동수당 지급으로 인한 가정의 변화 추이

(단위: %)

주: 〈표 10-2〉를 활용하여 4개 항목 5단계 평가 중 '해당 없음'을 제외하고 '아주 해당'과 '약간 해당'을 긍정적 평가로 산출하고, '약간 해당 없음'과 '전혀 해당 없음'을 부정적 평가로 산출했다.
자료: 후생노동성 고용균등·아동가정국, 각 연도 재구성.

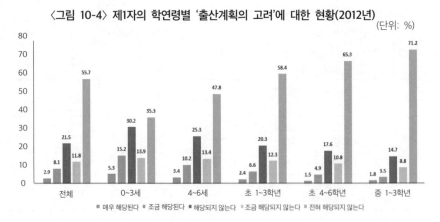

〈그림 10-4〉 제1자의 학연령별 '출산계획의 고려'에 대한 현황(2012년)

(단위: %)

자료: 후생노동성 고용균등·아동가정국, 각 연도 재구성.

(3) 아동수당 지급과 출산율

아동수당과 관련한 관심사 중 하나가 출산율에 미치는 파급효과다. 저출산으로 고민하던 프랑스 등 유럽국가들이 아동수당 등 가족수당제도를 도입하거나 확대하여 출산율을 끌어올리는 등 일정수준의 효과를 본 것으로 확인되고 있기 때문이다. 일본에 아동수당이 도입된 것이 1972년으로 출산율이 2.0 이하의 수준으로 떨어지기 얼마 전이다. 여러 가지 정황이 출산율 저하를 예고하고 있을 때 이를 저지하기 위한 한 가지 방편으로 전략적으로 도입되고도 볼 수도 있다. 아동수당의 덕분에 출산율이 어느 정도 상승할지에 대해서는 명확히 말하기 힘들 것이다. 다만 과거 실증분석 결과에 따르면 값이 크지 않지만 출산율 상승효과를 기대할 수 있을 것으로 전망된다. 1990년대에 행해진 연구에서는 다소간의 긍정적 효과가 있는 것으로 나타났다.[14] 2000년대에 행해진 연구에서도 긍정적 효과를 확인했지만 크기가 미미하다고 지적한다.[15]

한편 오오이시 아키코(大石亞希子, 2014)도 이론분석과 실증분석에 대한 기존 연구를 정리하면서 아동수당이 출산율 제고에 미치는 효과를 고찰했다. 아동수당이 출산율에 미치는 4편의 실증연구를 요약, 정리하였다(大石亞希子, 2014). 아울러 그는 10만 엔에 약간 못 미치는 출산수당일시금이 출산율 제고효과를 지닌다는 연구(田中隆一・河野敏鑑, 2009)를 소개하며 크게 늘어나기 이전의 아동수당도 출산율 제고에 유효하게 기능했을 가능성이 있다고 지적한다(大石亞希子, 2014: 24). 서구 주요국가 사례에 대한 실증분석에서도 큰 결론은 아동수당, 가족수당 등의 경제적 지원 중심의 출산율 제고정책이 출산증대 효과를 지니지만 그

---

14) 原田泰・高田聖治(1993), 織田輝哉(1994), 塚原康博(1995) 등이 대표적이다.

15) 高山憲之 외(2000)는 지역더미 사용 시 긍정적 효과를 확인되며, 森田陽子(2006)는 긍정적이지만 크기가 미미하며, 白川浩道・塩野剛志(2009)는 출생률의 소득탄력성이 높은 제3자에게는 유효하다고 지적한다.

크기는 크지 않다고 나온다(小島宏, 1994; 姉崎猛・佐藤豊・中村明惠, 2011: 39).

4. 아동부양수당제도의 특징

1) 아동부양수당제도의 개요

아동수당 외에 편부·편모가정의 아동16)을 위해서 지방자치단체에서 지급하는 수당으로는 아동부양수당이 있다. 아동부양수당은 기존의 연금에 준하는 제도로서 국가가 전액 부담하였으나, 1985년 복지제도의 개정에 따라 생활보호제도와 동일하게 지방정부에게도 그 재정적 부담을 분담하도록 하였다. 2006년 이후, 아동부양수당 지급에 소요되는 비용은 중앙정부 1/3, 지방정부(도도부현, 시정촌) 2/3의 비율로 부담한다.

아동부양수당은 이혼을 포함한 여하한 이유로 인해 부자세대 또는 모자세대 가정에서 아동복지향상 및 가정생활 안정의 자립을 독려시키려는 목적으로 아이를 양육하는 자에게 지급하는 수당을 말한다. 아동부양지급 금액은 〈표 10-3〉에서 제시한 바와 같이 수급자의 소득과 부양가족 등의 인원수를 감안해서 결정되며 또 부모의 취업 등으로부터의 소득이 증가하는 것에 따라 아동부양수당을 추가하면 총수입이 증가하는 효과를 얻을 수 있도록 정해져 있다.

예를 들어, 아동부양 기본금액은 아동이 1명일 경우 월 4만 2,330엔 (2016년 8월 기준)이며 부모의 소득제한에 따라 수당의 전액 또는 일부가 지급되지 않는 경우도 있다. 지급방법은 수혜자는 수급자격이 있는지 먼저

---

16) 18세 되는 날 이후 3월 31일까지 지급되며 소득제한에 따라 수당지급액이 변경된다.

〈표 10-3〉 아동부양수당 개요

소득	자녀수		
	1인	2인	3인
57만 엔	42,330엔(전액)	52,330엔(전액)	58,330엔(전액)
95만 엔	35,220엔	52,330엔(전액)	58,330엔(전액)
133만 엔	28,120엔	44,110엔	58,330엔(전액)
192만 엔	17,090엔	31,390엔	44,560엔
230만 엔	9,990엔(최저)	23,190엔	35,700엔
268만 엔	0	14,990엔(최저)	26,850엔
306만 엔	0	0	17,990엔(최저)

자료: 후생노동성, 2016.

신청하고 도도부현 지사, 시장 또는 복지사무소를 설치한 정촌(町村)의 장이 인정하면 금융기관을 통해 연 3회(4월, 8월, 12월) 지급받는다.

2) 아동부양수당의 수급자 추이

아동부양수당은 1962년 1월 아동복지의 실현과 아동양육 가정에 대해 소득지원을 위해 도입되었으며 수차례에 걸친 법률개정을 통해 제도적 보완을 시행하였다. 수급대상에 대해서 1985년에는 부(父)의 소득이 일정금액 이상일 경우 수당지급을 제한하였고, 2002년에는 모자세대에 대한 취업지원을 강화하였으며, 2010년에는 지급대상범위를 모자세대에서 부자세대까지로 확대하여 한부모 가정의 자녀양육 및 생활지원과 취업지원 등을 강화하였다(전일주 외, 2010).

한편 아동부양수당 수급자 추이를 보면 시간이 경과하면서 증가세를 보이며 특히 2010년 이후 빠르게 증가하고 있음을 알 수 있다(〈부도 10-1〉). 그 배경에는 2010년의 법개정으로 부자세대에 아동수당이 지원되기 시작한 사실이 있다. 아동부양수당은 1989년의 도입 이후 모자세대 중심으로 지원이 이루어졌다. [17]

3) 모자복지 자금제도

모자세대에 대한 현금급여 지원제도로서 모자복지 자금대여금이 있다. 모자복지 자금대여금은 모자가정의 어머니가 취업 및 아동의 취학과 관련하여 경제적인 지원이 필요한 경우 도도부현, 지정도시(指定都市) 또는 중핵도시로부터 융자를 받을 수 있도록 마련된 제도이다.

모자복지 자금대여금은 〈부표 10-2〉에서 제시한 바와 같이 자녀장학자금, 사업개업자금, 생활자금 등 총 12종류가 있다. 자금을 융자 받을 경우 보증인이 필요하며, 이율은 자금의 종류에 따라 무이자의 경우와 3% 이자율이 있다. 또한 상환기간은 자금의 종류에 따라 3년부터 20년까지 항목별로 기준을 마련했다. 〈그림 10-5〉는 모자복지자금 제도에 대한 융자금의 이용건수 추이를 나타낸 것이다.

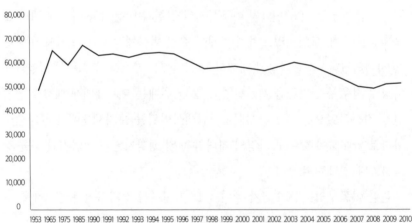

〈그림 10-5〉 모자복지자금 제도에 대한 융자금 이용건수 추이

자료: 후생노동성, 2010.

---

17) 수급자격은 이혼, 사별, 미혼모, 미혼부, 장애자세대, 유기세대, 그 외로 구분된다.

5. 맺음말: 쟁점과 함의

이상에서 일본의 신아동수당제도 및 아동부양수당의 주요내용을 검토하였다. 신아동수당제도 및 아동부양수당의 목적은 아동복지의 실현과 아동양육가정에 대한 소득지원을 적극적으로 도모하는 데 있다. 아동수당은 자민당 집권기인 1972년부터 시행되었다. 당시에는 0~12세 아동을 키우는 부모 대상으로 연령과 자녀수 등에 따라 차등 지급되었으며 일정소득 이상이면 지급대상에서 제외되었다. 2010년의 민주당 집권기에 명칭이 어린이수당으로 바뀌고, 부모의 소득제한이 폐지되면서 고소득자에게도 지급된다. 2012년에는 아동수당 전체 총금액에 대한 현금급여가 증가되고, 자민당 집권에 따라 다시 소득제한이 설정되며, 명칭은 자녀수당에서 아동수당으로 개칭된다.

이처럼 아동수당은 연령과 아동수, 소득수준 등에 따라 지급액이 결정되는 방식이 여러 차례 바뀌었다. 아동수당의 성격도 빈곤예방정책 차원에서 저출산 대책 마련의 일환으로 변천되었다.

또한 아동부양수당은 부모의 이혼 및 별거와 사망 등으로 부 또는 모와 생계를 같이하지 않는 한부모 가정의 생활안정 및 자립의 촉진을 위해 해당 양육자에게 지급되는 현금급여 정책으로 모자세대에게만 지급되던 제도가 2010년부터 부자세대에게도 지원되는 정책으로 변화되었다.

상기에서 살펴본 바와 같이 일본에서는 아동수당 및 아동부양수당에 관한 자격요건 및 지급금액 등이 자세히 규정되어 있다. 이는 일본사회에 내재된 급격한 가족관계 변화, 양육문제 및 경제적 어려움이 가중되는 상황에서 가정에 대한 정부차원의 지원을 제도적으로 보장하는 것이다.

한편 아동수당을 도입한 나라는 일본을 포함하여 스웨덴, 핀란드, 프랑스, 영국, 룩셈부르크, 호주, 이스라엘, 캐나다 등 88개국에 이른다. 특히 OECD가 입국 가운데 한국, 미국, 터키, 멕시코 등을 제외한 나라에서 아동수당제가 실시된다(이데일리, 2012. 8. 16). 물론 다른 나라의 제도를 적극적으로 수용 및 적용해서는 안 되지만, 현재 한국 실정에 부합된 아동수당 및 아동부양수당 제도를 도입하기 위하여 법률적 제도 장치가 필요하며, 이에 대한 연구가 필요하다.

■ 참고문헌

국내 문헌

전일주·최영진(2010). "일본 아동부양수당제도에 관한 연구". 〈圓光法學〉, 26권 4호, 229~254.

해외 문헌

高山憲之·小川浩·吉田浩·有田富美子·金子能宏·小島克久(2000). "結婚·育児の経済コストと出生力". 〈人口問題研究〉, 56巻 4号, 1~18.

国立社会保障·人口問題研究所(2014). 〈社会保障統計年報〉.

宮本悟(2006). 〈フランス労働組合の社会保障運動-労働価値説の視点から-〉. 静岡県立大学短期大学部 特別研究報告書(平成17年度).

内閣府(2001). 《児童手当事業年報》. 内閣府.

大石亞希子(2014). "児童福祉-ウェルフェアからウェルビーイングへ". 〈季刊·社会保障研究〉, 50巻 1·2号, 18~29.

嶋田津矢子(1971). 〈児童福祉と児童手当制度 関西学院大 社会学部 紀要〉, 22号, 227~238.

白川浩道·塩野剛志(2009). "新型子ども手当のインパクトについて(2)". 〈日本経済分析〉, 6号.

北明美(2004). "日本の児童手当制度の展開と変質(下): その發展を制約したもの". 〈大原社会問題研究所雑誌〉, 547号, 32~47.

社会保障研究所(1975). 《日本社会保障資料Ⅰ》. 至誠堂.

森田陽子(2006). "子育てに伴うディスインセンティブの緩和策". 樋口美雄+財務省財務総合政策研究所. 《少子化と日本の経済社会》. 日本評論社.

小島宏(1994). "先進諸国における出生率の変動要因と政策の影響". 社会保障研究所. 《現代家族と社会保障－結婚・出生・育児》. 東京大学出版会.

児童手当制度研究会(2007). 《児童手当法の解説》. 中央法規出版.

原田泰・高田聖治(1993). "人口の理論と将来推計". 高山憲之・原田泰編著. 《高齢化の中の金融と貯蓄》(pp. 1~14). 日本評論社.

姉崎猛・佐藤豊・中村明惠(2011). "少子化の動向と出生率に関する研究サーベイ". 内閣府経済社会総合研究所. *ESRI Research Note*, No. 17.

田中隆一・河野敏鑑(2009). "出産育児一時金は出生 率を引き上げるか——健康保険組合パネルデータ を用いた実証分析". 〈日本経済研究〉, 61号, 94~108.

織田輝哉(1994). "出生行動と社会政策(2) ―ヴィ ネット調査による出生行動の分析―". 社会保障研究所編. 《現代家族と社会保障-結婚・出生・育児》(pp. 151~180). 東京大学出版会.

塚原康博(1995). "育児支援政策が出生行動に与える効果について実験的ヴィネットアプローチによる就業形態別出生確率の計量分析". 〈日本経済研究〉, 28号, 148~161.

風間春香(2011). "子ども手当の見直しと税制等の改正による家計への影響". 〈みずほリサーチ〉, 10月, 3~5.

厚生労働省(2000). 《厚生白書》. 厚生労働省.

_____(2012). 《厚生労働白書》. 厚生労働省.

_____(2010). 《厚生労働白書》. 厚生労働省.

_____(2016). 《厚生労働白書》. 厚生労働省.

厚生労働省 雇用均等・児童家庭局(2010). 〈子ども手当の使途等に係る調査〉, 報告書.

_____(2011). 〈子ども手当の使途等に係る調査〉, 報告書.

_____(2012). 〈児童手当の使途等に係る調査〉, 報告書.

기타 자료

이데일리(2012. 8. 16). "내 아이를 부탁해: 4세계 88개국, 아동수당 도입". http://www.edaily. co. kr/news/NewsRead. edy?SCD=DA45&newsid=01472726599627976&DCD=A01609&OutLnkChk=Y. 2016. 9. 28 인출.

11

공공부조제도

1. 머리말

공공부조(*public assistance*)는 중앙정부나 지방자치단체와 같은 공공기관이 주체가 되어, 조세재원으로 생활이 어려운 국민을 지원하여, 건강하고 문화적인 최저한의 생활(*national minimum*)을 보장하는 사회경제적 제도다. 사회보험과 더불어 근대국가 복지제도의 큰 축을 이룬다. 같은 의미로 '공적부조'라는 용어가 사용되기도 하나 여기서는 국내에서 일반화된 '공공부조'를 사용한다.

　제도화된 공공부조가 없던 시기에는 교회나 자선단체, 부자, 유지(有志) 등에 의한 사적 자선(*private charity*)이 빈민구제의 유력한 수단이었다. 그러나 이러한 행위는 빈곤 구제책으로서 소극적일 뿐 아니라 지속성도 약했다. 근대국가로 이행하는 과정에 빈곤은 개인차원에서 해결할 수 없는 문제라는 인식이 확산되면서, 국가가 제도를 만들어 적극적이고 지속적으로 대처할 필요성이 커졌다. 그래서 자산조사 등 객관적 기준에 입각하여 대상자를 선발하고, 이들에게 시혜 아닌 권리로서 최저한의 생활을 차별 없이 보장하는 제도가 오늘날의 공공부조다.

일본의 공공부조는 생활보호제도가 대표적이다. 1) 이는 연령에 관계없이 경제적 어려움에 빠진 자를 지원하는 최종적인 사회안전망으로서의 기능하는 제도다. 헌법 제25조2)에 규정된 사회권, 생존권 이념에 입각한 것으로, 패전 직후인 1946년 제정된 〈생활보호법〉이 모법이다.

이 법보다 앞서 제정된 〈구호법〉(1929년)이 있다. 이런저런 이유로 생활하기 힘든 자를 구호하기 위한 법으로, 1932년부터 시행되다가 〈생활보호법〉 제정으로 폐지되었다. 구호대상은 65세 이상 노쇠자, 불구폐질 등 사회적 약자층이며 구호기관은 원칙적으로 거주지 시정촌장이다. 3) 재가구호가 원칙이며 이것이 어려울 때 양로원, 고아원, 병원 등에 수용하거나 다른 곳에 위탁토록 했다. 구호종류는 생활부조, 의료, 조산, 생업부조의 4종 외에 매장비를 지급했다. 구호비용은 구호대상자의 거주 조건4)에 따라 시정촌이나 도도부현이 부담하며, 중앙정부가 전체 비용의 50%, 도도부현이 시정촌 부담의 25%를 분담하였다.

〈생활보호법〉 제정에는 당시 일본을 통치하고 있던 연합군총사령부(GHQ)의 복지정책이 큰 영향을 미쳤다. GHQ는 일본의 사회보장과 사회복지정책을 구상하면서 3가지 원칙을 내세운다. 무차별 평등, 국가책임,

---

1) 이와 별도로 아동수당이나 임시복지급부금(2016년, 주민세 비과세세대에 지급) 등을 공공부조로 분류하는 이들도 있다. 이는 공공부조에 사회수당(*targeted social assistance*)까지를 포함시켜 이해하려는 이들의 시각에 따른 것이다. 여기에서는 공공부조의 정의를 좁게 해석하여 이에 맞는 제도인 생활보조 중심으로 설명한다.

2) 헌법 25조는 "모든 국민은 건강하고 문화적인 최저한도의 생활을 누릴 권리를 지닌다. 국가는 모든 생활부면에서 사회복지, 사회보장, 공중위생의 향상과 증진에 노력해야 한다"고 규정한다.

3) 거주지가 없거나 불분명할 때는 현재지 시정촌장이 주체가 되고 방면(方面) 위원을 명예직 위원으로 두어 보조토록 했다.

4) 피구호자가 동일 시정촌에 1년 이상 계속 거주하면 시정촌이 부담하고, 그렇지 않으면 거주지나 현재지 관할 도도부현이 부담했다.

필요충족의 원칙이다. 점령개시 후 불과 반년이 경과할 시점인 1946년 2월 27일, GHQ는 공공부조에 대한 3원칙을 담은 지령(SCAPIN775)을 통해 일본 복지정책에 대한 기본방침을 천명한다. 무차별 평등은 곤궁자에 대해 차별적이거나 우선적 처리를 하지 말고 평등하게 식량, 의료, 주택, 의료를 제공해야 한다는 것이다. 국가책임은 중앙정부 주도로 제도운영에 필요한 재정지원과 실시 체제를 확립하고, 이를 민간이나 준정부기관에 위양하지 말라는 것이다. 필요충족은 곤궁 방지에 필요한 재원에 제한을 가하지 말라는 것이다.

이렇게 보면 〈생활보호법〉은 이전의 〈구호법〉을 위에 제시한 3원칙과 추가원칙5)에 입각하여 대폭 개편한 것이라고 할 수 있다. 하지만 〈생활보호법〉은 제정 당시는 물론 이후 소득 증가 등 경제·사회의 여건 변화를 반영하여 행한 개정 시, 일본사회의 가치관과 특성 등을 좀더 반영하는 형태로 법제가 바뀐다. 그 과정에서 초기에 강조되었던 3원칙 중 무차별 평등6)과 필요충족의 원칙 등이 조금씩 훼손된다. 수급자의 자활과 탈수급 등 자

---

5) 〈생활보호법〉에 반영된 추가원칙으로 보족성 원칙(제4조), 신청보호 원칙(제7조), 세대단위 원칙(제10조) 등이 있다. 여기서 보족성(補足性)이란 대상자(혹은 세대)가 가진 자산, 능력, 민법과 다른 법률에 의한 부양, 원조, 부조 등 모든 것을 생활에 투입해도 최저생활을 유지할 수 없는 경우에 생활보호자로 지정될 수 있음을 말한다. 신청보호 원칙은 요보호자의 신청으로 생활보호 심사, 수급 등의 절차가 개시되며 예외적으로 직권보호 등이 가능하다. 세대단위 원칙은 세대단위로 능력활용 등을 조사하여 보족성 여부를 판단한다(자산조사).

6) 무차별 평등 원칙은 제정 당시부터 다소 강한 제약이 가해졌다. 법 제4조 1항에 "보족성 요건을 충족하는 범위 내에서 전 국민에게 무차별 평등을 적용한다. 생활곤궁에 빠진 이유와 과거 생활력, 직력 등을 묻지 않는다"라고 규정하여, 보족성 요건의 충족이 무차별 평등 적용의 전제 조건이 되고 있다. 또 신청보호 원칙을 내세움으로써 낙인효과 등으로 신청에 나서지 않은 요보호자 다수를 적용대상에서 배제하여, 적지 않은 생활곤궁자가 생활보호 혜택을 받지 못한 채 아사, 고독사, 자살 등의 위험에 직면해 있다. 법제정 시 도입된 두 추가원칙과 일선 행정 담당자의 행정 편의주의 발상으로 인해 무차별 평등 원칙이 일선에서 제대로 지켜지지 않는 사례가 많았다.

조노력을 강조하고, 대상자 선정기준도 엄격해지며 생활보호 예산의 증가를 억제하려는 움직임이 나타난다.

배경에는 1961년 도입된 국민연금 수급자가 1980년대에 들어와 빠르게 늘어나면서 이들의 연금액이 생활보호급여와 비교되곤 하였는데, 오히려 더 낮은 사례가 적지 않았다는 사실이 있다. 성실하게 일하면서 보험료를 낸 국민연금 수급자가 그렇지 않은 생활보호 수급자보다 은퇴기에 경제적으로 더 약한 지위에 놓이는 것을 용인할 수 있느냐는 지적이 전문가는 물론 정치권에서도 제기되었다. 그렇지만 이 같은 지적에도 불구하고 생활보호급여 수준이 급격히 낮아지는 사태는 발생하지 않았다. 필요충족 원칙이 일정부분 영향을 미치고 있기 때문이다. 그렇다 보니 일선 행정부서인 시정촌 소재 복지사무소는 수급자수를 예산범위 내에서 적절히 통제하여 운영하려는 움직임이 나타나기도 했다.

인구의 고령화가 세계 최고수준으로 진행되면서 수급가구의 절반 이상은 고령자가구다. 시간이 흐르면서 한동안 이 비율이 더 높아질 전망이다. 연금급여 등 노후소득이 점차 주는 가운데 고령자가 부담할 각종 보험료와 의료비와 개호비 본인부담분 등의 비용지출이 늘 것이기 때문이다. [7]

여기에 신규 고령자 편입 가구 중 생활보호 수급자가구가 늘어날 가능성도 있다. 취업중인 비정규직근로자와 저소득자 중 후생연금과 국민연금의 미가입, 보험료 미·체납자가 적지 않기 때문이다. 장래 무연금자와 저연금자 중 다수가 생활보호 수급자에 포함될 것은 쉽게 예상되는 바다. 그리고 고령자가구는 특성상 한번 수급자로 지정되면 탈수급이 어려워 정부 재정에 지속적인 부담요인으로 작용할 것이다.

1985년, 2004년, 2016년으로 이어진 공적연금 개혁은 제도의 지속가능

7) 공적연금의 평균 수급액은 2010년 15.3만 엔이던 후생연금 노령연금이 2014년 14.8엔으로 줄었다. 65세 이상 고령자의 개호보험 평균보험료는 2000년 2,911엔에서 2015년 5,514엔으로 올랐다.

성과 제도 간 형평성을 높이는 긍정적 결과를 가져왔다. 하지만 급여수준 인하로 장래 빈곤의 경계선상에 놓을 가입자를 더 늘리는 부작용이 우려된다. 국민 다수의 노후소득보장 문제를 해결하는 개혁작업이 잠재적 생활보호자를 늘리는 셈이 되었다. 초장수국 일본이 안고 있는 딜레마다. 이 같은 방향으로의 상황 전개를 예상한 정부는 2006년 이후 생활보호급여 수준을 지속적으로 낮추고 있으며,[8] 2013년에 생활보호기준을 대폭 인하하여 2014년부터 시행한다. 2015년에는 우리나라의 〈생활곤궁자자립 지원법〉을 시행하여 이들 차상위 계층이 생활보호자로 전락하지 않도록 자립지원책을 모색한다.

이 장의 2에서 생활보호제도의 원리·원칙과 발전과정에 대해 좀더 상세히 살펴보고, 이 장의 3에서 제도의 기본구조, 이 장의 4에서 수급가구와 수급자 동향을 정리하고, 이 장의 5에서 생활보호급여비와 제도개혁의 동향을 고찰하고, 이 장의 6에서 우리나라에 주는 시사점을 정리한다.

---

8) 2006년 노령가산 폐지, 2007년 모자가산 일부 폐지, 2009년 모자가산 완전 폐지(이후 민주당 정권에서 부활), 2015년 주택부조와 동계가산 삭감 등이다. 자녀가 있는 생활보호자가구는 통상의 생활비 외에 아동양육가산, 교육부조, 고등학교 등 취학비가 지원되고 모자가정에는 모자가산이 추가된다. 모자가산은 급지에 따라 다르며 1급지는 23,170엔, 아동양육가산은 아동수당과 같은 금액 제1자, 제2자 1.5만 엔(3세 미만), 1만 엔(3세 이상~중학), 제3자 이후 초등학교 1.5만 엔, 중학 1만 엔, 교육부조와 고등학교 등 취학비는 기준액이 낮고 실비지급 방식이이서 앞의 둘에 비하면 지원액이 적다. 유의할 점은 이들 각종 가산과 부조를 더하면 자녀 있는 수급자가구가 저소득 일반가구보다 소비수준이 더 높다는 사실이다. 부부와 자녀1인 세대의 경우 수급자가구와 일반가구의 소득수준은 '14.3만 엔 : 13만 엔', 편부모세대의 경우 '16.4만 엔 : 10.6만 엔'의 차이를 보인다(厚生労働省 社会·援護局保護課, 2014: 8).

2. 생활보호제도의 원리·원칙과 발전과정

1) 생활보호의 기본원리·원칙

여기서는 앞에서 설명한 바 있는 생활보호제도 관련 원리와 원칙을 좀더 세분하여 설명한다. 먼저 4가지 원리를 서술하고 4가지 원칙을 소개한다. 원리, 원칙에 분류에 대해서는 문헌과 연구자에 따라 이견이 있을 수 있다는 점에 대해 양해를 구한다.

(1) 생활보호의 기본원리

〈생활보호법〉에는 생활보호제도를 운영하는 데 있어서, 국민 모두가 이해하고 준수하지 않으면 안 되는 4가지 기본적 원리가 명기되어 있다. 이는 GHQ가 제시한 3원칙을 토대로 일본적 특성을 감안하여 입법화한 것이라고 할 수 있다.

첫째는 국가책임에 의한 최저생활보장 원리(법 제1조)다. 〈생활보호법〉은 헌법 제25조가 규정하고 있는 이념에 근거하여 정부가 경제적으로 어려운 입장에 처해 있는 모든 국민에 대해서 필요한 보호를 실시하고, 그 최저한도의 생활을 보장함과 동시에 자립을 조장하는 것을 목표로 한다. 이 원리는 〈생활보호법〉이라고 하는 법률의 목적을 규정한 가장 근본적인 원리로 구체적으로는 생활이 어려운 국민의 보호를 정부가 직접적인 책임에 의해 실시해야 한다고 규정한다.

둘째는 보호 청구권에 대한 무차별 평등의 원리(제2조)다. 과거에 실시되었던 〈구호법〉이나 〈구 생활보호법〉의 경우 소행불량자 등은 보호받을 자격이 없었다. 하지만 현행 〈생활보호법〉에서는 모든 국민은 이 법률이 정하고 있는 요건을 충족하고 있는 한 이 법률에 의한 보호를 차별 없이 평등하게 받을 수 있다. 즉, 모든 국민들은 성별, 사회적 신분은 물론 경제적으로 어려운 입장에 처하게 된 원인과 관계없이, 오직 경제적 상태만을 판단하여 보호받을 수 있게 된다.

셋째는 건강하고 문화적인 최저생활 보장의 원리(제3조)다. 이 원리는 생활보호에서 보장하고 있는 최저한도의 생활수준을 규정한 것으로, 생활보호에 의해 보장되는 생활수준은 헌법상의 권리로 보장되고 있는 생존을 가능하게 하는 수준 이상이어야 한다.

넷째는 보호의 보족성의 원리(제4조)다. 보족성의 원리는 생활보호 비용이 세금으로 충당되므로 보호받기 위해서는 수급자가 이용할 수 있는 자산과 능력 등을 최저한의 생활 유지에 활용하는 것이 기본전제다. 이때의 자산 개념은 토지와 가옥 등을 지칭하며 수급 신청 전에 이들 자산을 생활 유지에 활용해야 한다는 것이다. 능력은 근로능력이 있고 취업할 수 있는 적합한 직장이 있는 이의 경우 취업을 전제로 한다. 물론 일할 의사와 능력이 있고 구직활동을 하는데도 일자리를 찾지 못할 경우 생활보호를 받을 수 있다.

아울러 생활보호제도는 민법의 부양의무 규정을 바탕으로 민법에서 규정하고 있는 부양의무자의 부양과 다른 법률에서 규정하는 부조가 〈생활보호법〉상의 급여보다 우선이라고 규정한다. 민법에서는 부부 및 직계혈족 및 형제자매를 절대적 부양의무자로, 3촌 이내의 친척을 상대적 부양의무자로 규정한다.

(2) 생활보호의 기본원칙

생활보호제도를 지지하는 4가지 기본원칙이 있다. 첫째는 신청보호 원칙(제7조)이다. 경제적으로 어려운 상황에 처해 있는 국민의 경우 법률상 보호를 청구할 권리가 보장되는데, 〈생활보호법〉에서는 보호를 필요로 하는 자가 직접 신청하는 것을 전제로 그 권리를 실현하는 것을 원칙으로 한다. 한편 보호를 실시하는 기관은 보호를 필요로 하는 자를 발견하거나, 기초자치단체장에 의해 통보가 있을 경우에는 적절한 조치를 할 필요가 있다. 따라서 〈생활보호법〉은 신청보호를 원칙으로 하면서도, 보호를 필요로 하는 자가 긴급한 상황에 처하게 되었을 때에는 보호를 신청하지 않아도 필요한 보호를 실시(직권보호) 할 수 있도록 명기한다.

둘째는 기준 및 정도의 원칙(제8조)이다. 보호를 구체적으로 실시할 때 어떠한 대상자에게 어느 정도의 보호가 필요한 지가 구체적으로 정해져 있지 않으면, 각 실시기관의 판단에 따라 보호수준이 다르게 적용되어 생활보호의 무차별 평등의 원리에 어긋나게 될 가능성이 높다. 따라서 〈생활보호법〉 제8조에서는 보호의 수준을 후생노동성 장관이 정한 기준으로 측정한, 보호를 필요로 하는 자의 수요를 기준으로 하고, 이 중 보호를 필요로 하는 자가 보유하는 금전 또는 물품으로 충당할 수 없는 부족분을 보충하는 정도로 규정한다.

셋째는 필요 적응의 원칙(제9조)이다. 〈생활보호법〉 제9조에서는 보호를 필요로 하는 자의 연령, 성, 건강상태 등 개인 또는 가구 사정을 고려하여 유효하고 적절하게 실시할 수 있도록 규정한다. 이는 생활보호제도가 기계적으로 적용되는 것을 막고, 보호를 필요로 하는 자 개인의 사정을 고려하여 유효적절하게 보호가 실시되는 것을 주된 취지로 하고 있기 때문이다.

넷째는 가구단위 원칙(제10조)이다. 보호의 필요성과 보호수준을 가구단위로 판정하여 실시하는 원칙으로, 경제적 궁핍이 개인에게 나타나는 현상이라고 하기보다는 생계를 같이 하고 있는 가구 전체를 관찰하여야 파악되는 현상이라고 하는 사회적 통념에 근거한다.

2) 제도의 발전과정

일본의 구제 내지 부조 제도는 꽤 과거로 거슬러 올라갈 수 있다. 1600년대 이후의 에도(江戸) 시대에는 지금의 지방자치단체격인 각 번이 독자적인 구제제도를 실시하였다. 막부에는 고이시카와(小石川) 요양소가 있었다. 이는 1722년 8대 장군 도쿠가와 요시무네(德川吉宗) 가 가난하여 제대로 된 진료를 받지 못하는 빈민들을 위해 지금의 고이시가와 식물원 내에 설치한 무료의료시설이다.

에도시대 중기에는 농촌에서 도시로 유입하는 인구가 증가하였는데, 몰락한 도시 하층민이 빈곤층을 형성하고 있었다. 8대장군 도쿠가와 요시무네는 에도 시대 3개 개혁 중 가장 성공한 개혁으로 평가받는 교호개혁[9]을 실시하며, 이때 고이시가와 요양소가 설치된다. 또한 1790년에도 이시가와지마에 닌소쿠요세바(人足寄場)라는 부랑자 기숙시설을 설치하여 무숙자나 형기 만료자를 받아들이고 이들에게 목공과 도장 등의 기술을 습득시켜 갱생 기회를 제공하였다.

민간인 주도의 구제사업으로 에도시대 말기에 시력이 좋지 않은 자선사업가 오노 다사부로(小野太三郎)[10]가 부랑자 수용시설을 세웠다. 이 시설은 부랑자 구제 목적 외에 마을 치안유지 조직이기도 했다. 훗날 고령자 수용시설과 아동 수용시설로 나눠지며, 고령자 수용시설은 사회복지법인 요후엔(陽風園)이 운영하는 만요엔(万陽苑, 이시가와현 가나자와시 소재)으로 이어진다.

메이지시대 초기에는 사회적 불안과 농민 봉기의 발생 등으로 인해 빈민

---

9) 교호개혁(享保改革)은 25년에 걸쳐 추진되었으며 문치(文治)에서 막부 초기의 무단(武斷) 정치 형태로 돌아갈 것을 주장하고, 검소와 검약을 중시했다. 조세제도를 개혁하고, 〈정면법〉(과거 5년, 10년 또는 20년의 실적에 근거하여 조세금액을 정해, 일정 기간, 그해의 풍작이나 흉작에 관계없이 정액을 징수하도록 한 징세법의 하나), 상미령(일종의 통행세) 등을 시행해 막부 재정을 안정시켰다. 신전 개발을 장려하고 다시다카제(足高制, 녹봉에 대한 세습을 금지하면서 재직 중에만 급여를 올려주는 막부후기 관리급여 제도)로 지출을 줄였다. 이외에도 재판 기일을 단축하고 화재에 강한 도시 구축에 나섰다. 신문고 같은 메야스바코(目安箱)를 최고재판기관인 평정소 앞에 설치해 백성들의 의견과 불만을 반영했다.

10) 가가(加賀, 石川県) 출신으로 1840년에 태어나 1912년 사망한 자산사업가다. 16세에 눈병을 앓아 맹인에 대한 배려심이 매우 컸다. 1873년 가옥 1동을 구입해 맹인 20여 명을 수용, 구제한 것이 복지사업의 출발이었다. 1879년 6동의 가옥을 추가 구입해 생활곤궁자 2백여 명을 수용, 구호에 진력한다. 1906년 (재)小野慈善院을 설립해 1만여 명의 궁민을 수용, 구제, 교육해 많은 이들을 갱생시켰다. 가나자와시에 있는 현 사회복지법인 小野陽風園이 그 후신이다.

이 증가한다. 지방자치단체인 사가현 등이 정부에 어려운 백성들의 구제정책을 요구하자 이를 받아들여 1874년 현재 〈생활보호법〉의 뿌리인 휼구규칙(恤救規則)이 제정된다.

휼구규칙은 일할 능력이 없는 70세 이상의 고령자와 13세 이하의 아동, 병과 장애로 일할 수 없는 자들이 생계를 유지하도록 금전(성인 쌀 1섬 8되, 아동 7되)을 제공하였다. 일본에서 최초로 시행된 〈구빈법〉이라고 할 수 있다. 흥미 있는 점은 정부가 〈구빈법〉을 제정만 했지 구제를 의무화하지 않았다는 것이다. 즉, 빈민구제는 왕의 자비와 은총에 의한 것이지 정부가 책임질 의무가 아니라고 보았다. 이러한 시각에서 휼구규칙은 정부 책임보다 주민 간의 상부상조를 강조한다.

1929년 〈구호법〉이 제정(1932년 시행)되면서 휼구규칙은 1931년 폐지된다. 〈구호법〉은 기초자치단체장이 주체가 되어 65세 이상 노약자와 13세 이하 아동, 임산부, 신체장애인 등 중에서 부양의무자가 부양할 수 없는 자에게 생활부조와 의료, 조산, 생업부조를 제공했다. 하지만 〈구호법〉도 휼구규칙처럼 국가책임이 명확하지 않고, 실업에 따른 가난은 구호 대상으로 간주하지 않았다. 이처럼 구호가 차별적이고 제한적으로 실시되면서 보호를 필요로 하는 많은 빈민들이 법의 보호를 받지 못하는 문제가 생겼다.

1945년 8월 패전 이후에 전쟁 피해자, 귀환자11) 등으로 실업자가 급증하면서 〈구호법〉으로 이들을 보호하기 어려워진다. 정부는 1945년 12월 15일, 임시조치로 주거 및 의료생활에 필요한 생활필수품과 식료품을 보급하는 '생활곤궁자 긴급생활 원호요강'을 내각에서 결정하여 1946년 4월부터 실시한다. 같은 해 9월에는 〈생활보호법〉이 제정되어 10월부터 시행되고, 종래의 〈구호법〉, 〈모자보호법〉, 〈군사부조법〉, 〈의료보호법〉 등이 폐지된다. 〈생활보호법〉은 요보호자에 대한 생활보호를 국가책임으로 명문화한다.

---

11) 1946년 말까지의 귀환자수는 약 5백만 명에 달한다.

이후 사회복지의 방향성에 대해 각 방면에서 논의가 이루어지면서 생활보호 강화 필요성이 제기되고, 논의를 거쳐 1950년 5월 〈생활보호법〉을 전면개정하여 현 〈생활보호법〉이 제정된다. 이후 생활보호제도로 대표되는 일본 공공부조의 변천과정을 정리하면 〈표 11-1〉과 같다.

법제정 이후 초기 운영기간을 제외하면 급여수준 확대 등의 개정보다 급여수준을 낮추고 심사를 엄격히 하는 등 급여수준과 수급대상자수 억제를 염두에 둔 개정 움직임이 일관된 흐름이었다고 정리할 수 있다. 특히 2013년 이후 생활보호 기준을 인하하여 생활보호비 지출 총액을 억제하려는 움직임이 가시화하고 있다.

〈표 11-1〉 공공부조의 변천과정

연도	주요내용
1929	〈구호법〉 제정, 1932년 시행, 제공 급여는 생활보호보다 미흡(4종+매장비)
1946	GHQ 지령(SCAPIN775, 2월 27일)-공공부조 3원칙: 무차별 평등·국가책임·필요충족. 이후 일본의 사회보장, 사회복지의 중요 지도원리로 작용
1947	일본국 헌법 공포
1950	〈개정 생활보호법〉(현행법)
1954~1957	제1차 적정화기-의료부조 중심으로 한 적정화, 아사히 소송[1]
1964~1967	제2차 적정화기-취업 능력 요건 중심으로 한 적정화
1981~1990	제3차 적정화기-123호 통지[2] 근거하여 생활보호대상자 인정 엄격화
2000	〈개호보험법〉 시행으로 개호부조 창설
2003	생활보호 현황과 향후 방향에 관한 전문위원회 설치
2005	생활보호 실시 요강 개정-고교취학비용을 생업부조에 도입
2006	생활보호 노령가산 폐지(3월말)
2007	생활보호 모자가산 일부폐지(아동이 16세 이상) 고령자가구 대상 역모기지제도 도입
2009	생활보호의 모자가산 완전폐지(3월말) 민주당정권 성립으로 모자가산 부활(12월)
2013	생활보호기준 대폭인하 단행. 〈개정 생활보호법〉 성립
2014	〈개정 생활보호법〉 시행
2015	〈생활곤궁자자립 지원법〉 시행. 주택부조와 동계가산 삭감

주: 1) 아사히 소송은 1957년 당시 국립오카야마요양소에 입소해 있던 아사히 시게루 씨가 당시의 후생성 장관을 상대로 헌법 제25조에 규정된 건강하고 문화적 최저한도의 생활수준을 영위할 권리와 〈생활보호법〉의 내용에 대해 다툰 행정소송이다.
2) 123호 통지는 생활보호비에 대한 국고지출을 축소하기 위해 보호의 적합성에 대한 조사를 철저히 할 것을 복지사무소에 요구한 것이다.
자료: 伊藤周平, 2015.

3. 생활보호제도의 기본구조

1) 생활보호대상과 시행기관

생활보호대상은 원칙적으로 생활이 어려운 일본국민이지만, 합법적으로 일본에 체류하거나 영주 또는 정주 등의 재류자격을 소유한 생활이 어려운 외국인도 포함한다. 후자의 경우는 인도적 차원에서 〈생활보호법〉에 준한 보호를 실시한다. 생활보호제도 이용 희망 시 다음과 같은 과정을 거쳐야 한다.

> 접수 → 상담 → 신청 → 조사 → 판정 → 급여지급개시 결정 → 급여지급

신청업무는 일반적으로 신청자의 거주지 관할 복지사무소에서 담당한다. 거주지란 생활보호 신청자의 거주 사실의 계속성 및 기대성이 있는 장소로, 주민등록 등 형식적인 요건은 필요하지 않다. 홈리스 등 같이 거주지가 없는 경우에는 신청자가 있는 장소(현재지) 관할 복지사무소가 보호를 실시한다.

보호 희망자는 복지사무소를 방문하여 생활보호 신청 이전에 직원(case-worker)과 상담하는데, 상담만 받고 생활보호를 신청하지 않는 경우도 적지 않다. 신청 후 해당 가구의 수입, 기타 생활 상황을 확인하기 위한 조사가 실시되며, 이 결과를 토대로 생활보호 지원 여부가 결정된다. 결정은 신청일로부터 14일 이내에 실시하며 특별한 사정이 있을 때에는 30일까지 연장할 수 있다.

관련업무를 주관하는 행정기관은 도도부현(都道府県, 광역자치단체)과 시구정촌(市區町村, 기초자치단체)에 설치된 복지사무소다. 복지사무소는 〈사회복지법〉제14조에 근거하여 설치된 기관으로 도도부현과 시(市)에는 설치가 의무화되어 있지만, 구정촌(區町村, 기초자치단체)에는 그렇지

않다.[12] 2016년 4월 기준 전국에는 총 1,247개(도도부현 208개, 시 996개, 정촌 43개)의 복지사무소가 있다.

복지사무소는 〈사회복지법〉에 의해 소장 외에 사찰지도원, 면접원 및 케이스워커를 포함한 현업원 및 사무직원을 배치한다. 복지사무소에서 실제로 생활보호 관련업무를 담당하는 자는 현업원으로, 이들은 수급자의 자산 및 생활환경 등을 조사하고 보호의 필요성 및 보호의 종류를 판단하여 본인에게 생활지도를 실시하는 등의 업무를 담당한다.

현업원은 시 지역은 수급자 80가구당 1명, 군 지역에서는 수급자 65가구당 1명을 배치하며, 현재 현업원은 전국에 약 1만 8천 명 존재한다. 현업원은 법률에 의해 사회복지주사(社会福祉主事) 자격을 보유할 필요가 있으며, 이 자격은 대학 등에서 후생노동성 장관이 지정한 사회복지 관련 전문 과목을 수료한 자 등에게 부여한다.

<그림 11-1> 생활보호 실시 체제

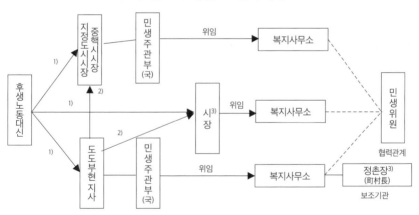

주: 1) 법정수수탁사무의 위탁, 감사지도, 기술적 조언, 권고, 시정지시 등.
    2) 감사지도, 기술적 조언, 권고 및 시정지시 등.
    3) 복지사무소에서 관리하는 정촌장은 시장과 동일하게 취급함.
자료: 생활보호제도연구회, 2016.

───────────

12) 시구정촌에 설치된 복지사무소가 해당구역만 관리하는 것과는 달리, 도도부현에 설치된 복지사무소는 복지사무소가 설치되어 있지 않은 정촌구역을 함께 관리할 필요가 있다.

현업원은 수급자가구를 지구별로 담당해 지구담당원으로 불리거나, 개별 수급자가구의 상담에 응하는 케이스워크(casework) 13) 전문가라는 점에서 케이스워커(caseworker)로 호칭된다. 한편 사찰지도원은 현업원의 업무를 파악하고 지도 및 감독한다. 생활보호 실시 체제는 〈그림 11-1〉과 같다.

2) 생활보호의 종류와 범위

생활보호급여에는 생활부조, 교육부조, 주택부조 의료부조, 개호부조, 출산부조, 생업부조, 장제부조 등의 세부 제도가 있다. 이 중 생활부조, 주택부조, 교육부조, 의료부조, 개호부조는 계속 지급되며, 출산부조, 생업부조, 장제부조는 사안이 있을 때만 지급된다(〈부도 11-1〉). 이하에서는 각각의 급여에 대해 설명한다.

(1) 생활부조

생활부조는 수급자가 최저한도의 생활을 유지할 수 있도록 의복 및 음식물에 필요한 비용과 광열수도비 등과 같은 금품을 지급하는 급여이다. 생활부조는 의복 및 음식물과 같이 개인단위로 소비되는 생활비에 대한 급여(제1류비)와 광열 수도비 등과 같이 가구 전체가 같이 지출하는 급여(제2류비)로 구분된다. 제1류비는 기준금액이 연령별('0~2세'부터 '70세 이상'까지 8구분)로 설정되어 있는 반면, 제2류비는 가구인원별로 설정되어 있다. 또한 제2류비에는 동절기의 난방비 등에 대한 동절기 가산금액이 별도 계상되는데, 지역별로 기온이 달라 난방비 등의 필요금액에 차이가 있는 점을 고려하여 광역자치단체를 기준으로 6지역으로 구분하여 동절기 가산금액을 차등 설정한다.

---

13) 정신적, 신체적, 사회적 결함을 가진 자의 경력 및 환경 등을 조사하여 정상적 생활로 돌아오게 하는 업무를 가리킨다.

(2) 교육부조

수급자가구의 아동이 의무교육을 받기 위해서 필요한 교과서, 학용품, 통학용품, 학교급식 및 기타 의무교육에 필요한 것들이 지원되며, 기본적으로는 현금급여가 지급된다. 단 교육부조는 의무교육기간(초등학교, 중학교)에 한정된 급여로, 고등학교 취학에 필요한 비용은 생업부조에서 지급된다.

(3) 주택부조

주거 및 주택보수 또는 주택을 유지하기 위해 필요한 비용이 지급되는 급여로, 임대주택의 경우 일반기준과 특별기준을 조합해 월세 상당액이 지급된다.

(4) 의료부조

수급자가 부상이나 질병에 의해 의료서비스를 필요로 할 때 제공되는 급여이다. 의료부조는 국민건강보험과 동일한 의료서비스가 수급자의 부담 없이 제공되는 급여로, 수급자가 의료부조를 이용하는 경우 사전에 복지사무소에 의료권의 발행을 신청하여, 지정의료기관에 의료권을 제출하면 현물급여(투약, 조치, 수술 등)에 의한 의료서비스가 제공된다.

(5) 개호부조

수급자에게 개호보험과 동일한 개호서비스를 제공하는 급여이다.

(6) 출산부조

수급자가 출산 시에 지급되는 급여로, 원칙적으로는 현금이 지급된다.

(7) 생업부조

생업에 필요한 자금, 기구 및 재료를 구입하는 데 필요한 비용, 또는 기능습득에 필요한 비용, 취로를 위한 준비비용 등이 필요시에 지급되는 급여로, 원칙적으로 현금이 지급된다. 2005년부터 고등학교 취학비가 생업부조에서 지급된다.

(8) 장제부조

생활이 어려운 자가 장례를 치를 필요가 있을 때 지급되는 급여로 원칙적으로 현금이 지급된다(사체 운반, 화장 또는 매장, 납골 등에 필요한 비용이 지급).

3) 최저생활비 체계와 계산방식

(1) 생활부조 기준 계산방식 변천

생활부조 기준의 계산방식은 초기에는 표준생계비방식으로 실시되다가, 이후 마켓바스켓방식, 엥겔방식, 격차축소방식을 거친 후에 현재는 수준균형방식이 적용된다. 각 방식의 실시 시기 및 개요는 다음과 같다.

- 표준생계비방식(1946~1947년): 당시의 경제안정본부가 정한 가구인원별 표준생계비를 산출하여 생활부조기준으로 하는 방식.

- 마켓바스켓방식(1948~1960년): 최저생활을 영위하기 위해 필요한 식료품비와 의류, 살림에 사용되는 기기, 입욕요금 등 생활과 관련된 품목과 수량을 정하고 그 구입가격 등을 고려하여 최저생계비를 산정하는 방식.

- 엥겔방식(1961~1964년): 엥겔방식은 영양심의회의 답신을 참고로 표준적으로 필요한 영양소요량을 충족할 수 있는 식료품비를 이론적으로 계산하고, 그 음식물과 동액의 식료품비를 실제로 지출하고 있는 저소득가구의 엥겔계수(총 생활비 지출에서 식료품비 지출이 차지하는 비율을 계산한 값)로 나누어 총 생활비를 산출하는 방식이다. 정부가 기존의 마켓바스켓방식 대신에 엥겔방식을 채택한 이유는 마켓바스켓방식에 의한 생활보호기준이 너무 낮았기 때문이라고 할 수 있다. 엥겔방식으로 변경한 이후 생활부조의 기준액은 평균 18% 정도 인상되었다. 후생노동성은 원래 마켓바스켓방식과 비교하여 생활부조의 기준액을 26%까지 인상할 계획이었지만 당시의 대장성(大藏省) 반대로 18% 인상에 만족해야만 했다.

- 격차축소방식(1965~1983년) : 일반국민의 소비수준의 증가율 이상으로 생활부조기준을 인상하여 결과적으로 일반국민과 생활보호 피보험가구 사이의 소비수준 격차를 축소하려는 방식.
- 수준균형방식(1984년~) : 생활부조의 기준액, 즉 건강하고 문화적이며 사회적인 생활을 영위할 수 있는 국가최저한의 기본금액은 1984년 이후 수준균형방식에 의해 결정된다. 수준균형방식은 생활보호 수급가구의 소비수준과 일반국민의 소비수준의 균형을 맞추는 방식으로, 구체적으로는 일반근로가구의 1인당 소비지출액과 생활보호 피보호근로자가구의 1인당 소비지출액을 비교하여 후자가 전자의 60%대가 되도록 최종소비지출지표를 참고하여 생활부조 급여액을 정하는 방식이다.

〈표 11-2〉는 일반근로자가구와 생활보호 피보호근로자가구의 1인당 소비지출액 추이(1984~2000년)를 보여주는데, 생활보호 피보호근로자가구 소비지출액은 일반근로자가구 소비지출액의 67~69%선이다.

〈표 11-2〉 근로자가구 1인당 소비지출액 추이: 일반·생활보호 가구

(단위: 엔)

연도	일반근로자가구 소비지출액(A)	생활보호 피보호근로자가구 소비지출액(B)	격차 (B/A)	연도	일반근로자가구 소비지출액(A)	생활보호 피보호근로자가구 소비지출액(B)	격차 (B/A)
1984	75,149	50,447	67.1%	1993	97,157	66,248	68.2%
1985	76,518	51,700	67.6%	1994	97,144	66,726	68.7%
1986	78,161	53,602	68.6%	1995	100,623	67,241	66.8%
1987	79,350	54,360	68.5%	1996	100,553	68,540	68.2%
1988	82,559	56,376	68.3%	1997	98,046	89,048	90.8%
1989	86,147	59,058	68.6%	1998	98,652	70,002	71.0%
1990	90,432	62,182	68.8%	1999	98,046	66,931	68.3%
1991	94,108	64,220	68.2%	2000	98.652	68,396	69.3%
1992	96,254	65,591	68.1%				

자료: 사회보장심의회복지부회, 2004.

(2) 최저생활비 사례

최저생활비는 후생노동성 장관이 생활보호 수급자의 연령, 가구구성, 소재지 등을 고려하여 정한 기준액과 각종 가산액을 합산하여 결정한다. 〈부표 11-1〉은 가구유형별 생활부조와 주택부조의 금액을 나타낸다. 1급지-1은 토지가격이 가장 높은 지역을, 3급지-2는 토지 가격이 가장 낮은 지역을 의미한다. 또한 생활부조와 주택부조에 추가적으로 나머지 부조를 이용하는 것도 가능하다.

4. 생활보호 수급가구 및 수급자 동향

1) 수급가구 및 수급자 동향

생활보호제도의 수급가구 및 수급자수는 매년 증가하는 경향이다. 후생노동성이 2016년 9월 발표한 조사결과에 의하면 2016년 6월 기준 생활보호 수급가구수는 163.5만 가구다.

장기적으로는 1952년에 약 70만 가구였던 생활보호 수급가구는 이후 점차 감소 경향을 보이다 진무(神武) 경기[14] 시의 호황으로 1958년 58만 가구로 크게 준다. 하지만 이후 정부가 석유산업 합리화 정책을 실시함에 따라 이직자가 대량으로 발생하면서 1964년 65만 가구까지 증가한다. 이후 경기가 회복됨에 따라 수급가구는 다시 감소하지만, 1971년 후반의 달러쇼크[15]의 영향 등으로 1974년에는 69.7만 가구까지 일시적으로 증가한다.

---

14) 1954년 12월부터 1957년 6월까지 진행된 경제호황기이다.

15) 이 해 8월 15일 미국의 닉슨 대통령에 의해서 발표된 미국 달러지폐와 금의 태환(兌換, 1온스당 35달러) 일시정지 등으로, 달러 기축통화에 입각한 브레턴우즈 체제가 종결을 고하는 등 세계경제 질서의 재편을 가져오게 된 사태를 지칭한다.

하지만 이후 노인의료비 무료화 정책 등 복지정책의 충실화로 1975년 다시 68.9만 가구로 준다. 1973년 후반의 석유위기에 의한 불황과 고도성장에서 안정성장으로의 전환 등 사회경제 정세가 바뀌면서 1974년 9월의 68.3만 가구에서 1985년 79만 가구로 증가한다. 이후 경기가 회복되면서 수급가구는 1993년 58.6만 가구로 줄지만 거품경제 붕괴와 이후의 장기 불황기에 수급가구가 계속 증가하여 2005년 마침내 100만 가구를 넘어선다. 장기 불황 등의 영향으로 이후에도 지속적으로 증가하여 2016년 6월 163만 가구에 달한다.

한편 가구가 아닌 수급자수는 1952년 204.3만 명에서 1995년 88.2명으로 줄어다가 다시 증가하여 2016년 6월 214.7만 명에 달했다. 수급자수는 2015년 3월의 217.4 만 명을 정점으로 이후 감소하고 있다.

수급가구 증가에도 불구하고 수급자수가 줄어드는 것은 가구인원이 적은 고령자 1인가구가 늘고, 이들 가구가 생활보호가구에서 차지하는 비율도 점점 높아지고 있기 때문이다.

인구 100명당 수급률을 보면 2016년 6월 기준 1.7%다(〈그림 11-2〉). 이 값은 과거에 비해 꽤 높아진 수치다. 전후 혼란이 아직 남아 있던 1952년에는 2.4%로 높았지만 이후 경제성장과 더불어 낮아져 1995년 0.7%에 이른다. 이후 장기적인 경기침체 등으로 다시 커져 지금의 수준에 달했는데 이는 1960년 1.74%에 유사한 값이다.

그렇지만 지금과 1960년의 경제상황은 매우 다르다. 1960년에는 공적연금(노령연금 등)이 성숙하지 않아 일정수준 이상의 연금을 받는 수급자가 많지 않았다. 그래서 정부가 생활보호 같은 공공부조로 저소득자 대상의 소득보장에 나선 결과 위의 수급률이 얻어졌다. 그런데 지금은 공적연금이 성숙되어 수급자수와 연금액 면에서 그때와 비교가 되지 않을 만큼 커졌다. 결국 지금의 일본사회가 이전보다 격차가 확대되고 불평등도가 높아졌음을 시사한다.

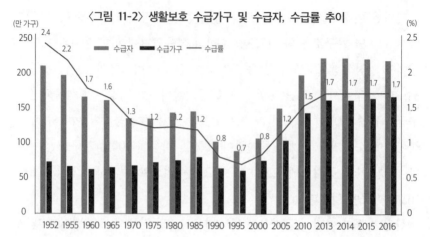

〈그림 11-2〉 생활보호 수급가구 및 수급자, 수급률 추이

주: 2000년도까지는 후생노동성〈피보호전국일제조사(기초조사)〉, 2001년도 이후는 후생노동성
〈피보호조사〉를 참고했다.
자료: 생활보호제도연구회, 2017.

또한 우리나라의 차상위계층처럼 경제적으로 어려운 상황이지만 수급기
준을 충족하지 못해 생활보호급여를 받지 못하거나, 수급기준을 충족함에
도 강한 낙인 의식 등으로 생활보호 신청에 나서지 않는 이들이 적지 않게
있다. 이들에 대한 지원대책 마련 역시 중요한 과제로 대두되었다.

실제의 생활보호 포착률[16]이 다른 선진국에 비해 낮은 것으로 알려져 있
는데, 예를 들어 2007년 국민생활기초조사에 의한 생활보호 포착률은 소득
만 반영했을 때 15.3%, 자산을 고려했을 때 32.1%로 낮게 나타났다. 한
편 생활보호문제대책전국회의와 전국생활보호재판연락회 등 60개 단체는
2011년 9월에 연맹으로 '이용자수의 증가가 아니라 빈곤의 확대가 문제'라
며 생활보호제도의 개정과 빈곤문제 해결에 대한 적극적 대책 마련의 필요
성을 제기했다.

〈그림 11-3〉은 생활보호 수급가구의 가구인원별 구성비 추이를 나타내
는데, 1960년에 35.1%였던 1인가구 비율은 2014년에는 77.3%까지 크게

---

16) 소득이 생활보호 기준 이하인 가구로 실제로 생활보호 적용을 받는 가구의 비율이다.

상승하였다. 이처럼 1인가구 비율이 급증한 이유로는 고령자가구, 특히 고령자 1인가구가 증가한 점을 들 수 있다. 〈그림 11-4〉를 보면 1965년에 22.9%였던 고령자가구[17]의 비율이 2016년 6월에는 전체 수급가구의 절반을 넘는 51.2%까지 상승한 것을 확인할 수 있다.

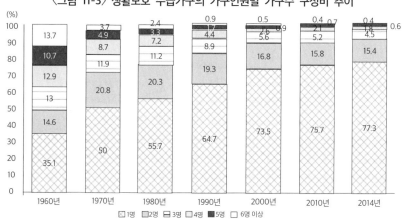

〈그림 11-3〉 생활보호 수급가구의 가구인원별 가구수 구성비 추이

주: 2000년도까지는 후생노동성 〈피보호전국일제조사(기초조사)〉, 2001년도 이후는 후생노동성
〈피보호조사〉를 참고했다.
자료: 생활보호제도연구회, 2017.

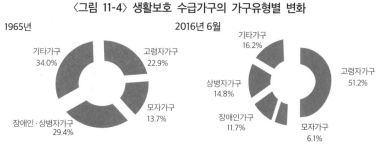

〈그림 11-4〉 생활보호 수급가구의 가구유형별 변화

주: 2000년도까지는 후생노동성 〈피보호전국일제조사(기초조사)〉, 2001년도 이후는 후생노동성
〈피보호조사〉를 참고했다.
자료: 생활보호제도연구회, 2017.

---

17) 남녀 모두 65세 이상 고령자만으로 구성된 가구, 또는 이 가구와 같이 18세 미만인 자가
함께 생활하는 가구이다.

한편 1965년에 34.0%로 수급가구 중에서 가장 높은 비율을 차지하였던 기타가구 비율은 2016년 6월에는 16.2%로 고령자가구의 비율과는 반대로 절반 정도 수준으로 감소한 것으로 나타났다. 하지만 1990년대 거품경제의 붕괴 후 경기침체가 장기적으로 계속되면서 기타가구 비율이 다시 증가하는 경향을 보인다(〈그림 11-5〉).

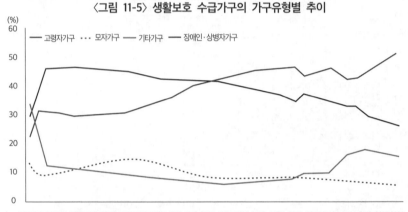

〈그림 11-5〉 생활보호 수급가구의 가구유형별 추이

자료: 후생노동성, 각 연도.

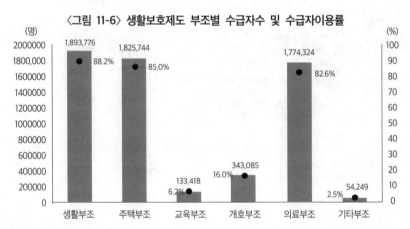

〈그림 11-6〉 생활보호제도 부조별 수급자수 및 수급자이용률

자료: 후생노동성, 2016 재구성.

〈그림 11-6〉은 2016년 6월 현재 생활보호제도의 부조별 수급자수를 나타 낸다. 생활부조가 적용되는 수급자수는 189만 3,776명(적용률 88.2%)으로 전체 수급자 중 88.2%가 적용되어 가장 높은 비율을 차지했으며, 다음으로 주택부조(1,825,744명, 85.0%)와 의료부조(1,774,324명, 82.6%) 순이었다.

2) 수급자 증가의 배경

(1) 고령화의 진행

생활보호 수급자가 증가하고 있는 가장 큰 이유로는 고령자의 증가를 들수 있다. 고령자가구는 현역가구에 비해 가구소득이 적으며, 또한 소득의 대부분을 연금에 의존하는 경우가 많다. 후생노동성이 2013년에 실시한 〈국민생활기초조사〉에 의하면, 전체가구의 연간 평균소득이 537.2만 엔인데 비해 고령자가구의 연간평균소득은 309.1만 엔으로 전체가구의 소득 수준을 크게 밑돌고 있는 것으로 나타났다.

고령자가구의 소득내역을 보면 공적연금이 211.9만 엔으로 전체소득의 약 68.5%에 달해, 공적연금의 비율이 상당히 높은 것을 알 수 있다. 일본에는 일찍부터 공적연금제도가 도입되어 대부분의 고령자가 공적연금을 받아 생활하지만, 모든 고령자가 상기 평균치만큼의 연금급여를 받는 것은 아니다.

무연금 및 저연금 고령자에 대한 통계는 많지 않지만, 2016년 시점에서 65세 이상 고령자 중 무연금자는 90만 명 정도로 추정된다. 또한 노령연금 수급자 중 1층부분인 노령기초연금만 수령하는 고령자도 적지 않다. 2014년 기준 767만 명으로, 이들의 월평균 연금수령액은 55,108엔 수준이다(〈표 11-3〉). 부부 2명이 연금을 받더라도 가구 월평균 연금액은 약 11만 엔 정도로, 2인가구 표준생계비 158,890엔을 크게 밑돈다. 연금급여만으로는 표준적인 생활을 유지하기 어렵다고 할 수 있다(〈표 11-4〉).

<표 11-3> 기초연금 수급자의 평균연금월액

(연말 기준, 단위: 엔)

연도	노령기초연금	신규재정	통산노령연금	장애기초연금	유족기초연금
2010	54,596 (49,371)	49,191 (53,882)	18,432 (18,432)	73,936 (74,185)	80,781 (67,002)
2011	54,682 (49,632)	50,013 (54,148)	18,436 (18,436)	73,816 (74,089)	80,424 (66,583)
2012	54,856 (49,987)	51,088 (55,061)	18,561 (18,561)	73,479 (73,759)	80,534 (66,858)
2013	54,622 (49,958)	51,511 (55,401)	18,497 (18,497)	72,607 (72,890)	80,194 (66,894)
2014	54,497 (50,040)	51,063 (55,108)	18,485 (18,485)	71,995 (72,265)	80,404 (68,378)

주: 괄호 안 수치는 1층부분인 기초연금의 수급권만 가진 수급자의 평균급여액이다.
자료: 후생노동성 연금국, 2015.

<표 11-4> 가구인원별 표준생계비(2015. 4)

(단위: 엔)

항목\가구원	1인	2인	3인	4인	5인
식료품	27,800	34,050	45,800	57,550	69,300
주거관계	43,190	58,260	50,360	42,460	34,560
의복, 신발	4,740	5,950	7,830	9,700	11,580
장비 I	27,370	36,890	56,030	75,190	94,340
장비 II	11,620	23,740	27,100	30,450	33,800
합계	114,720	158,890	187,120	215,350	243,580

자료: 인사원, 2015.

<그림 11-7> 65세 이상 연금수급자의 수급상황 및 수급액별 분포

65세 이상 자의 연금수급 상황

구분		수급자	구성비율(%)
생활보호 수급자수		2,127,602	-
65세 이상 수급자수		924,979	-
연금수급자		442,272	47.8
연금수급금액별	1만 엔 미만	27,322	3.0
	1만 엔대	41,798	4.5
	2만 엔대	59,781	6.5
	3만 엔대	74,370	8.0
	4만 엔대	56,711	6.1
	5만 엔대	44,944	4.9
	6만 엔대	48,760	5.3
	7만 엔대	33,922	3.7
	8만 엔대	23,869	2.6
	9만 엔대	13,015	1.4
	10만 엔대	7,892	0.9
	11만 엔대	4,567	0.5
	12만 엔 이상	5,171	0.6
평균연금액		47,162	-
무연금자		482,707	52.2

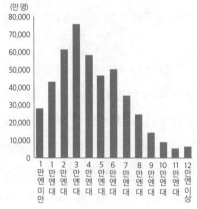

65세 이상 수급자의 연금액별 분포

자료: 후생노동성, 2016e.

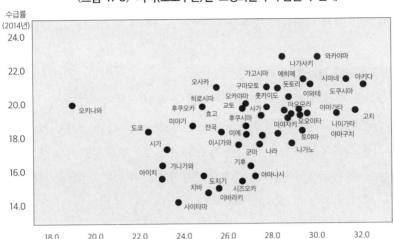

〈그림 11-8〉 지역(도도부현)별 고령화율과 수급률의 관계

자료: 후생노동성, 2017; 내각부, 2016.

　문제는 무연금 및 저연금 고령자의 상당수가 생활보호에 의존한다는 점이다. 65세 고령자 중 생활보호 수급자 비율은 2013년 시점에서 2.76%로 전 인구에 대한 생활보호 수급자의 비율 1.67%를 크게 상회한다.

　후생노동성이 2016년 7월에 사회보장심의회 생활보호기준부회에서 발표한 자료(第24回社会保障審議会生活保護基準部会, 2016)에 의하면 65세 이상 생활보호 수급자 92만 4,979명 중 48만 2,707명(52.2%)이 공적연금의 수급을 전혀 받지 못하는 것으로 밝혀졌다.[18] 또한 생활보호 수급자인 65세 이상 고령자의 평균연금액은 1인당 47,162엔으로 밝혀졌는데, 이는 인사원이 제시하는 1인가구 표준생계비 11만 5,530엔을 크게 밑도는 수준이다(〈그림 11-7〉).

　고령화가 생활보호의 수급률에 미치는 영향은 지역(도도부현)별 데이터를 통해서도 확인할 수 있다. 〈그림 11-8〉은 지역(도도부현)별 고령화율

---

18) 2014년 7월말 특별추계.

과 수급률의 관계를 나타내는데, 고령화율이 높은 지역일수록 생활보호의
수급률이 높게 나타나는 것을 확인할 수 있다.

(2) 국제화와 격차 확대[19]

생활보호 수급자 증가의 한 가지 이유로 경제의 국제화가 진행되면서 일본
내 빈곤층 증가 등 격차가 확대되고 있는 점을 들 수 있다. 정부의 공식발표
에 의한 상대적 빈곤율은 2012년 기준 16.1%로, 과거 최고치를 갱신했다.
이는 전 인구 중 약 2천만 명, 즉 6명 중 1명 정도가 빈곤층이라는 계산이다.

이처럼 빈곤층이 증가하자 정부는 2014년 4월 소비세율 인상(5%에서
8%로)과 함께 저소득층에게 1인당 만 엔의 특별급여를 지급한다. 지급대
상은 주민세 균등분(주민세 중 소득수준과 관계없이 납부하는 부분)이 면제되
는 가구에 속하는 가구원으로, 약 2천 4백만 명이 이에 해당했다. 따라서
일본의 빈곤층은 상대적 빈곤율을 기준으로 했을 때는 약 2천만 명, 주민
세 균등분의 면제대상을 기준으로 했을 때는 약 2천 4백만 명으로 추계할
수 있는데, 어느 수치를 빈곤층으로 적용하더라도 상당히 큰 규모임은 틀
림없는 사실이라고 할 수 있다.

또한 아동의 상대적 빈곤율도 1990년대 중반부터 상승하여 2012년에는
16.3%에 달하였다(〈그림 11-9〉). 특히 아동이 있는 현역세대 중 성인 1명
만 있는 가구의 상대적 빈곤율은 54.6%로 성인이 2명 이상인 가구의 상대
적 빈곤율 12.4%를 크게 상회하는 것으로 나타났다(〈그림 11-10〉).

OECD에서는 등가가처분소득(가구의 가처분소득을 가구원수의 제곱근으로
나눈 것)이 전 인구 중앙치의 절반 미만인 가구원을 상대적 빈곤자로 정의하
는데, 상대적 빈곤율은 전 국민에서 차지하는 상대적 빈곤자의 비율을 의미
한다. 2013년의 국민생활기초조사에 의해 산출된 일본의 등가가처분소득

---

19) 김태완·김문길·이주미·김기태·김명중·홍성우(2016: 118~119) 부분 인용.

의 중앙치는 244만 엔으로, 단신가구는 이 절반에 해당하는 금액 122만 엔에 미치지 못하는 경우 상대적 빈곤자로 분류된다. 단신가구의 연간소득 122만 엔[20]을 12개월로 나누면 약 10.2만 엔이 되는데, 1개월의 수입이 10.2만 엔을 넘지 못하는 자가 일본 내에 약 2천만 명 정도가 존재하고 있는 점을 빗대어서 '2천만 명의 빈곤'이라는 신조어까지 탄생하게 되었다.

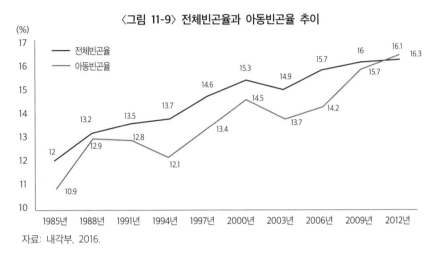

〈그림 11-9〉 전체빈곤율과 아동빈곤율 추이

자료: 내각부, 2016.

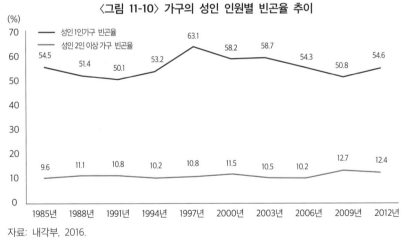

〈그림 11-10〉 가구의 성인 인원별 빈곤율 추이

자료: 내각부, 2016.

20) 2인가구는 약 170만 엔, 3인가구는 약 210만 엔, 4인가구는 약 245만 엔이다.

5. 생활보호급여비 동향과 제도개혁

1) 생활보호급여비 동향

생활보호급여비의 재원은 전액 공비부담으로 최근 생활보호 수급자가 증가함에 따라 생활보호 재정을 충당하기 위한 정부부담도 계속해서 증가하고 있는 추세다. 실제로는 보호의 실시기관인 도도부현 및 시정촌이 급여비를 지불하지만, 〈생활보호법〉제75조에 의해 정부는 도도부현 및 시정촌이 지불한 급여비의 3/4을 부담하도록 되어 있다. 그리고 지방 부담분에 대해서는 중앙정부 및 각 지방공공단체에 교부되는 지방교부세의 기준재정수요액에 산입하는 것으로 일정한 재원 보장을 실시하고 있다. 중앙정부 부담률은 1984년의 8/10에서 1985~1988년도에는 7/10로 축소되었으며, 1989년 이후 다시 3/4으로 조정되어 지금에 이른다.

〈표 11-5〉는 1965년부터 2016년까지의 중앙정부 예산 대비 생활보호급여비(당초예산)의 추이를 나타낸다. [21] 중앙정부 예산 내 비율이 점차 증가하는 것을 알 수 있다. 그리고 사회보장관계비와 후생노동성 예산 대비 비율은 점차 하락하다가 21세기에 들어와 하락세가 멈췄다. 이는 1990년대 말까지는 공적연금과 의료비 지출이 생활보호급여비보다 빠르게 늘었지만 이후 생활보호급여비가 빠르게 늘면서 양자의 증가율이 근접하고 있기 때문에 나타나는 현상으로 이해할 수 있다.

〈표 11-6〉은 1990년부터 2013년까지의 생활보호급여비를 부조별로 나타내는데, 1990년 1.3조 엔이던 생활부조 급여비는 2013년에는 3.6조 엔까지 증가하였고 이후로도 계속 증가하는 추세다(생활보호급여비의 2016년도 예산은 3.8조 엔). 부조별로는 의료부조에 대한 급여비가 약 1.7조 엔으

---

21) 최근 연도에 대한 좀더 상세한 내용은 〈부표 11-2〉를 참조하길 바란다.

로 전체 급여비의 47.0%로 가장 높은 비율을 차지했고, 다음으로 생활부조에 대한 급여비(1조 2억 엔)와 주택부조에 대한 급여비(5,799억 엔)의 순으로 나타났으며, 실제로 이 3가지 부조(의료부조, 생활부조, 주택부조)에 지급되는 급여비의 합계액이 전체 생활보호급여비의 96.8%를 차지한다.

〈표 11-5〉 생활보호급여비의 예산 내 비율 추이(1965~2016년)

(단위: 조 엔, %)

구분		1965	1975	1985	1995	2005	2010	2015	2016
예산액	일반회계예산(A)	3.7	21.3	52.5	71.0	82.2	92.3	96.3	96.7
	일반세출예산(B)	2.9	15.8	32.6	42.1	47.3	53.5	57.4	57.8
	사회보장관계비(C)	0.5	3.9	9.5	13.9	20.4	27.3	31.5	32.0
	후생노동성 예산(D)	0.5	3.9	9.5	14.0	20.8	27.6	29.9	30.3
	생활보호급여비(E)	0.1	0.5	1.1	1.1	1.9	2.2	2.9	2.9
생활보호급여비비율	E/A	2.9	2.5	2.1	1.5	2.3	2.4	3.0	3.0
	E/B	3.6	3.4	3.3	2.5	4.1	4.2	5.1	5.0
	E/C	20.4	13.6	11.3	7.6	9.4	8.2	9.2	9.1
	E/D	22.1	13.7	11.4	7.5	9.2	8.1	9.7	9.6

자료: 후생노동성, 2016c.

〈표 11-6〉 부조별 수급자 및 급여비 추이

(단위: 10억 엔, %)

구분	1990	1995	2000	2005	2010	2013	2014	2015
생활보호급여비[1] 총액[2]	1,318.1	1,515.7	1,939.3	2,594.2	3,329.6	3,628.5	3,674.6	3,778.6
	(100.0)							
의료부조	737.9 (56.0)	881.9 (58.2)	1,071.1 (55.2)	1,347.0 (51.9)	1,570.1 (47.2)	1,706.2 (47.0)	1,724.0 (46.9)	
생활부조	440.0 (33.4)	465.6 (30.7)	641.0 (33.1)	849.4 (32.7)	1,155.2 (34.7)	1,224.4 (33.7)	1,237.6 (33.7)	
주택부조	102.6 (7.8)	127.5 (8.4)	200.7 (10.3)	327.2 (12.6)	499.6 (15.0)	579.8 (16.0)	591.7 (16.1)	
기타부조[3]	37.6 (2.8)	40.6 (2.7)	26.5 (1.4)	70.6 (2.7)	104.7 (3.1)	118.0 (3.3)	121.2 (3.3)	
수급자(만 명)	101.5	88.2	107.2	147.6	195.2	216.2	216.6	216.5
1인당 평균급여비(만 엔)	130.0	171.8	180.9	175.8	170.6	167.9	169.7	174.5

주: 1) 생활보호비는 중앙정부와 지방정부 부담분 포함. 중앙과 지방의 부담비율은 75% : 25%.
    2) 기타부조에는 개호부조와 기타부조가 포함된다.
    3) 생활보호비 총액은 2015년은 보정 후 예산, 2016년은 당초예산 3.8조 엔.
자료: 후생노동성, 2016b.

총생활보호급여비와 수급자수를 이용한 수급자 1인당 평균급여비는 1990년에 연간 약 130만 엔에서 2000년에는 181만 엔까지 증가했다가 이후 정부의 생활보호급여비 적정화 정책에 의해 감소하기 시작하여 2013년에는 약 168만 엔까지 감소한 상태이다.

2) 생활보호 제도 개혁

(1) 2013년의 〈생활보호법〉 개정 배경

2000년대 이후 빈곤 및 격차의 확대와 고정화가 사회적 문제로 부상하고 생활보호 수급자 또는 생활보호의 적용을 받지 못하지만 생활수준이 최저생활을 밑도는 저소득층이 증가하게 되었다. 생활보호 수급가구의 약 절반은 고령화 등의 영향에 의해 고령가구가 차지해왔지만, 최근 10년간 가동능력이 있는 자를 포함한 기타가구가 3배 정도 증가했다. 이는 거품붕괴 후의 장기 불황과 리먼쇼크 등의 영향으로 인한 실업 등에 의한 것으로 추측된다.

생활보호 수급자의 증가와 함께 생활보호에 대한 급여비도 계속해서 증가하는데 이 중 약 절반가량을 의료부조가 차지한다. 또한 부정수급도 2012년도에는 약 4만2천 건까지 증가하였는데, 금액으로는 190억 엔(급여비 총액의 0.5%)에 달하였다.

생활보호의 재원이 모두 국민의 세금에 의한 공비로 지출되기 때문에, 부정수급의 증가 등에 대한 국민의 시선은 점점 따가워지게 되었다. 이에 따라 정부는 2000년 이후 생활이 어려운 자에 대한 여러 가지 시책을 실시하게 되었다. 예를 들면 2004년에는 사회보장심의회복지부회 〈생활보호 제도의 향후 방향에 대한 전문위원회보고서〉의 제언을 참고하여 2005년부터 각 지방자치단체에서 피보호자를 대상으로 하는 자립지원프로그램을 실시하였다. 또한 2011년에는 구직자지원법이 시행되어 고용보험의 수급이 종료된 자와 수급자격이 없는 자가 직업훈련을 받으면서 급여를 받을 수 있는 제도가 도입되어 사회보험과 생활보호의 중간에 위치한 자들에 대한 제2의 사회안전망이 일부 확립되었다.

하지만 상기대책에 추가적으로 생활보호제도 개정 및 생활곤궁자 대책에 대한 종합적 대책과 함께 생활보호기준의 개정을 실시할 필요성이 요구되었다. 이러한 가운데 생활보호기준에 대해서는 〈생활보호제도의 향후 방향에 대한 전문위원회보고서〉가 생활부조 기준에 대해서 정기적 검증의 필요성을 지적한 것을 계기로, 최종적으로 2013년의 〈사회보장심의회 생활보호기준부회보고서〉를 참고로 생활보호기준을 2013년부터 3년간 단계적으로 축소하기로 결정하였다. 종합적 대책은 '사회보장심의회 생활곤궁자의 생활지원 방향에 대한 특별부회'가 2013년 1월에 제출한 보고서를 기준으로 검토되었는데, 이 보고서에서는 "최근에 생활보호 수급자가 급증하는 점을 고려하면, 현재 생활보호 수급자의 자립을 조장하는 시스템이 반드시 충분하다고 말하기는 어려운 상황으로, 새로운 생활곤궁자 지원체계의 구축과 함께 생활보호제도를 개정하여 양 제도를 서로 보완하면서 각각의 생활곤궁자의 상태와 단계에 맞는 자립을 촉진할 필요가 있다"고 향후 방향성을 제시하였다.

정부는 동 보고서를 기반으로 2013년 12월에 〈생활보호제도 일부개정법률〉(2013년 법률 제104호) 및 〈생활곤궁자 자립지원법〉(2013년 법률 제105호)을 제정하였으며, 〈생활보호법〉 개정법의 주요부분은 2014년 7월에, 〈생활곤궁자 자립지원법〉은 2015년 4월부터 시행되게 되었다. 개정법의 주요내용은 다음과 같다.

(2) 2013년 〈개정 생활보호법〉의 주내용

2013년 〈개정 생활보호법〉은 크게 4가지 항목, 즉 ① 취로에 의한 자립촉진 ② 수급자의 건강 및 생활 면 등에 착안한 지원 ③ 부정수급에 대한 대책 강화 ④ 의료부조의 적정화를 주된 내용으로 한다.

① 자립촉진: 취로자립급부금 창설

생활보호급여를 받는 동안 수급자는 고정자산세, 국민건강보험료, 국민연금보험료, 개호보험료 등이 면제된다. 하지만, 생활보호제도에서 벗어나면 이러한 세금과 공적 보험료를 가구수입에서 지출해야 한다.

또한 생활보호 수급 중에는 진료에 따른 의료비는 의료부조를 통해 전액 해결되지만 생활보호에서 벗어나면 의료서비스 이용만큼 비용을 부담해야 한다. 생활보호 수급자가 제도에서 벗어나면 곧바로 세금과 사회보험료 등의 부담을 진다. 이러한 부담을 걱정하여 생활보호에서 빠져 나오는 것을 꺼리는 수급자를 지원하기 위해 정부는 2013년 〈생활보호법〉을 개정, 2014년 1월 1일부터 '취로자립급부금제도'를 실시하고 있다.

'취로자립급부금제도'는 생활보호제도 수급기간 중에 획득한 취로수입 중 일부를 가상적으로 적립하여 생활보호제도의 수급에서 벗어났을 때 일괄적으로 지급하는 제도이다. 취로자립급부금을 지급받기 위해서는 ① 가구원의 신규취업, 개업 또는 수입 증가에 의해 6개월 이상 정부가 정한 최저생활비 이상의 수입을 벌 수 있다고 인정될 것, ② 원칙상으로 생활보호 폐지 직전에 수급자로부터 신청이 있을 것, ③ 생활보호를 폐지할 것과 같은 조건을 충족할 필요가 있다.

취로자립급부금은 가구단위로 보호의 폐지가 결정되었을 때에 지급된다. 지급액에 대해서는 보호를 필요로 하지 않게 된 날이 속한 달부터 시작하여 이전 6개월 동안의 각 달의 취로수입액에 대해서 그 각 달에 해당하는 산정률[22]을 곱해 계산한 뒤, 상한액(단신가구의 경우 10만 엔, 단신가구 이외의 경우 15만 엔) 과 비교하여 적은 금액을 지급한다.

---

22) 1~3개월: 30%, 4~6개월: 27%, 7~9개월: 18%, 10개월 이후: 12%.

② 피보호자의 건강과 생활 고려한 지원

2013년 개정 이전의 〈생활보호법〉은 수급자의 생활상 의무로서 "능력이 있는 경우 일하는 걸 게을리 하지 않으며, 지출을 줄이고, 기타 생활 유지 및 향상에 노력해야 한다"(60조)고 규정하였다. 반면 개정법은 수급자의 자립을 위해 스스로 건강의 유지와 증진을 위해 노력하고, 수입과 지출 기타 생계 상황을 적절히 파악하는 것도 수급자 의무로서 규정하고 있다.

이에 따라 2013년도부터 복지사무소의 건강진단 결과에 기준한 보건지도와 수급자의 건강, 수진에 관한 상담 등에 대해 조언과 지도 등 필요한 대응을 할 수 있는 전문 직원을 배치하는 등 건강 면에서 전문적으로 대응할 수 있는 체제를 강화한다. 또한 복지사무소의 조사권한을 강화하여 건강진단 결과 등을 입수할 수 있도록 하여 이를 바탕으로 건강 면의 지원을 보다 효과적으로 실시할 수 있게끔 하였다. 복지사무소가 수급자 본인의 자립지원의 관점에서 필요하다고 판단할 경우, 수급자 상황에 따라 영수증의 보존과 가계부 작성을 요구할 수 있게 된다.

③ 부정수급 대책 강화

후생노동성이 발표한 최근 자료에 의하면 2002년도에 8,204건이던 부정수급 건수는 2011년에는 3만 5,568건으로 약 10년 사이에 4.3배나 증가한 것으로 나타났다. 또한 부정수급 금액도 2002년도의 53.6억 엔에서 2011년에는 173.1억 엔으로 3배 이상 증가했다. 부정수급을 내용별로 보면 근로수입을 신고하지 않는 경우가 46.9%로 가장 많았고, 다음으로 각종 연금수입 등의 미신고(20.8%), 근로수입의 과소신고(10.6%)가 높은 비율을 차지하였다. 한편 부정수급의 대부분(약 88.9%)은 조회 및 조사에 의해 발견되는 것으로 밝혀졌다(〈그림 11-11〉).

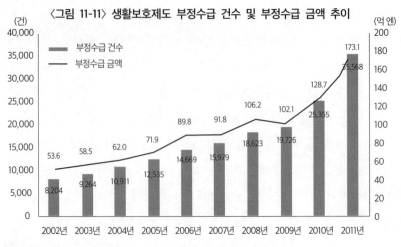

〈그림 11-11〉 생활보호제도 부정수급 건수 및 부정수급 금액 추이

자료: 총무성 행정평가국, 2014.

이처럼 생활보호의 부정수급자가 증가하는 가운데, 2012년에 들어와 생활보호의 부정수급 증가에 대한 보도가 주간지를 중심으로 확산되기 시작하였다. 같은 해 5월에는 인기 개그맨의 모친이 생활보호를 수급하고 있는 사실이 주간지에 폭로되면서 생활보호 수급자에 대한 비난이 거세졌다. 당사자인 개그맨은 기자회견을 통해 공식적으로 사과하고, 일부 수급액을 반환하겠다는 의사를 밝혔지만, 자민당 의원은 친척 중에서 고액 소득자가 있는 자가 생활보호를 받는 것은 도덕적 해이라며 비판의 강도를 높였고, 당시의 고미야마 요코(小宮山洋子) 후생노동성 장관도 이에 동조해 생활보호 수급자를 친척이 부양할 수 없을 경우, 부양이 곤란한 이유를 증명하는 것을 의무화하는 등의 제도개정을 언급하였다.

또한 자민당의 세코 히로시케(世耕弘成) 의원은 "생활보호 수급자의 인권은 제약되어도 어쩔 수 없다"라고 발언하는 등 생활보호에 대한 비판의 목소리는 수그러들 기세를 보이지 않았고, 결국 이러한 비판은 〈생활보호법〉의 개정으로 연결되었다.

〈개정 생활보호법〉은 생활보호의 부정수급에 대한 대책으로 먼저 복지사무소의 조사권한을 확대하였다. 이에 따라 기존에 자산과 수입에 제한되어 있었던 조사항목이, 취업과 구직활동 상황, 건강상태, 부양상황 등에까지 확대되었다. 또한 관공서 등에 자동차 보유 및 연금수급 상황 등을 조회하는 것도 가능해졌다. 또한 부정수급에 대한 처벌도 강화하였다. 즉, 부정수급에 대한 벌칙을 기존의 '3년 이하의 징역 또는 30만 엔 이하의 벌금'에서 '3년 이하의 징역 또는 100만 엔 이하의 벌금'으로 강화하였고, 부정수급한 금액에 40%를 추가하여 징수할 수 있도록 하였다.

이에 따라 예를 들어 100만 엔의 부정수급이 적발된 자의 경우, 부정수급 금액 100만 엔에 벌칙금 40만 엔을 추가한 총 140만 엔의 징수금을 납부하여야 한다. 더욱이 부정수급과 관련된 징수금의 납부를 보다 확실히 하기 위해, 지방자치단체가 생활보호 수급자의 부정수급과 관련된 징수 채권을 가지고 있는 경우, 본인의 신청에 의해 보호 실시기관이 최저한도의 생활 유지에 지장이 없다고 인정했을 경우에 생활보호 수급자에게 지급되는 보호비에서 일부를 조정하는 것을 허용하였다. 또한 복지사무소가 필요하다고 인정할 경우에는 그 필요한도에 따라 부양의무자에게 통지하는 것을 가능케 하였다.

④ 의료부조 적정화

의료부조의 경우 생활보호급여비의 약 절반을 차지함과 동시에 일부에서는 의료기관의 중복진료와 의약품의 부정유출 등 부적절한 수급이 발생하는 점이 지적되었다. 이러한 문제에 대응하기 위해 개정법은 의료부조에 대해서 가능한 한 후발의약품의 사용을 장려하도록 한다. 생활보호제도에서는 이미 2013년부터 약국은 의사가 제네릭 의약품의 사용이 가능하다고 판단한 처방전을 지참한 수급자에 대해서는, 제네릭 의약품에 대한 설명을 한 후에 원칙적으로 제네릭 의약품을 제공하도록 하였다. 한편 수급자가 선발의약품을 희망하는 경우에는 우선적으로 선발의약품을 제공하고, 추후 복지사무소가 계속적으로 제네릭 의약품의 사용을 장려하도록 지시해 왔는데, 이번 개정법의 시행에 의해 이러한 사항이 법률상으로 명확해졌다고 할 수 있다.

또한 개정법에서는 중복진료 등 의료기관의 부정을 최소화할 목적으로 지정의료기관제도를 개정하고 지도체제를 강화하였다. 지정의료기관의 지정유효기간은 개정 전의 무기한에서 6년 갱신제로 변경되었다. 갱신제의 대상기관은 병원, 진료소, 약국으로 한정하였고, 지정개호기관, 지정조산소, 지정시술기관은 제외하였다. 보험의료기관의 지정이 취소된 경우에는 지정의료기관의 지정을 취소하는 것도 가능해졌다. 지정의료기관의 지정이 취소된 경우에 도도부현 지사는 보험의료기관의 지정 취소 요건에 해당한다고 판단될 경우 후생노동성 장관에 통지하는 것을 의무화하였다.

⑤ 생활곤궁자자립 지원제도 실시

중앙정부는 생활보호에 이르기 전 단계의 자립지원에 대한 대책 강화를 목적으로 〈생활곤궁자 자립지원법〉을 신설하여, 2015년 4월 1일부터 생활곤궁자자립 지원제도를 실시한다. 이 제도는 질병이나 실업, 빚 등으로 생활이 어려운 자를 생활보호를 받기 전에 지원하는 것이다. 복지사무소가 있는 지방자치단체는 상담창구 설치가 의무화되어 있고, 지방자치단체 판단으로 자립상담 지원사업, 취로준비 지원사업, 취로훈련사업, 주거확보 급여금의 지급, 가정상담 지원사업, 생활곤궁가구 자녀의 학습지원 등이 시행된다(〈표 11-7〉).

<표 11-7> 생활곤궁자자립 지원제도

사업명	사업내용
자립상담 지원사업	취로, 기타 자립에 관한 상담지원, 사업이용을 위한 플랜 작성 등을 실시
주거확보급부금	이직으로 주택을 잃은 생활곤궁자 등에 대해 집세에 상당하는 주거확보급부금(유기)을 지급
취로준비 지원사업	취로에 필요한 훈련을 일생생활 자립, 사회생활 자립 단계에서 유기로 실시
일시생활 지원사업	주거가 없는 생활곤궁자에 대해서 일정기간 숙박장소와 의복 및 식료품 등을 제공
가계상담 지원사업	가계에 관한 상담, 가계관리에 관한 지도, 대출알선 등을 실시
학습지원 사업, 기타 생활곤궁자의 자립촉진에 필요한 사업	생활곤궁자 가정의 아동에 대한 학습지원 사업, 기타 생활곤공자의 자립촉진에 필요한 사업을 실시

자료: 후생노동성 홈페이지. 2017. 10. 1 인출.

실제 개정법에 의해 생활곤궁자자립 지원제도가 실시되기 이전에도 생활곤궁자에 대한 다양한 지원제도가 실시되었다. 예를 들면, 2005년도부터는 지방자치단체와 공공직업안정소인 헬로워크가 공동으로 '생활보호 수급자 등 취로자립 촉진사업'을 실시하였으며, 대출 및 가계와 관련된 상담에 응해왔다. 또한 요코하마시는 민간단체와 협력하여 생활보호 수급자에 대한 생활훈련, 사회훈련. 기능습득훈련을 실시하였고, 사이타마현은 생활보호 수급자가구의 중학생 및 보호자 등을 대상으로 진학상담 및 학생지원자에 의한 학습지원을 실시하였다.

하지만 이러한 조치가 일부 지방자치단체에서만 실시되는 점과 각 분야별로 따로따로 실시되는 점, 조기지원에 연결되는 시스템이 결여된 점 등이 문제점으로 지적되어, 정부를 중심으로 한 통일된 제도의 확립이 요구됨에 따라 정부는 개정 〈생활보호법〉을 실시하면서 생활곤궁자자립 지원제도를 시행하게 되었으며, 이로 인해 사회안전망이 보다 강화되었다고 할 수 있다(〈그림 11-12〉).

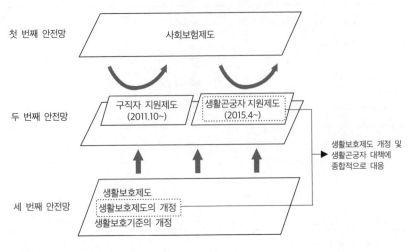

〈그림 11-12〉 생활보호제도 개정과 새로운 생활곤궁자 대책의 전체상

첫 번째 안전망　사회보험제도

두 번째 안전망　구직자 지원제도 (2011.10~)　생활곤궁자 지원제도 (2015.4~)

생활보호제도 개정 및 생활곤궁자 대책에 종합적으로 대응

세 번째 안전망　생활보호제도 / 생활보호제도의 개정 / 생활보호기준의 개정

자료: 후생노동성, 2015.

비용은 정부와 지방자치단체가 나누어 부담하는데, 정부는 자립상담 지원사업 및 주거확보급부금에 대해서는 3/4을, 취로준비 지원사업 및 일시생활 지원사업에 대해서는 2/3를, 가계상담 지원사업 및 학습지원 사업, 기타 생활곤궁자의 자립촉진에 필요한 사업에 대해서는 1/2을 부담하도록 설정되었다.

가. 자립상담 지원사업

생활곤궁자자립 지원제도의 핵심사업 중 하나라고 할 수 있는 자립상담 지원사업은 생활곤궁자의 상담에 조기에 그리고 포괄적으로 대응하는 상담 창구로, 생활곤궁자가 가진 과제를 적절하게 평가 및 분석하여, 분석내용을 반영한 자립지원 계획을 작성하는 등의 지원을 실시하는 사업이다. 자립상담 지원사업은 현재 생활보호의 수급자는 아니지만, 장래 생활보호를 수급할 가능성이 있는 자로 자립이 기대되는 자를 주된 대상자로 한다.

자립상담지원은 복지사무소를 설치하고 있는 지방자치단체가 직접 또는 위탁에 의해 실시하도록 하는데, 후생노동성의 최근 조사에 의하면 법 시행 후 1년이 경과한 2016년 4월 1일 현재 자립상담 지원사업은 '직영' 40.3%, '위탁' 48.9%, '위탁+직영' 10.8%의 형태로 운영되는 것으로 밝혀졌다. 즉, 전체의 약 60%가 '위탁'에 의해 운영되었는데, 주된 위탁처로는 '사회복지협의회'가 76.0%로 가장 많은 것으로 나타났으며, 다음으로 'NPO 법인'(12.6%), '사회복지법인'(사회복지협의회 이외) (8.0%) 순이었다. 자립상담 지원사업의 종사자수는 4,426명으로, 직종별로는 상담지원원(2,582명), 취로지원원(1,733명), 주임상담지원원(1,276명), 기타 사무원 등(437명)의 순으로 많은 것으로 조사되었다.

나. 주거확보급부금

주거확보급부금은 이직 등에 의해 경제적으로 어렵고, 주거를 잃거나 또는 주거를 잃을 염려가 있는 자에 대해서 주거확보급부금을 지급하는 것에 의해 안정된 주거의 확보와 취로자립을 지원하는 제도이다.

주거확보급부금은, 신청일 현재 65세 미만으로 이직하고 2년 이내인 자, 이직 전에 가구의 생계를 주로 유지하고 있던 자, 헬로워크에 구직신청을 하고 있는 자, 정부의 고용시책에 의한 급여 등을 수급하고 있지 않는 자를 지급 대상자로 규정한다.

지급요건은 수입, 자산, 취직활동요건으로 구분되며, 지급액은 임대주택의 집세23) 가 지급된다. 지급기간은 원칙적으로 3개월로 설정한다. 24)

---

23) 상한액은 주택부조 특별기준액, 도쿄도 1급지의 경우 단신가구 5만 3,700엔, 2인가구 6만 4천 엔이다.
24) 취직활동을 성실하게 실시하는 경우는 3개월 연장 가능, 최장 9개월까지다.

- 수입요건: 신청한 달의 가구수입 합계액이 기준액(시정촌민세 균등할부분이 비과세가 되는 수입액의 1/2) + 집세 이하일 것. 집세는 주택부조별 기준액이 상한.
- 자산요건: 신청 시의 가구의 예금 및 저금 합계액이 기준액 × 6(단 100만 엔을 넘지 않는 금액) 이하일 것(도쿄도 1급지의 경우 단신가구 50.4만 엔, 2인가구 78만 엔, 3인가구 100만 엔).
- 취직활동요건: 헬로워크에서 월 2회 이상 직업상담을 받거나, 지방자치단체에서 월 4회 이상의 면접지원 등을 받은 자.

다. 취로준비 지원사업

취로준비 지원사업은 생활곤궁자가 일반기업 등에 고용되어 직장 및 이를 구성하는 집단의 요구에 부응할 수 있도록 기초능력(생활훈련, 사회훈련, 기능습득훈련)의 형성을 계획적이고 일관적으로 지원하는 사업으로, 대상자는 최장 1년간 지원을 받을 수 있다.

취로준비 지원사업을 실시하는 지방자치단체는 2015년의 253단체(전체 지방자치단체의 28%)에서 2016년에는 355단체(전체 지방자치단체의 39%)로 크게 증가하였다.

정부는 취로준비 지원사업의 실시에 의해 생활습관의 형성 등 개인의 상황에 맞는 지원을 실시하는 것에 의해 일반취로를 하기 위한 기초적 능력을 습득하는 것이 가능하리라 기대한다.

라. 일시생활 지원사업

일시생활 지원사업은 현재 각 지방자치단체에서 홈리스 대책사업으로서 실시하고 있는 홈리스 긴급일시숙박사업(셸터) 및 홈리스 자립지원센터의 운용에 입각해 이를 제도화한 것으로, 복지사무소를 설치하고 있는 지방자치단체가 주거가 없는 생활곤궁자로 소득이 일정수준 이하인 자에 대해서 원칙적으로 3개월간(최대 6개월간) 숙박장소 및 식료품과 의류 등을 제공하는 제도이다. 일시생활 지원사업을 실시하는 지방자치단체는 2015년도의 172단체(전체 지방자치단체의 19%)에서 2016년에는 236단체(전체 지방자치단체의 26%)로 증가하였다.

마. 가계상담 지원사업

가계상담 지원사업은 상담을 통해 상담자가 가계 상황을 구체적으로 이해하고 본인 스스로 가계를 관리하려고 하는 의욕을 높여, 가계관리 능력을 향상시키기 위한 지원을 실시하는 제도라고 할 수 있다. 구체적 지원업무로서는 가계관리에 관한 지원(가계표 등의 작성 지원, 출납관리 등의 지원), 체납(집세, 세금, 공공요금 등)의 해소와 각종 급여제도 등의 이용에 대한 지원, 채무관리에 관한 지원(다중채무자 상담창구와의 연계 등), 대출알선 등을 들 수 있다.

가계상담 지원사업은 지방자치단체가 직접 실시할 수 도 있고, 사회복지협의회 또는 소비생활협동조합 등 대출기관에 위탁해서 실시하는 것도 가능하다. 가계상담 지원사업을 실시하는 지방자치단체는 2015년의 205단체(전체 지방자치단체의 23%)에서 2016년에는 304단체(전체 지방자치단체의 34%)로 크게 증가하였다.

바. 아동에 대한 학습지원 사업

아동에 대한 학습지원 사업은 생활이 어려운 가구, 수급자가구 및 편모 및 편부 가구의 아동에 대해서 학습지원 및 거처를 제공하는 사업으로 학습의욕 향상 및 기초학력을 향상시켜 아동 스스로 학습하는 능력을 키우고 긍정적 생각 등을 갖게 하여 고등학교 등의 진학과 장래의 안정적 취로에 연결하여 빈곤의 연쇄를 방지하는 것을 목적으로 한다.

아동에 대한 학습지원 사업을 실시하는 지방자치단체는 2015년의 300단체(전체 지방자치단체의 33%)에서 2016년도에는 402단체(전체 지방자치단체의 47%)로 증가하는 등 전체 생활곤궁자자립 지원제도 중에서 가장 많은 지방자치단체가 실시하고 있는 것으로 파악되었다.

6. 맺음말: 쟁점과 함의

자민당 아베정권이 들어선 2012년 말 이후 수차례에 걸쳐 생활보호 예산이 삭감되었다. 그 배경에는 부정수급 등 방만한 제도운영에 대한 비판에 대한 대응측면 외에 복지 지출 중 증가속도가 빨랐던 생활보호비에 대한 본격적인 정책 대응이라는 측면도 있다. 실제로 1995년 이후 20여 년을 보면 생활보호비는 명목 GDP가 거의 증가하지 않고 있는 상황에서 일반회계 세출예산, 후생노동성 예산은 물론이고 사회보장급여비나 사회보장관계비보다 빠른 속도로 증가해왔다.[25] 몇 차례의 삭감 조치가 없었다면 증가속도는 더 빨랐을 것이다. 이 밖에 각종 사회보장급여 수준에 큰 영향을 미치는 최저생활 수준인 생활보호 기준을 낮춤으로써 사회보장지출 증가 속도에 다소간 제동을 걸 수 있을 것이라는 기대감도 있었을지 모른다.

이 같은 정책 대응에도 불구하고 미래의 생활보호 수급자수와 생활보호비가 지금까지보다 더 크게 늘어나, 정부재정에 큰 부담이 되어 지금 같은 방식의 제도 지속가능성이 위협받을 수 있다는 우려가 커지고 있다. 후생연금과 국민연금에 가입하지 않거나 가입했어도 보험료를 미·체납하여 장래 적지 않은 무연금자와 저연금자가 나올 것으로 예상되기 때문이다.

---

[25] 1995년과 2016년을 비교해 보면 생활보호비가 2.6배 증가한 것에 비해 일반회계 세출예산 1.4배, 후생노동성 예산 2.2배, 사회보장관계비 2.3배, 사회보장급여비 1.8배 (118.3조 엔/64.7조 엔)다. 생활보호비는 매년 조세와 채권발행수입 등으로 예산을 편성하여 지출하는 예산항목이라는 점에서 사회보장급여비보다 사회보장관계비와 비교하는 것은 의미가 크다(〈표 11-5〉 참조).

후생연금에 가입해야 할 근로자 이백만 명 정도가 미가입 상태에 있고 젊은 층일수록 숫자가 많다는 조사결과가 있다(讀賣新聞, 2015. 2. 23). 26)
그래서 연금업무를 관장하고 집행하는 후생노동성과 일본연금기구는 79만 개 영세 사업장에 대해 3년에 걸쳐 집중적 지도감독과 가입독려에 나섰다.

더욱 우려되는 것은 후생연금 미가입자 중 1층의 국민연금(기초연금)에도 가입하지 않은 이들이 적지 않다는 점이다. 국민연금 보험료 납부율이 70% 수준27)인 사실을 고려하면 후생연금에 가입하지 않고 있는 사업장 근무 종업원 중 상당수는 국민연금 보험료조차도 납부하지 않을 가능성이 높다.

경제가 장기간 침체 국면에서 벗어나지 못하고 비정규직 형태의 근로자가 전체 근로자의 35~40% 수준을 보이고 있다. 28) 앞으로 줄어들더라도 이 수준에서 크게 줄어들 가능성은 높지 않을지 모른다. 이렇게 되면 비정규직과 영세사업장 근로자 중 적지 않은 이들이 후생연금과 국민연금에 미가입하거나 보험료를 체납하여 은퇴 후 무연금자나 저연금자가 되어 생활보호 수급자가 될 수 있다.

한 연구에 따르면 국민연금 보험료 납부율이 낮아지면 2050년의 생활보호비가 GDP 대비 1.70%에 달해 2015년의 0.75%보다 배 이상 규모로 늘어날 것으로 전망한다. 이 같은 전망치는 납부율에 고령화 효과를 고려하

---

26) 이는 국세청이 소득세를 원천징수하는 법인 사업장 250만 곳을 조사하여 약 80만 사업장이 후생연금에 가입하지 않고 있음을 파악한 것이다. 국세청은 이 같은 내부조사 결과를 후생노동성에 통보했다고 한다. 미가입자의 연령대는 20대 71만 명, 30대 52만 명, 40대 44만 명, 50대 35만 명이다.

27) 2016년 9월 기준 2014년도분의 납부율은 70.6%이다. 이는 2014년 4월~2015년 3월분 보험료의 2016년 9월말 기준 납부율이다. 보험료 납부율은 통상의 납부기간이 종료된 후 2년 사이에 추가로 납부된 분을 더해 환산한다. 참고로 2015년도분의 납부율은 66.8%이다(厚生勞働省, 2016d).

28) 2015년 기준 비정규직 비율은 37.5%이며 남성 21.9%, 여성 56.4%다(총무성 통계국 노동력 조사). 후생노동성의 국민생활기초조사에서는 남성 22.4%, 여성 56.5%로 약간 다르게 나타난다.

여 추정한 우에타 준지(上田淳二, 2012)가 얻은 0. 94% 보다 1. 8배 큰 규모다. 29)

이상에서 살펴본 일본의 생활보호제도 70년 운영 경험이 우리나라에 주는 시사점을 정리해 보자. 위에 서술한 우려되는 일본 사례가 시간 차이만 있을 뿐 바로 우리의 미래에 거의 그대로 재현될 수 있다는 사실이다. 게다가 예상되는 상황은 일본의 그것보다 더 악화되어 나타날 가능성이 크다. 따라서 일본에서 전개되는 상황을 면밀히 들여다보고, 미리 대비해야 할 사안이 있다면 미루지 않고 서둘러 조치해야 할 것이다. 다만 매년 예산을 편성하고 수급자를 선정하여 지원하는 생활보호(우리의 국민기초생활보장)는 필요시 신축적인 대응이 가능하지만, 공적연금은 장기간에 걸친 보험료 납부 등 긴 기간을 갖고 운영되는 장기 제도인 만큼 신축적인 대응에 한계가 있다.

무연금자와 저연금자가 일본보다 훨씬 많이 발생할 것이 예상되는 우리인 만큼 이들 모두를 국민기초생활보장으로 지원하는 것은 불가능할지 모른다. 그러한 점에서 국민연금 및 국민기초생활보장제도의 미래상을 최대한 과학적으로 전망하여 일반국민에게 미리 홍보하고, 수적으로 많은 잠재적 대상자가 위기의식 하에 일정부분 스스로 노후를 대비할 수 있도록 지원해 주어야 할 것이다. 이 같은 체계적이고 이른 대응만이 제도의 지속가능성을 높이고 훗날의 정부 재정부담을 줄이며, 은퇴세대 전반의 후생 수준을 높이는 길이 될 것이다.

---

29) 이들이 채택한 납부율 저하 가정 방식은 2004~2013년의 가입과 보험료 납부자료에서 얻은 출생연도별 납부율 평균치를 연령상승에 따른 보험료납부율증가천인율로 보고 여기에 코호트변화율 방식을 원용하여 2050년까지의 60세 시점 납부율을 산출하는 방식이다 (米田泰隆·酒井才介·中沢正彦, 2015: 73, 각주 9).

■ 참고문헌

국내 문헌

김태완·김문길·이주미·김기태·김명중·홍성우(2016).〈저소득층 빈곤환경 실태
　　와 자활지원 연계방안〉. 한국보건사회연구원 정책보고서.

여유진·김미곤·김태완·김명중·정재훈·이주미(2015).〈국민기초생활보장제도와
　　역모기지제도 연계방안 연구〉. 한국보건사회연구원 정책보고서.

해외 문헌

堀部貢(2016). "生活保護制度の現状と課題". 〈レファレンス〉, 784号.

金明中(2015). "非正規雇用増加の要因としての社会保険料事業主負担の可能性".〈日
　　本労働研究雑誌〉. 659号.

內閣府(2016).《平成27年版子ども・若者白書》. 內閣府.

米田泰隆·酒井才介·中沢正彦(2015). "生活保護の現状と生活保護費の将來見通し".
　　〈ファイナンス〉, 9月號, 財務総合政策研究所.

社会保障審議会福祉部会(2004).〈生活保護制度の在り方に関する專門委員会〉. 第
　　2回資料1.

上田淳二(2012).《動学的コントロール下の財政政策―社会保障の将來展望》. 岩波
　　書店.

生活保護制度研究会(2016).《生活保護のてびき平成28年度版》. 第一法規.

岩間伸之(2016). "生活困窮者自立相談支援事業の理念とこれからの課題―地域に新
　　しい相談支援のかたちを創造する".〈都市問題〉, 2015年 8月号.

伊藤周平(2015).《社会保障改革のゆくえを讀む》. 自治体研究社.

人事院(2015).〈平成27年人事院勸告〉. 人事院.

日本総合研究所(2014).〈家計相談支援事業の運営のガイドライン(手引き)(案)(平
　　成 26年度 厚生労働省 社会福祉推進事業 報告書)〉. 平成26年12月版.

中央法規(2016).《社会保障の手引き》. 第一法規.

総務省,〈労働力調査〉. 各 年度. 総務省.

総務省行政評価局(2014).〈生活保護に関する実態調査結果報告書〉. 総務省行政評価局.

布川日佐史(2005). "生活保護の現状 と課題 (1)".〈靜岡大学経済研究〉, 10卷 2号.

厚生労働省(2011).〈生活保護基準の体系等について〉. 社会・援護局保護課. 厚生
　　労働省.

厚生労働省(2015).〈新たな生活困窮者自立支援制度について〉，平成25年10月．厚
　　生労働省.

_____(2016a).〈生活保護の被保護者調査(平成28年 6 月分概数)の結果保険者調
　　査〉．厚生労働省.

_____(2016b).〈最近の社会保障関係費の動向について〉，2016. 7. 11．厚生労働省.

_____(2016c).《厚生勞働白書 平成28年版》，資料編．厚生労働省.

_____(2016d).〈平成28年9月末現在国民年金保険料の納付率〉，Press Release,
　　2016. 11. 25．厚生労働省.

_____(2016e).〈第24回社会保障審議会生活保護基準部会資料1 第23回部会にお
　　ける委員からの依頼資料〉.

_____(2017).〈平成26年度被保護者調査〉．厚生労働省.

_____〈被保護全国一齊調査：基礎調査〉．各 年度．厚生労働省.

厚生労働省年金局(2015).〈平成26年度厚生年金保険・国民年金事業の概況〉平成
　　27年12月.

厚生労働省社会・援護局保護課(2010).〈生活保護基準未滿の低所得世帯数の推計
　　について〉，平成22年4月9日.

_____・援護局保護課(2014).〈有子世帯の扶助・加算について〉，2014. 10. 21, 第
　　19回社会保障審議会生活保護基準部会，資料3.

_____・援護局保護課(2016).〈生活保護制度の概要等について〉，平成28年5月27日.

_____・援護局地域福祉課生活困窮者自立支援室(2016).〈平成28年度生活困窮者
　　自立支援制度の実施状況調査集計結果〉.

제 **3** 부 의료보장 및 사회서비스

12

보건의료제도

1. 머리말

이 장에서는 건강보험이나 의료부조제도를 중심으로 한 의료보장제도를 넘어서 보건의료제도(이하 '의료제도') 전체의 모습을 조망한다. 의료제도의 구성요소와 기능 및 목표에 관한 설명은 의료제도를 〈그림 12-1〉에서와 같이 "의료서비스의 제공을 위한 자원의 생산, 조직화, 재원조달 및 관리 과정의 결합"(*combination of resources, organization, financing and management that culminate in the delivery of health services to the population*)으로 규정한 뢰머의 틀을 사용한다. [1]

의료제도는 의료서비스의 공급을 중심으로 한 축과 재원을 조달하여 이러한 서비스를 구입하는 수요의 축으로 구분될 수 있다. 일본의 의료제도는 공급 사이드는 민간이 주로 담당하고, 반면에 이를 위한 비용의 대부분

---

1) 의료제도에 대한 기술은 다양한 방식으로 이루어질 수 있는데, 여기서 뢰머(Röemer, 1990)의 의료제도 모형을 기준으로 기술한다. 동 한국보건사회연구원(2016)의 한국편에서 기술되는 한국의 보건의료제도도 같은 틀을 사용하고 있으므로 이와 비교하면서 읽게 되면 일본 의료제도에 대한 이해에 도움이 될 것으로 기대된다.

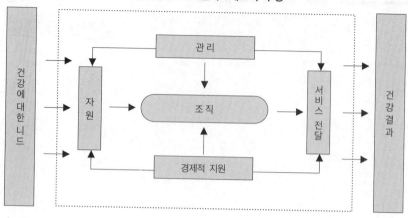

자료: Röemer, 1990.

은 공공재원으로 충당하는 구조로 이루어져 있다. 재원조달을 통한 수요측
면을 건강보험제도에 주로 의존하다 보니 그만큼 건강보험제도가 의료제
도의 주된 부분을 구성한다. 이러한 의료제도의 특징은 한국 의료제도의
특징에도 상당한 영향을 미치게 되었다. 하지만 이 장에서는 재원조달 보
다는 의료제공과 이용 체계에 보다 비중을 두어서 기술을 하게 될 것이다.
재원조달은 전체적인 규모와 재원구성을 중심으로 간략히 다루고 재원조
달의 주된 기능을 하는 건강보험제도 등은 의료보장에 관한 제2장에서 보
다 상세히 기술한다.

이 장의 2와 3에서 다루는 보건의료시설과 보건의료종사자로 구성된 보
건의료제공 체계는 주로 의료와 관련한 의료법, 의사법, 치과의사법, 약
제사법, 보건사·조산사·간호사법 등과 보건사업과 관련한 〈건강증진
법〉, 〈지역보건법〉에서 규정되어 있고, 이 장의 4의 재원조달과 다음 장
의 의료보장은 〈건강보험법〉, 〈국민건강보험법〉, 〈공제조합법〉 등이 주
로 관련된다.

1) 보건위생제도의 발전

일본의 근대의료는 1867년 메이지유신 이후 서구의학이 도입되면서 시작되었다. 초기에는 의료의 대부분이 민간에서 제공되었다. 공중보건정책은 이른바 '사회적 방위'를 위해 영양수준을 높이고 급성전염병에 대처하기 위한 것이었다(Jeong et al., 2001). 위생행정제도는 1882년 문부성에 '의무과'가 설치되면서 시작되었다. 1885년에는 위행행정조직, 의사, 약사, 공중위생, 의학교육에 대해 규정하는 종합법전인《의제》(医制)가 공표되었다. 당시의 최대 과제는 전염병 대책이었다. 지방에 있어서의 위행행정은 경찰행정에 포함되어 있다. 1897년에는 〈전염병예방법〉이 시행되어서 콜레라, 이질, 장티푸스, 종두 등 8개의 질병을 관리하기 시작했고, 1910년에는 〈종두법〉이, 1932년에는 〈기생충예방법〉이 시행되었다. 한편, 지역에 밀착된 보건지도의 필요성이 강조되면서 1937년에 〈구 보건소법〉이 제정되었고, 후생성은 1938년 설치되었다.

전후 헌법이 제정되어 국민 생존권 확립과 생활의 진보·향상이 국가의 의무로 됨에 따라 공중위생은 큰 진전을 이루었다. 1947년에 〈신 보건소법〉이 제정되어, 보건소가 건강상담, 보건지도 외에 의사, 약사, 식품위생, 환경위생 등에 관한 행정기능을 동시에 가지면서 공중위생의 최전선기관으로 확장되었고 국가, 도도부현을 통해서 위생행정조직과 제도의 확충이 이루어졌다. 1948년에는 예방접종법이 시행되어 종두, 디프테리아 등 12개 질병을 대상으로 했고, 성병예방법이 시행되어 매독 등 4개 질병을 대상으로 했다. 1951년에는 〈결핵예방법〉이 시행되었고, 1952년에는 검역법이 시행되었다. 그 후 감염증 대책이 일정한 성과를 보이게 되었고, 차츰 질병구조의 변화도 생활습관병을 중심으로 변하고 지역주민의 요구도 다양화하는 등 보건위생행정을 둘러싼 환경이 크게 변했다. 이렇게 감염증은 극복되는 듯 보였지만, 최근에는 빈번한 물자교류, 사회개발에 따른 환경변화 등의 영향으로 새로운 도전에 직면했다. 이미 극복된 줄 알았던 결핵, 말리리아 등의 재흥감염증, 그리고 에볼라, 메르스, 지카와 같은 신흥감염증이 출현 또는 유입되고 있다. 이러한 상황을 반영해서 1999년에는 〈감염증법〉이 시행되었고, '특정감염증예방지침'이 작성된 바 있다.

1994년에는 〈보건소법〉이 개정되어 〈지역보건법〉이 되었고 1997년부터는 도도부현과 시정촌의 역할분담을 수정하는 등 지역보건의 새로운 체계를 구축한다. 이 법에 따라 후생성 장관이 '지역보건대책의 추진을 위한 기본적인 지침'(기본지침)을 정하게 되었다. 이후, 기본지침은 개호보험의 시행을 반영하여 2000년, 〈건강증진법〉의 시행 등을 반영하여 2003년, 동일본대지진 피해자 건강관리 과제 등을 반영하여 2012년 개정되었다. 〈지역보건법〉이 제정된 이후 보건소의 집중화가 진행되어 1994년 848개이던 보건소가 2014년 현재 480개로 줄어들었다. 한편, 건강상담, 보건지도 및 건강검진 등을 담당하는 시정촌 보건센터는 2015년 현재 전국에 2,477개가 있다.

2014년에는 〈의료개호종합확보추진법〉이 공표되어, 효율적이고 질 높은 의료제공체제와 지역포괄케어시스템의 구축을 통해서 지역에서의 의료 및 개호의 종합적 확보를 추진하는 것을 지향하였다.

2) 의료제도의 발전

의료제도, 특히 의료제공 체계에서 기본이 되는 법률은 〈의료법〉이다. 〈의료법〉은 1948년에 제정되어 의료의 제공을 적정화하기 위한 의료기관의 최소기준 등을 정함으로써 국민의 의료 확보에 중요한 역할을 하게 되었다. 그 후 〈의료법〉은 그간의 질병구조의 변화, 의료기술의 진보 등에 대응하는 차원에서 개정이 되어왔다. 여기서는 〈의료법〉의 개정을 통해 의료제공 체계의 변천과정을 개관하고 개별 제도의 변천은 해당 섹션에서 필요한 범위 내에서 개관하도록 한다.

1985년의 제1차 〈의료법〉 개정은 도도부현 의료계획을 시작한 점에서 큰 의미를 가진다. 이는 의료자원의 지역적 편재를 시정하고 의료시설의 연계를 도모하기 위한 것이다. 1980년대에 들어서서 의료비가 급증하는데 대한 우려가 커지고 그 배경으로 병상수의 증가가 지목됨에 따라 전국을 2차 의료권과 3차 의료권으로 나누어 각각 병상수의 상한을 규제했다.

1992년의 제2차 〈의료법〉 개정은 '국민의 의료니드의 고도화 및 다양화에 대응하여 양질의 의료를 효율적으로 제공하기 위한 체제를 확보하는 것'을 목적으로 했다. 의료 기관의 기능분화를 위해서 특정기능병원(고도의료를 위한 대학 병원 등)과 요양형병상군(주로 장기간에 걸친 요양을 필요로 하는 환자를 수용하는 병상)을 제도화했다.

1997년의 제3차 〈의료법〉 개정은 요개호자의 증가에 대처하기 위하여 개호의 기반을 정비하고, 지역의 의료수요에 대응할 수 있도록 의료기관의 기능분화나 업무의 연계를 명확하게 하며, 환자를 위한 의료 정보의 제고 등을 도모하고 있다. 종합병원제도를 폐지하고 지역의료지원병원(진료소와 중소병원의 소개 환자를 일정 비율 이상 받아들이고 이들 의료기관을 연계하고 지원하는 병원)을 신설하였다.

2000년의 제4차 〈의료법〉 개정은 의료기술의 진보에 따른 의료의 고도화·전문화에 대응하고, 의료에 관한 정보제공을 충실히 하며, 양질의 적절한 의료를 효율적으로 제공하는 체제를 갖추는 것을 목표로 했다. 일반병상을 결핵·정신·감염증·요양병상 이외의 병상으로 규정하면서, 일반병상에서 요양병상을 독립시켰다.

2006년의 제5차 〈의료법〉 개정은 환자의 관점에서 질 높고 효율적인 의료제공체제를 구축하는 것을 기본이념으로 하여 〈의료법〉 전반을 대폭적으로 손질하였다. 도도부현에 의한 의료정보의 제공제도를 신설하여 환자의 선택을 지원하고, 의료안전지원센터를 법제화하며, 의료계획을 수정하여 의료기능의 분화·연계를 도모하였다. 그 밖에도 광고 규제의 완화, 환자상담창구 설치 노력의 의무, 행정처분을 받은 의사 등에 대한 재교육, 의료법인제도의 개혁 등이 규정되었다.

2014년의 제6차 〈의료법〉 개정은 의료기관이나 의료법인의 규제에 관한 규정의 앞에 '의료에 관한 선택의 지원 및 의료안전 확보'에 관한 장을 두는 등 〈의료법〉의 구성에 변화를 주었다. 병상의 기능분화와 연계를 추진하여 의료기관의 병상기능보고제도를 두고 도도부현의 지역의료구상을 추진한다. 기타 재가의료의 추진, 특정기능병원 승인의 갱신제 등을 포함한다.

2. 보건의료자원의 투입

1) 인적 자원

〈의료관계자 조사보고〉에 의하면, 2014년 말 기준 일본에서 의사는 31만 1천 명, 치과의사는 10만 3천 명, 약사는 28만 8천 명, 간호사는 108만 7천 명, 준간호사는 34만 명이 종사한다(〈표 12-1〉). 그 밖에 인구고령화에 따라 갈수록 수요가 커지고 있는 물리치료사(일본에서는 이학요법사라고 함)는 6만 2천 명, 작업요법사는 3만 5천 명이 종사한다. 여기서는 의사와 간호사 인력의 배출과 현황을 중심으로 살펴본다.

(1) 의사

2014년 말 기준 신고된 의사는 31만 1천 명으로 이는 인구 10만 명당 244.9명에 해당한다. 의료시설에 종사하는 의사가 95.4%(70.5%는 근무의사, 24.9%는 개설자나 법인 대표)이고 1.8%는 개호노인 보건시설에 종사한다.

<table>
</table>

직종	종사 인원(명)	인구 10만 명당(명)
의사	311,205	244.9
치과의사	103,972	81.8
약제사	288,151	266.7
보건사	59,156	46.5
조산사	37,572	29.6
간호사	1,142,319	898.9
준간호사	364,061	286.5
(취업)치과위생사	116,299	91.5
(취업)치과기공사	34,495	27.1
(취업)안마 마사지 지압사	113,215	89.1
(취업)침술사	108,537	85.4
(취업)뜸치료사	106,642	83.9
(취업)유도정복사	63,873	50.3

주: 별도로 이학요법사, 작업요법사, 기능훈련사, 언어청각사, 의지장구사, 진료방사선기사,
　　임상검사기사, 임상공학기사 등 28만 명과 구급구명사 5만여 명이 있다.
자료: 후생노동성, 2016: 45.

의사의 주된 진료과목은 내과 20.7%, 정형외과 7.1%, 소아과 5.6%의
순이다.

　여느 국가와 마찬가지로 일본에도 산간·벽지의 의사부족, 산부인과·
소아과 등에서의 의사부족 문제가 존재한다. 이를 해소하기 위해 2011년
에는 '지역의료지원센터'를 각 도도부현에 설치하기 시작했고 2014년 현재
43개의 센터가 활동한다. 센터는 의과대학과의 연계를 통해 개별 의사의
의과대학 경력을 확보해 줌으로써 경력 관리의 불안을 해소하고, '지역 근
무 조건부 의사' 제도를 활용하여 의사 부족 병원에 의사 인력을 지원한다.
2015년도 후생노동성 예산을 보면, '지역의료개호 종합확보기금'을 통해
센터의 운영에 대한 재정지원을 하고, 의사 부족 지역이나 도서 벽지 진료
소에서의 연수에 재정지원을 함으로써 도도부현의 의사 확보를 돕는다(厚
生労働省, 2015).

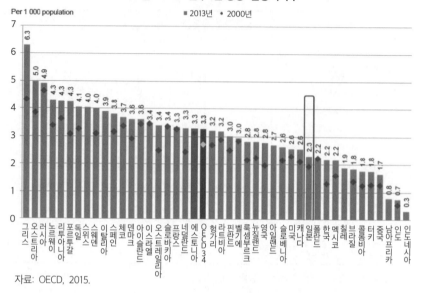

〈그림 12-2〉 인구 천 명당 임상의사수

〈그림 12-2〉에서 보듯이 '인구 천 명당 임상의사수'는 OECD 국가 평균 3.3명보다 낮고 하위권에 속한다.[2] '인구 10만 명당 의대 졸업자수' 또한 6.0명으로 OECD 평균 11.5명의 절반수준이다.

(2) 간호사

간호사는 108만 7천 명, 준간호사는 34만 명으로, 그중 7할이 병원에, 2할이 진료소에 근무한다. 의료에 대한 수요는 늘고 더욱이 환자 중심의 질 높은 의료 서비스에 대한 요구는 커지는데, 저출산으로 간호인력의 배출이 줄어들고 있다. 이런 점에서 일본 의료제도에서는 양질의 간호사를 적정수준까지 확보하는 것이 보건의료 정책의 최우선의 과제가 되었다.

---

2) 의사인력을 나타내는 지표로는 면허소지자수(licensed doctors), 취업(활동) 의사수(active doctors), 진료(임상) 의사수(practising doctors) 등 3가지가 구분되는데, 여기서의 지표는 진료(임상) 의사수(이하 임상의사수)를 가리킨다. 한국의 경우 동 지표에는 한의사가 포함되어 있지만 일본은 이에 해당하는 의료인력이 없다.

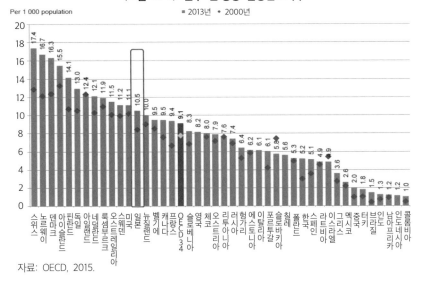

〈그림 12-3〉 인구 천 명당 임상간호사수

Per 1 000 population   ■ 2013년 ◆ 2000년

자료: OECD, 2015.

　정부는 간호사의 안정적 확보를 위해, 간호사등 양성소 운영비 보조, 병원 내 보육소 지원, 간호직원 연수의 지원, 간호센터에서의 구인구직 정보 제공, 취업알선에 대한 국고보조 등 다양한 대책을 펼쳐왔다. 〈간호사 등의 인재 확보의 촉진에 관한 법률〉은 이러한 대책을 뒷받침한다. 2015년에는 보건사・조산사・간호사・준간호사 면허보유자가 이직하는 경우에는 그 연락처를 도도부현 파트너스 센터에 신고하도록 하고, 무료 직업소개나 복직연수 등 도도부현 간호센터가 제공하는 서비스를 개선하여 간호직원 복직지원을 강화하였다(厚生労働省, 2015). 이러한 정책에 힘입어 간호사 취업자수는 매년 꾸준히 증가한다.

　〈그림 12-3〉에서 보듯이, 인구 천 명당 임상간호사수 10.5명은 OECD 국가 평균 9.1명보다 약간 높다. 1990년대 초만 해도 지금의 한국과 마찬가지로 OECD 국가 평균에 훨씬 못 미쳤으나 1990년대 중후반 이후부터는 OECD 국가 평균수준에 달할 수 있었고 이를 통해 보호자 없는 병동을 실현할 수 있었다(Jeong et al., 2001).

2) 물적 자원 및 의료기술

(1) 보건의료시설

① 의료기관과 병상

일본 의료기관은 70% 이상이 민간 소유다. 의료법인이나 개인이 소유한
다. 그렇다고 자유롭게 어디서나 의료기관을 설립할 수 있는 것은 아니다.
〈의료법〉에 일정한 설비·인원의 배치기준이 있으며, 중요한 것은 지역별
필요병상수를 정하는 '의료계획'의 규제가 가해진다는 점이다.

〈의료법〉은 의료인이 의업을 하는 장소를 병원과 진료소로 제한하고 있
다. 병원은 20개 이상의 병상을 가진 의료기관, 진료소는 19개 이하의 병상
을 가지거나(유상진료소) 아예 병상이 없는 의료기관(무상진료소)으로 규정
된다. 병원에 대해서는 적절한 진료를 하는 데 필요한 구조, 설비의 요건을
부과하지만 진료소에 대해서는 엄격한 규제를 하지 않는다. 병원 중에서도
일정한 기능을 가진 '특정기능병원' 및 '지역의료지원병원'에 대해서는 일반
병원과는 다른 인원배치 기준, 구조설비 기준, 관리자의 책무 등의 요건을
정하고 이러한 요건을 갖춘 병원에 대해서는 명칭 독점을 인정한다.

병원은 2014년 현재 8,493개 있지만(〈표 12-2〉), 1990년대 이후 계속
줄고 있는 추세다. 병상 규모별로는 50~99병상의 소규모병원이 25%로
가장 많고, 100~149병상이 17%로 그다음을 차지한다. 한국의 의원급에
해당하는 진료소는 10만 461개, 치과진료소는 6만 8,592개다.

병원을 개설주체별로 보면, 〈표 12-3〉에서 보듯이, 국가, 공적 의료기
관, 사회보험단체 등 공공병원이 전체 병원의 19.0%를 차지한다. 공적
의료기관을 중심으로 공공병원의 비중이 조금씩 줄어들고 있음을 알 수 있
다. 개인병원의 수는 2005년 677개에서 2014년 289개로 급격히 줄었다.
같은 기간 의료법인 병원의 비중이 63.1%에서 67.3%로 증가했다.

<표 12-2> 의료시설(병원 및 진료소) 수 추이

연도	병원	(재재) 국립	(재재) 공적	(재재)기타	일반진료소	치과진료소
1950	3,408	383	572	2,453	43,827	21,380
1960	6,094	452	1,442	4,200	59,008	27,020
1970	7,974	444	1,388	6,142	68,997	29,911
1980	9,055	453	1,369	7,233	77,611	38,834
1985	9,608	411	1,369	7,828	78,927	45,540
1990	10,096	399	1,371	8,326	80,852	52,216
1995	9,606	388	1,372	7,846	87,069	58,407
2000	9,266	359	1,373	7,534	92,824	63,361
2005	9,026	294	1,362	7,370	97,442	66,732
2010	8,670	274	1,278	7,118	99,824	68,384
2014	8,493	329	1,231	6,933	100,461	68,592

자료: 후생노동성, 2016.

<표 12-3> 병원 개설주체의 변화

구분	2005년		2010년		2014년	
전체	9,026	100%	8,670	100%	8,493	100%
국가	294	3.3%	274	3.2%	329	3.9%
공적 의료기관	1,362	15.1%	1,278	14.7%	1,231	14.5%
사회보험단체	129	1.4%	121	1.4%	57	0.6%
의료법인	5,695	63.1%	5,719	66.0%	5,721	67.3%
개인	677	7.5%	409	4.7%	289	3.4%
기타	869	9.6%	869	10.0%	866	10.2%

자료: 후생노동성, 2016.

<표 12-4> 병상 종류별 병상수 추이

구분	2005년		2010년		2014년	
총수	1,631,473	100%	1,593,354	100%	1,568,261	100%
정신병상	354,296	21.7%	346,715	21.8%	338,174	21.6%
감염증병상	1,799	0.1%	1,788	0.1%	1,778	0.1%
결핵병상	11,949	0.7%	8,244	0.5%	5,949	0.4%
요양병상	359,230	22.0%	332,986	20.9%	328,144	20.9%
일반병상	904,199	55.4%	903,621	56.7%	894,216	57.0%
병원당 병상수	180.8		183.8		184.7	

자료: 후생노동성, 2016.

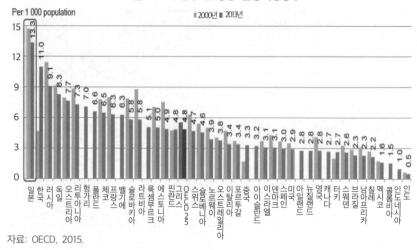

〈그림 12-4〉 인구 천 명당 급성기병상수

Per 1 000 population
■ 2000년 ■ 2013년

자료: OECD, 2015.

병상도 전반적으로 미미한 감소추세를 보인다(〈표 12-4〉). 이는 주로 병원수의 감소에 따른 것이고, 역으로 병원당 병상수는 늘었다. 전체 병상 중에서 일반병상이 57.0%, 정신병상이 21.6%, 요양병상이 20.9%를 차지한다.

〈그림 12-4〉에서 보듯이, 천 명당 급성기병상수 13.3개는 OECD 국가 중에서 가장 많고, OECD 국가 평균 4.8개의 세 배 정도다. 하지만, 그 수는 빠르게 줄고 있고, OECD 국가 평균과의 차이도 작아지고 있다.

② 보건기관

보건소는 〈지역보건법〉에 따라 설치되어 일선에서 대인 보건서비스와 대물 보건사업을 실시하는 종합적 보건위생 행정기관이다. 2014년 현재 전국에 490개(47개 도도부현에 365개소, 71개 정령시에 102개소, 23개 특별구에 23개소)가 설치되어 있다. 대인 보건서비스로서는 광역적으로 해야 할 서비스, 전문적 기술을 필요로 하는 서비스 및 다양한 보건의료 직종에 의한 팀워크를 필요로 하는 서비스를 실시한다. 의료가 필요한 상황이 생기기에

(단위: 10억 엔)

종류	생산금액	수출금액	수입금액
의약품	6,590	126	3,188
의료기기	1,989	572	1,369

자료: 후생노동통계협회, 2016.

앞서서 평상시 건강한 생활을 유지하고 질병을 예방하기 위한 '보건사업'이 주된 업무 중의 하나다. 보건소를 중심으로 한 공중위생 및 보건사업의 내용에 관해서는 뒤에 자세히 다룬다.

(2) 의약품 및 의료기기

2014년의 의약품 생산금액은 6조 5,898억 엔, 의료기기 생산금액은 1조 9,895억 엔이다(〈표 12-5〉). 의약품 수출액은 1,260억 엔으로 생산금액의 1.91%이고, 수입액은 3조 1,884억 엔으로 수출액의 20배가 넘는다. 의료기기 수출액은 5,723억 엔으로 생산금액의 1.91%이고, 수입액은 1조 3,685억 엔으로 수출액의 2~3배 수준이다.

일본에서 의약품은 의료용의약품, 요지도의약품, 일반용의약품의 3가지로 구분된다. '의료용의약품'은 의사의 처방에 따라서 사용 가능한 의약품으로 한국 의료제도에서의 '전문의약품'에 해당한다. '요지도의약품'은 약사가 직접 정보를 제공하고 약학적 지식에 따라서 지도해야 하는 의약품이다. '일반용의약품'은 슈퍼마켓 등에서 팔 수 있는 감기약, 해열진통제 등 15종류의 의약품과 약국제제 등이다. 의약품은 후생노동 장관의 승인사항이다.

의료기기는 '고도관리의료기기'(제1종), '관리의료기기'(제2종), '일반의료기기'(제3종)로 구분된다. '고도관리의료기기'는 부작용 또는 기능의 장애가 생긴 경우 사람의 생명과 건강에 중대한 영향을 미칠 우려가 있으므로 적절한 관리가 필요한 의료기기다. '관리의료기기'는 부작용 또는 기능의 장애가 생긴 경우 사람의 생명과 건강에 영향 줄 수 있으므로 적절한 관리가 필요한 의료기기 중에서 '고도관리의료기기'에 속하지 않는 것을 가리킨다. '일반의료기기'는 부작용 또는 기능의 장애가 생긴 경우에도 사람의 생명과 건강에 영향을 미칠 우려가 전혀 없는 의료기기이다. 2014년 현재 의료기기제조판매업은 제1종 661개, 제2종 1,007개, 제3종 910개로, 총 2,578개가 허가되어 있다. 의료기기 생산액은 2013년 1조 9,055억 엔으로, 5,305억 엔 수출과 1조 3,008억 엔 수입을 고려하면 국내 출하액은 2조 6,722억 엔이었다.

〈그림 12-5〉에서 보듯이 인구대비 CT 및 MRI 보유대수는 OECD 국가 내에서 독보적으로 높다. 이들 고급장비는 물적 자원으로서의 측면과 의료 기술, 즉 '지식'(knowledge)으로서의 측면을 동시에 가진다. 이러한 고가장 비의 대규모 동원은 민간소유 중심의 의료기관 구성과 행위별수가제라는 건강보험 지불방식이 상승작용한 결과로 해석된다.

〈그림 12-5〉 인구 백만 명당 CT 및 MRI 보유대수

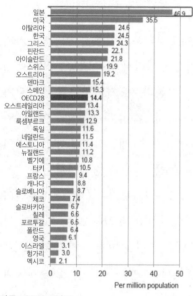
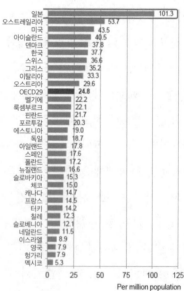

자료: OECD, 2015.

3. 보건의료서비스의 제공 및 이용

1) 의료제공 체계

의료제도는 전국민건강보험을 중심으로 국민에게 양질의 의료에 대한 높은 접근성을 제공한다. 그러나 급속한 저출산고령화로 질병구조가 다양화되고 국민의식의 변화로 의료에 대한 요구도 고도화되는 등 의료환경은 빠르게 변하였다. 한편으로 의료기술과 의학수준은 큰 진전을 이루었다. 의료제도를 둘러싼 이러한 환경의 변화는 의료제공 체계에 새로운 도전 과제를 던지고 있으며 새로운 대응을 요구한다.

'의료제공(공급) 체계'란 의료가 의료제공자로부터 국민에게 전해지는 기전을 일컫는다. 의료제공 체계는 〈의료법〉을 근간으로 한다. 흔히 사용되는 '의료전달 체계'라는 용어는 '환자가 질환에 적합한 치료를 제공하는 의료기관을 이용하도록 하는 기전'(delivery system)을 일컫는데 사용되었다. 즉, 난이도가 낮은 질환은 시설, 인력의 투입이 상대적으로 적은 의료기관에서, 난이도가 높은 질환은 그에 맞는 높은 수준의 시설, 인력을 갖춘 의료기관에서 의료를 이용하게 함으로써 의료자원 활용의 배분적 효율성을 높이기 위한 것이다. 환자를 적합한 기관으로 후송하는 것(referral system)을 포함한다.

(1) 〈의료법〉과 의료법인

〈의료법〉은 1948년에 제정된 이후 1985년, 1987년, 1997년, 2000년, 2006년, 2014년, 2015년의 7차에 걸쳐 개정되었다. 〈의료법〉은 의료계획, 의료법인제도 등 의료제공 체계와 관련된 다양한 내용을 담고 있다.

의료법인은 〈의료법〉의 규정에 따라 도도부현 지사가 인가하는 사단 또는 재단이다. 이는 의료사업의 경영 주체가 의료업의 비영리성을 유지하면서 법인격을 취득하는 길을 열기 위한 제도로, 1950년 〈의료법〉에서 도입되었다. 도입 당시에는 민간 개인 의료기관의 자금조달을 쉽게 하여 의료기관의 경영을 도와주는 것이 주된 목적이었다. 2015년 현재 의료법인은 5만 866개가 있으며, 사단법인이 5만 480개(지분 있는 법인 4만 1,027개, 지분 없는 법인3) 9,453개)로 대부분이고, 나머지 386개는 재단법인이다.

2006년에는 〈의료법〉 개정을 통해 '사회의료법인' 제도가 새로 도입되었다. 이는 응급의료와 도서벽지의료 등을 담당하는 공익성 높은 의료법인으로, 임원은 대해서 친인척이 배제되고, 해산 시의 잔여재산은 국가, 지방공공단체 등에 귀속하는 제약이 있는 대신에, 의료보건사업의 법인세와 '응급의료 등 확보 사업'을 하는 의료기관의 고정자산세 등이 면제되는 혜택이 주어진다. 사회의료법인은 2015년 현재 28개가 있다. 2015년에는 또한 '지역의료연계추진법인' 제도가 도입되어 지역포괄케어를 추진하기 위한 새로운 법인을 만들 수 있게 되었다.

(2) 의약분업

의약분업은 의사가 환자에게 처방전을 교부하고 약국의 약사가 그 처방전대로 조제를 하여, 의사와 약사가 각자의 전문 분야에 맞게 업무를 분담하는 제도다. 일본은 의약분업을 강제적으로 적용하지 않고 원외처방에 대한 금전적 보상을 통해서 의사의 자발적 참여를 유도하는 정책을 펴고 있다. 오랜 기간 형성되어온 의사와 약사의 업무 혼용 상황을 강제적으로 분리하는 정책을 펴기 어렵기 때문에 이를 정책적 인센티브를 통해서 해결하고자 한 것이다.

---

3) 해산 시 잔여재산 귀속을 개인이 아닌 국가, 지방공공단체, 기타 지분 없는 의료법인 등으로 정하고 있는 의료법인이다. 2006년 〈의료법〉 개정으로 신설 법인은 지분 없는 법인만 허용한다. 기존의 법인에 대해서는 종전의 규정을 적용하면서 자체적으로 지분 없는 법인으로 이행하도록 한다.

실제로 이런 의약분업 장려정책은 효과를 발휘한다. '외래처방건수 중 약국에의 처방전매수'를 가리키는 '의약분업률'은 전국적으로 1990년 12.0%, 1995년 20.3%, 2000년 39.5%, 2005년 54.1%, 2010년 63.1%, 2013년 67.0%로 계속 증가하고 있다.

(3) 의료계획

의료계획은 도도부현 별로 사전에 작성한 계획에 따라 의료를 제공하는 제도다. 규제적 사업이지만, 이를 통해 의료자원을 효율적으로 활용하고 의료시설 간의 기능연계를 확보하여 각 지역이 체계적인 의료제공 체계를 갖추도록 하자는 것이다. 의료계획은 1985년 1차 〈의료법〉 개정에 따라 1986년부터 수립되기 시작했다. 도도부현이 주체가 되어서 각 지역의 실정에 맞추어 작성하도록 되어 있지만, 후생노동성이 '의료제공체제의 확보에 관한 기본방침'을 정하고 이에 따라 도도부현이 의료계획을 작성하는 절차를 가진다.

1985년 도입 당시의 의료계획은 '필요적 기재사항'으로서 의료권의 설정과 필요병상수의 산정을, '임의적 기재사항'으로서 벽지의료 및 구급의료의 제공 체제를 확보하기 위해 필요한 사항을 정하도록 했다. 1997년의 제3차 〈의료법〉 개정에서는 지역의료지원병원이나 요양형병상군의 확보 목표가 필요적 기재사항에 포함되었다. 2000년의 제4차 〈의료법〉 개정에서는 지역에 있어서 필요한 수준의 병상을 확보한다고 하는 측면보다는 과잉병상을 규제한다는 측면이 커짐에 따라 '필요병상수'라는 용어 대신 '기준병상수'라는 명칭이 사용되게 되었다.

2006년의 제5차 〈의료법〉 개정에서는 의료계획제도를 통해 의료기능의 분화 및 연계 기능을 추진한다는 방침하에 4개 질병(암, 뇌졸중, 급성심근경색, 당뇨병) 및 5개 사업(응급의료, 재해의료, 벽지의료, 주산기의료, 소아의료)의 하나하나마다 구체적 의료연계체제가 설정되었다. 2009년부터는 도도부현에 '지역의료재생기금'이 설치되어 2013년까지 지역의료재생계획에 의한 대책을 지원했다(예산총액 4,950억 엔). 2013년부터는 5개 질병, 5개 사업으로 확대되어 '필요의료기능'을 정하고 각 의료기능을 담당하는 의료기관을 명시하게 되었다. 그리고 재가의료도 달성목표 및 의료연계체계를 기재하고, 의료계획에 기재된 질병·사업별로 구체적 수치목표를 설정한 PDCA 사이클을 추진하게 되었다.

또한 2014년 〈의료법〉 개정으로 이른바 베이비붐 세대가 75세 이상이 되는 2025년을 기해서 효율적이고 질 높은 의료제공체제를 갖춘다는 목표 하에 의료기능의 다양한 분화와 연계를 추진하기 위한 '병상기능보고제도'를 도입하고 2015년에는 '지역의료구상'을 설정했다(厚生労働省, 2015).

① 의료권

2차 의료권은 '일반적 입원의료(3차 의료권 단위에서 제공되어야 할 의료를 제외함)를 단일구역으로 하여 제공하는 것이 적당한 지역단위'를 말한다. 지리적 조건 등의 자연적 조건, 일상생활 수요의 충족 상황, 교통 사정 등을 고려하여 정한다. 2013년 4월 현재 344개의 2차 의료권이 있다. 인구규모나 지리적 조건 등의 요인이 환자의 수진 동향에 큰 영향을 주기 때문에 2차 의료권에 따라서는 해당구역에서 의료제공체제를 구축하는 것이 곤란한 경우도 있다. 따라서 의료계획 작성지침에는 인구규모 및 환자의 유입유출비율에 비례하여 2차 의료권의 설정방식이 제시되어 있다. 2차 의료권이 입원의료를 제공하는 단일 구역으로 적절치 않다고 여겨지는 경우는 도도부현이 수정을 하도록 되어있다.

3차 의료권은 특수한 의료[4]의 제공이 필요한 지역단위로 기본적으로는 도도부현을 단위로 설정한다. 다만, 도도부현의 구역이 너무 넓다든지,

---

4) 장기이식 등의 선진적 기술을 필요로 하는 의료, 고압산소법 등 특수한 의료기기 사용을 필요로 하는 의료, 선천성 담도폐쇄증 등 발생빈도가 낮은 질병에 관한 의료, 광범위 화상·수족 절단·급성중독 등 전문성이 높은 구급의료 등을 가리킨다.

기타 특별한 사정이 있을 때는 복수의 구역을 설정하든지 복수의 도도부현에 걸친 구역을 설정할 수 있다. 2013년 4월 현재 도도부현 별로 1개, 홋카이도만 6개의 3차 의료권이 설정되어 모두 52개의 3차 의료권이 있다.

② 기준병상수
기준병상수는 지역의 병상을 어느 정도 둘 것인가 하는 목표로서의 성격과 그 이상의 병상 증가는 억제한다는 규제적 성격을 동시에 갖는다. 기준병상은 전국에 적용되는 계산식에 따라 일반병상 및 요양병상은 2차 의료권 단위로, 정신병상, 결핵병상, 감염증병상은 도도부현 단위로 설정된다.

기존병상수가 기준병상수보다 많은 이른바 '병상 과잉지역'에서는 병원을 개설하지 않도록 도도부현 지사가 권고하고 있는데, 이를 무시하고 병원을 개설한 경우에는 지방사회보험의료협의회를 거쳐서 보험의료기관 지정을 하지 않을 수 있게 되어 있다. 이를 통해 병상의 지역적 편재를 시정하고 전국적으로 일정수준 이상의 의료를 확보하는 것이 기준병상제도의 목적이다. 또한 응급의료를 위한 병상이나 임상시험을 위한 병상과 같이 필요성이 있는 일정 병상의 경우에는 병상 과잉지역이더라도 확보할 수 있게 되어 있다.

2) 보건의료서비스의 이용

(1) 의료서비스

① 의료서비스의 이용 수준
〈그림 12-6〉은 의사인력의 대표적 서비스인 외래진찰(consultation)을 국민 1인당 1년에 몇 번 받는지 보여준다. OECD 평균이 6.6회인데 일본은 12.9회로 2배 수준이다. OECD 평균은 2달에 1회 방문인데, 일본인은 평균 매달 1회 방문한다는 의미다.

국민 개개인의 연간 입원빈도는 OECD 국가의 평균수준보다 낮은데 한 번 입원했을 때 병원에 체류하는 기간은 평균보다 길다. 〈그림 12-7〉에서 보듯이, 평균 재원일수는 OECD 평균이 8. 1일인데 일본국민은 17. 2일로 2배를 넘는다. 하지만 이도 과거에 비하면 급격히 줄어든 것이다.

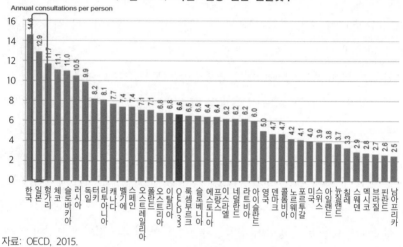

〈그림 12-6〉 국민 1인당 연간 진찰횟수

자료: OECD, 2015.

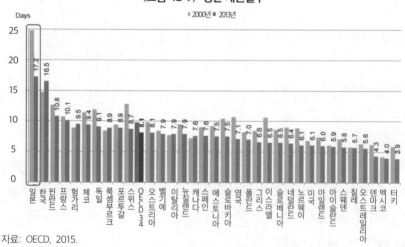

〈그림 12-7〉 평균 재원일수

자료: OECD, 2015.

② 질병별 의료서비스

가. 암

암은 1981년 일본인의 사망원인 1위 질병이 되어 지금까지 계속 그 자리를 지키고 있다. 정부는 1984년부터 '암대책 10개년 종합전략'을, 1994년부터 '암극복 신 10개년 전략'을 추진했다. 2006년에는 〈암대책기본법〉이 제정되었고, 이에 근거해서 2007년에는 '암대책 추진 기본계획'이 수립되었다. 2012년에는 2012~2016년 5년간의 종합적이고 계획적인 암대책 추진을 위한 새로운 기본계획이 수립되었다.

나. 난치성 질환(난병)

1955년경에 어린이는 별로 걸리지 않지만 특히 여성 어른에게 많이 나타나는 원인불명의 신경병인 스몬병(*Subacute myelo-optics neuropathy*)이 큰 사회문제가 된 적이 있다. 1972년에는 '난병대책 요망'이 발표되었다. 2014년에는 의료비 조성대책 등 난치성 질환과 관련한 대책을 담은 〈난병법〉이 성립되어 다양한 정책이 시행되었다.

다. 신장질환

신장질환 중에서도 신장기능 저하가 장기간에 걸쳐 진행하는 만성신장병(CKD: *Choronic Kidney Disease*)에 대해서는 인공투석요법 등을 공적 의료비 부담으로 제공한다. 〈장애인자립지원법〉에 의한 자립지원의료, 고액요양비 지급제도 등이 활용된다.

라. 류머티스·알레르기질환, 만성통증, 기타 질환

류머티스·기관지천식·아토피성피부염과 같은 면역알레르기 질환은 장기간에 걸쳐 삶의 질을 저해하고 국민 절반 가까이가 관련되는 질환이다. 2014년에는 〈알레르기대책기본법〉이 성립되어 정부가 이에 대한 종합적 대책을 마련토록 하였다. 그 밖에도 만성 통증에 관한 사업, 장기이식을 위한 대응, 조혈간세포 이식, 원폭피해자 대책 등 질병을 중심으로 한 다양한 대응책이 시행된다.

(2) 공중위생·보건서비스

질병을 치료하여 심신의 건강을 회복시키기 위한 '의료'의 제공과 이용도 중요하지만, 이러한 의료가 필요한 상황이 생기기에 앞서서 평상시 건강한 생활을 '유지·증진'하고 질병을 '예방'한다면 더 좋을 것이다. 이는 개개인이 해야 할 일이기도 하지만 사회적 대응 또한 중요하다. 일본에서는 이를 '보건사업'이라고 부르는데, 이는 도도부현과 정령지정도시·중핵시 등을 단위로 설치된 '보건소'나 시정촌 단위로 설치된 '시정촌 보건센터'를 중심으로 이루어진다.

　보건사업으로는 보건지도나 보건서비스가 있다. 암 등 생활습관병[5]의 검진, 임산부·영유아에 대한 건강검진이나 보건지도, 에이즈 검사 및 상담, 결핵 등 감염병 대책, 보건사가 제공하는 건강상담, 일반적인 건강검진, 정신보건복지 등이 있다. '보건소'는 쾌적한 생활환경을 만들기 위해 식중독 원인 조사나 예방 대책, 이미용업, 세탁업 등 생활위생 관계영업의 위생관리 지도, 동물보호나 광견병 예방, 대기오염·수질오염 대책, 독극물 취급 규제 등의 업무도 맡는다.

① 건강증진대책

질병예방이나 치료대책을 넘어 적극적 건강증진을 위한 시책이 강구된 것은 1964년 도쿄올림픽 종료 후다. 이때 건강·체력 만들기 붐이 일어나면

---

5) 일본에서는 기존의 '성인병' 용어를 국민의 생활습관의 중요성을 강조하여 '생활습관병'으로 바꾸어 부른다. 1996년 공중위생심의회 의견서는 생활습관병을 정의하고 새로운 개념으로 언급했다.

서 국민의 건강·체력증강책이 각의에서 결정된다. 1970년부터는 보건소에서 보건영양학급을 열어 일상생활 중의 올바른 영양·운동·휴양 방식에 대한 구체적 지도가 이루어진다. 1978년에는 '제1차 국민건강만들기 대책'이 시작되고, 1988년부터는 '제2차 국민건강만들기 대책'(액티브 80 헬스플랜)이 시작된다(〈표 12-6〉).

〈표 12-6〉 건강만들기 대책의 변천

개요	건강만들기 대책의 내용	
제1차 국민건강 만들기 대책 (1978~1988년)	**기본적 사고** • 생애에 걸친 건강만들기 추진 (성인병 예방을 위한 1차 예방의 추진) • 건강만들기의 3요소 (영양, 운동, 휴양)의 건강증진사업 추진 (영양에 중점)	**시책의 개요** • 생애에 걸친 건강만들기 추진 - 유아에서 노인에 이르기까지의 건강검진·보건지도 체제 확립 • 건강만들기의 기반정비 등 - 건강증진센터, 시정촌 보건센터 등의 정비 - 보건원, 영양사 등의 인력 확보 • 건강만들기의 계발·보급 - 시정촌 건강만들기 추진 협의회의 설치 - 영양 소요량의 보급 - 가공식품의 영양 성분 표시 - 건강만들기에 관한 연구의 실시
제2차 국민건강 만들기 대책 (1988~1999년) 액티브 80 헬스플랜	**기본적 사고** • 생애에 걸친 건강만들기 추진 • 영양, 운동, 휴양 중 늦어졌던 운동습관의 보급에 중점을 둔 건강증진사업 추진	**시책의 개요** • 생애에 걸친 건강만들기 추진 - 유아에서 노인에 이르기까지의 건강검진·보건지도 체제 확립 • 건강만들기의 기반정비 등 - 건강증진센터, 시정촌 보건센터, 건강증진시설 등의 정비 - 건강운동지도자, 관리영양사, 보건원 등 인력의 확보 • 건강만들기의 계발·보급 - 영양 소요량의 보급·개정 - 운동 권장량의 보급 - 건강증진 시설 인증제도의 보급 - 담배 행동계획의 보급 - 외식 영양성분 표시의 보급 - 건강문화도시 및 건강휴양지의 추진 - 건강만들기에 관한 연구의 실시

〈표 12-6〉 계속

개요	건강만들기 대책의 내용	

제3차
국민건강
만들기 대책
(2000~2012년)
 	
21세기
국민건강
만들기 운동
(건강일본 21)
	기본적 사고
	• 생애에 걸친
	 건강만들기 추진
	 ('일차 예방'의 중시와
	 건강수명의 연장,
	 생활의 질 향상)
	• 국민의 보건의료
	 수준의 지표가 되는
	 구체적 목표의 설정
	 및 평가에 근거한
	 건강증진사업 추진
	• 개인의 건강만들기를
	 지원하는 사회여건 조성
		시책의 개요
		• 건강만들기 국민운동화
		 - 효과적 프로그램이나 도구의 보급 계발, 정기적 재검토
		 - 메타볼릭 신드롬에 착목한 운동습관의 정착, 식생활의
		  개선 등을 위한 보급 계발의 철저
		• 효과적 건강검진 · 보건지도의 실시
		 - 의료보험자에 의한 40세 이상의 피보험자 · 피부양자에
		  대한 메타볼릭 신드롬에 주목한 건강검진 · 보건지도의
		  착실한 실시(2008년~)
		• 산업계와의 연계
		 - 산업계의 자주적 대응과 더 많은 연계
		• 인재육성(의료관계자의 자질 향상)
		 - 국가, 도도부현, 의료 관계자 단체, 의료보험자 단체
		  등이 연계한 인재육성을 위한 연수 등의 충실
		• 증거에 기초한 시책의 전개
		 - 결과 평가를 가능하게 하는 데이터의 파악 방법의
		  재검토

제4차
국민건강
만들기 대책
(H.2013년~)
 	
21세기
국민건강
만들기 운동
(건강일본 21
제2차)
	기본적 사고
	• 건강수명의 연장,
	 건강 격차의 축소
	• 생애에 걸친
	 건강만들기 추진
	 (성인병 발병 예방·
	 중증화 예방, 사회생활
	 기능 유지 · 향상,
	 사회환경의 정비)
	• 생활습관병의 개선과
	 함께 사회환경의 개선
	• 국민의 보건의료
	 수준의 지표가 되는
	 구체적 수치목표 설정
	 및 평가에 근거한
	 건강증진사업 추진
		시책의 개요
		• 건강수명의 연장과 건강격차의 축소
		 - 생활습관병의 종합적인 추진, 의료나 개호 등의
		  분야에서의 지원 등의 대응을 추진
		• 생활습관병의 발병 예방과 중증화 예방의 철저
		 [NCD (비감염성 질환)예방]
		 - 암, 순환기 질환, 당뇨병, COPD의 1차 예방과 함께
		  중증화 예방에 중점을 둔 대책을 추진
		• 사회생활을 영위하기 위해서 필요한 기능의 유지 및 향상
		 - 마음의 건강, 차세대의 건강, 고령자의 건강을 추진
		• 건강을 지탱하고 지키기 위한 사회환경의 정비
		 - 건강만들기에 자발적으로 힘쓰는 기업 등의
		  활동에 대한 정보제공, 해당활동 평가 등을 추진
		• 영양, 식생활, 신체활동, 운동, 휴양, 음주, 흡연,
		 치 · 구강의 건강에 관한 생활습관의 개선 및
		 사회환경의 개선
		 - 상기 항목에 관한 기준과 지침의 결정 · 재검토,
		  올바른 지식의 보급 계발, 기업과 민간단체들과의
		  협동에 의한 체제 정비를 추진

자료: 후생노동성, 2016.

2000년부터는 제3차 국민건강만들기 대책으로서 생활습관의 개선[6] 등에 관한 목표를 담은 '21세기 국민건강만들기 운동'(제1차 건강일본 21) 이 시작되었다. 2013년부터는 제4차 국민건강만들기 대책으로서 '21세기 국민건강만들기 운동'(제2차 건강일본 21) 을 시작하고, 건강수명의 연장과 건강 격차 축소, 전 생애에 걸친 건강만들기의 추진(성인병 발병 예방 및 중증화 예방, 사회생활 기능의 유지·향상, 사회환경의 정비), 생활습관병 개선과 사회환경 개선, 국민의 보건의료 수준의 지표가 되는 구체적 수치목표의 설정 및 평가에 근거한 건강증진사업의 추진을 기본사업으로 제시했다. 또한, 치아건강을 강조하는 '8020 운동'으로, 80세에서 자신의 치아를 20개 이상 가진 이의 비율을 2020년 50%까지 높이겠다는 목표가 제시된다.

② 보건대책

가. 모자보건

시정촌은 임산부 등에 대해서, 임신, 출산 또는 육아에 관하여 필요한 보건지도를 하도록 되어 있다. 임산부는 시정촌장에게 임신 사실을 신고해야 하고 시정촌장은 모자건강수첩을 교부해야 한다. 체중이 2,500g 미만인 아이가 출생한 경우에는 도도부현에 이를 신고해야 하고, 도도부현은 미숙아에 대한 의료(양육의료)를 제공해야 한다. 모든 시정촌은 임부의 건강진단을 14회 이상 실시할 수 있도록 비용을 부담해야 한다. 1년 6개월 및 3세의 아이에 대해서 건강진단을 실시할 의무가 있고, 그 외의 영유아에 대해서도 필요에 따라 건강진단을 받도록 권장해야 한다. 한편, 2001~2014년

---

6) 최근 암, 순환기질환, 당뇨병, 만성폐쇄성 폐질환(COPD) 등을 비감염성 질환(NCDs)으로 통칭하고 일괄해 포괄적 사회정책을 취하는 것이 국제적 흐름이다. 이는 이들 질환의 발생은 개인의 의식이나 행동에 의해서만 결정되는 것이 아니라 개인을 둘러싼 사회 환경의 영향이 크기 때문에, 지역, 직장의 환경 요인을 고려한 포괄적 사회정책으로 대응할 필요가 있다는 생각에 근거한다. 이러한 '생활습관병'은 일본인 사망원인의 약 60%를 차지한다.

사이에는 '건강한 친자 21' 비전을 달성하기 위한 노력이 '건강일본 21' 차원에서 진행된 바 있다.

나. 노인보건

1982년에는 〈노인보건법〉이 성립되어 보건의료대책이 종합적·체계적으로 정비되었다. 40세 이상을 대상으로 하는 보건사업을 노인의료와 연계시켜 종합적인 보건의료서비스를 제공함과 동시에, 필요한 비용은 국민이 공평하게 부담하도록 했다. 보건사업은 건강수첩의 교부, 건강교육, 건강상담, 건강검사, 의료등, 기능훈련, 방문지도 사업을 내용으로 하며, 시정촌이 실시주체이다. 2006년부터는 65세 이상에 대한 건강교육, 건강상담, 기능훈련, 방문지도는 지역지원 사업으로 이전되었다. 의료등은 75세 이상이, 보건사업은 40세 이상이 주대상이다. 비용부담은 의료 등은 국가, 지방자치단체 외에 보험자가 공동으로 내고, 보건사업은 국가, 도도부현, 시정촌이 각각 1/3씩 부담한다.

2006년의 보건의료제도 개혁에서는, 의료 이외의 '노인보건사업'은 〈노인보건법〉을 〈고령자의료확보법〉으로 개정하고, 이에 따라 ① 노인보건사업으로 실시해온 기본건강검진 등은 40~74세까지는 〈고령자의료확보법〉에 근거한 특정건강검진 및 특정보건지도로서 의료보험자가 부담하고, 75세 이상은 후기고령자의료 광역연합의 보건사업의 일환으로서 실시하게 됐으며, ② 지금까지 노인보건사업으로서 실시해왔던 치주질환검사 등은 〈건강증진법〉에 의한 사업으로서 시정촌이 계속 실시하는 것으로 되었다.

다. 정신보건

1950년에는 정신위생법이 제정되어 도도부현에 정신병원의 설치가 의무화되고, 사택감치의 폐지, 정신위생감정의 제도, 정신위생상담소 등이 규정되게 되었다. 1993년에는 〈장애자기본법〉이 제정되어 정신장애자가 장애자로서 위치지어졌다. 1997년에는 정신보건복지사법이 제정되었고 정신보건복지사가 국가자격화되었다. 2004년에는 '정신보건의료복지의 개혁비전'이 결정되어 '입원의료 중심에서 지역생활중심으로'라는 이후 10년간의 기본방침이 제시되었다. 2005년에는 〈장애인자립지원법〉이 성립되었다. 2013년에는 정신장애자의 지역생활로의 이행을 촉진하는 〈개정 정신보건복지법〉이 성립되었다. 정신질환 환자수는 최근 계속 증가하여 2008년에는 320만 명을 넘어섰고, 2014년에는 환자수가 371만 명으로 증가했다. 그중 알츠하이머 환자의 증가가 두드러진다.

라. 치과보건

1955년 이후 보건소를 중심으로 하여 충치예방 등의 모자치과보건활동이 활발하게 이루어져왔고 1963년 이후에는 성인과 고령자에 대한 치과보건대책이 실시되게 되었다. 1993년부터는 80세에 20개 이상의 치아를 갖는 것을 목표로 하는 '8020 운동' 추진지원 사업이 이뤄지게 되었다. 2011년에 성립한 〈치과구강보건의 추진에 관한 법률〉은 치아 및 구강의 건강이 건강하고 질 높은 생활을 영위함에 있어 기초적이고 중요한 역할을 한다는 점을 반영하여, 생애단계별 특성 등을 고려한 치과질환의 예방, 구강기능의 획득 유지 등을 기본적 사항으로 정한다.

③ 감염병 대책

국제교류가 활발해짐에 따라 해외에서 감염병이 유입될 가능성이 높아지고 그만큼 검역의 중요성도 커졌다. 이를 담당하는 것이 전국의 '검역소'다. 일본의 종합 식료자급률은 칼로리 기준으로 약 4할에 불과하므로 수입식품의 안전성 확보는 중요한 사항인데, 이 또한 검역소의 역할이다.

2012년 이후 중동호흡기증후군(MERS) 발생이 중동 국가를 중심으로 보고되었고, 2013년 중국·홍콩·대만 등에서 조류독감(H7N9아형)의 감염자가 보고되었으며, 2014년에는 국외의 에볼라 출혈열의 유행사례뿐 아니라 뎅기열의 국내염 사례가 보고되었다. 이에 대한 대응차원에서 2015년에는 〈감염병의 예방 및 감염병 환자에 대한 의료에 관한 법률〉이 개정되어, 조류인플루엔자 및 중동호흡기증후군이 새로운 감염병으로 추가되고, 감염병에 관한 정보수집 체제가 강화되었다.

4. 재원조달

재원조달체계는 보건의료제도의 물적 흐름으로서의 의료제공 체계를 뒷받침한다. 의료제도의 재원조달은 주로 건강보험제도를 통해서 이루어진다는 점에서 건강보험제도는 의료제공 체계와 함께 일본 의료제도를 구성하는 두 개의 기둥이라 할 수 있다. OECD를 중심으로 구축되어온 보건계정체계(SHA: *System of Health Accounts*)는 국제비교가 가능한 국가별 의료비 재원의 구성을 보여준다(OECD et al., 2011). 여기서는 전체 의료비의 규모와 그 재원구성을 개관함으로써 의료제도의 재원조달 규모와 성격을 살펴본다. 의료보장제도로서의 건강보험 등에 대한 상세한 설명은 13장으로 미룬다.

1) 의료비의 규모

전체 경상의료비는 2014년 54조 3천억 엔으로, GDP의 11.4%에 해당한다. 〈그림 12-8〉에서 보듯이 이는 스위스와 함께 OECD 34개 국가 중 미국 다음으로 높다.[7] 한편, 구매력지수로 환산한 일본의 1인당 경상의료비는 4,152 US $ PPP로 34개 국가 중 15번째에 해당한다.

---

[7] 이는 그간 의료비 지출규모가 낮은 것으로 알려졌던 것과 사뭇 다르다. 보건계정체계(SHA)에 따라 국제기준에 맞추어 의료비 분류를 재구성한 결과 그간의 국제비교 통계가 잘못된 것임이 확인된 것이다.

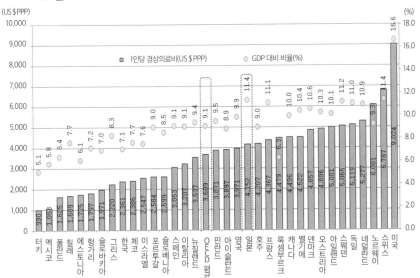

〈그림 12-8〉 OECD 국가의 '1인당 경상의료비' 및 'GDP 대비 경상의료비'

자료: OECD Statistics, 2016.10.17 인출.

2) 재원의 공사 혼합

〈표 12-7〉에서 보듯이, 의료제도의 재원은 75.8%가 사회보험(정부 지원 포함), 8.5%가 정부의 직접지불, 12.7%가 가계 직접부담을 통해 조달된다. 전체 경상의료비 중 '공공재원' 비중은 84.3%로 OECD 평균 72.7%보다 월등히 높으며, OECD 국가군에서 노르웨이 및 독일에 이어 세 번째다. 반면 가계직접부담 비율 12.7%는 가장 낮은 국가군에 속한다.

한국의 공공재원 비중은 56.5%로 OECD 국가군에서 미국, 멕시코 다음으로 낮다. 이는 의료제도가 공공 주도의 강한 의료보장으로 가계의 의료 이용부담을 줄이고, 국가차원의 국민의료비를 효율적으로 관리하고 있음을 시사한다.

<표 12-7> OECD 국가의 경상의료비의 재원구성 비율(2014년)

| 국가 | 경상의료비 | 정부 또는 의무가입 | | | 민간 | | | | | | | 해외부문 |
		정부·의무가입제도	정부	의무가입(건강)보험·의무가입의료저축계좌	임의가입제도	임의가입건강보험	비영리단체	기업	가계직접부담	비급여본인부담	법정본인부담	
호주(2013)	100	67.6	67.6	-	12.7	9.2	1.1	2.4	19.7	13.8	6.0	-
오스트리아	100	75.9	31.1	44.7	6.4	4.9	1.4	0.2	17.7	15.6	2.2	-
벨기에	100	77.6	11.4	66.2	4.6	4.4	0.1	0.0	17.8	-	-	-
캐나다	100	70.7	69.2	1.5	15.0	13.0	1.3	0.7	14.3	-	-	-
칠레	100	60.5	2.3	58.2	6.7	6.7	-	-	32.8	21.5	11.3	-
체코	100	83.5	11.6	71.9	3.3	0.2	2.4	0.7	13.2	13.2	-	-
덴마크	100	84.2	84.2	-	2.0	2.0	0.0	-	13.8	-	-	-
에스토니아	100	75.6	9.9	65.6	1.6	0.2	0.0	1.4	22.7	-	-	0.0
핀란드	100	75.4	62.2	13.2	5.5	2.5	0.7	2.3	19.1	-	-	-
프랑스	100	78.7	4.1	74.5	14.4	13.7	0.0	0.7	7.0	1.8	5.2	-
독일	100	84.6	6.6	78.0	2.4	1.5	0.5	0.5	13.0	-	-	-
그리스	100	59.7	28.4	31.3	3.7	3.6	0.1	0.0	35.4	35.4	-	1.2
헝가리	100	67.1	9.4	57.6	4.6	2.6	1.4	0.6	28.4	23.3	5.1	-
아이슬란드	100	81.0	52.1	29.0	1.5	-	1.5	-	17.5	-	-	-
아일랜드	100	69.3	69.0	0.3	15.3	12.7	-	2.6	15.4	-	-	-
이스라엘(2012)	100	62.4	16.5	45.9	12.5	10.9	0.6	1.0	23.7	19.4	4.3	1.4
이탈리아	100	75.8	75.5	0.3	2.2	1.5	0.3	0.3	22.0	-	-	-
일본(2013)	100	84.3	8.5	75.8	3.0	2.2	-	0.8	12.7	4.1	8.6	-
한국	100	56.5	10.2	46.3	6.7	5.9	0.6	0.1	36.8	23.7	13.1	-
라트비아	100	59.9	59.9	-	1.2	0.9	0.3	-	38.9	-	-	-
룩셈부르크	100	82.4	8.5	73.9	6.9	5.5	1.4	-	10.7	3.9	6.8	-
멕시코	100	51.8	23.9	28.0	6.7	5.1	1.6	-	41.5	-	-	-
네덜란드	100	80.6	4.8	75.8	7.1	5.9	0.2	0.9	12.3	-	-	-
뉴질랜드	100	79.8	72.0	7.8	7.6	4.9	2.6	-	12.6	-	-	-
노르웨이	100	85.1	74.2	10.9	0.4	-	-	0.4	14.5	-	-	-
폴란드	100	71.5	9.1	62.4	6.0	4.4	1.0	0.6	22.5	-	-	-
포르투갈	100	66.2	64.9	1.3	6.2	5.4	0.0	0.8	27.5	-	-	0.0
슬로바키아	100	80.2	4.0	76.2	1.8	-	1.4	0.4	18.0	-	-	-
슬로베니아	100	71.0	3.4	67.6	16.0	14.8	0.1	1.1	13.0	-	-	-
스페인	100	69.8	65.0	4.8	5.5	5.2	0.4	-	24.7	23.4	1.3	-
스웨덴	100	83.4	83.4	-	1.1	0.6	0.1	0.4	15.5	-	-	-
스위스	100	65.2	18.6	46.5	8.1	7.0	1.0	-	26.7	21.2	5.5	-
터키	100	77.6	21.3	56.3	4.7	-	-	-	17.7	-	-	-
영국	100	79.6	79.5	0.1	5.7	3.6	1.6	0.6	14.8	-	-	-
미국	100	49.3	26.1	23.1	39.2	34.4	4.6	0.2	11.5	-	-	-

자료: OECD Statistics, 2016. 10. 17 인출.

484

5. 의료제도의 성과

국민 건강수준의 향상이 의료제도의 주목적이라는 점, 그리고 질 높은 의료서비스의 제공과 이용을 통해서 이것을 달성해야 한다는 점에는 이의가 없을 것이다. 하지만 어떤 지표가 국민의 건강수준의 향상을 가장 잘 대변하는지, 그리고 그러한 건강수준의 향상이 얼마만큼 의료제도의 성과에 기인하는지에 대해서는 다양한 의견이 있을 수 있다. 여기서는 OECD (2015) 에서 제시된 여러 지표 중에서 건강수준 관련 지표를 중심으로 일본의 위치를 살펴보고 이런 결과를 위해 투입된 자원의 수준과의 관련 속에서 그 의미를 점검해 본다.

1) 지표로 본 일본인의 건강수준

〈그림 12-9〉에서 보듯이, 2013년 일본인 남녀 평균수명은 83.4세로 OECD 국가 중에서 가장 길다. 더욱이 지난 40여 년 사이에 10년 이상 증가했다. 지면 관계상 여기서 제시하지는 않았지만, 영아사망률 또한 천 명당 2.0으로 가장 낮은 그룹에 속한다. 저체중아 출산율(*low birth weight*) 이 높은 일본에서 영아사망률이 낮은 것은 의료제도가 훌륭한 성과를 내고 있음을 시사한다.

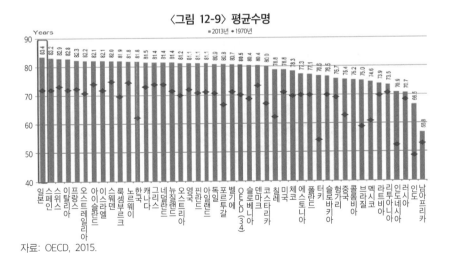

〈그림 12-9〉 평균수명

자료: OECD, 2015.

고령화의 진행과 만성질환의 증가에 따라 갈수록 중요성을 더해가는 허혈성 심장질환 및 뇌졸중에 의한 사망률 또한 일본인이 OECD 국가 중에서 가장 낮다(〈그림 12-10〉). 암에 의한 사망률도 낮은 편에 속한다. 유방암, 자궁경부암, 결장직장암의 진단 후 5년 상대생존율 추정치는 OECD 국가 중 높은 편에 속한다(〈그림 12-11〉).

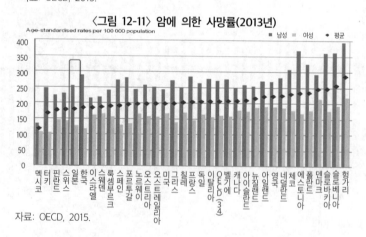

〈그림 12-10〉 허혈성 심장질환 사망률(2013년)

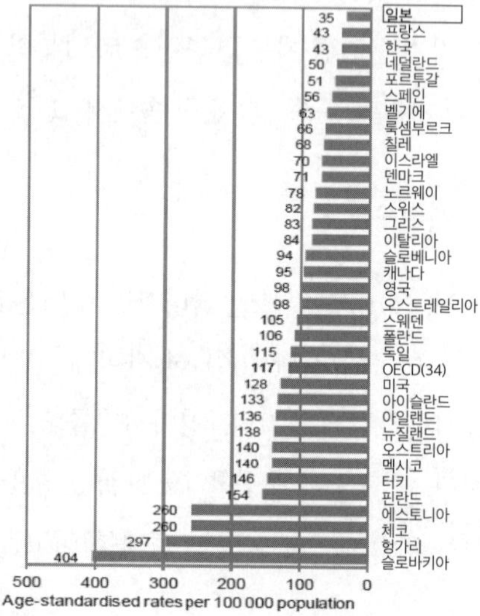

자료: OECD, 2015.

〈그림 12-11〉 암에 의한 사망률(2013년)

자료: OECD, 2015.

사망률과 관련한 몇 가지 지표를 통해 일본인은 OECD 국가 중에서도 최고의 건강수준을 유지하고 있음을 어느 정도 확인할 수 있다. 일본인의 높은 건강수준이 소득수준의 향상과 위생환경의 조성 그리고 국민 영양조건의 개선 등에 힘입은 바 크다고는 해도, 높은 '저체중 출산' 하에서의 낮은 '영아사망률' 등의 지표들을 종합해 볼 때 의료제도가 국민의 건강수준의 향상에 일정부분 기여하고 있음을 추정할 수 있다.

2) 의료의 질[8]

일본은 사망률 지표뿐만 의료의 질을 나타내는 지표도 OECD 회원국가 중 상위권에 속한다. 일본 의료에서 제도수준(system level)의 질적 개선은 특정 의료행위에 대한 건강보험 수가에서의 유인과 역유인을 통해 도모해왔다. 의료전달 체계를 원활히 하기 위한 수가 가산, 퇴원 전 의료 제공자 간 조정과 커뮤니케이션에 대한 수가 설정 등이 그것이다. 이러한 수가 정책이 실효적으로 작동하는 것은 병의원 수입의 95% 이상이 건강보험에서 이루어지기 때문이다. 비급여 규모가 큰 한국 건강보험보다 유리한 입장에 있는 것이다.

2년에 한 번씩 개정되는 수가는 보험 재정을 관리하는 수단일 뿐만 아니라 의료의 질을 포함한 제도 전반을 관리하는 제도개혁의 강력한 수단으로 기능한다. 하지만, 의료의 질을 개선하기 위한 활동은 대부분 의료기관 수준 (institutional level)에서 일어난다. 병원이 다양한 세부 질 지표를 자체적으로 개발하여 적용한다. 한편 광역지방자치단체인 도도부현은 의료의 접근성과 효율성에는 관여하지만 의료의 질에 대해서는 큰 역할을 하지 못한다.

위와 같은 사실은 의료제도가 두 가지 수준에서 도전 과제를 가지고 있음을 시사한다. 첫째, 제도 수준에서는 질에 대한 이니셔티브를 높여야 한다. 최소 인력기준, 자격기준, 서비스 기준 등에 대한 규제를 넘어서, 의료인력의

---

8) 이 부분의 내용은 OECD(2014)를 참고했다.

개발, 재교육, 면허갱신 그리고 의료사고에 대한 보고나 대응 등에 비중을 두어야 한다. 둘째, 의료기관 수준에서는 질 향상 활동을 제도화시켜야 한다. 여러 인증기관이 각각의 인증기준을 만들고 많은 학회가 각자의 임상기준을 중복적으로 만드는 일을 피하고 시너지를 낼 수 있도록 해야 한다. 환자를 등록하고 질지표를 관리하기 위한 체계적 정보 인프라를 구축할 필요가 있다.

■ 참고문헌

국내 문헌

한국보건사회연구원(2012). 《주요국의 사회보장제도: 한국》. 한국보건사회연구원.

해외 문헌

厚生労働統計協会(2015). 〈保険と年金の動向〉. 62卷 14号(2015/2016). 厚生労働統計協会.

厚生労働省(2015). "人口減少社会を考える-希望の実現と安心して暮らせる社会を目指して". 《厚生労働白書》. 厚生労働省.

_____(2016). "人口高齢化を乗り越える社会モデルを考える". 《厚生労働白書》. 厚生労働省.

Jeong, H. S. & Hurst, J. (2001). An assessment of the performance of the Japanese healthcare system. *Labour Market and Social Policy Occasional Paper*, No. 56, Paris: OECD.

OECD, WHO, & Eurostat(2011). *A System of Health Accounts 2011*. Paris: OECD.

OECD(2014). *OECD Review of Health Care Quality. Japan: Raising Standards*. Paris: OECD.

_____(2015). *Health at a Glance 2015*, Paris: OECD.

Röemer, M. (1990). *National Health Systems of the World*. Oxford University Press.

기타 자료

OECD Health Data. http://stats. oecd. org. 2016. 10. 17 인출.

13

의료보장제도

1. 머리말

'의료보장'이라는 용어는 한자를 사용하는 일본과 한국에서 조금 독특한 의미로 사용된다. '사회보험'은 이론과 경험이 대부분 서구에서 전승된 것이기 때문에 이에 대응하는 서구의 언어(예: *social insurance*나 *assurance sociale* 등)가 분명한 반면에, '의료보장'은 일대일로 대응하는 서구 용어를 찾기 힘들다. 여기서는 '의료보장'을 "'의료제도'의 '경제적 지원' 내지 '재원조달' 기능을 통해 의료제도 구성원의 의료이용을 보장하는 것"으로 규정한다. 즉, "의료의 이용, 특히 필수적 의료의 이용을 위해서 이에 필요한 비용부담을 '공공재원'을 통해서 조달하는 것"이다. 여기서의 '공공재원'은 다양한 정의가 가능하지만 '강제성'(*compulsoriness or mandatoriness*)과 '사전지불' (*prepayment*)을 구성요소로 한다.

일본 내 의료보장은 주로 사회보험 방식을 통해 이루어진다. 의료와 관련된 사회보험은 건강보험이 대부분이지만 의료부조와 개호보험도 의료보장에 일익을 담당하며 노재보험도 중요한 역할을 한다. 건강보험은 "질병,

부상, 사망, 출산 등 단기적인 경제적 손실에 대해서 보험급여를 제공하는 제도"로 규정된다. 반면, 의료부조는 "곤궁해서 최소한도의 생활을 유지할 수 없는 자에 대해서 의료를 제공하는 제도"로 하여 대상을 특정한다. 노재보험은 "업무상의 사유나 통근에 기인한 노동자의 질병, 부상, 사망, 출산 등에 대해서 신속하고 공정한 보호를 하기 위해서 보험급여를 하는 제도"로 하여 대상자와 위험 발생 사유를 특정화한다. 개호보험은 개호를 대상으로 보험급여를 하는데 그 주된 대상자인 고령자 등이 의료와 개호를 동시에 필요로 한다는 점에서 건강보험과 개호보험은 상호 밀접한 관련을 갖고 있다. 이 장의 2에서는 건강보험을 자세히 살펴보고, 이 장의 3에서는 의료부조, 산재보험, 개호보험을 약술한 뒤, 이 장의 4에서는 의료보장에서의 재정위기 상황에 따른 향후 개혁방향에 대해 기술한다.

2. 건강보험

1) 건강보험의 역사적 전개

(1) 1961년 전국민건강보험 달성까지

일본인은 원칙적으로 여러 가지 공적 의료보험(이하 건강보험)1) 중 하나에 반드시 가입하여 혜택을 받도록 되어 있다. 이를 일본에서는 국민개보험, 즉 전국민건강보험이라고 부른다. 일본 내에 주소를 가진 전체 국민 및 1년

---

1) 일본에서는 '의료보험'과 '건강보험'의 용법이 한국과 다르기 때문에 주의가 필요하다. 직장인 중심으로 시작된 공적 의료보험이 건강보험이고, 지역가입자 중심의 공적 의료보험이 국민건강보험이다. '의료보험'은 조금 더 일반적인 용어로 쓰인다. 여기에서는 넓은 의미로 사용하거나 법률명, 의료보험자와 같이 꼭 '의료보험'이란 용어가 필요한 경우에만 '의료보험'으로 표기하고, 통상적 공적 의료보험을 지칭하는 경우에는 '건강보험'으로 표기한다.

이상의 체류 자격이 있는 외국인도 건강보험에 가입할 수 있다. 일본인 중 생활보호 수급자는 의료부조라는 별도 의료보장의 혜택을 받고 있다.

일본에서는 이미 19세기 후반경부터 군인, 공무원, 그리고 일부의 처우가 좋은 기업들에서 건강보험이 시작되었다. 하지만 이것은 강제적 사회보험이 아니었다. 1911년에는 〈공장법〉이 제정되면서 노재보험이 도입되었다. 강제보험으로서의 건강보험은 제1차 세계대전 직후인 1922년 〈건강보험법〉이 제정되어 1927년부터 시행됨에 따라 시작되었다. 이는 광업 등 위험한 업종의 노동자를 위한 조합을 만드는 피용자보험이었고, 10인 이상 사업장에 적용되었다. 적용 피보험자는 국민 전체의 3%에 불과하였다.

그 후 경제가 전쟁 모드로 재편되면서 건강보험조합은 급속히 늘어났고, 1934년에는 5인 이상 사업장, 1937년에는 사무직근로자에게 확대되었다. 1941년에는 노동자 본인들만이 아니고 피부양자에게도 건강보험이 적용되기 시작했다.

한편으로, 농민을 포함한 자영업자들은 더 큰 어려움에 직면해 있었다. 그들에게는 보험료를 내줄 사용자도 보험료를 낼 임금도 없었다. 1920년대와 1930년대에 직장의 건강보험조합이 확산되는 상황 속에서 마을단위 자생적 농민조합이 생겼다. 1938년에는 〈국민건강보험법〉이 통과되어 국가가 지역의 건강보험을 공식적으로 보조하게 되었다. 이는 지금까지도 '국민건강보험'('국보')으로 불리는 지역보험의 시작을 의미한다. '국보'에 참여하는 시정촌의 수는 서서히 증가하다가 제2차 세계대전 발발 후 급속히 늘어나서 1943년에는 국민의 70% 이상이 강제보험의 하나에 속하게 되었다. 하지만 전쟁 말기부터는 보험 재정이 곤란을 겪게 되고 많은 시정촌이 '국보'에서 빠져나가게 되어 패전 후인 1948년에는 60% 밑으로 떨어지게 되었다. 연합군총사령부(GHQ)는 1947년 '국보'의 재건을 위해 국고보조금을 대폭 늘리는 계획을 발표하기도 했다.

일본 건강보험의 어려움에 돌파구를 마련해 준 것은 아이러니하게도 한국이었다. 1950년 한국전쟁의 발발을 계기로 일본경제는 빠르게 성장하고 보험료 수입이 확보되면서 건강보험은 흑자로 돌아선다. 이에 따라, 많은 시정촌들이 '국보' 프로그램을 재개했다. 1956년 말 적용자수는 총인구의 68%였고, 피용자 중 가입자비율은 73%이었다. 미가입 자영업자와 농민은 약 3천만 명이었다. 1955년에 통합 정비된 사회당과 자민당은 '국민개보험'(전국민건강보험)을 공약하면서 득표경쟁을 했다. 이러한 상황의 변화에 따라, 후생성은 '국민개보험을 위한 4개년 계획'을 마련하게 되었다. 1958년에는 〈국민건강보험법〉이 통과되었고, 마침내 1961년에는 전국민건강보험이 달성되게 되었다. 전국민건강보험의 달성에는 최초의 법 제정 이후 39년, 최초의 제도도입 이후 34년이라는 인구 보장의 점진적 확장 기간이 필요했던 것이다

(2) 전국민건강보험 달성 이후 지금까지

1961년 전국민건강보험이 이루어짐에 따라 그 이후의 정책적 지향은 인구보장의 확대에서 보장수준의 확대로 넘어간다. 전체적으로 보면 본인부담의 완화가 1973년의 노인의료비 무료화 등 1970년대까지 가속화되다가 1980년대를 고비로 의료비 증가에 대응한 본인부담 증가로 전환되어 지금까지 계속되는 추세다. 많은 다양한 보험자들이 난립하고, 보험자들 간에 재정상황이 다른 문제를 해결하기 위해 고액의료비나 노인의료비에 대한 보험자 간 재정조정사업이 지금까지도 계속된다. 2000년대 후반에 들어서서는 후기고령자의료제도 등 별도의 제도가 성립되기에 이르렀다.

〈표 13-1〉을 중심으로 발전과정을 정리해 본다. 1963년에는 '건강보험'과 '국보' 모두 요양의 급여기간의 제한이 없어졌고, 저소득 피보험자에 대한 보험료 경감이 이루어졌으며, '국보' 가구주에 대한 본인부담도 50%에서 30%로 낮아졌다. 1968년에는 '국보'의 전체 피보험자에 대해 30% 본

인부담이 적용되었다. 1973년은 특히 고령자에 대해서 의료비 무료화 정책이 시행되는 등 '복지원년'이라고 불릴 정도로 획기적 보장수준의 확대가 이루어졌다. '고액요양비제도'가 만들어진 것도 이때다.

노인의료비의 무료화 이후 노인의료비가 급격히 증가되어 1980년에는 1973년 무료화 이전의 4배 이상이 되었고, 이에 따라 재원의 지속가능성에 대한 우려가 확산되었다. 이에 대한 대응으로 1982년 〈노인보건법〉이 제정되어 1983년부터 노인보건제도가 시작되었는데, 그 핵심은 첫째로 노인에게 다시 정액 본인부담을 부과하기 시작했고, 둘째로 피용자보험의 돈을 '국보'로 이전하는 재정조정사업이 시작되었다는 점이다.

그 이후에는 본인부담률을 높이고 노인 본인부담 정액을 올리는 방향으로 점진적인 개편이 계속되었다. 1994년에는 기준간호제도의 개편과 보호자 없는 병원 체제(수발간호 금지)로의 이행, 재가의료의 추진, 방문간호사업의 (노인 이외의 대상에 대한) 확대 등 획기적인 변화가 이루어졌다. 또한, 그동안은 입원 시의 식사를 '요양의 급여'로 제공해왔는데 '입원 시 식사요양비'라는 급여항목을 별도로 설정하여 식사에 대한 본인부담을 높일 수 있는 근거를 확보하기 시작했다. 2000년에는 노인 본인부담 방식이 정액에서 10% 정률로 바뀌었다.[2]

2006년에는 2003년 각의에서 결정된 '의료보험제도 및 진료보수체계에 관한 기본방침' 및 2005년 각의에서 결정된 '경제재정운영과 구조개혁에 관한 기본방침 2005'에 따라 〈건강보험법〉 등이었다. 여기서 결정된 것이 의료비적정화 종합계획의 추진, 새로운 고령자의료제도 창설, 도도부현 단위 보험자 재편 및 통합 등이 결정되었다. 이에 따라 기존의 '특정요양비제도'는 '보험외 병용요양제도'로 바뀌었는데, 가장 큰 변화는 '향후의 보험도입을 위

---

2) 다만, 외래는 월 3천 엔, 입원은 월 3만 7,200엔의 상한을 두어 노인의 부담이 일정한 선을 넘지 않도록 하는 조치가 병행되었다.

한 평가가 이루어지는 항목'을 '평가요양'으로 명명하고 이를 혼합진료 금지의 예외 항목으로 인정함으로써 건보급여와 병용할 수 있게 했다는 점이다.

〈노인보건법〉을 대신해서 2006년에 〈고령자의료확보법〉이 제정되면서 2008년에는 75세 이상 고령자를 대상으로 후기고령자의료제도가 시행된다. 같은 해에 전국단위의 공법인인 '전국건강보험협회'가 보험자가 되는 '협회건보'가 설립되었는데 재정운영은 도도부현을 기본으로 한다. '조합건보'의 경우도 동일 도도부현 내의 건보조합을 재편, 통합하는 것을 장려하는 차원에서 도도부현을 단위로 하는 '지역형건보조합'의 설립을 인정하게 되었다. '국보'의 경우도 보험재정의 안정화와 시정촌국보 간의 보험료 평준화를 촉진하기 위해 도도부현 단위의 보험운영이 추진되게 되었다.

2010년 경제가 악화되면서 '국보', 협회건보, 후기고령자의료제도의 보험료 인상이 예상되는 상황이 되자 보험료의 상승을 억제하기 위한 재정지원 조치가 강구됐다. 하지만 보험료수입은 줄어드는데 의료비 증가는 계속되어 협회건보의 재정상황은 악화되고 전국 평균보험료율도 매년 인상되었다. 2015년 〈의료보험개혁법안〉[3]이 성립되었는데, 이는 그동안 시정촌이 운영하던 '국보'를 2018년부터 도도부현으로 이관하는 개혁안을 담고 있다.

2) 건강보험제도의 구성과 운영

건강보험을 담당하는 중앙행정기관은 후생노동성의 보험국이고 전국 8개소에 있는 지방후생(지)국이 연금 등 다른 사회보험 업무와 함께 건강보험 업무를 담당한다. 후생노동 장관의 자문기구로서 사회보장 및 인구문제에 관한 광범위한 사항을 심의하는 사회보장심의회가 있고, 사회보험진료보수에 대한 심의를 하는 중앙사회보험의료협의회(중의협)가 있다. 지방후생국에는 지방사회보험의료협의회가 운영된다.

---

3) 지속가능한 의료보험을 구축하기 위해 〈국민건강보험법〉 등 일부를 개정하는 법률안이다.

〈표 13-1〉 전국민건강보험 달성 후의 제도 변천

연도	제도 변천
1961	• 국민개보험(전국민건강보험) 실현
1963	• 요양급여기간 제한 폐지 • 국민건강보험 가구주의 본인부담률 50%에서 30%로 인하
1968	• 국민건강보험의 본인부담률을 30%로 통일
1969	• 약제 본인부담 폐지
1973	• 〈노인복지법〉 개정으로 노인의료비 무료화 • 고액요양비제도 창설, • 건강보험 피부양자 본인부담률 50%에서 30%로 인하
1980	• 건강보험 피부양자의 입원 본인부담률 30%에서 20%로 인하
1983	• 〈노인보건법〉 시행, 노인 본인부담 외래 400엔/월 및 입원 300엔/일(2개월까지)
1984	• 퇴직자의료제도 창설 • 건강보험 피보험자 본인부담률 10% 부과 시작
1987	• 노인 본인부담 인상(본인부담 외래 800엔/월 및 입원 400엔/일), • 노인보건제도 가입자 안분율 인상 • 노인보건시설 창설
1992	• 노인방문간호제도 창설 • 공비부담비율 인상
1994	• 수발간호·개호관련 급여 개혁 • 재가의료 추진 • 식사요양비제도 도입 　(급여항목을 별도 선정하여 본인부담 상향조정 근거 마련)
1996	• 노인 본인부담 인상(본인부담 외래 1,020엔/월 및 입원 710엔/일), • 식사요양비 표준부담액 인상(760엔/일)
1997	• 건강보험 피보험자 본인부담률 10%에서 20%로 인상 • 노인 외래약제 정액본인부담 도입 • 노인 본인부담 인상(본인부담 외래 500엔/일 및 입원 1,000엔/일)
1999	• 노인 본인부담 인상(본인부담 외래 530엔/일 및 입원 1,200엔/일) • 노인 약제 본인부담 폐지
2000~ 2001	• 노인 본인부담 변경(입원 및 외래 모두 본인부담률 10%. 단 외래는 월 3천 엔, 　입원은 월 37,200엔의 상한 있음) • 식사요양비 표준부담액 인상(780엔/일)
2003	• 노인 외래약제 정액본인부담 폐지 • 3~69세의 건강보험 본인부담률 30%로 통일 • 피용자보험에 총보수제 도입
2006	• 현역수준 소득을 지닌 고령자 30% 본인부담 • 요양병상 입원하는 고령자 식비 및 거주비 부담 인상
2008	• 미취학아동 20% 본인부담 • 후기고령자의료제도 창설
2013	• 협회건보 재정지원에 대응한 조치로 협회건보에 대한 현장조정권 부여 위한 　〈건강보험법〉 등 개정
2015	• 건강보험의 안정화, 부담 공평화, 후기고령자 지원금의 전면총보수제 도입 • 의료비 적정화, 환자신청요양 창설 담은 〈국민건강보험법〉 등 개정

건강보험은 오랜 역사를 통해 그때그때의 필요에 따라 새로운 제도가 만들어지고 이름이 붙여졌기 때문에 종류도 다양하고 이름도 복잡하다. 4) '건강보험'은 직장인을 대상으로 한 보험이고 '국민건강보험'은 지역보험에 해당한다. 직장인 보험인 '건강보험'의 사업운영은 대규모 사업장별로 구성된 건강보험조합(2015년 3월 기준 1, 409개) 과 소규모 사업장의 단일조합인 전국건강보험협회가 담당한다. '전국건강보험협회'는 '협회관장 건강보험' 외에도 선원보험의 사업운영을 담당한다. 그 밖에 각종 공제조합(85개) 이 별도로 운영된다. 이들 직장보험의 심사, 지불 업무는 특별민간법인인 '사회보험진료보수지불기금'과 그 도도부현 지부가 수행한다. 동 기금은 후기고령자의료제도와 개호보험 관련업무, 퇴직자의료제도에서의 출연금 징수와 교부금 교부 등의 업무도 담당한다. 지역보험인 '국민건강보험'은 시정촌 (1, 716개) 과 국보조합(164개) 에 의해서 운영된다. 심사 및 지불 업무는 각 도도부현에 설치된 '국민건강보험단체 연합회'가 수행한다.

(1) 보험자

'건강보험'은 크게 대규모 사업장이나 그룹이 독자적으로 만든 '조합관장 건강보험'(조합건보) 과 비교적 소규모의 사업장들을 전부 묶어서 하나의 건강보험조합으로 한 '전국건강보험협회 관장 건강보험'(협회건보) 으로 구분된다. 즉, '건강보험'이란 피용자보험(직장보험) 을 지칭하며 〈건강보험법〉에 근거한다. 약칭은 '사보'로 국민건강보험의 약칭인 '국보'와 구별된다. 직장인을 대상으로 한 보험에는 그 밖에도 공무원 등을 대상으로 한 각종 '공제조합', '선원보험', '일용직 건강보험' 등이 있다.

---

4) 일본의 건강보험은 한자 문화권에 있는 나라라고 해도 이름만으로는 제도의 성격을 잘 알 수 없다. 제도명을 영어로 번역할 때 직역하면 번역어로 해당 건강보험의 성격을 알 수 없게 되므로 주의해야 한다. 한자문화권에 있는 우리는 일단은 일본의 한자 제도명을 직역하여 사용하고 각 제도별 설명을 추가하여 각각을 구분하는 것이 그나마 혼선을 최소화하는 방법일 것이다. 이 책에서도 그렇게 하였다.

〈표 13-2〉 공적 의료보험의 구성과 내용(2016년 6월 기준)

제도명			보험자 (2015년 3월 말)	가입자수 (2015년 3월 말) 본인, 가족(천 명)	보험급여 의료급여 / 환자 본인부담	현금급여	재원 보험료율	재원 국고부담·보조
건강보험	일반 피고용자	협회 건보	전국건강 보험협회	36,392 [20,292 / 15,491]	• 의무교육 취학 후부터 70세 미만: 3할 • 의무교육 취학 전: 2할 • 70세 이상 75세 미만: 2할(현역수준 소득이 있는 자: 3할) • 단, 2014년 3월말까지 이미 70세에 이르고 있는 사람 1할	상병수당금 출산육아 일시금 등	10.00% (전국평균)	급여비 등의 16.4%
건강보험	일반 피고용자	조합 건보	건강보험조합 1,409	29,131 [15,644 / 13,487]		상동 (부가급여 있음)	건강보험 조합마다 다름	정액(예산 보조)
건강보험	〈건강보험법〉 3조 2항 피보험자		전국건강 보험협회	19 [12 / 6]		상병수당금 출산육아 일시금 등	1급 일액 390엔 2급 3,230엔	급여비 등의 16.4%
선원보험			전국건강 보험협회	125 [58 / 67]		상동	9.60% (질병보험료율)	정액
각종공제	국가 공무원		20 공제조합	8,836 [4,493 / 4,343]		상동 (부가급여 있음)	-	없음
각종공제	지방 공무원 등		64 공제조합				-	
각종공제	사립학교 교직원		1 사업단				-	
국민건강보험	농업인 자영업자 등		시정촌 1,716	36,937 시정촌 33,025		출산육아 일시금 장제비	• 가구마다 응익(應益, 정액)과 응능(應能, 부담 능력별)을 부과 • 보험자에 따라 부과 산정방식이 다소 다름	급여비 등의 41%
국민건강보험	농업인 자영업자 등		국민건강 보험조합 164					급여비 등의 43.3~47.1%
국민건강보험	피고용자 보험의 퇴직자		시정촌 1,716	국민건강보험 조합 2,911				없음
후기고령자 의료제도			운영주체 후기고령자 의료 광역연합 47	15,767	• 1할(현역수준의 소득자 3할)	장제비 등	• 각 광역연합이 정한 피보험자 균등부담액과 소득비례율에 따라 산정됨	• 보험료 약 10% • 출연금 약 40% • 공비 약 50% (공비내역은 국가:도도부현: 시정촌 4:1:1)

주: 1) 후기고령자의료제도의 피보험자는 75세 이상 및 65세 이상 75세 미만의 자로, 일정한 장애가 있는 것으로 광역연합의 인정을 받은 자.
　　2) 현역수준의 소득이 있는 대상은 주민세 비과세소득 145만 엔(월소득 28만 엔 이상) 이상 또는 세대에 속하는 70~74의 피보험자의 기초 공제 후 총소득 금액 등의 합계액이 210만 엔 이하인 사람이다. 단, 수입이 고령자 복수세대로 520만 엔 미만 또는 고령자 단독가구이고 83만 엔 미만인 사람 등은 제외한다. 특히 소득이 낮은 주민세 비과세세대란 연금수입 80만 엔 이하인 사람들이다.
　　3) 국민건강보험조합의 정률국고보조에 대해서는 건강보험 적용 예외 승인을 받고 1997년 9월 1일 이후 신규로 가입한 자 및 그 가족에 대해서는 협회건보 수준으로 한다.
　　4) 가입자수는 반올림으로, 합계와 내역의 합이 일치하지 않는 경우가 있다.
　　5) 선원보험의 보험료율은, 피보험자 보험료 부담경감 조치(0.50%)에 의한 공제 후의 비율.
자료: 후생노동성, 2016 수정.

'국민건강보험'은 직장인을 대상으로 한 보험에 가입되어 있지 않은 국민이나 퇴직자들을 대상으로 하여 주로 시정촌이 운영한다. 그 외에, 동업자들끼리 만드는 국민건강보험조합도 있다.

① 피용자 '건강보험'

가. 보험자 구성

ㄱ. 전국건강보험협회 관장 건강보험
'전국건강보험협회 관장 건강보험'(협회건보)은 건강보험조합을 갖지 않는 기업의 종업원을 대상으로 하는 단일보험자 보험이다. 2008년까지는 사회보험청이 정부관장 건강보험(정관 건강보험)으로서 운영했으나 그 후에는 전국건강보험협회가 운영한다. '협회건보'라는 약칭은 이 때문에 붙여진 것이다. 2015년 3월 기준 3,639만 명이 가입해 있다.

ㄴ. 조합관장 건강보험
'조합관장 건강보험'(조합건보)은 기업이나 기업 그룹(단일조합), 동종동업의 기업(총합조합), 일부의 지방자치단체(도시건보)가 건강보험조합이 되어 운영하는 건강보험이다. 2015년 3월 기준 1,409개의 건강보험조합에 2,913만 명이 가입해 있다.
　'조합건보'의 연합조직으로 '건강보험조합연합회'(건보련)가 있다. 이는 〈건강보험법〉에 근거한 공법인으로 1943년에 설립되었다. 각 건강보험조합의 활동을 지원하여, 보험자 기능을 보강하기 위한 활동을 하고 있다. 건보련의 역할 중에서 가장 실질적인 것은 조합 간의 공동사업이다. 모든 건강보험조합으로부터 출연금을 거두어서 고액의료비의 일부를 건강보험조합에 교부하는 '고액의료교부금 교부사업'과, 재정상황이 나빠진 건강보험조합의 해산을 줄이기 위한 교부금을 교부하는 '조합재정지원교부금 교부사업'을 수행한다. 그 밖에도 건강보험조합의 건강만들기 사업을 지원하는 '건강개발 공동사업', 전 건강보험조합의 의료비 청구서 데이터, 특정건강검진·특정보건지도의 결과 데이터를 집약하여 건강보험 분야에서의 정책 제언 등을 위한 근거로 활용하는 '데이터 분석사업' 등을 한다.

ㄷ. 공제조합

'공제조합'은 〈국가공무원공제조합법〉에 따라 국가·지방공무원, 일부의 독립행정법인 직원, 일본우정그룹직원, 사립학교 교직원을 대상으로 하는 건강보험조합이다. 공적연금과 기타 복리후생도 함께 담당한다. 2015년 3월 기준 85개의 건강보험조합에 884만 명이 가입해 있다.

나. 피보험자 및 피부양자

피보험자에는 적용사업장에 고용된 피보험자(이하 '일반피보험자') 및 '일용특례 피보험자', 적용사업소에 고용되지 않게 된 후에 임의 가입한 '임의계속 피보험자' 및 '특례퇴직 피보험자'의 4종류가 있다. 피보험자 자격의 취득·상실은 원칙적으로 보험자 등의 확인에 의해서 그 효력을 발한다. 단시간 취업자로 사용되는 사람의 가입은 신분 관계가 아니라 직무 내용을 종합적으로 감안해 상용적 고용 관계가 인정되는지에 따라 판단한다.

적용사업장에 사용되지 못해서 또는 적용제외 규정에 해당하게 되어 일반피보험자의 자격을 상실한 자로, 자격상실 전까지 2개월 이상 일반피보험자이었던 사람은 보험자에게 신청하여 자격상실 후에도 계속 해당 보험자의 피보험자가 될 수 있는데 이를 '임의계속 피보험자'라고 부른다. 가족들도 피부양자로 가입할 수가 있는데, 그 요건은 기본적으로 재직 중의 피부양자 인정의 경우와 마찬가지이다.

후생노동 장관의 인가를 받아서 특례퇴직 피보험자제도를 마련하고 있는 건강보험조합이 있다. 후생연금 수급권자이고 피보험자 기간이 20년 이상 또는 40세 이후 10년 이상인 사람이 계속 가입할 수 있다('임의계속 피보험자'와 달리 '2년'과 같은 기간제한이 없다). 이 제도를 갖춘 건강보험조합은 전국 약 1,500 노조 중 70개 미만의 비교적 대규모 조합뿐이다. 현역세대를 압박한다는 이유로 폐지하는 조합이 생기고 있다.

② 지역보험인 '국민건강보험'

국민건강보험은 모든 개인 사업주, 협회건보의 임의적용 사업소로 인가를 받지 않은 개인 사업주의 종업원, 무직자(임의계속 피보험자와 〈고령자의료 확보법〉에 해당하는 자 그리고 생활보호를 받고 있는 사람은 제외)가 가입한다. 2014년 기준 1,717개 조합이 있다. 그 외에도, 자영업이더라도 동종동업자가 연합해 국민건강보험조합을 만드는 것이 법률상 인정되는데, 이러한 형태로 164개 조합이 있다. 가입자수는 2014년 기준 3,693만 명이다.

시정촌 및 도쿄도 특별구에 주소를 가지는 사람으로서, 적용제외 대상자가 아닌 이는 본인 의사와 관계없이 모두 해당 시정촌이 제공하는 '국민건강보험'의 피보험자가 된다. 체류기간이 90일 이상인 외국인도 가입 의무가 발생한다. 국민건강보험은 피보험자가 내는 보험료 외에, 국고 지출금, 도도부현 지출금, 조합건보로부터의 노인보건 출연금과 퇴직자 급여 출연금 등으로 조달된다. 고령자가 많기 때문에 보험료(보험세)는 높지만, 시정촌에 따라 큰 차이가 있다.

③ 후기고령자의료제도

이 제도는 75세 이상의 후기고령자와 후기고령자의료 광역연합이 인정한 65세 이상의 장애인을 대상으로 하는 건강보험제도로, 〈고령자의료 확보에 관한 법〉에 따라 2008년 4월부터 시작됐다. 2015년 3월 기준 47개의 광역연합에 1,577만 명이 가입해 있다. 과거의 〈노인보건법〉에 의한 노인의 료제도와의 가장 큰 차이는 적용 연령(75세 이상)이 되면 기존 제도에서 떠

나서 후기고령자만의 독립된 제도에 편입된다는 점이다. 공적연금으로부터 특별징수(원천징수)가 행해지고, 1차 의료에 대해 수가가 지불되는 점(포괄지불제도) 등이 다른 점이다.

가. 보험자

도도부현마다 '후기고령자의료 광역연합'(도도부현 구역 내의 모든 시정촌이 가입하는 광역 연합)이 보험자가 된다. 이른바 '위양사무'가 아니기 때문에 정령지정도시도 독립된 운영을 하지 않고 도도부현의 광역연합에 참가한다. 또한 보험료 징수 업무나 신청·신고, 접수, 창구업무는 시정촌이 처리한다. 광역연합은 건강교육, 건강상담, 건강진단, 기타 피보험자의 건강유지·증진을 위해서 필요한 사업을 해야 한다.

나. 피보험자

75세 이상의 후기고령자와 〈후기고령자의료 광역연합〉이 인정한 65세 이상의 장애인이 대상이다(65~74세의 전기고령자는 0~64세와 같은 건강보험에 포함하여 보험자 간 위험구조를 조정). 장애 인정에 의한 자격 취득일은 광역연합이 장애를 인정한 날부터다. 인정을 받으려는 경우, 소정의 신청서에 장애 상태를 보여주는 서류를 첨부해서 광역연합에 신청해야 한다. 2008년 제도발족 시에는 1천 3백만 명이 국민건강보험에서 고령자의료제도로 옮겼으며 이후 계속 늘고 있다.

다. 재 원

제도운영에 필요한 재원은 50%가 공비, 50%가 보험료다. 공비(50%)는 국가, 도도부현, 시정촌이 각각 4:1:1의 비율로 광역연합에 교부하고, 보험료 50% 중 10.99%는 피보험자가 직접 납부하는 보험료에서 부담하고 나머지 39.01%는 75세 미만인 각 건강보험 가입자가 부담한다. 이 경우 각 의료보험자가 후기고령자 지원금·후기고령자관계 사무비 출연금을 사회보험진료보수지불기금에 납부하고 사회보험진료보수지불기금은 광역연합에 후기고령자교부금을 교부하는 것이다. 본인부담금이 30%인 고령자의 경우는 공비 부담이 없고 보험료와 후기고령자교부금만으로 충당된다.

보험료는 광역연합 단위로 균일한 보험료율이 정해진다. 같은 도도부현에서 소득이 같으면 원칙적으로 보험료가 같다. 보험료율은 요양급여 등의 예상액, 재정안정화기금 출연금 및 특별고액의료비공동사업비 출연금 납부에 필요한 비용 예상액 등을 고려하여 대체로 2년간 재정의 균형을 맞출 수 있는 수준으로 정한다. 부과액은 응익부담(가입자 전원이 동일하게 부담)인 균등분율과 응능부담(소득에 따라서 부담)인 소득분율의 2가지로 구성된다. 언론 등에서 고령자의 보험료 부담이 높다고 지적되지만, 실제로는 현역세대가 부담하는 지원금이 훨씬 무거운 것으로 나타난다.

(2) 보험의료기관

병원, 진료소, 약국은 후생노동 장관으로부터 보험의료기관이나 보험 약국으로 지정되면 〈건강보험법〉을 비롯한 의료보험 각 법의 규정에 의한 요양급여 등을 한다. 지정을 받고자 하는 경우, 개설자가 후생노동 장관에게 신청하고 후생노동 장관은 지방사회보험의료협의회의 자문을 받아 지정한다. 지정의 효력은 6년이다. 또한 후생노동 장관은 지정 취소일로부터 5년을 경과하지 않은 경우나, 보험의료기관으로 현저히 부적당한 경우 등은 지방사회보험의료협의회의 심의를 거쳐, 지정하지 않거나 일부를 제외하고 지정할 수 있다.

보험의료기관에서 진료를 하는 의사, 치과의사, 보험약국에서 조제를 하는 약사는 모두 후생노동 장관의 등록을 받은 의사·치과의사(보험의), 약사(보험약사)이어야 한다. 보험의사 등의 등록에 유효 기간은 없다. 또한 개인 개업을 하는 보험의사, 보험약사로서, 개설자 혼자 진료, 조제에 종사하는 경우, 해당 보험의사 등으로 등록하면 그 진료소 또는 약국에 대해서도 보험의료기관 등의 지정이 있었던 것으로 간주된다.

보험의료기관으로 지정 받은 병원은 특정 보험자만의 피보험자·피부양자만을 진료할 수는 없다. 건강보험조합 직영 병원 등은 해당 건강보험조합의 피보험자만 진료하는 경우 보험의료기관 또는 보험약국으로 지정될 필요가 없다. 5)

개인 보험의료기관(병원 및 유상진료소를 제외)은 그 지정의 효력을 잃기 전 6개월에서 3개월 사이에 별도의 신청을 하지 않을 때는 보험의료기관 등 지정신청(갱신신청)이 있었던 것으로 간주된다(지정신청 절차 간소화).

보험의료기관이나 보험약국이 자격을 탈퇴할 경우나 보험의사 또는 보험약사가 그 등록 말소를 할 때는 1월 이상의 예고 기간을 두어야 한다. 보험의료기관은 요양급여의 담당에 관한 장부 및 서류 기타의 기록을 3년간, 환자의 진료기록은 5년간 보존해야 한다.

3) 재원조달

(1) 건강보험(피용자보험)

정부는 국고에서 매년 건강보험의 사무비를 전액 부담한다. 교부된 국고부담금은 각 건강보험조합의 피보험자수를 기준으로 하여 후생노동 장관이 산정한다. '협회건보'에 대해서는 급여액의 16.4%를 국고에서 보조하고 있다. 협회가 출연할 후기고령자 지원금 및 개호납부금에 필요한 금액의 16.4%도 국고에서 지원한다. 이외에도 건강보험 사업의 집행에 필요한 비용 중 특정건강진단 및 특정보건지도의 실시에 필요한 비용의 일부를 예산의 범위 내에서 보조할 수 있다.

보험료는 피보험자의 표준보수월액(50등급) 및 표준상여액에 보험료율

---

5) 이 경우 의사·약사 전원이 보험의·보험약제사일 필요는 없다. 하지만, 일단 지정을 받으면 조합원 이외의 자에게도 개방해야 한다. 이 경우 전원이 보험의·보험약사라야 한다.

을 곱하여 산출한다(일반보험료액 = 표준보수월액 × 일반보험료율). 건강보험의 보험료는 사업주와 피보험자가 반씩 부담한다. 임의계속 피보험자는 본인이 전액 부담해야 한다. 사업주는 원칙적으로 피보험자가 부담해야 할 전월의 표준보수월액에 대한 보험료를 보수에서 공제한다. 임의계속 피보험자는 보험료를 선납할 수 있지만 일반피보험자의 고용주는 선납할 수 없다.

'일반보험료율'은 '기본보험료율'과 '특정보험료율'로 구성된다. '기본보험료율'은 고령자의료 이외의 건강보험 사업에 필요한 비용을 충당할 보험료율을 가리키고('협회건보'의 경우 도도부현 별로 설정), '특정보험료율'은 고령자의료를 지원하기 위한 비용을 충당할 보험료율('협회건보'의 경우 전국 단일 4.15%)을 가리킨다. 조합건보의 경우 재정 불균형을 조정하기 위해서 조합이 연합회에 출연하는 비용을 충당하기 위한 '조정보험료율'이 함께 부과된다. 또한 개호보험 제2호 피보험자에게는 '개호보험료율'('협회건보'의 경우 2016년 1.58%)이 합산되어 부과된다.

'협회건보'의 일반보험료율은, 과거의 '정관건보' 시절에 단일 보험료율이었던 것과 달리, 2009년부터는 의료비에 따라서 각 도도부현을 단위로 일정범위(현재 3.0~13.0%) 내에서 협회가 정하게 되었다. 일반보험료율은 의료 이용의 차이만을 반영하는 것이고, 연령구성이나 소득수준의 차이에 기인하는 재정력의 차이는 도도부현 간에 별도로 조정된다. 2009년에는 8.15%(나가노현)~8.26%(홋카이도)의 범위에 있었는데, 2010년에는 전국평균 1.14%라는 큰 보험료율 인상이 있어서 9.26%(나가노 현)~9.42%(홋카이도)의 범위가 되었고, 그 뒤에도 보험료율 인상이 계속되어 2015년에는 9.86%(니가타현)~10.21%(사가현)의 범위에 있다.

'조합건보'의 경우도 일반보험료율은 3.0~13.0%의 범위 내에서 조합별로 정하고 변경 시에는 원칙적으로 후생노동 장관의 인가를 받아야 한다. 합병으로 설립된 조합은 합병 후 5년에 한해 서로 다른 일반보험료율을 설정할 수 있다.

(2) 국민건강보험(지역보험)

'국보'는 가입자로부터 징수한 국민건강보험료(또는 국민건강보험세)와 국고부담금이 주된 재원이다. 피보험자 급여에 필요한 비용은, 퇴직자의료제도를 제외하고 공비 50%, 보험료 50%로 충당된다. 공비 50%는 국가 41%(급여비 등 부담금 32%[6]), 조정 교부금 9%)를, 도도부현 9%로 분담한다. 그 밖에도 각종 지원이 있기 때문에 가입자가 부담하는 보험료 수입은 41.6%에 불과하다. 퇴직자의료제도 가구의 급여에 필요한 비용은 보험료와 '요양급여비 등 교부금'으로 충당된다. 사무비는 국고부담이 없고 시정촌별로 특별회계를 마련해야 한다. 단, 조합국보의 경우 전액 국고부담이다.

보험료는 보험자마다 독자적으로 정하도록 되어 있다. 소득분율, 평등분율, 균등분율, 자산분율의 4가지 방식의 전부 또는 일부를 적용하는데, 지방자치단체별로 이러한 4가지의 조합, 소득분율의 정도, 세대별 보험료 상한액이 다르다. 다른 제도에 비해서 소득에 대한 부담률이 높지만 개인사업자에게는 종업원의 유무와 관계없이 보다 무거운 부담을 부과하는 제도를 갖는 지방자치단체가 많다.

- 소득분율: 전년도의 세대 전체의 소득에 따라서 계산됨.
- 평등분율: 1세대당으로 계산됨. 도쿄 23구나 요코하마시처럼 독거세대가 많은 지방자치단체에서는 적용하지 않기도 함.
- 균등분율: 세대의 가입자수에 따라 계산됨.
- 자산분율: 세대가 보험 가입된 소속 시정촌 내에서 소유하는 부동산 등 고정자산세액에 따라 계산됨.

---

6) 시정촌국보는 비용의 32%를 국가가 보조하고 조합국보는 조합의 재정적 능력을 감안하여 비용의 13~32%를 국가가 보조할 수 있다.

4) 보험급여

피용자보험에서는 보험급여가 보험료를 부담하고 있는 '피보험자'에게 이루어지는 것으로 법적 구성이 되어 있다. 피부양자에 대한 보험급여(가족급여) 또한 피보험자에게 이루어지는 것이다. 따라서 피보험자가 사망한 경우 그 다음날부터 가족급여는 중단된다. 또, 피보험자의 '자격상실 후 계속 급여'는 피부양자에 대해서는 이뤄지지 않는다. '국보'에 있어서 보험급여는 개별 피보험자에 대해서가 아니라 (보험료 납부 의무자인) 세대주 또는 조합원에게 지급된다. 그러므로 본인부담금의 지불 의무도 세대주 또는 조합원이 갖는다.

(1) 보험급여의 내용

① 급여의 범위

피용자보험의 보험급여는 법률에서 의무가 부과되는 '법정급여'와 규약의 규정에 따라 추가되는 '부가급여'가 있다. '법정급여'에는 요양급여, 입원 시의 식사요양비, 입원 시의 생활요양비, 보험외 병용요양비, 요양비, 방문간호 요양비, 이송비, 상병수당금, 매장료·장제비, 출산육아일시금, 출산수당금, 고액의료비, 고액개호합산 요양비 등이 있다. 피보험자의 자격 취득 전의 질병, 부상 등에 대해서도 보험혜택이 이루어진다.

'국보'의 보험급여는 법률에서 의무가 부과되는 '법정급여'와 그렇지 않은 '임의급여'로 갈린다. '법정급여'는 또한 반드시 급여해야 하는 '절대적 필요급여'와 특별한 이유가 있을 때에는 안 할 수 있는 '상대적 필요급여'로 대별된다. '절대적 필요급여'는 〈국민건강보험법〉에 규정된 요양급여, 입원 시의 식사요양비, 입원 시의 생활요양비, 보험외 병용요양비, 방문간호 요양비, 이송비, 고액의료비, 고액 개호합산 요양비, 보험자가 불가피하다고 인정될 때의 요양비이며, '건강보험'에서의 급여와 거의 비슷하지만 약간의 차이가 있다. '상대적 필요급여'는 조례 또는 규약에서 정한 출산육아 일시금, 장제비, 장례의 급여 등과 같은 것으로 특별한 이유가 있을 때에는 급여를 안 할 수 있다. '임의급여'는 조례 또는 규약에 따라 행해지는 상병수당금, 부가급여 등이 해당한다.

일본에서는 원칙적으로 '혼합진료 금지'의 원칙이 적용되고 있지만, 피보험자가 '평가요양', '선정요양' 또는 '환자신청요양'을 받았을 경우 그 부분에 대한 비용은 전액 본인부담을 하되, 기초부분에 대해서는 본인부담금 상당 금액을 내고 잔여 금액에 대해서 보험급여(현물급여)를 한다. 이를 보험외 병용요양비제도라고 한다. 동 제도의 지급 대상이 되는 치료와 검사는 환자에 대한 정보제공을 전제로 환자의 자유로운 선택과 동의가 있는 것에 한정되므로, 그 내용을 환자 등에게 설명하는 것이 의료상 바람직하지 않다고 인정되는 치료와 검사는 '보험외 병용요양비'의 대상이 되지 않는다.

② 환자 본인부담
건강보험의 초기에는 제도별로 본인부담률이 달랐고 피보험자인지 피부양자인지에 따라 본인부담률이 달랐다. 1970년대 노인의 본인부담률은 거의 제로수준이었다. 1980년대 이후 본인부담률이 점차 높아졌고, 본인부담률도 연령과 소득수준에 따라 달리하고 보험제도 간의 차이를 줄여 왔다. 2006년 고이즈미 정권의 의료 개혁으로 본인부담률이 기본적으로 30%로 높아졌다. 다만 70~74세는 20%, 75세 이상(후기고령자)은 10%다. 70세 이상이지만 표준보수월액이 28만 엔 이상이면 본인부담률이 30%이다. 기타 본인부담률 경감사유도 있다.

환자의 본인부담분이 증가하면 보험자 부담이 줄어들어서 보험자의 지출이 줄어들기도 하지만, 진찰의 억제에 따라 의료비가 감소하여 보험자의 지출이 줄어들기도 한다. 그만큼 의료 이용에 있어서 도덕적 해이를 막고 자율성을 높이며, 국민 개개인이 스스로 건강을 유지하고 질병예방에 힘쓰게 하는 긍정적 측면이 있다. 하지만 본인부담의 증가는 필요한 의료를 충분히 받지 못하게 할 가능성도 높인다. 특히 저소득층에 대한 부정적 영향이 크게 나타난다. 고액요양비제도는 이러한 문제점을 어느 정도 해결한다.

가. 고액요양비제도

이 제도는 〈건강보험법〉 등에 근거하여 보험의료기관 창구에서 지불하는 본인부담이 일정액을 넘지 않게 하는 건강보험 급여의 하나로, 1973년의 의료제도 개혁 때 도입되었다. 자기부담 한도액(고액요양비 산정기준액)의 크기는 연령과 소득수준에 따라 다르며 월 기준 8천 엔에서 25만 엔 이상까지 다양하게 설정되어 있다.

'같은 달'에 '같은 의료기관'에서 지불한 본인부담액을 합산하여 본인부담 한도액을 넘는 부분은 보험자가 지불한다. 원칙적으로는 고액요양비 지급신청서를 제출한 뒤 사후적으로 지불받지만 일부 건강보험조합에서는 신청서를 제출하지 않아도 자동적으로 지급한다. 2007년부터는 입원요양에 대해서, 2012년부터는 외래진료에 대해서 이른바 '현물급여화'가 시작되어 70세 미만의 피보험자 또는 70세 이상의 저소득자는 미리 보험자에게서 받은 고액요양비 한도적용인증서를 의료기관에 제시하고 본인부담 한도액만 지불하게 되었다.

병실료 등의 특별 요금, 치과재료의 특별 요금, 선진의료의 선진기술 부분, 자비진료를 받고 상환 지불을 받았을 경우 산정비용금액을 넘는 부분 등의 비급여지불액은 대상이 아니다. 또 보험급여의 대상이더라도 정액제(표준부담액)인 입원 시 식사요양이나 생활요양도 대상이 아니다.

나. 고액개호합산요양비제도

전년 8월 1일부터 당해년 7월 31일까지의 1년간 건강보험 등의 본인부담액
(고액요양비가 지급될 경우 그 지급액을 뺀 금액)과 개호보험의 이용자 부담액
의 총액이 일정 개인비용한도액을 초과하면 초과 부분을 지급해준다. 건강
보험과 개호보험의 어느 한쪽의 본인부담액이 없을 경우에는 적용되지 않는
다. 또한 '이용자 부담액 - 본인부담한도액'이 지급기준액(5백 엔)을 넘지 않
으면 지급되지 않는다. 한도액은 70세 미만의 경우 34만~201만 엔, 70세
이상의 경우 소득수준에 따라 19만~67만 엔이다.

연도 중간에 보험자가 변경된 경우도 합산된다. 신청자는 개호보험 보
험자(시정촌)가 발행하는 본인부담액 증명서를 첨부하여 건강보험 보험자
에게 청구한다. 전체 비용은 보험자 사이에 비율에 따라서 분담되고, 건강
보험분은 '고액개호 합산 요양비'로서, 개호보험분은 '고액의료 합산 개호
비'로서 초과 금액이 지급된다.

(2) 심사 및 지불

① 심사기구

보험자는 이 심사 및 지불에 관한 사무를 도도부현의 구역을 관할지로 하
는 '국민건강보험단체 연합회'(국보연합회 또는 국보련)[7] 또는 사회보험진
료보수지불기금(지불기금)에 위탁할 수 있다. 국보련에는 심사위원회가 있
어 진료비 청구서를 심사하며, 고액의 청구서는 '국민건강보험 중앙회'에
위탁한다. 하지만, 지불기금 지부와 국보련 사이에 심사의 판단기준이 상
이한 점이 보험의료기관으로부터 불만의 대상이고, 이에 따라 두 기관의
통합에 대한 논의도 진행된다(厚生勞働省保險局, 2012).

---

7) 가입 보험자수가 그 구역 내 보험자 총수의 2/3에 못 미치는 경우는 제외한다.

사회보험진료보수지불기금은 1948년 특수법인으로 설립되었고 2003년에는 특별법에 기초한 민간법인으로 바뀌었다. 지불기금은 본부와 도도부현 단위의 47개 지부로 구성된 전국 조직으로, 본부와 각 지부에 심사위원회를 설치한다. 지불기금 업무는 계속 확대되었다. 지금은 피용자보험과 여러 공비부담 제도 관련 의료비 심사·지불 업무 외에 고령자의료제도 관계 업무, 퇴직자의료 관계 업무, 개호보험 관계 업무 등을 한다. 2011년에는 의료비 청구서 전산화 작업이 시행되었다.

국민건강보험단체 연합회는 국민건강보험 법에 근거하여 설립된 공법인으로 시정촌 등이 회원이다. 총괄 단체로 국민건강보험 중앙회가 있다. 이는 1948년 출범한 전국 국민건강보험단체 중앙회의 후신으로 1959년 사단법인으로 출범했다. 고액의료비 청구서의 특별심사, 전국적 시스템 개발, 전국적 결제업무, 국민건강보험 연합회의 심사지불 지원·조정 등의 업무를 한다. 2000년도부터는 개호보수의 심사지불 업무와 개호보험서비스 상담·지도·조언(고충처리) 업무도 한다. 국보조합을 회원으로 하는 전국 국민건강보험조합협회도 별도 존재한다.

② 지불제도와 진료비 조절

가. 진료비 지불제도

건강보험 지불방식은 행위별수가제가 근간이다. 2003년에는 행위별수가제와 DRG 체계를 혼합하여 DPC/PDPS(Diagnosis Procedure Combination/Per-Diem Payment System, 이하 DPC) 지불제도를 도입했다. DPC 지불방식은 일당정액제를 기본으로 하지만, 수술, 검사, 관리, 재활 등 의사가 제공한 서비스와 관련된 영역은 여전히 행위별수가로 지불한다.

1990년대에 들어와 경기침체가 계속되는데 의료비가 빠르게 증가하자, 건강보험의 지속가능성 차원에서 1990년대 중반부터 진단군 분류(DRG)

의 적용가능성에 관한 연구가 시작된다. 의료경제연구기구, 건강보험조합연합회, 일본의사회 등이 미국 분류가 일본에도 적용가능한지를 몇 개의 민간병원 등의 데이터를 통해 검토했다. 후생성은 1998년 국립병원 등에서 진단군 분류(DRG)에 따른 건당포괄지불방식(DRG-PPS방식)의 시범사업을 시작한다.

2000년에는 일본의 독자적 진단군 분류를 개발하기 위한 연구가 시작되고, 2003년부터 1,860개의 분류를 포함한 DPC 지불제도 즉급성기입원의료의 진단군 분류에 근거한 일당포괄평가제도가 자발적 참여기관을 대상으로 실시되기 시작한다. 2003년 시점에서는 대형병원 82개 특정기능병원만이 DPC 대상이었으나, 2008년부터는 비교적 경증인 급성기 환자가 입원하는 병원으로 확대된다.

2013년 의료시설조사에 의하면, 2013년 전체 일반병원(일반병상을 갖는병원) 5,989개 중 25.0%인 1,495개소가 DPC 적용병원이다. DPC 대상병원이 되기 위해서는 첫째, 일정수준 이상의 진료 여건을 갖추어야 하고 둘째, 의무기록이 제대로 이루어져야 하며 셋째, 데이터 제출 요구를 이행해야 한다.

나. 진료비의 조절기전

수천 개 보험자에 대한 보상은 모두 동일한 진료보수(이하 수가)로 이루어지는데, 이 수가 자체가 의료비 조절의 주요한 기전이다. 수가는 2년에 한 번씩 개정된다. 크게 2단계를 거치는데, 1단계는 재정부와 후생노동성 장관이 총액개정률을 정하는 것이고 2단계는 후생노동성 산하 중의협에서 개별 의약품의 가격과 의료서비스의 개정률을 정하는 것이다. 총액개정률은 수가표에 등재된 서비스와 의약품의 볼륨 가중치를 적용하여 결정하는데, 정치적 영향, 비가격적 요인에 영향을 미치는 요소들의 과거 추이, 약제비 절감을 통해 절약되는 비용이 고려된다. 2단계는 의약품 가격과 의료서비스의 개정률을 정하는 것이다. 의약품 가격은 시장 경쟁과 정부의 조사를 통해 인하폭을 정해왔으며, 서비스 항목별 개정은 청구 조사에서 추정된 각 항목별 볼륨을 고려하여 정한다.

2014년 수가는 '0.10% 인상'으로 결정되었는데 이는 소비세율 인상에 따른 의료기관의 비용증가분을 고려해 준 결과로, 의과 및 치과의 수가는 0.73% 인상(소비세율 인상 보존분 0.63% 포함)되고, 약가 및 치료재료의 수가는 0.63% 인하되었다.

3. 그 밖의 의료보장제도

1) 의료부조

의료부조는 〈생활보호법〉에 따라 '곤궁해서 최소한도의 생활을 유지할 수 없는 자'에 대해서 진찰, 약제, 수술, 입원 등 의료를 제공하는 제도다. 생활보호는 '생활이 곤궁한 모든 국민에게 그 곤궁의 정도에 따라 필요한 보호를 하여, 최소한도의 생활을 보장하는 동시에 그 자립을 도와주는 것'을 목적으로 하는데, 의료부조는 이러한 생활보호에 따른 8가지 종류의 급여[8]의 하나라는 법적 성격을 갖지만 여러 면에서 건강보험의 급여내용과 맥을 같이 한다.

의료부조는 의료비 전액을 공비로 부담한다. 하지만 다른 법령 등에 의한 급여가 있는 경우에는 그 급여를 우선한다. 또한 '보험외 병용요양비'는 원칙적으로 적용되지 않는다. 생활보호의 수급자수, 즉 의료부조의 피보호자수는 2013년 약 216만 명이었고, 의료부조 지출은 1.71조 엔으로 생활보호

---

8) 생활부조, 교육부조, 주택부조, 의료부조, 간호부조, 출산부조, 생업부조, 장례부조 등이다.

비 지출(약 3.6조 엔)의 절반을 차지한다(厚生労働省社会援護局, 2016).

의료부조의 급여 범위는 진찰, 약제 또는 치료 재료비, 의학적 처치, 수술, 기타 치료 및 시술, 재가의 돌봄이나 간호 등, 병원 또는 진료소에의 입원 및 간호, 이송 등이다. 입원할 경우의 차액병상비는 본인이 희망할 경우는 자기부담이 되지만, 병원 측에서 치료상 불가피하게 제공하는 경우는 의료부조에서 급여한다.

생활보호자가 의료를 이용하는 절차는 2가지가 있다. 원칙적으로는 생활보호자가 복지사무소에 신청하면, 복지사무소에서 의료권을 발행하고, 환자는 이 의료권을 갖고 지정 의료기관에서 진찰한다. 하지만, 급한 병이나 사고 등으로 병원에 가는 경우에는, 병원에 지급표 등(시정촌에 따라 명칭이 다름)을 제시하고 먼저 치료한 뒤 사후적으로 환자의 신청에 따라 복지사무소가 병원에 의료권을 송부하는 절차를 밟을 수 있다. 입원, 입원 외, 치과, 조제 등에 따라서 의료권·조제권이 발행되는데, 의료권은 월력을 단위로 발행되고 유효기간이 기재되어 있다.

'의료 필요 여부 의견서'는 복지사무소가 환자의 병세를 파악하고 의료부조를 할 필요가 있는지 의사에게 확인하기 위한 서류다. 하나의 의료기관에 1장이 필요하고 외래에서는 6개월이 인정된다. 기간이 지나면 다시 '의료 필요 여부 의견서'를 의료기관에 요청하여 필요여부 확인 후 의료권이 발행된다.

2) 노동자재해보상보험[9]

노동자재해보상보험(노재보험, 우리의 산재보험에 해당)은 〈노동자재해보상보험법〉을 근거로 업무가 원인이 되어 발생한 재해(업무재해)와 통근 도

---

9) 이 책 9장에서 자세히 다루고 있으므로 여기서는 간단히 소개하는 데 그친다.

중의 재해(통근재해)에 대해 노동자 또는 그 유족에게 의료비와 휴업 중 임금을 보상하는 제도다. 또한 재해 근로자의 사회복귀 촉진, 업무재해 방지 등 노동자의 복지증진을 위한 다양한 사업을 실시한다. 〈노동기준법〉은 근로자가 업무상 부상을 당하거나 병에 걸린 경우 사업주가 요양보상, 휴업보상 등을 해야 한다고 규정하는데, 노동자가 이러한 보상을 확실히 받을 수 있도록 사업주의 재해보상책임을 마련한 것이 노재보험이다.

이 제도는 고용된 모든 근로자를 대상으로 한다. 개별사용자의 무과실 배상책임에 기초하는 손해보험으로서의 성격을 갖기 때문에 보험료는 전액 사업주 부담이다. 또 정사원, 단시간근로자 등 고용 형태의 종별에 관계없이 노동자이면 누구나 보험급여를 받을 수 있다.

노재보험에 관한 상담접수, 가입절차, 보험료 징수, 보험급여 등의 업무는 후생노동성과 도도부현 노동국 그리고 그 산하의 노동기준감독서가 담당한다. 노동기준감독서는 감독기관으로서 노재보험의 적용, 보험료 징수, 보험급여를 담당한다.

업종별로 노동재해의 발생상황이 차이가 있기 때문에 노재보험은 작업형태와 재해종류의 유사성이 있는 그룹(업종)별로 보험료가 다르게 설정된다. 또한 요양·휴업·개호·2차 건강검진 등의 지급사유가 발생할 때마다 신청을 받아 일시금의 형태로 지급되는 '단기급여'인지, 수급자의 사망 등에 의해 수급권의 상실이 없는 한 연금 등의 형태로 계속 지급되는 '장기급여'인지에 따라서도 보험료를 산정하기 위한 재정방식이 다르다.

'업무재해'의 급여에는 요양보상급여, 휴업보상급여, 장애보상급여, 유족보상급여, 장제료, 상병보상연금, 개호보상급여의 7가지가 있고, '통근재해' 급여에는 요양급여, 휴업급여, 장애급여, 유족급여, 장제급여, 상병연금, 개호급여의 7가지가 있다. 보험급여 중에서 의료를 위한 사회보장의 성격이 큰 것은 요양보상급여와 개호급여다. 요양보상급여는 근로자가 업무상 부상을 당하거나 질병에 걸려서 요양을 필요로 하는 경우에 이루어지는 것으로, 요양급여와 요양비용의 지급이 있다. 요양급여는 재해를 당한 근로자가 노재보험이 지정한 병원에서 무료로 치료받을 수 있는 현물급여 제도이다. 요양비의 지급은 재해를 당한 근로자가 지정된 병원 이외의 병원 에서 요양한 경우 소요된 비용을 사후적으로 지급하는 현금급여다.

3) 개호보험[10]

개호보험은 '개호서비스'(*long-term care service*), 즉 '돌봄적 사회서비스와 간호적 의료서비스를 동시에 필요로 하는 대상자들에게 필요한 서비스'를 사회적으로 보장하는 제도다. 개호보험은 시정촌이 보험자가 되어 재원의 조달과 보험의 급여를 책임지지만, 중앙정부인 후생노동성, 도도부현, 의 료보험자의 지원하에 이루어진다. 시정촌은 피보험자의 자격관리, 보험료 의 부과 및 징수, 대상자 인정, 보험급여의 지급, 지역밀착형 서비스사업 자지정 등의 업무를 한다. 후생노동성은 보험급여 및 재정안정화기금에 대 한 국가부담, 개호서비스 기반정비에 대한 지침 결정, 기반정비를 위한 재 정지원, 개호서비스사업자에 대한 지도감독, 개호인정기준 결정, 개호서 비스수가 결정 등 개호보험의 전반적 운영계획을 수립 및 지원한다. 도도 부현은 장기요양기관의 지정, 취소, 허가, 재정안정화기금의 설치운영 등 의 업무를 한다. 사회보험진료보수지불기금은 보험료를 징수하여 시정촌 에 개호급여비교부금으로 교부한다.

피보험자는 연령을 기준으로 제1호 피보험자(65세 이상인 자)와 제2호 피보험자(40~65세 미만의 건강보험 가입자)로 구분된다. 제1호 피보험자는 2014년 말 기준 3,302만 명으로 65~74세 이하가 52.0%, 75세 이상이 48.0%를 차지한다. 제2호 피보험자는 암, 근골격계질환, 치매, 뇌혈관

---

10) 이 책 제14장에 관련내용이 상세히 서술되었으므로, 여기서는 이 장의 서술과 연관 있 는 부분 중심으로 간단히 설명한다.

질환 등 16개 노인성 질환이 있는 자로 신청을 제한한다.

보험급여는 현물급여를 원칙으로 하고, 요지원등급과 요개호등급의 급여내용이 다르며, 도도부현이 관리하는 급여와 시정촌이 관리하는 급여가 구분된다. 재가급여를 보면, 방문형 서비스에는 방문개호, 방문목욕, 방문간호, 방문재활 및 방문재가요양관리지도서비스가 있고, 통원형 서비스에는 주간보호(통원요양)와 주간재활서비스가 있으며, 단기입소서비스에는 단기입소생활개호와 단기입소요양개호서비스가 있다. 시설급여는 개호노인 복지시설, 개호노인 보건시설 및 개호요양형 의료시설에의 입소서비스가 있다. 개호노인 복지시설은 우리나라의 노인요양시설과 같은 특별양호노인홈, 개호요양형 의료시설은 우리나라의 요양병원과 같은 시설이다. 요지원등급 인정자에게는 시설급여가 제공되지 않지만, 치매질환자로 요지원등급으로 인정된 자는 치매그룹홈에 입소할 수 있다.

본인부담률은 10%인데, 이용자의 소득수준을 감안한 본인부담 상한액이 있다. 재가서비스는 월 보험급여한도액 내에서만 제공되고, 한도액을 초과하여 서비스를 이용할 때에는 이용자가 전액을 지불하여야 한다. 본인부담 재원을 제외한 급여지출의 절반씩을 보험료와 정부지원금으로 충당한다. 정부지원금은 중앙정부가 25%, 시정촌이 12.5%, 도도부현이 12.5%를 각각 부담한다. 2015~2017년의 보험료는 소득대비 1.58%로, 2002년 1.07%보다 상당히 높아졌다.

4. 재정위기와 향후 제도개혁

전체 의료제도의 재원 규모와 성격에 대해서는 앞 장에서 다루었고, 여기서는 건강보험에 국한해 재정위기와 향후 제도개혁을 논한다. 앞에서 보았듯이 전체 경상의료비는 GDP의 11.4%로 미국, 스위스에 이어 세계에서 가장 높다. 보건계정체계(SHA) 상의 '개인의료비'(*personal health expenditure*)에 가까운 개념인 '국민의료비'만 해도 2013년 국내 GDP의 8. 29%나 됐다. 일본의 인구고령화 수준을 고려하면 의료비 규모가 잘 조절되고 있다고 볼 수도 있지만, 그간 의료비가 낮은 것으로 인지되었던 것을 고려할 때 향후의 제도개혁을 고심할 시점에 있음을 알 수 있다.

1) 건강보험의 재정위기

이른바 '국민의료비'는 40조 610억 엔으로, 이는 전년대비 2. 2% 증가한 것이었다. 1인당 국민의료비는 31만 4, 700엔으로 전년대비 2. 3% 증가했다. 제도별로는 공비부담 2조 9, 792억 엔(7. 4%), 건강보험 등 재원 18조 8, 109억 엔(47. 0%), 후기고령자제도 재원 13조 821억 엔(32. 7%), 본인부담분 4조 9, 918억 엔(12. 5%)이다. 전년도 증감률은 공비 3. 0%, 건강보험 1. 2%, 후기고령자제도 3. 7%, 본인부담 1. 3%이었다.

'국민의료비'는 일반 경제의 증가속도보다는 높은 증가율을 보이고 있고 2013년에는 처음으로 40조 엔을 넘어섰다. 특히 공비의 부담이 15. 5조 엔으로 전체 국민의료비의 40%를 육박하는 수준이다. 이 중 국고부담만 해도 10조 엔을 넘어섰다. 이러한 공공 부분의 부담은 후기고령자의료제도나 '국보'의 고령인구 증가로 더욱 가중될 전망이다.

2012년에는 74%의 건보조합이 적자를 보였고 약 40%의 조합이 보험료율을 올렸다. 또 의무적 경비조차도 보험료 수입으로 충당하지 못한 건보조합이 전 조합의 45. 4%(649조합)를 차지하며, 건보조합이 파탄·해산하여 협회건보에 흡수되는 경우가 속출했다. 시정촌국보는 2012년 819개의 보험자(전체의 47. 7%)가 적자를 기록했다. 시정촌국보의 보험료 부과방식이 서로 다른 것은 지역별 산업 구조와 인구 구성을 반영한 것이었다. 하지만 같은 소득수준인 사람들의 보험료가 지방자치단체마다 다른 데 따른 불만이 생기고 있다. 또 운영 지역이 시정촌 단위이기 때문에 기업의 철수나 대량 퇴직자의 발생, 고령자 인구 증가 등이 재정 불안정의 원인이 된다. 그렇다고 이의 해결을 위해 시정촌국보나 조합국보에 더 많은 국비를 지원하는 것은 다른 조합의 불만을 야기한다. 국민건강보험 중앙회는 모든 공적 보험제도를 국민건강보험으로 단일화하기를 원한다.

협회건보 전체의 수지는 약 8조 엔인데 그중 약 3조 엔 이상이 노인의료에 대한 출연금으로 쓰인다. 2012년에는 3천억 엔이 증가했고, 2013년에도 2,100억 엔 증가했다. 2007년부터 단년도 적자가 되었고, 2009년에는 준비금이 마이너스가 되었다. 협회건보의 보험료율 평균이 10.0%로 조합건보 8.6%, 공제조합 8.2%에 비해 높은 편인데도 적자 상황은 가장 심각하다. 피고용자보험은 소규모의 건강보험조합을 중심으로 재정이 악화되고 있다.

2) 향후의 의료보험 개혁

의료·개호를 포함한 사회보장 개혁이 진행된 과정을 보면, 먼저 사회보장 및 세제 일체개혁의 하나로 2012년 〈사회보장제도개혁추진법〉이 성립되었고, 이에 근거하여 2013년에는 사회보장제도개혁 국민회의 보고서가 발간되었으며 〈지속가능한 사회보장제도의 확립을 도모하기 위한 개혁 추진에 관한 법률〉(프로그램법)이 제정되었다. 이 법에 따라 2014년 지역의 의료 및 개호의 종합적 확보를 추진하기 위한 관계법률의 정비 등에 관한 법률(의료개호종합확보추진법)이 성립되어 〈의료법〉, 〈개호보험법〉 등 관계법률의 개정이 이루어졌다.

〈의료개호종합확보추진법〉이 통과되고 도도부현을 지역의료구상의 설정 주체로 규정한 후 병상 기능의 분화·연계, 재가의료의 충실, 의료제공체제의 개혁을 추진 중인 것은 앞 장에서 본 바와 같다. 건강보험에서도 의료제공 체제개혁에서의 도도부현 역할 강화와 방향을 같이 하고 국민건강보험(이하 국보)이 안고 있는 구조적 재정 문제에 대응하기 위한 방안이 강구된다.

〈프로그램법〉에서는 재정지원 증액을 통해 국보의 구조적 재정문제를 해결하기 위해 도도부현과 시정촌의 역할분담을 검토하고 필요한 조치를 강구하게 되었다. 2014년 후생노동성과 지방자치단체 사이에서 국보기반강화에 관한 국가와 지방의 협의(국보기반강화협의회)를 진행하여 합의한 내용을 토대로 2015년 〈국민건강보험법〉 등이 개정되었다.

개혁의 한 축은 지역보험인 국보에 대한 재정 지원을 확충하여 재정 기반을 강화하는 것이다. 구체적으로는 2015년도부터 저소득층 대책 강화 차원에서 보험자 지원제도를 확충(약 1천 7백억 엔)하고 2018년 이후는 의료비 적정화 등을 추진하는 보험자 등에게 추가적으로 약 1천 7백억 엔의 재정 지원을 하는 것으로 계획되어 있다.

개혁의 또 한 축은 2018년부터 도도부현이 국보 재정운영의 책임주체가 되어, 안정적 재정운영과 효율적 사업운영의 확보 등 국보운영에서 중심적 역할을 담당하게 하는 것이다. 도도부현은 시정촌의 보험급여 비용을 전액 시정촌에 교부하는 동시에 시정촌으로부터 국보 사업비 납부금을 징수하여, 재정수지 전체를 관리한다. 또 도도부현은 자체적으로 통일적 국보운영 방침을 정하고 시정촌이 담당하는 사무의 효율화나 광역화 대책 등을 추진한다. 시정촌은 지역주민과 가까이 있다는 점을 반영하여, 자격관리, 보험료 부과징수, 보건사업 등 지역 내 사업을 맡도록 한다. 이러한 변화를 추진하는 과정에 한국의 경험이 참고가 될 수 있을 것이다(Jeong et al., 2012). 한국에서는 1970~1990년대에 걸친 의료보험의 운영 경험을 토대로 건강보험제도를 구축한 뒤, 2000년대에는 보험자를 하나로 합친 통합 건강보험 체제를 이루고 건강보험 운영의 효율화를 추구했다.

■ 참고문헌

해외 문헌

厚生労働省(2015). "人口減少社会を考える-希望の実現と安心して暮らせる社会を目指して".《厚生労働白書》. 厚生労働省.

_____(2016). "人口高齢化を乗り越える社会モデルを考える".《厚生労働白書》. 厚生労働省.

厚生労働統計協会(2015). 〈保険と年金の動向〉, 62巻 4号, 厚生労働統計協会.

_____(2016). 〈国民衛生の動向〉. 63巻 9号(2016/2017)、厚生労働統計協会.

厚生労働省保険局(2012). 〈審査支拂機関の在り方について〉, 第53回社会保障審議会医療保険部会, 厚生労働省保険局.

厚生労働省社会援護局(2016). 〈生活保護制度における医療扶助費の地域差等に関する分析〉. 厚生労働省社会援護局.

Jeong, H. S. & Hurst, J. (2001). An assessment of the performance of the Japanese health care system. *Labour Market and Social Policy Occasional Paper*, No. 56, Paris: Organization for Economic Cooperation and Development.

_____ & Niki, R. (2012), Divergence in the development of public health insurance in Japan and the Republic of Korea: A multiple-payer versus a single-payer system. *International Social Security Review*, 65, 51~73.

OECD(2014). *OECD Review of Health Care Quality Japan: Raising Standards*. Paris: Organization for Economic Cooperation and Development.

_____(2015). *Health at a Glance 2015*. Paris: Organization for Economic Cooperation and Development.

_____(2016). *OECD Health Data 2016*. Paris: Organization for Economic Cooperation and Development.

_____, WHO & Eurostat(2011). *A System of Health Accounts 2011*. Paris: Organization for Economic Cooperation and Development.

Röemer M. (1990). *National Health Systems of the World*. Oxford University Press.

14

장기요양보장제도

1. 머리말: 도입배경 및 추진과정

1) 도입배경

장기요양보험[1] (이후 개호보험)은 2000년 4월 시행 이후 18년째에 접어든다. 일본이 개호보험을 도입하게 된 배경은 다음의 4가지로 설명할 수 있다(厚生勞働動統計協會, 2016b).

첫째, 인구고령화의 진행에 따라 요개호 노인이 증대하고 있었다는 점이다. 출생률 저하와 함께 지속적 평균수명의 연장으로 인구고령화가 급속하게 진행되었는데, 1970년도에 노인인구비율(전체인구 대비 65세 이상 노인인구 비율)이 7%를 넘었고, 1994년도에는 14%를 초과하였다. 일반적

---

[1] 일본의 장기요양보험은 개호보험(介護保險)으로 지칭되며, 제도내용은 우리나라의 노인장기요양보험과 유사하지만 개호보험에 의료 · 재활 · 지역밀착형(치매전담) 서비스가 있고 요개호(5등급) 외에 요지원이라는 예방등급(2등급)이 있는 점이 다르다. 이하에서는 일본에서 사용하는 '개호보험'과 '개호'라는 용어를 그대로 사용한다.

으로 고령에 따른 신체기능의 약화는 장기요양보호에 대한 욕구를 발생시키게 되는데, 그동안의 인구고령화의 심화로 80세 이상의 후기고령자가 급격하게 증가한 것이 개호서비스에 대한 사회제도를 마련하게 하는 계기가 되었다. 특히, 평균수명의 연장은 누구라도 장기요양대상자가 될 수 있는 확률을 높였고, 그로 인한 가족의 장기요양부담도 높아지고 있어서 결국은 개호리스크가 일반화된 시기가 왔다는 것이다.

둘째, 가족이 지닌 장기요양보호 부담기반이 약화되고, 가족의 요양부담이 증대하고 있었다는 점이다. 전통적으로 고령자에 대한 개호는 가족이 부담했지만, 핵가족화에 따라 가족규모가 축소되었고, 부모와 자녀 간 동거 가치관도 바뀌어 고령자만의 세대나 독거노인이 늘어났다. 또한, 여성의 취업도 늘어나 고령자에 대한 가족 내에서의 요양부담능력이 떨어져 기존 가족부양자의 부담이 가중되었다.[2] 여기에 의료기술의 발전으로 개호기간이 장기화되면서 중증화되는 추세에 있었다. 결국 정부는 가족의 부양부담을 경감하고, 고령자만의 세대로 살아가더라도 안심하고 살 수 있도록 하기 위해 개호보험을 도입한다.

셋째, 기존 노인복지와 노인의료에 문제점이 상존하여 개선할 필요가 있었다는 것이다. 개호보험제도가 도입되기 이전까지는 노인의 개호서비스는 노인복지와 노인의료제도에 근거하여 제공되었다. 이 중에서 노인복지제도는 지방자치단체가 대상자의 선정에서부터 서비스 이용내용, 방법, 제공기관 등을 지정해서 서비스를 제공하는 방식으로 운영되고 있었기 때문에 대상자가 저소득층에 한정되어 있었고, 이용자의 서비스 선택도 불가능하였다. 비록, 중·고소득계층도 개호서비스를 이용할 수 있었지만, 저소득계층에 비해 비용부담이 컸기 때문에 서비스이용에 상당한 제약이 있

---

2) 후생노동성 〈국민생활기초조사〉에 의하면, 장기요양부양자의 68.6%가 60세 이상이고, 70세 이상자도 전체의 37.6%를 차지한다(후생노동성, 2013).

었다. 한편 노인의료제도의 발전은 노인병원의 증가, 개호서비스제도의 부진 등의 이유로 사회적 입원현상의 확산을 유발시켰다. 더구나 양 제도 간 연계가 전혀 이루어지 않아 이용자의 불편이나 행정의 비효율성이 상존하였다.

넷째, 장기요양비용 지출의 증대로 정부예산만으로는 대처가 어려워 새로운 재원확보가 필요하였기 때문이었다.[3] 각종 노인복지관련 인프라기반의 확충계획이 실행됨에 따라서 예산확보가 필요하였으나, 당시의 경기불황이 지속되어 조세수입의 축소, 국채의존도의 상승이 발생되는 등 보험료를 중심으로 한 신규 재원마련이 필요하였다.

이와 같은 당시의 시대적 배경에 따라 개호보험제도의 도입이 지속적으로 거론되었는데, 제도도입의 목적을 다음과 같이 제시하였다. 즉, 가족 등의 개별적 장기요양 보호비용의 부담을 경감시키고 사회구성원의 공동부담으로 개호리스크의 불안을 해소시키겠다는 것, 장기요양보호가 필요한 자라도 잔존능력에 따라 일상생활을 자립적으로 영위할 수 있도록 지원하겠다는 것, 이용자위주의 서비스체계를 구축하여 이용자의 선택권 중심과 서비스의 자유계약 아래 개호서비스를 제공하겠다는 것, 그리고 사회보험방식의 제도를 도입하여 필요한 개호재원을 안정적으로 확보하겠다는 목적을 지니고 있었다.

---

3) 1995년도 총리부가 실시한 여론조사 결과를 보면, 고령자의 장기요양보호를 위한 새로운 제도의 수립을 지지하는가에 대한 답변에서 전체 응답자의 82.3%가 찬성하는 것으로 나타났고, 1996년 〈아사히신문〉의 여론조사에서는 공적개호보험의 도입을 전체 응답자의 60%가 찬성하는 것으로 나타났다(和田勝, 2007).

2) 제도도입의 추진과정

(1) 제도도입 이전의 주요 추진과정

장기요양보호는 1963년 〈노인복지법〉이 제정되기까지에는 〈생활보호법〉에 의한 생활부조에 포함되어 있있고, 그것도 시설중심의 보호체계였다. 그러나, 〈노인복지법〉의 제정을 계기로 〈생활보호법〉에 의한 양로시설 수용에서 〈노인복지법〉에 의한 양호노인홈, 또는 특별양호노인홈에서의 입소보호로 전환하기에 이르렀다. 아울러 노인가정봉사원제도의 실시와 함께, 재가복지의 중요성이 강조되기 시작하였지만, 1973년도 도입된 노인의료비 무료화제도의 실시로 노인병원의 입원이 노인요양시설 입소보다도 비용부담이 저렴하여 병원에서의 사회적 입원현상이 만연되기에 이르렀다. 1970년대 중반에 발생된 전 세계의 석유위기로 경제성장이 부진하였고, 그로 인한 사회보장체계의 재편이 이루어지면서 노인의료비제도의 개선을 포함하는 〈노인보건법〉이 1982년 말에 제정되기에 이르렀다.

〈노인복지법〉에 의한 노인요양시설 및 재가복지서비스가 제공되고 있었던 반면에 〈노인보건법〉에 의해서는 방문간호서비스가 제공되고, 중간시설의 기능을 지닌 노인보건시설이 1986년에 설치, 운영하게 됐다. 특히, 1986년도에 장수사회대책대강이 수립되어 노인보건시설 이외에 재가개호지원센터(1990년), 방문간호스테이션이 설치되었고, 1989년도에 〈사회복지사 및 개호복지사법〉도 제정되었다. 그 이후 골드플랜(고령자보건복지 10개년 계획)의 수립 및 추진, 〈노인복지법〉 등 복지관계 8개법의 개정 등으로 재가서비스가 법제화되고, 〈노인복지법〉 및 〈노인보건법〉에 의한 개호서비스가 개별적으로 제공되었다. 이러한 양 제도의 재정은 정부예산으로 충당되고 있었기 때문에 지속적인 경제불황 속에 노인의료비제도의 재정비를 구상하는 과정에서 장기요양보호와 관련된 서비스도 재검토하기에 이르렀다.

이에 따라 정부는 개호보장제도의 수립을 위해 1994년도에 고령자개호 대책본부를 당시의 후생성에 설치하여 새로운 고령자개호시스템을 검토하기 시작했다. 그 결과 연말에 '고령자 개호 및 자립지원시스템연구회'에서 사회보험방식에 기반을 둔 새로운 개호시스템에 대한 보고서를 발표했다.

1995년도에 후생성 장관의 자문기관인 노인보건복지심의회에서 개호시스템에 대한 심의를 거친 후 1996년 초 보고서를 발간하였고, 이를 바탕으로 정부가 개호법안을 국회에 제출하기에 이르렀다. 다만, 지방정부의 의견 상충, 당시 여당내부 조정의 미흡 등의 이유로 국회의 법안 통과가 이루어지지 못하였고, 1997년 12월에 가서야 법안수정을 거친 후 국회를 통과함으로써 〈개호보험법〉이 제정되었다. 그 후 2000년 제도가 시행되기 이전까지 관계법령의 정비, 개호인정체계에 대한 시범사업, 개호서비스 수가의 마련 등이 이루어졌다.

(2) 제도도입 이후의 주요 추진과정

2000년 4월 개호보험제도의 도입 이후 추진과정을 정리하면 〈표 14-1〉과 같다. 구체적 내용은 제도개혁 부문에서 설명하겠지만, 대략적 추진과정을 살펴보면, 제도도입 직후에는 고령자의 보험료를 전액이 아닌 절반만 징수한 다음 1년 후부터 전액 징수하기에 이르렀다. 2005년에 〈개호보험법〉에 명시된 도입 5년 후 제도의 재검토 계획 및 결과를 근거로 1차 제도개혁을 단행했고, 제도자체의 운영에 대한 기본방향을 전환하게 되었다.

제도개혁에 따라 제도내용이 수정되면서 개호서비스수가가 인하 또는 소폭 인상되는 과정을 거쳤으며, 인구고령화의 심화로 장기요양대상자의 폭증, 고령자대상의 보험료 인상 부담 등으로 재원조달이 용이하지 못하게 되면서 정부는 급여축소, 대상자의 축소 등 적극적 지출억제 대책을 강구하기 시작했다. 특히, 일본은 제도도입과 함께, 3년 주기로 지방자치단체마다 개호보험사업계획을 수립하도록 하며, 이에 따라 재정수입 측면에서의 개호보험료 조정과 재정지출측면에서의 개호수가의 조정이 동시에 이루어진다.

전체적으로 제도도입 이후 〈개호보험법〉이 개정된 시기는 2005, 2008, 2011, 2014년이었고, 각각 개정내용은 후술하는 제도개혁 부문에서 설명하고자 한다.

<표 14-1> 개호보험 도입 후 경과

연도	주요내용
2000	• 개호보험제도 실행(4월) • 제1호 피보험자에게 보험료의 절반징수 시작(10월)
2001	• 제1호 피보험자에게 보험료의 전액징수 시작(10월)
2003	• 제1차 개호수가 개정 실시(4월) • 제2기 개호보험사업계획 시작(4월) • 고령자개호연구회의 〈2015년의 고령자개호〉 보고서 보고(6월)
2004	• 사회보장심의회 개호보험부회 '개호보험제도의 개선에 관한 의견'(7월)
2005	• 〈개호보험법 등 일부를 개정하는 법률〉이 국회에서 가결(6월) • 개호보험시설 등에 식비 및 거주비의 징수 시작(10월)
2006	• 〈개정 개호보험법〉 시행(4월) • 제2차 개호수가 개정 실시(4월) • 제3기 개호보험사업계획 시작(4월)
2007	• 민간사업자 콤슨회사의 부정행위로 퇴출(11월)
2008	• 〈개호보험법 및 노인복지법의 일부를 개정하는 법률〉이 국회에서 가결(5월) • 〈개호종사자 등의 인재확보를 위한 개호종사자 등의 처우개선에 관한 법률〉 공포(5월)
2009	• 제3차 개호수가 개정 실시(4월) • 제4기 개호보험사업계획 시작(4월) • 〈개정 개호보험법〉 시행(5월)
2010	• 개호서비스 기반강화를 위한 사회조정심의회 개호보험부회 '개호보험 개선에 관한 의견' 보고(11월)
2011	• 개호보험법 등 일부를 개정하는 법률'이 국회에서 가결(6월)
2012	• 〈개정 개호보험법〉 시행(4월) • 제4차 개호수가 개정 실시(4월) • 제5기 개호보험사업계획 시작(4월)
2013	• 개호보험법 개정법안 국회에서 가결(6월)
2014	• 〈지역의 의료 및 개호의 종합적 확보를 추진하기 위한 관련법령 정비 등에 관한 법률〉이 국회에서 가결(6월)
2015	• 제5차 개호수가 개정 실시(4월)

자료: 후생노동통계협회, 2016a; 선우덕 외, 2016 재인용.

2. 개호보험제도의 개요와 현황

1) 제도의 내용

(1) 보험자

개호보험의 보험자는 시정촌이라는 기초자치단체이다. 이는 지역건강보험인 국민건강보험의 보험자이기도 하지만, 개호서비스의 지역성, 시정촌의 노인복지 및 노인보건사업의 실적을 고려하고 지방분권의 흐름 속에서 국민들에게 가장 접근이 용이한 행정단위이기 때문이다. 그렇지만, 보험재정의 안정화, 사무부담의 경감차원에서 중앙정부, 도도부현을 비롯하여 의료보험자, 연금보험자가 시정촌을 지원하는 형태를 띤다. 그런데, 피보험자가 적은 소규모 보험자의 운영 효율화 및 안정화를 도모하기 위해 광역조합이나 일부사무조합방식을 택하였고, 후술하는 상호재정안정사업이나 개호인정업무의 공동실시 등이 구조화되어 있다.

여기에서 시정촌, 도도부현 및 의료보험자·연금보험자의 역할과 기능을 살펴보면 다음과 같다(ぎょうせい, 2006). 먼저, 시정촌의 주요 업무는 피보험자의 자격관리, 보험료의 부과 및 징수, 개호인정심사회의 설치 및 대상자 인정, 보험급여의 지급, 개호보험사업계획의 결정과 조례 제정, 보험자 기능의 강화 및 지역밀착형 서비스 사업자지정 등이다. 국가(중앙정부) 및 도도부현의 주요업무는 국가(중앙정부)의 경우, 보험급여와 재정안정화를 위한 부담, 개호서비스 기반정비를 위한 지침 수립, 기반정비를 위한 재정지출 지원, 개호서비스운영자에 대한 지도감독, 개호인정기준과 개호보수의 결정 등 전반적인 개호보험제도의 운영계획 수립과 지원이고, 도도부현의 경우, 개호인정심사회의 공동설치 지원, 개호보험사업계획 수립, 장기요양기관의 지정, 취소, 허가 등, 재정안정화기금의 설치운영 등 시정촌을 지원하는 업무이다. 그리고 의료보험자·연금보험자의 경우, 사

회보험진료보수지불기금을 통해서 보험료를 징수하여 시정촌에 개호급여 비교부금으로 교수하고, 사회보험청 등의 연금보험자는 연금수급자의 보험료를 원천징수하여 해당 시정촌에 납부하고 있다.

(2) 피보험자

개호보험의 피보험자는 65세 이상을 제1호 피보험자, 40~64세의 건강보험 가입자를 제2호 피보험자로 구분한다. 이와 같이 건강보험제도의 가입자는 개호보험제도에 의무적으로 가입되어 있지만, 40세 미만자는 제외되어 있다. 그동안 개호서비스는 연령과 관계없이 필요한 자에게 서비스를 제공하고, 보험료부담계층을 확충하여 제도의 보편성을 추구하려고 지속적으로 연령인하를 검토했지만, 장애인자립지원제도와의 관계, 젊은 계층의 장애인급여내용 등에서 개호보험제도와 차이가 많아서 연령인하가 이루어지지 못한 실정이다. 4)

제1호 피보험자의 수를 보면, 2015년 말 기준 3,382만 명으로 집계되었고, 이 중에서 65~74세 이하는 1,745만 명으로 전체의 51.6%, 75세 이상은 1,637만 명으로 전체의 48.4%를 차지한다. 이는 제도 초기인 2000년의 각각 58.8%, 41.2%에 비하면 75세 이상의 후기고령자 비중이 늘어난 것을 나타낸다(〈표 14-2〉, 〈부표 14-1〉).

〈표 14-2〉 개호보험제도의 제1호 피보험자수

(단위: 만 명)

연도	65~74세	75세 이상	합계
2000	1,319	923	2,242
2005	1,413	1,175	2,588
2010	1,483	1,428	2,911
2015	1,745	1,637	3,382

자료: 후생노동성, 2016c.

---

4) 기존 노인보건제도의 적용범위가 40세 이상이고, 장기요양보호가 필요한 부모를 부양하게 되는 연령대가 최소한 40대라는 점 등이 그 배경에 있다.

(3) 장기요양등급 인정절차

보험급여를 받기 위해서는 우선적으로 보험급여를 받을 수 있는 장기요양필요대상자인지 인정받아야 한다. 이때 제1호 피보험자는 질병이나 소득수준과 관계없이 장기요양인정을 신청할 수 있지만, 제2호 피보험자는 노인성 질환이 있는 자로 한정한다. 이러한 노인성 질환은 총 16개로 지정하는데, 암, 근골격계질환, 치매, 뇌혈관질환 등이 포함된다(〈부표 14-2〉).[5]

요개호 인정체계를 살펴보면 개호인정 신청자의 장기요양필요상태 수준을 파악하기 위하여 보험자 직원 또는 케어매니저가 신청자의 거주지를 방문한다.[6] 이때, 장기요양필요상태 수준을 파악하기 위하여 고려하고 있는 지표는 4개의 군에 총 74개 항목[7]이고, 상태를 파악한 항목내용을 컴퓨터에 입력하여 내장된 프로그램으로 일차적으로 장기요양등급을 판정한다. 이 결과와 주치의의견서, 방문조사 시 나타난 특기사항 등을 고려하여 개호인정심사회[8]에서 1차 판정결과를 조정하여 최종적으로 장기요양등급을 결정한다. 일본의 장기요양등급은 우리나라와 달리 요개호등급과 요지원등급으로 구분한다.[9] 여기에서 최종 결정된 신규 장기요양인정

---

5) 이는 장기요양필요자의 기능상태장애를 일으킨 주요요인이 치매나 중풍과 같은 노화를 유발시키는 질환이라는 점을 감안할 때, 40세 이상의 비노인계층에도 그러한 질환이 발생하고 있다는 점을 고려한 것이다.

6) 신규신청자인 경우에는 반드시 보험자 직원이 방문하는 것으로 되어 있고, 갱신신청자에게는 보험자가 케어매니저에게 위임할 수 있도록 되어 있다.

7) 방문조사 항목은 13개의 신체기능 등의 능력평가항목, 12개의 생활기능 개호방법 평가항목, 9개의 인지기능 평가항목, 15개의 정신행동장애 평가항목, 6개의 사회생활적응 평가항목, 12개의 특별의료 평가항목으로 되어 있다.

8) 개호인정심사회는 각 시정촌마다 설치되어 있으며, 위원은 보건, 의료, 복지의 전문가로 구성되어 있으며, 반드시 의사, 간호사, 사회복지사가 포함되어 있다.

9) 다시 말해, 요개호인정 기준시간이 32~50분 미만인 자 중에서 심신상태가 불안하거나, 치매로 예방급여를 이용하지 못하는 자를 빼고는 모두 예방급여자로 결정한다.

등급의 유효기간은 원칙적으로 6개월이지만, 개호인정심사회의 의견을 기반으로 3~5개월 내로 정할 수 있다. 또한, 2012년도부터는 신규 장기요양인정 유효기간을 12개월까지 연장할 수 있도록 하며, 갱신의 유효기간도 12개월로 되어 있지만, 개호인정심사회의 결정에 따라 3~11개월로 단축할 수 있고, 요지원등급에서 요개호등급으로 갱신이 이루어지면 최대 24개월까지 연장할 수 있다. 장기요양등급의 유형과 해당자의 상태는 〈표 14-3〉과 같다.

〈표 14-3〉 장기요양등급 구분과 상태

구분	신체상태	치매정도	요개호 인정시간
요지원 1	일상생활 능력은 기본적으로 있지만, 목욕 등에 일부 개호가 필요한 상태	증상이 있어도 일상생활에 지장이 없는 상태	25~32분
요지원 2	일어서기나 보행이 불안정한 상태	건망이 있어도 대부분 생활에 큰 지장을 일으키지 않는 상태	32~50분
요개호 1	일어서기나 보행이 불안정하고, 배설, 목욕 등에 일부 개조가 필요한 상태	건망, 사고, 감정 등의 장애로 충분한 설명이 있어도 적절한 이해가 곤란한 상태	32~50분
요개호 2	일어나기가 자력으로 곤란하고, 배설, 목욕 등에 일부, 또는 전체 개조가 필요한 상태	일과나 방금 전 상황을 부분적으로 모르기 때문에 생활에 지장을 주고, 타인과의 관계가 원활치 못한 상태	50~70분
요개호 3	일어나기, 뒤집기가 자력으로 불가능하고 배설, 목욕, 옷 갈아입기 등에서 전체 개조가 필요한 상태	생년월일, 자기 이름을 모르게 되고, 옷 갈아입기 등 신체처리를 스스로 못하게 되는 상태	70~90분
요개호 4	배설, 목욕, 옷 갈아입기 등 많은 행위에 전면적 개조가 필요한 상태	항상 의사소통이 곤란하고 일상생활에 지장을 주는 행동이 빈번하게 보이는 상태	90~110분
요개호 5	생활전반에 대해 전면적 개조가 필요한 상태	전반적 이해가 저하되어 있는 상태	110분 이상

자료: 후생노동통계협회, 2016a; 선우덕 외, 2016 재인용.

(4) 보험급여 내용

개호보험 보험급여의 특징은 첫째, 유럽국가나 우리나라의 가족요양비와 같은 특별 현금급여는 지급하고 있지 않고, 시설급여든 재가급여든지 간에 현물급여를 원칙으로 하며 둘째, 전술한 바 있듯이 장기요양인정자는 요지원등급과 요개호등급으로 나뉘는데, 등급의 유형에 따라서 보험급여의 내용도 달라지고 셋째, 도도부현이 관리하는 급여와 시정촌이 관리하는 급여로 나뉘어져 있다는 점이다.

보험급여는 크게 예방급여와 개호급여로 나눌 수 있고, 주된 급여인 개호급여는 재가급여와 시설급여로 다시 나뉜다. 이하에서는 먼저 개호급여부터 설명한다(〈표 14-4〉).

재가급여(혹은 재가서비스)에는 방문형 서비스와 통원형(혹은 통소용) 서비스로 구분된다. 방문형 서비스에는 방문개호, 방문입욕, 방문간호, 방문재활 및 방문재가요양관리지도서비스가 포함되고, 통원형 서비스에는 주간보호(통소개호)와 주간재활(통소재활)이 포함되며, 단기입소서비스에는 단기입소생활개호와 단기입소요양개호가 포함된다. 그 이외에 특정시설입거자 생활개호, 복지용구 대여 및 판매, 주택수리지원, 재가개호지원 등이 있다.

시설급여(혹은 시설서비스)에는 개호노인 복지시설, 개호노인 보건시설 및 개호요양형 의료시설이 있는데, 개호노인 복지시설은 특별양호노인홈, 개호요양형 의료시설은 일종의 요양병원 같은 시설이다. 즉, 복지시설 이외에 노인보건시설과 요양병원과 같은 의료시설도 장기요양시설로 지정되었는데, 이는 개호보험 자체가 기존의 〈노인복지법〉과 〈노인보건법〉에 의해 운영되던 시설을 포괄하기 때문이다.

다만, 요지원등급 인정자에게는 기능상태가 상대적으로 양호하여 재가생활이 가능하다는 측면에서 시설급여가 제공되지 않는다. 이들은 시설급여 제공시설에는 입소할 수 없지만, 장기간의 입소생활이 가능한 특정시설은 이용할 수 있고, 치매질환자로 요지원등급에 해당하는 자는 치매그룹홈에 입소할 수 있다.

〈표 14-4〉 개호보험 급여내용

구분	예방급여	개호급여
도도부현 지정, 감독 서비스	**개호예방서비스** • 방문서비스 　- 개호예방방문개호, 　　개호예방방문입욕개호 　- 개호예방방문간호, 　　개호예방방문재활 　- 개호예방재가요양관리지도 • 통소서비스 　- 개호예방통소개호, 개호예방통소재활 • 단기입소서비스 　- 개호예방단기입소생활개호 　- 개호예방단기입소요양개호 • 기타서비스 　- 개호예방특정시설입거자 　　생활개호 　- 개호예방복지용구 대여 　- 특정개호예방복지용구 판매	**재가서비스** • 방문서비스 　- 방문개호, 방문입욕개호, 방문간호 　- 방문재활, 재가요양관리지도 • 통소서비스 　- 통소개호, 통소재활 • 단기입소서비스 　- 단기입소생활개호, 단기입소요양개호 • 기타서비스 　- 특정시설입거자 생활개호 　- 복지용구 대여 　- 특정복지용구 판매 　- 재가개호지원 **시설서비스** 　- 개호노인 복지시설 　- 개호노인 보건시설 　- 개호요양형 의료시설
시구정촌 지도, 감독 서비스	• 개호예방지원 • 지역밀착형 개호예방서비스 　- 개호예방소규모다기능형 　　재가개호 　- 개호예방치매대응형 통소개호 　- 개호예방치매대응형 공동생활개호 　　(그룹홈)	• 지역밀착형 서비스 　- 정기순회·수시대응형 • 방문개호간호 　- 소규모다기능형 재가개호 　- 야간대응형 방문개호 　- 치매대응형 통소개호 　- 치매대응형 공동생활개호(그룹홈) 　- 지역밀착형 특정시설입거자 생활개호 　- 지역밀착형 개호노인 복지시설 　　입소자 생활개호 　- 복합형 서비스[1]
기타	• 주택개수	• 주택개수

주: 1) 복합형 서비스는 소규모다기능형 재가개호와 방문간호 등 기존 다양한 재가서비스를 조합하여 제공되는 서비스이다.
자료: 후생노동통계협회, 2016a.

한편 이런 요지원등급 인정자를 대상으로 하는 예방급여는 지난 2005년 개호보험제도 개혁 시 예방중시형시스템으로 전환하겠다는 기본방침에 따라 강화된 바 있다. 특히 기존의 요지원등급 인정자를 2개 등급으로 구분하고 서비스 내용도 일상생활기능 유지 향상을 위한 운동기능 향상, 영양개선 등에 맞추어져 있다.

또 2005년 제도개혁으로 지역밀착형 서비스[10]가 신설되어 시정촌이 지도·감독하고 있다. 이와 같은 지역밀착형 서비스의 특징은 해당 시정촌내 장기요양인정자에게만 이용할 수 있도록 하고, 시설규모 자체가 소규모라는 점이다. 여기에는 소규모다기능형 재가개호, 야간대응형 방문개호, 치매대응형 주간보호(통소개호), 치매대응형 그룹홈, 지역밀착형 특정시설입거자생활보호, 지역밀착형 노인복지시설입소자생활개호[11] 등이 있다.

여기에서도 요지원등급 인정자는 지역밀착형 서비스 중에서 이용이 가능한 서비스가 제한되어, 정기순회·수시대응형 방문개호간호, 야간대응형 방문개호나 지역밀착형 특정시설입거자시설이나 지역밀착형 개호노인복지시설 등은 이용할 수 없다. 이들이 이용할 수 있는 서비스는 개호예방소규모다기능형 재가개호 등이다(〈표 14-4〉).

한편, 재가서비스는 이용자가 다양한 서비스를 원하는 대로 무한정 이용하는 것이 아니라 월 보험급여한도액내에서만 가능하고, 한도액을 넘어 서비스를 이용하면 이용자가 비용의 전액을 지불해야 한다. 월 급여한도액은 장기요양등급별로 차이가 있으며 지역마다 차이가 있다. 다만 월급여한도액 기준에 적용되는 서비스도 방문형 서비스, 통원형 서비스, 단기보호형 서비스, 복지용구 대여 및 개호예방서비스에 국한되어 있다.

---

10) 신설 배경으로는 치매노인과 독거노인의 증가를 고려하여 지금의 생활터전(삶터)에서 자립적으로 살아갈 수 있도록 지원하려는 것 등이 있다.

11) 일반 개호노인 복지시설(특별양호노인홈)의 입소자규모는 30인 이상이지만, 지역밀착형 개호노인 복지시설은 29인 이하로 차이가 있다.

재가서비스의 등급별 급여 월한도액은 〈표 14-5〉와 같다. 개호서비스 이용자는 재가 및 시설 서비스 이용 시 총비용의 10%를 본인이 부담하고, [12] 나머지는 보험자가 보험급여로 공급자에게 지급한다. 그런데, 2015년도부터 고소득층에게는 20%를 부담하도록 법을 바꿨다. 그리고 이용자의 소득수준에 따라 본인부담 상한액[13] 초과 시 고액개호서비스비제도가 적용된다 (〈표 14-6〉).

〈표 14-5〉 재가서비스의 등급별 급여 월한도액(2015. 4)

(단위: 單位)

등급	요지원 1	요지원 2	요개호 1	요개호 2	요개호 3	요개호 4	요개호 5
기준액	5,003	10,473	16,692	19,616	26,931	30,806	36,065

주: 1단위는 지역 및 서비스 내용에 따라 10~11.26엔에 해당한다.
자료: 후생노동통계협회, 2016a.

〈표 14-6〉 고액개호서비스비 본인부담한도액(1개월 기준)

대상자		본인부담액
• 생활보호대상자 • 세대전원이 주민세 비과세이고 노령복지연금수급자		15,000엔
세대전원이 주민세 비과세	본인의 소득액 + 연금수입이 80만 엔 이하	15,000엔
	상기 이외의 자	24,600엔
주민세 과세세대인 자1)		37,200엔

주: 1) 과세소득 145만 엔 이상인 경우는 2015년 8월부터 한도액이 4만 4,400엔이 된다.
자료: 후생노동통계협회, 2016a.

---

12) 이용자 부담 비용은 법정급여액의 10%나 20%, 월급여한도액의 초과비용, 시설서비스의 주거비와 식재료비다. 여기에서 주거비와 식재료비 부담은 2005년 제도개혁 시 취해진 조치로, 배경에는 재가와 시설의 이용자 부담에 대한 공평성 확보, 개호보험과 연금보험급여 간 조정 필요성 등이 있었다.

13) 2015년 기준 이용자 본인의 한 달 장기요양비용지출액(본인부담금)이 생활보호 수급자 및 모든 세대원이 주민세비과세이고 노령복지연금수급자이면 1만 5천 엔, 모든 세대원이 주민세비과세이지만, 본인의 소득금액과 연금수입이 80만 엔 이하이면 1만 5천 엔, 그렇지 않으면 2만 4,600엔, 그리고 주민세과세대상자이면 3만 7,200엔이다.

보험급여액은 총 개호서비스 비용 중에서 이용자 본인의 부담액을 제외한 금액을 말하는데, 총 개호서비스 비용(개호수가)은 후생노동성이 사전에 결정하기 때문에 일종의 공공가격이라 할 수 있다. 그러한 총 개호서비스 비용은 보험급여의 유형마다 산정되어 있으며, 시설환경, 급여제공방식 및 인력배치기준에 따라서 비용이 가감산되어 있다. 즉, 입소시설의 경우, 다인실인지, 1인실인지에 따라서 비용액이 다르고, 이에 따라서 이용자가 부담하여야 하는 비용도 차이가 난다(〈부표 14-3〉).

이와 같은 개호서비스 비용(개호수가)은 원칙적으로 3년마다 개정하고 있으며, 제도 개혁으로 신설 급여 등에 대해서는 필요한 시기에 추가로 수

〈표 14-7〉 개호서비스 비용액(개호수가) 개정내역

개정시기	주요내용	개정률
2003	• 자립지원관점에서의 재가요양지원 확립 • 자립지원을 지향하는 재가서비스의 평가 • 시설서비스 질 향상과 적정화	• -2.3% (재가: +0.1%, 시설: -4.0%)
2006	• 중증자의 지원강화 • 개호예방, 재활추진 • 지역포괄케어, 치매케어의 확립	• -0.5%(단, 2005년 10월 개정분을 포함하면 -2.4%) -재가: 평균 -1%, ※ 경증은 -5%, 중증은 +4% -시설: 0% 단, 2005년 10월 개정분을 포함하면 -4.0%
2009	• 케어종사자의 인력확보, 처우개선 • 의료와의 연계 및 치매케어 내실화 • 효율적 서비스 제공 및 신규 서비스의 검증	• +3.0% (재가분: 1.7%, 시설분: 1.3%)
2012	• 재가서비스의 강화 및 시설의 중점화 • 자립지원형 서비스의 강화 및 중점화 • 의료 및 개호의 연계, 기능분담 • 케어인력의 확보 및 서비스의 질 향상	• +1.2% (재가분: 1.0%, 시설분: 0.2%)
(2014)	• 소비세율 8% 인상에 따른 시설의 부담 • 완화(소비세 대응부분을 보전)	• +0.63%
2015	• 지역포괄케어시스템 강화 • 고령자증가에 따른 필요 경비의 증가 • 개호직원 처우개선, 물가동향 고려	• +2.27% -재가분: 1.42%, 시설분: 0.85% -처우개선: +1.65%, 개호서비스강화: +0.56%, 기타: 4.48% 포함

자료: 후생통계협회, 2016a.

<표 14-8> 방문개호서비스 수가산정 사례(2015년)

구분	서비스 제공 내용·시간에 따른 기본서비스비		이용자의 상태에 따른 서비스 제공 및 사업소체제에 대한 가산/감산
	(신체케어 중심)	(생활원조 중심)	
20분 미만	165단위	-	신체케어에 이어서 생활원조까지 제공할 경우, • 20~45분 미만: 67단위 • 45~70분 미만: 134단위 • 70분 이상: 201단위
20~30분 미만	245단위	20~45분 미만: 183단위	
30~60분 미만	388단위	45분 이상 225단위	
60~90분 미만	564단위		
90분 이상	30분 증가마다 80단위씩 추가		
(비고)	이동케어 시 97단위 추가	2000년 제도도입 시 • 30~60분 미만은 153단위 • 60~90분 미만은 222단위 • 90분 이상은 30분 추가마다 83단위를 인정	• 개호복지사 등 일정비율 이상 배치하거나, 중증이용자 등 일정비율 이상 이용 + 연수 등 실시 • 첫 회 제공 시 서비스 제공 책임자에 의한 대응 • 긴급시의 대응 (신체케어만), 중·산간지역에서의 서비스 제공, • 재활직종과의 연계 등이 있을 경우, 가산 실시

주: 개호보수 1단위당 가격은 10엔이지만, 서비스유형마다 지역마다 차이가 있다.
자료: 2015년 4월 적용 개호보수표.

가조정이 이루어진다. 아울러 수가조정은 단순히 비용보전에 그치는 것이 아니라 정부의 정책 집행을 강화하기 위해 추진되기도 한다. 2015년의 수가조정 시에는 중증의 요개호등급 인정자 및 치매고령자에 대한 대책 강화, 케어인력확보 대책,[14] 서비스평가의 적정화 및 효율적 서비스 제공체제의 구축을 위한 부분에 대해 수가가 인상되었다(〈표 14-7〉).

개호서비스 비용(개호수가)은 우리나라와 같이 보험급여 종류에 따라서 제공시간과 등급을 고려한 일정액으로 설정되어 있다. 여기에서 방문개호서비스를 살펴보면, 신체케어와 생활(가사) 원조로 구분하고, 신체케어의 비용은 90분 미만에서 일정시간마다 큰 폭의 증가가 있지만, 90분 이상에서는 30분 초과마다 80단위만 인정하고 있어서 장시간의 서비스를 제공하

---

14) 케어종사자의 처우대선을 위해서 지난 2012년도 수가조정 시에 개호직원 처우개선가산이 신설되었으며, 2015년도까지 유지되었는데, 이는 케어종사자의 인건비 지역차이를 개선하기 위한 지역구분에 대해 국가공무원의 지역수당에 준하여 7개로 구분되었다.

면 비용이 점증하는 것으로 되어 있다. 또한, 생활원조만 제공하는 경우에는 45분 이상에서는 동일한 가격만 인정한다. 〈표 14-8〉에 방문개호서비스 수가 산정 사례가 예시되어 있다.

(5) 재원조달

개호재정은 보험료와 정부지원금(세금)으로 조성되는데, 총재정에서 본인일부담금을 제외한 재정의 절반씩을 피보험자의 보험료와 정부지원(세금)으로 충당한다. 이 중에서 정부지원금[15]은 시정촌이 12.5%, 도도부현이 12.5%, 중앙정부가 25%를 각각 부담한다. 보험료[16]는 65세 이상 가입자 (제1호 피보험자)는 9개 단계의 소득수준별로 일정액이며(〈표 14-9〉), 40~64세 이하 가입자(제2호 피보험자)는 건강보험료 부과소득의 일정률을 부담한다(〈표 14-10〉). 제1호 피보험자 보험료는 3년마다 조정되고, 제도가 도입된 이후 계속해서 인상됐고, 제6기(2015~2017년)의 보험료액은 전체 평균적으로 5,514엔이다. 그리고 제2호 피보험자의 소득대비 개호보험료율이 2002년 1.07%에서 2017년 1.65%로 증가한 것으로 나타났다.

〈표 14-9〉 개호보험 제1호 피보험자 월평균보험료액

(단위: 엔)

시기	기간	보험료액	개호보수 변경률
제1기	2000~2002년	2,911	
제2기	2003~2005년	3,293	-2.3(2003년), -1.9(2005년)
제3기	2006~2008년	4,090	-0.5(2006년)
제4기	2009~2011년	4,160	+3.0(2009년)
제5기	2012~2014년	4,972	+1.2(2012년), +0.63(2014년)
제6기	2015~2017년	5,514	-2.27(2015년)
	2020년	6,771	
	2025년	8,165	

자료: 후생노동성 노건국 총무과, 2015.

---

15) 다만, 시설급여는 중앙정부는 20%, 도도부현은 17.5%가 된다.
16) 즉, 제1호 피보험자의 보험료충당비중은 22%, 제2호 피보험자의 비중은 28%이다.

<표 14-10> 개호보험 제2호 피보험자 개호보험료율

(단위: %)

구분	2002	2003	2004	2005	2006	2007	2008	2009
보험료율	1.07	0.89	1.11	1.25	1.23	1.23	1.13	1.19
구분	2010	2011	2012	2013	2014	2015	2016	2017
보험료율	1.50	1.51	1.55	1.55	1.72	1.58	1.58	1.65

주: 2003년 이후 총보수제가 도입된 이후의 보험료율이다.
자료: 후생노동성 노건국 총무과, 2015.

여기에서, 제1호 피보험자의 보험료는 시정촌이 3년마다 수립하는 개호보험사업계획에 따라 3년마다 조정되는데, 소득수준에 따른 차등부과원칙에 따라서 소득수준별 보험료액이 설정되어 있다. 이는 저소득계층에게는 보험료 부담을 경감시키고 고소득계층에게는 능력에 따른 부담을 지향하고 있다는 것을 의미한다. 제도초기에는 소득수준을 2단계로만 구분하였으나, 2015년부터는 9단계[17]로 세분화되었다.

제1호 피보험자에 부과된 보험료는 일정금액을 초과하는 노령퇴직연금 수급자는 연금액에서 원천징수(특별징수)[18]를 하고, 그 이외의 피보험자에게는 시정촌이 개별적으로 징수하고 있다.

한편, 국가부담분 중 5%는 시정촌의 재정능력의 격차를 조정해 주기 위한 별도의 재원으로 투입되며, 이를 위해 재정안정화기금을 도도부현에 설치해 놓았다. 구체적으로는 조정사유가 장기요양필요도가 높은 후기고령자의 가입비율 격차, 고령자의 부담능력 차이, 재해 시 보험료 감면 등 특수한 상황이 발생하였을 때가 해당된다.

---

17) 1단계는 생활보호대상자 등 저소득층을 말하는데, 이들의 보험료는 기준액의 45%를 부과하고, 9단계(주민세과세나 합계소득금액이 290만 엔 이상)는 기준액의 170%를 부과한다.
18) 특별징수의 대상자는 연금액 18만 엔 이상인 자를 말하고, 전체의 약 85%를 차지하는 것으로 추정된다(후생노동통계협회, 2016).

(6) 장기요양 인프라

① 장기요양인력

장기요양인력은 케어전문인력, 간호사 등 간호인력, 사회복지사 등의 생활상담원, 영양사, 물리치료사 등의 기능훈련지도원 등 다양하다. 하지만 중심 인력은 개호복지사와 개호지원전문원(케어매니저)이다.

먼저, 개호복지사는 국가시험에서 합격하면 주어지는 자격증인데, 이를 취득하기 위해서는 개호복지사 양성시설에서 2년 이상, 복지계 고등학교에서 교육훈련을 받았거나 실무경력자의 조건이 요구된다. 구체적으로 자격취득을 위해서는 첫째, 실무경험코스로 실무경험 3년 이상 또는 실무자연수를 받은 자이어야 하거나, 둘째, 복지계통 고등학교 졸업코스로 재학 중 장기요양 관련한 일정 학점을 이수한 자이어야 하거나, 셋째, 경제연계협력(EPA) 국가의 외국인으로써 실무경력 3년 이상 받고, 실무자연수, 또는 개호기술강습을 수료한 자이어야 하거나, 넷째, 양성시설 수료과정에서 개호복지사 양성시설은 2년 이상, 복지계 대학이나 사회복지사 양성시설의 졸업, 개호복지사 양성시설은 1년 이상, 보육사 양성시설의 졸업 또는 개호복지사 양성시설은 1년 이상을 교육받은 자여야 한다(〈부도 14-1〉).

다만, 2005년 이후 개호복지사 양성시설에서 시행하는 전문기술 강습과정을 수료한 자는 실기시험을 면제해 준다. 향후에는 케어전문인력의 구성체계를 '초임자연수수료자 → 개호복지사 → 인정개호복지사'로 구축할 계획이다.

그런데, 기존에는 개호복지사 양성시설을 졸업하거나, 국가시험에 합격하면 개호복지사 자격증을 취득할 수 있었으나, 2015년 2월에 사회보장심의회 복지부회 복지인재확보전문위원회 건의에 의한 사회복지법 등의 일부를 개정하는 법률안에 의하면 2017년도부터 양성시설을 졸업하여도 국

<표 14-11> 개호복지사의 등록자수 증가 추이

(단위: 명)

구분	2000	2005	2010	2015	2016
국가시험 합격자	120,315	281,998	632,566	1,072,431	1,159,846
양성시설 수료자	90,417	185,703	265,863	325,884	334,614
합계	210,732	467,701	898,429	1,398,315	1,494,460

자료: 후생노동성 홈페이지. 2017. 10. 1 인출.

가시험에 합격하여야 하는 것으로 바꿀 계획으로 있다.[19] 양성시설은 고등학교 졸업 후 2년 이상 양성교육을 시키는 곳과 대학 등에서 다른 자격증을 취득한 후 1년간 양성교육을 시키는 곳이다. 양성시설은 2014년 4월 기준, 전국에 378개소가 있으며, 입학정원은 18,485명이다. 그리고, 지난 10년간 개호복지사의 국가자격시험 합격률을 보면, 60%내외 수준이고, 2015년 3월 기준 자격증 취득자수는 1,306,753명으로 집계된다(후생노동통계협회, 2016b) (〈부표 14-4〉).

개호복지사의 추이를 살펴보면, 개호보험제도가 실시된 이후 지속적으로 증가하고 있는데, 2000년의 21만 명에서 2016년 149만 명으로 늘었다 (〈표 14-11〉, 〈부표 14-5〉). 이 중에서 국가자격시험을 통해 자격증을 취득한 개호복지사의 비중은 78%(2016년)다. 향후 개호복지사의 상위 직급인 인정개호복지사가 신설될 예정이다.

그리고 개호지원전문원은 장기요양필요자 등이 자립생활을 수행하는데 필요한 지원관련 전문적 지식과 기술을 가지고 있는 인력인데, 개호지원전문원이 되기 위해서는 정부가 정한 실무경험이 있고, 개호지원전문원 실무연수 수강시험에 합격한 후 개호지원전문원 실무연수과정을 수료하여

---

19) 이외에 방문개호원(홈헬퍼)도 있다. 기존에 1~3급으로 분류되었으나, 3급은 2009년에 폐지되었고 국가자격증 소지자가 아니다. 후생노동성은 2005년 개호복지사와 통합하려 하였으나, 1~2급 수요가 많아 폐지하지 못하고, 2013년부터 홈헬퍼 2급 양성연수 대신 개호직원 초임자 연수로 유지하고 있다.

야 하고, 도도부현에서 자격증을 교부받는다. 이 자격증은 5년간 유효하고, 갱신할 때는 연수를 이수해야 한다. 따라서, 개호지원전문원이 되기 위한 과정이 쉽지 않은데, 2016년 말 기준 누적 합격자수는 66만 6,783명이며, 국가자격시험의 합격률은 2016년 기준 13.1%로 꽤 낮은 수준이다(〈부표 14-6〉).

② 장기요양시설

장기요양시설(혹은 개호보험시설)은 장기요양이 필요한 이에게 입욕, 배설, 식사 등의 개호와 일생생활의 도움, 기능훈련, 건강관리, 요양상의 도움을 주는 시설로, 설치근거는 〈개호보험법〉과 〈노인복지법〉, 의료법이며 시설에 대한 인가는 도도부현의 지사가 행한다.

크게 보면 세 종류의 장기요양시설이 있는데 개호노인 보건시설, 개호노인 복지시설(특별양호노인홈), 개호요양형 의료시설 등이 그것이다. 각 시설의 설치근거는 〈개호보험법〉, 〈노인복지법〉, 〈개호보험법〉, 〈의료법〉과 〈개호보험법〉으로 조금씩 다르다(〈표 14-12〉). 이 시설들 외에 공적 장기요양시설로 경비(輕費) 노인홈(케어하우스), 양호노인홈 등이 있다.[20] 이들 시설을 통해 제공되는 서비스는 사회복지법인이나 의료법인 등 비영리사업자에게만 허용되며, 이는 우리나라와 다른 점이다.[21]

---

[20] 거실수는 경비노인홈이 9.1만, 양호노인홈이 6.5만이다. 이 밖에 민간이 운영하는 노인홈이 있으며, 이는 유료 노인홈과 기타 시설로 구분할 수 있다. 전자는 다시 개호부 유료노인홈, 주택형유료노인홈, 건강형유료노인홈으로, 후자는 서비스부고령자주택, 그룹홈, 실버하우징 등이다. 거실수가 많은 곳은 개호부 유료노인홈(20.4만), 그룹홈(19만), 서비스부 고령자주택(14.7만), 주택형유료노인홈(14.3만)의 순이다.

[21] 다만 시설 내 서비스가 재가서비스로 분류되어 영리사업자가 참여할 수 있는 경우가 있다. 24시간 케어서비스가 제공되는 특별양호노인홈 같은 형태로 운영되는 치매대응형 그룹홈, 경비노인홈 등이 그러한 곳이다.

<표 14-12> 장기요양시설과 병원 간 차이(2015년)

구분		병원			시설		
		의료 시설			개호보험 시설		
		일반 병상	의료요양형 병상	개호요양형 의료시설	개호노인 보건시설		개호노인 복지시설 (특별양호노인홈)
					기존형	요양형	
병상수		약 101만 개	약 27만 개	약 7만 개	약 35만 개	약 7천 개	약 52만 개
1인당 병상면적		6.4m²이상	6.4m²이상	6.4m²이상	8.0m²이상	8.0m² 이상	10.65m² 이상
1인당 평균비용		-	약 53만 엔	약 40만 엔	30.5만 엔	36~38만 엔	27.6만 엔
입소자 100명당 배치인원	의사	6.25	3	3	1	1	1(비상근가)
	간호직원	34	20	18	10	18	3
	개호직원	-	20	18	24	18	31
입소자 x 명당 필요간호(개호) 직원 1명(법정)	간호직원	3	4	6	3	3	3
	개호직원		4	6			

주: 개호요양형 의료시설은 의료시설 및 개호보험시설의 양쪽에 해당된다. 2017년도말로 경과조치가 끝나므로 기한을 연장하되 3~6년 이내에 신 시설(가칭 요개호고령자 장기요양·생활시설) 로의 전환유도 등이 검토된다. 신 시설은 '요양기능강화형 A, B 상당-개호요양의료시설 상당'(단, 면적은 노인보건시설 기준 적용)과 '노인보건시설상당이상'의 두 개로 구분되어 차등화된 기준이 적용될 전망이다(厚生勞働省, 2016b).
자료: ぎょうせい, 2006.

　먼저 개호노인 보건시설은 개호보험이 적용되는 개호서비스를 통해 재택 복귀를 목표로 심신의 기능회복 훈련을 하는 시설이다. 즉, 급성기 질병과 장애로 급성기 병원과 회복기 병원에서 치료를 받았음에도 불구하고 자택내 생활 상태로 회복하지 못한 이들을 대상으로, 그 수준에의 회복을 목표로 심신의 기능회복 훈련, 식사, 배설, 입욕, 취침, 건강관리 등 일상생활의 개호, 심신의 기능 유지, 통원 수발, 급성질병과 부상 시의 병원에의 반송과 수발, 개호보험 적용 서비스의 상담 등을 수행하는 기관이다.

　이미 있던 시설과 별도로 요건을 강화한 요양형 개호노인 보건시설이 있다. 숫자는 많지 않지만, 이 시설은 개호보험이 적용되는 시설로, 질병과 장애로 자택 생활이 곤란하거나 재택 복귀가 어려운 고령자의 일상생활의 개호를 하는 곳이다. 이들 시설의 입소자의 95%는 치매를 앓고 있으며 45%가 와상노인이다. 평균재소일수는 311일(2013년 기준) 정도다.

개호노인 복지시설은 특별양호노인홈(〈노인복지법〉 제20조의 5)으로, 이 곳에 입소하는 요개호자에 대해 서비스 계획에 따라 목욕, 배설 및 식사지원, 기타 일상생활 지원, 기능훈련, 건강관리와 요양상의 지원을 목적으로 하는 시설이다(〈개호보험법〉 제8조의 27). 이때의 특별양호노인홈은 기본적으로 입소정원이 30인 이상인 곳으로, 신체나 정신 상 심한 장애가 있어 상시 개호가 필요하지만 거택에서 서비스를 받기 곤란한 자 등을 입소시켜 양호하는 것을 목적으로 하는 시설이다. 아울러 입소 정원이 30인 미만인 지역밀착형 개호노인 복지시설의 입소자 생활개호 관련 지역밀착형 개호서비스비나 개호복지시설서비스 관련 시설개호서비스비 지급 관련자도 입소시켜 양호한다(〈노인복지법〉 제11조 2, 제20조의 5). 지역밀착형 시설은 시구정촌이 지도, 감독하며 해당지역에 거주하는 주민만이 입소할 수 있고 사회복지법인만이 설치할 수 있다.

이 시설입소자는 요개호 3~5등급의 요개호 인정을 받은 자가 대상이며, 이들 시설입소자의 97%가 치매증을 앓고 있으며, 62% 정도가 와상노인이다. 평균재소일수는 1,405일이다(2013년 기준). 만성적 공급부족 상태이며, 2014년의 입소신청자(대기자)는 52만 명에 달하고 이 중 요개호 4~5등급이 9만 명 가깝게 된다.

개호요양형 의료시설은 2012년 이후 신규 설치가 폐지되어 2018년 3월 말까지만 유지하고, 이후 두 종류 시설로 구분하여 3~6년의 시간을 두고 점진적으로 전환하려는 계획이 논의 중에 있다.[22]

우리나라의 요양병원에 해당하는 요양병상[23]은 의료요양용 병상과 개

---

22) 배경에는 이 시설입소자 중 다수가 의료나 간호 서비스를 받지 않고 개호보험 급여만 축내고 있으며, 기능이 건강보험이 적용되는 의료요양병상과 유사하다는 사실이 있다. 후생노동성은 2011년 말 이를 폐지하고 다른 개호보험시설로 전환할 꾀했으나 이행 작업이 뜻대로 되지 않아 폐지기한을 2018년 3월말로 연장한 바 있다. 한편 일본의사회 등은 현장의 수요를 토대로 시설의 존속을 요구한다.

호요양형 의료시설로 구분된다. 1인당 평균비용이나 직원배치기준이 개호보험적용 의료시설에서 완화되어 있으며, 개호노인 복지시설의 병상수가 가장 많고 1인당 입소비용도 다른 시설에 비해 저렴하다(〈표 14-12〉).

시설서비스의 중심인 개호노인 복지시설(특별양호노인홈)에 대한 종사자배치기준에 대해 설명하면 다음과 같다. 우선, 특별양호노인홈은 침실 면적은 입소자 1인당 10.65㎡ 이상이어야 하고, 시설장은 사회복지사 자격증 소지자이거나, 사회복지사업에 2년 이상 종사한 경험자이고, 생활상 담원은 사회복지사, 기능훈련지도원은 일상생활에 필요한 기능을 개선하고 감소예방을 위한 훈련을 수행할 능력을 지닌 자로 되어 있다. 직원배치 기준을 보면, 개호직원과 간호직원을 합하여 입소자 3명당 1인이 되어 있고, 그중에서 간호직원은 입소자의 규모에 따라서 배치기준이 다르다. 이는 침실이 모두 1인실로만 설치되어 있는 유닛형 시설에 대해서도 동일하다(〈부표 14-7〉).

장기요양 입소시설 현황을 살펴보면, 2015년 10월 기준으로 1시설당 정원은 개호노인 복지시설이 68.6명, 개호노인 보건시설이 87.9명, 개호요양형 의료시설이 44.3명이다. 실제 시설당 재소자수는 각각 66.7명, 78.5명, 40.4명으로 이용률 면에서는 개호노인 복지시설과 개호요양형 의료시설이 90%를 넘는다. 시설당 재소자수 비율은 2015년 기준 개호노인 복지시설이 57.0%로 가장 높고, 개호노인 보건시설 36.6%, 개호요양형 의료시설 6.4%로 나타난다. 2011년 이후 추이는 개호노인 복지시설의 비중이 커지고, 개호노인 보건시설은 약하게나마 감소세를 보이며, 개호요양형 의료시설은 2011년의 9.1%에서 급속히 낮아졌다. 그 배경에는 개호요양형 의료시설의 지속적 기능전환이 있다.

---

23) 〈의료법〉은 병원병상을 5가지로 분류한다. 일반병상, 요양병상, 정신병상, 감염증병상, 결핵병상이 그것이다. 이 중 일반병상은 주로 급성기 입원치료를 필요로 하는 환자를 위한 병상이고, 요양병상은 장기간에 걸친 요양을 필요로 하는 환자를 위한 병상이다.

<표 14-13> 장기요양 입소시설 병상수(2015. 10)

구분	시설수(개)	정원(명)	시설당 정원(명)
개호노인 복지시설	7,551	518,273	68.6
개호노인 보건시설	4,189	368,201	87.9
개호요양형 의료시설[1]	1,423	62,835	44.3

주: 1) 개호요양형 의료시설은 병원이 아닌 병상개념이며, 1개 병원당 요양병상수를 지칭한다.
자료: 후생노동성, 2015.

<표 14-14> 장기요양 입소시설 규모별 시설(2015. 10)

구분	개호노인 복지시설	개호노인 보건시설	개호요양형 의료시설
전체	7,551 (100.0)	4,189 (100.0)	1,423 (100.0)
1~9인	-	2 (0.0)	254 (17.8)
10~29인	-	150 (6.0)	411 (28.9)
30~49인	935 (12.4)	136 (3.2)	290 (20.4)
50~69인	3,134 (41.5)	545 (13.0)	241 (17.0)
70~99인	2,232 (29.6)	1,177 (28.1)	86 (6.0)
100인 이상	1,250 (16.6)	2,079 (49.5)	141 (10.0)

자료: 후생노동성, 2015.

개호노인 복지시설은 시설수 7,551개, 정원 52만 명에 전체 장기요양입소시설 정원의 55%를 점한다. 법적으로 30인 이상 시설을 가리키지만, 대체적으로 50~99인 이하 시설이 전체의 71%를 차지한다. 이는 상당한 시설들이 1인실 중심의 유닛형 시설로 전환하였기 때문이다. 개호노인 보건시설은 4,189개에 정원 37만 명으로 전체의 39%를 차지한다.

운영주체별로 보면, 법적으로 영리단체 등은 개호노인 복지시설을 운영하지 못한다. 사회복지법인을 중심으로 지자체나 공공기관에 한하여 개설을 허가하는데, 사회복지법인이 대부분을 점한다.

재가장기요양기관은 일반사업소와 지역밀착형 사업소로 구분되고, 각 재가급여 유형별로 독립된 사업소가 개설되어 있다. 일반 재가장기요양기관에서는 영리사업자 비중이 가장 높고, 이어서 사회복지법인과 의료법인의 순이다. 다만, 보험급여의 특성상 의료와 밀접한 방문간호스테이션

〈표 14-15〉 장기요양 일반재가서비스기관의 운영주체별 구성비(2015. 10)

구분	사회복지법인	의료법인	영리법인	기타	전체
방문개호	19.4	6.2	64.8	9.6	100.0
방문입욕개호	37.2	2.0	58.4	2.4	100.0
방문간호스테이션	7.2	30.3	43.9	18.6	100.0
통소개호	27.3	6.4	59.3	7.0	100.0
통소재활	9.1	77.0	0.0	13.9	100.0
단기입소생활개호	82.5	3.6	10.6	3.3	100.0
단기입소요양개호	12.1	77.1	-	10.8	100.0
특정시설입거자 생활개호	23.9	5.5	67.8	2.8	100.0
복지용구 대여	2.5	1.3	93.2	3.0	100.0
특정복지용구 판매	1.6	0.9	94.6	2.9	100.0

자료: 후생노동성, 2015.

(30.3%), 통소재활(77.0%), 단기입소요양개호(77.1%) 등은 의료법인
의 비중이 훨씬 높다(〈표 14-15〉, 〈부표 14-8〉). 지역밀착형 서비스 제공
기관은 소규모이고 생활권역내 거주자에게만 허용되므로 수요가 제한되
지만, 일반 재가기관과 유사하게 영리사업자 참여비중이 상당히 높다
(〈부표 14-9〉).

2) 운영실적

(1) 장기요양인정자수

장기요양대상 인정자수는 2000년에 256만 명이던 것이 2015년 620만 명으
로 늘어나, 증가율 2. 4배는 노인인구(피보험자 기준) 증가를 웃도는 수준이
다. 또한, 65세 이상 인정자를 기준으로 할 때, 노인인구 대비 인정률은
2000년 11. 0%에서 2015년 18. 0%로 증가한다. 여기서 등급별 인정자수
의 추이를 살펴보면, 2005년 제도개혁으로 요지원등급이 2개 등급으로 나
뉘면서 요개호 1등급자의 일부를 흡수하였기에 2006년 요개호 1등급자가
대폭적으로 축소되었고, 전체적으로는 일단 2005년까지 증가일로에 있었

던 인정자수가 2006년도에 증가세가 꺾였다가 다시 증가하는 현상을 보인다(〈표 14-16〉, 〈부표 14-10〉).

그리고 인정자수 대비 수급자비율을 보면, 2000년 68.3%에서 2015년 84.0%로 늘어나, 일단 장기요양대상자로 인정받으면 80% 이상은 서비스를 이용하는 것으로 보인다. 공적서비스 이용 시 가족의 부담이 덜어졌음을 시사한다. 특히 재가서비스 수급자수가 2000~2015년간 4.01배로 시설서비스(1.75배) 보다 크게 증가하였고, 노인인구비율로도 같은 기간에 4.5%에서 11.5%로 대폭 증가했다(〈표 14-17〉).

〈표 14-16〉 장기요양인정자수 추이

(단위: 천 명)

구분	2000	2005	2010	2015
요지원 1			664	890
요지원 2	322	718	668	858
경과적 요개호			-	-
요개호 1	701	1,423	907	1,220
요개호 2	484	645	897	1,080
요개호 3	355	552	698	810
요개호 4	363	521	638	744
요개호 5	337	465	591	601
합계	2,562	4,323	5,062	6,204

자료: 후생노동성, 2017.

〈표 14-17〉 개호서비스 인정자와 수급자

(단위: 만 명, %)

구분		2000. 4	2016. 4	증가배수
요개호(지원) 인정자수		218 (10.1)	620 (18.3)	2.84배
서비스 수급자수	재가서비스	97 (4.5)	389 (11.5)	4.01배
	지역밀착형 서비스	-	41 (1.2)	-
	시설서비스	52 (2.4)	91 (2.7)	1.75배
	합계	149 (6.9)	521 (15.4)	3.50배

주: 괄호 안은 제1호 피보험자수 대비 비율이다.
자료: 후생노동성, 2017.

(2) 개호서비스 수급자수

재가서비스, 지역밀착형 서비스 및 시설서비스를 이용하는 수급자의 등급별 비중을 보면 다음과 같다. 먼저, 재가서비스는 2000년에 요지원등급자가 전체의 17.1%, 요개호 1등급자 31.6%, 요개호 2등급자 19.6%, 요개호 3등급자 12.6%, 요개호 4등급자 10.3%, 요개호 5등급자 8.9%로, 중등증이상에 해당하는 요개호 3~5등급자는 전체의 31.8%이다.

〈표 14-18〉 장기요양인정등급별 1개월 평균 서비스수급자수

(단위: 천 명, %)

구분	2000년	2006년	2015년
재가서비스	1,236 (100.0)	2,573 (100.0)	3,894 (100.0)
요지원	211 (17.1)	578 (22.5)	1,114 (28.6)
요개호 1	390 (31.6)	826 (32.1)	892 (22.9)
요개호 2	242 (19.6)	471 (18.3)	819 (21.0)
요개호 3	155 (12.6)	332 (12.9)	495 (12.7)
요개호 4	127 (10.3)	220 (8.6)	344 (8.8)
요개호 5	110 (8.9)	146 (5.7)	229 (5.9)
지역밀착형 서비스		158 (100.0)	410 (100.0)
요지원	-	1 (0.6)	11 (2.7)
요개호 1	-	36 (22.8)	76 (18.5)
요개호 2	-	43 (27.2)	94 (22.9)
요개호 3	-	43 (27.2)	99 (24.1)
요개호 4	-	25 (15.8)	75 (18.3)
요개호 5	-	10 (6.3)	55 (13.4)
시설서비스[1]		8,831 (100.0)	10,940 (100.0)
요지원	(na)	25 (0.3)	91 (0.8)
요개호 1	(na)	624 (7.1)	623 (5.7)
요개호 2	(na)	1,083 (12.3)	1,253 (11.5)
요개호 3	(na)	1,878 (21.3)	2,414 (22.1)
요개호 4	(na)	2,629 (29.8)	3,440 (31.4)
요개호 5	(na)	2,592 (29.4)	3,211 (29.4)

주: 1) 시설서비스는 연말 누계수다.
자료: 후생노동성, 2017.

<表 14-19> 시설서비스 수급자수(1개월 평균)

(단위: 천 명)

구분	2000년	2005년	2010년	2015년
개호노인 복지시설	285	373	435	506
개호노인 보건시설	219	287	325	348
개호요양형 의료시설	100	127	85	60
합계	604	787	842	912

주: 연말 누계수다.
자료: 후생노동성, 2017.

그런데, 1차 제도개혁 후 2006년에는 중등증이상이 27.2%로 줄어들다가 2015년에는 27.4%로 약간 늘어났다. 시설서비스의 경우에는 중등증이상의 비중이 2006년 80.5%, 2015년 82.9%로 나타나, 전체 80% 이상이 중등증이상이 차지하고 있다. 이는 입소시설이 부족하여 중등증이상으로 제한하려는 정책에 영향을 받은 결과이다(〈표 14-18〉).

시설서비스 수급자에는 노인복지시설, 노인보건시설 및 개호요양형 의료시설을 이용한 수급자가 포함되어 있는데, 전체적으로 수급자수가 증가하고 있지만, 개호요양형 의료시설의 수급자수는 2004년까지 증가하다가 제도개혁으로 인하여 그 이후 감소했으며, 2015년에는 전체 시설서비스 수급자수의 6.6%에 그쳤다. 그 대신에 노인복지시설이나 노인보건시설의 수급자수는 증가하고 있어서 의료시설의 수급자가 이동하는 것으로 보인다(〈표 14-19〉, 〈부표 14-11〉).

(3) 장기요양급여 추이

개호보험 급여지출의 비중을 보면, 지역밀착형 서비스가 도입되기 이전에는 재가서비스가 전체의 33.39%(2000년)에서 51.9%(2005년)로 증가하였지만, 그 반대로 시설서비스는 66.1%에서 48.1%로 감소했다. 지역밀착형 서비스가 도입된 2006년 이후, 2006년 재가서비스 48.8%, 시설서비스 44.4%, 지역밀착형 서비스 6.8%였지만, 2015년에는 각 54.8%, 33.3%,

<표 14-20> 개호서비스 유형별 급여지출액

(단위: 억 엔, %)

연도	재가서비스	지역밀착형 서비스	시설서비스	합계
2000	10,956 (33.9)	-	21,336 (66.1)	32,292 (100.0)
2005	29,370 (51.9)	-	27,212 (48.1)	56,582 (100.0)
2010	35,455 (51.8)	6,240 (9.1)	26,700 (39.0)	68,395 (100.0)
2015	46,874 (54.8)	10,105 (11.8)	28,483 (33.3)	85,462 (100.0)

자료: 후생노동성, 2017.

11.8%로 재가서비스 비율이 높아진 반면 시설서비스 비율은 줄어든다. 지역밀착형 서비스 비율은 도입초기 대비 2배 수준으로 늘었다(〈표 14-20〉, 〈부표 14-12〉).

한편 한 달분으로 한정하여 세목별 급여지출액에 대한 분석한 내용에 따르면, 지출액이 많은 서비스는 재가서비스에서는 통소개호·재활, 지역밀착형 서비스에서는 치매대응공동생활개호(단기이용 외), 시설서비스에서는 개호노인 복지시설(특별양호노인홈) 등이다(〈부표 14-13〉).

(4) 개호서비스 공급자

그동안 공급자가 늘어나 이용자가 다양한 서비스를 이용할 수 있게 되었다. 즉, 2000~2015년간 공급자의 변화를 보면, 가장 많이 이용하는 방문개호서비스의 경우, 9,833개소에서 34,823개소로 3.54배의 증가율을 보였다. 이보다도 더 높은 증가율을 보이는 재가서비스사업자는 주야간 보호서비스가 5.4배 증가하였고, 치매노인그룹홈은 19.23배나 증가하였다. 이는 개호노인 복지시설의 설치를 제한하고 있어서 장기간의 시설입소를 원하는 치매노인이 거주지역 안에서 용이하게 이용할 수 있는 시설로 각광받고 있기 때문이다. 전반적으로, 재가서비스는 방문개호서비스, 주야간 보호서비스, 그리고 치매노인그룹홈을 중심으로 이용하고 있다.

입소생활시설의 경우에는 개호요양형 의료시설은 폐쇄하는 정책을 추진하고 있기 때문에 감소하고 있지만, 그 대신에 개호노인 복지시설이나 개호노인 보건시설의 증가가 미약하지만 지속되고 있다.

시설인프라 측면에서 보면, 재가서비스사업자에게는 민간의 영리사업자도 참여를 허용하는데, 제도초기에 비해 상당히 늘었다. 방문개호서비스, 주야간보호서비스 및 치매노인그룹홈을 중심으로 살펴보면, 먼저 방문개호서비스에서는 지방공공단체와 사회복지법인의 비중이 2000년 각각 전체의 43.2%, 6.6%이었으나, 2015년 각각 19.4%, 0.3%로 크게 줄어든 반면, 영리회사는 같은 기간에 전체의 30.3%에서 64.8%로 늘어났다.

〈표 14-21〉 개호서비스 공급자수

(단위: 명, 개소)

구분	2000년	2005년	2012년	2015년	2000~2015년간 증가율(배)
재가서비스사업소					
방문개호	9,833	20,618	31,075	34,823	3.54
방문입욕개호	2,269	2,402	2,410	2,190	0.97
방문간호스테이션	4,730	5,309	6,590	8,745	1.85
통소개호	8,037	17,652	34,107	43,406	5.40
통소재활	4,911	6,093	7,023	7,515	1.53
단기입소생활개호	4,515	6,216	8,980	10,727	2.38
단기입소요양개호	4,651	5,513	5,490	5,348	1.15
특정시설입거자 생활개호	-	1,375	3,491	4,679	-
복지용구 대여	2,685	6,317	7,644	8,056	3.00
특정복지용구 판매	-	-	7,724	8,135	-
치매대응형 공동생활개호	675	7,084	11,729	12,983	19.23
재가개호 지원사업소	17,176	27,304	35,885	40,127	2.34
개호보험시설					
개호노인 복지시설	4,463	5,535	6,590	7,551	1.69
개호노인 보건시설	2,667	3,278	3,931	4,189	1.57
개호요양형 의료시설	3,862	3,400	1,759	1,423	0.37

주: 각 연도 10월 기준.
자료: 후생노동성, 2015.

〈표 14-22〉 개호보험재정 추이

(단위: 억 엔, %)

연도	총수입(A)	총지출(B)	수지율(B/A)	개호급여비 준비기금
2000	38,000	35,899	94.5	1,123
2005	62,313	61,053	98.0	1,663
2010	78,326	77,318	98.7	3,962
2014	96,142	94,446	98.2	3,024
2015	99,337	97,254	97.9	3,880

자료: 후생노동성, 2015.

통소개호서비스도 사회복지법인이 2000년 전체의 66.0%이던 것이 2015년 27.3%로 대폭 감소한 반면, 영리회사는 같은 기간에 전체의 4.5%에서 59.3%로 대폭 증가한다. 이와 같은 현상은 치매노인그룹홈이나 복지용구 대여사업소 등에서도 유사하게 나타난다(〈부표 14-14〉).

(5) 개호보험재정

재정수지율(총지출액/총수입액)을 보면, 2000년(94.5%)을 제외하고는 98% 정도 수준이다. 이는 개호보험이 공적연금과 다르게 단기보험이기 때문에 '부과방식'으로 운영되어 재정수입에 맞추어 지출을 해왔다고 볼 수 있다. 그런데, 2006년에 일시적으로 96.1%로 줄어든 것은 2005년에 재도를 개혁하여 급여지출이 축소되었기 때문인데, 이는 어디까지나 일시적 현상으로 지속되지 못하고 3년 후인 2009년부터 다시 98%대 수준을 유지하고 있다. 그리고 개호급여비 준비기금의 규모를 보면, 초기 2천억 엔에서 최근 3천억 엔 수준으로까지 증액시켰다.

3. 개호보험제도 개혁

1) 2005년도 제도개혁

1차 제도개혁 시 설정한 기본방향은 지속가능성에 중점을 두고 초고령화사회에 대비하여 고령자가 가능한 한 건강하고 활동적으로 생활하며, 개호, 연금 및 의료의 각 제도 간 기능분담을 확실하게 할 것을 제시하였다. 이에 따라서 예방중시형 시스템으로 전환하고, 시설급여를 개선하며, 신규 서비스체계를 확립하고, 서비스 질을 향상시키며, 부담방식을 개선하며, 수급자 범위를 개선하는 것을 포함하고 있다(〈부도 14-2〉).

먼저, 예방중시형 시스템으로의 전환에 대해서는 지난 5년간의 실적을 분석해 본 결과, 경증자(요지원 및 요개호 1등급)가 크게 늘어났고, 이들에 대한 생활지원 서비스나 복지용구 서비스가 잔존기능을 상실하게 했다는 지적이 있었다. 이에 따라 기존의 요개호 1등급을 요개호 1등급과 요지원 2등급으로 분리하였고, 이들에 대한 예방급여 서비스를 늘려서 생활지원 서비스를 이용하지 못하게 생활지원 서비스 이용을 제한하였다. 또한 예방급여 대상자에 대한 케어매니지먼트는 지역포괄케어센터로 이관하였다. 이러한 개혁으로 2006년도 이후 경증자가 줄어든 것으로 나타나고 있다. 그렇지만, 경증자의 필요한 서비스 이용이 어려워지고, 요지원자에 대한 평가 및 사업평가가 별도로 추진되면서 제도의 복잡화를 초래하였다는 문제점이 지적되기도 하였다(結城康博, 2008: 63~67).

시설급여의 개선에 대해서는 재가서비스 이용자와의 형평성을 추구하기 위하여 시설입소자에게 거주비와 식비를 보험급여에서 제외하여 입거자가 전액 부담하는 것으로 전환시켰다. 이에 따라 소득수준이 4단계 이상에 해당하는 입소자에게는 비용전액을 본인이 부담하게 하였지만, 1~3단계의 저소득자에게는 본인부담한도액과 거주비와 식비의 평균비용간 차액을 부가급여로 지급해 주기 시작하였다. 이에 대한 보험자의 개호보험 담당자에 대한 설문조사를 보면, 중ㆍ저소득계층의 1인실 이용이 어려워졌다는 결과가 제시되기도 하였다(芝田文男, 2012: 38).

신규 서비스체계의 확립에 대해서는 핵심적 서비스가 지역밀착형 서비스의 신설을 들 수 있다. 이는 치매노인과 독거노인의 증가와 함께 이들이 현 거주지역에서 생활할 수 있도록 지원하기 위해 해당지역(시정촌) 주민만이 이용할 수 있는 지역밀착형 서비스를 개발하고, 지역단위에서의 개호 예방활동 등을 추진하기 위해 지역포괄지원센터를 설치하였다. 이에 따라 치매노인그룹홈 이외에 야간대응형 방문개호, 치매주간보호, 소규모다기능형재가개호, 소규모형태(29인 이하 규모)의 지역밀착형 특정시설 및 개호노인 복지시설 등이 지역밀착형 서비스로 분류되었다. 이러한 지역밀착형 서비스는 소규모이기 때문에 이용자의 비중이 기존의 재가서비스나 시설서비스에 비해 수준이 작다.

그 이외 서비스 질의 확보와 향상에 대해서는 의무적인 개호서비스 정보의 공표, 사업자규제 개정, 케어매니지먼트 개정 등이 있었고, 부담방식과 제도운영 개편에 대해서는 제1호 보험료 개정, 요개호 인정조사 개정 등이 있다. 요개호 인정조사 개정은 신청 기관이 단순화된 것으로, 신규신청은 개정 전의 시정촌, 재가개호 지원사업자(케어매니저), 개호보험시설에서 시정촌으로, 갱신신청은 개정 전의 시정촌, 재가개호 지원사업자, 개호보험시설에서 시정촌, 재가개호 지원사업자와 개호보험시설 중 후생노동성령으로 지정한자로 바뀌었다.

2) 2008년 개혁

2008년 개혁의 배경에는 개호보수 부정청구로 사회문제가 된 콤슨(COMSN, 대표 樋口公一) 개호서비스회사 사건[24]이 있었다. 이로 인하여 사업자의 부정행위를 방지하고 운영을·적정하게 유지한다는 관점에서 개혁이 추진되었다. 서비스사업소가 2개 이상의 도도부현에 소재한 사업자는 후생노동성, 지역밀착형 서비스만 제공하면서 사업소가 동일 시정촌내에 있는 사업자는 시구정촌, 그 이외는 도도부현의 허가를 받도록 바뀌었다. 이 밖에 조직적으로 부정행위를 저지르면 후생노동성, 도도부현, 시정촌에 의한 사업자본부 실사제 도입, 부정사업자가 행정처분을 도피할 목적으로 폐업하는 것을 막기 위한 사전신고제 도입, 사업소 지정과 갱신 시 해당하는 결격사유 보완, 업무관리체제 의무화 등도 이루어졌다.

3) 2011년 개혁

이때의 개혁은 제1호 피보험자(65세 이상자)의 보험료 상승을 억제하기 위한 개호서비스가(價) 개정에 앞서 급여와 부담의 균형을 맞추기 위해 시도되었다. 개혁의 기본방향은 일상생활권역에서 의료, 개호, 예방, 주거, 생활지원 서비스가 분절 없이 제공될 수 있도록 지역포괄케어시스템[25]을

---

24) 이는 2006년 12월의 도쿄도 실사(도내 187개 사업소 중 53개소)에서 개호보수 부정청구, 허위 지정신청, 인원배치기준 위반 방문개호사업소 등이 발각된 사건이다. 콤슨은 종업원수 2만 4천 명, 지정사업소 2,081개소, 이용자수 6만 5천 명, 연매출 682억 엔으로 당시 개호서비스업계 최대업체였다. 이후 도쿄 이외 지역에서도 허위신고 사업소가 발각된다. 동사의 탈법행위에 대한 여론의 비판이 거세지자 사업을 양도하고 2009년 말에 해산한다. 청산작업은 2011년 9월에 종료되었다.
25) 지역포괄케어시스템은 필요한 서비스가 대략 30분 이내에 제공될 수 있는 일상생활권역 단위로 설치된다.

구축하고, 급여의 효율화와 중점화를 도모하여 제도의 장기 지속가능성을 확보하는 것이었다.

지역포괄케어시스템 구축과 함께 이의 지원사업으로 24시간 대응 정기순회·수시대응형 방문개호간호서비스 신설, 개호복지사와 연수받은 개호직원의 객담 흡인 행위 허용, 개호요양형 의료시설의 기능전환 기간의 연장, 재정안정화기금 활용, 개호복지사 자격취득방법 개편안 연장, 유료노인홈 등의 이용자보호규정 신설, 시민후견인 육성 추진 등이 이루어졌다. 지역포괄케어시스템은 2005년 개혁에서 지역밀착형 서비스와 지역포괄지원센터 신설할 때 개념화된 것으로 2011년 개혁의 핵심적 사안이다.

또한, 정부가 재가서비스 확충방안으로 제안한 것이 24시간 대응 정기순회·수시대응형 방문개호간호서비스와 복합형 서비스의 신설이다. 전자는 중증자의 재가생활을 지원하기 위해 신설된 것으로 단시간의 정기순회형 방문과 수시대응이 기본이고 방문개호와 방문간호를 통합 내지는 연계적으로 제공한다. 26) 후자는 소규모다기능형 방문개호와 방문간호의 통합 등과 같이 여러 형태의 재가서비스를 조합하여 제공하는 것이다. 2012년에는 소규모다기능형 재가개호와 방문간호의 통합형만 인정하였다.

4) 2014년 개혁

이는 〈사회보장개혁 프로그램법〉에 기반을 두고 〈지역에서의 의료와 개호의 종합적 확보 추진을 위한 관계법률 정비 등에 관한 법률〉에 따라 추진되었다. 주된 내용은 서비스 강화 차원에서 재가의료와 개호의 연계, 치매대책, 지역케어회의, 생활지원 서비스 강화와 신규재정 지원제도 구축 등

---

26) 여기에는 한 사업소에서 방문개호와 방문간호를 합쳐 제공하는 통합형(일체형)과 다른 사업소와의 연계를 통하여 서비스를 제공하는 연계형이 있다. 수시대응서비스는 이용자와 가족의 통보에 따라 제공되는 서비스를 지칭한다.

이다. 그리고 서비스의 중점화와 효율화 차원에서 예방급여를 재검토하여, 예방급여 중 방문개호와 주야간 보호서비스는 2017년까지 시정촌 담당의 지역지원 사업으로 이관하고, 개호예방과 일상생활지원 종합사업을 강화하며 그동안 임의사업으로 시행하던 것을 모든 시정촌의 의무사업으로 바꾸었다. 또한 개호노인 복지시설(특별양호노인홈)의 신규입소자는 원칙적으로 요개호 3등급 이상으로 제한하고, 시설의 기능을 재가생활이 어려운 자 보호로 명확히 했다.

5) 이후 개혁 추진 방향

개호보험 도입 후 사회적 환경의 변화에 따라 추진해온 지속적 제도개혁은 국민경제의 상황과 사회보장제도의 전반적 개혁에 보조를 맞춰 이루어졌다. 최근의 개호보험 개혁 계획은 2015년에 발표되어 일부는 2015년 하반기부터 시행되었다.

2015년 개혁의 기본방향은 '의료에서 개호로', '시설에서 재가로'이며, 2025년에 지역포괄케어시스템을 완성한다는 것이다. 개혁의 주된 내용은 ① 재가의료와 개호의 연계 등 지역지원 사업을 강화하면서 예방급여(개호예방 방문개호, 개호예방 통소개호)를 지역지원 사업으로 이관하고,[27] ② 특별양호노인홈 입소는 재가생활이 어려운 중도(重度) 고령자 대상으로 제한하며, ③ 저소득자의 보험료 경감을 확대하고, ④ 일정소득 이상의 이용자 본인부담률을 20%로 인상하며, ⑤ 저소득계층 시설이용자가 지불해야 하는 식비, 거주비를 보전해 주기 위한 부가급여 요건에 자산규모를 추가하는 것 등이다. 이 중에서 ①은 2017년부터 시행되고 있고, ②와 ③은

---

27) 개호예방서비스 이용자는 전국평균이 27% 수준이다. 이 중 57%가 이용하는 방문개호와 통소개호를 개호보험 급여에서 제외시키려는 것이다. 요지원 대상자 개호예방급여는 2015년부터 3년 이내에 개호보험에서 완전히 제외시킬 계획이다.

2015년 4월, ④와 ⑤는 2015년 8월부터 이미 시행하고 있다. 그 외에 지역 케어회의와 서비스 제공 고령자용주택의 주소지 특례적용이 2015년 4월부터 시행중이며, 지역밀착형 통소개호[28] 신설도 2016년 4월부터 시행했으며, 재가개호 지원사업소 지정권한의 시정촌 이양은 2018년 4월 시행 예정이다.

2015년의 개혁내용 중 특이한 것은 요지원자에게 지급하는 개호예방방문개호와 개호예방통소개호사업을 개호보험에서 시정촌 지역지원 사업으로 이관한 것이다. 이것은 개호보험 급여지출을 줄이겠다는 것이다. 이때 종합사업(개호예방 및 생활지원 서비스사업 및 일반 개호예방사업) 서비스와 예방급여 서비스는 지역포괄지원센터의 개호예방 케어매니지먼트에 따른 케어플랜을 이용하도록 하고, 개호예방과 생활지원 서비스 이용 시에는 요개호 인정절차 없이 서비스를 이용할 수 있도록 한다. 또한, 일정소득 이상의 고소득자[29] 본인부담률을 20%로 인상한 것은 보험료 상승을 억제하여 제도의 장기 지속가능성을 확보하기 위한 조치다.

4. 맺음말: 쟁점과 함의

일본의 개호보험에서 가장 큰 문제는 제도의 장기 지속가능성이다. 인구고령화가 심화되면서 개호보험 재정규모가 정책당국이 감당하기 힘들만큼 커지고 있어, 그동안 제도를 지속적으로 개혁해왔다. 보험 재정지출이 빠르게 늘어나면서 보험 재정수입을 늘리기 위해 보험료와 국고지원금을 인

---

28) 이는 이용자 18인 이하의 통소개호 시설로 시정촌이 지도, 감독한다.

29) 합계소득액이 160만 엔 이상이고, 연금소득과 기타 소득의 합산액이 280만 엔 이상(단신)이라야 한다. 또 2인 이상 세대는 346만 엔 이상이라야 한다. 그렇지 않으면 기존의 10%가 적용된다.

상해야 할 상황인데 제때 필요한 조치를 취하지 못했다. 저성장이 장기화하면서 피보험자의 소득 등 부담능력과 정부 재정수입의 여건상 보험료 인상과 국고지원금 확대가 녹록지 않기 때문이다.

따라서 정책당국은 보험 재정지출 중 우선도가 떨어지는 분야의 지출을 줄이는 등 재정지출의 효율화에 노력한다. 가령 도입 초기 보험급여로 지급하던 시설에서의 거주비와 식재료비 등을 전액 이용자 본인부담으로 돌렸고, 장기요양등급 인정자수를 조정하기 위하여 개호예방급여 수급자 범위를 확대하였다. 또 인정조사항목의 개정 등으로 인정자 판정을 더욱 엄격히 하고, 요지원등급자 지원업무를 개호보험에서 지방자치단체로 이관시켰다. 이 밖에 서비스 단가가 낮은 재가서비스 이용도를 높이기 위해서 24시간 대응의 순화 및 수시방문서비스를 도입하거나 복합형 서비스를 도입하였다.

덧붙여 최근에는 개호노인 복지시설(특별양호노인홈) 입소대상을 요개호 1등급 이상에서 요개호 3등급 이상 중증자로 한정(2015년 4월), 고소득계층의 이용자 본인부담률 20%로의 인상(2015년 8월), 급여비 단가가 높은 개호요양형 의료시설의 폐지와 신 시설로의 전환(2018년 4월) 하는 조치 등이 시행되었거나 예정되어 있다.

이 밖에 장기요양등급 인정자와 비인정자의 분절적 관리 대신 일정한 생활권역 단위의 지역포괄케어시스템 구축을 통해 예방에서 장기요양관리, 주거문제까지 포괄적으로 지원하는 계획 등도 검토되었다.

당국이 그동안 보여준 일련의 제도개혁 과정을 살펴보면, 후발국가인 우리나라에게 주는 시사점이 적지 않다. 첫째, 재가서비스를 더욱 강화해서 장기요양대상노인이더라도 삶의 질을 유지하면서 본인들이 원하는 지역사회 내에서 가능한 한 오랫동안 생활할 수 있도록 지원해야 한다는 것이다.

둘째, 개호보험의 운영주체인 국민건강보험공단이 지역밀착형 지원을 제공하는데 한계점을 드러내 보이고 있어, 지방자치단체와의 협력체계 구축을 통한 지역단위 케어매니지먼트 체계 구축이 필요하다는 사실이다. 서비스 이용자인 고령자의 생활은 지역성이 강하기 때문에 지역사회 내 각종 자원을 활용하여 지원해 줄 필요가 있는데 이러한 능력을 지니고 있는 곳은 공단보다 지방자치단체다. 이러한 점에서 보험자가 공단이 아닌 기초자치단체(시정촌)인 일본 사례를 적절히 벤치마킹하여 우리 실정에 맞는 형태로 서비스 공급과 관리, 감독 체계를 재구축해야 할 것이다.

특히 일본이 과거 개호보험 범주 내 케어매니지먼트 체계를 운영하다 효과성이 적다는 판단을 내리고, 예방 범위까지를 포괄하는 포괄케어매니지먼트체계로 전환하고 있다는 사실을 눈여겨보아야 한다. 예방 측면에서 더 큰 효과를 낼 수 있는 기관은 공단보다 기초자치단체다. 지역 고령자 등과 수시로 접촉하면서 다양한 서비스를 제공하는 등 정보와 접근성 측면에서 비교우위에 있기 때문이다.

■ 참고문헌

국내 문헌

선우덕·강은나·황주희·이윤경·김홍수·최인덕·한은정·남현주·서동민·이선희 (2016). 《노인장기요양보험의 운영 성과 평가 및 제도 모형 재설계 방안》. 한국보건사회연구원.

해외 문헌

結城康博(2008). 《介護 現場からの検証》. 岩波新書.
ぎょうせい(2006). 《2006年度 介護保険の手引》.
芝田文男(2012). "介護保険制度創設より10年間の足跡の評価と今後の課題—関西地方市町村担当者アンケートを参考に—". 《研究双書》第153冊, 〈社会保障と財政を考える: 医療·介護政策と財政負担の方向から〉. 関西大学経済·政治研究所.

和田勝(2007).《介護保険制度の政策過程-日本・ドイツ・ルクセンブルク国際共同研究》. 東洋経済新報社.

厚生労働省(2005). 平成17年介護保険制度改革の基本的な視点と主な內容, http://www.mhlw.go.jp/topics/kaigo/gaiyo/k2005_02.html

_____(2013). 〈国民生活基礎調査 結果〉.

_____(2015). 〈介護サービス施設・事業者調査の概況〉. 厚生労働省.

_____(2016a).《厚生労働白書 平成 28年版》. 厚生労働省.

_____(2016b).〈社會保障審議會介護保険部會(第70回)參考資料 1〉, 2016. 11. 30.

_____(2016c).《2014年度 介護保険事業状況報告》. 厚生労働省.

_____(2017). 〈生活保護の被保護者調査(平成 28年 10月 分概数)の結果〉, 2017. 1. 11, Press Release.

厚生労働省老健局総務課(2015). 〈公的介護保険制度の現狀と今後の役割〉. 厚生労働省.

厚生勞働統計協會(2016a).《保険と年金の動向 2015/2016》. 厚生労働省.

_____(2016b).《国民の福祉と介護の動向 2015/2016》. 厚生労働省.

기타 자료

(公益財団法人)社会福祉振興·試驗センター. http://www.sssc.or.jp/kaigo/shikaku/route.html. 2018. 6. 8 인출.

15

고령자 복지서비스

1. 머리말

나이가 들면 병원에 가서 치료받지 않더라도 집 안팎에서 식구나 남의 도움을 받아야 할 때가 많다. 허리나 다리가 불편하여 이동하는 데 힘들기도 하고, 판단이 흐려져 길을 잃어버릴 때도 있다. 몸이 성하더라도 애기를 나눌 친지가 없거나, 찾아오는 이들도 별로 없어 외롭게 지내는 이들도 많다. 이처럼 여러 가지 이유로 다양한 형태로 남의 도움을 필요로 하는 이들에게 적절한 서비스를 제공해 주는 것이 '사회적 서비스'라고 일컬어지는 복지급여 영역이다. 이는 정부 등 공공부문이 제공하는 공적연금 등의 현금급여, 의료와 주택 등의 현물급여와 더불어 3대 복지급여 중 하나다. 이 급여는 대부분의 국가에서 가장 늦게 제공되기 시작한 복지급여라고 할 수 있다.

이 장에서 다룰 고령자 복지서비스는 2부에서 다루는 공적연금과 공공부조, 취업 등 노동정책, 3부에서 다루는 보건의료와 의료보장, 주택 및 주거서비스 부문을 제외한 영역으로 한정한다. 이렇게 하면 다루는 범위는 개호와 개호예방, 개호관련 서비스, 지역포괄케어, 일상생활 지원과 치매 대응, 생활곤궁자자립 지원, 적극적 사회생활 지원과 고독사 방지 등으로 한정된다. [1] 주된 관심은 일본의 경제 · 사회 환경이 바뀌는 가운데 이상의 고령자 대상 복지서비스가 어떻게 되어 있고 또 어느 방향으로 개편되고 있는지에 맞춰져 있으며, 이를 통해 우리에게 주는 시사점을 찾아보는 것이다.

일본은 선진국 중에서도 고령화 수준이 가장 높은 국가다. 65세 이상 인구가 2016년 9월 기준 3,460만 명을 넘어서 고령화율은 27.3%에 달하고 있다. 게다가 이 수치가 앞으로 더 늘어날 전망이다. 세계적 장수국가답게 75세 이상의 후기고령자도 매우 많으며 이들 중 적지 않은 이들이 각종 노인성 질환을 앓는다. 질환에 걸리지 않았더라도 혼자 생활할 수 없거나 개호가 필요한 이들도 많다. 〈개호보험법〉상의 인정인원(요개호자 + 요지원자)은 2016년 11월 기준 631만 명에 달한다. 2006년의 425만 명보다 48%나 늘어난 숫자다. [2]

개호가 사회적 문제로 대두하자 정부는 2000년부터 개호보험을 발족시켜 사회보험 형태로 사안에 대처하고 있다. 사업에 착수한 후 당초 기대보다 월등히 개호 수요가 커지면서 2005년에 1차 개혁을 단행하여 개호보험시설에서 식비와 거주비를 징수하기 시작한다.

고령화의 심화와 함께 일상생활 중에 개호가 필요한 요개호자는 매년 증가하고 있다. 그로 인해 고령자를 개호해야 하는 가족을 중심으로 개호퇴직이 이슈로 부각되고 있다. 세계 고령자 대상의 사회서비스는 그간 시대의 변화와 제도 개선의 필요에 따라 강화되고 이후 상황에 맞춰 지속가능

---

1) 이렇게 해도 2015년 《고령사회백서》(제2부 제2절, 분야별 시책의 실시 상황)에서 다루는 시책관련 영역은 이 책에서 거의 대부분 다루어진다.

2) 내역은 요개호 1등급은 125만 명, 요개호 2등급은 109.9만 명, 요개호 3등급은 82.6만 명, 요개호 4등급은 76만 명, 요개호 5등급은 60.8만 명, 요지원 176.2만 명이다(厚生勞働省, 2016a).

성을 높이는 방향으로 재조정되었다. 중심 서비스인 의료·개호 등의 서비스도 마찬가지 양상을 보였다. 하지만 기존의 서비스 체계만으로는 다양화된 고령자 서비스 요구를 충족시키기 힘든 상황이 되었다. 고령인구의 절대적 증가로 그동안 일부에 그쳤던 사회서비스 수요가 고령자 전체를 잠재적 대상으로 포섭하면서 확대되어 예산을 비롯한 자원의 효율적인 배분이 요구된다. 악화된 정부재정이 고령자 사회서비스를 개혁해야 하는 주된 원인의 하나가 되었다.

일본의 사회서비스는 헌법 제25조와 〈사회복지법〉에 기초하여, 중간지원단체와 연계된 시설서비스를 중심으로 공설공영(公設公營), 공설민영(公設民營), 민설민영(民設民營) 체제로 제공된다. 서비스대상자가 아동, 고령자, 장애인 등이므로 서비스 내용은 상담·지도, 보장구의 교부·대여, 시설입소·통소(通所) 혹은 보호수탁자에의 위탁 등이다.

기본구조는 사회서비스가 필요한 사람에게 행정당국이 관련법제를 신규제정하거나 기존 법제를 고치고, 소요재원을 조달하여 적절한 방법으로 서비스를 제공하는 체계다. 따라서 기본적 인식이 시혜적 성격을 지녀, 보호의 의미로 이해되면서 기본권으로서의 권리 의식이 애매할 수 있다는 것이 학계에서 제시된 쟁점 중 하나다(金善英, 2006: 1~2). 고령자 대상 서비스는 〈지방자치법〉과 깊은 관련하에 서비스 체계가 구축되었고, 〈사회복지법〉에 따라 빈곤층 고령자에 초점이 맞추어져 선별주의(selectism) 성향이 강하다. 이처럼 구빈·보호적 서비스 중심으로 전개되었음에도, 입소거부나 대기노인 등 사각지대가 존재한다.

고령자 대상 복지분야의 사회서비스는 이용자 수요 중심으로 구축되는데 보험급여 서비스와 공적제공 서비스의 경계가 애매하며, 서비스대상자 선정과 구매가능 서비스의 범위가 명확하지 않는 것이 한계점이다.

심각한 것이 치매(認知症) 환자와 개호퇴직 이슈다. 가령(加齡) 질환 중 본인은 물론 가족까지 힘들게 하는 병이 치매다. 부양부담으로 직계가정의

평화와 경제가 망가져 중산층에서 빈곤층으로 전락할 우려가 크다. 개호기간을 특정하기 힘들다는 사실이 문제를 한층 악화시킬 수 있다. 관련하여 개호퇴직이 최근 일본사회에서 핫이슈가 되었다.

재정악화로 정부지원의 큰 방향이 시설개호에서 재가개호로 바뀌면서 재가개호에 따른 육체적·시간적·금전적 부담이 가구를 개호지옥에 빠트린다. 그 배경에는 공공시설의 부족이 있다. 저렴하고 서비스 품질이 좋은 공공시설에 들어가기 위해서는 2~3년씩 대기해야 하는 상황이다. 민간시설이 대안이지만 금전부담 대비 만족도가 낮아 재가개호 외엔 뾰족한 방법이 없다.

재가근무제, 주4일 근무제, 잔업수당 제로정책 등 정부의 고용환경 개선도 일·가정의 양립과 조화를 통해 개호퇴직을 줄이려는 조치로 해석된다. 2013년 개인사유 퇴직자(498만 명) 중 개호·간호사유가 9만 3천 명인데, 남성(2만 3천 명) 보다 여성(7만 1천 명)이 많다. 연령대는 남성(55~59세)·여성(45~49세) 모두 중년그룹에 집중되고 있다. 45~49세 여성의 개인사유 퇴직은 21만 3천 명이 회사를 떠났는데, 이 중 1만 8천 명이 개호·간호 때문이다. 12명 중 1명(8.27%) 꼴로 한창 경제활동에 종사해야 할 때 가족개호가 봉착한다는 얘기다.

정부의 대응도 빨라졌다. 수출과 대기업 지원으로 경기를 회복시키려던 초기 아베노믹스(1.0, 2013~2014년)가 방향을 튼 것이다. 2050년이 되면 전국의 1,800개 기초자치단체 중 절반이 한계취락으로 전락할 것이라는 인구 지도(마스다리포트)가 발표되면서 낙수효과와 재정승수효과보다 직접적 내수부양·직주(職住) 완성에 초점을 맞춘 제2의 아베노믹스(2.0, 2015년~현재)가 제안된다. 핵심인 안심하고 살 수 있는 거주공간의 실현과 생활품질의 향상을 위해 자원·인재·사업 등 국가자원의 투입 시, 지방을 우선적으로 배려하기로 한 것이다.

예전의 금융완화, 재정투자, 성장전략 등으로 대표되는 3대 정책목표를 GDP 6백조 엔, 희망출산율 1.8, 개호퇴직 제로라는 구체적 목표로 대체한 것이다. 이는 희망을 실현하는 경제, 꿈을 꿀 수 있는 자녀양육의 지원, 안심할 수 있는 사회보장 등의 현실적 목표로 제시된다. 고령자 사회서비스와 관련하여 여기서 주목할 것은 3번째 목표인 개호퇴직 제로 목표다.

고령자 사회서비스는 공적 책임과 부족한 재정여력 사이에서 정부가 갈등하며 오늘에 이르렀다. 초기에는 조세재원으로 중앙정부 주도로 소기의 책임을 수행하면서 복지수요 증가와 세원기반의 악화 등에 대처했지만, 2000년의 개호보험 도입을 계기로 사회보험체계로 전환된다. 개호보험에는 보험료 외에 정부재정도 적지 않게 투입되는데3) 2015년 8월부터 일정 소득 이상인 경우 서비스 대상자의 본인부담이 10%에서 20%로 증대되는 등 자조노력이 강화되었다. 4) 최근에는 재정건전성 강화 차원에서 시설개호 중심에서 재가개호 중심으로 정책의 주된 방향이 바뀌었다. 고비용의

---

3) 개호보험 재정에 소요되는 비용은 2014년까지 가입자 보험료 50%, 공비(公費) 50%로 운영되다가 2015년부터 보험료가 50% 미만, 공비가 50% 초과로 바뀌었다. 그 배경에는 가입자 보험료가 제도발족 이후 빠르게 증가해온 사실이 있다. 제1호 피보험자(65세 이상)의 납부 월보험료(전국 가중 평균)는 발족한 2000년부터 3년간 2,911엔에서 2003년 3,293엔, 2006년 4,090엔, 2009년 4,160엔, 2012년 4,972엔, 2015년 5,514엔으로 빠르게 증가했다. 공비는 국고부담금 25%, 도도부현부담금 12.5%, 시정촌부담금 12.5%이다(2016년도 예산 개호급여비 9.6조 엔, 총비용 10.4조 엔) (厚生勞働省 社會保障審議會 介護保險部會, 2016: 1~3).

4) 개호서비스 이용부담이 20%로 늘어나는 경우는 제1호 피보험자(65세 이상) 본인 합계소득금액이 연간 160만 엔 이상이거나, 같은 세대 제1호 피보험자의 연금소득에 기타 합계소득금액을 더한 금액이 단신세대 280만 엔, 2인 이상 세대 346만 엔을 넘는 경우다. 하지만 고액개호서비스비 제도에 따른 상한으로, 실부담은 2배로 늘지 않는다. 가령 주민세 과세자는 세대단위 월 상한 3만 7,200엔(단, 과세소득 145만 엔 이상 등 4만 4,400엔)이다. 생활보호 수급자와 주민세 비과세자이고 연금소득 80만 엔 이하이면 1만 5천 엔, 주민세 비과세자이고 연금소득 80만 엔 초과이면 2만 4,600엔이다. 상한제로 인해 평균 재가서비스 이용자 부담은 요개호 5등급(최고등급)가 월 2만 천 엔에서 3만 7,200엔으로 늘었다. 요개호 5등급자의 62%가 고액개호서비스비 상한에 해당한다(厚生勞働省 社會保障審議會 介護保險部會, 2016: 4).

시설입소를 제한하고 가정과 지역이 개호수요에 대응하도록 하여 비용을 절감하기 위함이다.

2. 고령자 사회서비스의 발전

1) 고령자 사회서비스 정책철학의 진화

일본의 복지정책과 관련된 기본철학은 정부복지(국가복지)와 시장복지(개인복지) 사이에 위치하며, 공공부조(생활보호제도)를 최소한의 사회안전망으로 두고 사회보험과 사회서비스를 통해 다양한 형태의 복지공급을 시행한다. 특히 패전이후 경제성장과 맞물려 정부의 복지공급을 민간, 그중에서도 기업부문에 위탁하는 형태의 독특한 모습으로 복지체계를 진화시켰다. 이른바 기업복지(작업장복지, 근로자복지, 경영복지)로도 불리는데, 일본적 복지모델의 핵심으로 거론된다. 정규직 중심으로 생활급을 제공하며 생애단계별 복지수요를 고용제도·임금체계로 공급, 종신고용·연공서열·기업노조 등과 맞물리며 정부복지의 기업위탁과 그 반대급여로 기업성장을 위한 특혜제공으로 정합성을 완비했다.

따라서 복지공급과 관련된 기본적 작동논리는 최소안전망으로서 선별복지를 기저에 깔고, 사회보험은 기업복지로, 사회서비스는 '정부재원＋민간공급'의 형태로 발전시켰다. 이후 1990년대 기업복지가 급격히 붕괴하면서 그 철학적 배경은 시장복지로 대거 이전됐으며, 새로운 복지수요자도 덩달아 급증하는 추세다. 또 인구변화와 맞물려 일본의 사회서비스는 전통적인 고령자·장애인·결손가정·소년가장 등 일반적 취약계층에서 고령자 위주로 정책대상자가 집중되는 경향이 짙어진다.

일본의 사회서비스 전달체계는 민관의 역할분담이 비교적 명확한 형태로 발전해왔다. 즉, 큰 정부를 지향하는 서구 사민주의 복지모델과 달리 복지공급의 민간(시장)의탁과 이에 대한 재정지원 형태의 역사성을 갖고 진화했다. 사회서비스의 생산·공급은 민간주도로 진행됐으며, 정부는 보조금을 통해 재정지원을 했다. 특히 1990년대 이후 복합불황이 지속, 복지수요가 증가하는 가운데 재정악화가 심화되면서는 사회서비스 공급체계에 시장기제가 적극적으로 도입됐다. 이 결과 사회서비스 공급을 맡은 시장논리 추종형의 민간영역이 점차 확대됐다(조남경·김경임, 2014: 290~291). 따라서 사회서비스에 대한 공적 책임감은 상대적으로 옅었던 만큼 영리부문의 진입허용은 빨랐던 것으로 이해된다.

특히 제3섹터의 사회서비스 공급체계가 가세, 사회서비스 공급시장은 2000년대부터 본격적으로 성장한다. 정부와 시장의 중간영역에서 각각의 제도실패(system failure)를 보완하고자 새롭게 부각된 제3섹터 민간조직이 정부의 정책후원, 일례로 1998년 〈특정비영리민간활동법〉(NPO 법), 2003년 삼위일체(三位一體) 개혁, 2009년 새로운 공공 등에 힘입어 기존의 비효율적 전달체계를 대신할 새로운 정부역할 수행자로 등장한 게 대표적이다.

2) 고령자 사회서비스의 발전

고령자 복지를 위한 사회서비스는 건강보험 개편(1958년)에 맞춰 고령자를 포함한 의료서비스 구축, 1959년 〈국민연금법〉 제정을 통한 노령기초연금의 급여실현 등을 포함하며, 크게는 사회보험 급여와 사회복지사업 서비스로 구분된다. 당시부터 존재한 노인시설은 후에 〈노인복지법〉에 따라 양호노인홈으로 자리매김된다. 서비스내용은 시설별로 다르지만, 중앙·지방정부의 지도감독하에 사업자 협의단체인 사회복지협의회가 결성, 행정조치가 원활하게 움직이도록 제도적인 기반을 구축했다.

이와 함께 개별서비스의 제도화 과정을 거쳐 복지제공자의 행정관할이 규정되면서 지방자치체별 사회복지협의회가 연대하여 서비스를 제공해온 것이 일본 고령자 사회복지서비스의 큰 특징 중 하나다. 물론 행정과 서비스 제공 주체가 규격화된 사업의 서비스 체제는 시대변천에 맞게 바뀌지만 서비스내용은 규격화된다.

1963년에 제정된 〈노인복지법〉에 따른 시설서비스로 양호(養護) 노인홈, 경비(經費) 노인홈, 특별양호노인홈 등이 있다. 이들 시설은 노인복지 증진 목적의 시설복지시책으로 도입된 것이다. 이후 가정봉사원 파견사업 등의 재가복지시책이 시작되면서 고령자 복지서비스의 기본구조가 형성된다.

1966년 '경로의 날'(9월 15일) 지정, 1973년 노인의료비제도(노인 본인의 창구부담 무료화), 1978년 단기입소생활개호(short stay) 개시, 1979년 통소(通所) 개호(day service) 등 각종 제도가 도입되면서 노인 복지정책이 정점에 이른다. 1982년에는 〈노인보건법〉이 제정되어 원칙적으로 70세 이상 고령자 대상의 노인의료와 함께 건강진단·기능훈련·방문지도 등 의료외 건강사업으로 의료급여(고령자 일부부담 포함)가 시행된다. 이로써 예방부터 치유까지 고령자 보건·복지서비스 체제가 구축된다.

1987년 〈노인복지법〉의 입소시설에 덧붙여 노인복지시설이 의료기관과 특별양호노인홈 등 복지시설의 중간적 기능을 수행하는 형태로 제도화되면서, 고령자 복지서비스가 보건 분야 전반으로 확대된다. 이때부터 노인의료 및 노인복지서비스의 제반문제를 종합적으로 담당하는 기관으로 고령자종합상담센터가 지방자치단체별로 설치되어 운영된다. 1989년에는 골드플랜 즉 재가복지추진·와병노인제로전략 등을 포함하는 고령자보건복지추진 10개년 전략이 발표되어, 소비세를 재원으로 한 새로운 노인복지서비스 체제 구축 비전이 제시된다.

이때의 골드플랜에는 기초자치단체 재가복지대책의 긴급정비 차원에서

와병(臥病) 노인제로작전, 장수사회복지기금, 고령자의 삶의 보람 대책, 장수과학연구 10개년 사업, 고령자 종합복지시책 정비 등을 목표로 한 1990~1999년의 긴급정비 내용이 포함된다.

이 과정에서 노인보건복지계획은 1990년 〈노인복지법〉 개정으로 전국 지방자치단체 의무사항이 된다. 이 계획은 기초자치단체인 시정촌과 광역자치단체인 도도부현이 상호 협조하여 사업계획을 짜고 추진해야 한다. 기초자치단체는 지역노인 보건복지서비스의 지역수요·장래 전망 등 양적 측면에 대한 서비스 제공 체제를 계획적으로 정비한다. 광역자치단체는 넓은 시점에서 기초자치단체가 수립한 계획 등을 조정한다.

1994년에는 '신고령자보건복지추진 10개년 전략', 즉 '신골드플랜'이 수립되고 1996년 3개 중앙부처 합의로 추진계획이 발표된다. 이는 시설개호에서 재가개호로의 이동이라는 정책 전환의 메시지를 담고 있으며, 서비스 수요 제한 차원에서 식사 개호, 배설·입욕·이동 지원 등 재가판 목표를 설정하고 제공자 확보를 추진한다.

노인보건복지계획은 지방자치단체가 목표 연차와 달성하기 위한 도전 목표를 명시하도록 하고, 이에 입각하여 전체 도전 목표량을 계산한다. 개호라는 일상생활의 대응단위로 지역레벨에서의 대응이 타당한지 점검한 것이다. 동시에 고령사회에 대응하는 사전 준비로서 복지서비스의 양적 증가를 지역주의에 근거해 계량적으로 점검하고, (훗날 시행하는) 개호보험에서 대상자에게 적합한 개호서비스의 내용과 품질 등을 점검하는 계기가 되었다.

고령자 복지관련 서비스의 실시주체는 중앙정부를 정점으로 하는 공무원조직이다. 일선에서는 복지사무소가 관련업무를 맡고 있다. 2009년 기준 전국에 1,242개소, 2만 2,627명의 직원이 근무 중이다. 시부(시부, 정촌부) 1,016개소, 군부 226개소가 있으며 시부는 늘어나는 반면 군부는 줄어들었다.[5] 시부는 시구정촌(市區町村)이 세우는 반면 군부는 도도부현이 세운다. 이들 직원 중 73%인 16,477명이 생활보호 업무에 종사하며, 구성은 사찰지도원 2,596명, 현업원 13,881명이다. 6) 별도로 비상근 현업원 655명이 있다.

중앙정부에서는 후생노동성과 사회보장심의회가 전체적 방향을 수립하고, 광역자치단체는 사회복지법인의 인가・감독, 기초자치단체의 지도 업무 등을 맡는다. 이들의 지도, 감독하에 고령자 복지업무를 복지사무소가 수행한다.

사회복지협의회7)는 고령자 외에 모든 국민을 대상으로 관련 서비스를 제공하는 사업체 등의 조직이 모여 만든 연합단체다. 비영리 민간조직으로 1951년 제정된 〈사회복지사업법〉(현 〈사회복지법〉)에 따라 설치되었다. 크게 3종류가 있어 시구정촌(市區町村) 사회복지협의회, 도도부현・지정도시(都道府縣・指定都市) 사회복지협의회, 전국사회복지협의회 등이 그것이다. 지역에서는 민생위원・아동위원, 사회복지시설・사회복지법인에서 일하는 전문가 단체인 종별협의회・단체연락협의회 등이 각종의 복지서비스와 상담활동, 자원봉사, 시민활동 지원, 지역특성에 맞는 다양한 지역복지 증진업무를 맡는다.

실질적 고령자 복지 사회서비스의 제공주체는 행정위탁을 받은 민간조직

---

5) 직원의 근무상황을 보면 사찰지도원 3,221명, 현업원 19,406명(비상근 3,451명 별도)이며, 시부와 군부 근무자는 시부가 사찰지도원 2,863명, 현업원 17,951명의 소계 20,814명이고, 군부가 각 358명, 1,455명의 소계 1,813명이다. 비상근 현업원은 시부 3,342명, 군부 109명이다(厚生勞働省, 2009).

6) 시부와 군부 근무자는 시부가 사찰지도원 2,253명, 현업원 12,635명의 소계 14,888명이고, 군부가 각 343명, 1,246명의 소계 1,589명이다. 비상근 현업원은 시부 619명, 군부 36명이다.

7) 협의회의 초기 조직은 1908년에 설립된 중앙자선협회(초대회장 澁沢榮一)로, 1951년 중앙사회복지협의회로 명칭을 바꿨다. 전국의 협의회, 복지법인과 복지시설, 민생위원, 아동위원 등 복지조직 네트워크에 의한 연계, 조정하에 고령자, 장애자, 아동・육아・가정 등 복지분야와 생활곤궁 등 폭넓은 분야에서 사회복지관련 사업과 활동을 전개한다.

으로, 사회복지법인 등이 대표적이다. 사회복지법인은 사회복지사업(제1종 및 제2종)을 목적으로 〈사회복지법〉 제22조에 정의된 공익법인으로 민법상의 공익법인보다 설립운영에 엄격한 규제가 적용된다. 법인설립 인가는 후생노동성(지방 후생국장 소관분 포함)과 지방자치단체의 관할이다. 전자 관할이 330개(2011년 기준), 후자가 19,823개(2014년 기준)다. 후자는 사회복지협의회 1,901개, 공동모금회 47개, 사회복지사업단 129개, 시설경영법인 17,375개, 기타 371개로 구성된다. 사회복지법인은 1990년 13,356개, 2000년 17,002개, 2010년 18,658개로 빠르게 증가했다. 이는 시설경영법인이 10,071개, 13,303개, 16,342개로 급증하는 데 따른 것이다(厚生勞働省 第1回 社会保障審議会 福祉部会, 2014).

사회복지시설은 고령자, 아동, 심신장애인, 생활궁핍자 등 다양한 서비스를 필요로 하는 사람을 원호·육성하기 위해 각종 치료훈련 등을 통해 원호필요자의 복지증진을 목적으로 하는 시설을 말한다. 크게 아동복지시설, 장애인 지원시설, 노인복지시설, 신체장애자 사회참가 지원시설, 보호시설, 모자복지시설, 부인보호시설, 기타 사회복지시설 등이 있다. 2013년 기준 50,684개소, 이용자 정원 297만 명, 재소자 286만 명인데, 노인복지시설이 5,004개소, 15만 명, 13.8만 명로 세 번째로 큰 규모를 보였다.[8] 사회복지시설의 정비와 운영에 소요되는 비용의 부담비율은 원칙적으로 중앙정부 50%, 광역자치단체 25%, 사회복지법인 25%다.

1950년대 이래 정착된 중간지원단체로서 영리법인을 포함한 법인·조합 등 민간비영리기관에의 사회서비스 위탁, 공공부문에 의한 재정지원과

---

[8] 가장 규모가 큰 곳은 보육소 등을 포함하는 아동복지시설로 29,061개소, 이용자 정원 223만 명, 재소자 226만 명이다. 이어서 장애인 지원시설이 5,549개소, 18.8만 명, 15.1만 명으로 큰 규모를 보인다. 신체장애자 사회참가 지원시설은 316개소, 정원 360명, 보호시설은 230개소 1.9만 명, 1.9만 명, 모자복지시설 58개소, 부인보호시설 448개소, 기타 사회복지시설 등이 10,418개소, 37.6만 명, 29.7만 명이다(厚生勞働省, 2015b).

관리감독 등 구조적 측면에서 크게 바뀌지 않았다. 이후 2000년대의 사회복지기초 구조개혁과 함께 재정지원 방식이 바뀌고, 공급주체가 늘어나며, 이용권 선택이 확대되는 등 본격적 상업화가 진행된다(김은정, 2014: 64~65).

현행 고령자 사회서비스의 재정지원 방식은 일종의 바우처(boucher) 형태가 일반적이다. 이용자가 제공자에게 서비스를 신청한 후 지방정부에 비용을 요청하고 이후 이용자와 제공자가 직접 계약해 서비스를 제공받는 형태다. 개호보험 계약방식(이용자 + 제공자)이지만 비용 수령은 의탁구조(제공자 + 지방정부 + 본인부담)에 가깝다. 이는 서비스 제공자 간의 경쟁을 촉진하고, 서비스 이용자의 선택을 늘리는 등 장점이 있지만 가격결정권을 정부가 독점하고, 정보의 불균형성・비대칭성 문제로 사실상 경쟁이 제한되며 서비스 품질이 악화되는 등 단점도 적지 않다.

3. 개호・생활보호・사회생활 지원 서비스

1) 개호서비스의 내용

(1) 주요 개호서비스

개호서비스를 이해하기 위해서는 서비스의 내용을 구분하는 체계인 사회복지사업의 종별차이의 분석이 필요하다. 제1종 사회복지사업은 입소시설이 주를 이룬다. 반면 제2종 사회복지사업은 규정상 재택・거택[9] 개호사

---

9) 재택(在宅)과 거택(居宅)을 구별할 경우, 거택은 살고 있는 집을 지칭하여 집에 머문다는 재택과 구별한다. 거택서비스과 재택서비스검사계 등으로 구분하거나, 거택 서비스 분야에는 케어매니저가 필요하지만 재택 서비스에는 필요 없다는 형태로 구분하기도 한다. 이 장에서는 특별히 구분할 필요가 있는 경우를 제외하고 재택, 거택을 법률상, 행정상 용어인 '재가'로 사용한다.

〈표 15-1〉 개호서비스 대상별 서비스내용

대상별	급여내용	서비스	
요개호 1~5	개호 급여	시설서비스	특별양호노인홈, 개호노인 보건시설, 개호요양형 의료시설
		재가서비스	방문개호, 방문간호, 통소개호, 단기입원 등
		지역밀착형 서비스	정기순회·수시대응형 방문개호간호, 소규모다기능형 재가개호, 야간대응형 방문개호, 인지증대응형 공동생활개호 등
요지원 1~2	예방 급여	개호예방 서비스	개호예방 방문간호, 개호예방 통소재활, 개호예방 재가요양관리지도 등
		지역밀착형 개호예방서비스	개호예방 소규모다기능형 재가개호, 개호예방 인지증대응형 통소개호 등
비해당	종합 사업	개호예방·생활 지원 서비스사업	방문형 서비스, 통소형 서비스, 기타 생활지원 서비스
		일반개호 예방사업	개호예방보급계발사업, 지역개호예방활동 지원사업, 지역재활활동 지원사업 등

자료: 후생노동성, 2015a: 10 재구성.

업의 성인 개호서비스를 뜻하며, 제공주체에 대한 제한은 없다. 재정부담 탓에 개호정도가 낮아 시설입소가 아닌 경우는 최근 민간부문의 자원극대화로 대응하고자 하는 전략으로 선회했다. 이 결과 개호서비스 제공기관의 60%가 개인사업체(2012년)로 분석된다(李宣英, 2012 재인용).

이때 개호보험으로 제공해주는 서비스의 종류는 다음과 같이 나눌 수 있다. 재가와 시설의 양축에서 '재가↔시설'(방문서비스-통소서비스-단기체제서비스-거주서비스-입소서비스)로 범주화된다. 이는 다시 재가서비스(방문개호, 통소개호), 지역밀착형 서비스(정기순회·임시대응형 방문개호간호), 시설서비스(개호노인 복지시설, 개호노인 보건시설, 개호요양형 의료시설) 등으로 구분된다(厚生労働省, 2015: 8, 10).

수급기준과 제공주체 등이 복잡해 다종다양의 개호서비스를 한눈에 비교·분석해 본인에게 맞는 복지공급을 신청하려면 여간 어려운 일이 아니다. 이에 정부는 관련정보를 한데 모은 종합정보망을 운영, 수급자의 서비스 이용한계를 개선하고자 노력 중이다. 일례로 후생성의 개호서비스 전용

폴더(http://www.kaigokensaku.jp/publish)에서 제공하는 내용은 개호예방서비스를 포함, 〈개호보험법〉에 따른 전체 25개 종류의 53개 서비스를 망라한다.

개호보험으로 이용할 수 있는 서비스로는 요개호 1~5등급의 개호급여, 요지원 1~2등급의 예방급여가 있으며, 종류별로 크게 나누면 • 개호서비스 이용에 따른 상담 및 케어플랜의 작성 • 자택에서 받는 가사원조 등 서비스 • 시설 등에 의뢰하는 출퇴근 데이(day) 서비스 • 시설 등에서 생활하면서 장기간 혹은 단기간 받는 서비스 • 방문 • 통근 • 숙박을 조합해서 받는 서비스 • 복지용구의 이용에 관한 서비스 등으로 나뉜다. 지금부터 개호서비스와 관련된 주요한 정책내용 중 관심도와 중요도가 높은 사업을 위주로 살펴본다.

(2) 지역포괄케어센터

제1차 베이비붐 세대인 단카이(團塊) 세대 약 8백만 명 중 선두세대가 75세 이상이 되는 2025년 이후 의료 • 개호수요가 급격히 증가할 것으로 예상되면서 정부는 2025년을 목표로 고령자의 존엄유지와 자립생활을 지원한다는 목표로 가능한 익숙한 생활공간에서 본인다운 생활을 인생 마지막까지 계속할 수 있도록 지역의 포괄적인 지원 • 서비스 제공체제의 구축을 정책목표로 내놨다. 이른바 '지역포괄케어시스템'이다(厚生勞働省, 2013). 즉, 2025년에는 치매 등 중증상황의 개호필요일 경우에도 생활공간에서 주택 • 의료 • 개호 • 예방 • 생활지원이 일체적으로 제공되도록 관련시설을 정비한다는 비전이다.

다시 말해, 지역주민의 심신 • 건강유지 및 생활안정을 위해 필요한 원조를 행하기 위해 지역주민의 보건의료 향상 및 복지증진을 포괄적으로 지원할 목적으로 지원사업 등을 지역에서 일관적으로 실시하는 역할을 맡는 중핵기관으로 설치됐다. '지역＋건강'의 지향성이 결합됨으로써 책임주체는 기초자치단체인 시정촌이다. 사업내용은 2가지로 정부지원금으로 움직이는 포괄적 지원사업(개호예방 케어매니지먼트, 종합상담·지원, 권리옹호, 포괄·지속적 케어매니지먼트 지원)과 개호보험 사업인 개호예방 지원사업(지정개호예방 지원사업소에서 요지원자의 케어매니지먼트를 실시) 등이 있다.

크게 •본인·가족의 선택과 결심 •주거형태의 결정 •생활지원·복지서비스의 제공 등을 전제로 개호·의료·예방 등의 수요를 전문가가 제공, 맞춤식 복지서비스를 제안한다는 개념이다. 원칙은 크게 자조(自助), 호조(互助), 공조(共助), 공조(公助) 등 4가지로 각각 •자립적 부담 및 시장서비스의 구매 •개호보험 피보험자의 부담이 제도적으로 명시되지 않은 자발적 서비스 •개호보험 피보험자 등 리스크 공유집단(피보험자)의 부담 •세금에 따른 공공부담 등으로 비용부담에 따른 차별점이 존재한다. 고부담의 일방적인 사회서비스 부담형태에서 다양한 역할존재의 가세로 고령생활의 위험성을 줄이려는 차원으로 이해된다.

이를 위해 기초자치단체는 2025년까지 3년마다 개호보험사업계획의 수립과 실시를 통해 지역의 자주성과 주체성에 근거, 지역특성에 맞게 지역포괄케어시스템을 구축하도록 요구된다. 이를 추진하는 실행주체는 지역포괄지원센터로 보건사·사회복지사·주임개호지원전문원 등을 배치, 이들 3개 직종의 팀 어프로치에 의해 주민건강의 유지 및 생활안정을 위한 필요원조를 행한다. 주된 업무는 개호예방지원 및 포괄적 지원사업(개호예방매니지먼트, 종합상담지원, 권리옹호, 포괄·지속적 케어매니지먼트 지원)으로 제도횡단적 연계 네트워크를 구축·실시한다. 이 중 개호예방지원만 개호보험의 급여대상이며, 나머지는 지역지원 사업의 일부로 시행된다.

지역포괄지원센터는 2012년 4월 기준 4,328개소가 개설됐으며, 하위지점까지 포함하면 모두 7,072개소에 달한다. 위탁과 직영비율이 각각 7대 3 정도로, 위탁법인은 사회복지법인(53.3%)이 압도적이며 사회복지협의회(19%), 의료법인(16%) 등이 그 뒤를 잇는 상황이다. 향후에는 치매고령자 및 단신고령자 증가와 맞물려 개호·의료서비스 이외에도 재가생활을 지속하도록 일상적인 생활지원(배식·안부확인 등)의 수요가 증가할 것으로 예상, 행정서비스뿐 아니라 NPO·자원봉사·민간기업 등 다양한 사업주체와의 중층적인 지원체계를 구축할 계획이다. 동시에 고령자의 사회참가를 보다 촉진함으로써 건강한 고령자가 생활지원의 공급인력으로 활약하도록 고령자의 사회적 역할 강화와 삶의 보람 및 개호예방에도 적극적으로 연결시킬 예정이다.

전달체계로서 설치주체는 기초자치단체 혹은 기초자치단체에서 위탁을 받은 법인으로 그 종류로는 재가개호센터설치자, 사회복지법인, 의료법인, 공익법인, NPO 법인, 기타 기초자치단체가 적당하다고 인정한 법인 등이다. 또 기초자치단체는 서비스 제공을 위해 지역범위를 설정하고 보건사, 사회복지사, 주임개호지원전문원 등을 배치하는 게 원칙이다. 예를 들어 지역범위 안에 1호 피보험자가 3천~6천 명일 경우 각각 1명씩 배치된다. 같은 맥락에서 지정개호예방 지원사업소의 경우에도 보건사, 개호지원전문원, 사회복지사, 유경험간호사, 고령자보건복지에 관한 상담업무 등 3년 이상 종사한 사회복지주사 등의 필요인원을 기초자치단체에 배치해야 한다. 10)

지역포괄케어의 성공적 사례는 다양하다(厚生労働省, 2016c: 3~4). 나가사키현 사사마치(佐々町)의 경우 개호예방자원봉사에 의한 개호예방과 일상생활 지원사업을 펼친다. 개호예방자원봉사 양성연수를 받은 65세 이상 고령자가 •개호예방사업 자원봉사 •지역집회소 등에서 자주적 개호예방활동 •요지원자의 재가방문 때 청소·분리수거 등 방문형 생활지원서비스 실시 등을 지원하는 형태다. 2008년부터 실시해 2012년 기준 45명이 등록·활동 중이다. 2012년부터는 〈개호보험법〉 개정에 따라 도입된 개호예방·일상생활지원종합사업에서 맡았다.

---

10) 厚生労働省. 地域包括支援センターの手引きについて(http://www.mhlw.go.jp/topics/2007/03/tp0313-1.html. 2016. 9. 3 인출).

후쿠오카현 오무타(大牟田) 시는 소규모 다기능 재가개호사업소와 병설한 지역교류거점을 설치·운영 중이다. 방문·숙박서비스를 제공하는 소규모 다기능 재가개호에 개호예방거점과 지역교류시설의 병설을 의무화, 건강유지·고립방지·세대교류 등 개호예방사업을 펼치는 사례다. 지역의 회합장소와 다과장소를 제공함으로써 자원봉사자를 포함한 지역주민 모두의 교류거점으로 이용된다. 2012년 기준 모두 24개 사업소에 설치됐다.

한편 치바현 가시와(柏) 시는 퇴직고령자가 사회와의 활동접점을 갖고 지역고립을 저지하고자 농업, 생활지원, 육아, 지역음식, 복지 등 5대 분야에서 취업기회를 제공한다. 121명의 고령근로자가 근무 중인데, 이는 도쿄대학·도시재생기구·기초자치단체가 협력한 모델사업이다.

(3) 개호예방서비스

지금까지의 정부주도 및 사회보험에 치중된 형태의 개호예방은 정책필요에도 불구, 다양한 문제점을 갖는다. 우선 심신기능의 개선목적을 위한 기능회복훈련에 치중됐다는 방법론적인 문제와 개호예방에만 초점을 맞춤으로써 예방완료 이후의 활동적인 상태유지를 위한 다양한 연결고리를 제공하지 못했다. 즉, 개호예방 이용자의 대부분은 기능회복의 훈련지속만 유효하다고 이해하고, 제공자도 마찬가지로 활동·참가 등에 초점을 맞추지 못해 그 한계가 자주 확인됐다. 이를 토대로 단순한 기능회복 훈련반복뿐 아니라 생활환경의 정비, 지역에서의 생활보람, 역할확대 등 발전적인 예방확장을 꾀하자는 공감대가 늘어났다. 각종의 생활지원 서비스를 확충해 사회적인 역할을 강조함으로써 그 결과로써 개호예방의 상승효과를 추구하는 쪽으로 방향을 틀기 시작했다.

구체적으로 '개호예방활동보급전개사업'(2016년) 은 생애현역사회를 목표로 선진적 기초자치단체인 시정촌에서 시행 중인 효과적 개호예방 사례를 전국으로 전파, 건강한 고령자를 늘리려는 목적으로 시행된다. •개호예방의 지방자치단체 리더십 구축 •지방자치단체의 자주적 개호예방을 위한 조직구성·운영 •효율·효과적인 단기집중 개호예방 프로그램의 실시 및 실행조직의 기타확산을 위한 기술적 지원 등이 해당된다.

또 '지역조성에 의한 개호예방추진 지원사업'(2014년)은 광역자치단체인 도도부현과 연계해 시정촌이 지역조성을 통해 효과적·효율적 개호예방 프로그램을 추진하도록 기술적 지원을 실시하는 사업을 뜻한다.

'지역포괄케어시스템 정보지원 사업'(2014년)도 있는데, 이는 지역포괄케어시스템의 효율성을 높이고자 선구적 사례를 연구해 정리하는 사업이다. 이 과정에서 개별사례의 의견교환을 공유하도록 정보공유공간을 구축함으로써 기대효과를 높이고자 한다.

이 밖에도 시정촌 개호예방 강화추진사업(2014~2015년), 건강수명을 늘리자 상(賞)(개호예방·고령자생활지원 분야) 등도 시행하고 있다.

(4) 개호예방·일상생활 지원 종합사업

개호예방을 일상생활에서의 적극적 활동지원으로 해결하려는 사업이다(厚生労働省, 2015c: 2, 20, 27, 54). 즉, 개호예방과 일상생활 지원정책을 묶은 종합사업으로 요지원자의 다양한 수요와 능력을 최대한 살려 맞춤형 서비스를 제공한다는 방침이다. 생활지원의 충실, 고령자의 사회참가·지원체제 구축, 개호예방 추진, 관계자의 의식공유, 자립지원을 위한 서비스 추진 등을 기본사업으로 실시한다. 다시 말해, 질환이 발생하기 이전단계답게 지역주민의 서비스이용은 물론 인정단계에 도달하지 못한 고령자, 중증악화 예방추진 등을 통해 결과적으로 투입비용을 효율화한다는 방침이다.

이를 위해 지역에서 생활지원·개호예방서비스 제공 주체 구축을 위해 조정기능을 맡고 있는 생활지원 코디네이터, 그리고 이들 코디네이터와 서비스 제공 주체 등이 중핵이 되는 네트워크인 협의체를 설치해 기초자치단체 중심으로 서비스 창출 구조를 적극 추진한다. 관련 서비스를 수행하는 사람과 조직에 대해서는 지방행정이 중심이 돼 다양한 연수를 실시해 전문성을 높이는 게 필요하다.

이때 고령자가 지역살롱, 회식모임, 외출보조, 개호시설 등에서 봉사활동을 행할 경우 포인트를 부여하는 자원봉사포인트제도와 연계하면 결과적으로 생활지원을 통한 개호예방에도 도움이 될 전망이다. 동시에 지역케어회의를 필두로 기존의 지역자원인 NPO, 자원봉사, 지연조직, 회사협동조합, 개호사업자, 민간기업 등과 연계하는 게 권유된다. 즉, 현역시대의 능력발휘, 흥미로운 관심활동, 새로운 도전활동 등 적극적인 사회참가를 유도함으로써 생활지원은 물론 개호예방의 효과성을 높인다는 게 정책의 중요한 지향성이다.

서비스의 이용흐름은 '통지(피보험자·가족 등) → 상담(전달체계 창구담당자) → 체크리스트로 이용서비스 구분(예방사업 혹은 서비스사업) → 이용개시(지역포괄지원센터 및 재가개호 지원사업소 위탁가능)' 등의 순서다. 전달체계로서 사업주체는 기존의 개호예방(급여사업)의 경우 지정개호예방사업자(광역자치단체 지정) ·개호수가(전국일률) ·심사 및 지급위탁 등의 구조에서 현행의 종합사업은 ·지정사업자(기초자치단체 지정) ·기초자치단체 단가 독자설정 ·심사 및 지급위탁 가능 등으로 이행된다.

여기에 더해 필요한 사람에게 전문적인 서비스를 제공할 경우 사업자에의 위탁 및 보조, 기초자치단체의 직접실시가 가능하며, 위탁비 등도 기초자치단체가 독자적으로 설정한다.

(5) 치매대책

고령자 사회서비스 중 치매관련 정책내용도 점차 진화되는 추세다. 정부는 치매대책 추진전략을 집대성한 '신오렌지플랜'(치매시책추진종합전략: 치매고령자 등을 위한 지역조성을 위해)을 2015년부터 시행한다. 실제로 치매환자가 2012년 462만 명에서 2025년 700만 명으로 증가할 것으로 예상, 지원

방향을 양질의 유병생활에 맞춰 환경정비에 나서기 위해서다.

주무부서인 후생성을 비롯해 11개 중앙부처의 공동정책으로 대상기간은 2025년까지지만 수치목표는 개호보험을 감안해 2017년까지 잡았다. •치매이해의 심화를 위한 보급·계몽추진 •용태에 맞는 적절·적시의 의료·개호제공 •청년치매 대책강화 •환자보호자의 지원 •치매를 포함한 고령자에 우호적인 지역조성 추진 •치매예방법·진단법·치료법·고통완화모델·개호모델 등 연구개발 및 성과보급 추진 •환자 및 가족시점의 중시 등이 7대 중심전략으로 제안됐다.

이를 추진할 전달체계는 전문의와 인정의를 비롯, 치매지원의사를 적극 양성해 배치한다는 전략이다(厚生労働省, 2015c: 3, 5, 9). 지역의 치과의사와 약제사의 치매대응능력을 향상시키는 것도 포함된다. 이를 치매질환의료센터에서 종합적으로 추진한다. 동시에 치매지역지원추진직원과 치매초기집중지원팀[11]은 2018년부터 모든 기초자치단체에 설치·실시할 계획이다.

결국 치매대응은 질환지원을 넘어 환자 및 보호자가 지역단위에서 거주·생활이 가능하도록 광범위한 환경정비에 포커스를 맞춘다는 점에서 지역포괄케어시스템의 일환으로 기획, 행정·민간·지역주민 모두를 역할주체로 포섭한다.

관련예산은 늘어날 전망이다. 2015년 치매 관련예산은 약 48억 엔으로 •치매관련 지역지원 사업(치매초기집중지원팀 설치, 치매지역지원추진직원 배치 등) •치매시책 등 종합지원 사업(치매질환의료센터 정비 등) •치매관련연구비 등에 사용됐는데, 2016년부터는 •지역의료개호종합확보기금사업 •의료·개호보험 등의 사업비까지 추가해 총액 82억 엔으로 증가했다. 물론 지금까지 치매대책이 없었던 것은 아니다. '치매를 이해하는 지역

---

11) 의료·개호전문가가 가족상담 등에서 치매가 의심될 때 직접 방문해 필요한 의료·개호의 도입·조정 및 가족지원 등 초기지원을 포괄적이고 집중적으로 전담하는 자립생활 지원부서다.

<표 15-2> 치매환자 장기전망

(단위: 명)

구분	2012년	2015년	2020년	2025년	2030년	2040년	2050년	2060년
유병률 일정	462만 (15.0)	517만 (15.7)	602만 (17.2)	675만 (19.0)	744만 (20.8)	802만 (21.4)	797만 (21.8)	850만 (25.3)
유병률 상승		525만 (16.0)	631만 (18.0)	730만 (20.6)	830만 (23.2)	953만 (25.4)	1,016만 (27.8)	1,154만 (34.3)

자료: 후생노동성, 2015c.

조성 10개년 구상'(2005년), '치매의료와 생활품질을 높이는 긴급프로젝트'(2008년), '치매시책추진 5개년 계획'(오렌지플랜, 2013년) 등 다양한 형태의 치매대책이 시행되었으며, 이를 포괄적으로 묶은 게 앞서 설명한 신오렌지플랜이다.

2) 개호관련 기타 서비스

우선 개호서비스 정보공표제도[12]가 있다. 이는 전국의 개호서비스 사업소·시설 등의 정보를 홈페이지에 게재하여 알리는 제도다. 소재지 및 제공서비스의 정보부터 본인뿐 아니라 가족이 거주지역의 사업자·시설 등도 검색할 수 있다. 복잡·다단한 개호서비스 등 관련정보를 한군데에 수집·분류함으로써 적극적인 서비스 이용이 가능하도록 한 조치다. 즉, 찾기 쉽고, 활용하기 쉬우며, 알기 쉬운 시스템을 목적으로 한다. 적절한 리뉴얼을 통해 인터넷 초보자는 물론 개호서비스를 이용하는 고령자도 쉽게 접근하도록 장벽을 낮췄다. 〈개호보험법〉에 근거, 2006년부터 시작한 제도로 개호서비스의 비교·검토가 가능하고 광역자치단체가 정보제공의 책

---

12) 厚生労働省. 〈介護サービス情報の公表制度の仕組み, 1〉(http://www.mhlw.go.jp/stf/seisakunitsuite/bunya/hukushi_kaigo/kaigo_koureisha/kouhyou/index.html. 2018. 1. 18 인출).

임을 진다. 동시에 개호서비스를 제공하는 사업소·시설은 소재지, 근로자수, 영업시간, 서비스내용 등 기본정보를 제공한다.

　고령자 학대방지[13]는 2014년 제정된 〈고령자 학대방지, 고령자 보호자에 대한 지원 등에 관한 법률〉에 근거해 주로 개호시설 종사자 및 보호자 등에 의한 고령자 학대문제를 방지하는 방향으로 제도가 설계됐다. 이는 갈수록 학대사례가 늘어나면서 사회문제로 비화되고 있다는 점에서 법률보호를 통해 제도적 학대방지라는 점에서 의의를 갖는다. 동시에 학대발생 원인분석과 함께 미연에 방지할 수 있는 정책마련 등 고령자 학대방지를 위한 체제정비의 충실·강화를 위한 관련시책도 포함된다. 특히 상담·통보가 있고부터 사실확인의 단계까지 28일 이상 걸린다는 통계결과에 따라 초기단계에서 신속하고 적절한 대응이 가능하도록 해당정보를 가능한 수치화하는 작업이 주목된다.

　전국건강복지제[14]로 불리는 스포츠와 문화 등을 주제로 청년·고령자 등 세대교류의 축제기회를 제공하기 위해 고안된 이벤트성 행정서비스도 있다. 건강과 복지에 관한 다양한 기회제공을 통해 고령자를 중심으로 국민전체의 건강유지·증진은 물론 사회참가와 삶의 보람을 고양하고, 세대교류의 접점확대를 통해 활력이 넘치는 장수사회를 지향한다. 주무부처인 후생성의 설립 50주년을 맞아 1988년부터 매년 개최한다. 주최기관은 장수사회개발센터(일반 사단법인)로 후생성·스포츠청과 광역자치단체가 공동으로 연다. 참가자는 주로 60세 이상이지만 어린이부터 고령자까지 폭

---

13) 厚生労働省. 高齢者虐待防止(http://www.mhlw.go.jp/stf/seisakunitsuite/bunya/ hukushi_kaigo/kaigo_koureisha/boushi/index.html. 2016. 9. 30 인출).

14) '넨린픽'이라고 부르는 고령자가 주역인 스포츠, 문화의 제전이다. 1988년 후생성 창립 50주년을 기념하여 제 1회 대회가 열렸다. 참가자는 주로 60세 이상이며 넨린은 연륜(年輪)의 일본식 호칭이다. 나이 든 이들의 올림픽이라는 의미가 담겨 있다고 볼 수 있다(厚生労働省. 全国健康福祉祭. http://www.mhlw.go.jp/stf/seisakunitsuite/bunya/ hukushi_kaigo/kaigo_koureisha/nenrin/index.html. 2016. 9. 30 인출).

넓은 세대에게 문호가 개방된다. 매년 광역자치단체가 돌아가며 주최하는 게 특징이다.

시민후견인제도[15]에서 시민후견인은 그 정의·범주가 명확하지는 않지만, 변호사·사법서사 등 자격은 없되 사회공헌에의 의욕과 윤리관이 높은 일반시민 중에서 성년후견에 관한 일정지식·태도 등을 보유한 양질의 제3자 후견인 등의 후보자를 말한다. 성년후견인 등에 취임할 수 있는 친족이 없거나, 거액의 재산이 없어 분쟁가능성도 없는 경우에 본인과 동일지역에 거주하는 시민이 지역 네트워크를 이용해 지역밀착적인 사무를 해준다는 발상으로 고안됐다.

위촉사무로는 난이도가 낮은 사안이 중심이 된다. 가령 일상적 금전관리나 안정적인 신상보호 등의 사안, 분쟁성이 없는 사안 등 전문성이 요구되지 않는 일이 해당된다. 결국 성년후견인의 대안모델로 시민역할을 강조하는 개념이며, 현실적으로는 개호서비스 이용계약 등 지원업무가 많다. 기초자치단체는 시민후견인을 육성, 그 활용을 위한 권리옹호를 추진하도록 요구된다.

이 밖에 노인보건건강증진사업[16]은 노인보건사업 추진비보조금 정책으로 고령자의 개호, 개호예방, 생활지원, 노인보건 및 건강증진 등 선구적이고 시행적인 사업에 보조를 함으로써 노인보건복지서비스의 충실과 개호보험제도의 기반안정화를 위한 목적으로 하는 보조금사업이다. 채택사업은 주로 고령자의 복지증진을 도모하는 차원에서 실태조사 및 연구과제가 압도적이다. 지역포괄케어시스템과 관련된 연구주제가 대부분이다.

---

15) 厚生労働省. 市民後見関連情報(http://www.mhlw.go.jp/stf/seisakunitsuite/bunya/hukushi_kaigo/kaigo_koureisha/shiminkouken/index.html. 2016. 9. 30 인출).

16) 厚生労働省. 老人保健健康増進等事業(http://www.mhlw.go.jp//stf/seisakunitsuite/bunya/0000083671.html. 2016. 9. 30 인출).

3) 생활보호 서비스

(1) 생활보호 지원 체계

생활보호는 세대단위로 지정되는데 세대원 전체의 자산·능력을 발휘해 획득한 것을 최저한도의 생활유지에 활용하는 것을 전제로 하며, 부양의무자의 부양은 〈생활보호법〉에 따른 보호에 우선한다. 이를 토대로 세대수입과 후생노동성 기준의 최저생활비를 비교해 수입이 최저생활비에 미치지 못할 경우에 생활보호 지정을 받는다.

전후 1951년에 204만 6,646만 명이던 생활보호대상자는 1995년에 88만 2,229명으로 최저를 기록한 이후 경기상태에 따라 늘기도 줄기도 한다. 2016년 10월 기준 대상자수는 214만 5천 명이며 세대수는 163만 8천 세대다. 1년 전에 비해 대상자수는 2만 천 명 이상 줄었고 세대수는 5천 5백 세대 이상이 늘었다(厚生労働省, 2017).

생활보호 부조항목 중 생활부조는 2016년 기준 고령자 단신세대(68세 여성, 1급지-1 도쿄 월 8만 870엔, 3급지-2 지방 월 6만 5,560엔)와 고령자부부세대(68세·65세, 1급지-1 월 12만 730엔, 3급지-2 월 9만 7,860엔)로 구분, 각각 재정지원을 받는다(厚生労働省, 2016b). 부모의 개호자녀가 동거할 경우 원칙적으로 세대단위의 보호결정이 이뤄지기에 자녀의 경제력이 포함되지만, 상황에 따라 부모만 생활보호를 지정받을 수도 있다.

동시에 8대 부조내용 중 개호급여가 존재하는데, 생활보호대상자가 될 경우 개호서비스 이용비용 중 본인부담(10%)을 정부가 직접 지급해 준다. 장례비용도 장제부조 항목으로 지원받을 수 있다.

(2) 생활곤궁자자립 지원제도

일상생활이 곤궁한 사람을 대상으로 한 자립 지원제도다. 17) 공공부조제도인 생활보호에 연령차별은 없으나 이 제도의 연령대별 최대비중이 고령인

〈표 15-3〉 세대유형별 생활보호세대 및 구성비 추이

구분		전체 피보호세대	고령자세대	모자세대	상병·장애인세대	기타세대	
세대수 (비율 %)	2003년	939,733 (100)	435,804 (46.4)	82,216 (8.7)	336,772 (35.8)	84,941 (9.0)	2011년 기준 50세 이상 53.5%
	2013년	1,571,250 (100)	709,345 (45.1)	110,879 (7.1)	463,870 (29.5)	287,156 (18.3)	

자료: 후생노동성, 2014: 4 재구성.

구에 집중되어 사실상 고령자 정책이라고 할 수 있다.

경기침체 등 거시악재 속에 생활보호에 이르기 전의 자립지원책이 부족했고, 탈출 이후 재차 보호망에 들어오는 등 생활보호제도의 개정과 생활궁핍 관련대책의 실효성이 적었던 원인이다. 실제로 복지사무소 내방자 중 생활보호를 받지 못하는 사람이 고령자를 포함해 연간 약 40만 명에 달한다(2011년). 지금까지의 생활곤궁자 지원상황도 개선대책으로 떠올랐는데 일부 지방자치단체만 실시하거나, 개별분야에 걸쳐 돈 뿌리기 식으로 진행됐다는 점, 그리고 조기지원체계가 결여됐다는 점 등이 한계로 부각된다.

지금까지 실제 지원책은 •지방자치단체와 헬로워크의 일체화된 취로지원(2015년 실시) •지방자치단체 독자의 다양한 취로사업(요코하마시) •거주확보(주택지원급여 지급, 2013년까지 한시조치) •대부·가계상담(그린쿱 생협의 생활상담 병행의 대부실시) •자녀·청년에의 학습지원, 양육지원, 주거지원, 취로지원(사이타마현의 학생자원봉사 활용 학습지원, 2006년 지역 청년지원본부의 취로지원) 등으로 정리할 수 있다. 이런 제반문제를 극복하기 위해 생활보호제도의 개정을 추진 중이다.

---

17) 厚生勞働省. 福祉·介護(http://www.mhlw.go.jp/stf/seisakunitsuite/bunya/hukushi_kaigo/index.html. 2016. 9. 13 인출).

4) 사회생활 지원 서비스

(1) 고독사 방지대책

고독사 방지대책은 중앙차원보다는 지방자치단체를 중심으로 사례를 발굴, 대응정책을 펼치고 있다(厚生労働省, 2016d: 2~5). 즉, 2013년 지방자치단체에서 보고된 279개 사례에 대해 방지활동의 방법·주체 등을 분류해 이를 유형화함으로써 대응책 발굴을 간접적으로 지원하는 형태다. 이에 따르면 • 협력직원 활용형(복지직원의 배치, 지역주민의 보호지원인력으로서의 양성) • 사업자 등과의 협정체결형(신문·가스·전기·수도·생협 등 사업자와 협정을 체결해 이상발생 때 연락, 지원체제 확보) • 네트워크 구축형(근린주민과의 협력, 고령자뿐 아니라 사회적 원호대상자를 지역전체에서 보호하는 네트워크 구축) 등의 사례모델이 대표적이다.

보호방법으로는 원호대상자의 명단작성 및 지도구축 후 공유·활용, 긴급통보장치 등 기기를 활용한 안부확인, 배달서비스 등을 활용한 부차적 방법, 안부확인 핫라인 연락창구 신설 등의 종합상담창구 활용 등이 있다. 이 밖에도 기초자치단체를 중심으로 고독사를 줄일 수 있는 다양한 이해관계자의 협의체 설립 등이 활발하다.

(2) 사회생활 지원 서비스

고령자가 익숙한 생활공간에서 살아가기 위해서는 생활지원 서비스와 함께 본인의 적극적 사회활동이 필요하다(厚生労働省, 2016c: 1~2). 생활유지와 관련된 다양한 서비스를 제공함으로써 고령자의 사회참가는 한층 가속화되고, 이 결과 건강한 고령자는 부양대상이 아니라 또 다른 고령자 등 약자를 지원하는 주체로서 활약할 수 있다. 이렇듯 고령자의 사회적인 역할을 확대함으로써 삶의 보람과 궁극적으로는 개호예방도 가능해 사회비용의 절감을 기대할 수 있다.

생활지원 서비스는 개호보험과 연계된 직접적 재원투입을 전제로 한 행정서비스는 아니지만 외곽에서 민간기업, NPO, 협동조합, 복지법인, 자원봉사 등의 사업주체가 원활하게 해당사업을 진행할 수 있도록 협력·조정하는 역할을 맡는다고 할 수 있다. 민간과 함께 협동해서 지원체계를 구축한다는 방침 하에 기초자치단체가 중심이 되어 코디네이터 배치, 협의체 설치지원 및 이를 통한 주민수요와 서비스자원의 매칭, 정보수집 등의 역할을 한다.

제공서비스의 범주는 자치회권역(교류살롱, 문안방문, 커뮤니티카페, 배식·안부), 초등학교권역(가사원조, 외출지원, 식재배달), 기초자치단체권역(안부확인, 권리옹호, 이동판매) 등으로 구분된다. 일부 권역이 중복되는 공통서비스도 있다.

4. 고령자 사회서비스의 특징

고령자 사회서비스의 특징 중 돋보이는 것은 첫째, 재정악화를 감안한 비용절감 노력압박이 구체적이라는 점이다. GDP 대비 국가부채가 230%에 달하는 등 재정상황이 곤란해지는 가운데 고령인구의 증가추세는 결국 전체적 비용절감 속에 효용극대화를 꾀하는 식으로 정책방향을 전환하는 방법밖에 없다.

일본정부도 1970년대 복지원년의 공식제기와 함께 복지선진국으로서의 자부심을 뒤로 하고 투입비용을 절감하는 쪽으로 정책배치를 변경했다. 고비용의 시설개호에서 저비용의 재가서비스 확충이라는 카드를 택한 이유가 여기 있다. 물론 이 과정에서 하류노인으로 지칭되듯 필요한 복지서비스를 받지 못한 채 노후빈곤에 봉착, 질병·고립의 삼중고로 고전하는 경우는 증가했다. 재정악화와 복지필요의 딜레마를 해결해야 함에도 고민이 깊은 이유다.

둘째, '도시 → 지방'으로의 복지배분을 전환하려는 움직임도 특징이다. 수도권 고령화가 심화되는 가운데 도심권역의 의료·개호시설은 과부족상태가 지속적이다. 이를 해결하고자 정부는 고령자의 지방이주라는 정책카드를 제안했는데, 시설·인력 등 의료·개호서비스의 제공환경이 정비된 전국 41개 지역을 선정, 해당권역으로 수도권 고령인구가 이전할 수 있도록 하자는 의미다. 세제혜택 등 후속 조치도 강구되는데, 가령 도심주택을 팔고 지방주택을 살 때 손실분을 소득공제해 주는 이전촉진책이 대표적이다. 물론 현대판 고령자이라는 불만처럼 부정적 여론이 많아 정책으로 채택돼도 실효성은 낮을 것이란 평가가 많다.

재정건전화와 도농균형론을 위해 제안된 고령자의 지방이주정책은 일본창성회의(日本創成會議)가 정책항목으로 내놓은 • 로봇 활용 등을 통해 인력 의존도를 낮추는 구조개혁 • 지역의료와 개호체제 정비 • 수도권 광역연대 • 고령자 지방이주 등의 4가지 카드 중 하나다. 그럼에도 불구하고 일부지방자치단체의 정책수용이 없진 않지만, 양질의 고령자 사회서비스가 지방지역에서 원활하게 제공될 수 있을지 의문을 제기하는 게 일반적이다. 때문에 지방이주보다 건강수명을 늘려 개호·의료비를 억제하고, 그간 축적된 재가개호의 노하우를 전파해 시설입소를 낮추는 게 효과적이란 반론도 많다.

셋째, 적극적 사회활동을 장려함으로써 노인질환 유병비율을 떨어뜨려 복지서비스의 지속가능성을 높이는 방향의 개혁도 최근의 변화양상 중 하나다. 사후지출보다는 사전예방을 통해 사회비용을 줄이자는 차원이다. 앞서 언급한 자립생활과 개호예방의 연결고리가 대표적 정책사례다. 실제 개호·의료관련의 직접·고전적 사회서비스와 함께 적극적 고령생활의 유도를 통해 사회비용을 줄이는 차원에서 지방자치단체를 중심으로 새로운 서비스를 발굴·시행하려는 작업이 한창이다. 직접적 재정지원은 줄이지만 고령인구의 적극적인 사회·봉사활동을 유도, 비용경감에 도움이 되는 정책개발 및 확산추세다. 고립·질병을 막고자 적극적인 봉사활동을 하는 고령인구를 위한 행정수혜가 그렇다.

가령 지방자치단체 주관의 행사보조·배식·청소 등 지정봉사를 하면 포인트를 적립, 다양한 곳에 쓸 수 있다. 요코하마시(협찬기업의 상품교환, 동물원·스파 입장권과 교환), 도쿄 세타가야구(포인트로 연간 6천 엔 상한의 개호보험료 경감), 하마마츠시(포인트의 지정구좌 입금가능, 적십자사 기부) 등이 거론된다. 이 밖에도 고령인구 대상의 새로운 시니어특전이 속속 강구된다. 홈페이지를 통한 아이디어 경쟁과 확산 분위기도 무르익었다.

가령 도쿄도는 실버버스를 운행하는데, 70세 이상 희망자에게 도영교통 및 도내민영버스를 무료로 타는 패스포트를 발행한다. 본인이 지방자치단체 몫 주민세를 낼 경우에는 2만 510엔, 비과세자의 경우 1천 엔 부담이면 끝이다. 가나가와현 지카사키시는 입욕권·마사지권 서비스를 시행한다. 신청자에 한해 65세 이상이면 1개월 4장의 무료입욕권, 75세 이상이면 연간 4매까지 지정치료원에서 마사지를 받을 수 있다. 장당 1천 원짜리다.

오이타현 벳부시는 70세 이상에게 시영온천 이용권을 연간 180매 제공하는 고령자우대입욕권을 발행한다. 요코하마시는 65세 이상 희망에게 협찬점포에서 할인받는 카드(하마토모 카드)를 만들어 준다. 입욕, 음식, 학원 등에서 할인특전을 받을 수 있는데, 앞으로 제휴업체를 확대할 예정이다.

5. 정부의 대응과 과제

1) 서비스 공급 체계

고령자 사회서비스 공급체계와 관련해 정부는 관련 민간시장의 개척과 활성화 도모에 주력한다. 정부는 고령사회에 대응한 시장 활성화와 조사연구 추진을 위한 기본시책을 마련하였는데(厚生労働省, 2016a: 115~116), 이

것을 이미 발표한 '고령사회대책 대강'과 조화시켜 고령기 생활환경을 개선시키는 그림을 그리고 있다. 중장기고령자 복지관련 사회서비스 구축 과제로서 공적 보험 외에 건강관리·개호예방 서비스 등을 건강수명 연장산업의 범주에 넣어 정책적으로 지원한다는 방침이다. 구체적으로는 지역판 차세대 헬스케어협의회 설립과 헬스케어 펀드의 활용을 촉진하고, 의료분야의 회색영역(grey zone)을 해소함으로써 공급측면에서 이들 산업 내 서비스 창출을 지원한다는 것이다. 물론 이 같은 공급증대가 기업과 건강보험 등 수요자 측의 건강투자 등 건강 중시 경영 활성화와 맞물려 추진될 수 있도록 함은 말할 것도 없다.

구체적으로는 의료·개호종사자의 인원부족과 의사의 진료전공 및 지역의 편재를 해결하기 위해 지역의료지원센터를 확충(2015년까지 46개 광역자치단체에 설치)하고, 팀 의료도 추진하기로 했다. 장기적 전문의료인의 양성을 위해서 2015년 의학부 입학정원을 65명 증가시키는 것도 포함된다 (2008년부터 누계증원 1,509명). 또 병상에 맞춰 의료자원을 투입하고 효율적이고 효과적인 양질의 의료서비스를 안정적으로 제공하도록 체제구축에 적극적으로 나설 계획이다. 한편에서는 지역포괄케어의 효과적 정착을 위해 지속적으로 재가의료·개호의 연대추진을 반복함으로써 제도와 수가 및 예산측면부터 포괄적인 실효성 확보에 나설 방침이다.

결국 핵심은 복지수요가 발생하기 마련인 고령자가 지역단위에서 적재적소의 서비스를 공급받으면서 생애를 마무리할 수 있는 기반을 정비하는 것이며, 이것이 궁극적 지향점이 되어야 할 것이다. 아울러 이러한 작업을 주도할 주체는 지역사정에 어두운 중앙정부보다 지역에 기반을 둔 지방정부, 그것도 기초자치단체인 시정촌이 적합하다. 이러한 점에서 서비스 공급자와 더불어 복수의 직종에서 지역과제를 파악하고 대응하는 지역케어회의 같은 기구를 강화, 확대하는 것이 중요하다. 그리고 생활지원과 개호예방 서비스 등의 기반을 정비하여 시정촌이 중심이 되어 지역지원 사업을 효과적이고 계획적으로 진행할 수 있도록 하는 것이 중요하다.

이는 기초자치단체에 배치되는 생활지원 코디네이터의 활약으로 일정부분 기대효과를 담보할 수 있다. 장기적으로는 건강한 생활을 보내도록 평생학습을 필두로 교양·지식을 흡수하는 여행 등 새로운 고령자대상의 서비스수요도 적극적으로 창출하는 게 좋다. 이 과정에서 고령자의 창업과 고용환경도 개선할 수 있으며, 고령자가 지닌 기술·지식 등의 숙련을 다음 세대에 전승할 수도 있다.

아울러 효율적 전달체계를 수립하기 위해서는 기존의 중앙집권적 하향통제를 지양하고, 지방분권을 활용한 다양한 이해관계자의 재조합과 정책배분에 나서야 할 것이다. 시장실패는 물론이고 다양한 유형의 정부실패가 확인된 지금, 중앙정부 주도로 모든 구성원의 복지수요를 처음부터 끝까지 완결적으로 공급한다는 것은 불가능하다. 과거처럼 중앙부처가 예산과 권한을 독점하고 이를 도도부현과 시정촌에 재배분하는 방식으로는 비효율적인 재정지출과 전달체계의 중첩과 누수 문제를 해결할 수 없다.

이러한 시각에서 2009년 민주당 정권 당시 제안된 민관협치 모델인 '새로운 공공'(전영수, 2015: 207~223) 등의 아이디어를 재검토하여 시대상황에 맞는 새로운 복지공급 체제를 구축하는 게 시급하다고 할 수 있다. 이는 공공서비스의 공동 실행주체로 민간부문을 적극 활용하자는 의미다.

결국 새로운 공공은 지금까지의 민관 양측이 태생적 한계가 있음을 공유하여, 그 한계를 극복할 수 있는 반민반관의 공통접점과 공익·활동·연대·자발·대안성의 실천주체를 규정한 개념이다. 특히, 아베노믹스 2.0과 맞물려 지역단위의 복지공급을 제공하는 주체로 이들 민간조직을 총괄하는 제3섹터를 비롯해 NPO, 협동조합, 사회적 기업, 시민단체 등이 유력하다.

2) 수요체계

고령자 증가세는 고령자 복지서비스 수요를 지속적으로 늘리는 것으로 이해되었다. 이러한 복지수요 증대를 미리 예상하고, 수요증대에 따른 후세대 부담증대를 억제하기 위해서 정부는 일찍이 사회보험제도를 도입했다. 하지만 공적연금을 필두로 일부 사회보험은 일정수준의 후세대 비용부담을 전제로 제도를 운영한다. 그런데 후세대 인구가 급감하면서 사회보험의 지속가능성이 심각하게 훼손되고 있다. 특히 국가예산을 넘어서는 사회보장 급여비는 매년 약 50조 엔의 적자국채를 발행함으로써 간신히 조달된다.

여러 가지 부작용이 예상되지만 일본정부가 소비세 세율을 대폭 인상하고 사회보장체제를 저비용구조로 전환하려고 시도하는 것은 이 같은 상황에서 당연한 귀결일 수밖에 없을지 모른다. 즉, 고령사회대책의 기본근간으로 취업과 소득부문을 강화하고 예방차원의 건강증진, 학습·사회참가, 사회활동 등의 시책에 힘을 기울이면서, 한편으로 그간의 지속적 공급 증대 일변도 관점에서 벗어나 복지서비스 수요의 효율적인 관리를 통해 사회보장 등 복지서비스의 지속가능성을 높이려 하고 있다. 이 같은 구상에 일정한 설득력이 있는 것은 일본사회의 인구구조 변화와 중앙정부 재정상황이 전에 보지 못했을 정도로 심각한 수준이기 때문이다.

실제로 65세 이상 고령인구는 2016년 9월 기준 3,461만 명으로 고령인구 비율이 27.3%에 달한다. 따라서 선제적이고 미시적인 고령인구의 관리체제를 구축하지 않으면 이들의 유병자(有病者) 비율 증가와 맞물려 복지비용이 급증할 수 있다. 그래서 고령자 이미지를 보호받는 대상인 고령자가 아닌 사회의 한 축을 담당하는 건강하고 적극적인 연장 현역으로서의 고령자로 각인시키려 한다. 의욕과 능력을 갖춘 고령자가 사회를 떠받칠 수 있도록 역할을 주고, 그 결과 이들이 자립할 수 있다면 사회 전체의 활력도와 안심도가 높아지고, 이러한 결과를 얻는 데 드는 비용도 크게 줄어들 것이다.

이런 점에서 사회서비스의 수요체계와 관련된 과제 중 핵심은 불요불급한 고령자 복지수요를 근원적이고 사전적으로 예방하고 억제함으로써 고령자 복지수요의 절대수준을 줄이는 것이다. 이를 위한 대표적 방안이 고령자의 취업 확대라는 점에서 정부는 장수수당 등 경로지원금을 줄이고 근로촉진 장려금은 늘리고 있다.

물론 이 같은 정책은 단기간에 효과를 낼 수 없다. 그리고 정부만이 아닌 민간기업과 유기적 협력체제를 구축하고, 이 체제하에 민간기업이 자발적으로 또 적극적으로 각종 제도운영에 동참해야 소정의 효과를 낼 수 있다는 점에서 더욱 그렇다.

한 가지 우려되는 점은 이러한 정책을 추진하는 과정에서 빈부격차가 확대되고 빈곤 노인이 더 늘어날 수 있다는 사실이다. 이러한 이들에 대한 복지서비스 수요를 고려하면서 개혁을 추진해야 함은 말할 것도 없을 것이다. 일본사회의 특징이기도 하지만 낙인효과가 커서 빈곤자가 제도적으로 보호받지 못하는 사례가 적지 않다. 예나 지금이나 일본인들은 국가를 포함한 제3자의 지원에 의존하지 않으려는 의식이 강한 문화권에서 지내왔다.

이러한 이들 다수가 방치되어 수준 이하의 삶을 영위하지 않도록 하기 위해서는, 일선 복지행정 담당자가 제도적 차원에서 적극적 복지수요 발굴에 나설 수 있는 체제를 구축하는 것이 시급하다. 소극적 신청주의 대신 적극적 발굴주의 방식으로 도움이 꼭 필요한 이에게 복지서비스가 전달될 수 있도록 하는 것이 중요하기 때문이다.

6. 맺음말: 쟁점과 함의

일본의 앞선 경험은 우리나라에 적잖은 시사점을 제공한다. 여기서는 정책당국이 2015년 고령사회백서에서 밝힌 기본적 고령복지 관련 사고체계(厚生労働省, 2016a: 73~74) 중 우리에게도 마찬가지로 해당되는 사항이 적지않아, 이를 중심으로 간단하게 살펴본다. 일본이 추구하는 정책 방향성을 통해 우리의 고령자관련 사회서비스 개선방향과 지향점을 찾아낼 수 있다. 물론 우리의 여건과 그간의 경로의존성을 감안하여 정합적 정책함의를 모색해야 할 것은 말할 것도 없다.

첫째, 고령자를 둘러싼 개념정의 조정과 의식개혁이다. 특히 사회서비스의 경우 사회보험과 달리 세금투입으로 운영되기에 세대 전체에 걸친 공공부조로서의 공감 및 정당성을 확보하는 것이 시급하다. 동시에 경직된 연령기준으로 부양대상을 기계적으로 선정하는 건 평균수명 연장추세로 볼 때 지속가능성이 떨어진다. 의료비 및 개호비와 관련하여 창구비용 중 고령자 본인부담금을 늘리는 일본 사례(厚生労働省保険局高齢者医療課, 2016)[18]를 감안할 때 사회서비스의 수요증가를 관리하려면 서둘러 고령자

---

18) 고소득 고령자의 고액의료비 및 개호비 본인부담을 늘리는 내용이 주된 부분이다. 관련내용이 시사하는 바가 커서 상세히 소개한다. 의료비의 경우 2017년 8월 1일부터 70세 이상 고액요양비의 외래요양 산정기준액을 다음과 같이 인상한다. ① 현역수준 소득자는 현행 월 4.44만 엔에서 5.76만 엔으로 ② 일반소득자는 외래요양 산정기준액을 현행 월 1.2만 엔에서 1.4만 엔으로 인상하고, 자기부담액 연간 합계액에 14.4만 엔의 산정기준액을 새롭게 설정한다. 입원요양 산정기준액은 현행 월 4.44만 엔에서 5.76만 엔으로 인상하고 다수 회 진료 시 산정기준액 월 4.44만 엔을 새롭게 적용한다. 2018년 8월 1일부터 강화된 기준을 적용하여 ① 현역수준 소득자는 외래요양 고액요양비 산정기준 폐지 후 소득구분을 세분하여, 현행 과세소득 145만 엔 이상 시 8.01만 엔 + (의료비 − 26.7만 엔) × 1%를 a) 과세소득 690만 엔 이상 25.26만 엔 + (의료비 − 84.2만 엔) × 1%, b) 동 380만 엔 이상 16.74만 엔 + (의료비 − 55.8만 엔) × 1%, c) 동 145만 엔 이상 8.01만 엔 + (의료비 − 26.7만 엔) × 1%, ② 일반소득자는 외래요양 산정기준액을 1.4만 엔에서 1.8만 엔으로 인상한다. 동시에

의 개념 및 수혜 대상의 조정이 시급하다.

둘째, 노후안심을 확보하는 사회보장제도의 확립과 관련해서는 사회서비스 수급대상에서 제외될 수 있는 사각지대를 해소하는 게 중요하다. 모든 사람이 사회보장제도의 지지자·수익자임을 강조, 적극적 복지발굴을 통해 독거추세의 심화에 따라 함몰·제외되기 쉬운 고령자의 복지서비스를 강화하는 게 바람직하다.

셋째, 최근 정부의 복지정책 개혁방향인 예방차원의 적극적 사회활동을 통해 사회서비스의 필요상황과 발생여지를 적절히 통제하는 게 필요하다. 의욕과 능력이 있는 고령인구의 다양한 활동니즈에 맞게 유연한 근로제공 등 사회활동을 적극적으로 실현시키는 작업이다. 다양한 생활방식을 가능하게끔 새로운 활약기회를 창출하는 등 사회참가의 기회를 확보하는 것은 개별적인 생활품질은 물론 사회적인 비용절감에 직결된다. 따라서 사회서비스의 제공방향도 과거처럼 의료·개호 등에 제한하지 말고 자원봉사·유연근로 등을 위한 연계지점을 발굴하고 여기에 접점기회를 제공함으로써 빈곤·질병·고립에 따른 노후불안을 원천적으로 줄이는 게 바람직하다.

넷째, 고령자의 복지수요 및 사회서비스의 제공현장은 결국 지역단위란 점에서 최근 정부의 지방재생 정책전환처럼 다양한 지역자원의 결합과 발굴을 통해 안정적 지역사회 복지기반을 구축하는 게 좋다. 건강한 고령자의 적극적인 사회활동을 전제로 본인들의 예방개호뿐 아니라 고령인구의 사회서비스 제공주체로서도 재검토할 수 있기 때문이다. 지역 커뮤니티와 순환경제가 마련되면 지역거주 고령자의 존엄을 지킬 수 있다는 점에서 사회서비스의 수요발생 자체를 줄일 수도 있다.

2018년 8월 1일부터 고소득자의 고액개호합산요양비 산정기준도 바꾼다. 현행은 현역수준 소득자(과세소득 145만 엔 이상) 67만 엔, 일반소득자 56만 엔인데 이를 a) 과세소득 690만 엔 이상 212만 엔, b) 동 380만 엔 이상 141만 엔으로 인상하고, c) 동 145만 엔 이상 67만 엔과 d) 일반소득자 56만 엔은 불변이다.

다섯째, 의료·개호·직장·주택이 생활공간에서 근접하도록 제공될 수 있는 기반시설이 필요하다. 즉, 예상되는 고령복지 관련서비스의 집약 노력을 통해 비용편익을 관리하는 형태다. 사회서비스를 찾아 떠나는 고령 인구의 사회이동이 도농균형을 붕괴시킨다는 점에서 지역단위에서 일체형 복지공급이 가능해진다면 순환경제는 자연스레 해결될 수 있다.

여섯째, 개호이직의 심각성을 고려할 때 현역시절부터 건강관리는 물론 평생학습, 자기계발 등의 제공환경을 통해 일·가정의 양립조화(*work-life balance*)의 추진체계를 갖추는 게 시급하다. 아베정부는 개호이직 제로 목표를 GDP 6백조 엔 달성, 희망출산율 1.8명 달성과 함께 1억 총(總) 활약 사회를 위한 3대 정책으로 내세우고 있다.

개호이직은 고령세대뿐 아니라 부양의무를 지는 자녀세대에까지 빈곤을 전염시키는 것으로, 단순한 사회서비스 절감차원이 아닌 거시경제적 지속 가능성을 위해 서둘러 해결해야 하는 이슈로 부각되고 있다. 근로의 최일 선 현장에서부터 가정 중시 분위기를 조성해 복지수요를 일정부분 가족 내 부에서 해결할 수 있도록 하여, 구성원의 만족감을 키워주면서 이직을 방 지하여 업무 효율성을 높여 나가야 할 것이다. 이렇게 해야 장기적으로 일 과 가정의 부조화에 따른 갈등을 줄이고 국민경제도 저성장의 악순환에서 벗어날 수 있을 것이다.

■ 참고문헌

국내 문헌

김은정(2014). 〈재가 사회서비스 공급주체 성격변화: 스웨덴, 영국, 미국, 일본, 한국〉(59~68쪽). 한국지방정부학회 2014년 춘계학술대회.

조남경·김경임(2014). "성인돌봄 서비스 재정지원 방식과 그 변화의 이해: 스웨덴, 영국, 미국, 싱가포르, 일본, 한국의 6개국 비교연구", 〈한국사회복지행정학〉, 16권 2호, 271~303.

전영수(2015). "새로운 공공의 경로탐색과 교훈". 〈일본학보〉, 103집, 207~223.

해외 문헌

金善英(2006). "日本の高齢者福祉サービス体制及びその役割, 情報化サービス化と外国人労働者に関する研究". *Discussion Paper*, No. 3, 1~10.

厚生労働省(2009). 〈平成21年 福祉事務所の概要〉. 厚生労働省.

_____(2013). 〈地域包括ケア研究会報告書〉. 厚生労働省.

_____(2014). 〈新たな生活困窮者支援制度の創設〉(pp. 1~42). 平成25年8月2日生活困窮者自立促進支援モデル事業担当者連絡会議資料より.

_____(2015a). 〈公的介護保険制度の現状と今後の役割〉. 厚生労働省.

_____(2015b). 《厚生統計要覧(平成27年度)》. 第3編 社会福祉 第4章 その他の福祉.

_____(2015c). 〈認知症施策推進総合戦略(新オレンジプラン)パンフレット〉. 厚生労働省.

_____(2016a). 《平成27年度 高齢社会白書》. 厚生労働省.

_____(2016b). 《平成28年版 厚生労働白書》. 厚生労働省.

_____(2016c). 〈生活支援サービスの充実と高齢者の社会参加〉(pp. 1~4). 厚生労働省.

_____(2016d). 〈孤立死防止対策取組事例の概要〉(pp. 2~5). 厚生労働省.

_____(2016e). 〈介護予防・日常生活支援総合事業ガイドライン(概要)〉.

_____(2016f). 〈介護サービス情報の公表制度の仕組み〉.

_____(2017). 〈生活保護の被保護者調査(平成28年10月分 概数)の結果〉, 2017. 1. 11, Press Release.

厚生労働省 社会保障審議会 福祉部会(2014). 〈社会福祉法人基礎データ集〉, 2014. 8. 27, 第1回, 参考資料2.

厚生労働省 保険局 高齢者医療課(2016). 〈高額療養費制度の見直し内容について〉,

2016. 12. 22, 厚生労働省.

厚生勞働省 社會保障審議會 介護保險部會(2016). 〈第69會 參考資料 1, 利用者負擔(參考資料)〉. 2016. 11. 25.

기타 자료

厚生労働省. 地域包括支援センターの手引きについて. http://www.mhlw.go.jp/topics/2007/03/tp0313-1.html. 2016. 9. 3 인출.

_____. 高齢者虐待防止. http://www.mhlw.go.jp/stf/seisakunitsuite/bunya/hukushi_kaigo/kaigo_koureisha/boushi/index.html. 2016. 9. 30 인출.

_____. 老人保健健康増進等事業. http://www.mhlw.go.jp/stf/seisakunitsuite/bunya/0000083671.html. 2016. 9. 30 인출.

_____. 全国健康福祉祭. http://www.mhlw.go.jp/stf/seisakunitsuite/bunya/hukushi_kaigo/kaigo_koureisha/nenrin/index.html. 2016. 9. 30 인출.

_____. 市民後見関連情報. http://www.mhlw.go.jp/stf/seisakunitsuite/bunya/hukushi_kaigo/kaigo_koureisha/shiminkouken/index.html. 2016. 9. 30 인출.

_____. 福祉・介護. http://www.mhlw.go.jp/stf/seisakunitsuite/bunya/hukushi_kaigo/index.html. 2016. 9. 13 인출.

16

장애인 복지서비스

1. 머리말

전후 일본사회는 고도 경제성장과 함께, 복지정책의 선진화를 꾸준히 모색해온 국가로서 평가를 받는다. 고도 경제성장 후 일본사회는 '고령화사회'의 도래와 더불어 '출산율 감소'라는 또 다른 변수의 등장으로 복지관련 정책에 다양한 변화가 일어났다. 크게 보면 고령자에 초점을 맞춘 복지정책이 주된 흐름을 이루어오다가, 최근에는 출산율 제고와 아동복지 향상을 위한 정책분야에 재정투입이 증가하는 등 전과 다른 흐름을 보이고 있다.

장애인 정책의 큰 흐름은 고도성장기에는 안정된 재정수입을 기반으로 보편적 복지의 실현을 목표로 제반 정책이 시행되었다. 그러다가 두 차례의 석유위기와 거품경제 붕괴 후 복지예산에 대한 감시가 강화되면서, 장애인 복지정책도 수정궤도에 들어가게 된다. 그 방향은 예산을 절감하면서 장애인 복지서비스 체계를 재정립하는 것이었다.

이러한 궤도 수정과정에서 등장한 것이 2006년 4월에 시행된 〈장애인 자립지원법〉이다. [1] 이 법은 그 명칭이 시사하듯이 장애인 지원정책의 주된 방향을 '보호'에서 '자립지원'으로 바꿈으로써 관련예산을 절감하려는 데 중점이 놓여 있다. 이 법은 수익자부담 원칙에 입각해 장애인에게 서비스 비용의 '원칙 1할 부담'을 요구하고, 장애로 인한 계속적 의료비의 자기부담비율을 5%에서 10%로 올린다. 대신 지속적으로 늘어나던 (장애인) 지원비제도[2] 소요재원을 의무적 경비로 규정해, 국가부담으로 규정한다.

그런데 〈장애인자립지원법〉은 시행과정에서 여러 가지 오류를 드러낸다. 시행 초기부터 2배로 높아진 이용자 부담이 문제시되면서 정치권은 이용자 부담경감책과 사업자 대상의 급각한 부담증대 완화조치를 취하게 된다. 이 같은 긴급조치는 입법을 추진한 자민당과 공명당의 연립정권에 강한 비판이 쇄도하면서 취해진 것이다. 부담능력이 약한 장애자에게 현실과 동떨어진 자기책임론의 잣대를 들이대어, 이들의 부담을 늘리고 국가 재정 부담을 줄이는 것이 형평성 차원에서 합당한 정책이냐는 본질적 문제제기에 직면하여 마땅한 답을 찾지 못했기 때문이다.

장애자의 자립을 지원하기는커녕 이들의 생활기반 자체를 뒤흔드는 천하의 악법, 그 자체로 〈장애인자립지원법〉 아닌 〈장애인자립저해법〉이라는 비판까지 쏟아졌다. 그 배경에는 장애자 다수가 생활비를 월 7~8만 엔의 장애기초연금에 크게 의존하는 현실이 있다. 특히 심각한 이들이 중증 장애자였다. 다른 이들보다 서비스 이용도가 높은 이들마저도 새로 도입된 응익부담 원칙에 따라 받은 서비스 비용의 1할을 부담해야 했다.

이들 중 일부는 〈장애인자립지원법〉이 헌법 13조, 14조, 25조에 보장

---

1) 4월 1일에 시행된 것은 법의 일부이며 전면 시행은 그해 10월 1일부터다.

2) 지원비(支援費) 제도는 신체장애자와 지적장애자가 필요에 따라 시정촌으로부터 각종 정보제공과 적절한 서비스선택을 위한 상담지원을 받고, 이용하는 서비스별로 지원비를 지급받아, 사업자와의 계약하에 서비스를 이용하는 제도다. 2003년 4월에 도입되어 2006년 4월 〈장애인자립지원법〉으로 이행되었다. 서비스는 2종으로 재가서비스(홈헬프, 데이서비스 등)와 시설서비스[갱생시설, 요양양호시설, 수산(授産)시설 이용 등]가 그것이다. 기초자치단체인 시정촌의 자치사무다.

된 생존권을 침해하고 있다면서 전국의 지방법원에 집단으로 위헌소송을 제기하였다. 이들은 서비스 비용을 지불하느라 생존에 필요한 최소한의 생활비를 마련하지 못하면, 결국 구시정촌에 생활보호를 신청할 수밖에 없다고 호소한다. 이러한 사태를 초래할 우려가 높은 위 법은 '장애자 자립'이라는 법제정 취지에 반한다는 것이 이들의 주장이다. 이후 공방을 벌이던 원고단·변호단과 후생노동성은 2010년 4월 기본합의문서를 교환하고 화해에 합의하여 위헌소송은 취하된다. 이때 합의에 나선 정권은 자민당으로부터 바통을 넘겨받은 민주당 정권이었다. 3)

장애자 등 친 약자 정책을 펼치는 민주당 정권에서 새로운 법안 마련이 모색되고, 여야 간 합의를 거쳐 법안 내용이 크게 바뀐〈장애인종합지원법〉이 시행된다.〈장애인자립지원법〉이 폐기되고 새 법이 시행되는 과정에서 정권은 자민당에서 민주당, 다시 자민당으로 넘어간다. 민주당이 2012년 12월 총선에서 패배하면서 3년 3개월의 단기간 집권으로 끝나면서 법이 시행되는 2013년 4월의 집권당은 자민당이 된다.

현행 장애인 복지서비스는〈장애인종합지원법〉에 기반하여 운영된다. 여기서는 일본정부의 장애자 정책의 흐름을 이해하기 위해 2006년 시행된〈장애인자립지원법〉을 함께 검토한다. 물론 장애인 복지서비스 현황과 문제점을 고찰하며, 이때 특히 정신장애인 복지서비스의 현황과 문제점도 함께 살펴본다. 이는 일본정부가 정신질환을 현대 일본사회가 안고 있는 큰 병폐로 하나로 인식하여, 대응책 마련에 정책적 노력을 기울이는 현실을 고려한 것이다.

이 장의 2에서 일본의 장애인 복지서비스가 발전해온 과정을 살펴보고, 이 장의 3에서 장애인 복지서비스의 현황과 문제점을 정리한다. 이 장의 4

---

3) 이때의 총리는 하토야마 유키오(鳩山由紀夫)이고 후생노동성 장관은 나가쓰마 아키라(長妻昭)였다.

에서 장애인과 정신보건의료복지에 대해 서술하며, 이 장의 5에서 장애인 관련 취업지원 정책을 고찰한다. 이어서 이 장의 6에서 논의를 마무리짓고 우리나라에 주는 시사점을 찾아본다.

2. 장애인 복지서비스 발전과정

이 절에서는 일본의 장애인 복지서비스가 어떠한 역사적 변천과정을 거쳐 왔는지를 검토해 보고자 한다.

일본의 복지정책의 근간은 1970년대 이후 고도 경제성장기에 형성되었다. 이는 경제적 성장과 함께 축적된 자본력을 바탕으로, 사회복지에 관심을 기울인 결과라고 할 수 있다. 성장과정의 예를 들자면, 신체장애인 갱생 지원시설은 1965년 139개 시설이 있었는데, 1970년에는 293개로 늘었으며, 정신박약자에 대한 지원시설도 1965년의 70개 시설에서 1970년에는 204개로 늘었다(新藤宗幸, 1996). 이러한 급격한 시설정비는 당시의 풍요로운 경제사정과 혁신자치체[4]에 의한 복지정책의 적극적 전개에 영향을 받았다고 할 수 있다(林炫廷, 2015).

그러나 1973년 석유위기에 의해 복지정책은 위축되기 시작했고, 복지정책에 대한 비판의 목소리도 등장하였다. 결국, 이러한 사회적 환경의 변화는 보수정권과 매체에 의해 '무차별적 복지정책'이란 비판에 직면하여, 정부는 복지정책에 대한 개편을 실시하였다.

이러한 사회적 배경으로 인해, 1980년대에 들어서 정부는 '일본형 복지사회'라는 슬로건을 내세운다. 그리고 1981년 설치된 제2차 임시행정조사

---

4) 일본의 혁신자치제라 함은 보수에 대응하는 개념으로서, 일본공산당·사회민주당 등 혁신세력이 수장이 된 지방자치제를 지칭하는 표현이다.

에서 복지에 관한 지출을 적극적으로 삭감하기로 한다. 이러한 방침은 '증세 없는 재정재건'이라는 슬로건과 함께 실현된다. 이와 동시에 일본형 복지사회는 공적 복지지출의 축소를 요구하기 시작했다.

이러한 사회적 배경과 맞물려, 다각적 복지정책의 출현과 함께 장애인 복지정책도 실현되었다. 그러나 장애인 복지정책이 제도적으로 정착된 것은 2006년 4월부터 시행된 〈장애인자립지원법〉이라고 할 수 있다(김광래, 2014)(〈부도 16-1〉 참조).

이러한 법령의 제정 목적은 서비스의 일원화, 일할 수 있는 사회의 실현, 규제완화, 절차와 기준의 투명화, 지원구조의 강화 등을 목적으로 하고 있으며, 일상생활에서 장애를 가진 사람들이 능력에 맞는 자립생활을 지원하는고자 하는 것이었다. 또한 이러한 법령은 장애를 갖고 있는 것과 관계없이 모든 일본인이 서로 개성과 인격을 존중하고 안정되게 생활할 수 있는 공생 사회 실현에 기여하는 것을 목적으로 한다고 강조한다.

〈장애인자립지원법〉이 장애의 일원화, 이용자 중심의 서비스 체계 개편, 취업지원 서비스의 강화, 지급결정에 대한 객관적 기준의 도입, 공적 비용부담의 의무적 경비화 등으로 특정화하지만, 배경에는 장애인 복지서비스의 이용자 증가, 공적부담의 상승에 따른 정부 재정부담 증대, 장애인 복지의 개호서비스보험화 등에 있다고 말할 수 있다(伊藤周平, 2009).

이 같은 관점을 고려해 보았을 때, 〈장애인자립지원법〉의 문제점은 공적 책임이라는 부담감 축소에 의한 장애인 복지서비스 이용과 정부 재정부담의 억제라고 할 수 있다.

결국에는 이러한 문제점이 도출되자, 〈장애인자립지원법〉에 대한 개정이 요구되고, 일부에서는 법적 소송5)이 일어나기도 하였다. 이에 정부는

---

5) 실질적으로 〈장애인자립지원법〉의 폐지를 위한 위헌소송이 제기되기도 하였다. 2008년 10월 31일에는 〈장애인자립지원법〉의 정률부담방식은 '법 아래 평등'을 규정한 헌법위반이라고 주장하며 장애인과 그 가족들이 전국 8개 지방법원에 일제히 제소했다. 소송운동

2006년부터 2007년까지 2차례에 걸친 개선조치를 실시하였다. 1차 개선조치는 2007년 4월에 실시한 장애인자립 지원대책 임시특례 교부금에 의한 특별대책 사업인데, 그 내용은 이용자 부담의 새로운 경감, 사업자에 대한 완화조치, 신법으로 이행 등을 위한 긴급 경과조치 등을 담았다. 2차 개선조치는 2007년 12월의 〈장애인자립지원법〉의 근본적 재검토를 위한 긴급조치로서 이용자 부담의 재검토, 사업자의 경영기반 강화, 그룹홈 등 시설정비 촉진 등의 조치가 실시되었다.

또한 2009년 이후에도 '장애인자립 지원대책 임시특례 교부금 사업'에 의해 각 사업소에 대한 지원과 2010년 4월에는 장애인 복지서비스와 보조장비에 대해 시정촌 촌민 비과세 세대의 부담 상한선을 0엔으로 낮추었다 (김광래, 2014). 이러한 개선조치의 목적은 이용자 부담을 정률부담 구조로 유지하면서 상한선을 내리고, 사업자의 수입 감소분에 대해 일부를 보조하는 등 〈장애인자립지원법〉의 테두리 안에서 부분개선 조치를 실시하고자 함이다(鈴木勉·田中智子, 2011).

한편 정부는 〈장애인자립지원법〉 개정에 노력해왔으며 2010년 마침내 〈장애인자립지원법〉이 개정된다. 개정 배경에는 장애인운동과 소송 등으로 〈장애인자립지원법〉에 대한 비판이 커졌기 때문이다. 이에 자민당은

은 2008년 6월 사이타마, 사가, 오사카, 히로시마에서 이용자들과 가족 14명이 이용자 부담의 면제신청을 시정촌에 일제히 신청하였으나, 각하 처분을 받았고 이 처분에 대한 불복 신청(심사청구)을 각 부현에 신청하였다. 그러나 심사청구에 대한 각하의 재결처분이 내려졌고, 이에 대해 취소소송(판결의 취소소송)을 각 지방 법원에 제기하였다. 최초 심사 청구의 기각 처분 등이 내려진 약 30명이 우선 1진으로 그해 10월 31일에 소송을 제소했다. 그리고 뒤이어 2009년 4월에 2차 소송, 10월에 3차 소송이 제기되어 전국 14개 지방 법원에 제소한 원고수가 71명에 이르렀으며, 변호단의 변호사 수 역시 전국에서 100명을 넘는 장애인관련 재판으로 전후 최대 규모의 소송운동으로 발전했다. 결국, 정부와 원고 소송단과의 기본합의문서가 체결되었다. 2010년 1월에 정부와 민주당(당시 여당)은 〈장애인자립지원법〉의 문제점을 인정하고, 위헌소송 변호단과 화해를 위해 '기본합의문서'를 체결하였다(김광래, 2016: 85).

장애인자립지원에 관한 프로젝트팀을 구성하고, 〈장애인자립지원법〉의
근본 재검토의 기본방침을 제안하는 등 개선 노력에 나선다. 당시의 개정
내용을 보면 개호보험과의 적합성을 고려한 구조를 해소하고, 장애인 복지
를 원점으로 되돌린다는 방침 아래, 〈장애인자립지원법〉의 정률부담방식
을 소득기준 부담방식으로 바꾸는 내용이었다.

　이러한 상황에서 후생노동성은 〈장애인자립지원법〉 개정법안을 마련하
여 2009년 3월 31일 국회에 제출한다. 그런데 법안은 거의 심의되지 못한
채 중의원 해산에 따라 폐기되고 만다. 이후 2010년 11월 국회에 개정안이
제출되어 12월 3일 성립된다(김광래, 2014).

　그런데 이러한 과정을 거쳐 제정된 〈장애인자립지원법〉은 여러 시행착
오를 거쳐 2013년 〈장애인종합지원법〉으로 개정되어 지금까지 장애인 복
지정책의 근간을 이룬다. 여기서 2013년에 제정된 〈장애인종합지원법〉
(부록 2)에 관한 구체적 내용을 제시해 본다.

3. 장애인 복지서비스의 현황과 문제점

1) 장애인 지원 관련 정책

(1) 상담지원 및 장애아지원의 서비스 강화 정책

장애복지서비스는 2006년 시행된, 신체·지적·정신의 3가지로 나누어지
는 구조 아래, 장애인의 지역생활 지원 목적의 〈장애인자립지원법〉에 근
거하여 실시된다. 이후 2013년 시행된 〈장애인종합지원법〉 중심으로 지
속되었다. 이러한 법적 근거가 자리잡기까지 반복적 시행착오와 의견수렴
을 통해 제도적 보완이 이루어졌다.

　우선 장애인에 대한 상담을 지원하기 위한 프로그램이 계획된다. 2012년

4월부터 지원금 지급결정 전에 서비스 등에 관한 이용계획안을 사전에 작성하여, 지급결정에 참고가 되도록 조정하였다. 더불어 장애인서비스 이용계획서 작성 대상자를 대폭 확대했다. 그리고 국고보조사업으로 실시된 지역이행 지원·지역정착 지원은 개별 지급을 원칙으로 하고, 장애인이 지역이동이나 지역정착 시에는 이를 최대한 도울 수 있는 정책적 방안을 모색하였다.

여기서 지역이행(地域移行)이라고 하는 것은 주거를 시설이나 병원에서 원래 가정으로 옮겨오는 것은 물론이고, 장애자 개개인이 시민으로서 스스로 택한 주거지에서 안심하고 자신의 삶을 실현하는 것까지를 포함한다. 관련내용이 〈장애인자립지원법〉에 명시되어 있다. 이에 따르면 모든 장애자는 지역에서 생활할 권리를 지니며, 장애정도와 상황, 지원규모 등과 관계없이 지역이행의 대상이 된다. 또 국가는 사회적 입원과 사회적 입소 문제를 조속히 해소하기 위해 법에 따라 지역이행을 촉진해야 한다. 이를 위해 국가는 중점적인 예산배분 조치를 수반한 정책을 통해 지역이행 프로그램과 지역정착 지원을 시행해야 한다.

2010년 12월 개정된 〈장애인자립지원법〉과 〈아동복지법〉은 그룹홈6)과 케어홈7) 이용 장애인에게 주거에 필요한 비용을 지원하는 방안과 중증시각장애인의 이동 시 개호지원 서비스 실시를 규정한다. 정부는 장애인의 지역생활 지원을 위한 보다 근본적인 지원방법을 다각적으로 모색한다.

이 밖에 지역사회에서 상담지원을 수행하는 기간상담지원센터 설치, 관계기관, 관계단체, 장애인에 대한 복지, 의료, 교육, 고용관련 직무종사자로 구성된 자립지원협의회의 결성, 시정촌의 성년후견제도 이용지원 사

---

6) 그룹홈이란 사회생활에 적응하기 힘든 장애인이나 노숙자 등이 자립할 때까지 소규모 시설에서 공동으로 생활할 수 있게 하는 곳을 지칭한다.

7) 케어홈이란 신체장애인과 노인을 위해 생활의 합리화와 편의를 제공하기 위해 구조적으로 설계된 주택을 가리킨다.

업 필수사업화 등 지역 내 장애인 지원체제의 내실화를 도모한다.

한편 각 지역단위별로 지원받을 수 있도록 2012년 4월 기존 지적장애아 시설을 장애종류별로 나눈 시설체계로 재편하였다. 직업훈련 지원은 장애아직업훈련 지원형태로 지원하고, (직업훈련) 입소 지원을 장애아입소 지원 형태로 일원화하였다. 그리고 장애아직업훈련지원 관련 행정관활을 도도부현에서 시정촌으로 이관시켰다. 또한 적정 학령기에 지원이 최대한 충실하게 이루어질 수 있도록 하기 위해 방과후 주간보호, 어린이집 등을 방문하여 전문적으로 지원하는어린이집방문지원등을 신설하였다.

(2) 장애복지서비스 수가개정

정부는 2012년 장애복지서비스 수가개정과 관련하여 후생노동성 내부에 장애복지서비스 수가개정 검토팀을 설치하여, 전문가 자문을 토대로 공개적으로 검토했다. 2011년 12월 후생노동 장관과 재무장관은 개호 수가개정에 관한 서로간의 의견을 조정, 합의한다. 복지·개호 직원 처우개선, 물가의 하락세 등을 이유로 개정률에서 2%만큼 상향조정한다. 이때 경영실태 등도 고려하여 효율화와 중점화를 추진하면서 장애인의 지역이행과 지역생활 지원을 추진한다. 이 같은 작업을 거쳐 신 장애복지서비스 수가가 2012년 4월부터 시행된다.

개정의 구체적 내용은 장애복지 분야의 복지·개호 직원의 처우개선을 도모하기 위해, 2009년도 제1차 보정예산에서 복지·개호인재의 처우개선사업을 신설하였고, 2012년 3월까지 이와 관련된 조성을 실시해왔는데, 2012년도 이후에도 지속적으로 복지·개호직원의 개선을 위해 노력하였으며, 이것을 장애복지서비스 수가체계 안에서 해결하도록 하였고, 새로운 처우개선 제도를 신설하였다.

(3) 발달장애인8)에 관한 지원

발달장애에 관해서는 2004년 12월에 〈발달장애인지원법〉이 성립하였고, 발달장애의 법적 지위가 확립되어, 발달장애의 조기발견과 발달장애인의 생활전반에 걸친 지원을 하게 되었다. 또한 〈장애인자립지원법〉의 개정법에 의해 발달장애인이 〈장애인자립지원법〉과 〈아동복지법〉의 서비스 대상을 명확하게 하였다.

① 발달장애인에 대한 지역지원체제의 확립

지역에 있어, 의료·보건·복지·교육·고용 등의 관계자와 연계하여, 발달장애인과 그 가족에 대한 상담지원 등을 실시하는 발달장애인지원센터의 정비를 추진하고, 2011년도 말에 47개 도도부현·18개 지정도시에서 실시되었다. 이와 함께, 발달장애인 지원체제 정비사업에 의해, 3가지 정도의 지원체제가 확립되었다.

첫 번째는, 유아기부터 성인기까지 각 발달단계(life stage)에 대응하는 일관된 지원을 실시하기 위해 보건소, 어린이집 등의 지원관계 기관과의 네트워크를 구축하였다. 두 번째는 발달장애에 관한 이해를 높임과 동시에 지역에서의 지원으로 연결시키기 위한 평가도구9) 도입을 촉진하는 연수회를 실시했다. 세 번째는 발달장애인에 대한 육아경험이 있는 부모들이 그 경험을 살려서, 발달장애 진단을 받은 지 얼마 안 되는 부모에 대한 상담과 조언을 실시하는 부모 멘토링 활동과 그 활동을 코디네이터할 수 있는 인력을 배치할 수 있도록 추진하였다.

---

8) 발달장애인이란 인지적 기능의 장애로 인해 자기관리, 의사소통, 학습, 자립생활 등의 일상생활과 사회생활에 어려움을 겪는 중 장애인을 말한다(김기룡 외, 2016: 2).
9) 발달장애를 조기에 발견하고, 그 이후의 경과를 평가하기 위한 확인표이다.

② 발달장애인에 대한 지원방법 개발 및 조기지원, 보급계발 내실화

발달장애인 한 사람 한 사람의 요구에 대처하는 일관된 지원이 가능하도록 하는, 선구적 노력을 통해 유효한 지원수법을 계발·확립함과 함께, 발달장애인 지원에 종사하는 전문적 인재를 육성한다. 또한 발달장애에 관한 지식을 갖고 있는 전문원이 어린이집 등을 순회하면서, 시설의 직원과 부모에 대해 장애의 조기발견·조기대응을 위한 조언 등의 지원을 실시하는 순회지원전문원 정비사업에 관해서, 실시 시정촌의 확대를 모색한다.

2007년 12월에는 매년 4월 2일을 '세계 자폐증 계발의 날'로 정한 UN 결의를 받아들였다. 그에 따라 후생노동성·일본자폐증협회 주최로 도내 심포지엄을 개최하는 등, 자폐증을 비롯한 발달장애에 관한 올바른 지식을 알리는 데 힘쓰고 있다. 전국 각지에서도 세계 자폐증 계발의 날과 발달장애 계발 주간(4월 2~8일, 관계단체들이 제창함)에 다양한 계발활동이 실시된다.

③ 고차(高次) 뇌기능장애인에 대한 지원

고차뇌기능장애란 교통사고나 병에 의해 뇌에 손상을 입어, 그 후유증으로서 기억, 주의, 수행기능, 사회적 행동이라는 인지기능(고차뇌기능)이 저하된 상태를 가리키는 말로서, 일상생활에서 증상이 나타나지만 외관상으로 장애를 알아보기는 어렵다고 한다.

고차뇌기능장애인 지원은 후생노동성의 고차뇌기능장애지원보급사업을 통해 이루어진다. 병원 등의 지원거점기관에 상담지원 코디네이터(사회복지사, 보건지도사, 작업요법사 등)를 배치하고, 전문적 상담지원, 관계기관과의 연계와 조정을 실시하는 등, 지역 차원의 고차뇌기능장애인 지원보급을 도모한다. 또한 국립장애인재활센터에서는 고차뇌기능장애인 지원보급 전국연락협의회 개최와 지원거점기관 직원 연수회 등을 실시한다. 동시에 고차뇌기능장애정보 지원센터를 설치하여, 홈페이지를 통해 고차뇌기능장애에 관한 정보를 모아서 제공한다.

2) 장애인 사회참가 지원정책

장애인 사회참가를 지원하기 위해서, 〈장애인자립지원법〉의 지역생활 지원사업과 신체기능을 보완하는 보조기구 사업 등을 실시한다. 지역생활 지원사업은 각 지방자치체가 지역의 실정이나 이용자의 상황에 맞춰, 유연한 형태로 실시하는 사업이다. 예를 들면, 의사소통을 도모하는 데 장애가 있는 장애인에 대한 수화통역을 실시하는 자의 파견을 실시하는 커뮤니케이션 지원사업, 일상생활의 편의를 도모하기 위한 용구를 지급하는 사업, 야외에서의 이동이 곤란한 장애인에게 이동을 지원하는 사업, 신체장애인보조견의 육성사업, 장애인의 스포츠와 예술문화 등의 분야에 참가를 촉진시키는 사업 등 다양한 사업을 실시한다.

또한 2011년에는 장애인스포츠의 전국체전인 전국장애인스포츠대회가 야마구치 현에서 개최되었다.[10] 이 대회는 장애인 선수의 경기를 통해 국민의 장애에 대한 이해도를 높이고 장애인스포츠 진흥을 도모하는 취지에서 시작되었다. 더 나아가, 장애인의 예술 및 문화활동의 전국적 발표의 장인 전국장애인예술문화제가 사이타마현에서 개최되어,[11] 국민들에게 장애에 대한 이해와 장애인의 예술·문화활동의 진흥을 활성화하고자 노력하였다.

2011년 8월에는 〈장애인기본법〉의 일부를 개정하는 법률이 공포되는 등, 장애인의 사회참가에 관한 지원의 중요성은 점점 증가하고 있으며, 앞으로도 지역생활 지원사업 등에 관한 대응책도 충실하게 이루어질 것이다.

---

10) 2012년 전국장애인스포츠대회는 기후현에서 개최되었다.
11) 2012년 전국장애인예술문화제는 사가현에서 개최되었다.

3) 문제점

지금까지 살펴본 일본의 장애인 복지서비스는 기본적으로 〈장애인자립지원법〉에 기초하여 운영되다가, 지금은 〈장애인종합지원법〉으로 개정되어 실시된다. 그렇다면, 여기서 이러한 정책적 운영들에 대한 몇 가지 문제점을 지적해 보겠다.

첫째는 재원운용에 관한 부분이다. 〈장애인자립지원법〉이나 〈장애인종합지원법〉의 경우, 재원의 배분을 중앙정부가 주도적으로 행하는 구조를 갖는다. 물론, 이러한 구조는 지방자치단체에서 주도적으로 이루어질 경우, 재원조달의 어려움을 예상한 조치일 것으로 생각된다. 그러나, 이러한 방식은 중앙집권적 배분에 따른 행정상의 편의성을 도모할 순 있을지라도, 지방자치단체의 현실성을 고려한 정책적 지원은 어려워질 수 있는 모순을 안고 있다.

두 번째는 법률적 테두리 안에서 제시한 장애인에 대한 개념적 정의의 문제다. 전체적으로 〈장애인자립지원법〉이나 〈장애인종합지원법〉은 장애인의 사회생활은 본인 또는 가족의 요구에 따라, 그 상황에 따라 보호대상으로 지원을 받는 형태이다. 그렇지만, 이러한 구조는 장애인이 기본적으로 누려야 할 국민으로서, 또는 시민으로서의 권리를 보장받는 것과는 상당한 괴리를 내포한다. 즉, 비록 장애인이라 할지라도 각자 소속된 지역사회에서 평등한 국민으로서의 권리를 갖는 주체자로서의 개념적 정의가 필요하다고 생각된다.

4. 장애인과 정신보건의료복지

1) 정신보건의료복지의 현황과 과제

정신질환에 관해서는 환자수가 최근에 급증해서, 2008년에는 320만 명을 넘는 수준이 되었고, 국민들에게 널리 퍼져 있는 질환이 되었다.

치료약의 발전으로 신규환자 입원기간은 단기간에 머무르는 경향이 생겨났다. 1년 이내에 퇴원하는 신규입원 환자가 약 9할 정도인 한편, 정신장애 입원환자(약 33만 명) 중에서 1년 이상 장기입원 환자가 2/3(약 22만 명)를 점하는 상황이다. 정신질환 병상은 1955년 이후 장기요양을 전제로 한 소규모 인원체제(일반병상에 비해 의사는 1/3, 간호사는 3/4)로 되었기 때문에, 입원기간을 보다 짧게 해나가는 것이 중요하다. 그런데 이를 위해서는 정신질환병상의 기능분화를 진행함과 동시에, 입원중심에서 외래·방문 등의 지역생활을 지탱하기 위한 의료의 내실화가 필요하다.

또한, 정신장애인 입원은 임의입원, 조치입원, 의료보호입원이 주된 형태라고 할 수 있다. 이 중에서 스스로 병이라는 인식을 갖지 않는 환자를 대상으로 하는 현행의 의료보호입원은 보호자 동의가 없으면 퇴원할 수 없기 때문에 입원이 장기화되기 쉽다. 또한 환자 본인의 의사에 반한 경우도 있기 때문에 본인과 보호자 간의 알력이 생겨나기 쉽다는 문제점이 있다. 특히 정신장애당사자와 그 가족들에게 재검토가 요구된다.

2) 정신보건의료복지에 관한 대책현황

정신보건의료복지에 관해서는 그간 다양한 논의가 이뤄졌다. 2004년 9월에 후생노동 장관을 본부장으로, 후생노동성 내 관계부국장을 본부원으로 위촉한 정신보건복지대책본부에서 정신보건복지시책의 개혁비전을 결정했다. 미래 정신보건의료복지 상황 등에 관한 검토회 보고서에서는 정신보건의료 복지체계의 재구축과 정신의료의 질 향상 등에 관한 다양한 제언이 이루어졌다.

또한 기존의 현황과 과제에 근거하여 2010년 6월 각의결정에서, ① 2011년 내에 '사회적 입원'의 해소를 위한 방책에 대한 결론을 도출해낼 것, ② 정신장애인에 대한 강제입원에 관해서 보호자 제도의 재검토도 포함하여, 2012년 내에 결론을 도출해낼 것, ③ 정신과 의료현장에서 의사와 간호사 등의 인원체제 내실화를 위한 구체적 방책에 관해서, 종합복지부회서 논의의 정합성을 도모하고, 2012년 내에 그에 대한 결론을 도출해낼 것 등에 관해 논했다.

①에 관해서는 병원에서 퇴원에 관한 명확한 목표치의 지침을 도도부현이 정하는 제3기 장애복지계획에 나타내는 것과 함께 •가능한 한 입원을 방지해가면서, 적절한 지원을 행하는 아웃리치(방문지원)의 내실화 • 야간·휴일의 정신과구급의료체제의 구축 •의료기관의 기능분화·연계를 진행하기 위해, 의료계획에 기재해야 할 질병의 추가 •퇴원과 지역의 정착을 지원하는 지역이행지원, 지역정착지원의 창설 •지역생활을 위한 숙박형자립훈련의 내실화 등, 지역이행·지역정착을 가능하게 하는 지역의 수용시설정비 방안을 종합 정리해 수시로 실시한다.

②에 관해서는 2010년 10월부터 6월까지 새로운 지역정신보건 의료체제의 구축을 위한 검토팀(후생노동 장관의 정무관을 주담당으로 하고, 당사자, 가족, 의료관계자, 전문가 등으로 구성된 검토팀)에서 검토가 이루어지고, 보호자제도에 관해서는 보호자에게만 부과되는 책무를 폐지하고, 또한 의료보호입원에 관해서는 보호자 동의에 의하지 않고 조기퇴원을 지향하는 입원절차를 취하는 등의 종합대책이 실현되었다.

③에 관해서는 2012년 3월부터 그해 6월까지 정신과 의료의 기능분화와 질의 향상에 관한 검토회에서, 정신과 의료현장에서의 인원체제의 내실화

를 위한 방책에 관해 검토를 실시하고, 정신병상의 기능분화를 진행하여, 급성기(3개월 미만)에는 일반병상과 동등한 인원배치를 하는 등의 의견정리가 이루어졌다.

5. 장애인관련 취업지원 정책

후생노동성은 2012년에 장애인의 고용촉진을 활성화시키기 위해 법정고용률을 2%로 올리겠다고 공표하였다. 또한 2013년 4월 1일에는 〈장애인종합지원법〉이 시행됨과 동시에 장애인 고용에 대한 상승을 위해 노력하겠다고 공표한다. 전술하여 살펴보았듯이 〈장애인종합지원법〉은 2006년에 실시된 〈장애인자립지원법〉을 폐지하고, 장애인의 복지정책에 관한 문제를 개선하는 형태로 제도를 모순 없이 지원함과 동시에 당사자의 수요에 기초한 지역생활지원체계의 정비를 내용으로 하는 종합적인 복지정책이다.[12]

일본의 장애인 고용관련 법률의 제정은, 2002년 〈장애인 고용촉진에 관한 법률〉이 개정되어, '복지고용에서 일반고용으로' 정책의 기능이 변화했다고 할 수 있다. 나아가 '조치에서 계약으로'라는 복지개혁에 기초하여 2003년에 지원비제도가 시행되었다. 이 제도는 2006년 〈장애인자립지원법〉으로 이행되고, 새로운 제도로서 실시되었다. 이와 같이, 2000년대 이후 일본의 장애인 복지정책은 커다란 전환기를 맞이하였다. 특히, 장애인 복지제도의 전환에 커다란 영향을 미친 것은 2000년대에 실시된 사회복지 기초구조개혁을 시발점으로 생각해 볼 수 있다. 이러한 변화는 사회복지에 있어서 개혁의 흐름이 장애인 대책에도 영향을 미치고, 행정적 측면에서도 근본적 개혁의 움직임이 보이기 시작했다고 할 수 있다.

---

12) 그러나 〈장애인종합지원법〉을 살펴보면 〈장애인자립지원법〉에 기초하여 일부 내용을 수정한 정도임을 알 수 있다.

또한 지방정부에서도 장애인 고용의 촉진을 위한 노력을 시도한다. 예를 들어, 장애인 고용에 기여한 중소기업에 대해서는, 지원할 수 있는 체계를 정비하고, 지역고유의 과제에 따라 독자적으로 고용정책을 수립하거나 집행할 수 있도록 했다. 이것은 〈고용대책법〉 제13조 2항의 규정에 근거한 2012년도 고용시책실시방침의 사정에 관한 지침에 나타나 있다. 그러한 의미에서 일본의 장애인 고용대책은 질적인 변화가 보였다고 할 수 있다.

이러한 정책이 실현될 수 있었던 배경에는 대기업, 중소기업에서 법정 고용률이 여전히 미달성 상태였고, 장애인 취업의 문제가 제대로 정착되지 못한 것이 중요한 요인이었다. 특히, 장애인의 취업문제는 당사자들이 취직활동을 스스로 하는 것이 어렵기 때문에 관계기관의 역할이 중요하다고 할 수 있다. 이러한 문제점을 인식하여 1999년 후생성과 노동성이 연계하여 장애인의 생활지원과 취업지원을 일괄적으로 진행하는 장애인취업·생활지원의 거점 만들기라고 하는 사업이 시범적으로 시행되었다.

이후 2001년 중앙성청의 재편으로 후생성과 노동성이 통합되어 후생노동성으로 발족, 이 사업을 본격적으로 실시한다. 2002년부터 시작된 장애인취업·생활지원센터는 후생노동성이 주도하고, 실질적으로 지방정부가 센터의 운영·관리·감독을 실시하였다. 중앙정부가 장애인의 취업대책을 위한 제도를 마련하면, 지방정부는 제도 실시 지역에서 필요한 지원을 행하는 형태가 도입된다.

후생노동성은 1992년 장애인 고용촉진법 일부개정법에 근거해, 제도개정을 위해 장애인 고용대책의 내실화를 검토했다. 1999년 7월부터 2001년 10월까지 정신장애인의 고용촉진에 관한 연구회와 장애인고용문제연구회를 설치했다. 이것을 토대로 노동정책심의회 장애인고용분과회가 개최되었고, 이후 장애인고용시책의 내실화에 관한 심의가 이루어졌다.

이를 토대로 후생노동성은 장애인의 고용촉진에 관한 법률안 요강을 마련하여, 2002년 1월 29일 노동정책심의회에 자문을 받고, 각의 결정을 거처 법률안을 국회에 제출했다. 당시 법률개정의 요점은 직업재활 추진과 관련하여 구체적 방안을 내놓는 것이었다. 특히 장애인 고용의 촉진과 취업의 안정성을 도모하기 위해, 장애인취업·생활지원센터의 설립이 주요 현안이었다.

이러한 법률 개정안은 신장애인기본계획에 기초해, 2003년부터 2007년까지 5년간을 대상기간으로 하는 중점시책실시 5개년 계획에 포함되어 있었다. 이 계획에는 고용장애인수에 관한 목표, 헬로워크13)의 직업 안내 건수에 관한 목표 등에 관해 구체적 수치를 표시하였다. 2010년 기준으로 일본 전국의 47개 도도부현에 장애인취업·생활지원센터의 설치 숫자는 총 282개로 확인되었다. 후생노동성은 취직이 곤란한 장애인의 취업활동과 장애인을 고용하는 기업의 쌍방을 지원하여, 장애인의 일반고용과 자립을 취진하기 위한 전략으로서 장애인취업·생활지원센터의 강화를 도모하고자 하였다.

그렇다면, 실질적으로 일본사회에서의 장애인 고용의 현황은 어떻게 이루어지고 있을까(厚生労働省, 2016a)? 우선, 전체적 장애인 고용현황을 보면, 2015년 6월 기준 12년 연속 과거 최고치를 갱신했고, 453,133.5인(전년 같은 날 431,225.5인)이 되었으며, 점점 증가 추세다. 또한 장애인 노동자의 실질적 숫자는 366,353인(전년 같은 날 355,852인)이다. 이 중에서 신체에 장애가 있는 고용자수는 320,752.2인(전년 같은 날 313,314.5인), 지적장애가 있는 사람의 고용자수는 97,744.0인(전년 같은 날 90,203.5인), 정신장애가 있는 사람의 고용자수는 34,637.0인(전년 같은 날 27,708.0인)으로서 전년대비 모두 증가추세였다.

---

13) 헬로워크는 일본에서 정부주도로 운영되는 직업소개소에 말한다. 다른 표현으로는 공공직업안정소(公共職業安定所)라고도 한다. 이는 국민들에게 안정적 고용기회를 확보할 목적으로 후생노동성이 설치한 행정기관이다.

1) 민간기업의 장애인고용현황

민간기업이 고용한14) 장애가 있는 사람 비율은 1.88%(전년 같은 날 1.82%)였다. 기업규모별로 살펴보면, 50~1백 명 미만의 규모에서는 1.49%, 1백~3백 명 미만의 규모에서는 1.68%, 3백~5백 명 미만의 규모에서는 1.79%, 5백~1천 명 미만의 규모에서는 1.89%, 1천 명 이상의 규모에서는 2.09%였다.

한편, 법정고용률을 달성한 기업의 비율은 47.2%로 여전히 기준치의 절반에 미치지 못하는 상황이다. 그렇지만, 고용된 장애인 숫자에 관해서는 모든 기업규모에서 전년대비 증가하는 상황이다.

2) 국가·지방공공단체의 현황

국가기관(법정고용률 2.3%)에 재직하는 장애인 비율은 2.45%이고, 실제로 근무하는 장애인 숫자는 7,371.5명이었다. 또한 도도부현의 기관(법정고용률 2.3%)에서는 2.58%, 8,344명이었고, 시정촌 기관(법정고용률 2.3%)에서는 2.15%, 14,216.5명이었다. 중앙정부, 지방공공단체 등에서 근무하는 장애인수는 전년 같은 날 기준 보고상황보다 증가하는 추세다.15)

한편, 중증신체장애인 또는 중증지적장애인인 단시간근로자(일주일간 노동시간이 20시간이상에서 30시간 미만의 노동자)에 관해서는 1명으로, 중증 이외의 신체장애인 또는 지적장애인 및 정신장애인인 단시간근로자에 관해서는 0.5명으로 계산하였다.

---

14) 신체장애자나 지적장애자를 1인 이상 고용할 의무가 있는 일본 민간기업(상용고용근로자수 50인 이상)은 매년 6월 1일 시점으로 장애인고용 상황을 보고해야 한다.

15) 〈장애인고용상황 보고〉에서는 중증신체장애인 또는 중증지적장애인에 관해서는 1명 고용을 2명의 신체장애인 또는 지적장애인을 고용하는 것으로 계산하였다.

<표 16-1> 일본 민간기업의 규모별 장애인 고용현황(2016. 6. 1)

| 규모 | 기업수 | 법정고용
장애인수
산정기초
근로자수
(a) | 장애인수 | | | | 실고용
장애인
(f)
2b+c+d+0.5e | 실고용률, %
f/a x 100 | 법정고용률
달성기업
비율, % |
			중증신체 장애인, 중증지적 장애인 (b)	(b)인 단시간 근로자 (c)	중증 이외 신체장애인, 지적장애인, 정신장애인 (d)	(d)인 단시간 근로자 (e)			
합계	89,359 87,935 (86,648)	24,650,200.5 24,122,923.0 (23,650,463.5)	109,765 106,362 (103,320)	14,283 13,534 (12,360)	218,564 207,294 (195,279)	43,994 39,163 (33,893)	474,374.0 453,133.5	1.92 1.88	48.8 47.2
50인 이상 ~100인 미만	40,149 39,566 (38,823)	2,805,530.0 2,761,818.5 (2,706,736.0)	8,652 8,387 (8,296)	2,170 2,066 (1,780)	20,382 19,266 (18,610)	7,294 6,287 (4,926)	43,503.0 41,249.5	1.55 1.49	45.7 44.7
100인 이상 ~300인 미만	34,681 34,155 (33,866)	5,363,032.0 5,237,257.0 (5,219,324.0)	19,743 18,904 (17,838)	3,803 3,433 (3,126)	44,633 42,416 (39,337)	11,116 9,499 (8,458)	93,480.0 88,406.5	1.74 1.68	52.2 50.2
300인 이상 ~500인 미만	6,712 6,556 (6,441)	2,377,566.0 2,321,4440.0 (2,228,945.0)	9,703 9,356 (9,394)	1,537 1,465 (1,358)	20,166 19,215 (18,506)	4,538 4,317 (3,454)	43,378.0 41,550.5	1.82 1.79	44.8 44.0
500인 이상 ~1천 인 미만	4,585 4,495 (4,396)	2,951,625.0 2,898,895.0 (2,830,406.0)	13,391 13,087 (12,650)	1,565 1,524 (1,418)	26,495 25,090 (23,390)	4,455 3,984 (3,437)	57,069.5 54,780.0	1.93 1.89	48.1 44.6
1천 인 이상	3,232 3,163 (3,122)	11,152,447.5 10,867,508.5 (10,605,052.5)	58,276 56,628 (55,142)	5,208 5,046 (5,046)	106,888 101,307 (95,436)	16,591 15,076 (13,618)	236,943.5 227,147.0	2.12 2.09	58.9 55.0

주: 괄호 안 숫자는 2014년 6월 1일 기준 수치.
자료: 후생노동성, 2016b.

<표 16-2> 국가·지방공공단체의 장애인 재직현황

단체	법정고용 장애인수 산정 기초 직원수(명)	장애인수 (명)	실질고용률 (%)	법정고용률 달성기관수 · 기관수	달성비율 (%)
1. 법정고용률 2.3%가 적용된 국가, 지방공공단체					
국가기관	300,731.0 (300,776.5)	7,371.5 (7,371.5)	2.45 (2.44)	40/40 (39/40)	100.0 (97.5)
도도부현 기관	323,789.0 (322,490.5)	8,344.0 (8,284.5)	2.58 (2.57)	146/156 (145/156)	93.6 (92.9)
시정촌 기관	1,075,882.5 (1,061,832.5)	25,913.5 (25,265.0)	2.41 (2.38)	2,028/2,344 (1,939/2,336)	86.5 (83.0)
2. 법정고용률 2.2%가 적용된 도도부현의 교육위원회					
도도부현의 교육위원회	661,646.5 (665,156.5)	14,216.5 (13,930.5)	2.15 (2.09)	88/119 (80/120)	73.9 (66.7)

주: 괄호 안 숫자는 2014년 6월 1일 기준 수치.
자료: 내각부 홈페이지. 2017. 6. 30 인출.

6. 맺음말: 쟁점과 함의

이 장에서 살펴본 바와 같이 일본의 장애인 복지서비스는 2006년부터 시행된
〈장애인자립지원법〉에 뿌리를 둔다. 이후 다각적 시행착오와 개선점을 보완
해 2013년부터 시행되는 〈장애인종합지원법〉 중심으로 운영된다. 〈장애인
자립지원법〉이 태동한 배경을 살펴보면, 경제불황이라는 일본의 특수한 상
황과 맞물려, 복지정책에 대한 재원 억제정책과 연동되어 움직여왔음을 알
수 있다. 이러한 정책 변화는 당시 일본사회가 복지예산 삭감과 함께, 작은
정부 지향의 노선을 추구한 것과 연계된다고 할 수 있다. 또한 2000년대 이후
일본정부의 정책 방향이 신자유주의로 전환한 것과도 깊은 연관성을 갖는다.
이는 궁극적으로 후생노동성의 예산편성 축소로 이어지는 결과를 초래했다.

　그렇지만 이러한 상황적 변화에도 장애인 복지서비스 정책에 대한 다각
적인 지원을 모색하였고, 정신장애인에 대한 지원책과 장애인관련 취업 강
화 지원책은 어느 정도 정책적 효과를 거두는 것으로 판단된다. 이는 장애
인의 취업률 현황에서도 명확히 드러난다.

　여기서 살펴본 바와 같이 일본의 장애인 복지서비스 정책에 관한 흐름은
중앙정부의 복지예산과 밀접한 관계를 맺는다. 달리 표현하면 복지재정 부
담에 대한 우려가 커지면서 복지정책의 기조가 보편적 복지에서 선별적 복지
로 점진적으로 전환하고 있다. 과거에는 소득에 상관없이 이용한 금액만큼
의 자기부담금이 발생했지만, 〈장애인종합지원법〉 시행 후에는 소득에 따
라 자기부담금이 결정된다. 이로 인해 장애인 복지서비스 이용에서도 경제
수준에 따른 격차가 발생할 수 있는 소지를 안고 있다.

　마지막으로 지적하고 싶은 점은 일본의 장애인 복지서비스가 가진 전달
체계의 신속함을 확보하기 위한 노력이다. 일본정부는 장애인의 고령화에
대비하기 위해 고령 장애인들이 자신의 생활반경을 중심으로 필요한 서비
스를 제공받을 수 있는 시스템을 갖추려고 노력한다. 이를 위해 각 지역생

활지원센터의 상담창구 운영을 강조한다.

고령 장애인이 증가할수록 신속하고 빠른 장애인 복지서비스 제공이 중요하다. 이를 위해 지역사회에서 장애 노인을 보호할 수 있는 전달체계 확립과 지원체계의 내실화가 요구된다. 특히 신속하고 효율적인 대처를 위해서는 장애 노인의 특징을 잘 이해하고 지원할 수 있는 전문인력의 확보가 절실하다. 이러한 전달체계를 확립하기 위해 일본정부가 어떤 형태의 노력을 펼치는지 파악하려면 앞으로도 지속적인 모니터링이 필요할 것이다.

■ 참고문헌

국내 문헌

김광래(2014). "일본 장애인 복지정책에 관한 연구: 장애인종합복지법과 장애인종합지원법의 비교를 중심으로". 〈복지행정논총〉, 24권 1호, 77~99.
임현정(2015). "일본의 지방분권개혁 이후 중앙-지방정부 간의 관계: 시가현의 복지영역을 중심으로". 〈일본학보〉, 104호, 279~300.

해외 문헌

鈴木勉·田中智子(2011). 《現代障害者福祉論》. 高菅出版.
新藤宗幸(1996). 《福祉行政と官僚制》. 岩波書店.
伊藤周平(2009). 《障害者自立支援法と權利保障》. 明石書店.
林炫廷(2015). "日本の福祉政策における厚生労働省の政策戰略". 〈日本研究論叢〉, 42号, 86~116.
厚生労働省(2015). 《障害者白書》. 厚生労働省.
_____(2016a). 《障害者白書》. 厚生労働省.
_____(2016b). 〈平成28年 障害者雇用狀況の集計結果〉. Press Release.

기타 자료

內閣府 홈페이지. http://www8.cao.go.jp. 2017. 6. 30 인출.

아동 및 보육서비스

1. 머리말

일본은 아동보다 노인에 대한 배려가 강한 사회다. 정책당국은 제2차 세계대전 이후 국민들에게 세부담을 낮게 지우고 덜 쓰는 작은 정부를 지향했다. 이 때문에 아동은 급속히 늘어나는 노인보다 정책상 우선순위가 낮은 대상이었다. 저출산과 인구구조의 고령화와 맞물려 있어 1970년대 후반 이후 점진적으로 이슈로 부각되었지만, 정치가와 관료들은 투표권이 있고 목소리가 큰 노인들을 그렇지 않은 아동들보다 늘 먼저 배려했다.

정책당국은 고령화 대비책으로 1960년대까지 노인 대상의 공적연금과 의료비 제도의 정비를 일단락짓고 이후 내실화 작업에 나섰다. 지금도 이들 분야에는 많은 재원이 지속적으로 투입된다. 이에 비해 아동 복지 분야는 1990년대 중반에 이르기까지 정책당국의 큰 관심을 끌지 못했다. 그 결과 일본의 아동빈곤율은 노인빈곤율보다 높은 것은 물론이고 주요 선진국의 그것보다도 월등히 높다.

이러한 현실에 문제가 있다는 인식이 확산되자 정책당국은 1990년대 중반에 이르러 뒤늦게 아동복지에 관심을 갖기 시작한다. 물론 배경에는 그간의 정책 대응으로 공적연금과 노인 의료비에 대한 해법이 일정수준 모색되었다는 판단이 있었다. 여기에 1970년대부터 시작한 저출산 추세가 20년 이상 지속되고, 여성 취업률이 주요국에 비해 낮으며, 여전히 높은 아동빈곤율 등에 대한 해법 모색을 더 이상 늦출 수 없다는 당국의 현실 인식도 작용하였다.

1990년대 중반 이후 당국은 마침내 저출산 문제에 대한 해법 모색과 아동복지 강화에 나선다. 초기 정책으로 대표적인 것이 엔젤플랜이다. 이는 문부과학성, 후생성, 노동성 및 건설성 등 4개 부처가 향후 육아지원을 위한 시책의 기본적 방향을 정한 것이다. 보육의 양적 확대, 저연령 아동(0~2세) 보육, 연장보육 등 보육 서비스 강화가 주된 내용이다. 이후 5년 단위로 신엔젤플랜, 신신엔젤플랜으로 이름을 바꾸어 지속적으로 추진된다.

이 같은 대응에도 불구하고 2005년 합계출산율이 역사상 최저수준인 1. 26을 기록한다. 그런데 이 같은 기록이 엔젤플랜 등으로 10년째 정책 대응에 나서고 있고, 또 추가적 대책으로 2003년 〈소자녀사회대책기본법〉을 제정한 직후에 나온 것이어서, 일본정부와 사회에 주는 충격이 한층 컸다.

정부는 위 기본법에서 부모들의 관심이 큰 아동 교육에 따른 부담을 줄여주고, 일하는 방식을 개선하여 일과 육아를 양립할 수 있는 사회로 개편해 나가는 내용을 추가한다. 이는 그간의 아동복지와 저출산 정책이 사회보험사업 중심으로 운영되면서 효과를 발휘하지 못했다는 반성에 기인한 것으로, '일과 육아의 양립지원책 방침'을 정한 2001년 7월 6일의 각의 결정을 반영한 것이기도 하다.

기본법이 제정된 같은 해 저출산 대책의 구체적 내용을 담은 〈차세대육성지원대책추진법〉이 제정된다. 2015년 3월말까지의 10년 한시법으로 제정되지만 아동복지와 저출산 문제에 대한 각종 정책의 핵심이 되는 내용을 담고 있다. 이후 동법의 시한은 2025년 3월말까지로 연장되어 오늘날에도 핵심 법으로 기능한다.

두 법의 제정과 이후 아동·육아응원플랜(2004. 12, 신신엔젤플랜), 아동·육아 비전(2010. 1) 등의 각종 제도도입에도 불구하고 보육소 대기아동 숫자가 쉽게 줄어들지 않는 등 아동복지 문제와 저출산 문제가 근본적으로 해결되지 않는다. 이 같은 현실의 배경에는 여러 가지 이유가 있지만 취약한 정부재정 사정으로 이 분야에 충분한 재원을 지속적으로 투입하지 못한 것이 한 가지 원인으로 지적될 수 있다. 이 같은 상황에 전환점으로 작용한 것이 2014년 4월의 소비세율 인상(5% → 8%)에 따른 복지재원 확보였다. 이때의 소비세율 인상은 2012년 2월의 '사회보장 및 세제 일체개혁 대강'의 각의 결정과 같은 해 8월의 〈소비세 증세법〉[1] 제정에 따른 것으로 세율 인상에 따른 증세분은 모두 사회보장의 충실 및 안정화 재원이 된다.

재원확보가 확실해진 2012년, 〈아동·육아지원법〉이 새롭게 제정되고 기존의 인정어린이원(2006년 10월 창설) 관련법을 개정하는 등 아동·육아지원 신제도가 2012년 8월 시행된다. 이후 2014년 4월부터 소비세율이 인상되어 관련 예산이 확보되고, 2015년 4월부터 개정된 〈차세대육성지원대책추진법〉이 시행되면서 신제도는 2015년 4월 이후 본격적으로 기능을 발휘하고 있다.

이상에 설명한 일련의 정책은 이전에 비해 내실화된 것으로 이해할 수 있다. 하지만 일본정부의 아동복지서비스 분야에 대한 기본적인 자세는 선별적 지원을 통한 복지수요 억제와 복지수요에의 정부, 기업, 국민의 공동 대응을 통한 정부부담 억제라고 할 수 있다. '일과 육아의 양립지원'이라는 기치에 이 같은 정책목표가 담겨 있다. 육아를 위해 일을 포기하거나 일을 위해 출산을 포기할 경우, 국민 경제에 미치는 부담이 증대되고 이는 결국 정부부담 증대로 이어질 것이다.

---

1) 〈사회보장의 안정재원 확보 목적의 조세 근본개혁을 위한 소비세법 일부개정 법률〉 등.

이 장의 2에서는 아동보육서비스의 역사적 변천, 이 장의 3에서는 2015년 4월부터 시행된 '아동·육아지원 신제도'[2]의 특징에 대해 검토한다. 이 장의 4에서는 아동·육아지원 신제도와 함께 시행된 바뀐 〈육아·개호휴직법〉 및 〈차세대육성지원대책추진법〉의 특징을 검토하고, 이 장의 5에서는 서술 내용을 정리하고 시사점을 찾아본다.

2. 아동보육 서비스의 역사적 변천

여기서는 1990년대 중반 이후 추진되어온 일본정부의 아동·육아정책의 흐름을 정리한다.

1) 엔젤플랜(1994년) 및 신엔젤플랜(1999년)

1989년 일본의 출산율은 역사상 가장 낮은 수준인 1.57의 기록을 남겼으며, 후생노동성은 이른바 '1.57 쇼크'를 계기로 출생률의 저하와 유아 연령층대의 인구가 감소하는 심각성을 인식하여 일과 육아의 양립지원 등 아이를 키우기 쉬운 사회를 구현하기 위한 대책을 마련하게 되었으며, 이러한 상황에서 일본에서는 아동 및 보육서비스에 대한 논의가 시작되었다.

이후 1994년 12월 문부과학성, 후생성, 노동성 및 건설성 등 4개 부처 장관들은 향후 10년간 추진해야 할 기본방향과 시책중점을 설정한 '향후

---

2) 이 장에서는 '認定子ども園'을 '인정어린이원'으로 번역하는 것을 제외하고 '子ども'는 아동, '子育て'는 '육아'로 번역한다. 일본에서는 子ども를 통념적으로 만 20세 미만의 미성년자, 兒童은 초등학생(혹은 중학생)까지의 미성년자를 지칭하지만, 최근에는 양자가 거의 동일한 의미로 사용되면서 子ども가 좀더 선호되는 양상을 보인다. 이는 子育て가 育兒보다 선호되는 것과 유사하다. 그 배경에 '子'가 부모를 지칭하는 '親'과 대응되는 단어이고, 또 중점 정책인 차세대 육성지원의 '차세대'라는 말과 매칭된다는 사실이 있는지 모른다.

육아지원을 위한 시책의 기본적 방향'(이하 엔젤플랜)에 대해 일련의 합의에 도달한다. 이후 후생성은 엔젤플랜을 실행하기 위해 보육의 양적 확대 및 저연령 아동(0~2세) 보육, 연장보육 등의 다양한 보육 서비스 및 지역 육아 지원센터 정비 등을 보장하기 위한 '긴급 보육대책 등 5개년 사업'을 수립하여 1999년도 목표 연차상의 제도정비를 추진하였다.

1999년 12월 저출산 대책 추진 관계 각료회의에서는 '저출산 대책 추진 기본방침'과 이 방침에 근거하는 중점시책의 구체적 시행계획으로서 '중점적으로 추진해야 할 저출산 대책의 구체적 실시계획'(신엔젤플랜)에 대해 의결하였다. 신엔젤플랜은 기존의 엔젤플랜과 긴급 보육대책 등 5개년 사업을 재검토한 것으로 2000년부터 2004년까지의 5개년 계획이었다. 3)

2) 〈저출산사회대책 기본법〉(2003년)과 아동·육아응원플랜(2004년)

2003년 7월 〈저출산사회대책 기본법〉이 의원 입법에 의해 제정되어 동년 9월부터 시행되었으며, 동법에 근거하여 내각부에 총리가 회장을 맡고 예하 전 각료로 구성되는 저출산사회대책 회의가 구성된다. 동법은 저출산에 대처하기 위한 시책의 지침으로 기본적 추진방향을 정부가 선정하도록 의무화한다.

한편 후생노동성은 2003년 7월 사회 전반이 육아지원에 대응하기 위해 지방정부 및 민간기업이 10년의 기간 동안 집약적 육아지원을 독려하기 위한 〈차세대육성지원대책추진법〉을 제정한다. 4)

또한, 2004년 6월 〈저출산사회대책 기본법〉을 근거로 '저출산사회대책

---

3) 신엔젤플랜은 기존의 보육 관련 사항 외 고용, 모자 보건, 상담, 교육 등의 사업이 포함된 폭넓은 계획이다.
4) 동법은 지방정부 및 사업주가, 차세대 육성지원을 위한 계획을 촉진하기 위해 각각의 행동 계획을 수립하여 실시하는 것을 목적으로 한 것이다.

골자'(이하 골자)가 저출산사회대책 회의를 거쳐 각의 결정된다. 이 골자는
아이들이 건강하게 자라는 사회, 아이를 낳아 기르는 것에 대해 기쁨을 느
낄 수 있는 사회, 육아지원이 사회 전체의 역할임을 강조하며 국책사업의
중요한 과제로 강조되며, 국가가 적극적으로 주도하여 저출산의 흐름을 바
꾸기 위한 시책으로 '3개의 시점'과 '4개의 중점 과제', '28개의 구체적 행동'
을 제시한다.

골자에 제시된 시책의 효과적인 추진을 도모하기 위해 2004년 12월 '저
출산사회대책 골자에 근거하는 구체적 실시 계획에 대해'(아동·육아 응원
플랜)가 마련된다. 여기에서 국가와 지방정부, 기업 등이 공동으로 추진해
야 할 필요가 있는 사항에 대해 2005년도부터 2009년도까지의 5년간 강구
해야 할 구체적 시책 내용과 목표가 설정된다.

3) 신 저출산 대책: 보육원 대기아동 문제 해소 등

2005년 일본의 출생자수는 인구조사가 시작된 1899년 이후 최초로 출생자
수가 사망자수를 밑돌아, 출생자수는 106만 명, 출생률은 1.26으로 과거
최저수준을 기록한다. 기존과 다른 저출산 추세에 따라 2006년 6월 저출산
사회대책 회의는 '새로운 저출산 대책'에 대해 논의하여 육아지원책을 내놓
는다. '가족의 날', '가족 주일'을 제정하여 사회 전체의 의식 개혁을 도모하
기 위한 국민운동을 추진하고, 모든 육아 가정을 지원하며, 아이의 성장에
따라 바뀌는 육아지원 요구에 대응 가능한 대책을 담고자 했다.

2007년 12월 '저출산사회대책 회의'는 일본의 장래추계인구에서 나타난 저
출산 고령화 전망과 사회보장심의회 인구구조변화 특별부회에서 논의된 내
용을 근거로, '아이와 가족을 응원하는 일본'에 대한 중점 전략을 내놓는다.

이때의 중점전략은 취업과 출산·육아의 양자택일 구조를 해결하기 위해
'일하는 방식의 재검토로 일과 생활의 조화 실현'을 추구하면서, '포괄적 차

세대 육성지원의 골자 구축(부모 취업과 가정 내 육아의 포괄적 지원)'을 함께 추진하는 것이 필요하다고 강조한다. 5) 후생노동성은 중점전략을 근거로 2008년 2월 '신 대기아동 제로작전'을 발표한다. 이는 보육을 희망하는 이들이 모두 안심하고 아이를 맡기고 일할 수 있는 사회를 실현하기 위해, 육아를 사회공동체 전체가 책임지는 차원에서 보육원 등 관계기관을 늘려 대기아동 문제를 해소하고, 보육의 질도 강화하는 내용을 담고 있다.

4) 아동·육아비전(2010년)과 대기아동해소 가속화 플랜(2013년)

2009년 1월 내각부는 '제로에서 생각하는 저출산 대책 프로젝트'를 계획하여 저출산 대책 관계장관 회의, 지방자치단체 간담회 및 대학생들과의 공개토론회를 10회에 걸쳐 실시하여 동년 6월 '모두의 저출산 대책'을 제언한다. 이를 바탕으로 2009년 10월 내각부의 저출산 대책 담당 장관, 부장관, 정무관으로 구성되는 '아동·육아 비전 검토 워킹팀'이 구성되어 지식인, 사업자, 육아지원에 종사하는 자 및 지방정부 관계자 등으로부터 의견 청취 및 설문을 수렴하여 2010년 1월 29일 저출산사회대책 회의를 시행하고, 〈저출산사회대책 기본법〉 제 7조에 근거하는 골자를 각의에서 결정하여 아동·육아지원 시책을 실시하도록 한다.

이 시책의 주요요소는 다음과 같다. ① 생명과 성장을 소중히 한다, ② 곤란한 상황에 놓인 소리에 응한다, ③ 일상생활을 지원한다. 이처럼 제로에서 생각하는 저출산 대책 프로젝트는 대기아동 문제를 해소하는 데 중요한 역할을 하여 2013년 4월 새로운 대기아동 해소 가속화 플랜(이하 가속화 플랜) 을 수립하는 데 활용된다.

---

5) 일하는 방법의 재검토로 일과 생활의 조화의 실현에 대해서는 2007년 12월 '일과 생활의 조화 헌장' 및 '일과 생활의 조화 추진을 위한 행동 지침'이 노사정(勞使政) 대표 등으로부터 구성되는 일과 생활의 조화 추진 민관 정상회의에서 결정된다.

가속화 플랜으로는 2013년, 2014년도를 '긴급 집중기간'으로 지정해 2년 간에 약 20만 명을 수용할 수 있는 보육소 확보를 목표로 설정한다. 또한 아동·육아지원 신제도가 시작하는 2015년도부터 2017년도까지를 '가속 기간'으로 지정하고, 2017년 연말까지 잠재적 보육요구를 포함해 약 40만 명 수용이 가능한 보육시설을 확보함으로써 대기아동 문제를 해결하는 것을 목표로 한다.

위에서 설명한 정책의 흐름을 정리해 보면 1990년대 중반 이후 중앙정부 주도로 실시된 보육서비스의 양과 질을 확대하는 방안이 추진되나 20년이 경과하도록 보육원 대기아동 문제를 완전히 해소하지 못하는 등 기대한 만큼의 큰 효과를 보지 못한다. 그 배경에는 초반부 정책이 취업여성이 일과 출산·육아의 양자택일을 강요받는 현실에 대한 인식부족으로, 일과 출산·육아의 조화를 추구하는 정책을 내놓지 못하는 등 약점이 많았다. 그리고 2000년대 중반 이후에는 일하는 방식의 개편을 통한 일과 생활의 조화에 착안하지만 막대한 중앙정부 재정적자로 인해 관련 사업에 투입할 재원을 충분히 마련하지 못해 제대로 된 효과를 거두지 못한다.

이러한 현실을 타파하기 위해 2010년대에 접어들면서 재원확보를 위한 정책적 노력을 기울이게 되고, 2014년 마침내 소비세율 인상이 실현된다. 2015년 이후 이전보다 월등히 큰 예산이 교부금, 조성금 등의 명목으로 지방정부와 기업 등에 지원되면서 아동복지서비스를 양적·질적으로 강화하기 위한 아동·육아지원 신제도가 본격 가동된다. 신제도에서는 보육사업 등 주된 사업의 주체가 기초자치단체(시정촌)인데, 이 같은 변화에 대해서는 기대와 우려가 섞여 있어 관련 평가는 조금 더 시간이 지나야 가능할 것이다.

3. 아동·육아지원 신제도

1) 일본의 저출산 현황

후생노동성이 발표한 〈인구동태통계 특수보고〉에 따르면, 전후 발생한 제1차 베이비붐에 따른 출생률은 4.5 이상의 수준을 나타낸다(厚生勞働省, 2006a). 1966년의 출생률은 전후 시기와 비교하여 꽤 낮은 1.58의 값을 나타내는데, 이는 병오년 출생의 여성에 대한 일본인들의 미신 때문이다.[6] 그 후 1967년부터 1973년의 기간에는 사망률 감소로 인하여 출생률은 상대적으로 높은 수치를 나타낸다. 1989년 출생률은 1966년의 상황과 비교 시 상대적으로 낮은 1.57의 수준이었으며, 저출산 문제가 이 시점부터 심화된다.

〈그림 17-1〉에서 제시한 바와 같이 일본의 출생률은 2005년 통계조사를 시작한 이래 최저치인 1.26을 기록한다. 2006년부터 2008년의 출생률은 2005년 수치와 비교하면 증가된 수치를 보이고 있으나 2009년에는 2008년도와 유사하게 1.37 수준을 유지하는 모습을 보인다. 한편, 2010년에는 1.39로 2009년도와 대비했을 때 증가추세를 보이나, 여전히 저수준이 유지되면서 장기적 저출산 시대가 도래할 것으로 예상된다. 도표를 통해 확인할 수 있는 바와 같이 출생 인구가 단위기간(2년)별로 감소하여 전체적으로 하향곡선을 나타낸다.

---

6) 병오(丙午)년생 여성의 기질에 대한 미신은 에도시대 초기에 퍼진 "병오년은 화재가 많다"는 얘기가, 애인을 만나고 싶은 마음에 방화사건을 일으킨 에도 홍고 소재 야채가게집 딸 오시치가 병오년생이란 사실과 겹쳐, 여성의 결혼에 관한 미신으로 바뀐 것으로 알려져 있다. 오시치는 그 죄로 화형에 처해진다. 유명작가 이하라 사이카쿠(井原西鶴)가 쓴 《호색오인녀》(好色五人女)에 실려 널리 알려졌으며, 문학과 가부키, 분라쿠 등의 전통예능 분야 작품의 주인공으로 등장할 때가 많다.

한편 일본국민 생활의 외형적인 변화가 예전과는 다른 양상으로 나타날 것으로 예측되는 바, 2030년 생애미혼율(일생 동안 단 한 번도 결혼한 적이 없는 상태)은 남성이 약 30%, 여성은 약 23%로 나타날 전망이다. 또한 〈그림 17-2〉와 같이 맞벌이 세대와 외벌이 세대를 비교해 보면 1997년에는 맞벌이 세대의 수가 외벌이 세대의 수보다 증가하였다는 상황에 주목할 필요가 있다. 그러한 사회적 현상에 적합하도록 정부차원의 제도적 개선 및 정비를 통해 출산장려를 위한 구체적 시책 마련이 시급한 상황이다.

〈그림 17-1〉 출생아수 및 출생률 추이

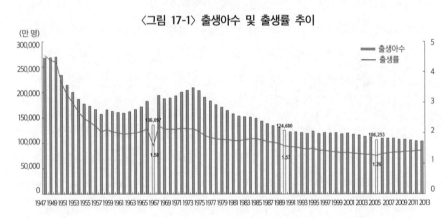

자료: 후생노동성, 2013.

〈그림 17-2〉 맞벌이 세대수 추이

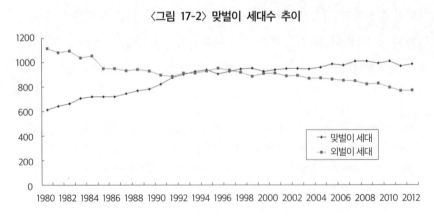

자료: 내각부, 2012.

2) 아동·육아지원 신제도 시행의 배경

일본에서는 아동의 보육지원을 실현하는 사회를 구현하기 위해서 2010년 1월 '아동보육에 대한 비전'을 마련하여 이를 바탕으로 2015년 4월 '아동·육아지원 신제도'가 시행되었다. [7] 신제도가 시행되기에 앞서 후생노동성은 2010년부터 2014년까지의 5개년 목표를 설정하여 사회 전체가 아동을 보호하고 키우는 환경 조성을 강조하였다. 또한 당해 당국은 '아동보육 비전'을 기본으로 '아동보육에 대한 새로운 체계'를 수립했고 2010년 '아동보육의 새로운 체계를 검토하는 회의'에서 구체적 제도를 논의했다.

그 후 2012년 3월 저출산사회대책 회의에서 '아동보육 신체계의 기본제도에 대해서'를 결정해, '아동보육 신체계에 관한 기본제도', '아동보육 신체계 법안 골자'를 설정했다. 동 법안에 대한 골자로 3월말에는 ① 아동·육아 지원법안 ② 〈인정어린이원법〉의 일부개정 법안 ③ 관계정비법안을 '조세 근본개혁' 등과 함께 2012년 국회에 제출했다(厚生労働省, 2012a: 311).

2012년 8월 국회의 심의과정에서 아동·육아관련 3개 법안이 통과됨으로써 인정어린이원 제도의 개선 등 지역 자치단체의 여건에 따른 아동 및 보육지원과 종합적 맞춤형 정책을 추구하는 아동·육아지원 신제도가 본격적으로 시행되었다. [8]

---

[7] 2015년 4월 내각부는 신제도의 시행에 따라 아동·보육본부를 발족하였다. 아동·보육본부는 내각부 특명담당 장관을 본부장으로 선임하여, 저출산 대책 및 보육지원시책 기획 등과 관련된 행정각부의 시책을 통합적으로 관리하는 역할을 한다. 또한 아동·보육지원법을 근간으로 하는 급여와 아동수당 등 보육서비스와 관련된 재원지원의 일원화를 도모하며, 인정어린이원제도를 문부과학성 및 후생노동성과 연계 진행한다.

[8] 아동·육아지원 신제도가 기존정책과 상이한 특징은 고령자를 중심으로 수립된 사회보장제도의 틀에서 아동에 대한 지원이 포함되어 연간 2조원 정도의 수준이던 예산에서 소비세가 10%인 경우의 증수분으로부터 매년 7천억 엔 정도의 예산을 충당하여 아동·육아지원을 위해 재원이 활용되는 점이다

즉, 아동·육아지원 신제도는 〈아동보육지원법〉의 취지에서 나타난 바와 같이 각 지역의 보육을 종합적으로 지원하기 위해서 기존의 유치원과 보육원에 대해 적용했던 제도 및 재원의 일원화를 추구하는 것이다. 본 정책은 지역의 실정에 부합하여 유치원과 보육원을 일원화하고 출산에서 취학까지 연속적 맞춤형 지원을 실행하는 것이다.

3) 아동·육아지원 신제도의 특징

아동·육아지원 신제도는 〈그림 17-3〉에서 제시한 바와 같이 시설형 서비스와 지역형 서비스로 구분할 수 있다. 시설형 서비스의 형태는 인정어린이원(0~5세), 유치원(3~5세), 보육원(0~5세)으로 구분할 수 있고, 특히 육아지원 체계의 양적 확충과 질적 향상을 도모하여 유치원과 보육원의 긍정적 요소를 통합한 '인정어린이원'을 지역실정에 맞게 보급하는 것을 추구한다. 또한, 보육시설을 확충하고 대기아동 문제를 해소하여 안정적인 육아를 위해 정책적으로 지원하여 여성의 취업활동을 보장할 수 있는 사회기반 구축을 목표로 하며, 이를 토대로 출생률 증가를 제고하는 것이 주된 목적이다(내각부 아동·보육본부, 2016).

지역형 보육서비스의 형태는 소규모 보육원, 가정적 보육, 방문형 보육 및 사업소 내 보육으로 구분할 수 있다. 즉, 도시지역에 만연한 대기아동 문제의 해소와 더불어 인구감소 추세에 직면한 지역에 대해 보육기능을 확대하기 위한 지원대책이다. 9)

---

9) 특히, 소규모 보육원은 정원이 6명 이상 19명 이하로 되어 있으며, 인구감소의 과소지역 및 토지의 고비용으로 보육원을 세우지 못하는 도시부에서도 비교적 운영하기 쉬운 보육원을 설립하도록 하는 것에 대한 새로운 지원대책이다.

<그림 17-3> 아동·육아지원 신제도

어린이 육아지원 서비스	지역 어린이 육아지원 사업
시설형 보육서비스 인정어린이원, 유치원, 보육원 **지역형 보육서비스** 소규모 보육, 가정적 보육 방문형 보육, 사업소 내 보육	이용자 지원사업, 지역보육지원 거점사업 임산부 건강진단, 유아가정 방문사업 양육지원 방문사업, 보육단가 지원사업 패밀리 서포트센터사업, 일시적 돌봄사업 연장보육사업, 방과후 아동클럽 실비징수에 대한 급여사업(신설) 다양한 주체가 본 제도에 참여하도록 촉진하는 사업

자료: 내각부, 2015.

시설형 보육서비스에 관하여 구체적으로 살펴보면, 유치원은 초등학교 이후 교육의 기초를 다지기 위한 유아기 교육을 실시하는 기관으로 이용시간은 오후까지의 교육시간이며 유치원에 따라 교육시간 전후나 유치원의 휴업 중의 교육을 지원한다. 유치원의 서비스를 이용할 수 있는 보호자의 자격요건은 제한이 없다. 한편, 보육원은 취업활동 및 기타의 사유로 가정에서 보육할 수 없는 보호자를 대신하여 저녁시간대에 보육을 지원하는 시설로서 보육원에 따라 시간을 연장하여 보육여건을 보장하며 맞벌이 세대 또는 가정여건에 따라 자녀를 돌봐줄 수 없는 사유가 명확한 경우에 누구나 이용할 수 있다.

인정어린이원은 교육과 보육을 일체적으로 시행하는 시설로서 유치원과 보육원의 기능과 역할을 수행하고 지역의 육아지원을 병행하는 시설이다.[10] 신제도는 보육기관의 인가절차를 간소화하여 유치원 및 보육원의 신설을 촉진하였다. 또한 인정어린이원은 보호자의 취업활동 여부에 국한되지 않고 여하한 수요자가 교육 및 보육을 함께 지원받을 수 있다. 보호자

---

10) 인정어린이원은 2006년부터 보육 및 교육기능 수행기관으로 기존의 보육원, 유치원 외의 제3시설로 시범적으로 도입되었고 2015년 4월부터 본격적으로 제도화되었다.

가 실업상태에 직면하게 되었거나 경제적 상황 및 근로상황이 변경되었을 경우에도 기존에 다녔던 보육기관을 지속적으로 이용할 수 있다.

지역형 보육서비스는 시정촌11)의 인가사업으로 지정되었으며 정형적 보육시설(정원 20명 이상)에 비해서 비교적 소수정원으로 편성되며 0~2세 아동에 대한 보육을 담당하는 사업이다. 본 사업은 대기아동의 다수인 0~2세 영아들을 대상으로 추진되는 지역형 보육사업으로 보육시설의 신설계획이 수립되지 않은 도시와 아동이 감소추세에 있는 지방 등에 대해 각각의 개별상황에 따라 보육시설을 확대하여 안정적인 아동보육을 보장하는 정책이다.

지역형 보육은 4개의 형태로 구분된다. 첫째, 가정적 보육(보육마마)으로 가정적 분위기 속에서 소수(정원 5명 이하)를 대상으로 세심한 보육을 실시한다. 둘째, 소규모 보육으로 소수(정원 6~19명)를 대상으로 가정적 보육에 가까운 분위기 속에서 보육의 효과를 극대화한다. 셋째, 사업소 내 보육으로서 사업소의 보육시설에서 근로자의 자녀와 지역거주 아동을 함께 보육한다. 넷째, 주택 방문형 보육으로 장애 및 질환 등으로 개별적인 보육이 필요하나 지역 내 보육시설이 없어진 경우 보육을 유지할 필요가 있는 경우 등에서 보육사가 자택에서 일대일로 보육을 한다.

이처럼 아동·육아신제도는 시설 내에서 아동의 교육 및 보육을 지원하고 또한 지역 육아지원의 양적 확충과 질적 향상을 추진하여 모든 가정이 안심하고 육아할 수 있도록 지원되는 서비스이다.

---

11) 시정촌(市町村)은 일본의 기초자치단체인 시(市), 정(町), 촌(村)을 통칭하는 용어다.

4) 대기아동 문제를 해결하기 위한 대책 마련

(1) 대기아동 문제를 해결하기 위한 보육정책 마련

후생노동성의 발표에 따르면 보육원이 필요한 이유는 맞벌이 세대가 출산 후 자녀를 돌봐줄 시설이 없기 때문이다. 사회 전반적으로 이혼율은 감소하였지만 그 외의 이유를 포함해서 외벌이 세대도 증가하고 무엇보다도 핵가족화로 조부모가 없는 상황에서 자녀를 맡길 곳은 보육원이 가장 적절할 것이다. 또 핵가족 세대 증가와 여성의 단시간노동 증가로 도시 생활권에서의 수요가 증가하였다. 이러한 이유로 아이를 보육원에 맡기고 싶어도 맡길 수 없는 보육원대기아동이 발생했다. [12]

〈그림 17-4〉를 통해서 확인할 수 있듯이 도쿄를 비롯한 수도권에서 7,814명, 오키나와 2,591명, 치바현 1,646명, 오사카 지역 1,365명의 순으로 도시 생활권에서 대기아동수가 대부분을 차지한다.

일반적으로 보육원은 유아를 보육하는 데 필요한 보육교사의 적정인원 및 시설 등이 국가의 기준에 부합된 '인허가된 보육기관'을 지칭한다. 보육원은 시정촌이 설립하거나 사회복지법인 등이 설립하는 사립보육원이 있으며 양개 형태의 보육원은 공히 국가 또는 지방자치단체로부터 공적자금을 지원받아 운영된다.

보육원의 입소는 희망자가 여하한 형태(사·공립 구분 없음)의 보육원을 선택하여 시정촌에 신청을 하고 '보육을 하기 위한 조건'에 충족하는 보육원에 입소할 수 있으며 입소비용은 대부분 국가 및 지방자치단체에서 공적자금으로 지급된다. 이용자의 부담액은 '보육료'에 한정된다. 보육료는 시정촌이 결정하지만 건강보험과 같이 실질적으로 집행되는 비용의 일정한 부담료를 지급하지 않고 보육 대상인 자녀의 연령과 각 가정의

---

12) 2014년 5월 1일 기준 보육원 대기아동은 2만 3,167명이며 전년대비 1,796명 증가했다.

소득에 따라 보육료를 지급하는 형태로 되어 있다. 이러한 보육료는 시정촌의 인허보육원이면 공립·사립의 구별 없이 동일한 수준의 금액으로 설정되어 있다.

<그림 17-4> 2015년 도도부현별 대기아동수 순위

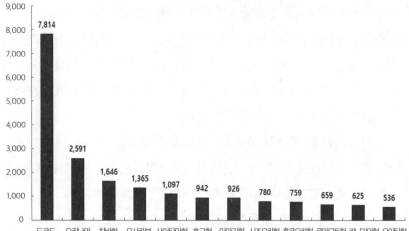

자료: 후생노동성, 2015.

<그림 17-5> 보육원 대기아동 현황과 보육원 정원 추이

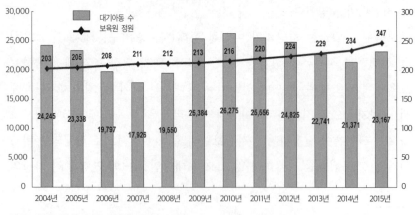

자료: 후생노동성, 2012a; 후생노동성, 2015.

그러나 보육원 입소를 희망하는 아동의 수요에 비해 보육시설의 설비규모는 미비한 상황이며 이에 따라 대기아동의 수는 지속적으로 증가되고 있다. 〈그림 17-5〉에서 제시한 바와 같이 대기아동의 규모는 2015년 4월 기준으로 약 2만 3,100명에 이르며 4년 전 현황과 비교 시 감소된 수치를 나타내고 있으나 여전히 많은 아동들이 보육원에 입소하지 못하고 있고 사회적으로 매우 중요한 과제로서 인식된다.

이러한 상황에서 아동·육아 지원제도는 3세 미만 아동에 대한 잠재적 보육수요의 충족을 위해 대기아동 해결대책을 마련하였다. 구체적으로 보육원 운영비를 확보하기 위한 보육의 양적 확대를 계획하고, 보육기관의 정비를 더욱 발전적으로 추진하기 위해 단계별 목표를 설정하여 2008년부터 2012년까지 도도부현에서 '안심아동기금'을 조성하였다. 아동보육 비전을 제시한 목적은 첫째, 지역 내 인허가 보육원 분원 등의 설치를 촉진하고, 가정식 보육 확대 등의 정책을 통해 중앙정부와 지방정부가 일체적으로 대처하여 대기아동문제의 해결을 모색하는 것이다.

둘째, 각 자치단체에서의 보육을 촉진하기 위해 그룹형 소규모 보육사업 추진 및 '지역형 아동 및 보육회의'를 설치하고 소규모 또는 다기능적 보육사업을 실시함으로써 보육정책의 사각지역 발생을 최소화하기 위해 지역별 특성에 부합된 '지역형 보육 및 보육지원 모델(구축) 사업' 등을 추진하는 것이다.

셋째, 맞벌이 세대로 인해 아이들이 홀로 집에서 보내는 초등학생 아동에 대해 학교의 여유 교실 및 기타 관련시설에서 방과후 시간을 활용할 수 있는 '방과후 아동클럽' 시행을 독려하는 것이다. 2011년 5월 1일 시점으로 방과후 아동클럽의 수는 전국 20,561개소, 등록아동수는 약 83만 3,038명이다.[13] 앞으로 보육원의 이용자가 취학 후에도 방과후 아동클럽을 이용할 수 있도록

---

13) 동일본 대지진의 영향으로 후쿠시마현 내의 12개 시정촌을 제외하고 집계한 수치다.

'아동보육 비전'에서 내세운 수치목표를 달성하기 위해 계획하고 있다.

또한 후생노동성은 지역사회에서 방과후 클럽 등을 이용하고 있는 아동들이 안전하고 건강하게 생활할 수 있는 장소를 마련하기 위해 2007년도부터 문부과학성 '방과후 아동교실'과 연계하여 종합적인 방과후 대책을 마련하는 '방과후 아동계획'을 추진한다.

(2) 보육가정에 대한 지원

저출산 및 핵가족화로의 변화 그리고 지역간 상호작용의 연결고리가 희박한 사회로의 진행 등 사회환경이 변화하는 과정에서 각 지역 자치단체는 상담인력이 부족하고, 선진화된 보육제도로부터 고립되어 사회적 부담감이 증가하고 있다. 특히 일반적 상황을 고려하면 3세 미만의 아동을 보육하고 있는 여성의 약 80%가 가정에서 보육함으로써 사회로부터의 고립감이나 소외감을 노정하는 경우가 적지 않다.

따라서 거주지로부터 근접한 기관에서 보육에 관한 수시상담 및 교류를 통해 문제점을 해결할 수 있는 '지역보육지원 거점사업' 설치사업이 추진된다. 이러한 시책은 ① 부모에 대한 보육의 장을 제공함과 더불어 상호 이익을 공유할 수 있는 집단 내 교류촉진, ② 보육 등에 관한 상담 및 지원, ③ 지역 내 보육에 관한 정보제공, ④ 보육지원에 대한 강연 등을 기본사업으로 추진한다. 구체적 시책으로 공공시설 및 상가단지 내에서 가용한 공간을 이용하여 보육교육을 시행하는 '광장형', 보육원 등 기능에 부합된 시설에서 시행하는 '센터형', 민영아동관에서 시행하는 '아동관형'의 3종류로 구성되어 각각의 특색을 살려서 사업을 전개한다. 특히 '광장형'과 같은 보육시설의 경우 기본사업에 추가하여 기능을 확충하는 것을 계획하고 있으며, 단시간 아동에 대한 돌봄서비스 및 방과후 아동클럽 등 다양한 보육지원 활동을 시행하여 '광장형' 시설을 중심으로 관계기관과의 유기적 네트워크화를 계획하는 등 보육가정의 상황에 부합된 다양한 보육지원을 실시한다.

한편, 지역단위 보육지원기능을 강화하기 위한 시책이 추진된다. 구체적으로는 ① 보호자의 보육기관 왕래를 수월하게 하는 통학체계 구축, 사회참가 활동 지원과 학부모의 보육 스트레스를 줄여 주기 위한 보육원 운용, 접근성이 보장된 특정장소에서의 취학 전 아동에 대한 '돌봄서비스 사업' ② 생후 4개월까지의 유아가 있는 모든 가정에 대한 보육지원 정보제공과 양육환경 등 파악, 보육에 대한 불안감, 고민 등을 상담하는 '유아가정 세대 방문사업'(아가야 잘 있니 사업) ③ 양육지원 필요 상담에 대응한 양육능력 향상 유도목적의 '양육지원 방문사업' ④ 유아와 초등학생 학부모 등 대상의 아동보육 상호원조 사업인 '패밀리 서포트센터사업' ⑤ 부모의 잔업, 질병에 따른 양육불능 가정의 아동을 아동양호시설 등에서 보육하는 '보육단기 지원사업' 등이 전개된다.

4. 육아휴직 제도 정착을 위한 직장환경 조성

1) 현 황

2015년 후생노동성 조사에 따르면 여성의 육아휴직률은 〈그림 17-6〉에서 제시한 바와 같이 81.5%로써 육아휴직제도가 성공적으로 정착되었음을 확인할 수 있다. 한편, 남성의 육아휴직률은 장기적으로 상승세를 보이나 2015년에 이르러서는 2.65%로 여전히 낮은 수준을 유지하고 있다.

그러나 과거, 2005~2009년 기간 중 첫 자녀 출산 후 지속적으로 취업상태를 유지하면서 육아휴직을 이용하는 정규직 여성은 〈그림 17-7〉에서 제시한 바와 같이 43.1%로 높은 수준을 유지했으나, 단시간노동, 파견직 여성의 육아휴직률은 상대적으로 낮은 수준을 나타냈다(〈그림 17-8〉). 여전히 사회생활과 육아가 상호 양립하기 어려운 조건임을 보여준다.

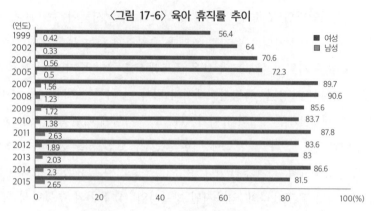

〈그림 17-6〉 육아 휴직률 추이

주: 2011년은 이와테현, 미야기현 및 후쿠시마현의 휴직률 현황은 제외된다.
자료: 후생노동성 고용균등 아동가정국, 2016a.

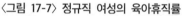

〈그림 17-7〉 정규직 여성의 육아휴직률

자료: 국립 사회보장 ·인구문제연구소, 2010.

〈그림 17-8〉 취업활동(단시간노동 및 파견 등) 중인 여성의 육아휴직률

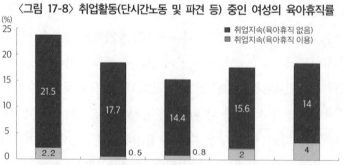

자료: 국립 사회보장 ·인구문제연구소, 2010.

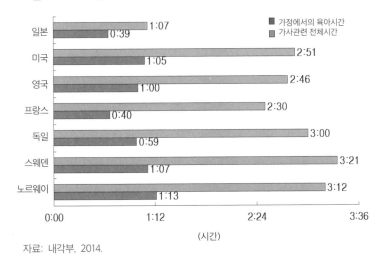

〈그림 17-9〉 국가별 6세 미만 자녀를 둔 남성의 가사 및 육아관련 시간(1인당)

일본: 1:07 / 0:39
미국: 2:51 / 1:05
영국: 2:46 / 1:00
프랑스: 2:30 / 0:40
독일: 3:00 / 0:59
스웨덴: 3:21 / 1:07
노르웨이: 3:12 / 1:13

■ 가정에서의 육아시간
■ 가사관련 전체시간

(시간)

자료: 내각부, 2014.

더욱이 〈그림 17-9〉에서 남성이 육아 및 가사에 소비하는 시간에 대해 국가별로 비교하면 선진국 중 일본이 최저수준임을 알 수 있다. 이와 같이 남녀 모두 일과 생활의 조화가 잘 이루어지지 않는 상황에서 여성이 기존의 사회생활을 유지하기는 용이하지 않으며 출산을 희망하지만 여하한 불비한 여건에 의하여 저출산으로 귀결되는 것이다.

2) 육아·개호휴직법

2009년 6월, 개호휴직 같은 제도를 바탕으로 〈육아나 가족 요양을 보장하는 근로자의 복지에 관한 법률〉(이하 〈육아·개호휴직법〉) 일부가 개정되어 2010년 6월 30일부터 시행되었다. 이때의 개정은 자녀를 키우는 부모들이 직장생활을 지속하면서 육아활동을 보장받을 수 있는 환경을 정비하려는 것이 목적이었다. 또한 종업원 수 100명 이하 사업장에 대해 적용이 유예되고 있던 단시간근무제도, 통상의 근무시간 외 초과근무와 관련된 소정

<표 17-1> 육아휴직제도의 관련규정 정비 현황(사업소 규모별)

(단위: %)

사업소 규모	1996년	1999년	2002년	2005년	2008년	2012년
5명 이상	36.4	53.5	61.4	61.6	66.4	72.4
30명 이상	60.8	77	81.1	86.1	88.4	94.2
100~499명	-	-	-	95.5	97.2	98.4
500명 이상	-	-	-	99.9	99.8	99.9

자료: 후생노동성, 2012b.

외 노동의 제한 제도를 개정하여 신축적 노동이 가능하도록 하였으며, 이들 조치는 2012년 7월 1일부터 전면적으로 실행되었다.

〈표 17-1〉은 기업의 육아휴직제도의 관련규정 정비 현황을 나타낸 것이다. 취업규정 등에 명시된 바의 육아휴직제도를 도입한 기업(5명 이상)이 2012년 기준으로 1996년 대비 2배가 넘는 72.4%로 증가되었다.

〈육아·개호휴업법〉(1991년)14)은 출산 후 자녀 연령이 18개월이 도래할 때까지 육아휴직의 권리를 인정한다. 15) 이 법에는 육아휴업 외에 개호휴업, 자녀의 간호휴가, 소정외 노동제한, 시간외 노동제한, 심야업 제한, 소정노동시간의 단축조치(단시간근무제도), 대상가족 개호를 위한 소정노동시간 단축 등의 조치, 육아휴업 등에 대한 희롱방지, 노동자 배치 배려, 재고용특별조치 등이 규정되어 있다. 16)

---

14) 정식명칭은 〈육아휴업, 개호휴업 등 육아나 가족개호 노동자 복지에 관한 법률〉이다.

15) 일본에서는 원칙적으로 아이가 만 1세가 될 때까지 육아휴직을 할 수 있다(법 5조). 또 1세가 될 때 필요하다고 신청하면 6개월간 육아휴직을 연장할 수 있다(법 5조 3항). 단 유기계약노동자(기간노동자)는 별도의 취득요건을 갖추어야 한다. 유기계약노동자에 대한 취득요건이 엄하다는 지적이 있어 2017년부터 완화된 규정이 적용되고 있다. 이로써 휴직 신청시점에서 과거 1년 이상 계속 고용 중이고, 자녀가 1년 6개월이 될 때까지 고용계약이 종료되지 않을 경우에는 육아휴직을 신청할 수 있다. 한편 2016년 12월 7일 후생노동성의 노동정책심의회 고용균등분과회는 자녀를 보육소에 입소시킬 수 없는 경우 등 특별한 사정이 있을 때는 육아휴업기간을 최대 2년까지 연장할 수 있도록 했다. 개정법안은 2017년 가을 통상 국회에 제출할 예정이다(日本經濟新聞, 2016. 12. 7).

근무시간 축소조치는 자녀의 연령이 3세가 도래될 때까지 근무시간을 축소하도록 조치하는 것을 의무화하는 것이며, 시간외 노동의 제한은 초등학교 취학 전 아이를 키울 경우 월 24시간, 연 150시간 초과의 시간외 노동을 제한하는 것이다. 통상의 근무시간을 초과하는 소정 외 노동의 면제는 근로자의 자녀가 3세가 도래될 때까지 기업에 청구할 수 있다. 심야야근 제한이란 초등학교 취학 전 아이를 키우는 근로자에 대해 심야야근을 제한하는 것이다.

자녀 간호휴가제도란 근로자가 초등학교 취학 전 자녀 1명을 키울 경우 연 5일, 2명 이상일 경우 연 10일 기간의 간호휴가를 부여하도록 제도적으로 의무화하는 것이다. 〈그림 17-10〉에서와 같이 간호휴가제를 도입한 기업(근로자 5명 이상)은 2012년 기준 53.5%로 제도도입 전인 2008년 46.2%에 비해 증가하였다.

후생노동성 노동국 고용균등실로 민원이 제기된 상담건수를 살펴보면, 육아휴직제도의 정착으로 인해 육아휴직으로 인한 불이익을 경험하여 민원을 제기한 상담건수는 〈표 17-2〉에서 나타난 바와 같이 감소하였으나 〈남녀고용 균등법〉 제9조와 관련하여 혼인, 임신 및 출산 등으로 인한 여성의 불이익과 관련된 상담건수는 증가하였다.

---

16) 법안에 대한 설명은 厚生労働省 都道府県労働局 雇用環境・均等部(室) (2017)에 잘 정리되어 있다. 이 법은 2009년과 2016년에 두 차례 크게 개정된 바 있다. 2016년에 개정된 사항은 위의 자료를 참조하면 된다. 2009년 개혁시에는 육아휴업 신청사항과 신청방법 개선 외에 개호휴업 신청방법 개편, 자녀의 간호휴가 확충, 개호휴가 창설, 육아위한 소정외 노동제한, 시간외 노동제한과 심야업 제한의 청구방법 개편, 3세 미만 자녀양육 노동자 단시간 근무제도 의무화와 이들 노동자 대체조치 등 소정노동시간 단축조치, 육아휴업 취득 이유로 불이익 취급 금지 등의 분야가 그 대상이었다. 개정법은 원칙적으로 2010년 6월 30일 시행되었다(厚生労働省 都道府県労働局 雇用均等室, 2010).

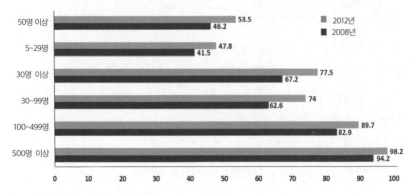

〈그림 17-10〉 자녀의 간호 휴가제도에 관한 기업의 규정정비 현황 (사업소규모별)

자료: 후생노동성 고용균등 · 아동가정국, 2016a.

〈표 17-2〉 근로자의 상담건수 추이

상담내용	2012년	2013년	2014년
〈남녀고용균등법〉 제9조와 관련한 혼인, 임신, 출산 등의 이유로 인한 불이익	1,821	2,090	2,251
〈육아·개호휴직법〉 제10조와 관련한 육아휴직에 관한 불이익	1,392	1,354	1,340

자료: 후생노동성 고용균등 · 아동가정국, 2016b.

〈표 17-3〉 육아를 위한 소정노동시간의 단축조치 등에 관한 항목별 시행비율

(단위: %)

항목	총수	500명 이상	100~ 499명	30~ 99명	5~ 29명	30명 이상
제도 있음	62.4	99.7	96.1	83.8	56.7	86.5
단시간근무제도	58.4	97.5	93.7	78.4	52.9	81.7
육아일 경우 이용가능한 (자유근무시간제) 제도	13.2	25.5	20.5	14.4	12.6	15.8
개업·취업시간의 앞당김 및 뒤로 물림	32.9	53.3	46.1	41.1	30.7	42.3
소정 외 노동의 면제	54.9	91.7	89.5	75.8	49.3	78.8
기업 내의 위탁시설	2.6	18.7	5.8	3.9	2.2	4.5
육아에 필요한 경비의 원조 조치	4.4	29.3	11.8	6.4	3.6	7.8
육아휴직과 동일한 조치	11.3	34.2	15.4	13.3	10.6	14.1

자료: 후생노동성, 2012b.

또한 2012년 〈개정 육아·개호휴직법〉이 본격적으로 시행된 현황을 살펴보면 〈표 17-3〉에서 제시한 바와 같이 2012년 기업 내에서 육아를 위한 근무시간단축 등에 대한 조치내용을 보면 단시간근무제도, 소정 외 노동의 면제 순으로 그 비율이 높음을 알 수 있다.

〈개정 육아·개호휴직법〉에서 규정된 바와 같이 육아휴직 및 소정 외 노동시간의 단축 등에 관한 조치에 대해 기업이 철저히 주지하고 실행한다면 육아와 취업활동이 양립할 수 있는 직장환경이 조성될 뿐만 아니라 근로자는 안심하고 육아휴직 및 노동시간 단축을 용이하게 이용할 수 있다고 판단된다.

3) 기업에 대한 차세대 육성지원 계획

후생노동성은 2008년 12월 지방 자치단체와 기업이 육아를 위하여 더욱 충실하게 보장 및 지원할 수 있도록 〈차세대육성지원대책추진법〉(이하 〈차세대법〉)을 개정하였다. 즉, 아이들이 건강하게 성장할 수 있는 사회환경을 조성하기 위하여 후생노동성은 〈차세대법〉을 기본으로 국가, 지방정부, 사업주, 국민이 각각의 입장에서 차세대 육성지원을 위하여 법적으로 보장하는 제도를 마련하였다.

이 개정법에서는 2011년 4월 1일부터 상시근무자가 301명 이상의 기업으로부터 101명 이상의 기업으로 확대하여 일반사업주 행동계획(이하 행동계획) 수립 및 신고의 의무를 설정한다. 즉, 차세대 육성 지원대책 추진센터, 노사단체 및 지방공공단체 등과 연계하여, 행동계획을 수립하고 이를 신속히 신고하도록 한다.

기업이 〈차세대법〉 기준으로 행동계획을 실시하기 위한 절차과정을 〈표 17-4〉에 제시하였다.

〈표 17-4〉〈차세대법〉기준 기업의 행동계획 작성 및 실시과정

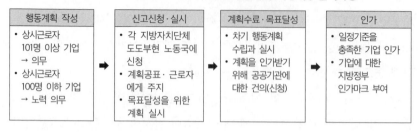

행동계획 작성	신고신청 · 실시	계획수료 · 목표달성	인가
• 상시근로자 101명 이상 기업 → 의무 • 상시근로자 100명 이하 기업 → 노력 의무	• 각 지방자치단체 도도부현 노동국에 신청 • 계획공표 · 근로자 에게 주지 • 목표달성을 위한 계획 실시	• 차기 행동계획 수립과 실시 • 계획을 인가받기 위해 공공기관에 대한 건의(신청)	• 일정기준을 충족한 기업 인가 • 기업에 대한 지방정부 인가마크 부여

자료: 후생노동성, 2012a.

기업은 적절한 행동계획을 수립 및 실시함에 있어 그 목표를 달성하기 위한 일련의 요건이 충족되면, 후생노동성 장관의 허가를 부여받고 인가마크인 구루밍[17]을 사용할 수 있다.[18] 후생노동성 장관이 인가하는 〈차세대법〉 시행의 행동계획의 기간은 2년 이상 5년 이하여만 하고, 작성된 계획을 반드시 실시하고 목표에서 제시된 수치를 달성해야 한다. 이는 3세부터 초등학교 입학 전까지의 자녀를 가진 근로자가 대상이며 이들에 대해 육아휴직 제도 또는 근로시간 단축 등의 조치를 강구해야 한다. 계획기간중 남성의 육아휴직이 있어야 하며 여성의 육아휴직률이 70% 이상이어야 한다.

일반사업주의 차세대 육성지원 행동계획을 신고한 현황은 〈표 17-5〉와 같다(2012년 6월말 기준).

---

17) 갓난아이를 보자기에 감싸고 있는 마크로 구루밍(くるみん)은 감싸다, 둘러싼다는 뜻을 지닌 '包む'에서 따온 말이다. 후생노동성이 공모를 통해 붙인 애칭이다. 갓난아이를 따뜻하게 감싸는 의미 외에 기업과 직장이 한데 어우러져(企業とその職場ぐるみ) 육아와 저출산 문제에 대처하자는 뜻도 포함되어 있다.

18) 차세대육성 지원제도의 인가마크는 다양한 목적을 지닌다. 기업체에 대한 인지도를 높이는 것뿐 아니라, 차세대 육성지원 인가기업의 모델사례로 소개되고 차세대 육성지원 기업의 수혜 혜택을 적극 선전하고, 2011년 6월 차세대 육성기업으로 인정받은 기업들에 대한 세금상(우대)조치의 주지 등이다. 세금혜택은 2011년 4월 1일부터 2014년 3월 31일 기간 중 〈차세대법〉인정기업은 인정받은 행동계획 개시일에서 인정받은 날이 포함되는 사업연도 종료일까지 취득, 신축, 증개축한 건물 등에 대해 인정받은 날이 포함되는 사업연도에 보통상각한도액의 32% 만큼을 할증상각하여 세금을 절약할 수 있는 것을 지칭한다.

〈표 17-5〉 일반사업주의 차세대 육성지원 행동계획 신고 사례

일반사업주행동계획을 신고한 현황		신고율
규정에 해당되는 기업수	69,337 기업	
근로자 301명 이상 기업	14,399 기업	95.0%
근로자 101명 이상 300명 이하 기업	30,975 기업	96.4%
근로자 100명 이하 기업	23,963 기업	
차세대육성지원계획에 인가된 기업	1,276 기업	

자료: 후생노동성, 2012a.

4) 취업활동과 가정생활의 양립환경 조성 지원

후생노동성은 육아와 가족을 부양해야 하는 근로자가 지속적으로 일할 수 있도록 고용환경을 조성하는 사업주에게 일과 육아 양립지원 사업을 시행한다. 주된 방식은 조성금이라는 이름의 급부금을 지급하여 사업비용의 부담을 덜어주는 형태다.

양립지원 등 조성금의 지급기관은 도도부현 노동국 고용균등실이며 구체적 조성금 종류에는 사업소 내 보육시설 설치·운영 등 지원 조성금, 출생시양립지원조성금, 개호이직방지지원조성금, 개호지원시도조성금, 중소기업양립지원조성금, 여성활약가속화조성금 등이 있다.

첫째, 사업소 내 보육시설 설치 및 운영·지원 조성금은 근로자를 위해 보육시설을 사업장 내(근로자가 출근하는 경로 또는 사업소 근처 포함)에 설치하거나 증축하는 사업주·사업주단체를 지원하는 급부금이다. 대기업과 중소기업으로 구분하여 중소기업의 조성률을 높게 설정한다. 이때 중소기업 사업주의 범위는 업종별로 그리고 자본금액이나 출자총액, 상시고용노동자수 별로 다르게 규정된다(〈표 17-6〉). [19]

---

[19] 소매업(요식업 포함)은 자본금액이나 출자총액이 5천만 엔 이하거나 상시고용노동자수가 50인 이하의 어느 쪽에 해당해야 한다. 서비스업은 각각 5천만 엔 이하, 100인 이하, 도매업은 각각 1억 엔 이하, 100인 이하, 기타 업종은 각각 3억 엔 이하, 300인 이하 중 어느 쪽에 해당해야 중소기업으로 인정된다.

<표 17-6> 사업소 내 보육원 시설설치 및 운영지원 조성금(2016년)

구분	조성금 지급률		조성 한도액	
① 보육원 설치비	• 대기업 1/3, 중소기업 2/3		• 대기업 1,500만 엔 • 중소기업 2,300만 엔 • 단 운영개시 초년도에 50% 지원, 3~5년차에 일정 지원 요건 충족시 나머지 50% 지원	
② 보육원 증축비	• 대기업 1/3, 중소기업 1/2 • 단 정원증가 시에는 증가정원/재건축후정원 x 조성금 지급률	증축	• 대기업 750만 엔 • 중소기업 1,150만 엔 • 5인 이상 정원증가에 따른 증축, 몸상태 안좋은 아동 대상 안정실 등 증축, 지원 요건 충족위한 증축	운영개시 초년도에 50% 지원, 3~5년차에 나머지 50% 지원
		재건축	• 대기업 1,500만 엔 • 중소기업 2,300만 엔 • 5인 이상 정원증가에 따른 증축, 지원요건 충족위한 증축	
③ 보육원 운영비	둘 중 적은 쪽	현원 1인당 연 34만 엔 (중소 45만 엔)	• 대기업 1,360만 엔 • 중소기업 1800만 엔 • 몸상태 안 좋은 아동 대응의 경우, 연 165만 엔 가산	
		운영비용 - {시설정원 (최대10인) x 운영월수 x 월 1만 엔(중소 5천 엔)}		

자료: 후생노동성 도도부현 노동국 고용환경균등부(실), 2016.

둘째, 출생시양립지원조성금은 2016년에 신설된 조성금으로 남성노동자에게 일정한 육아휴업을 얻도록 한 사업주를 지원한다. 지급대상은 자녀 출생 후 8주 이내에 시작하는 연속 14일 이상(중소기업은 연속 5일 이상)의 육아휴업으로 한해에 1인만 적용된다. 중소기업은 시도와 육아휴업 1인째 60만 엔, 2인 이후 15만 엔, 대기업은 각 30만 엔과 15만 엔이다.

셋째, 개호이직방지지원조성금은 사업주가 일과 개호 양립을 위한 직장 환경을 정비하고, 개호지원플랜에 의한 개호휴업 취득 지원에 대해 이를 명문화하고 주지시키며, 개호 직면 종업원을 면담하여 개호 상황과 향후 근무 등에 대한 희망을 확인하여 개호플랜을 작성하고, 이 플랜에 따라 연속 1개월 이상의 개호 휴업을 얻게 하는 경우에 지급된다. 1사업주에 2회까지 지급하며 기간고용자 1인과 정사원 1인에 대해 대기업은 40만 원, 중소기업은 60만 엔을 지원한다. 원직에 복귀한 다음에는 향후 근무방식에 대해 면담해야 한다.

한편 노동자가 소정 외 노동제한, 시차출근, 심야업 제한 등의 제도를 이용하여[20] 개호에 나설 수 있도록 지원하는 경우에도 조성금이 지급된다. 이때도 대상자를 면담하여 개호지원 플랜을 작성하고, 엡무 체제를 검토하며, 대상자로 하여금 연속 3개월 이상 위 근무제도를 이용토록 해야 한다. 지급액은 대기업 20만 엔, 중소기업 30만 엔이며 역시 1사업주당 2회까지이며 기간노동자 1명과 정사원 1명이 대상이다. 역시 3개월 이용 후 향후 근무방식 등에 대해 면담해야 한다.

넷째, 개호지원시도조성금 역시 2016년에 신설된 제도로 개호이직을 예방하기 위한 조성금으로, 지급대상은 종업원의 일과 개호의 양립에 대한 실태를 파악하고(사내 앙케이트), 개호 직면 이전의 종업원 지원(사내연수 실시나 안내지침 배포)에 나서며, 개호 직면 종업원을 지원(상담창구 설치와 주지)하는 사업주다. 지급액은 1기업 1회로 한정하며 60만 엔이다.

다섯째, 중소기업양립지원조성금은 크게 3가지 코스가 있다. 대체요원확보 코스, 기간고용자 계속취업지원 코스, 육아휴업복귀지원플랜 코스가 그것이다. 대체요원 코스는 육아휴업취득자의 원직 등 복귀 후 6개월 경과 시 1인당 50만 엔(대상자가 기간고용자일 경우 10만 엔 가산)이며 1년에 연 10인까지 가능하다. 기간고용자 코스는 육아휴업을 6개월 이상 이용한 기간고용자 복귀 후 6개월 경과 시 1인째 40만 엔(정사원으로 복귀 시 10만 엔 가산), 2인째 ~5인째는 각 15만 엔(정사원으로 복귀 시 5만 엔 가산)이다. 이 코스는 2015년에 종료되었다. 육아휴업복귀지원 코스는 1기업에 2인까지 적용되며 1인은

---

20) 대상자는 소정외 노동제한제도의 경우 제도이용 개시일 전일로부터 3개월간 월평균 소정외 노동시간이 20시간 이상인 자, 시차출근제도는 시업이나 종업 시각을 1시간 이상 앞당기거나 늦추는 자, 심야업 제한제도는 교체제 근무 등으로 소정외 노동시간에 심야(22시 ~5시)가 포함되고, 제도이용 개시일 전일부터 3개월간 12회 이상 심야를 포함하여 근무한 실적이 있는 자다.

기간고용자, 나머지 1인은 정사원 노동자다. 2016년 후반부터는 개호휴업에 대해서도 적용될 계획이며 1인당 정사원과 기간고용자 각 1인에 대해 플랜을 정해 육아휴업 취득 시 30만 엔, 휴업자 복귀 시 30만 엔이 지급된다.

여섯째, 여성활약가속화조성금은 2015년에 신설된 제도로 〈여성활약촉진법〉에 의거하여 여성활약에 대한 수치목표를 세우고, 이를 달성하기 위한 시도 내용 등을 담은 행동계획을 세워, 시도목표와 수치목표를 달성한 사업주에게 조성금을 지급한다. 두 코스가 있어 A코스는 수치목표에 이르는 과정에서 시도목표를 달성한 경우에 30만 엔(1기업 1회)을 지급하고, N 코스는 시도목표를 넘어서 수치목표를 달성한 경우에 추가로 30만 엔을 지급한다(1기업 1회). 노동자수에 무관하게 지원되지만 상용노동자가 301인 이상인 대기업은 수치목표 달성 외에 다음의 두 가지 중 어느 하나를 충족시켜야 한다. 즉, 지급신청일에 〈여성활약촉진법〉 제9조에 근거한 후생노동성 장관의 인정[21] 취득 혹은 시도 결과 여성 관리직 비율이 올라가고 지급신청일 기준 이 비율이 업계 평균치 이상이어야 한다. 이상의 조성금에 대한 내용을 정리하면 〈표 17-7〉과 같다.

한편 위에서 소개한 양립지원 등 조성금 외에도 아동·육아지원과 관련한 다양한 조성금 제도가 있다. 양립지원 등 조성금제도도 신축적으로 운영되어 종료되는 조성금이 있는가 하면 신설되는 조성금도 있다. 몇 해 시행해 보고 효과가 약하다고 판단되면 기왕의 제도를 종료하고 새로운 제도를 추가하는 방식으로 운영된다.

---

21) '엘(L) 보시'마크이며 원안에 L자가 들어있고 원 위에 별이 표기되며 원 아래에 '여성이 활약하고 있다'는 말이 들어간다. 별은 1단계가 하나, 2단계가 둘, 3단계가 셋이다. 평가항목 5가지 중 하나 혹은 둘을 충족시키고 그 사실을 후생노동성 웹사이트에 매년 공표하면 1단계, 셋 혹은 넷을 충족시키고 관련사실을 공표하면 2단계, 다섯 모두를 충족하고 웹사이트에 관련사실을 공표하면 3단계로 인정된다. 평가항목은 ① 채용 ② 계속취업 ③ 노동시간 등 일하는 방식 ④ 관리직 비율 ⑤ 다양한 캐리어 코스다.

<표 17-7> 양립지원 등에 관한 조성금

구분		대상	지원내용
출생시양립지원조성금 (2016년 신설)		중소기업	• 1인째 60만 엔 • 2인 이후 15만 엔
		대기업	• 1인째 30만 엔 • 2인 이후 15만 엔
개호이직 방지지원 조성금	일반 노동자 개호휴업	중소기업	• 1사업주에 2회까지 지급 • 기간고용자 1인과 정사원 1인 각 60만 엔
		대기업	• 1사업주에 2회까지 지급 • 기간고용자 1인과 정사원 1인 각 40만 엔
	특정제도 이용자 개호휴업 • 소정외 노동제한 • 시차출근 • 심야업제한	중소기업	• 1사업주에 2회까지 지급 • 기간고용자 1인과 정사원 1인 각 30만 엔
		대기업	• 1사업주에 2회까지 지급 • 기간고용자 1인과 정사원 1인 각 20만 엔
개호지원시도조성금(2016년 신설)			• 1기업 1회 60만 엔
중소기업 양립지원 조성금	대체요원확보 코스		• 1인당 50만 엔(기간고용자이면 10만 엔 가산) • 1년에 연 10인까지
	기간고용자계속취업 지원 코스		• 1인째 40만 엔(정사원 복귀시 10만 엔 가산) • 2인째~5인째 15만 엔(정사원 복귀시 5만 엔 가산) • 2015년 종료, 경과조치 유
	육아휴업복귀지원 플랜 코스		• 1기업 2인까지 적용 (1인은 기간고용자, 나머지 1인은 정사원) • 2016년 후반부터 개호휴업에도 적용 • 플랜 정해 육아휴업 취득시 1인당 30만 엔 • 휴업자 복귀시 30만 엔
여성활약 가속화 조성금 (2015년 신설)	A 코스		수치목표에 이르는 과정에서 시도목표 달성 시 30만 엔 (1기업 1회)
	N 코스		시도목표 넘어 수치목표 달성 시 30만 엔 추가 지급 (1기업 1회)

여성활약가속화조성금 A 코스·N 코스 공통:
• 노동자수 무관
• 단 대기업(상용노동자가 301인 이상)은 수치목표 달성 외 다음 두 가지 중 하나 충족해야 함
  - 후생노동성 장관 인정 (엘보시 마크) 획득
  - 혹은 여성 관리직 비율 상승과 업계 평균치 이상

자료: 후생노동성 도도부현노동국, 2016a.

가령 '육아기단시간근무지원 조성금'의 경우 2014년에 종료되어 지금은 시행되지 않고 경과조치에 따라 사후처리가 진행된다. 이 조성금제도가 종료된 이후에는 후생노동성이 운영하는 별도의 조성금 코스인 '단시간 정사원코스'를 이용하도록 한다. 물론 이전의 조성금에 비하면 1인당 지원액이 줄어들고 절차가 다소 까다롭다.[22] 2016년에도 경과조치로 일부 사업주 등은 이를 이용하고 있고, 우리에게 참조가 될 수 있을 것 같아 관련 제도를 소개한다.

이 제도는 육아에 임해야 하는 근로자가 해당기간 중 근무시간을 줄일 수 있도록 지원하는 사업주가 일정 요건[23]을 충족시키면 조성금을 지급한다(〈표 17-8〉). 이들 요건에는 "0세에서 초등학교 취학 연령에 달하는 자녀를 키우는 노동자가 이용할 수 있는 단시간근무제도를 노동협약이나 취업규칙으로 모든 사업소에서 제도화하고 있어야 한다", "사업소에 제도화된 단시간근무제도 이용을 희망한 노동자가 고용보험의 피보험자로서 초등학교 3년까지의 자녀를 키우면서 단시간근무제도를 6개월 이상 이용했어야 한다", "단시간 근무제도 이용개시 후의 기본급, 제수당, 상여 등의 수준과 기준이 제도이용개시전과 비교하여 동등 이상이어야 한다" 등의 세부적 내용이 포함된다.

---

22) 양자를 비교해 보면 지원금액은 육아기단시간근무지원 조성금이 5~10만 엔 정도 많다. 단시간 정사원 코스는 중소기업 1인당 30만 엔, 대기업 1인당 25만 엔이다. 요건은 단시간 정사원 코스는 사전신청과 캐리어업 계획을 제출해야 하지만 육아기단시간조성금은 사전 신청이 필요 없고 일반사업주 행동계획의 제출로 충분하다. 일반사업주 행동계획은 일과 육아의 양립을 포함한 다양한 노동조건 정비 계획을 담고 있는 내용이다. 종업원 101인 이상 기업은 수립과 제출, 공표, 주지 의무가 있다. 사업주가 받을 수 있는 총액은 단시간정사원 코스가 크지만 이용자가 1인일 경우 육아기단시간조성금이 더 유리하며, 일반사업주 행동계획을 제출한 사업소라면 사전신청이 필요 없는 육아기단시간조성금이 간편하다.

23) 이 요건은 11가지 요건으로 구성되어 있다. 첫 번째 요건은 단시간근무제도를 노동협약이나 취업규칙으로 모든 사업소에서 제도화하고 있어야 한다는 것이다. 나머지 10개 요건도 꽤 꼼꼼한 조건으로 구성되어 있다.

<표 17-8> 양립지원 등 조성금(육아기단시간근무지원 조성금, 2016년)

기업규모	중소기업 사업주	중소기업 사업주외 사업주
상시고용노동자 100명 이하 기업	• 최초 1인 40만 엔 • 2인째~5인째 15만 엔	• 최초 1인 30만 엔(40만 엔)* • 2인째~5인째 10만 엔(15만 엔)* • 6인째~10인째 10만 엔
상시고용노동자 101명 이상 기업	• 최초 1인 40만 엔 • 2인째~5인째 15만 엔 • 6인째~10인째 (10만 엔)*	• 최초 1인 30만 엔 • 2인~10인째 10만 엔

주: 1) 2014년 4월 1일 이후 지급요건 충족 사업주 기준.
   2) 2014년 3월말까지 지급요건 충족 시에는 별표 표시한 부분에서 괄호 안 값 적용.
자료: 후생노동성 도도부현노동국, 2016b.

여기서 단시간근무제도라 함은 하루 소정 노동시간이 7시간 이상인 노동자(소정노동시간이 7시간 미만인 날이 1주에 2일 이내인 자로 한정)를 대상으로 하루 노동시간을 1시간 이상 단축하는 제도를 지칭한다. 이때 3세 미만 자녀를 키우는 노동자의 경우 하루 노동시간을 원칙 6시간으로 하는 제도를 포함해야 한다. 아울러 노동협약이나 취업규칙에 단시간근무제도 이용 시 일의 시작과 끝나는 시각, 그리고 이들 시각의 결정 방법이 정해져 있어야 한다.

5. 맺음말: 쟁점과 함의

신제도가 중점을 두고 추구하는 일·육아 양립지원 3대 사업 분야는 일·육아 양립지원 사업, 인정어린이원, 아동수당이다. 일·육아 양립지원 사업은 다시 기업주도형 보육사업과 기업주도형 베이비시터 이용자 지원사업으로 구분된다. 기업주도형 보육사업을 지원하기 위한 다양한 조성금 제도가 마련되어 있다. 이는 총칭하여 '양립지원 등 조성금'으로 불리며 사업주에게 지급하는 급부금이다. 이들 조성금은 요건을 충족할 경우 1회에 한해 지원하는 것들이 다수이며, 단기간 운영 후 다른 조성금으로 바꾸거나 종료하는 등 신축적으로 운영되기도 한다.

인정어린이원 사업은 기존의 보육소와 유치원에 대한 지원체계를 개편하고 나아가 인정어린이원을 통한 보육과 교육의 일체화를 시도한다. 이 과정에서 기초자치단체인 시정촌에 보육의 필요성에 대한 인정(1호~3호) 제도를 도입하여 보육수요 증가를 통제할 수 있도록 했다. 이 조치를 통해 정부는 2006년부터 시행하고 있는 인정어린이원의 양적 확충과 질적 향상을 추구한다.

양육당사자는 물론 양육지원당사자의 의견을 지금까지 이상으로 반영하기 위해 사업주체를 기초자치단체인 시정촌으로 규정했다. 이는 시정촌으로 하여금 지역 재정 사정에 맞는 보육을 요구하는 것으로, 지방분권 강화를 앞세운 보육수요 억제책으로 이해된다.[24] 나아가 업무관할 기관이 유치원은 문부과학성, 보육소는 후생노동성, 인정어린이원은 내각부로 분할되는 등 3중 행정구조에 따른 효율성 저하 문제가 우려되기도 한다.[25]

인정어린이원 강화를 내세운 아동·육아 신지원제도는 지금까지의 정책이 대기아동 문제 해소를 위한 보육원 증설 등 인프라 정비에 중점을 둔 것과 달리, 보육수요 증가를 억제하면서 기왕의 보육서비스의 질적 향상에 초점을 맞춘다. 이는 2001년의 대기아동 제로작전 이후 지속적 이슈였던 대기아동 숫자가 점진적으로 줄어들고 있는 것과 연관이 있다. 하지만 대

---

24) 池本美香(2015: 21~22)는 보육의 보편화 관점에서 일원화를 주장한다. 그는 신제도에서 시정촌 등 기초자치단체가 이용희망자의 보육 필요량을 인정하도록 한 조치는 보육의 권리측면을 제약한 선별적 복지정책으로, 노르웨이, 독일 등이 추구하는 1~3세 모든 아동에 대한 보육권리보장 사례에 비추어 바람직한 정책방향이라고 할 수 없다고 지적한다. 선별적 보육을 보편적 보육으로 바꿀 경우 시정촌의 사무부담이 줄어들고 보육 개념을 단순히 애를 맡아보는 수준에서 교육을 포함하는 수준으로 확대할 수 있다고 주장한다. 이로 인한 보육수요 증대는 일하는 방식의 개편, 부모의 자원봉사 활용 등으로 대응해 나가야 할 것이라고 덧붙인다.
25) 효율성 제고 측면에서 일화가 낫다고 池本美香(2015: 21~22)는 1980년대 뉴질랜드의 보육제도 개혁 시 교육성으로 일원화되면서 행정과 보조금 지급 관련 비효율이 줄었다고 지적한다.

기아동이 줄어들면서 가정에 있던 주부들이 다시 일하려고 하는 경향이 나타나 '대기아동 제로'는 쉽게 달성할 수 있는 목표가 아닌 것으로 이해되기도 한다.[26] 여성의 취업률이 주요국에 비해 낮고, 일손이 아쉬운 일본이므로 당분간은 보육 환경이 개선되면 노동현장에 나서겠다는 이들이 더 늘어날 가능성이 없지 않다.

아동수당은 15장에서 언급했듯이 민주당이 집권한 2010, 2011년에 일시적으로 인상된 바 있으나 2012년 이후 다시 하향조정되어 오늘에 이르고 있다. 2014년의 소비세율 인상으로 재원확보에 숨통이 트이면서 당분간 현 수준이 유지될 것으로 전망된다.

베이비붐 세대인 '단괴세대'가 정년 등으로 노동시장을 이탈하면서 노동공급 확대가 사회적 이슈가 되는 일본이다. 따라서 출산과 육아 등으로 노동시장에 참가하지 않고 있던 여성인력의 노동시장 참가가 절실하게 요청된다. 정부는 과거와 다른 기세로 일·육아 양립지원 사업에 나섰다. 지원예산도 크게 늘려 대응한다. 그동안 복지재원의 압도적인 부분이 고령자관련 복지강화에 투입되었는데, 이 같은 정책기조를 재검토해 아동과 보육서비스 지원 분야에의 재원배분을 늘리는 것이다.[27]

---

26) 가나가와현 요코하마시의 사례다. 2010년에 대기아동수가 최상위권이었던 요코하마시는 2013년 5월, 4월 1일 시점으로 대기아동이 제로에 달했다고 발표한다. 이후 '애를 맡길 수 있는 상황이라면 일하고 싶다'는 주부들의 이용신청이 크게 늘어 1년 후에는 다시 대기아동이 나타난바 있다. 2016년 10위 1일 기준 요코하마시 대기아동수는 391명으로 전년대비 99명 늘었다. 연령별 구성은 0세 172명, 1세 150명, 2세 56명, 3세 12명, 4세 1명 5세 0명으로 저연령 아동이 다수를 점하고 있다. 이 같은 숫자는 희망하는 보육소등에 들어가지 못하고 시내 다른 시설에 맡겨진 아동, 육아휴가, 자택 구직활동, 특정보육소신청자 등을 제외한 것이다. 다른 시설은 요코하마보육실, 가와사키인정보육원, 유치원예탁보육, 사업소 내 보육시설, 연도한정형보육사업, 일시보육 등이다(横浜市 こども青少年局保育對策課, 2016).

27) 보육대책관계 예산규모는 2015년도의 7,975억 엔에서 2016년도의 9,294억 엔으로 16.5% 늘어났다. 이는 보육대책(아동·육아지원 등)을 포함하는 전체 사회보장 충실에 따른

이는 소비세율 인상 등 추가적으로 확보된 재원의 배분상황에서 그 흐름을 파악할 수 있다. 본격화한 정부 정책이 효과를 내기 시작하여, 낮은 수준에 장기간 머물러 있던 출산율이 최근 상승하는 모습을 보이고 있다. 초기 단계라서 좀더 시간을 두고 지켜봐야 하겠지만, 향후 수년 사이에 출산율이 점진적으로 높아질 경우, 강화되기 시작한 아동과 보육서비스 분야에의 각종 지원 조치가 지금까지 이상으로 강화되는 것도 예상해 볼 수 있다.

일본의 보육대책 및 보육시설에 대한 문제점 대두와 그 해결을 위한 제도가 출현하는 것은 부모가 전적으로 양육을 담당하기에는 제한사항이 많기 때문이다. 그러한 제도적 보완이 뒷받침된다고 해도 부모가 직접 양육할 수 있도록 육아휴직을 보장할 수 있는 사회분위기가 조성되어 부모가 양육에 적극 참여함으로써 사회의 연속성에 대해 책임감을 부여해야 오늘날의 취업활동과 가사의 불균형을 근본적으로 해결할 수 있는 인식이 확산될 수 있다.

한국의 경우 근로자가 주변상황을 고려하여 육아휴직에 대한 권리를 주장하기 힘든 오늘날의 상황은 장기적으로 사회와 가정에 대한 인식의 분리와 인간존재의 이유 및 그 행복감이 상실되는 상황으로 귀결될 것이다. 일본과 한국의 경제적 위상과 사회적 인식은 동일하지 않다. 일본은 그 국가의 실정에 맞는 복지제도를 수립하여 근로자의 육아를 지원한다. 한국도 나름의 경제적 상황에 입각하여 사회 전반의 형평성을 고려한 보육시책의 시행이 필요한 시점이다.

예산 증가 12.3%(2015년도 1조 3,620억 엔에서 2016년도 1조 5,295억 엔)보다 큰 값이다. 아동·육아지원 예산은 15.7%(동 5,189억 엔에서 6,005억 엔)로 늘었다. 사회보장 충실화 분야는 아동·육아지원 외에 의료·개호와 연금이 있으며 의료·개호가 압도적으로 크다. 연금은 유족기초연금의 부자가정에의 대상확대만 들어가 있다. 의료·개호 분야 지원은 대부분이 고령자가 그 대상이다. 다만 이 같은 추세가 지속적일지에 대해서는 2017년도 이후 예산에 대한 고찰이 필요할 것이다(內閣府子ども·子育て本部/厚生労働省雇用均等·児童家庭局/文部科学省初等中等教育局, 2016: 3; 厚生労働省雇用均等·児童家庭局保育課, 2016: 1).

▣ 참고문헌

국내 문헌

강현구·이순형(2014). "한국과 일본 영유아 보육제도 비교연구". 〈아시아리뷰〉, 4권 1호, 139~167.

조성호(2014). "일본의 유치원과 보육소 통합현황과 시사점". 〈보건복지포럼〉, 2014년 2월, 87~97.

황성하·남미경(2012). "일본 보육 지원정책의 변화과정 및 지역사회 맞춤형 보육지원 정책에 관한 연구". 〈한국보육지원학회지〉, 제8권 4호, 231~250.

해외 문헌

国立社会保障・人口問題研究所(2010). 〈第14回出生動向基本調査〉.

内閣府(2012). 《2012 男女共同参加白書》. 内閣府.

_____(2014). 《2014 男女共同参劃白書》. 内閣府.

_____(2015). 《制度の概要: 子ども・子育て支援新制度》. 内閣府.

内閣府 児童・保育本部(2016). 〈ども・子育て支援新制度について〉 内閣府.

内閣府子ども・子育て本部/厚生労働省雇用均等・児童家庭局/文部科学省初等中等教育局(2016). 〈平成28年度予算案における子ども・子育て支援新制度の状況について〉. 資料1, '平成28年度における社会保障の充実'(概要).

松川惠子(2013). "認定こども園の現状と課題(4)子ども・子育て関連3法について". 〈仁愛女子短期大学研究紀要〉, 45号, 63~70.

日本経済新聞(2016. 12. 7). 育休延長、保育所入れない場合 〈最長2年まで〉厚労省分科会で労使了承.

池本美香(2015). "子ども・子育て支援新制度における国の役割". 〈JRI レビュー〉, 3券 22号, 2~26.

横浜市こども青少年局保育對策課(2016). 〈平成28年10月1日現在の保育所等利用待機児童数について〉, 12. 2 記者發表資料.

厚生労働省(2006). 《厚生労働白書》. 厚生労働省.

_____(2012a). 《厚生労働白書》. 厚生労働省.

_____(2012b). 〈雇用均等 基本調査〉. 厚生労働省.

_____(2013). 〈人口動態統計〉. 厚生労働省.

_____(2015).〈保育所等関連状況取りまとめ〉.

厚生労働省 都道府県労働局 雇用均等室(2010).〈改正育児・介護休業法のあらまし〉.

厚生労働省 都道府県労働局 雇用環境・均等部(室)(2016).〈事業所內保育施設設置・運営等支援助成金のご案内〉.

厚生労働省 都道府県労働局(2016a).〈平成28年度の両立支援等助成金のご案内〉.

厚生労働省 都道府県労働局(2016b).〈子育て期短時間勤務支援助成金中小企業兩立支援助成金〉.

厚生労働省 都道府県労働局 雇用環境・均等部(室)(2017).〈育児・介護 休業法のあらまし〉.

厚生労働省 雇用均等・児童家庭局(2016a).〈平成27年度雇用均等基本調査〉.

_____(2016b).〈改正育児・介護休業法〉.

_____・児童家庭局保育課(2016).〈平成28年度保育對策関係予算(案)の概要〉.

주택 및 주거서비스

1. 머리말

주택과 주거서비스는 ILO가 정한 사회보장 영역에 포함되지만[1] 일본에서
는 오랫동안 이를 직접적 사회보장의 범주에서 제외했다. 5대 사회보험과
공공부조, 사회복지, 공중위생과 의료, 노인보건, 은급, 전쟁희생자 원호
등을 정부가 책임지고 운영해야 할 사회보장의 범위로 보고 제도와 통계를
정비하고 재정을 꾸려오면서 필요 시 이들을 재정비했다. 이에 비하면 주

---

[1] ILO는 1949년 이후 주기적으로 사회보장 비용조사를 시행하고 있다. 조사를 위해 사회보장
의 범주에 대한 세 기준을 제시하면서, 이를 만족하는 제도를 사회보장제도로 정의한다. ①
제도도입 목적이 고령, 유족, 장애, 노동재해, 보건의료, 가족, 실업, 주택, 생활보호 기타
등과 관련한 위험과 필요에 대한 급여 제공이다. ② 법률로 정해진 제도에 의해 소정의 권리가
(가입자 등에) 부여되고 공적, 준공적 혹은 독립기관에 책임이 지워진다. ③ 법률에 의해
이들 기관이 제도운영을 관리한다. 산재보험은 민간이 운영하더라도 포함한다. 조사 결과는
1990년대 중반까지 The Cost of Social Security 형태로 ILO 웹사이트에 공개되었다. 현재는
ILO 홈페이지 Social Protection 사이트(GESS) 내 Data and Indicators 코너에서 확인할 수
있다. 우리나라의 경우 2010년 이후 자료가 갱신되지 않고 있다(ILO. Departments and
Offices. http://www.ilo.org/dyn/ilossi/ssimain.home?p_lang=en. 2016.10.6 인출)

택과 주거서비스, 취업과 고용 등은 정부가 책임지고 운영해야 하는 사회보장의 영역이라기보다 개인과 기업 등의 역할이 상대적으로 강조되는 사회보장 관련 영역으로 보고,[2] 정부는 필요한 법제를 정비하고 재정을 지원하는 등의 방식으로 관여했다.

따라서 일본에서는 사회보장을 협의로 정의할 때는 주택과 취업 등이 제외되지만 광의로 정의할 때는 이들이 포함된다. 사회보장급여비 등 관련 통계를 집계할 때도 이 같은 기준이 적용되어, ILO가 요구하는 통계를 낼 때는 광의의 사회보장 정의에 입각해 관련통계를 집계하고 있다. 그렇지만 국내에서는 두 가지를 제외한 협의의 사회보장이 곧잘 사용된다. 그 배경에는 이들의 구 후생성의 업무 영역이었다는 사실이 있는지 모른다. 취업과 고용은 노동성이 2001년에 후생노동성으로 통합되면서 같은 부처의 소관이 되었다. 하지만 주택은 여전히 국토교통성 소관업무로 남아 있다.

상황이 이렇다 보니 그간의 사회보장과 연관된 주택 정책이나 주거서비스 강화는 매우 제한적일 수밖에 없었다. 공공주택의 정비나 최저소득층 대상의 주택부조(생활보호제도 내) 제도의 정비가 그것이다. 주택정책과 사회보장제도 간의 연관성이 매우 약했다. 그 배경으로 크게 두 가지를 주목할 수 있다. 하나는 일본정부가 주택문제를 경제정책의 틀 안에서 풀어야 할 문제로 인식하고, 정책의 기본방향을 자가(自家) 확보 지원에 두었다는 사실이다. 다른 하나는 국토면적에 비해 인구가 많은 일본 특유의 현상인 토지신화[3] 등 일본사회의 전반적 분위기가 주택문제를 사회보장의 대상으로 인식하기 어렵게 만들었다는 점이다.

---

[2] 国立社会保障・人口問題研究所에 의한 社会保障統計年報 내 구분. 1999년판까지는, 総理府 社会保障制度審議会事務局에서 관리해왔다.

[3] 이는 토지는 공급이 한정된 재화로서 지가는 경제성장에 따라 오른다. 일본경제는 그동안도 높게 성장해 왔지만 앞으로도 성장이 기대된다. 따라서 지가는 일반 물가 이상으로 오르면 오르지 떨어지지 않을 것이라는 헛된 믿음이다.

첫 번째 이유부터 살펴보자. 주택정책의 시장화는 제2 임시행정조사회가 추진한 행정개혁4)에 그 뿌리를 두는데, 이후 주택정책들은 대부분이 내수확대책의 일환으로서 뉴타운 건설, 개인주택 건설 등을 통한 자가보유 촉진에 그 목적을 두게 된다. 일본정부는 주택공급을 시장의 원리에 맡기는 방식을 채용함으로써 시장의 활성화를 꾀함과 동시에 정부의 공공개입을 최소화시키려는 방향으로 제도를 설계했던 것이다. 공적 개입의 축소는 자가를 폭 넓게 보급해 사회보장 측면에서 주택정책의 비중을 축소시키고자 한 것으로 해석이 가능하다.

이처럼 주택정책이 사회보장의 영역에서 고려되지 못하게 된 배경에는 주택에 대한 일본정부의 협소한 인식이 자리잡고 있는지 모른다. ILO의 정의에도 불구하고 일본정부는 통계 작성 시를 제외하고 주택문제를 정부가 주도하여 해결해야 할 사회보장 이슈로 간주하지 않았다. 이에 비해 영국 등 유럽권 국가의 정부는 주택을 사회서비스 내에 포함시키고5) 주택시장에 적극적으로 개입해야 한다는 인식을 가지고 있었다. 6)

다음으로 두 번째 이유로 지적한 일본사회의 분위기에 대해 살펴보자. 1960~1970년대의 고도성장기를 거치고 1980년대 거품이 팽창하는 과정

---

4) 이때의 임시행정조사회는 1981년부터 1983년까지 행·재정개혁 목적으로 가동한 한시 조직으로, 도코 도시오 회장의 리더십으로 2차 대전 이후 어느 개혁 때보다 실효성 있는 성과를 거둔 것으로 평가받고 있다. 행정개혁은 행정부 조직과 기능을 바꿔, 행정의 효율화를 추구하는 개혁이고 재정개혁은 효율성이 낮은 부분에의 재정지출을 삭감하여 재정적자를 줄이는 개혁을 지칭한다. 행정개혁과 재정개혁은 목표와 수단이 맞물려 있는 경우가 많아 함께 추진된다.

5) 영국은 연금, 아동수당 등의 소득보장 외에 사회서비스 분야에 주택정책과 고용분야를 포함시킨다. 이는 ILO가 제시하는 정의에 충실한 것이라고 할 수 있다.

6) 영국은 공영주택의 공급이나 슬럼 해소(*slum clearance*) 프로그램 등 주택정책으로 계층과 영역이 분단되는 것에 대한 문제에 관심이 높았다. 정치면에서는 국가의 개입을 최소화하려 한 보수당이 사적 공급과 자가보유 촉진을 지지한 반면, 평등과 연대를 지향한 노동당은 공공책임에 의한 임대주택의 건설과 공급을 지지하며 대립한다.

에서, 국민들은 주택은 정부가 제공하는 사회보장의 측면보다 스스로 확보해야 할 소유 또는 투기의 재화로 생각했다. 학계나 정부 위원회에서도 이러한 인식이 팽배했다. [7]

그러나 이 흐름은 1990년대 들어서면서 바뀌기 시작한다. 사회보장제도심의회내 조직인 사회보장장래상위원회가 내놓은 1차 권고안(社會保障制度審議會, 1993년)이 사회보장 자체는 아니지만 사회보장이 기능하기 위한 전제로 고용정책 일반과 주택정책 일반을 거론하고 나섰기 때문이다. 이때 이후 '주택은 사회보장과 관련이 깊은 제도로서 정비되어야 한다'는 인식이 생겨나기 시작한다.

또한 고용과 주택 시책에 실업자, 고령자, 장애자 등의 생활보장 시책이 포함되며, 위원회는 이러한 것들을 사회보장의 범주에 넣어 적극 대처해야 한다고 권고하고 있다. 하지만 이때의 권고에도 불구하고 주택정책은 지금까지도 유럽 선진국처럼 사회보장의 틀 내 핵심적 분야로 인식되지 않고, 사회보장급여비 내에서 주택관련 지출은 미미한 수준에 머물고 있다.

재정지출에서도 사회보장 관련 주택분야 지출은 규모가 작다. 우선 일본의 GDP 중에서 사회보장과 사회복지가 차지하는 비중은 2011년 기준 23.1%다. 이는 프랑스(31.9%), 독일(25.8%)에 미치지 못하나 2014년 기준 OECD 평균인 21.6%와 유사한 수준이다. [8] 또한 OECD(2005)에 따르면 일본의 공공주택지출의 대 GDP 비율은 2002년 기준 0.1%에 불과해 국제비교 자체가 무색할 만큼 그 비중이 낮다. [9]

---

7) 주택을 사회보장과 관련지어 논한 것은 1950년 구사회보장제도심의회에 의한 사회보장의 정의 중에서 고용대책과 함께 공공주택이 사회보장 관련 제도로서 언급된 정도였다.

8) 그렇지만 한국(10.4%)의 2배를 넘는 수준이다.

9) OECD. stat, Social Protection의 'Social Expenditure' 참조. OECD가 제공하는 사회보장 및 복지비 데이터베이스(*Social Expenditure-Aggregated Data*)에는 우리나라를 포함해 다수 국가가 2016년까지 통계를 제시하고 있으나 일본은 2013년까지 나와 있다.

이처럼 사회보장의 틀 내 주택과 주거서비스의 위상은 유럽 선진국에 비해 매우 약하다. 최근 저소득층, 빈곤 청년과 고령층 등 사회적 취약계층에 대한 주택과 주거서비스에 대한 사회적 관심이 높아지고 있다. 그 배경에는 거품붕괴 후 지속되는 저성장과 초고령화 등으로 주택난을 겪는 사람들이 늘어나고 있으며, 이러한 사실이 사회문제로 비화되고 있다는 현실이 있다.

주택문제를 잘 아는 일부 인사들은 "복지는 주택에서 시작해 주택으로 끝난다"고 말하기도 한다(高橋紘士, 2013).[10] 인간이 건강하고 문화적인 생활을 영위하는데 주택이 필수적 자산이고, 파급효과 또한 크기 때문일 것이다. 그렇지만 위에서 서술하였듯이 일본의 사례는 이 같은 상황 인식에 입각하여 주택문제가 처리되지 않았음을 보여준다. 그 배경에는 정책당국의 철학과 일본 특유의 사정이 깔려 있다. 결과적으로 보면 사회보장 이슈에 대한 대응은 물론 주택과 주거서비스 정책 일반에서 성공했다고 평가받기 힘든 일본정부의 대응일 수 있고, 이러한 점에서 우리나라에 주는 시사점이 적지 않을 수 있다.

이제부터는 일본의 주택과 주거서비스 현황과 문제점을 알아보기 위해서, 이 장의 2에서 주택과 주거 사정의 현황을 살펴보고, 이 장의 3에서 사회안전망으로서의 주택정책을 검토하며, 이 장의 4에서 우리에게 주는 시사점을 정리한다.

---

10) 다카하시 히로시(高橋紘士)는 法政大学, 立教大学, 国際医療福祉大学 大学院 教授, 고령자주택재단 이사장을 지낸 복지전문가 중 일인이다.

2. 주택 및 주거 사정

1) 주택 현황

일본은 주택토지 통계조사를 통해 주택수, 빈집수, 자가소유수 등 주택에 관련된 사항을 발표한다. [11] 2013년 10월 기준 일본의 총주택수는 6,063 만 호로 5년 전 조사에 비해 304만 호가 증가했으며, 특히 1998년부터 15년간 1천만 호 이상이 집중적으로 증가하였다. 세대수도 증가해 1973년부터 40년간 3천만세대에서 5,200만 세대까지 증가한 결과, 세대당 주택수는 1970년대 초 1.05호에서 2013년에는 1.16호까지 증가하였다. 1세대당 1주택을 적정한 거주환경이라고 본다면, 양적으로 주택수가 부족하지 않다는 것을 시사한다. 이는 세대당 인원수가 줄고 1인가구가 늘면서 세대당 주택수가 증가했다고 해석할 수 있다. 즉, 1970년대 일반적으로 여겨지던 부모와 자녀 한명 이상의 표준적 세대구조가 현재에는 부모와 한 자녀 이하의 세대가 표준이 되는 상황을 반영하며, 특히 단신세대의 증가로 인한 세대당 인원수 감소는 비정규 청년층의 증가라는 관점에서는 부정적이다.

한편 자가비중은 1960년대 후반부터 지속적으로 60% 전후의 높은 비율을 유지하고 있다. 이는 전후 일본 주택정책이 자가보유를 권장하는 방향으로 전개되었음을 반증한다. [12] 현재 자가주택 세대수는 2013년 기준 3,217만 세대이며 비율은 61.8%로 재상승하는 모습을 보인다.

소유관계별 주택수를 살펴보면 자가비중은 1973년 59.2%에서 2013년 61.8%로 약간 변화는 있지만 일정수준을 유지하고 있다. 그러나 자가세대수는 같은 기간 1천 7백만 세대에서 3천 2백만 세대로 2배 가까이 늘었다. 전

---

11) 주택수는 1998년 약 5,025만 호에서 2013년 6,603만 호로 급증했다.

12) 일본의 주택정책이 자가촉진에 기반한다는 것은 전체주택에서 차지하는 자가비중이 60%를 지속적으로 상회한다는 사실에 근거한다.

체 세대수 증가보다 빠른 속도로 자가보유 세대가 확대되었다. 이는 임대주택 세대 비율이 감소한 것에서도 확인된다. 같은 기간 임대주택 세대수는 1,172만 세대에서 1,852만 세로로 늘었지만 전체 주택 내 비율은 40.8%에서 35.5%로 축소되었다.

임대주택의 비율축소는 자가보유 촉진정책의 관점에서 긍정적으로 평가할 수 있으나, 저렴한 임대주택의 수가 줄어들어 사회적 취약계층의 주거

〈표 18-1〉 일본 전국의 주택수 및 세대수 추이

구분	1973년	1983년	1993년	2003년	2013년
주택수1)(만 호)	3,106	3,861	4,588	5,389	6,063
세대수2)(만 세대)	2,965	3,520	4,116	4,726	5,245
세대당 주택수(호)	1.05	1.10	1.11	1.14	1.16
세대당 인원수(명)	3.65	3.39	3.03	2.70	2.42
자가비율(%)	59.2	62.4	59.8	61.2	61.7

주: 1) 주택수는 거주세대가 없는 주택도 포함된다.
    2) 세대수는 주택 외 건물거주 세대 등이 포함된 가장 광의의 세대수이다.
자료: 총무성, 각 연도.

〈표 18-2〉 소유관계별 주택수(1973~2013년)

구분	1973년	1983년	1993년	2003년	2013년
자가세대(만 세대)	1,700	2,165	2,438	2,867	3,217
자가세대 비율1)(%)	59.2	62.4	59.8	61.2	61.7
임대세대수(만 호)	1,172	1,295	1,569	1,717	1,852
임대세대 비율	40.8	37.3	38.5	36.6	35.5
공공임대주택2)(비율)	4.9	5.4	5.0	4.7	3.8

주: 1) 자가세대 비율은 자가(거주)세대/주세대수로 정의된다. 이때의 자가(거주)세대는 거주하는 주택이 자가인 세대를 지칭한다. 주세대수는 동거세대와 주택 외 건물거주세대를 제외하며 1인 세대와 2인 이상 세대로 구성된다. 넓은 개념인 보통세대수는 주세대수 + 주택거주세대의 동거세대 중 2인 이상 세대 + 주택 외 건물거주세대의 2인 이상 세대 합계로 정의된다. 자가세대 비율은 우리나라의 '자가점유 비율'과 유사한 개념이지만 자가보유율, 즉 주택소유 세대수/총세대수로 정의되는 개념과 다르다. 한편 일본에는 '자가비율' 개념도 있어 자가수/거주세대가 있는 주택수로 정의된다.
    2) 공공임대주택은 '공영임대주택'만을 포함한 것으로 도시재생기구(UR) 및 공사 임대주택을 넣으면 좀더 커진다. 2013년의 경우 공영임대주택이 152.1만 세대, 도시재생기구 및 공사임대주택이 83.7만 세대다.
자료: 총무성, 2013.

환경이 악화될 수 있다는 점에서는 부정적인 측면이 강하다. 특히 공공임대주택의 경우 그 비중은 1983년 5.4%로 정점을 찍은 후 2013년에는 그 비중이 3.8%까지 축소되었다. 공공임대주택 비중의 축소는 사회적 취약계층의 주거환경 악화의 직접적 요인으로 작용하고 있다.

2) 주거비 부담

일본의 주택정책은 자가보유 촉진정책이 중심이었으나 경제상황 또는 소득계층과 관련 없이 주거비 부담이 전체적으로 높아지면서 주택 구입이 어려워지고 있다. 거품붕괴 후 주택가격이 떨어지고 주택 론의 금리도 떨어졌지만, 저성장이 장기화되면서 소득도 동반 감소하였기 때문이다.[13] 이 때문에 주택론의 선금을 충분히 마련하지 못한 채 거액을 대출받았거나, 개인적 사정으로 소득이 줄어든 세대를 중심으로 주택론 부담이 늘어났다. 이들은 거품붕괴 후 주택소유로 인해 많은 채무를 져야 했다.[14]

전국소비자실태조사에 따르면, 주택론이 가계에 미치는 부담을 나타내는 상환금액 대비 가처분소득의 비율은 거품붕괴 직전인 1989년 10.9%에서 2009년에는 17.1%로 증가했다. 특히 주택론을 안고 상환하는 자 세대 (2인 이상 근로세대)의 경우, 이 기간에 주택이나 토지로 인한 채무잔고가 세대당 평균 780만 엔에서 1,560만 엔으로 늘고, 같은 기간 주택토지 자산액은 4,380만 엔에서 2,650만 엔으로 줄었다.

2013년 조사에 따르면 주택론을 안은 2인 이상 근로세대수는 약 774만 세대이며, 이들의 평균 연소득은 777만 엔 수준으로 소득이 이전 조사와 큰 차

---

13) 1989~2009년 기간 세대당 평균소득은 연 7.6백만 엔에서 7.9백만 엔으로 큰 변화가 없는 가운데 1개월 당 주택론 상환금액은 4.5만 엔에서 7.5만 엔까지 크게 올랐다.
14) 보유주택을 처분하더라도 채무가 남는 깡통주택이 증가하며 주택론이 파기되는 현상이 2010년까지 지속된다.

이가 없거나 줄어든 반면, 안고 있는 주택과 토지 관련 부채액은 2009년의 1,560만 엔에서 소폭 증가한 1,608만 엔으로 나타나고 있다. 주택론으로 인한 주거비 부담이 일반근로자 세대에서 커지고 있음을 보여준다(總務省統計局, 2013b).

주택론과 더불어 주거비 부담을 키우는 것이 임대주택의 집세다. 전국 소비자실태보고서에 따르면, 가처분 소득에서 차지하는 집세 비중이 빠르게 상승했음을 알 수 있다. 임대주택의 경우 소득이 적은 세대가 높은 임대료 즉 집세를 지불하는 사례가 늘어, 같은 기간 소득에서 차지하는 집세의 비중은 9.6%에서 15.1%로 상승했다. 같은 기간 임대세대의 연평균 소득이 520만 엔에서 560만 엔으로 제자리걸음하는 동안 1개월 평균 집세는 3만 엔에서 5만 엔으로 급증하였다. 경기침체로 임차인의 소득이 줄면 시장의 임대료가 내려가는 게 정상인데, 높은 임대료 지불 세대가 늘어난 것은 저렴한 임대주택 숫자가 줄어들었기 때문이다. 특히 임대료가 싼 목조 주택이 노후화되거나 재개발 등으로 없어지면서 소득 대비 집세의 비중을 키우고 있다. [15]

3) 취약계층 주거 사정

1990년대 초 거품경제 붕괴로 대도시에서는 거주지와 직업을 한꺼번에 잃은 사람들이 노숙자로 전락하는데, 2000년대 초까지 이들의 숫자는 지속적으로 증가한다. 이들은 대부분이 중고령 일용근로자로서 전국 각지의 공원이나 강 근처에 천막 등 간이숙소를 마련해 하루하루를 보내는 열악한 주거환경으로 내몰렸다.

---

[15] 목조 공동 민영임대주택은 1983년 전 임대주택의 24%를 차지했으나 2008년에는 13%로까지 축소된다.

2000년대 중반부터는 청년 비정규직근로자의 불안정 거주 문제도 표면화된다. 이들이 비디오룸이나 인터넷 카페, 24시간 영업 패스트푸드점 등을 전전하며, '넷카페 난민'이라는 신조어가 만들어지기도 했다. 저소득 중고령층과 청년층의 주거불안정이 확산된 배경에는 거품붕괴 후 장기간에 걸친 저성장과 노동 분야의 규제완화에 따른 비정규직근로자의 증가가 있다. 또한 민간임대아파트 시장에서 소유자나 업자 등이 집세 체납을 이유로 입주자를 쫓아내는 사례가 늘어난 것도 한 가지 이유로 지적될 수 있다.

2011년 동일본대지진과 유로존 경기침체 등으로 저성장이 고착화되면서 다양한 계층에서 주거불안을 겪고 있는 사람들이 늘고 있다. 이들이 렌탈 오피스, 임대 창고 등의 명목으로 입주자를 모집하는 '탈법 하우스'[16]가 사회적 문제로 부상하기도 하였다. 이렇듯 과거 20년간 일본사회에서는 주거불안정 문제가 다양한 형태로 부각되고 또 확산되고 있다. 거주지라고 부르기에 부적절한 장소에서 숙식을 해결하는 이들의 수가 연령과 성별을 떠나 증가하고 있다. 이러한 현상의 이면에는 정부가 저소득계층 대상의 주택정책을 경시해온 사실이 있다.

주거불안정 문제가 확산된 배경에는 여러 요인이 있지만 크게 보아 세대구성 변화, 주거비 부담 증가의 두 가지를 들 수 있다. 1980년대 중반을 기점으로 부부와 자녀로 구성된 '표준세대' 수가 정점을 찍고 감소세로 접어든다. 저출산 고령화의 심화, 미혼율 증가, 이혼율 증가가 가족에 대한 가치관의 변화와 함께 세대구성을 변화시킨다. 전 세대의 40%를 차지하던 표준세대 비중은 2010년에 30%로 줄었고, 대신 단신세대는 30% 이상으로 늘어났다. 이외에 부부세대, 편모나 편부세대 등도 증가하면서 세대구성이 과거와 다른 양상으로 다양화된다.

---

16) 오피스텔이나 임대용 창고로 등록된 건물을 다다미 2~3조 내의 작은 공간으로 나누어 주거용으로 사용한 불법건물로, 보증인이나 보증금이 없다는 이점이 있어 많은 취약계층이 이용한다.

<표 18-3> 단신세대수 전망

구분	2010년	2015년	2020년	2025년	2030년
단신세대 (만 세대)	1,678.5	1,763.7	1,827.0	1,864.8	1,871.8
비율(%)	32.4	33.3	34.4	35.6	36.5

자료: 국립 사회보장·인구문제연구소, 2013.

세대당 가족구성원수의 빠른 감소는 이들 타입의 세대를 경제적 빈곤, 사회적 고립, 열악한 주거환경에 쉽게 노출시킬 수 있다. 세대구성과 주택 문제가 밀접하게 연관되어 있다. 특히 독신 청년이나 단신 고령자는 사회적 취약계층의 주류로, 언제든 취약계층으로 전락할 위험이 크다는 점에서 주택과 주거서비스 정책의 핵심 타깃이라고 할 수 있다.

4) 저소득 청년층 주거 사정

주택분야 사회적 취약계층의 대부분은 청년층과 고령층이다. 우선 20~39세의 청년층은 부모로부터 독립해 임대주택에 살지만 집세 부담이 커 주거 불안에 더욱 많이 노출된 집단과, 고용과 소득의 불안정으로 부모 밑에서 독립하지 않는 세대 내 미혼 독신자로 구분할 수 있다. 부모로부터 독립한 젊은 층의 대부분은 자신의 힘으로 주거를 확보해야 하며 이들 중 66.4%는 임대주택에 살고 있다. 이들 중 부모의 지원을 받는 일부를 제외하면 대부분은 무거운 집세 부담을 안고 있으며, 이들 중 약 1/3은 세금과 사회보장비 등을 제외한 가처분소득에서 주거비를 빼면 남는 게 별로 없거나 마이너스다. 부모로부터 독립한 저소득 젊은 층은 주거비 지출로 심각한 궁핍 상태에 빠져 있다(平山洋介, 2015).

물론 부모로부터의 용돈, 실업급여, 저축 등 취업 외 수단으로 부족분을 메우고 있지만 높은 주거비 부담은 젊은 층의 주택 안정과 생활안정을 위협하는 요인으로 작용하고 있다. 노동시장의 규제완화와 유연화는 청년층

주택문제에도 악영향을 미친다. 청년층의 주택문제는 경제적 차원은 물론이고 복지정책 차원에서 심각하게 고려해야 할 것이다.

두 번째 집단은 부모로부터 독립하지 않고 동거하는 젊은 세대다. 최근 청년층 세대에서 독립-결혼-출산 등의 표준적 삶의 단계를 밟는 사람이 줄어들고, 다양한 삶의 형태가 나타나기 시작했다. 주류는 경제적 이유로 독립하지 않은 채 부모와 함께 동거하는 세대 내 미혼 독신자다. 2014년 도쿄, 오사카 등 수도권의 20~39세 미혼자를 대상으로 한 설문조사[17] 결과 이들의 14.3%는 무직이었고, 직장이 있는 사람의 30%는 연소득이 200만 엔 미만이었다. 특이한 점은 이들 다수가 부모와 함께 살지만 안정된 직업을 얻지 못하며, 수입이 적고 결혼 가능성도 낮다는 점이다. 이렇듯 세대 내 독신자의 70% 이상이 경제력이 약하며, 취업자도 대부분이 아르바이트나 파견 등의 비정규직이 많다.

상황이 이렇다 보니 무려 73.2%가 결혼하고 싶지 않거나, 불가능하다고 생각하는 등 독립의지가 매우 낮다(ビックイシュー基金 住宅政策提案・検討委員会, 2014). 경제력이 낮고 결혼 의향이 약하다 보니 부모 밑에서 비정규직을 전전하게 되고, 이것이 다시 결혼 의욕을 떨어뜨리는 악순환이 전개되고 있다. 더구나 부모와의 동거 그룹이 주거의 안정성을 지속적으로 확보할 수 있을지도 불확실하다. 부모 사망으로 인한 연금수입 상실, 주택의 부실화에 따른 유지 및 개보수 비용 증가, 부모의 개호 등 제반 조건의 변화에 따라 안정성이 무너질 수 있기 때문이다.

---

17) NPO 법인 빅이슈(Big Issue) 기금이 설치한 주택정책 제안과 검토위원회가 2012년 실시한 취업구조 실태조사. 조사대상은 연소득 2백만 엔 미만이고 미혼인 1,767명(학생 제외)이다.

5) 저소득 고령자 주거 사정

〈노인복지법〉(1963년) 제정 후에 고령자 복지정책의 대상은 생활궁핍 고령자에서 고령자 전체로 확대된다. 특히 〈노인복지법〉이 제정된 이후인 1964년에는 노인세대 대상의 공영주택이 제도화되어, 이들이 우선 입주할 수 있는 공영주택의 공급이 시작된다. 이후 고령자 대상 주거서비스 분야는 양로원, 양호노인홈, 특별양로노인홈, 경비노인홈 등으로 제도가 정비 확대되었다. 그러나 공영주택 등 공공임대주택의 공급 속도를 넘어서는 고령화로 인해 고령자가 입주 가능한 임대주택이 절대적으로 부족한 상황이다.

2013년 기준 고령자 주세대수는 약 1,136만 세대이며 이는 65세 이상의 단신세대(552만 세대)와 65세 이상의 부부세대(585만 세대)로 구분된다. 전체 고령자 세대주 중 77%는 자가, 23%는 임대주택에 거주한다. 임대주택 거주자 중 약 37%가 공공임대나 도시재생기구 및 공사의 임대주택을 이용한다. 취약계층이 포함될 가능성이 큰 65세 이상 단신세대의 경우 자가비중은 66%로 낮고, 공공임대주택 거주자는 약 35%로 낮다. 이는 공공임대에 대한 높은 의존도에도 불구하고 고령자 단신세대 대상의 공공임대주택 서비스가 충분하게 이루어지지 않고 있음을 시사한다.

한편 65세 이상의 고령자가 세대구성원에 포함된 2,084만 세대의 경우 자가비중은 83%로 높고, 민간임대주택에 거주하는 220만 세대 중 절반이 목조 주택에 거주하고 있다. 목조 임대주택의 경우 사회적 취약계층이 저렴하게 입주할 수 있는 주택으로 기능해 왔지만, 목조 주택의 특성상 주택의 부실이 빠르게 진행된다는 점에서 주택수 감소가 빠르며, 비목조 주택으로의 이사 등 거주지 변경에 따른 주거비 부담이 늘어날 수 있다는 약점이 있다.

〈표 18-4〉 고령자 주택소유별 관계

구 분	세대수	자가 (비율)	임대 (비율)	공공임대1)	민간임대
고령자 주세대2) (만 세대)	1136.5	871.8 (76.7%)	262.0 (23.1%)	97.0	162.3
65세 이상 단신 (만 세대)	551.7	362.1 (65.6%)	187.3 (34.0%)	65.0	120.9
65세 이상 부부 (만 세대)	584.7	509.7 (87.2%)	74.6 (12.8%)	31.8	41.3
65세 이상 고령자 있는 세대	2,084.4	1,724.7 (82.7%)	356.1 (17.1%)	123.2	222.8

주: 1) 공공임대는 공영주택, 도시재생기구(UR) 및 공사 임대주택의 합계이다.
    2) 주(主)세대는 주택에 거주하는 세대 중 동거세대가 아닌 세대를 지칭한다.
자료: 총무성, 2013.

핵가족화와 수명연장의 여파로 단신이나 부부만의 고령세대가 증가하고 있다. 이들의 이용이 늘고 있는 유료 양로원 등 고령자 전용 임대주택의 보증금 반환을 둘러싼 분란과 까다로운 입주절차 등의 불편함이 문제점으로 제기되고 있다. 정부는 2009년 〈고령자의 거주안정 확보에 관한 법률〉을 개정해, 고령자가 입주하기 쉬운 임대주택과 고령자 전용 임대주택의 건설 기준과 관리를 강화했다.

2011년에는 〈주생활기본법〉(2006년)에 근거한 주생활기본계획(2011년 3월 각의결정)을 통해 '주택확보에 특히 배려가 필요한 자의 거주의 안정 확보'등의 목표가 설정되고, 국토교통성은 목표달성을 위한 기본시책을 결정한다. 특히 2011년 10월 서비스가 제공되는 고령자 대상 주택제도(서비스 고령주택)18)를 신설하고 고령 인구의 약 3~5%까지 공급을 늘린다는 방침을 세운다. 서비스고령주택은 생활지원 서비스가 딸린 주택으로, 단차가 없는(barrier free) 구조, 안부확인과 생활 상담 등의 서비스 제공, 장기입원 시 거주 보장 등 고령자의 거주안정성을 획기적으로 높였다.

---

18) 일본에서는 서비스가 딸린 고령자 대상 주택을 'the 高住'라 칭한다.

3. 주택안전망

1) 사회보장과 주택분야

일본의 주택분야 사회보장은 공영주택 보급, 생활보호제도에 포함된 주택 부조 등으로 한정적이다. 그러나 단신세대 증가, 비정규직 비율 상승에 따른 고용 불안, 급격한 고령화 진행 등으로 주거 상황이 크게 변하고 있다. 저성장이 장기화하면서 소득 감소로 사회적 취약계층이 증가하고, 향후 이 계층에 속하는 이들이 늘어날 가능성이 크다. 주거불안이 빈곤의 한 요인이고, 주거환경이 열악할수록 빈곤에서 빠져나오는 것이 어렵다는 점에서 취약계층[19] 대상의 주택 보장은 매우 중요하다. 주택정책에 사회보장으로서의 주택안전망 개념이 도입된 것은 2006년부터라 할 수 있다. [20]

본격적인 저출산, 고령화사회, 인구와 세대 감소 사회의 도래에 대비해, 주택건설기본법을 폐지하고 주생활기본법을 제정한다. 이 법은 9조에서 관련 정부기관과 복지, 의료 관련 기관간의 관계 설정을 강조한다. 주생활기본법에 근거한 시책으로 주택안전망이 거론된다. 과거 공공 주도 주택의 양적 확보정책에서 주거환경을 포함한 주거생활 전반의 질적 향상과 주택안전망 확보를 도모하는 정책으로 변화를 시도한 것이라고 할 수 있다. 이후 내진화, 무장벽(*barrier free*) 등의 달성목표를 설정하고, 기존 주택의 개량을 중심으로 주택의 질적 향상을 본격화한다.

사회자본정비심의회의 답신[21]은 주택공급자가 주택의 질과 성능에 대

---

19) 이때의 취약계층은 소득, 의료, 주거 등 사람이 살아가는 데 필요한 특정 욕구가 충족되지 못하는 이들을 지칭한다. 인구학적 특성, 욕구, 소득, 능력 등 다양한 기준으로 집단 유형을 구분할 수 있다.

20) 이때의 논의로 2007년 7월 〈주택안전망법〉(정식명칭은 〈住宅確保要配慮者に對する 賃貸住宅の供給の促進に関する法律〉) 이 제정된다.

해 경쟁할 인센티브를 제공해야 한다면서, 2007년 7월 〈주택확보 우선 고려대상자 임대주택 공급촉진법〉(일명 〈주택안전망법〉)을 제정한다. 22) 이 법에는 주택확보에 배려가 필요한 자로서 저소득자, 재해피해자, 고령자, 육아세대 등이 규정되어 있고, 공공임대주택 공급촉진(제5조), 민간임대주택의 원활한 입주촉진(제6조) 등이 포함되어 있다. 빠른 고령화가 파생되는 문제에 대응하기 위해 정부는 주택과 주거서비스 부문에서 공공임대주택 보급, 임대료 보조, 주거급여 제도 강화에 나선다. 23)

2) 공공임대주택 보급

취약계층 대상의 주택보장은 크게 공영임대주택 공급과 임대료 보조로 나눌수 있다. 공영임대주택 제도는 주택 확보나 주거에 곤란을 겪는 저소득자를 위해 1951년 창설되었다. 국고보조를 받아 지방자치단체가 건설, 보유, 관리하는 낮은 임대료의 공영주택은 주택안전망에서 중요한 역할을 담당해 왔다. 그러나 당초의 목표와 달리 2000년대에 들어선 이후 공급이 줄고, 공급대상도 축소되면서 주택안전망으로서의 기능이 크게 약화되고 있다. 24)

　　공급감소부터 살펴보자. 일본의 총 임대주택 세대는 2013년 기준 1,852만 세대(주세대)이며, 이 중 민영임대주택이 1,458만 세대를 점한다. 민영임대를 제외한 공공임대주택에는 공영임대주택, 도시재생기구(UR) 및 공사의

21) 新しい住宅事情に對応する住宅・宅地政策の基本的体系についての答申.

22) 〈住宅確保要配慮者に對する賃貸住宅の供給の促進に関する法律〉. 2007년 7월 6일 시행.

23) 저소득층 주거 지원정책은 공급자 지원방식인 주택공급과 수요자 지원방식인 주거비 지원, 주택개량지원 등으로 구분 가능하다. 일본도 이와 유사하게 구분할 수 있다(변용찬 외, 2010).

24) 1990년대 이후의 경기침체로 주택확보에 곤란을 겪는 세대가 증가하였음에도, 공영주택의 신규건설은 중지에 가까운 수준까지 감소했으며, 그 여파가 운용 물량인 재고량 감소로 이어지고 있다.

<표 18-5> 임대주택 내 시장·비시장주택 추이

구분	1973년	1983년	1993년	2003년	2013년
임대주택수(만 호)	1,172.4	1,295.1	1,569.1	1,716.6	1,851.9
민영임대(시장)	788.9	847.7	1,076.2	1,256.1	1,458.3
공적임대(비시장)	383.5	447.4	492.9	460.5	393.6
비시장주택 비율(%)	32.7	34.5	31.4	26.8	21.3
(공영임대 + 공사임대)	199.5	264.5	287.8	311.9	281.5
비율(%)	7.0	7.6	7.1	6.7	5.4

주: 공공임대주택은 공영임대, 도시재생기구 및 공사제공 임대, 급여주택의 합계이다.
자료: 총무성, 각 연도.

임대주택, 급여(給與) 주택[25] 이 있다. 공공임대주택과 급여주택은 사회적 약자로 구분되는 빈곤층, 고령자, 장애자 등이 저가에 입주할 수 있는, 시장 메커니즘과 분리된 비시장주택이다. 그런데 이 재고량이 1993년 전 임대주택의 31.4%인 492.9만 세대에서 2013 393.6만 세대(21.3%)까지 줄어들었다. 공공임대주택은 1973년 140.5만 세대였는데 1998년 208.9만 세대로 정점을 기록한 후 2013년 195.9만 세대로 감소한다.

한편 도시재생기구나 공사가 제공하는 임대주택은 기간 중 59만 세대에서 85.6만 세대로 증가했지만 최근 10년으로 국한하면 오히려 줄어들었고, 여전히 100만 호에 미치지 못한다. 공영임대주택과 도시재생기구·공사 제공 임대주택을 합한 비율은 1973년 7%에 달했으나 2013년에는 5.4%로 축소되면서, 저소득자, 장애자 등 사회적 약자의 주거여건이 악화되었다. [26]

공영임대주택의 양적 감소는 필연적으로 경쟁률 심화와 까다로운 입주심사로 이어진다. 도쿄도의 도영주택은 단신이나 가족용 주택으로 구분되며, 단신의 경우 60세 이상 고령자나 장애자가 주된 입주대상이다. [27] 단신

---

25) 급여주택은 기업이나 관공서 등이 급여의 일부로 제공하는 사택, 관사 등의 주택을 지칭한다.
26) 공공임대주택은 OECD 평균이 11.5%이며, EU 평균이 9.4%에 이르는 점을 감안하면 일본의 공공임대주택의 비중은 상당히 낮은데 그마저도 축소되고 있다. 영국 17.1%, 프랑스 19%, 네덜란드 32% 등으로 높고 독일은 5.0%로 낮다(국토교통부, 2015: 4).

주택의 입주 자격은 도내 3년 이상 거주하고, 배우자가 없고, 주택문제로 곤란을 겪고 있는 자다. 주택에 따라 다양한 조건이 있으며 소득은 2015년 기준 연소득 189. 6만 엔 이하 (60세 이상 또는 장애자의 경우 256. 8만 엔) 이하라야 한다.

지방자치단체가 운영하는 임대주택은 대부분 소득분위 25% 이하의 저소득계층이 대상이고 장애인 등은 소득분위 40% 이하까지 인정되기도 한다. 집세는 입주자의 소득에 따라 다르며 도쿄도의 경우 연소득 125만 엔 이하에서 월 집세는 1만 9, 200엔 수준이다. 단신자는 대부분 1~2만 엔대로 저렴하며, 가족용은 3만~4만 5천 엔대다. 민간임대주택에 비해 파격적인 집세이지만 경쟁률이 높아 저렴한 집세의 의미는 약하다.

공공임대주택 입주조건이 까다로운 것은 공영주택의 입주대상을 고령자와 장애자세대 등으로 제한하기 위함이다. 이 범주에 속하지 않으면 저소득자라도 입주기회를 얻기 어려워 근로 수입으로 주택과 주거를 확보해야할 상황이다. 이러한 시책에 따라 공급대상이 축소되면서 총 세대 중 입주자격을 갖는 세대수 비율을 나타내는 '수입기준 커버율'은 1960년대 중반 60%에 달했으나 1970년대에 33%로 줄었고, 1996년 〈공영주택법〉 개정 시에는 25%로 축소된다.

공공주택의 공급감소와 공급대상 축소는 응모배율을 높였다. 2015년 기준 단신자용 도영주택의 배율은 56. 8배이며, 고령자에게 적합한 주택(즉 실버피아)은 92. 1배다. 이는 2010년 평균 응모배율 29. 8배보다 2배 이상 높아진 것으로, 공영임대주택의 주택안전망 역할은 축소되고 있다(ビックイシュー基金 住宅政策提案・検討委員会, 2013).

---

27) 이 중 실버피아(Silverpia)는 주택과 복지정책을 연계시켜 재가고령자의 복지증진 목적으로 건설된 주택으로, 긴급 시 대응과 관계기관과의 연락, 안부확인, 일시적 가사지원이 가능하다. 사업주체인 시구정촌은 주택공급 주체인 지방자치단체, 도시재생기구(UR), 도쿄도 주택공급공사 등과 협력하여 운영한다.

〈표 18-6〉 도쿄도 도영주택 추첨배율(단신자세대, 2015년 2월 모집)

구분	모집호수(호)	추첨배율(배)
단신자용 일반	215	56.8
단신자 휠체어 사용자 주택	10	8.6
실버피아 단신자용	18	92.1
사업재건자 대상 정기사용주택	2	0

주: 추첨배율 등은 모집기간이나 방법에 따라 달라질 수 있다.
자료: 도쿄도 도시정비국. 2016. 7. 20 인출.

3) 임대료 보조

임대료 보조정책은 공공임대주택 거주자에 대한 보조와 민간임대주택 거주자에 대한 보조로 구분할 수 있다. 정부에 의해 건설되고 관리되는 공영임대주택의 거주자에 대한 집세 보조는 2005년부터 중앙정부의 지원이 중지되고 지방자치단체의 주택 교부금 예산으로 운영된다. 이로 인해 임대료 보조는 지방자치단체가 자율적으로 결정한다.

민간임대주택의 임대료 보조는 1980년대부터 지방자치단체 중심으로 시행되는데, 임대주택 주인으로부터 퇴거를 요구받아 곤란을 겪는 자가 일정수준의 임대주택으로 이사할 경우, 집세 부담을 낮추는 조치에 시초다. 지방자치단체는 거주자에게 직접보조금을 주거나 집주인에게 지급하는 등의 방법을 사용하였다.

지원대상으로는 주택문제에 직면한 고령자, 장애자, 편부 또는 편모세대, 신혼세대 등이다. 지역마다 조건은 다르지만 독립해 일상생활을 영위할 수 있어야 하며, 집세나 세금의 체납 기록이 없고, 생활보호대상자가 아니며, 관내 이사 등의 조건이 일반적이다. 대부분의 지방자치단체가 소득제한을 두며, 집세 지원제도가 저소득층 지원제도임을 밝힌다.

임대료 보조정책은 1990년대까지는 생활보호제도의 주택부조에 의한 민간임대주택의 임대료 보조로 시행되었다. 그러나 최근에는 저소득층이나 생활보호대상자 지원 외에 대상자의 지역 내 순조로운 정착 유도 시책으로 활용되기도 한다. 인구감소 시대를 맞아 지방자치단체의 주거지원 사업은 집세 보조나 이사비 지원 등 다양하며, 타지역으로부터의 전입을 촉진하는 대신 관내에서의 전출을 줄이려는 목적으로 활용된다. 도쿄도 23구에서는 주민 감소에 위기감을 느낀 지방자치단체들이 경쟁적으로 주거 지원 시책을 내놓고 있다. 신혼세대나 대가족 세대 대상으로 다양한 지원책이 시행되고 있다.

4) 주거급여 제도

주거급여는 생활보호 수급자에 대한 주택부조를 지칭하며 후생노동성의 제도의 설계와 운영을 주관하고, 실무는 일선의 복지사무소가 맡고 있다. 복지사무소는 시(구)에서는 시(구)가 설치하고 정촌(町村)에서는 도도부현이 설치한다. 일부 정촌은 직접 복지사무소를 설치하기도 한다.

생활보호는 자산, 능력 등 모두를 활용해도 생활이 궁핍한 자를 궁핍의 정도에 따라 보호하는 제도로, 최저생활 보장과 자립지원 등이 목적이다. 생활보호급여는 후생노동성 장관이 정한 최저생활비에서 대상자의 수입을 차감한 금액이 지급된다. 급여 중 하나인 주택부조는 아파트 등 월세를 현금으로 지원하며 주로 집세 범위 내에서 실비로 지급한다.

생활보호대상자 지정 절차가 까다로워 제도가 기능을 충분히 발휘하지 못하고 있다는 지적도 있다. 예를 들어 생활이 궁핍한지를 입증하기 위해 실시하는 자산조사가 자산 조사 외에 개인에 대한 폭 넓은 조사를 포함하여, 프라이버시 침해를 우려한 이들이 신청을 꺼리고 있다. 이는 가득(稼得) 능력의 활용이나 부양의무 이행 등의 엄격한 조사로 생활보호 신청을 어렵게 하려는 지방자치단체의 의도를 반영한 것이다. 후생노동성은 예금이나 적금, 연금을 활용하거나, 토지·주택 등을 매각해 생활비로 충당할 것을 종용하며, 일할 능력이 있을 경우 우선 일을 찾도록 유도한다. 친족 등으로부터 원조를 받을 수 있는 경우 원조받는 것을 우선시한다.

전체적으로 보면 후생노동성의 생활보호 정책의 기본방향은 피보호세대를 줄이는 것이다. 2016년 11월 기준 생활보호 수급인원은 약 215만 명이며 세대수는 약 164만 세대로 100명당 1.69명이 생활보호대상자로 등록되어 있다.[28] 특히 생활보호 세대 중 절반 이상인 83.8만 세대(51.4%)가

〈표 18-7〉 생활보호 기준(〈생활보호법〉 8조 2항)

지원종류	생활비 용도	지급수준
생활부조	일상생활	식비, 광열비 등
주택부조	아파트 등 임대료(월세)	범위 내 실비
교육부조	의무교육 위한 학용품비	기준 내 지급
의료부조	의료서비스 비용	비용의 직접 지불 (개인부담 無)
개호부조	개호서비스	비용의 직접 지불 (개인부담 無)
출산보조	출산비	범위내 실비
생업부조	취업을 위한 기능 취득	범위내 실비
장제부조	장제비용	범위내 실비

자료: 사회보장제도심의회, 1950.

〈표 18-8〉 생활보호대상자 부조별 인원 변화

지원구분	2014.11 →	2015.11 →	2016.11
전체	609.8	611.0	607.2
생활부조	196.6	194.4	192.5
주택부조	185.0	184.9	183.6
교육부조	14.8	14.2	13.4
의료부조	176.2	177.7	177.2
개호부조	31.4	33.3	35.1
기타(출산, 취업, 상제)	5.8	5.6	5.4

주: 전체는 어느 하나의 부조라도 받는 인원의 합계.
자료: 후생노동성, 2017.

---

28) 후생노동성의 〈생활보호 피보호자조사〉는 생활보호를 받고 있는 세대와 수급 상황을 파악하기 위한 조사로, 매달 실시하여 그 실상을 보도자료로 공개한다.

고령자세대이며, 상병자와 장애자세대도 43.1만 세대(26.4%)에 달한다. 부조의 종류별 수급인원은 생활부조, 주택부조, 의료부조, 개호부조의 순이며 주택부조는 전체 수급자의 85.6%가 수혜를 받고 있다.

4. 맺음말: 쟁점과 함의

이상에서 살펴보았듯이 일본의 주택정책은 자가보유 촉진정책을 중심으로, 사회보장 영역으로서의 취약계층 대상의 주택과 주거서비스 강화는 제한적으로 운영되었다. 최약자층으로 전체인구의 1.7%를 점하는 생활보호대상자 대상의 임대주택 제공, 고령자·모자세대·장애자 가정에 대한 공영주택 우선 입주권 등이 대표적이다. 이 같은 수준의 주택 및 주거서비스는 사회안전망 측면에서 매우 약한 것으로 유럽 선진국의 그것과 비교할 바가 되지 못한다.

이 같은 현실의 이면에는 일본정부의 토지정책 등의 미비로 고도성장기에 지가가 가파르게 상승하여 공공주택용 택지를 확보하기 힘들게 되는 등 일본 특유의 사정이 없지 않다. 주택 부문의 시장화를 강화하고 각 분야에서 공공부문의 개입과 역할을 줄이고 민간 활력을 중시하는 작은 정부 정책은 나름의 성과를 거두었다. 하지만 1970년대 이후 사회보장 등 복지가 확대되는 과정에서 중앙정부에 막대한 재정적자를 안겨 주었다. 지금은 누적 재정적자가 부담이 되어 정작 필요한 복지정책을 제때 적절한 수준으로 시행하지 못하고 있다.

저성장이 장기화되면서 취약계층의 주거불안이 확대되고 있지만 공공임대주택 확대 등의 사회적 요구에 제대로 대응하지 못하고 있다. 저소득 청년층과 고령층, 생활보호대상자의 주거환경 악화가 우려되고 있다. 여기에 전체인구가 감소하면서 전국의 주택수가 세대수를 훨씬 넘어서, 지금은 인구 과소지역 등 지방을 중심으로 늘어나는 빈집이 치안 악화 등의 우려를 낳고 있다.

일본의 주택과 주거서비스 사례에서 얻을 수 있는 시사점은 크게 두 가지다. 하나는 공공임대주택을 활성화를 통한 사회적 취약계층대상의 주택과 주거서비스의 양적, 질적 향상이 중요하다는 사실이다. 시급을 위해서는 무엇보다 기능이 약화된 공공임대주택정책을 우선적으로 활성화시킬 필요가 있다.[29] 특히 고령자, 비정규직 청년층 등 취약계층이 증가하는 추세가 있어 이들을 위한 공공 영역에서의 공공주택의 확충이 중요하다.

한국은 공공임대주택 비중을 OECD 평균수준인 11%로 늘린다는 계획을 가지고 있으나, 목표 연도를 제시하고 있지 않아 달성에 대한 의지가 약하다.[30] 국토교통부는 2015년 1월 발표한 임대주택 공급확대 방안에서도 공공임대주택보다 민간의 활력을 활용한 기업형 민간임대주택 공급확대 방안을 제시한다. 공공임대주택도 지속적으로 늘려나가겠다고 하지만[31] 위 목표에 도달할 수 있는 수준의 공급량은 제시되지 않고 있다. 공공임대주택의 보급과 함께 대상자를 확대하려는 노력 또한 필요하며, 입주자에 대한 정기적인 소득 심사나 정기적 임대료 조정 등이 이에 해당한다.

---

29) 일본의 공공임대주택은 2013년 기준 공영주택 195.9만 세대, 공사 및 공단 주택 85.6만 세대로, 둘을 합하더라도 전체 임대주택의 5.4%에 지나지 않는다. 이를 중장기적으로 10%까지 확대하더라도 OECD 평균의 절반에 불과하다.

30) 한국의 공공임대주택은 2014년 말 기준 101.6만 세대로 전체 1899.9만 세대의 5.4%에 해당한다.

31) "서민층 위해 2015년 공공임대주택 입주 물량을 연 11만 호에서 12만 호로 늘리고, 2016년 이후에도 입주물량을 지속 확대하겠다". 국토교통부(2015). 하지만 실제로 공급된 공공임대주택은 2015년 8.4만 호, 2016년 8.2만 호에 불과하다. 2016년 기준 신규 건설 임대주택 7만 호, 기존 주택 매입 임대주택 1.2만 호, 기존 주택 임차 후 재임대 전세 임대주택 4.3만 호가 공급되었다. 여기서 전세 임대주택은 대출 지원 임대주택으로 통상의 (장기) 공공임대주택과는 거리가 있다. 2017년에도 신규건설 임대주택 7만 호, 매입·전세임대 5만 호 등이 예정되어 있다(국토교통부, 2017).

일본정부는 공공임대주택 입주 경쟁률이 높아지자 임대주택 거주민이 소득 향상을 통해 자립 능력이 강화된 경우 임대주택을 떠날 수 있도록 다양한 장치를 마련하였다. 매년 자가 소득신고를 요구하고 있으며 신고를 하지 않을 경우는 임대료를 높이는 방식을 취하고 있으며, 소득 기준을 넘어설 경우 임대료 할증을 부과하고 있다. 일정 기한 및 소득수준을 초과하는 입주자에 대해 임대료를 유연하게 부과할 수 있게 한 것은 대상자가 임대주택에서 일반주택으로 이사 할 수 있도록 유도해 공공임대주택의 입주 대상자 순환을 촉진시키기 위함이다. 32)

우리나라의 경우 임대주택 입주와 관련된 규정은 있으나, 퇴거에 대한 특별한 규정이 마련되어 있지 않다는 점에서 대상자의 원활한 순환을 위한 일본정부의 노력이 시사하는 바가 크다.

우리나라에서도 결혼-출산 등 표준적 삶의 경로에서 벗어나 자의반 타의반으로 단신 생활을 영위하는 저소득 청년계층, 핵가족화 및 수명연장 등에 따른 고령자 단신세대 증가에 대비할 수 있는 새로운 차원의 주택정책이 필요하다.

일본의 경우 넷카페 난민으로 대표되는 저소득청년층의 주거불안과 양로시설에 입주하지 못한 독거노인의 주거불안이 심화되고 있어, 일본의 인구구조 변화를 추종하고 있는 한국의 입장에서 취약계층을 대상으로 한 주택 및 주거서비스에 대한 선제적 대처가 필요할 것이다.

더불어 우리 정부는 사회적 취약계층을 세분화해 각 소득층, 각 연령층 그룹에 대응할 수 있도록 주택 및 주거서비스를 세분화하고 이를 질적으로 향상시키는 한편, 각 지방자치단체 역시 지역적 특성을 살려 지역이 주도하는 주택 및 주거서비스를 정비해갈 필요가 있다.

---

32) 5년 이상 거주하면서 최근 2년간 일정소득 이상이 발생한 거주자에게는 인근 동종주택 임대료의 2배 이내에서 임대료를 6개월까지 적용할 수 있고, 이후에는 2배 이내에서 징수할 수 있다.

■ 참고문헌

국내 문헌

국토교통부(2015). 〈중산층 주거 혁신 방안〉. 보도자료, 2015. 1. 13.

_____(2017). 〈2016년 공공임대주택 12만 5천 호 역대 최다공급〉. 보도자료, 2017.
    1. 3.

해외 문헌

高橋紘士(2013). "福祉は住宅に始まり住宅に終わる". 〈月刊福祉〉, 11月.

国立社会保障・人口問題研究所(2013). 〈日本の世帯数の将來推計: 全国推計〉.

ビックイシュー基金住宅政策提案・検討委員会(2013), 〈住宅政策提案書〉.

_____・検討委員会(2014). 〈若者の住宅問題〉, 12月.

변용찬 외(2010). 《취약계층 지원 및 주거복지 강화를 위한 연구》. 한국보건사회연구원.

社会保障制度審議会(1950). 〈社会保障制度に関する勧告〉. 社会保障制度審議会.

_____(1993). 《社会保障将來像委員会 第一次報告, '社会保障の理念等の見直しに
    ついて'》. 社会保障制度審議会.

總務省統計局(2013a). 〈住宅・土地統計調査〉. 總務省統計局.

_____(2013b). 〈平成26年 全国消費実態調査関連情報〉. 總務省統計局.

平山洋介(2015). "次世代を支える住宅政策を". 〈都市とガバナンス〉, 23号, 55~63.

厚生労働省(2017). 〈被保護者調査(平成28年11月分概数)〉. Press Release, 2017. 2. 1.

OECD(2017). *OECD Statistics, Social Expenditure*. Organization for Economic
    Cooperation and Development.

기타 자료

東京都都市整備局. http://www.toshiseibi.metro.tokyo.jp/juutaku_keiei. 2016. 7. 20
    인출.

ILO. Departments and Offices. http://www.ilo.org/dyn/ilossi/ssimain.home?p_lang=en.
    2016. 7. 31 인출.

부록

〈부표 4-1〉 성별 연령별 미혼율·생애미혼율 추이(15~49세, 1970~2015년)

구분	1970년	1980년	1990년	2000년	2005년	2010년	2015년
남성							
15~19세	99.3	99.7	99.7	99.5	99.6	99.7	99.7
20~24세	90.1	91.8	93.6	92.9	93.5	94.0	95.0
25~29세	46.5	55.2	65.1	69.4	71.4	71.8	72.7
30~34세	11.7	21.5	32.8	42.9	47.1	47.3	47.1
35~39세	4.7	8.5	19.1	26.2	31.2	35.6	35.0
40~44세	2.8	4.7	11.8	18.7	22.7	28.6	30.0
45~49세	1.9	3.1	6.8	14.8	17.6	22.5	25.9
생애미혼율	1.7	2.6	5.6	12.6	16.0	20.1	23.4
여성							
15~19세	97.9	99.0	99.3	99.1	99.2	99.4	99.4
20~24세	71.7	77.8	86.0	88.0	88.7	89.6	91.4
25~29세	18.1	24.0	40.4	54.0	59.1	60.3	61.3
30~34세	7.2	9.1	13.9	26.6	32.0	34.5	34.6
35~39세	5.8	5.5	7.5	13.9	18.7	23.1	23.9
40~44세	5.3	4.4	5.8	8.6	12.2	17.4	19.3
45~49세	4.0	4.5	4.6	6.3	8.3	12.6	16.1
생애미혼율	3.3	4.5	4.3	5.8	7.3	10.6	14.1

자료: 국립 사회보장·인구문제연구소, 2016; 총무성 통계국, 2015.

〈부표 5-1〉 사회보장제도별 사회보장급여비 추이(1970~2014년)

(단위: 10억 엔)

구분	1970년	1980년	1985년	1990년	1995년	2000년	2005년	2010년	2014년
합계	3,524	24,774	35,680	47,415	64,984	78,399	88,852	105,361	112,102
의료보험	1,775	9,344	9,135	11,716	14,854	14,797	16,417	19,059	20,344
고령자의료	-	-	4,057	5,828	8,583	10,447	10,754	11,718	13,429
개호보험	-	-	-	-	-	3,262	5,815	7,434	9,098
연금보험	474	8,368	14,455	21,618	31,157	39,173	45,214	51,755	53,413
고용보험	163	1,089	1,199	1,167	2,207	2,665	1,522	2,460	1,805
기타	1,112	5,973	6,834	7,087	8,184	8,054	9,130	12,934	14,014

자료: 국립 사회보장·인구문제연구소, 2014.

<부표 5-2> 협회건보 재정수지와 제도 개편(1992~2014년)

(단위: 억 엔)

연도	준비금 잔고	단년도 수지	비고
1992	14,935	746	(보험료율)8.4% → 8.2%, (국고보조율)16.4% → 13.0%
1993	14,088	-935	
1994	11,366	-2,809	식사요양비 제도의 도입
1995	8,914	-2,783	
1996	6,260	-4,193	
1997	6,857	-950	(보험료율) 8.50% 환자 자기부담률 20%
1998	6,932	34	진료보수/약가 등 마이너스 개정[1]
1999	8,039	-3,163	
2000	6,701	-1,569	개호보험제도 도입
2001	5,526	-4,231	
2002	-649	-6,169	진료보수/약가 등 마이너스 개정[1]. 노인보험제도의 대상연령 인상(70세 → 75세, 2002년 10월)
2003	-174	704	(보험료율)8.20%, 환자 본인부담률 30%, 총보수제
2004	2,164	2,405	진료보수/약가 등 마이너스 개정[1]
2005	3,695	1,419	
2006	4,983	1,117	진료보수/약가 등 마이너스 개정[1]
2007	3,690	-1,390	
2008	1,539	-2,290	진료보수/약가 등 마이너스 개정[1], 후기고령자의료제도
2009	-3,179	-3,179	
2010	-638	2,540	(보험료율) 9.34%. (국고보조율) 13.0% → 16.4%
2011	1,951	2,589	(보험료율) 9.50%
2012	5,055	3,104	(보험료율) 10.00%
2013	6,921	1,866	
2014	10,647	3,726	

주: 1) 정부가 차기년도 진료보수와 약가를 결정할 때 당해연도보다 낮추는 것을 지칭한다.
자료: 전국건강보험협회, 각 연도.

〈부표 5-3〉 건강보험 제도별 수입·지출 현황(2014년)

(단위: 조 엔)

구분	조합건보	협회건보	공제조합	국가공무원	지방공무원	사립학교교직원	국민건강보험	합계
수입 (합계)	7.6	9.8	2.9	0.7	2.0	0.2	15.3	35.6
보험료	7.5	8.4	1.4	0.3	0.9	0.2	3.5	20.8
세금	-	1.4	-	-	-	-	4.4	5.8
-국가	-	1.4	-	-	-	-	3.6	5.0
-지방	-	-	-	-	-	-	0.8	0.8
전기고령자 교부금	-	-	-	-	-	-	3.4	3.4
요양급여비등 교부금	-	-	-	-	-	-	0.6	0.6
지출 (총액)	7.5	9.6	2.8	0.7	1.9	-	15.0	34.9
급여	3.8	5.1	1.1	0.2	0.7	0.1	9.8	19.8
지원금/ 납부금	-	-	-	-	-	-	-	0.0
후기고령자 교부금	1.6	1.7	0.5	0.1	0.3	0.1	2.0	5.8
전기고령자 납부금	1.4	1.4	0.5	0.1	0.3	0.0	0.1	3.3
퇴직자 급여 갹출금	0.3	0.3	0.1	0.0	0.1	0.0	0.0	0.7
개호 납부금	-	0.9	0.1	0.1	-	-	0.8	1.8

자료: 건강보험조합연합회, 2014; 전국건강보험협회, 2014; 재무성, 2014; 총무성, 2013; 일본사립학교진흥·공제사업단, 2014; 후생노동성, 2014.

〈부표 6-1〉 가구 구성별 최저생활보장수준 사례(2011, 2015년)

① 2011년

표준 3인가구(33, 24, 4세)

	1급지-1	1급지-2	2급지-1	2급지-2	3급지-1	3급지-2
생활부조	175,170	167,870	160,580	153,270	145,980	138,680
주택부조	69,800	59,000	53,000	46,000	40,100	34,100
합계	244,970	226,870	213,580	199,270	186,080	172,780

모자가구(30, 4, 2세)

	1급지-1	1급지-2	2급지-1	2급지-2	3급지-1	3급지-2
생활부조	193,900	187,470	179,310	172,880	164,730	158,300
주택부조	69,800	59,000	53,000	46,000	40,100	34,100
합계	263,700	246,470	232,310	218,880	204,830	192,400

② 2015년

표준 3인가구(33, 24, 4세)

	1급지-1	1급지-2	2급지-1	2급지-2	3급지-1	3급지-2
생활부조	160,110	153,760	146,730	142,730	136,910	131,640
주택부조	69,800	51,000	56,000	46,000	42,000	42,000
합계	229,910	204,760	202,730	188,730	178,910	173,640

모자가구(30, 4, 2세)

	1급지-1	1급지-2	2급지-1	2급지-2	3급지-1	3급지-2
생활부조	189,870	183,940	174,860	171,940	164,820	159,900
주택부조	69,800	51,000	56,000	46,000	42,000	42,000
합계	259,670	234,940	230,860	217,940	206,820	201,900

자료: 후생노동성사회·원호국보호과, 2011; 후생노동성사회·원호국보호과, 2016.

〈부표 7-1〉 공제연금 등 공적연금 보험료 인상 추이(1954년 1월 이후)

보험료 조정시점	국가 공무원공제	지방 공무원공제	사학공제	후생연금 제1종	국민연금
			%		엔
1942. 6				6.4	
1944. 10				11.0	
1947. 9				9.4	
1948. 8				3.0	초기에 35세 기준 차등화
1954. 1			6.2		
1954. 4			7.0		
1955. 4			6.2		
1959. 10	7.04				
1960. 5				3.5	
1961. 4					100/150
1962. 1			6.8		
1962. 12		7.04			
1964. 10		6.72			
1965. 5				5.5	
1965. 7			7.4		
1967. 1					200/250
1967. 12		7.2			
1969. 1					250/300
1969. 11				6.2	
1970. 7					450
1971. 11				6.4	
1972. 7					550
1973. 11				7.6	
1974. 1					900
1974. 10	7.44				
1975. 1		7.52			1100
1975. 8			8.0		
1976. 4					1400
1976. 8				9.1	
1978. 6			9.0		
1979. 4			9.6		
1979. 10	8.24				이후 매년 4월 인상
1980. 1		8.32			1980.4-
1980. 7			10.2		3770
1980. 10				10.6	1985.4-
1984. 12	11.4	11.04			6740
1985. 10				12.4	
1989. 10	15.2				
1989. 12		14.08			
1990. 1				14.3	
1990. 4			11.8		8400
1991. 1				14.5	상동
1994. 11				16.5	
1994. 12	17.44	15.84			

〈부표 7-1〉 계속

보험료 조정시점	국가 공무원공제	지방 공무원공제	사학공제	후생연금 제1종	국민연금
	%				엔
1995. 4			12.8		11700
1996. 10	18.39			17.35	
1996. 12		16.56			상동
1997. 4			13.3		
1998. 4					
2003. 4	13.58	12.96	10.46	13.58	13300
2004. 10	14.509	13.384		13.934	
2005. 4			10.814		13580
2005. 9	14.638	13.738		14.288	
2006. 4			11.168		13860
2006. 9	14.767	14.092		14.642	
2007. 4			11.522		14100
2007. 9	14.896	14.446		14.996	
2008. 4			11.876		14410
2008. 9	15.025	14.8		15.35	
2009. 4			12.230		14660
2009. 9	15.154	15.154		15.704	
2010. 4			12.584		15100
2010. 9	15.508	15.508		16.058	
2011. 4			12.938		15020
2011. 9	15.862	15.862		16.412	
2012. 4			13.292		14980
2012. 9	16.216	16.216		16.766	
2013. 4			13.646		15040
2013. 9	16.570	16.570		17.12	
2014. 4			14.0		15250
2014. 9	16.924	16.924		17.474	
2015. 4			14.354		15590
2015. 9	17.278	17.278		17.828	
2015.10			13.557		
2016. 4					16260
2016. 9	17.632	17.632	13.911	18.182	
2017. 4					16490
2017. 9	17.986	17.986	14.265		
2018. 4					16900(안)
2018. 9			14.619	18.3	
2023. 9	18.3(19.8)	18.3(19.8)			
2027. 4			18.3(19.8)		

주: 1) 1996년 4월 이후 후생연금 보험료율은 후생연금기금 적용 면제 보험료율 공제치다.
　　2) 국민연금 보험료율 반값요율(2002.3),1/4요율(2006.7),3/4요율(2006.7)을 도입했다.
　　3) 2018년 9월 이후 19.8%는 연금형 퇴직급여 보험료율 상한(1.5%)를 더한 값이다.
　　4) 사학공제의 보험료율이 2015년 10월 인하된 것은 사학공제가 후생연금에 통합되면서
　　　3층 직역가산 부분 보험료만큼 인하할 필요가 있는데, 사학공제 측에서
　　　〈피용자연금 일원화법〉이 정한 최대수준인 0.797%p를 낮추었기 때문이다.

694

<부표 8-1> 일본의 고용보험료율 추이(1947~2019년)

연도	고용 보험료율	실업등급여 보험료율	2사업 보험료율	국고 부담	연도	고용 보험료율	실업등급여 보험료율	2사업 보험료율	국고 부담
1947	2.20	2.20	-	0.330	1984	1.45	1.10	0.35	0.250
1948	2.20	2.20	-	0.330	1985	1.45	1.10	0.35	0.250
1949	2.00	2.00	-	0.330	1986	1.40	1.10	0.30	0.250
1950	2.00	2.00	-	0.330	1987	1.40	1.10	0.30	0.250
1951	2.00	2.00	-	0.330	1988	1.40	1.10	0.35	0.250
1952	1.60	1.60	-	0.330	1989	1.40	1.10	0.35	0.250
1953	1.60	1.60	-	0.330	1990	1.40	1.10	0.35	0.250
1954	1.60	1.60	-	0.330	1991	1.40	1.10	0.35	0.250
1955	1.60	1.60	-	0.330	1992	1.25	0.90	0.35	0.225
1956	1.60	1.60	-	0.330	1993	1.15	0.80	0.35	0.250
1957	1.60	1.60	-	0.330	1994	1.15	0.80	0.35	0.250
1958	1.60	1.60	-	0.330	1995	1.15	0.80	0.35	0.250
1959	1.60	1.60	-	0.250	1996	1.15	0.80	0.35	0.250
1960	1.40	1.40	-	0.250	1997	1.15	0.80	0.35	0.250
1961	1.40	1.40	-	0.250	1998	1.15	0.80	0.35	0.250
1962	1.40	1.40	-	0.250	1999	1.15	0.80	0.35	0.250
1963	1.40	1.40	-	0.250	2000	1.15	0.80	0.35	0.250
1964	1.40	1.40	-	0.250	2001	1.55	1.20	0.35	0.250
1965	1.40	1.40	-	0.250	2002	1.75	1.40	0.35	0.250
1966	1.40	1.40	-	0.250	2003	1.95	1.60	0.35	0.250
1967	1.40	1.40	-	0.250	2004	1.95	1.60	0.35	0.250
1968	1.40	1.40	-	0.250	2005	1.95	1.60	0.35	0.250
1969	1.40	1.40	-	0.250	2006	1.95	1.60	0.35	0.250
1970	1.30	1.30	-	0.250	2007	1.50	1.20	0.30	0.1375
1971	1.30	1.30	-	0.250	2008	1.50	1.20	0.30	0.1375
1972	1.30	1.30	-	0.250	2009	1.10	0.80	0.30	0.1375
1973	1.30	1.30	-	0.250	2010	1.55	1.20	0.35	0.1375
1974	1.30	1.30	-	0.250	2011	1.55	1.20	0.35	0.1375
1975	1.30	1.00	0.30	0.250	2012	1.35	1.00	0.35	0.1375
1976	1.30	1.00	0.30	0.250	2013	1.35	1.00	0.35	0.1375
1977	1.30	1.00	0.30	0.250	2014	1.35	1.00	0.35	0.1375
1978	1.35	1.00	0.35	0.250	2015	1.35	1.00	0.35	0.1375
1979	1.45	1.10	0.35	0.250	2016	1.10	0.80	0.30	0.1375
1980	1.45	1.10	0.35	0.250	2017	0.90	0.60	0.30	0.0250
1981	1.40	1.10	0.30	0.250	2018	0.90	0.60	0.30	0.0250
1982	1.45	1.10	0.35	0.250	2019	0.90	0.60	0.30	0.0250
1983	1.45	1.10	0.35	0.250					

자료: 후생노동성, 2018 외.

〈부표 8-2〉 실업급여 한·일 비교

항목			일본 (억 엔)		한국 (억 원)
			2014년	2015년	2014년
실업급여	구직자급여	일반피보험자 (구)	7,248	6,772	39,618
		연장급여	–	–	16
		고연령자계속 (구)	482	509	–
		단기고용특례 피보험자 (구)	236	210	–
		일고노동피보험자 (구)	82	78	–
		소계	8,048	7,569	39,634
	취업촉진급여	조기재취업수당(재취직수당)	1,171	1,252	1,754
		취업수당	10	8	–
		취업촉진정착수당	112	259	–
		상용취직준비수당	12	10	–
		이주비	–	–	3
		소계	1,305	1,529	1,757
	구직자급여 : 취업촉진급여		86 : 14	83 : 17	96 : 4

자료: 후생노동성, 2015, 2014; 고용노동부, 2015.

〈부표 8-3〉 한국의 고용보험료율 추이(1947~2018년)

연도	고용보험료율-고	고용보험료율-저	실업등급여 보험료율	2사업보험료율		
				150인 미만	150~999인	1000인 이상
1995	1.10	0.70	0.60	0.10	0.50	0.50
1996	1.10	0.70	0.60	0.10	0.50	0.50
1997	1.10	0.70	0.60	0.10	0.50	0.50
1998	1.10	0.70	0.60	0.10	0.50	0.50
1999	1.70	1.10	1.00	0.10	0.50	0.70
2000	1.70	1.10	1.00	0.10	0.50	0.70
2001	1.70	1.10	1.00	0.10	0.50	0.70
2002	1.70	1.10	1.00	0.10	0.50	0.70
2003	1.60	1.00	0.90	0.10	0.50	0.70
2004	1.60	1.00	0.90	0.10	0.50	0.70
2005	1.60	1.00	0.90	0.10	0.50	0.70
2006	1.75	1.15	0.90	0.25	0.65	0.85
2007	1.75	1.15	0.90	0.25	0.65	0.85
2008	1.75	1.15	0.90	0.25	0.65	0.85
2009	1.75	1.15	0.90	0.25	0.65	0.85
2010	1.75	1.15	0.90	0.25	0.65	0.85
2011	1.95	1.35	1.10	0.25	0.65	0.85
2012	1.95	1.35	1.10	0.25	0.65	0.85
2013	2.15	1.55	1.30	0.25	0.65	0.85
2014	2.15	1.55	1.30	0.25	0.65	0.85
2015	2.15	1.55	1.30	0.25	0.65	0.85
2016	2.15	1.55	1.30	0.25	0.65	0.85
2017	2.15	1.55	1.30	0.25	0.65	0.85
2018	2.15	1.55	1.30	0.25	0.65	0.85

자료: 고용노동부, 2017.

〈부도 8-1〉 파견사업체 추이

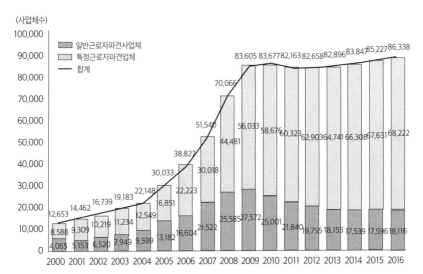

(사업체수)

일반근로자파견사업체
특정근로자파견업체
― 합계

주: 파견사업체 기준 시점은 매년 3월말. 단, 2016년은 1월말 기준.
자료: 일반사단법인일본인재파견협회, 각 연도 재구성.

〈부도 8-2〉 파견근로자수와 비정규직 내 파견근로자 비율 추이

(만 명)   (%)

파견근로자수
― 비정규직에서 차지하는 파견근로자 비율

자료: 후생노동성, 각 연도 재구성.

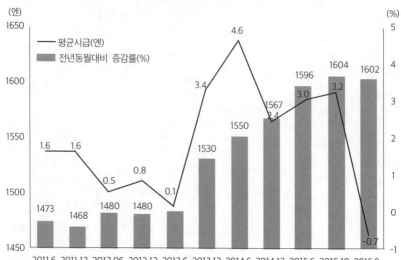

〈부도 8-3〉 파견근로자의 3대 도시권 평균시급 추이

자료: 채용 잡스, 2016.

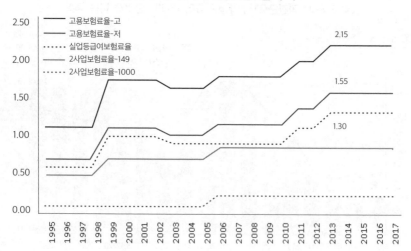

〈부도 8-4〉 한국의 고용보험료율 추이

자료: 고용노동부, 2017.

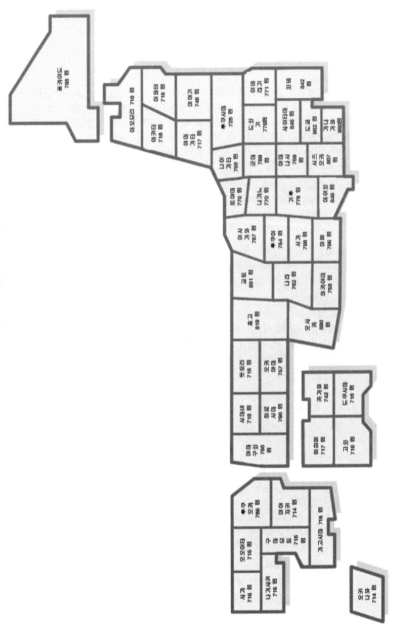

자료: 후생노동성 홈페이지 재구성.

〈부도 8-6〉 OECD의 대(對)일본 고용정책 제언 8가지(2015년)

OECD Back to Work Japan
Improving the Re-employment Prospects of
Displaced Workers

1. 실직을 수반하지 않고 노동 이동을 촉진하기 위한 근년의 시도에 대해 그 효과를 평가한다. 가령 재취업지원장려금 확대, 재취업인재육성지원장려금 도입, 산업고용안정센터의 대실직자 재취직 지원상의 역할 확대를 위한 장려조치 등이 그러한 것이다. 주 관점은 ① 실직자의 노동이동성을 높이는 것이 목적인 두 장려금에 따른 사하중 비용을 줄이기 위해 제도를 변경해야 할지 여부 ② 이들 조치가 실직자들이 민간의 재취직 지원과 훈련을 이용하는 데 효과적으로 접근하는 것을 얼마나 촉진할 수 있을까 하는 것이다.

2. 경력직의 노동이동을 촉진하기 위한 추가적 조치를 고려한다. 가령 근로자가 지금까지 획득한 기술의 기록화를 좀더 쉽게 하고, 부당해고와 관련된 모호한 정의를 명확히 하는 것이다. 후자는 고용주가 고기능직에 신규인재를 쓰는 데 대해 지나치게 신중하게 나오지 않도록 하기 위함이다.

3. 대량해고의 영향을 받는 지역이 근로자 지원을 위한 공적 기관의 조기개입 등과 관련하여, 도도부현 노동국 등과 정보공유를 촉진할 수 있는 조치를 취한다. 가령 나라현 샤프대책본부 같은 사례의 보급 방법을 참조한다.

4. 고용계약의 갱신을 거부당한 근로자를 특정수급자격자로 인정하는 등, 글로벌 금융위기 후 좀더 넓은 실직자 그룹이 일시적으로 좀더 긴 고용보험 수급기간을 인정받는 조치가 도입되었다. 이러한 조치의 항구화 여부에 대해 평가한다. 나아가 고용주 지원이 비교적 약한 실직자 내 마이너 그룹 가령 젊은 층, 여성, 비정규직근로자 등에 대한 급여격차가 적절한 것인지 여부를 평가한다.

5. 헬로워크에 의한 구직상담 및 재취직지원 서비스, 그리고 기업이 해고노동자에 제공하는 재취직 조정지원 간의 연계를 강화한다. 특히 고액의 퇴직금을 받는 근로자들이 이직 후 바로 효과적인 구직활동에 나설 수 있도록 확실히 지원한다. 고용주와 계약하는 민간 재취직지원 사업자와 헬로워크의 정보교환을 늘려 중복을 줄이고 상승효과를 높일 수 있도록 한다.

6. 헬로워크가 중견 및 근속연수가 긴 실직자에게 제공하는 적극적 노동시장 프로그램이 적절한지 평가한다. 맞춤형 서비스는 어린 유아가 있는 모친, 유기 고용의 젊은 층, 외국인 근로자 등 특정 구직자 그룹에 제공된다. 그러나 때로는 안정된 직에 있던 실직자 수요에 맞춰 설계된 서비스가 필요할 수 있다. 헬로워크에 의한 직업소개 실적이 매우 양호한데, 대부분의 취직처가 소규모 기업이다. 좀더 큰 기업에 직업소개를 확대할 수 있다면 많은 실직자들이 혜택을 볼 것이다. 이 같은 시도는 다른 구직자 그룹에 대한 지출을 줄이고 시행하기보다, 적극적 노동시장 정책 관련 총지출을 늘리는 형태로 이뤄져야 할 것이다.

7. 글로벌 금융위기와 동일본대지진, 쓰나미에의 성공적 대응을 토대로 국가, 지역 차원에서 경제가 크게 악화할 경우에 대비한 실직자 (대상 재취직) 조정지원 서비스를 한층 강화한다.

8. 고령자 고용유지를 촉진 시책과 연관하여, 경력 중반에 전직할 수 있는 기회를 만들어 주면, 조기희망퇴직제도에 지나치게 의존하는 것을 막는 데 도움이 될 것이다.

자료: OECD, 2015.

<부표 9-1> 산재보험 평균보험료율의 한·일·독 비교(1950~2017년)

(단위 : %)

연도	평균보험료율(한국)	평균보험료율(일본)	평균보험료율(독일)
1950	-	1.46	1.69
1955	-	1.31	1.47
1960	-	1.24	1.51
1965	2.30	0.89	1.57
1970	2.25	0.76	1.38
1975	1.32	0.93	1.50
1980	1.08	1.13	1.46
1985	1.49	1.03	1.40
1990	1.64	1.08	1.36
1991	1.64	1.08	1.40
1992	1.94	1.12	1.43
1993	2.21	1.12	1.44
1994	1.94	1.12	1.45
1995	1.50	0.99	1.46
1996	1.52	0.99	1.42
1997	1.68	0.99	1.40
1998	1.55	0.94	1.36
1999	1.65	0.94	1.33
2000	1.76	0.94	1.31
2001	1.67	0.85	1.31
2002	1.49	0.85	1.33
2003	1.37	0.74	1.35
2004	1.48	0.74	1.33
2005	1.62	0.74	1.31
2006	1.78	0.70	1.32
2007	1.95	0.70	1.28
2008	1.95	0.70	1.26
2009	1.80	0.54	1.31
2010	1.80	0.54	1.32
2011	1.77	0.54	1.32
2012	1.77	0.48	1.30
2013	1.70	0.48	1.25
2014	1.70	0.48	1.22
2015	1.70	0.47	1.19
2016	1.70	0.47	1.31
2017	1.70	0.47	1.31

자료 : 후생노동성 노동기준국 노재보상부 노재보험재정수리실 자료; 후생노동성 심의회 자료;
DGUV Statistics, 2015: 77; PAYCHEX Payroll Deutschland, 2016, 2017.

〈부표 10-1〉 아동수당 제도의 대상 및 현금지급 변천

연도	제도개혁 방향	지급대상	지급금액	소득제한 등
1972	• 아동수당제도 발족	• 제3자 이후 의무교육수료 전까지	• 3천 엔	-
1974	-	• 제3자 이후 의무교육수료 전까지	• 4천 엔	-
1975	-	-	• 5천 엔	
1978	• 법개정(1978년)으로 복지시설 도입	-	• 5천 엔 (저소득자 특례 도입)	• 저소득층의 경우 6천 엔
1979			• 5천 엔	• 저소득층의 경우 6천 5백 엔
1981	• 소득제한 강화	-	• 5천 엔	• 저소득층의 경우 7천 엔
1982	• 소득제한 강화	-	-	• 소득제한 강화 (특례급여 도입)
1986	• 법개정(1985년)으로 지급대상 변경	• 제2자 이후로 확대 초등학교 취학 전으로 축소	• 제2자 2천 5백 엔 • 제3자 5천 엔 (저소득자 특례 폐지)	-
1987	-	• 제2자 4세 미만 • 제3자 이후 9세 미만		
1988	-	• 제2자 이후 6세부터 초등학교 취학전까지	-	-
1992	• 법개정(1991년)으로 지급대상의 변경 및 아동수당 월지급액 증가	• 제1자 이후로 확대 3세 미만으로 축소 2세 미만 • 제2자 이후 4세 미만	• 제1·2자 5천 엔 • 제3자 이후 1만 엔	-
1993		• 제1자 이후 3세 미만	• 상동	
2000	• 법개정(2000년)으로 지급대상 변경	• 제1자 이후 초등학교 취학 전까지 확대	• 상동	
2001	-	-	-	• 소득제한 완화
2004	• 법개정(2004년)으로 지급대상 변경	• 제1자 이후 초등학교 3학년 수료까지 확대	• 상동	-
2006	• 법개정(2006년)으로 지급대상 변경	• 제1자 이후 초등학교 졸업 전까지 확대	• 상동	• 소득제한 완화
2007	• 법개정(2007년)으로 아동수당 월지급액 증가	-	• 유아동 가산 창설 • 3세 미만 일률적으로 1만 엔 • 3세 이후 -제1·2자 5천 엔 -제3자 이후 1만 엔	
2010	-	• 제1자 이후 중학교 졸업까지(15세까지)	• 1만 3천 엔	-
2012	-		• 1만 5천 엔 • 1만 엔	• 소득제한 있음
2016	-	• 제1자 이후 중학교 졸업까지(15세까지) 국내에 주거하는 아동	• 3세 미만 일률적으로 1만 5천 엔 • 3세~초등학교 졸업 -제1·2자 1만 엔 -제3자 1만5천 엔 • 중학생 일률적으로 1만 엔	• 소득제한 (연소득 960만 엔 미만) 있음 • 소득제한 이상 일률적으로 5천 엔 (당분간 특례급여)

〈부표 10-2〉 모자복지자금 대여금의 개요(2007년)

종류	한도 금액	신청기간	이치기간	상환기간	이율
사업개시 자금	• 283만 엔 • 단체: 426만 엔[1]	–	• 1년	• 7년 이내	• 무
사업 운영자금	• 1,420만 엔	–	• 6개월	• 7년 이내	• 무
자녀 장학자금[2]	• 고교, 전문학교 -자택 월 4만 5천 엔 -자택 외 월 5만 2천5백 엔 • 대학 및 고등교육 -자가 월 8만 1천 엔 -자택 외 9만 6천 엔 • 전문학교 월 4만 3천5백 엔	• 자녀취학 기간 중	• 당해학교를 졸업한 후 6개월까지	• 20년 이내 • 전문학교 5년 이내	• 무
기능습득 자금[3]	• 일반 월 5만 엔 • 특별 일시불 60만 엔 (12개월분) • 운전면허 46만 엔	• 지식기능 습득 중 3년 넘지 않은 범위 내	• 지식기능 습득 후 1년	• 10년 이내	• 무
모자 수업자금[4]	• 월 5만 엔 • 특별 46만 엔	• 지식기능 습득 중 3년 넘지 않은 범위 내	• 지식기능 습득 후 1년	• 6년 이내	• 무
모의취직 준비자금[5]	• 일반 10만 엔 • 특별 32만 엔	–	• 1년	• 6년 이내	• 무
의료개호 보험자금	• 의료 일반 34만 엔 • 특별 48만 엔 • 요양 50만 엔	–	• 6개월 이내	• 5년 이내	• 무
생활자금	• 일반 월 10만 3천 엔 • 기능 14만 1천 엔	• 지식기능 습득 중 3년 • 의료 또는 요양 받는 기간 중 1년 • 이혼한 다음날부터 1년	• 지식기능 습득 • 의료요양 • 생활용자 • 실업 6개월 이내	• 기능습득: 10년 • 의료요양: 5년 • 생활융자: 8년 • 실업: 5년 이내	• 연3%[6]
주택자금	• 150만 엔 • 특별 200만 엔	–	• 6개월	• 6년 이내 • 특별 7년 이내	• 연3%
임대주택 자금[7]	• 26만 엔	–	• 6개월	• 3년 이내	• 연3%
자녀취학 준비자금	• 초 3만 9천 5백 엔 • 중 4만 6천 1백 엔 • 국립고 8만 5천 엔 • 수업시설 등 10만 엔 • 사립고 42만 엔 • 국립대학 및 전문대 38만 엔 • 사립대학 및 전문대 59만 엔	–	• 6개월	• 취학 20년 이내 • 수료 5년 이내	• 무
자녀 결혼자금	• 30만 엔	–	• 6개월	• 5년 이내	• 연3%

주: 1) 모자가정의 모가 복수로 공동사업을 할 경우의 한도금액은 단체융자 한도금액을 적용한다.
    2) 고등학교, 대학, 고등전문학교, 전수학교 취학위한 수업료 및 서적, 교통비 자금 등.
    3) 모 취업자금으로 홈헬퍼, 컴퓨터 기사, 영양사 등 자격증 취득 위한 자금.
    4) 사업이나 취직에 필요한 비용으로 지식기능 습득자금.
    5) 취직 후 출근복장 및 출퇴근용 교통수단으로서의 자전거 구입 등 필요 자금.
    6) 치료나 요양 시, 기능습득기간 중은 무이자이다.
    7) 전근으로 인한 주거이전 시의 임대주택 자금.

〈부도 10-1〉 아동부양수당 수급자 총수 추이

	1989	1990	1991	1992	1993	1994	1995	1996	1997	1998	1999	2000	2001	2002	2003	2004	2005	2006	2007	2008	2009	2010	2011	2012	2013	2014
그 외의 세대	8,783	8,820	8,296	7,920	7,717	8,049	8,161	8,764	9,213	9,937	11,439	13,220	14,885	16,978	18,669	20,623	22,335	22,971	24,344	25,413	26,730	29,819	31,039	31,863	32,276	33,053
부자세대	0	0	0	0	0	0	0	0	0	0	0	0	0	0	0	0	0	0	0	0	0	55,389	61,594	64,784	64,585	63,269
모자세대	595,798	579,962	565,804	559,766	567,127	579,183	595,373	615,337	640,603	615,190	652,943	695,175	744,312	805,980	852,492	890,847	914,244	932,770	931,597	940,853	958,952	969,373	977,578	986,670	976,929	961,909

■ 그 외의 세대   ■ 부자세대   ■ 모자세대

주: 2010~2011년도 동일본대지진의 영향으로 후쿠시마현을 제외한 수치이다.

자료: 후생노동성 아동보육지원과 국립 사회보장 인구문제연구소, http://www.ipss.go.jp/ssj-db/ ssj-db-top.asp. 2017. 10. 1 인출.

〈부표 11-1〉 가구유형별 생활부조와 주택부조의 금액

3인가구(부부, 자녀 1명: 33, 29, 4세)   (단위: 엔)

	1급지-1	1급지-2	2급지-1	2급지-2	3급지-1	3급지-2
생활부조	160,110	153,760	146,730	142,730	136,910	131,640
주택부조(상한액)	69,800	51,000	56,000	46,000	42,000	42,000
합계	229,910	204,760	202,730	188,730	178,910	173,640

고령자 1인가구(68세)   (단위: 엔)

	1급지-1	1급지-2	2급지-1	2급지-2	3급지-1	3급지-2
생활부조	80,870	77,450	73,190	71,530	68,390	65,560
주택부조(상한액)	53,700	39,000	43,000	35,000	32,000	32,000
합계	134,570	116,450	116,190	106,530	100,390	97,560

고령자 부부가구(65, 65세)   (단위: 엔)

	1급지-1	1급지-2	2급지-1	2급지-2	3급지-1	3급지-2
생활부조	120,730	115,620	109,250	106,770	102,090	97,860
주택부조(상한액)	64,000	47,000	52,000	42,000	38,000	38,000
합계	184,730	162,620	161,250	148,770	140,090	135,860

모자가구(30, 4, 2세)   (단위: 엔)

	1급지-1	1급지-2	2급지-1	2급지-2	3급지-1	3급지-2
생활부조	189,870	183,940	174,860	171,940	164,820	159,900
주택부조(상한액)	69,800	51,000	56,000	46,000	42,000	42,000
합계	259,670	234,940	230,860	217,940	206,820	201,900

자료: 후생노동성사회·원호국보호과, 2016.

〈부표 11-2〉 생활보호급여비의 예산 내 비율 추이

(단위: 억 엔)

연도	예산액					생활보호급여비 비율(%)			
	일반회계 예산(A)	일반세출 예산(B)	사회보장 관계비(C)	후생노동성 예산(D)	생활보호 급여비(E)	E/A	E/B	E/C	E/D
1965	36,581	29,199	5,184	4,787	1,059	2.9	3.6	20.4	22.1
1975	212,888	158,408	39,282	39,067	5,347	2.5	3.4	13.6	13.7
1985	524,996	325,854	95,470	95,028	10,815	2.1	3.3	11.3	11.4
1995	709,871	421,417	139,244	140,115	10,532	1.5	2.5	7.6	7.5
2005	821,829	472,829	203,808	208,178	19,230	2.3	4.1	9.4	9.2
2010	922,991	534,542	272,686	275,561	22,388	2.4	4.2	8.2	8.1
2011	924,116	540,780	287,079	289,638	26,065	2.8	4.8	9.1	9.0
2012	903,339	517,957	263,901	266,873	28,319	3.1	5.5	10.7	10.6
2013	926,115	539,774	291,224	294,321	28,614	3.1	5.3	9.8	9.7
2014	958,823	564,697	305,175	307,430	29,222	3.0	5.2	9.6	9.5
2015	963,420	573,555	315,297	299,146	29,042	3.0	5.1	9.2	9.7
2016	967,218	578,286	319,738	303,110	29,117	3.0	5.0	9.1	9.6

자료: 후생노동성, 2016: 18~19.

〈부도 11-1〉 최저생계비 체계

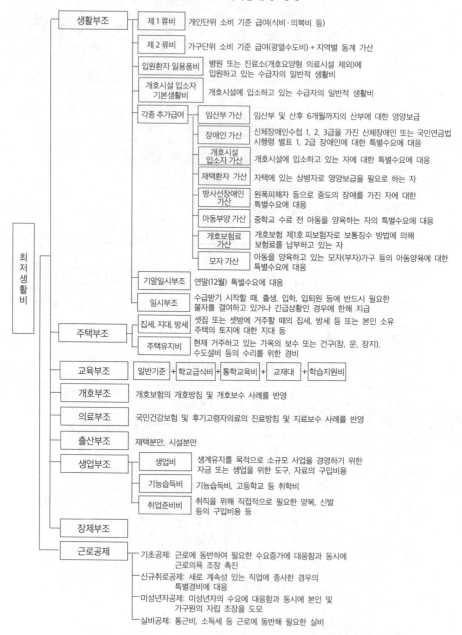

최
저
생
활
비

- 생활부조
  - 제1류비 — 개인단위 소비 기준 급여(식비·의복비 등)
  - 제2류비 — 가구단위 소비 기준 급여(광열수도비) + 지역별 동계 가산
  - 입원환자 일용품비 — 병원 또는 진료소(개호요양형 의료시설 제외)에 입원하고 있는 수급자의 일반적 생활비
  - 개호시설 입소자 기본생활비 — 개호시설에 입소하고 있는 수급자의 일반적 생활비
  - 각종 추가급여
    - 임산부 가산 — 임산부 및 산후 6개월까지의 산부에 대한 영양보급
    - 장애인 가산 — 신체장애인수첩 1, 2, 3급을 가진 신체장애인 또는 국민연금법 시행령 별표 1, 2급 장애인에 대한 특별수요에 대응
    - 개호시설 입소자 가산 — 개호시설에 입소하고 있는 자에 대한 특별수요에 대응
    - 재택환자 가산 — 자택에 있는 상병자로 영양보급을 필요로 하는 자
    - 방사선장애인 가산 — 원폭피해자 등으로 중도의 장애를 가진 자에 대한 특별수요에 대응
    - 아동부양 가산 — 중학교 수료 전 아동을 양육하는 자의 특별수요에 대응
    - 개호보험료 가산 — 개호보험 제1호 피보험자로 보통징수 방법에 의해 보험료를 납부하고 있는 자
    - 모자 가산 — 아동을 양육하고 있는 모자(부자)가구 등의 아동양육에 대한 특별수요에 대응
  - 기말일시부조 — 연말(12월) 특별수요에 대응
  - 일시부조 — 수급받기 시작할 때, 출생, 입학, 입퇴원 등에 반드시 필요한 물자를 결여하고 있거나 긴급상황인 경우에 한해 지급
- 주택부조
  - 집세, 지대, 방세 — 셋집 또는 셋방에 거주할 때의 집세, 방세 등 또는 본인 소유 주택의 토지에 대한 지대 등
  - 주택유지비 — 현재 거주하고 있는 가옥의 보수 또는 건구(창, 문, 장지), 수도설비 등의 수리를 위한 경비
- 교육부조
  - 일반기준 + 학교급식비 + 통학교육비 + 교재대 + 학습지원비
- 개호부조 — 개호보험의 개호방침 및 개호보수 사례를 반영
- 의료부조 — 국민건강보험 및 후기고령자의료의 진료방침 및 지료보수 사례를 반영
- 출산부조 — 재택분만, 시설분만
- 생업부조
  - 생업비 — 생계유지를 목적으로 소규모 사업을 경영하기 위한 자금 또는 생업을 위한 도구, 자료의 구입비용
  - 기능습득비 — 기능습득비, 고등학교 등 취학비
  - 취업준비비 — 취직을 위해 직접적으로 필요한 양복, 신발 등의 구입비용 등
- 장제부조
- 근로공제
  - 기초공제: 근로에 동반하여 필요한 수요증가에 대응함과 동시에 근로의욕 조장 촉진
  - 신규취로공제: 새로 계속성 있는 직업에 종사한 경우의 특별경비에 대응
  - 미성년자공제: 미성년자의 수요에 대응함과 동시에 본인 및 가구원의 자립 조장을 도모
  - 실비공제: 통근비, 소득세 등 근로에 동반해 필요한 실비

자료: 후생노동성, 2011: 1~2.

〈부표 14-1〉 제1호 피보험자수

(단위: 만 명)

연도	65~74세	75세 이상	합계
2000	1,319	923	2,242
2001	1,342	974	2,317
2002	1,371	1,023	2,393
2003	1,374	1,076	2,449
2004	1,387	1,124	2,511
2005	1,413	1,175	2,588
2006	1,450	1,226	2,676
2007	1,471	1,280	2,751
2008	1,504	1,328	2,832
2009	1,514	1,377	2,892
2010	1,483	1,428	2,911
2011	1,506	1,472	2,978
2012	1,574	1,520	3,094
2013	1,652	1,549	3,202
2014	1,716	1,586	3,302
2015	1.745	1.637	3,382

자료: 후생노동성, 2016.

〈부표 14-2〉 제2호 피보험자 개호인정신청자 적용대상 질환명

	노인성 질환명
1	암
2	관절류마치스
3	근위축성 측색경화증
4	후종인대골화증
5	골절을 동반한 골다공증
6	초로기 치매
7	진행성 핵상성마비, 대뇌피질기저핵변성증 및 파킨슨병
8	척추소뇌변성증
9	척추관협착증
10	조로증
11	다계통위축증
12	당뇨병성 신경장애, 당뇨병성 신증 및 당뇨병성 망막증
13	뇌혈관질환
14	폐쇄성동맥경화증
15	만성폐쇄성폐질환
16	양측 슬관절 및 고관절에 심각한 변형을 동반하는 변형성 관절증

주: 2006년 이후 자료.

<부표 14-3> 시설서비스 총비용(기본서비스, 2015년 4월)

개호노인 복지시설			개호노인 보건시설			개호요양형 의료시설		
다인실	요개호 1	594단위	통상형	요개호 1	768단위	강화양형기능 A	요개호 1	778단위
	요개호 2	661단위		요개호 2	816단위		요개호 2	886단위
	요개호 3	729단위		요개호 3	877단위		요개호 3	1,119단위
	요개호 4	796단위		요개호 4	928단위		요개호 4	1,218단위
	요개호 5	861단위		요개호 5	981단위		요개호 5	1,307단위
개인실 (유닛형)	요개호 1	625단위	재가강화형	요개호 1	812단위	강화양형기능 B	요개호 1	766단위
	요개호 2	691단위		요개호 2	886단위		요개호 2	873단위
	요개호 3	762단위		요개호 3	948단위		요개호 3	1,102단위
	요개호 4	828단위		요개호 4	1,004단위		요개호 4	1,199단위
	요개호 5	894단위		요개호 5	1,059단위		요개호 5	1,287단위
자료: 후생노동통계협회, 2016.						기타	요개호 1	745단위
							요개호 2	848단위
							요개호 3	1,071단위
							요개호 4	1,166단위
							요개호 5	1,251단위

<부표 14-4> 개호복지사의 국가자격시험 합격률 추이

(단위: 명, %)

연도	수험자수	합격자수	합격률
2005	130,034	60,910	46.8
2006	145,946	73,606	50.4
2007	142,765	73,302	51.3
2008	130,830	67,993	52.0
2009	153,811	77,251	50.2
2010	154,223	74,432	48.3
2011	137,961	88,190	63.9
2012	136,375	87,797	64.4
2013	154,390	99,689	64.6
2014	153,808	93,760	61.0

자료: 후생노동통계협회, 2016.

〈부표 14-5〉 개호복지사의 등록자수 증가 추이

(단위: 명)

구분	2000	2001	2002	2003	2004	2005	2006	2007	2008
국가시험 합격자	120,315	146,845	171,668	203,710	243,445	281,998	342,290	414,982	487,932
양성시설 수료자	90,417	109,108	128,959	147,557	165,924	185,703	205,421	224,372	241,169
합계	210,732	255,953	300,627	351,267	409,369	467,701	547,711	639,354	729,101

구분	2009	2010	2011	2012	2013	2014	2015	2016
국가시험 합격자	556,097	632,566	706,975	794,419	881,078	979,380	1.072,431	1,159,846
양성시설 수료자	255,343	265,863	277,491	291,575	302,901	314,106	325,884	334,614
합계	811,440	898,429	984,466	1,085,994	1,183,979	1,293,486	1,398,315	1,494,460

자료: 후생노동성 홈페이지. 2017. 10. 1 인출.

〈부표 14-6〉 개호지원전문원의 국가자격시험 합격률 추이

(단위: 명, %)

연도	수험자수	합격자수	합격률
2005	136,030	34,813	25.6
2006	138,262	28,391	20.5
2007	139,006	31,758	22.8
2008	133,072	28,992	21.8
2009	140,277	33,119	23.6
2010	139,959	28,703	20.5
2011	145,529	22,332	15.3
2012	146,586	27,905	19.0
2013	144,397	22,331	15.5
2014	174,974	33,539	19.2
2015	134,539	20,924	15.6
2016	124,585	16,280	13.1

자료: 후생노동통계협회, 2016.

<부표 14-7> 개호노인 복지시설의 종사자 배치기준

직종		배치기준
일반형 특별양호노인홈, 유닛형 특별양호노인홈, 입소자 30인 이상	시설장	• 상근으로 1인
	의사	• 필요한 수
	생활상담원	• 상근으로 100명당 1인(100인 추가 시 1인 추가 배치)
	개호직원 등	• 개호직원 및 간호직원의 총수는 상근환산으로 입소자 3명당 1인 이상
	간호직원	• 31~50인 이하인 경우, 상근환산으로 2인 이상 • 51~130인 이하인 경우, 상근환산으로 3인 이상 • 131인 이상인 경우, 상근환산으로 3인이고, 입소자 50명 초과 시마다 1인 추가
	영양사	• 1인 이상. 단, 40인 이하인 경우는 타 시설의 연계 아래 무배치 가능
	기능훈련지도원	• 1인 이상
	조리원 등	• 적당한 수
지역밀착형 특별양호노인홈, 입소자 30인 미만 규모	시설장	• 상근으로 1인
	의사	• 필요한 수
	생활상담원	• 1인 이상
	개호직원 등	• 개호직원 및 간호직원의 총수는 상근환산으로 입소자 3명당 1인 이상
	간호직원	• 1인 이상
	영양사	• 1인 이상
	기능훈련지도원	• 1인 이상
	조리원 등	• 적당한 수

자료: 후생노동성 노인보건복지국장, 2015.

<부표 14-8> 장기요양 일반재가서비스기관 운영주체별 구성비율(2015년 10월)

구분	지방 공공 단체	일본 적십자 사 등	사회 복지 법인	의료 법인	사단, 재단 법인	협동 조합	영리 법인	NPO	기타	전체
방문개호	0.3	-	19.4	6.2	1.3	2.4	64.8	5.1	0.4	100.0
방문입욕개호	0.4	-	37.2	2.0	0.8	0.6	58.4	0.4	0.1	100.0
방문간호스테이션	2.3	2.3	7.2	30.3	9.4	2.4	43.9	1.9	0.4	100.0
통소개호	0.6	-	27.3	6.4	0.7	1.4	59.3	4.0	0.3	100.0
통소재활	3.0	1.3	9.1	77.0	2.7	-	0.0	-	12.8	100.0
단기입소생활개호	2.1	-	82.5	3.6	0.1	0.4	10.6	0.5	0.1	100.0
단기입소요양개호	4.1	1.7	12.1	77.1	2.8	-	-	-	2.3	100.0
특정시설입거자 생활개호	0.9	-	23.9	5.5	0.6	0.3	67.8	0.4	0.6	100.0
복지용구 대여	0.1	-	2.5	1.3	0.4	1.6	93.2	0.7	0.3	100.0
특정복지용구 판매	-	-	1.6	0.9	0.4	1.6	94.6	0.7	0.3	100.0

자료: 후생노동성, 2015.

〈부표 14-9〉 지역밀착형 서비스기관의 운영주체별 구성비율(2015년 10월)

구분	지방공공단체	일본적십자사등	사회복지법인	의료법인	사단, 재단법인	협동조합	영리법인	NPO	기타	전체
정기순회수시대응형 방문개호	-	-	29.2	17.6	1.3	2.4	47.6	1.9	-	100.0
야간대응형 방문개호	0.5	-	33.9	11.1	2.1	0.5	49.2	2.6	-	100.0
치매대응형 통소개호	0.5	-	45.6	12.0	1.0	1.4	33.4	5.8	0.2	100.0
소규모다기능형 재가개호	0.1	-	31.8	12.9	0.7	1.8	46.1	6.3	0.4	100.0
치매대응형 공동생활개호	0.1	-	24.1	16.7	0.4	0.5	53.6	4.5	0.2	100.0
특정시설입거자 생활개호[1]	-	-	34.9	16.2	0.7	0.4	45.3	2.2	0.4	100.0
복합형 서비스	-	-	19.9	20.8	5.0	2.3	47.5	4.5	-	100.0
개호노인 복지시설[1]	4.6		95.4	-	-	-	-	-	-	100.0

주: 1) 지역밀착형으로 소규모시설이다.
자료: 후생노동성, 2015.

〈부표 14-10〉 장기요양인정자수 추이(연도말 기준)

구분	2000	2001	2002	2003	2004	2005	2006	2007	2008	2009	2010	2011	2012	2013	2014	2015	2016
요지원1							527	550	572	601	664	690	764	820	871	890	892
요지원2	322	390	499	593	669	718	508	627	660	651	668	709	766	802	838	858	868
경과적 요개호							45	2	0	-	-	-	-	-	-	-	-
요개호1	701	875	1,056	1,240	1,328	1,423	895	769	784	847	907	965	1,046	1,110	1,170	1,220	1,252
요개호2	484	563	636	596	611	645	750	802	821	849	897	948	989	1,026	1,060	1,080	1,098
요개호3	355	389	426	486	522	552	645	705	736	713	698	721	743	766	790	810	825
요개호4	363	389	419	473	493	521	544	575	587	626	638	665	692	709	726	744	757
요개호5	337	377	409	452	463	465	486	499	513	559	591	607	611	605	603	601	599
합계	2,562	2,983	3,445	3,839	4,086	4,323	4,401	4,529	4,673	4,846	5,062	5,306	5,611	5,838	6,058	6,204	6,292

주: 1) 2016년분은 2017년 1월말 기준치다.
자료: 후생노동성, 2015.

〈부표 14-11〉 시설서비스 유형별 수급자수 추이(1개월 평균)

(단위: 천명)

구분	2000	2001	2002	2003	2004	2005	2006	2007	2008	2009	2010	2011	2012	2013	2014	2015	2016
개호노인 복지시설	285	308	325	339	356	373	393	409	419	428	435	448	466	482	490	511	521
개호노인 보건시설	219	239	250	261	274	287	297	305	311	318	325	330	337	344	347	350	352
개호요양형 의료시설	100	109	125	132	133	127	116	109	100	92	85	80	74	70	65	58	55
합계	604	655	700	732	764	787	806	819	827	834	842	855	874	893	898	916	925

주: 1) 시설서비스는 연도말 누계수이다.
　　 2) 2016년분은 2017년 1월말 기준치다.
자료: 후생노동성, 2015.

〈부표 14-12〉 개호서비스 유형별 급여지출액 추이

(단위: 억 엔, %)

연도	재가서비스	지역밀착형 서비스	시설서비스	합계
2000	10,956 (33.9)	-	21,336 (66.1)	32,292 (100.0)
2001	15,926 (39.0)	-	24,958 (61.0)	40,884 (100.0)
2002	19,688 (42.6)	-	26,572 (57.4)	46,260 (100.0)
2003	23,568 (46.5)	-	27,085 (53.5)	50,653 (100.0)
2004	27,064 (49.0)	-	28,157 (51.0)	55,221 (100.0)
2005	29,370 (51.9)	-	27,212 (48.1)	56,582 (100.0)
2006	24,914 (48.8)	3,485 (6.8)	22,649 (44.4)	51,048 (100.0)
2007	28,626 (49.0)	4,450 (7.6)	25,293 (43.3)	58,369 (100.0)
2008	30,228 (49.8)	5,082 (8.4)	25,431 (41.9)	60,741 (100.0)
2009	32,923 (50.7)	5,680 (8.7)	26,373 (40.6)	64,976 (100.0)
2010	35,455 (51.8)	6,240 (9.1)	26,700 (39.0)	68,395 (100.0)
2011	37,828 (52.6)	7,010 (9.7)	27,097 (37.7)	71,935 (100.0)
2012	40,853 (53.3)	8,027 (10.5)	27,704 (36.2)	76,584 (100.0)
2013	43,362 (54.1)	8,659 (10.8)	28,142 (35.1)	80,163 (100.0)
2014	45,765 (54.6)	9,515 (11.4)	28,506 (34.0)	83,786 (100.0)
2015	46,874 (54.8)	10,105 (11.8)	28,483 (33.3)	85,462 (100.0)

자료: 후생노동성, 2017.

〈부표 14-13〉 개호보험 서비스 유형별 급여지출액

(단위: 억 엔)

서비스 유형			지출액
재가서비스 3,889(49.5%)	방문통소 3,055 (38.9%)	방문개호 / 입욕	817(10.4%)
		방문간호 / 재활	212(2.7%)
		통소개호 / 재활	1,778(22.7%)
		복지용구 대여	247(3.2%)
	단기입소		376(5.8%)
	기타[1]		458(4.9%)
지역밀착형 서비스 948(12.1%)	소규모다기능형 재가개호(단기이용 외)		182(2.3%)
	치매대응형 공동생활개호(단기이용 외)		509(6.5%)
	지역밀착형 개호노인 복지시설		134(1.7%)
	기타[2]		123(1.6%)
시설서비스 2,593(33.2%)	개호복지시설(특별양호노인홈)		1,363(17.4%)
	개호노인 보건시설		1,017(12.9%)
	개호요양형 의료시설		227(2.9%)
재가개호지원(케어매니지먼트)			408(5.2%)
합계			7,854(100.0)

주: 1) 특정시설입거자 생활개호(단기이용 외) 387억 엔(4.9%) 등.
　　2) 치매대응형 통소개호 72억 엔(0.9%), 정기순회 수시대응형 방문개호간호 21억 엔(0.3%) 등.
　　3) 2015년 12월 한 달 심사분에 대한 정보이다.
자료: 후생노동성, 2016: 235.

〈부표 14-14〉 재가서비스 공급자의 운영주체 변화

① 2000년

(단위: %)

서비스 유형	지방공공단체	사회복지법인	NPO 법인	영리회사
방문개호	6.6	43.2	2.1	30.3
방문입욕개호	8.6	63.5	0.4	23.1
방문간호스테이션	5.1	10.4	0.3	6.0
통소개호	22.2	66.0	1.3	4.5
통소재활	3.8	15.7	-	0.2
단기입소생활개호	13.5	84.9	0.0	0.6
단기입소요양개호	5.2	15.5	-	0.3
특정시설입거자 생활개호	-	-	-	-
복지용구 대여	1.6	8.3	0.5	82.6
특정복지용구 판매	-	-	-	-
치매대응형 공동생활개호	3.6	37.5	5.5	21.2

② 2015년

(단위: %)

서비스 유형	지방공공단체	사회복지법인	NPO 법인	영리회사
방문개호	0.3	19.4	5.1	64.8
방문입욕개호	0.4	37.2	0.4	58.4
방문간호스테이션	2.3	7.2	1.9	43.9
통소개호	0.6	27.3	4.0	59.3
통소재활	3.0	9.1	-	0.0
단기입소생활개호	2.1	82.5	0.5	10.6
단기입소요양개호	4.1	12.1	-	-
특정시설입거자 생활개호	0.9	23.9	0.4	67.8
복지용구 대여	0.1	2.5	0.7	93.2
특정복지용구 판매	-	1.6	0.7	94.6
치매대응형 공동생활개호	0.1	24.1	4.5	53.6

자료: 후생노동성, 2015.

〈부표 14-15〉 개호보험재정 추이

(단위: 억 엔, %)

연도	총수입(A)	총지출(B)	수지율(B/A)	개호급여비 준비기금
2000	38,000	35,899	94.5	1,123
2001	46,566	45,530	97.8	1,888
2002	50,480	49,835	98.7	1,944
2003	54,863	54,070	98.6	2,259
2004	59,309	58,289	98.3	2,021
2005	62,313	61,053	98.0	1,663
2006	65,688	63,104	96.1	2,140
2007	69,188	67,437	97.5	3,178
2008	72,351	70,469	97.4	4,050
2009	75,383	74,174	98.4	4,426
2010	78,326	77,318	98.7	3,962
2011	82,093	81,110	98.8	2,848
2012	87,875	86,545	98.5	3,123
2013	91,650	90,172	98.4	3,154
2014	96,142	94,446	98.2	3,024
2015	99,337	97,254	97.9	3,880

자료: 후생노동성, 2017.

〈부도 14-1〉 개호복지사 자격증 취득방법

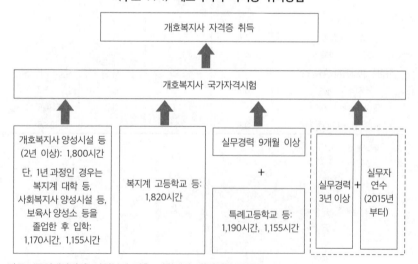

자료: (공익재단법인) 사회복지 진흥·시험센터. 약식화한 흐름도.

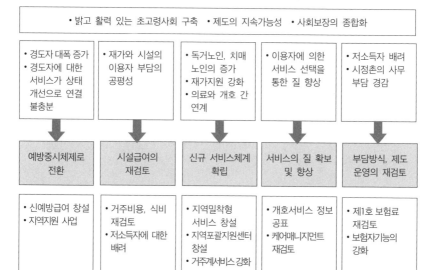

〈부도 14-2〉 2005년 제도개혁 방향

• 밝고 활력 있는 초고령사회 구축 • 제도의 지속가능성 • 사회보장의 종합화

• 경도자 대폭 증가 • 경도자에 대한 서비스가 상태 개선으로 연결 불충분	• 재가와 시설의 이용자 부담의 공평성	• 독거노인, 치매 노인의 증가 • 재가지원 강화 • 의료와 개호 간 연계	• 이용자에 의한 서비스 선택을 통한 질 향상	• 저소득자 배려 • 시정촌의 사무 부담 경감
예방중시체제로 전환	시설급여의 재검토	신규 서비스체계 확립	서비스의 질 확보 및 향상	부담방식, 제도 운영의 재검토
• 신예방급여 창설 • 지역지원 사업	• 거주비용, 식비 재검토 • 저소득자에 대한 배려	• 지역밀착형 서비스 창설 • 지역포괄지원센터 창설 • 거주계서비스 강화	• 개호서비스 정보 공표 • 케어매니지먼트 재검토	• 제1호 보험료 재검토 • 보험자기능의 강화

자료: 후생노동성, 2005.

〈부표 16-1〉 일본 민간기업의 규모별 장애인 고용 현황(2015년 6월 1일 기준)

구분	기업수	법정고용 장애인수 산정기준 근로자수	장애인 수				
			중증신체 장애인, 중증지적 장애인 (A)	(A) 단기간 근로자	중증 이외 신체장애인, 지적장애인, 정신장애인 (B)	(B) 단기간 근로자
합계	87,935 (86,648)	24,122,923.0 (23,650,463.5)	106,362 (103,320)	13,534 (12,360)	207,294 (195,279)	39,163 (33,893)
50인 이상~ 100인 미만	39,566 (38,823)	2,761,818.5 (2,706,736.0)	8,387 (8,296)	2,066 (1,780)	19,266 (18,610)	6,287 (4,926)
100인 이상~ 300인 미만	34,155 (33,866)	5,237,257.0 (5,219,324.0)	18,904 (17,838)	3,433 (3,126)	42,416 (39,337)	9,499 (8,458)
300인 이상~ 500인 미만	6,556 (6,441)	2,321,4440.0 (2,228,945.0)	9,356 (9,394)	1,465 (1,358)	19,215 (18,506)	4,317 (3,454)
500인 이상~ 1,000인 미만	4,495 (4,396)	2,898,895.0 (2,830,406.0)	13,087 (12,650)	1,524 (1,418)	25,090 (23,390)	3,984 (3,437)
1,000인 이상	3,163 (3,122)	10,867,508.5 (10,605,052.5)	56,628 (55,142)	5,046 (95,436)	101,307 (95,436)	15,076 (13,618)

주: 괄호 안의 숫자는 2014년 6월 1일 기준 수치.
자료: 내각부 홈페이지 재구성. 2017. 10. 1 인출.

〈부도 16-1〉〈장애인자립지원법〉개요(2005년)

• 장애인자립지원법안의 개요

장애인이 지역생활과 취업을 진행하고, 자립을 지원하는 관점에서 장애인기본법의 기본적
이념에 의거하여, 지금까지 장애종류별로 다른 법률에 기초한 자립지원의 관점에서 제공되
어온 복지서비스, 공비부담의료에 관해서, 공통의 제도하에 일원적으로 제공하는 구조를 창
설하는 것으로 하고, 자립지원교부 대상자, 내용, 절차 등, 지역생활 지원사업, 서비스 정비
를 위한 계획의 작성, 비용의 부담 등을 정함과 동시에, 정신보건복지법의 관련법률에 관해
필요한 개정을 실시함.

1. 장애인자립지원법에 의한 개혁의 목적

1) 장애인의 복지서비스를 '일원화'함.
서비스제공 주체를 시정촌으로 일원화. 장애의 종류(신체장애, 지적장애, 정신장애)에
관계없이 장애인의 자립지원을 목적으로 한 공통의 복지서비스는 공통의 제도에 의해
제공함.

2) 장애인이 더욱 '일할 수 있는 사회'로
일반취업으로의 이행하는 것을 목적으로 한 사업을 창설하는 등, 일할 의욕과 능력이 있는
장애인이 기업에서 일하도록 복지측면에서 지원함.

3) 지역에 제한된 사회자원을 활용할 수 있도록 '규제완화'
시정촌이 지역의 실정에 대응하여 장애인 복지에 전념하고, 장애인이 가까운 곳에서 서비
스를 이용할 수 있도록, 빈 교실이나 빈 점포의 활용도 시야에 넣어서 규제를 완화함.

4) 공평한 서비스 이용을 위한 '절차와 기준의 투명화, 명확화'
지원의 필요 정도에 맞추어 서비스가 공평하게 이용될 수 있도록, 이용에 관한 절차와 기준
을 투명화, 명확화함.

5) 증대하는 복지서비스의 비용을 모두가 부담하여 지탱하는 구조의 강화
 (1) 이용한 서비스의 양과 소득에 맞춘 '공평한 부담'
 장애인이 복지서비스를 이용한 경우, 식비 등의 실비 부담과 이용한 서비스의 양과 소득에
 맞춘 공평한 이용자 부담을 추구함. 이러한 경우, 적절한 경과조치를 취함.
 (2) 국가의 '재정책임의 명확화'
 복지서비스의 비용에 관해서 지금까지 국가가 보조해온 재가서비스도 포함하여, 국가가
 의무적으로 부담하는 형태로 개편함.

⟨부도 16-1⟩ 계속

---

2. 법안의 개요

1) 교부대상자: 신체장애인, 지적장애인, 정신장애인, 장애아
2) 교부내용
   - 홈헬프서비스, 단기거주, 입소시설 등의 개호교부금 및 자립훈련, 취업이행지원 등의 훈련교부비(장애복지서비스)
   - 심신장애 상태의 경감을 도모하기 위한 자립지원의료(공비부담의료)
3) 교부절차
   - 교부를 받기 위해서는 장애인 또는 장애아의 보호자가 시정촌에 신청을 하고, 시정촌의 지급결정을 받아야 함.
   - 장애복지서비스의 필요성을 명확하게 하기 위해서 시정촌에 설치된 심사회의 심사 및 판정에 기초하여 시정촌이 행하는 장애정도 구분의 인정을 받을 것.
   - 장애인이 장애복지서비스를 이용한 경우, 시정촌은 그 비용의 90/100을 지급함.
     (나머지는 이용자 부담. 이용자가 부담해야 하는 액수에 관해서는 소득에 따라 상한을 정함)
4) 지역생활 지원사업
   - 시정촌 또는 도도부현이 실시하는 장애인의 자립지원을 위한 사업(상담지원, 이동지원, 일상생활용구, 수화통역의 파견, 지역활동지원 등)에 관한 것.
5) 장애복지계획
   - 국가가 정한 기본지침에 따라 시정촌 및 도도부현은 장애복지서비스와 지역생활 지원사업의 제공체제의 확보에 관한 계획(장애복지계획)을 정함.
6) 비용부담
   - 시정촌은 시정촌이 실시하는 자립지원교부의 지급에 필요한 비용을 지불할 것
   - 도도부현은 시정촌이 행하는 자립지원교부의 지급에 필요한 비용의 1/4을 부담함.
   - 그 밖에 지역생활 지원사업에 필요로 하는 비용에 대한 보조에 관한 사항을 정함.
7) 기타
   - 부칙에 시행 후 3년을 목표로 장애인의 범위를 포함한 검토를 실시하는 규정을 만듦.
   - 부칙에 취업지원을 포함한 장애인의 소득확보에 관한 시책의 현황에 관한 검토를 행하는 규정을 만듦.
   - 부칙에 이용자 부담을 포함하는 경과조치를 설치함.
   - 부칙에⟨정신보건복지법⟩을 비롯한 관계법률에 관한 소정의 개정을 실시함.

3. 시행기일

   - 새로운 이용절차, 재가복지서비스에 관한 국가의 부담(의무적 부담화)에 관한 사항, 복지서비스와 공비부담의료 이용자 부담의 검토에 관한 사항 2006년 4월 1일.
   - 새로운 시설, 사업체계로의 이행에 관한 사항 2006년 10월 1일.

자료: 후생노동성 홈페이지 재구성. 2017. 10. 1 인출.

〈부도 16-2〉〈장애인종합지원법〉 개요(2012년)

1. 취지

장애인제도개혁 추진본부에서 검토를 거쳐, 지역사회에 있어서 공생의 실현을 위해 장애복지서비스의 충실화를 도모하여, 장애인이 일상생활 및 사회생활을 종합적으로 지원하기 위해 새로운 장애보건복지시책을 강구하기로 함.

2. 개요

1) 제목
〈장애인자립지원법〉을 〈장애인의 일상생활 및 사회생활을 종합적으로 지원하기 위한 법률〉(장애인종합지원법)로 한다.

2) 기본개념
법에 기초하여 일상생활·사회생활의 지원이 공생사회를 실현하기 위해 사회참여의 기회 확보 및 지역사회에 있어서의 공생, 사회적 장벽을 없애는 데 이바지하도록, 종합적 또는 계획적으로 실시되는 것을 법률의 기본이념으로서 새롭게 제시한다.

3) 장애인의 범위(장애아의 범위도 동등하게 대응)
'제도의 누락'을 없애기 위해, 장애인의 범위에 난치병 등을 포함한다.

4) 장애지원 구분의 창설
'장애정도 구분'에 관해서 장애의 다양한 특성, 그 외에 심신상태를 고려하여 필요한 표준적 지원의 기준을 종합적으로 나타내는 '장애지원 구분'으로 개정한다.
(장애지원 구분의 인정은 지적장애인·정신장애인의 특성에 맞추어 실시할 수 있도록, 구분의 제정에 적절한 배려를 실시한다)

5) 장애인에 대한 지원
① 중증방문개호의 대상 확대(중증의 지체부자유자이고, 상시 개호를 필요로 하는 장애인은 후생노동성령으로 정하도록 함)
② 공동생활개호(케어홈)의 공동생활원조(그룹홈)로의 일원화
③ 지역이행지원의 대상 확대(지역사회에서의 생활로 이행하기 위한 중점적 지원이 필요한 자로, 후생노동성령으로 정하는 것을 추가함)
④ 지역생활 지원사업의 추가(장애인에 대한 이해를 높이기 위한 연수나 계발을 실시하는 사업, 의사소통지원을 행하는 자를 양성하는 사업 등)

6) 서비스 기반의 계획적 정비

① 장애복지서비스의 제공체제의 확보에 관계된 목표에 관해 상항 및 지역생활 지원사업의 실시에 관한 사항에 관해 장애복지계획 수립

② 기본지침·장애복지계획에 관한 정기적인 검토와 수정을 법정화함.

③ 시정촌은 장애복지계획을 작성하는 데 있어서 장애인의 요구를 파악할 수 있도록 노력하는 것을 의무화함.

④ 자립지원협의회의 명칭에 관해서 지역의 실정에 맞게 정할 수 있도록 탄력화함과 동시에 당사자나 가족의 참가를 명확화함.

3. 시행기일

2012년 4월 1일
(단, 4)와 5)의 ①~③에 관해서는 2013년 4월 1일)

4. 검토규정

장애인시책을 단계적으로 강구하기 위해서 법의 시행 후 3년을 목표로, 이하의 내용을 검토함.

1) 상시개호를 필요로 하는 장애인에 대한 지원, 장애인의 이동의 지원, 장애인의 취업의 지원, 그 밖에 장애복지서비스의 현황.

2) 장애지원 구분의 인정을 포함한 지급결정의 현황.

3) 장애인의 의사결정지원의 현황, 장애복지서비스의 이용의 관점에서 성년후견제도의 이용 촉진의 현황.

4) 수화통역을 행하는 자의 파견, 그 밖에 청각, 언어기능, 음성기능, 그 외에 장애로 인해 의사소통을 하는 데 장애가 있는 장애인에 대한 지원의 현황.

5) 정신장애인 및 고령의 장애인에 대한 지원 현황.
   (상기의 검토에 있어서는 장애인과 그 가족, 그 외 관계자의 의견을 반영시키는 조치를 강구함)

자료: 후생노동성 홈페이지 재구성. 2017. 10. 1 인출.

주요 용어

• 介護保険	개호보험
• 労働者災害補償保険	산재보험
• 恩給	은급
• 社会保障と税の一体改革	사회보장 및 세제 일체개혁
• かかりつけ医	주치의
• 患者申出療養制度	환자신청요양제도
• ジェネリック医薬品	후발의약품
• マクロ経済スライド	거시경제연동
• 恤救規則	휼구규칙
• 出向	출향
• 働き方改革	일하는 방식 개혁
• 轉宅資金	임대주택 자금
• 就学支度資金	자녀취학 준비자금